아시아 지중해

16-21세기 아시아 해항도시와 네트워크

이 역서는 2008년 정부(교육부)의 재원으로 한국연구재단의 지원을 받아 수행된 연구임(NRF-2008-361-B00001)

아시아 지중해 16-21세기 아시아 해항도시와 네트워크

초판 1쇄 발행 2014년 4월 30일

지은이 프랑수아 지푸루
옮긴이 노영순
펴낸이 윤관백
펴낸곳 ☒돌판 선인

등록 제5-77호(1998.11.4)
주소 서울시 마포구 마포대로 4다길 4(마포동 324-1) 곳마루빌딩 1층
전화 02)718-6252 / 6257
팩스 02)718-6253
E-mail sunin72@chol.com

정가 40,000원
ISBN 978-89-5933-713-2 93300

· 잘못된 책은 바꾸어 드립니다.

아시아 지중해

16-21세기 아시아 해항도시와 네트워크

프랑수아 지푸루 지음

노영순 옮김

도서출판 선인

저자 _ 프랑수아 지푸루(François Gipouloux)

아시아, 특히 중국의 현대 경제 전문가로 현재 프랑스 고등사회과학원(EHESS)에서 강의를 함과 동시에 프랑스 국립과학연구센터(CNRS)에서 활발히 연구 활동을 하고 있다. 그의 저서 La Méditerranée asiatique : villes portuaires et réseaux marchands en Chine, au Japon et en Asie du Sud–Est, XVIe–XXIe siècle는 이미 영어와 중국어로 번역되어 있다.

역자 _ 노영순(盧英順)

SOAS(런던대)에서 베트남공산당 연구로 역사학 박사를 받은 이래, 동남아와 베트남의 근현대 정치사에 관심을 가지고 연구와 강의를 진행해 왔다. 현재는 한국해양대학교 국제해양문제연구소에서 HK교수로 있으면서 동남아와 베트남 해항도시의 문화교섭학을 주제로 한 연구와 사업에 매진하고 있다. (nhoys@kmou.ac.kr)

이 책은 페르낭 브로델의 유럽 지중해 개념을 아시아적 맥락에 적용시키고자 한 가장 포괄적이며 가장 최근의 시도 중의 하나라고 할 수 있다. 16세기 필립2세 시대 유럽지중해를 매개로 이루어진 광의의 문화교섭 현상에 주목한 브로델의 연구는 학계에 많은 영향을 미쳤다. 그 이유로서는 액체 공간을 중심으로 한 역사 연구가 가지고 있는 신선한 마력, 전체사 지향의 욕구를 충족시켜주는 장기지속이나 구조 그리고 콩종튀르와 같은 개념틀의 유효성 등을 들 수 있다. 특히 그의 연구는 지중해라는 개념을 확대할 수 있는 단초를 마련해 주었다고 할 수 있다. 아시아에 적용되면서 보통명사화 된 지중해라는 개념은 여러 연구자에 의해 사용되고 있다. 이 책의 저자 프랑수아 지푸루를 비롯해 아시아 지중해를 논하는 연구자들은 정도의 차이는 있지만 모두 아시아 지중해는 문화, 물질, 인간의 이동과 교류가 이루어지는 문명의 교차로임에 주목했으며 아시아 해양에서의 문화 교류 양상을 살피고 아시아 지중해 교류권을 분석하고자 했다. 한국 학자들 세계에서도 지중해 개념은 낯설지 않다. 김정하는 문화적 동질성이 존재했던 고대 '동아지중해'를 상정하고 이를 설화를 중심으로 한 스토리텔링을 통해 확인하고 있다. 또한 권덕영은 '황해지중해'라는 개념을 적극적으로 사용하여 고대 아시아의 지중해인 황해에서 이루어진 한중일 삼국의 소통과 융합, 교류의 역사를 밝히고 있다.

프랑수아 지푸루는 황해를 포함해 남중국해, 술루해, 셀레베스해의 해분들을 연결하고, 해항도시로 치면 블라디보스토크에서 싱가포르에 이르는 해양 회랑(maritime corridor)을 아시아 지중해(Asian Mediterranean)라고 설정한다. 그가 이렇듯 아시아 지중해라는 해역을 설정하고 이에 주목하는 이유는 분명하다. 즉 이 해양 회랑은 국가적 경제나 민족국가의 범위를 벗어난 글로벌 해항도시들을 핵으로 하면서 트랜스내셔널 지역으로 변모하고 있기 때문이다. 그가 20여 년을 아시아의 해항도시에 머물며 연구한 결과물인 이 저서는 아시아를 국가를 통해서가 아니라 해항도시와 광역지역을 통해서, 그리고 지리적이거나 정치적인 측면에서가 아니라 문화적이고 경제적인 측면에서 '정의'할 필요가 있음을 웅변하고 있다. 배에 비유하자면 이 저서의 킬, 즉 전체를 관통하는 주요 테마는 국가에 포섭되는 정도가 덜한 반면 자치적이고 광역지역적이며 글로벌한 해항도시들, 그리고 이들 해항도시 간의 네트워킹이라고 할 수 있는 연관 · 제휴 · 관계 · 관행이다. 선체인 헐의 모양을 결정짓는 립의 기능을 하고 있는 것이 이 저서에서는 13세기부터 오늘날에 이르기까지 아시아에서 해양 경제와 대륙 경제의 작동을 적절히 보여줄 수 있는 케이스 스터디이다.

저자는 '아시아 지중해'라는 메타포를 가지고 아시아해양사의 연속성과 불연속성을 어떻게 파악하고 있는지 그리고 아시아 지중해라는 프레임웍이 이제까지는 밝혀지지 않은 심연의 연결고리를 역사에서 찾아내고 미래를 상상할 수 있는 고리가 되어줄 것인지를 찾아내는 것은 독자의 몫이 될 것이다.

이 저서를 소개하고자 한 데에는 이 책이 해항도시의 문화교섭학이라는 아젠다와 관련해 최소한 두 가지 측면에서 중요한 시사점을 줄 수 있다고 생각해서이다.

첫째 이 저서는 아시아의 해양을 대항해시대가 아니라 이를 전후한 13세기부터 21세기까지를 포괄하고 있다. 시간적으로 16-18세기에 공간적으로 유럽에 의해 만들어진 특수한 근대세계체제가 보편화되는 과정을 우리는 너무도 잘 알고 있다. 그러나 16-18세기 전후의 여러 세기에 대한 우리의 이해는 단편적이다. 16세기 이전 아시아 지중해를 이해하는 방식으로 저자가 사용하고 있는 주된 틀은 결코 새롭다고 할 수 없는 조공제도이다. 그러나 프랑수아 지푸루는 조공무역에 아시아(중국, 안남, 참파, 캄보디아, 샴, 코친, 스리비자야, 자바, 일본, 부르나이, 한국) 사람들은 물론, 인도인, 무슬림, 유럽인 상인이 참여하며 아시아적 해양질서를 만들어가는 과정을 설득력 있게 묘사하고 있다. 뿐만 아니라 저자는 이 시기 비공식무역, 즉 사무역과 밀무역, 심지어는 해적무역을 통해서 아시아의 해역 시스템이 가동되고 변화하는 모양, 그리고 교역을 축으로 한 문화의 교섭까지도 다루고 있다. 저자는 1980년대에서 현재까지를 아시아 지중해의 제2의 탄생기로 설명하고 있다. 해항도시와 국가 간의 길항관계와 동일 해역의 해항도시간 경쟁에 대한 분석도 눈에 띈다.

둘째 이 저서는 명시적으로 아시아의 해항도시를 일정 해역의 형성과 지속의 주체이자 문화교섭의 주인공으로 다루고 있다. 물론 도시 중심의 세계체제 분석은 페르낭 브로델에서도 이매뉴얼 월러스틴에게서도 주목되며 일정정도 역사 분석의 한 흐름이기도 하다. 그러나 아시아에 국가로부터 자유로운 도시의 전통이 있었는가라는 질문을 제기하고 이에 답하는 저자의 방식은 흥미롭다. 저자는 질문에 대답하기 위해 지중해와 발트해의 해양공화국과 한자동맹을 있게 했던 도시 주권의 틀을 빌려온다. 그래서 아시아에서 찾아낸 예가 7세기부터 14세기까지의 수마트라의 스리비자야, 1511년 포르투갈에 의해 점령되기 전 15세기의 믈라카, 15세기부터 17세기까지 일본과 중국 간의 주요 교역지가 되었던 류쿠섬(현대의 오키나와)의 수도 나하, 오사카만에 위치한 일본의 해항도시 사카이, 마지막으로 1661년부터 1683년까지의 강력한 상인가문인 정씨 지배하에 있던 타이완이다. 이들 아시아의 해항도시들은 서양 제국주의의 도래와 함께 위축되었으며, 그 이후에는 근대국가 및 국민경제가 지배하는 국면 속으로 편입되었다. 이 저서가 함축하는 바는 글로벌라이제이션과 함께 다시 이들 아시아의 해항도시가 자율성을 확보하고 일정한 해역 세계의 주체로 기능할 수 있는 가능성이 열려 있다는 점이다.

아시아 지중해에 대한 프랑수아 지푸루의 접근 방식이 갖는 한계는 유럽

중심주의적 시각, 중국 중심주의적 기술, 경제와 교역 중심주의적 분석으로 정리될 수 있다. 이 한계는 바로 해항도시의 문화교섭학 아젠다를 수행하고 있는 한국해양대학교 국제해양문제연구소 인문한국 연구단의 과제가 될 것이다.

역자 서문 ·· 5

서론

유럽과 아시아의 지중해: 연속과 단절 ······················· 17

제 1 부 ## 국경 없는 발전 모델: 유럽의 두 지중해

1_지중해와 글로벌화 ···································· 27

  '상인 디아스포라'의 역할 ····························· 34

  장소, 네트워크 그리고 접합부 ························· 35

  글로벌화의 양태 ································· 36

  위기에 처한 세 가지 패러다임:

  정치경제, 지리, 그리고 국제관계 ····················· 38

  정치경세와 중상주의적 동어반복 ····················· 39

  네트워크와 영토 ································ 41

  지리 ·· 47

  국제관계 ····································· 49

  트랜스내셔널 경제 지역과 지구사 ···················· 50

2_원거리 교역과 도시 주권:

  해양공화국 시기 지중해의 자유경쟁 모델 ················· 55

  특정한 제도적 맥락 ······························ 57

  신뢰에 바탕을 둔 개인 상호간의 관계 네트워크 ············ 66

  새로운 수단: 상업조직과 금융조직 ··················· 72

  새로운 법규범 구상 ······························ 77

  제노바, 베네치아, 바르셀로나의 글로벌 공간 ·············· 80

3_한자동맹: 발트해의 협력모델 ································· 85

성좌를 이룬 자유 도시들 ································· 85
관할권 경쟁의 교차로에서 ································· 87
상업적·전략적 루트와 결절점에 대한 통제 ·················· 88
교역 시스템: 까싸도스간 협력과 벌크화물 운송 ·············· 88
영토국가의 권력에 대한 대안으로서의 도시 ················· 89
중세의 상인법 ································· 91

제 2 부 ── 아시아 지중해의 초기 윤곽: 조공무역의 우세

4_아시아의 교역왕국과 독립적인 도시공동체:
    7세기부터 17세기까지 ································· 97

스리위자야: 동남아의 해양 세력 ························· 98
15세기 믈라까: 도시국가와 교역제국 ····················· 102
사카이: 일본의 베네치아 ································· 104
중일교역의 중개자: 류큐섬의 해양 네트워크 ··············· 106
아시아 해양 시스템에서 나하(那覇) 항구의 좌표 ··········· 111
쿠메무라에서의 중국 상인의 역할 ······················ 112
고도로 통제된 국제교역 ································· 112
반도가 세운 중국의 해양제국: 정성공시대의 타이완 ········ 115

5_아시아에서 교역의 조직화:
    중앙정부 독점체제의 무게 ··························· 117

송과 원의 해양 정책: 명 조공제도의 기초 ················· 118
해안 지방의 교역 관례 ································· 123
중국과 서유럽의 계약 제도와 그 절차 ··················· 127

6_조공무역과 비공식무역 ································· 130

조공무역 ································· 130
정화와 조공체제의 공고화 ······························ 133
중국이라는 공간 밖에서의 교역에 관한 규정 ·············· 135
비공식무역 ································· 137
일본 해적, 왜구(倭寇) ································· 138
사무역 ································· 140

7_아시아 역내교역에서의 일본의 위치:

중국 헤게모니에 대한 저항 ……………………………… 142

쇄국: 선택적 쇄국 ………………………………………… 143

일본 중심적인 세계질서 ………………………………… 146

동남아의 일본인 디아스포라 …………………………… 150

8_아시아의 해양 체제 …………………………………………… 155

시장 ………………………………………………………… 155

교역 조직 ………………………………………………… 158

복잡하게 뒤얽힌 교역 네트워크 ……………………… 160

제3부

서구와 아시아 교역 네트워크의 접속

9_유럽의 팽창인가 아시아의 흡인력인가? ………………………… 169

포르투갈의 팽창 ………………………………………… 170

포르투갈이 아시아에 미친 상업적 영향 ……………… 174

아시아에서 포르투갈 세력의 본질 …………………… 178

스페인의 참여: 마닐라 갤리온 ………………………… 183

해양법: 자유로운 바다·토르데시야스와 사라고사의 분할 ····· 186

서구 대무역회사의 침입 ………………………………… 187

네덜란드동인도회사(VOC) ……………………………… 187

반다제도에서의 영국-네덜란드의 경쟁과 대립 ……… 190

바타비아: 식민체제로의 이행 ………………………… 192

특허회사와 독점 ………………………………………… 196

아시아 역내교역 ………………………………………… 199

밀매상에 대항한 카르텔 ……………………………… 202

아시아의 흡인력 ………………………………………… 204

은 교역, 글로벌화의 매트릭스 ………………………… 205

중국이라는 '흡수 펌프' ………………………………… 207

10_강제 개방과 개항장 ………………………………………… 213

19세기 중국의 해항도시 ………………………………… 214

개항체제에 대한 평가 …………………………………… 216

후배지와 격리된 해항 ……………………… 219

상하이 네트워크 ……………………………… 220

해안 중국과 내지 중국 간 분열의 격화 …………… 225

'조약항 체제'하에서의 중국의 대외무역 ………… 226

11_아시아 교역 네트워크의 코즈모폴리터니즘 ……………… 230

상업적 야심과 지정학적 야망 ……………………… 231

싱가포르: 동양의 몰타 ……………………………… 234

홍콩: 트랜스내셔널 모델? ………………………… 238

상하이: '조약체제'의 실험실 ……………………… 244

제 **4** 부

재글로벌화의 중앙무대: 아시아 지중해 제2의 탄생

12_글로벌화 도전에 직면한 중국 해항도시 ………………… 253

중국 도시화의 두 형상: 중심지와 도시 네트워크 ………… 253

중국의 연안 도시: 사회주의의 유산으로 숨이 막히다 ….. 257

도시와 농촌을 구분하는 성채의 재건설 ……………… 258

마오주의 유산의 무게: 중국 도시에서의 제조업의 우세 …. 260

서비스 부문의 위축 ………………………………… 263

13_동아시아의 궁형제조업지대 ………………………………… 269

이전 선호 지역 …………………………………… 270

만들 것인가 만들게 할 것인가? ………………… 272

전자 산업에서의 아웃소싱 ……………………… 274

글로벌 소싱 ……………………………………… 275

위협받고 있는 무역상의 전문지식 …………… 276

14_홍콩 대 상하이: 중개인 경쟁 ……………………………… 283

생산·서비스 이분법의 종결 ……………………… 284

탈지역화 교역 …………………………………… 289

중개지 홍콩의 여러 모습들: 통과무역과 재수출의 중심지 … 291

차익거래의 중심, 글로벌 조달을 조정하는 플랫폼 ……… 293

회사 내부거래와 가격이전 ……………………… 294

탈지역화 교역의 급성장 ………………………… 296

중국 서비스산업의 후진성 ················· 301

상하이에서의 서비스업의 위치 ················· 303

다국적 대기업의 지역 본부 설립 ················· 305

두 후배지 간의 경쟁 ················· 308

정치적 경계, 행정적 경계 ················· 311

홍콩의 미래: 맨해튼인가 모나코인가? ················· 312

15_아시아 물류 플랫폼 간 경쟁 ················· 317

물류의 발전 ················· 317

아시아에서 물류의 신기능 ················· 322

중국에서의 물류 ················· 323

상하이가 글로벌 물류의 플랫폼이 될 수 있는가? ········· 325

컨테이너 수송의 플랫폼 ················· 326

항만의 기능변화: 보세창고에서 종합서비스지로 ········· 328

전략적 이점:
이용 가능한 서비스인가 혹인 지리적 위치인가? ············· 330

항공운송의 허브 ················· 331

컨테이너와 신용장 ················· 334

홍콩 대 상하이: 기만의 경쟁 ················· 337

16_홍콩, 상하이, 베이징:
중국의 국제금융센터는 어디에 위치할 것인가? ············ 339

국가보다는 도시: 금융시장의 서열 ················· 340

아시아의 금융 중심지들 ················· 344

금융 노하우라는 무형의 인프라 ················· 346

중국의 자본시장: 비공식·공식 구조 ················· 349

WTO와 탈규제화:
외국 은행이 중국 시장을 손에 넣을 수 있을까? ············ 353

인수·합병을 통한 성장·발전 ················· 356

홍콩, 상하이 그리고 베이장: 중국의 국제 금융 중심지 경쟁 ·· 357

중국의 화폐는 국제결제통화로 부상할 수 있을까? ········· 365

제5부 아시아 지중해와 국가주권에 대한 도전

17_트랜스내셔널 지역과 동아시아 경제회랑:
  아시아 지중해 ·· 371

  동아시아 경제회랑 ··· 371
  트랜스내셔널 경제협력 권역의 등장 ······················· 373
  역사적 뿌리 ··· 374
  중심 없는 주변인가, 계서 모델인가 ·························· 376
  동아시아의 새로운 '인프라 무대'와 구조화 물결 ········· 377
  긴밀하게 조직된 일본의 링크와 열려 있는 중국의 네트워크 ···· 379

18_아시아 지중해와 중국 경제공간의 형태 변화 ·············· 383
  중국 경제 공간의 역동적인 분열 ······························ 384
  지역 격차의 기원 ·· 386
  투자 흐름의 방향전환 ·· 387
  부문별 산업 구조 ·· 388
  서부에 불리한 가격 시스템의 지속 ··························· 388
  외국인 자본의 역할 ··· 389
  외국인 투자와 광대지역으로의 분열 강화 ················· 392
  소유권 형태의 다양화 ·· 394
  도시화의 수준 ··· 397
  보이지 않은 경제 경계 ··· 399
  산업화의 신개념 ··· 401
  중국의 경제 공간에 대한 아시아 지중해의 통합·해체 효과 ··· 402

19_지역 보호주의와 무역 전쟁: 중국 시장의 파편화 ········· 405
  경제적 행정권의 지방 수준으로의 위임 ···················· 406
  제후 경제 ··· 410
  지방보호주의 ·· 412
  중국의 경제 공간은 파편화로 나아가고 있는가? ········· 416
  법적 분열 ··· 418

20_다시 해양으로 향하고 있는 중국 ····························· 420
  육지·바다: 글로벌화 기본형 ···································· 421
  가까이에서 그리고 멀리서: 해군 전략에의 함의 ········· 423

레비아탄, 베헤모스, 만다라: 유럽과 아시아 국가의 차이점
·· 427
아시아의 전통: 만다라 국가 ····························· 432
비연속 국가와 모호한 정체성 ·························· 435
주권의 변신 ··· 436
주권·영토의 분리, 상인법, 해적 전통적인 주권에 대한 도전 ····· 439
국제관계 ··· 442
위협과 안보 ·· 445
'위대한 해람': 중국이 다시 바다로 오고 있다 ··············· 448

결론 ··· 451

참고문헌 ··· 465
찾아보기 ··· 511

[지도 목차]

[지도 1] 이탈리아 도시와 유럽 지중해 교역 루트, 14세기 ················· 62

[지도 2] 한자도시와 북해 그리고 발트해 무역, 13세기~16세기 ················· 86

[지도 3] 스리위자야의 교역 네트워크, 10~11세기 ················· 100

[지도 4] 포르투갈 정복(1511) 이전 믈라까의 교역 네트워크 ················· 103

[지도 5] 14세기부터 16세기까지 동아시아의 왜구 ················· 107

[지도 6] 14세기 말부터 16세기 중반까지 류큐제도의 해상 교역 네트워크 ················· 110

[지도 7] 해로와 아시아 해항도시, 16~17세기 ················· 161

[지도 8] 16세기 인도양과 아시아로의 포르투갈의 팽창과 상아 교역 ················· 171

[지도 9] 마닐라 갤리온 루트 ················· 185

[지도 10] 19세기 말 아시아 조약항 ················· 222

[지도 11] 동아시아 경제회랑 ················· 372

[지도 12] 국가 통제 산업 생산 비율, 1996년과 2006년 ················· 396

[도표 목차]

[도표 1] 에도시기 일본의 대외교역 ················· 148

[도표 2] 19세기 후반 상하이 네트워크 ················· 224

[표 목차]

[표 1] 중국의 이주민 인구, 1982-2005 ················· 259

[표 2] 베이징, 톈진, 광저우에서의 GDP 추이, 2000-2006 ················· 261

[표 3] 상하이 GDP 추이, 2000-2006 ················· 262

[표 4] 2003년과 2006년 상하이 제3차산업 활동 분포 ················· 304

[표 5] 창강 델타 지역과 광둥지방의 중국 수출 기여도 ················· 310

[표 6] 창강 델타지역과 광둥 지방에 대한 외국인직접투자(FDI)의 규모 ················· 311

[표 7] 고정 자본 투자의 지역 배분, 1986-2005 ················· 387

[표 8] 외국인 투자 주식의 지역 배분, 1985-2005 ················· 389

[표 9] 외국의 자금을 받은 회사가 중국 수출에 한 기여, 1985-2005 ················· 389

[표 10] 서부 지방의 중국 수출에 대한 기여, 1978-2005 ················· 390

유럽과 아시아의 지중해
:연속과 단절

경제활동 지배라는 전지구적 사명을 띤 부의 창출 중심지이자 교역 흐름의 집결지인 대규모 해항도시—런던, 뉴욕, 도쿄뿐만 아니라 홍콩, 상하이, 싱가포르—가 등장하면서 경제적 분석 대상은 국민국가에서 트랜스내셔널 지역(régions transnationale)과 글로벌 도시(villes golobales)로 옮겨가고 있다.

동아시아에서 새로운 경제 공간이 모습을 드러내고 있다. 이 경제권을 하나로 만든 것은 국경도 아니고 중국, 일본, 한국, 동남아 여러 국가의 집단도 아니다. 사실 우리가 대면하고 있는 바는 해양 회랑(maritime corridor)이다. 해양 회랑은 블라디보스토크에서 싱가포르까지 국민국가의 부분들을 포괄하고 있으며, 법적 공간과 기업가적 실천의 점진적인 동질화를 바탕으로 어디에서도 볼 수 없이 다이내믹하게 이 부분들을 재구성하고 있다.

경제와 영토의 만남이 창출한 이런 특정한 지형은 역사적인 선례가 없지 않다. 14세기에 제노바, 베네치아 그리고 바르셀로나는 지중해라는 한가운데에 위치한 해양 공간을 구조화함으로써 세계적인 유통을 장악했던 글로벌 공간이었다. 그 뒤 뤼베크, 함부르크, 리가의 한자동맹(Hanseatic League)은 발트해라는 또 다른 해양 공간의 중심에 서서 마찬가지로 세계적인 경제 흐름을 통제했다. 그리고 보다 최근인 18세기 보르도는 프랑스가 아니라 이보다 훨씬 넓은 대서양 네트워크에 속했던 것으로 간주된다.[1] 마지막으로 아랍, 인도, 포르투갈, 중국의 네트워크가 합류한 남중국해는 18세기

---

[1] Edward W. Fox(1973) *L'autre France*, Paris, Flammarion, p.75 참조.

내내 그야말로 아시아와 유럽 간 교류의 중심이었다.

이들 역사적인 사례를 현대와 조목조목 비교하는 작업은 무모하고도 무익할 것이다. 그러나 비교 대상이 가지고 있는 비유적인 힘만은 기억해야 한다. 지중해와 발트해 그리고 남중국해에서 마련된 안정적인 교역 구조는 수세기 동안 지속되면서 교류를 용이하게 하고, 독창적인 정치체의 출현을 가능하게 하고, 코즈모폴리턴 문화를 창시했다.

두 움직임, 즉 일본의 산업화 방식이 아시아에 투사되고 중국에서는 개혁·개방이 가속화되고 있는 데에 힘입어 어디에서도 볼 수 없는 특정한 동력이 생겨났다. 이는 냉전의 균형을 전복시키고 아시아를 세계 경제의 중심으로 다시 옮겨놓고 있다.

이 책은 두 종류의 영토 구성 양식을 분석하면서 아시아 해양사에 보이는 연속과 단절을 연구한다. 하나는 경계(périmètres)와 특수성(spécificités)을 추구하는 국가의 구조이며, 다른 하나는 세계 주요 해항도시로 이루어진 다도해를 구성하고 있으며 자신을 구속하고 있는 국가 공간으로부터 자유로워지기를 모색하고 있는 해항도시와 이들 해항도시 간의 구조이다. 또한 이 책은 15세기 이후 세 해역(bassins maritimes)의 예를 통해 글로벌화(mondialisation)의 형태와 움직임을 포착하고자 한다.

이 책에서 제안한 아시아 지중해(Méditerranée asiatique)는 여러 해역으로 분절되어 있는 듯하나 상호 연결된 하나의 해양 회랑, 즉 동해(일본해), 서해(황해), 남중국해, 술루해, 술라웨시해를 아우른 지역으로 정의된다. 이 개념의 적절성은 16세기 말과 20세기 말이라는 두 시기에 이루어진 글로벌화를 설명하는 과정에서 검증될 것이다.

나는 여기에서 아시아 지중해라는 개념을 비유(métaphore)로 사용하고자 한다. 그러나 참을 수 없다거나 의심스럽다거나 하지 않도록 너무 멀리까지 밀어붙이지 않으려고 한다. 내가 보여주고자 하는 바는 이 개념이 경제, 지리, 국제관계와 관련하여 줄 수 있는 함의이다. 달리 말해, 새로운 세계상을 제시하기 위해 끊어진 듯 보이는 하나의 연결고리의 부분들을 다시 접합하는 것이다.

이 책은 5부로 구성된다. 1부는 전통적인 분과학문(정치경제학, 지리학, 국제관계학) 모두를 아우르게 될 본 연구의 방법론을 제시하는 것으로 시작된다(1장). 다음으로는 일정 정도 동질성을 확보한 해양 공간에서 나타난 역사적 사례, 즉 지중해와 해양공화국(*repubbliche marinare*)(2장), 발트해와 한자동맹(3장), 남중국해의 해양왕국과 도시국가(4장)를 다룬다.

2부는 아시아 지중해에서 조공무역이 가지고 있었던 의미를 살펴본다. 아시아 지중해의 교역 조직을 연구함에 있어 독점(5장), 조공무역과 비공식 무역 관행의 역할(6장)을 강조하며, 특이한 사례로 일본의 중국적 국제관계 체제의 채택과 적용(7장)을 본다. 마지막 장에서는 수는 적었을지 모르지만 그야말로 대규모의 상업중심지에서 중국, 일본, 서구의 교역 네트워크가 복잡하게 뒤얽히면서 형성된 아시아 해양제체를 드러낸다(8장).

3부에서는 아시아 지중해에 들어온 새로운 무역 상인을 다룬다. 포르투갈인, 스페인인, 네덜란드인, 마지막으로 영국인(9장)이 그들이다. 19세기에 이들은 개항장을 설치했으며(10장), 중국과 외국 상인의 오랜 상호작용의 결과 싱가포르, 홍콩, 상하이에는 특이한 교역 문화가 발전했다(11장). 이러한 새로운 접근방법에 따라 아시아에 대한 이해와 그 지리, 경제, 국제관계를 생각의 지도로 정리하면 다음과 같이 표현할 수 있다. 이 지도의 중심에는 국민국가가 아니라 트랜스내셔널 지역(동해 경제지구, 서해 경제지구, 남중국해 경제지구)이 위치한다. 이 지도에서는 하나의 해양 공간(un espace maritime)을 형성시키는 요인, 즉 이 해역을 구성하는 인자이자 이 해역에 지속가능한 구조를 제공하는 일련의 해항도시가 부각된다. 이 지도에 표상되어 있는 아시아를 보면 두 가지 질문이 제기된다.

① 아시아 지중해의 형성으로 해항도시의 정치적 영향력은 강화되었다. 그렇다면 현재 글로벌 경제를 석권하고 있는 경제 네트워크의 형성이라

는 면에서 해항도시의 영향력이 다국적기업에 필적하거나 이를 능가하고 있는가?

② 동아시아 해양 회랑 속에서 역동적으로 작동하게끔 몰리면서 중국의 경제구역(국제하도급에 의해 구조화되고 소수의 까싸도스 도심부에 편중되어 있는)은 재조직 혹은 파편화를 경험하고 있지는 않은가?

4부는 이 질문에 대한 대답이다. 먼저 공산당의 집권과 함께 시작된 글로벌 경제체제로부터의 고립시기에 중국의 도시는 어떤 양태로 발전했는지를 살펴본다(12장). 다음으로는 중국 해안지역의 전 세계적 제조업 망으로의 발 빠른 편입을 고찰하고(13장), 홍콩과 상하이 간의 경쟁이 격화되고 있음을 중계무역(14장), 물류(15장), 금융서비스(16장)를 통해 살펴본다.

5장은 아시아 지중해의 국가 주권에 대한 도전을 다룬다. 이런 도전은 다음 세 가지 이슈를 둘러싸고 구체화되고 있다.

① 외부의 역학으로 중국은 개방하지 않을 수 없었으며, 개방으로 중국의 경제 공간은 해체되고 재조직되기에 이르렀다. 이 외부의 역학은 블라디보스토크에서 싱가포르까지 이어진 경제 회랑에서 발원한 강력한 '흡입력(effet d'aspiration)'에서 비롯되었다. 이런 흡입력이 중국 경제 조직에 미친 영향을 중국에 대한 외국인직접투자의 결과를 분석함으로써 평가한다(17장).

② '사회주의 시장경제(社會主義 市場經濟, shehuizhuyi shichang jingji)'라는 이념적으로 왜곡된 개념 자체가 중국 경제를 움직이는 시장의 힘을 웅변하고 있다. 이 개념은 중국 지도자들의 관용이 아니라 아래로부터 형성된 불가항력을 드러내고 있다. 중국의 경제적 재편 과정은 두 축의 변화를 보면서 검토할 수 있다. 한 축은 국영기업의 점진적인 침체 현상이며 다른 한 축은 규모와 다양성이 증가하는 도시화 현상이다(18장). 이 과정에서 보호주의의 발흥과 통상마찰의 심화라는 바람직하지 않은 부작용이 발생한다. 이런 현상은 중국의 경제 공간을 미니 마켓의 모자이

크(mosaïque de mini-marchés)로—강력한 보호주의 장벽으로 인해 시장들이 서로 연결되지 못하고 파편화된— 만드는 데 기여하고 있다(19장).

③ 중국은 대륙적, 집단주의적, 자립적 일국경제의 기반을 뒤로 하고 서서히 해양적, 개방적, 상업적, 국제적인 방향을 취하며 해양아시아로 다가서고 있다. 중국은 15세기 초 함대를 이끌고 멀리 동부 아프리카까지 항해한 정화제독의 대해양탐험을 마지막으로 끊어졌던 전통을 다시 이으려 하고 있다. 이러한 변화는 중국이 마침내는 진정한 합중국이 될 가능성을 향하여, 그리고 글로벌화의 요청을 전적으로 수용하면서 유연한 제국(empire flexible)으로 재건될 가능성의 문을 열고 있다(20장).

제1부

국경 없는 발전 모델
:유럽의 두 지중해

제1장

지중해들과 글로벌화

해양아시아를 지중해로 바라보는 관점은 1930년까지 거슬러 올라간다. 네덜란드 역사가 야곱 반 뢰어는 다소 잠정적이었지만 그 연관성을 의식하고 있었다.[1] 이를 처음으로 명확히 언어화한 연구자는 조르쥬 세데스였다. 그는 1944년 힌두교를 수용한 인도차이나와 인도네시아의 국가들에 대한 저서에서 다음과 같이 쓰고 있다.

"믈라유반도와 그 연장선상의 여러 섬들로 이루어진 자연적 경계의 저편에 중국해와 샴만 그리고 자와해로 이루어진 진정한 의미의 지중해가 있다. 태풍과 암초에도 불구하고, 이 지중해는 그 해안가에 정주하는 사람들 사이에 장애가 아니라 연결고리였다. 유럽 항해자들이 도착하기 한참 이전부터 이들은 자신의 함대를 가지고 있었으며, 오래 전 기원은 각기 달랐을지 몰라도 계속된 교류를 통해 이미 일정한 문화 공동체를 발전시키고 있

---

[1] Jacob van Leur(1955) *Indonesian Trade and Society: Essays in Social and Economic History*, The Hague and Bandung, W. van Hoeve, Ltd, p.147. 또한 Heather Sutherland(2003) 'Southeast Asian history and the Mediterranean analogy', *Journal of Southeast Asian Studies*, 34(1), 2003, pp.1~20 참조.

었다."2)

각자 정도는 다르지만, 피에르 이브 망갱과 앤서니 리드도 아시아를 다루면서 지중해 메타포를 사용한다.3) 그렇다면 이런 발견적 수단(instrument heuristique)은 아시아 연구에 적절한가? 드니 롱바르는 『자와 교차로(Le Carrefour javanais)』에서, 남중국해와 인도네시아제도를 에워싸고 있는 바다를 가로지르는 네트워크에 대한 탁월한 분석을 제시한다.4) 조밀한 커뮤니케이션 네트워크로 상호 긴밀하게 연관되어 있는 중국 동남부 해안에서 벵갈만에 이르는 지역을 하나의 해양 공간으로 보는 시각에 대해 최근 일부 저자들은 의문을 제기하기도 한다.5) 이에 반해 일부 경제사가들은 분명 브

---

2) Georges Coedès(1944) *Les états hindouisés d'Indochine et d'Indonésie*, Paris, De Boccard, 1964, p.16. 또한 John Smail(1961) 'On the possibility of autonomous history of modern Southeast Asia', *Journal of Southeast Asian History*, 2(2), July, pp.72~102 참조.

3) 특히 Anthony Reid(1990) *Southeast Asia in the Age of Commerce, 1540-1680*, Yale, Yale Univ. Press; Craig Reynolds(1995) 'A new look at old Southeast Asia', *The Journal of Asian Studies*, 543(2); Denys Lombard(1995) 'Networks and synchronisms in Southeast Asian history', *Journal of South-East Asian Studies*, 26(1), pp.10~16; Denys Lombard(1990) *Le carrefour javanais: Essai d'hisoire globale*, 3 vols., Paris, Ecole des Hautes Etudes en Sciences Sociales; Oliver W. Wolters(1999) *History, Culture, and Region in Southeast Asian Perspectives*, Ithaca, Cornell Univ. Southeast Asia Program; Roderick Ptak(1998) 'International symposium on the "Asian Mediterranean"', *Archipel*, 55, pp.11~14; Claude Guillot, Denys Lombard and Roderick Ptak(eds.)(1998) *From the Mediterranean to the China Sea: Miscellaneous Notes*, Wiesbaden, Harrassowitz; 'L'horizon nousantarien: Mélanges en hommage à Denys Lombard', vol. 1, *Archipel*, 56, 1998, pp.21~43; Bin Wong(2001) 'Entre monde et nation: les régions braudéliennes en Asie', *Annales HSS*, January-February, No. 1, pp.5~41; Roderick Ptak(2001) 'An international symposium on China and Southeast Asia: historical interactions', *Archipel*, 62, pp.3~5; Pierre-Yves Manguin(1972) *Les Portugais sur les côtes du Vietnam et du Campa: Etude sur les routes maritimes et les relations commerciales d'après les sources portugaises(XVIe, XVIIe, XVIIIe siècle)*, Paris, Ecole Française d'Extrême-Orient 참조.

4) Denys Lombard, *Le carrefour javanais*.

5) Alain Forest(1999) 'L'Asie du Sud-Est continentale vue de la mer', in Nguyên Thê Anh and Yoshiaki Ishizawa(eds.) *Commerce et Navigation en Asie du Sud-Est(XIVe-*

로델의 분석을 참조하지 않았음에도 이런 시각을 훨씬 더 심화시킨다. 예컨대 하마시타 다케시(濱下武志)와 가와카쓰 헤이타(川勝平太)는 해양아시아를 16세기에서 18세기까지 전개된 제1차 경제 글로벌화의 매트릭스로 제시한다.[6]

브로델의 개념적 틀을 가장 체계적으로 이용한 이는 의심할 여지없이 쵸두리이다.[7] 인도양 연안 지역의 자연과 인간이 가지고 있는 동질성으로 인해 이 지역은 응집력이 있었으며, 이는 해상 교역과 문화 네트워크로 인해 더욱 강화되었다. 쵸두리는 브로델의 역사 분석 방법론의 세 기둥—공간, 시간, 구조—에서 분명 착상을 얻었다. 11세기의 지리적으로 가장 넓은 범주의 인도양을 다루면서 그는 유럽중심주의를 과감하게 버리고 아시아를 하나의 독립적인 실체(entité)로 분석한다. 여기에서 교역은 명백하게 시장의 논리에 의해 작동되었으며 폴라니(Polanyi)가 생각하듯이 정치와 문화에 '긴박되어'있지 않다. 그러나 쵸두리는 논리적으로 검증된 주장이 아니라 체계적인 설명에 몰두했다고 브로델을 비판한다. 그는 사회 현상에 대한 점묘적인 표현보다는 엄격하게 정형화된 개념을 선호한다. 또한 그는 시간성(temporalité)을 다루는 브로델의 방식도 비판한다. 그는 브로델의 장기지속(longue durée)—정치적 변화 혹은 여러 역사적인 사건에도 불구하고 오래 지속되는 경제와 사회의 생활방식 구조—을 고려한 분석이 가지고 있는 장점을 인정하지만, 콩종크튀르(conjoncture, 동향), 문명의 사이클, 그리고 장기지속의 역사가 하나의 일시적인 씨실(trame temporelle)을 만들어내며, 이 중에서 예언자 마호메트의 메디나로의 도망(hijira, 聖遷)이나 1757년 플라시에서 무굴제국을 상대로 거둔 클라이브(Clive)의 승리와 같은 몇몇 사

XIXe siècle), Paris, L'Harmattan, pp.7~30. 또한 Pierre-Yves Manguin(1993) 'Trading ships of the South China Sea', *Journal of the Economic and Social History of the Orient*, 36(3), August, p.253 참조.

[6] 浜下武志, 川勝平太(1997) 『文明の海洋史観』, 東京, 中央公論社.

[7] K.N. Chaudhuri(1990) *Asia Before Europe: Economy and Civilisation of the Indian Ocean from the Rise of Islam to 1750*, Cambridge, Cambridge Univ. Press.

건들은 중요한 역할을 했다고 지적한다. 그가 장기지속에 새겨 넣은 것은 바다에 대한 사회적 태도, 육지와 바다의 관계, 도시화의 역할, 그리고 아시아에서 전쟁과 기근의 중요성이다.

브로델의 테제와 관련해 가장 명백하게 의구심을 드러낸 학자는 수브라만얌이다.[8] 그는 지중해 개념을 아시아로 그대로 치환할 때 그 개념이 가지고 있는 적절성에 의문을 표시하면서, 지중해가 경제적 관점에서든 정치적 관점에서든 문화적 관점에서든 결코 동질적인 공간을 의미하지 않았음을 지적한다. 일정 장소에서는 사회적 연계가 더 긴밀했고 다른 곳에서는 그보다 미약했다. 때문에 수브라만얌은 그 개념 자체에 의문을 제기하며, 브로델이 연구한 유럽 공간 내에서조차 예컨대 브로델은 오스만 제국의 역할을 경시하면서 프랑스와 스페인의 세력의 역할을 과대평가함으로써 왜곡되었다고 본다.[9]

아시아에서도 마찬가지로 해양과 교역 공간은 전혀 동질적이지 않았다. 비록 중국과 일본이 그 공간 속에서 지배적인 위치를 차지하고 있었지만, 이들의 영향력이 모든 곳에서 똑같은 방식으로 의식되지는 않았다. 그리고 상황은 시기에 따라 상당히 달랐다. 해상 교역이 금지된 시기에(17세기 말에) 중국의 지위는 정화(鄭和) 시기(15세기)의 그것과 같지 않았다. 마찬가지로 그 지위는 특허회사들이 아시아 교역에 참여하기 시작했을 때(17세기) 또는 개항장 시대(19세기) 동안에도 전혀 달랐다.

지리결정론이나 경직된 시계열사에 구속되지 않으면서 브로델의 지중해

---

8) Sanjay Subrahmanyam(1999) 'Notes on circulation and asymmetry in two "Mediterraneans", 1400-1800', in Claude Gillot, Denys Lombard and Roderick Ptak(eds.) *From the Mediterranean to the China*, Wiesbaden, Harrasowitz, pp.21~43.

9) 글의 말미에서 수브라만얌은 이러한 의구심을 일정 정도 수정한다. "지중해와 같은 개념이 가지고 있는 중요한 효용성…은 이런 개념을 통해 우리가 의미 있는 역사적 분석 대상을 찾아 국가적 경계를 넘어서거나 재고할 수 있다는 점에 있다. 이는 국민국가의 전망이 아직은 거리가 먼 얘기였던 시기로 시간을 거슬러 올라가 볼 때에는 필요불가결한 방법이다." Subrahmanyam, 'Notes on circulation and asymmetry', p.42.

해석을 아시아적 맥락 속에서 적절하게 이용할 수 있다고 주장하는 데에는
몇 가지 이유가 있다. 즉 지중해는 해양 공간, 교류의 교차로, 서로 문명 간
의 가교로 볼 수 있다. 이는 또한 트랜스내셔널 공간으로, 몇 자치도시가
교역과 화폐의 흐름을 공동으로 통제하면서 경제 주도권의 매트릭스를 구
성하고 있다.

1819년 싱가포르의 건설에서 태평양 전쟁기 상하이, 홍콩, 싱가포르의 쇠
퇴에 이르기까지 오랫동안 동아시아 해양 회랑의 국제 무역을 구조화했던
도시들 혹은 더 정확하게 말해 대형 플랫폼들(plates-formes)에서 시작해 보
자. 이 시기는 해협식민지(*Straits Settlements*) 결성과 함께 포문을 열었으며
외교 및 군사적 압력으로 일부 중국 시장이 개방되면서 전개되었다. 이 시
기는 일본 제국군의 공격으로 서구 식민제국이 패배한 1942년에 막을 내렸
다. 이후 이 세 도시는 각기 다른 궤도를 따랐으며 오늘날에는 다시 새로운
경로에 접근하고 있다.

전반적으로 볼 때 여기서 다루는 16세기에서 20세기까지의 시기는 언뜻
보아도 동질적이지 않다. 실제 아시아 해양사는 세 가지 국면(séquences)
이 겹치며 전개되었다. 첫 번째 국면은 독점 무역의 쇠퇴와 특허회사의 몰
락이다. 매년 마닐라와 아카풀코를 연결했던 '마닐라 갤리온(Galion de
Manille)'을 통한 스페인의 교역은 영국의 필리핀 점령(1762~1764)으로 큰 타
격을 입었다. 네덜란드동인도회사(VOC)는 1800년에 파산했고, 영국동인도
회사는(EIC)은 1834년에 해산되었다. 두 번째 국면은 중국의 원양항해 정크
선이 지배한 아시아 역내(intra-asiatique)교역의 황금시기이다.[10] 앤서니 리
드는 아시아 지역에서 1760~1850년은 전례 없이 상업이 팽창한 시기에 해
당한다고 자리매김했다. 동남아의 인구 성장은 연간 1퍼센트에도 미치지

---

[10] 리드는 급속한 수출 성장과 교역 확대가 식민시기(1870~1940) 중반인 19세기 말
이 아니라 유럽의 특허회사들이 몰락한 18세기 말에 시작되었음을 설득력 있게
입증하고 있다. Anthony Reid(1993) *Southeast Asia in the Age of Commerce
1450~1680*, vol. 2: *Expansion and Crisis*, Oxford, Yale Univ. Press 참조.

못했지만 교역 성장률은 4퍼센트에 이르렀다. 1760~1850년에 이루어진 성과는 1850에서 1950년까지 식민1세기사가 차지하고 있는 세 번째 국면을 능가했다.

교역의 발전은 유통 상품의 성격 변화와도 깊이 관련되어 있다. 플랜테이션 농작물과 일반 원자재가 향료의 자리를 대신했다. 아편은 처음에는 소량이지만 많은 이윤을 가져다주는 교역 상품이 되었다. 면사는 인도(코로만델)에서 동아시아로 수입되었다. 수출품 중에서 차(茶)는 압도적인 지위를 차지했다. 광저우(廣州, Canton)를 통한 중국의 독점체제가 1820년 경까지도 유지되었다. 그 후 커피가 인도네시아제도에서 경작되었다. 1790년과 1820년 사이에 특히 사탕수수와 후추가 샴 동남부와 삐낭, 믈라까, 싱가포르에서 차오저우(潮州) 출신 농민들에 의해(비료와 대규모 노동력에 의존하면서) 집약적으로 경작되었다. 1820년과 1860년 사이에 루손(Luzon)의 평야지대에서 수출 목적으로 경작된 쌀은 더 이상 마닐라를 경유하지 않고 바로 아시아 역내로 흘러들어갔다.[11]

정치적 표상과 경제적 관계가 가지고 있는 분열적 성격에 대해 이미 보아왔듯이 해양 공간에서 이루어진 지역적 연계에 대한 분석도 같은 문제에 직면한다. 즉 16세기에서 19세기로 이어지는 각기 다른 시기의 흐름을 따라 이동하는 비대칭적인 발전에 직면하게 된다. 이미 보았듯이, 수브라만얌도 중앙·주변의 대립에만 기초한 접근방법이 가지고 있는 타당성에 대해 반론을 제기한다. 그는 세계체제론(systéme-monde)의 시각은 기계론적 성격을 가지고 있어, 연구하고 있는 경제 공간들의 이질적이고 역동적인 성격을 아예 이해조차 할 여지를 주지 않는다고 비판한다.

지중해가 브로델의 저명한 저서 중 하나의 제목만은 아니라는 사실에는

---

11) Anthony Reid(1997) 'A new phase of commercial expansion in South-East Asia, 1760~1850', in A. Reid(ed.), *The Last Stand of Asian Autonomies, Responses to Modernity in the Diverse States of Southeast Asia and Korea, 1750~1900*, Basingstoke, Macmillan, pp.51~81 참조.

변함이 없다.[12] 지중해는 브로델로 하여금 16세기 유럽 자본주의의 역동성을 고찰할 수 있게 해 주었던 보다 일반적인 성격을 가지고 있는 개념이다. 브로델의 논거는 필리프 2세 시기 지중해 주변의 도시를 둘러싸고 전개된다. 우리는 더 이상 16세기에 있지 않으며, 관심의 대상은 아시아이다. 그렇지만 지중해라는 해양 공간에 대한 브로델의 분석에서 가장 주목할 만한 측면은 국경을 해체하고, 공간 자체를 흐름의 측면에서 규정하며, 여러 시간성(temporalités)을 서로 겹쳐 보고 있다는 점이다. 게다가 브로델은 중심과 주변의 이분법도 무너뜨려서, 시대의 경계를 열어젖히고 세계의 정치적인 절단 위에 세워진 지리적 부분들이 가지고 있는 유동성(fluidité)을 강조한다.

이 책의 의도는 지중해를 지리적인 의미나 역사적인 의미가 아니라 제도적인(*institutionnelle*) 의미에서 하나의 개념으로서 이용하는 데에 있다. 지중해는 본질주의의 도구로서가 아니라 발견적 수단으로서 다루어질 것이다. 이를 통해 볼 수 있는 바는 다음의 네 가지 공통된 특징을 가진 글로벌 도시들의 다중심모델(modèle polycentrique)이다.

① 제노바와 베네치아는 경쟁하는 서로 다른 복수의 관할권 사이의 접합부(charnière)에 놓인 특정한 위치를 이용함으로써 자치를 확보한 글로벌 공간이었다.
② 그 해군력은 영토적 야심이 아니라 해양 공간의 '안전(sècurisation)'을 위해 동원되었다.
③ 교역 흐름에 대한 통제는 영토에 대한 지배나 개인에 대한 세금징수

---

12) Fernand Braudel(1949) *La Méditerranée et le monde méditerranéen à l'époque de Philippe II*, Paris, Armand Colin. 같은 주제를 다루는 최근 연구로는 Thomas Rohlen(1995) 'A 'Mediterranean' Model for Asian Regionalism: Cosmopolitan Cities and Nation States in Asia', research paper, Stanford Univ., Asia Pacific Research Center, May 참조.

보다 중요했다.

④ 이들 해항도시(métropoles maritimes)는 국가의 구조 밖에서 작동하는 독창적인 법적 기제를 창출하는 데에 적극 기여했다. 중세 해상 교역법에서 비롯된 국제교역법의 발전은 이제 와서 보면 상관습법(lex mercatoria)이라는 보다 일반적인 범주 안에 포함시킬 수 있다.

'상인 디아스포라'
(diasporas marchandes)의 역할

　　　　　　　　　　　　사회, 문화, 또는 문명 간에 상품 교역이 확대되면 자연적으로 중개인(intermédiaire), 알선자(courtiers), 조정자(médiateurs), '문화 전달자(passeurs de culture)'가 필요하다. 이런 관점에서 보면 동아시아와 동남아 간의 교역 관계에 기여하고 그것을 뒷받침한 이들은 상인 디아스포라였다.

'다른 문화의 사람들과 상품을 교역하는 방식에서 나타난 행동 양태'를 분석하면서, 필립 커틴은 부기스인(Bugis), 바니아인(Banians), 아르메니아인 등 다양한 상인 디아스포라를 연구 대상으로 했다.[13] 그의 연구는 선사시대부터 19세기 중국의 개항장까지 광범위한 역사적 스펙트럼을 망라하고 있으며, 상인 디아스포라가 현지 공동체와 교섭하는 방식에 초점을 둔다. 실제 여러 교역권의 접합부(articulation)에 위치한 항구는 내지로부터 산물을 끌어 모으고 새로운 교역 네트워크로의 출발점을 제공하면서 크게 번영했다. 정치권력의 분열 상태는 인도인, 중국인, 미얀마인, 샴인 상인 디아스포라가 동남아에 정착하는 데에 유리하게 작용했다. 인도 북서부(수라트)와 페르시아만(아덴) 그리고 아프리카 동부(몸바사)에 있는 커다란 항구에

---

13) Philip D. Curtin(1984) *Cross-Cultural Trade in World History*, Cambridge, Cambridge Univ. Press, 특히 8장, "Bugis, Banians, and Chinese: Asian Traders in the era of great companies", pp.158~178.

서 유럽인이 동남아 출신의 상인 디아스포라를 능가할 만한 위치에 있는 경우는 산업혁명 이전에는 거의 없었다.

아시아 해양 시스템과 교역 네트워크의 두 가지 특징은 디아스포라와 화물집산도시(villes-entrepôts)로서의 해항도시이다. 디아스포라는 교역 네트워크를 잃지 않기 위해 자신이 활동 근거지로 삼은 현지 사회로 완전히 통합되지 않으려고 노력했다.[14] 상거래의 세분화는 또한 위험의 거대화에 대비할 수 있는 일종의 보험이 되었다. 게다가 인도양에 있던 그 어떤 디아스포라도 주도적인 위치를 차지하지 않았다. 단 하나의 디아스포라도 정치적 권력을 가지고 있지 않은 공간에 도래한 포르투갈인은 1511년 이후 믈라유인을 믈라까와 향료제도인 말루꾸제도(Kepulauan Maluku, Moluccas)[15]와의 교역에서 쫓아냈다.

장소, 네트워크(réseau)
그리고 접합부(articulations)

장소와 네트워크 사이의 연관을 정의하기 위해 프랑스 지리학자 장 고트망은 이음매(charnière)라는 개념을 고안했다. 예컨대 장소 이음매, 지역 이음매, 역사 이음매, 다중 이음매 등이 있을 수 있다. 이 개념을 통해 그는 콘스탄티노플을 수도와 제국 사이의, 유럽과 아시아 사이의, 로마인과 그리스인 사이의 또는 육지 세력과 해양 세력 사이의 이음매로 설명할 수 있었다.[16]

---

14) *Ibid.*, p.110.
15) 향료제도라는 명명을 가지고 있으며, 영어식 발음에서 비롯되어 말루꾸제도라고 표기되기도 한다(역자).
16) Jean Gottman(1983) 'Capital Cities', *Ekistics*, 50(299), March-April, pp.88~93 참조. 또한 Kenneth E. Corey and Mark L. Wilson(2007) 'Jean Gottman, contributions inoubliables à la théorie et à la planification urbaines', in *La géographie*, 'L'orbite de la géographie de Jean Gottman', 1523(2), special edition, January, p.137 참조.

아시아의 해양 공간을 고려해 보면, 고트망의 개념은 타당성은 물론 현재적 적용가능성을 조금도 잃지 않았음을 인정하게 된다. 홍콩은 동중국해와 남중국해라는 두 해역(bassins maritimes) 사이의 접합부이다. 홍콩은 또한 앵글로 색슨 법 세계와 중국 공산당 제국 사이의 인터페이스(interface, 계면, 경계면, 공유영역)이다. 싱가포르와 믈라까는 남중국해와 벵골만이라는 두 개의 또 다른 해역 사이의 접합부에 해당한다. 이들 해양 공간의 내부에는 원거리 해상 교역과 연안교역을 위한 정교한 네트워크를 가진 접합부가 존재했다. 끝으로 12세기부터 18세기까지 동아시아의 해양 공간을 지배했던 조공무역과 사무역 사이의 접합부를 들 수 있다. 이에 대해선 6장에서 더 상세하게 다룰 것이다.

글로벌화의 양태

글로벌화는 이주, 정보, 사상, 자본, 상품의 대규모 흐름으로 빚어진 정치, 경제, 문화 방면에서의 동시다발적인 변화 과정으로 묘사된다.[17] 이는 흔히 디아스포라가 중개인이었던 원거리 교역과 관련이 깊다. 그러나 마찬가지로 지식, 이미지, 기술, 그리고 신념의 흐름에 대해서도 언급할 필요가 있다. 이들 모두는 이제까지 역사가를 사로잡은 향료의 흐름과 화폐의 순환만큼이나 중요하다.

제1차 글로벌화는 16세기 말에 일어났다. 1571년을 적합한 기준년으로 볼 수 있다. 그 해에 있었던 스페인의 마닐라 점령은 네 대륙 간의 정기적이고 안정된 관계의 포문을 열었다. 글로벌 시장은 유럽의 헤게모니와 어깨를 나란히 하며 등장했다. 그러나 유럽의 헤게모니는 장기적인 일련의 경쟁과 공공연한 분쟁이 종식될 때까지 뚜렷하게 그 모습을 드러내지는 않

---

17) M. Waters(1995) *Globalization*, Routledge, London, p.3; Olivier Dollfus(1995) *La nouvelle carte du monde*, Paris, P.U.F., 'Que sais-je?' series, p.2986 참조.

앉다.[18) 영국은 동남아로 들어온 이베리아 세력, 프랑스, 네덜란드에 이은 후발주자(*late comers*)였다. 영국은 17세기 후반에야 겨우 네덜란드의 위치를 위협할 수 있었다.

제1차 글로벌화는 사상, 언어, 철학의 복잡한 교류의 결과이기도 했다. 이는 식민시기 훨씬 전에 아시아의 주요 해항도시에서 잠복기를 거쳤다. 이들 지역에서의 장기에 걸친 혼용(longue mixité) 과정은 19세기 유럽 세력의 제국주의 팽창 시기와 비교하면 훨씬 더 평화롭고 조화로운 방식으로 전개되었다. 발견을 위한 대탐험이니 유럽인의 우세니 하는 것은 유럽인의 관점일 뿐이었다.

아시아 해양에서 평화로운 경쟁과 상호적인 차용이라는 분위기 하에서 펼쳐진 문명 간 교류의 도가니—다양한 요소들이 혼합, 융합되는 장소로서의—는 어떤 것이었을까?[19) 동남아의 특히 인도인이 인식하고 있었던바 상징적 공간과 그에 수반한 우주론적 세계관은 유럽인의 지도제작상의 지식과 충돌을 일으켰는데, 이는 서로가 정치적으로나 영토적으로 완전히 다른 세계에 속해 있음을 드러냈다. 해항도시 믈라까, 마카오, 나가사키는 침투와 유입의 주요 장소이자 활발한 문화 교류의 지점이었다. 이들은 또한 유럽의 해군 전함이 실력행사를 했던 장소이기도 했다.

제2차 글로벌화의 기점은 1985년으로 잡을 수 있다. 1980년대에 일어난 중량감 있는 사건들과 그 영향력이 집적되어 표출되었다는 면에서 1985년

---

18) 이 문제는 다음의 저서들에서 충분히 다루어졌다. Fernand Braudel(2000) *Civilisation matérielle, économie et capitalisme*, Paris, Armand Colin; E.L. Jones(2000) *The European Miracle: Environments, Economies, and Geopolitics in the History of Europe and Asia*, Cambridge, Cambridge Univ. Press; Immanuel Wallerstein(1980) *The Modern World System*, vol. 2: *Mercantilism and the Consolidation of the European World-Economy, 1600~1750*, New York, Academic Press; Giovanni Arrighi, Takeshi Hamashita and Mark Selden(eds.)(2003) *The Resurgence of East Asia, 500, 150 and 50 Year Perspectives*, London and New York, Routledge.
19) Geoffrey Gunn(2003) *First Globalisation: The Eurasian Exchange, 1500~1800*, Lanham, Rowman & Littlefield Publishers, pp.2~3.

은 기준년이 될 만하다. 운송과 통신 비용의 극적인 하락과 자본 이동의 자유화는 무엇보다도 중요하다. 이런 격변으로 국민국가의 규제 장치가 발휘하고 있던 기능이 약화되었으며 국가의 재분배 기구가 가지고 있던 효율성도 떨어졌다. 다른 한편 이런 급변의 와중에 일어난 주요한 두 사건에 힘입어 아시아의 글로벌 현장에의 복귀가 용이해졌다. 첫 번째 사건은 G7 구성국이 미국 달러화의 평가절하에 동의한 플라자협약(accords du Plaza, 1985년 9월) 체결 직후에 발생했다. 이어 발생한 엔화 가치의 상승, 즉 엔고(円高, endaka)는 일본의 수출에 큰 부담으로 작용했다. 그 결과 아시아와 그밖의 지역에 대한 일본의 투자 물결이 일었고, 이는 수출 시장을 목표로 한 상품에 대한 부가가치의 체계적 추구를 특징으로 한 일본식 산업화 방식의 확산으로 이어졌다. 두 번째 사건은 중국이 세계 경제체제 내로 들어온 것인데, 그 매개는 1990년 이래 연안 지역에 들어선 국제 하청 네트워크였다.

위기에 처한 세 가지 패러다임
:정치경제, 지리, 그리고 국제관계

　　　　　　　　　　　　　명확히 설정된 경계를 가지고 있지 않는 지중해 혹은 내해(méditerranées)와 글로벌화라는 새로운 연구 영역은 엄격한 의미의 지리에 대한 비판을 내포하고 있다. 동아시아와 동남아는 국가의 틀로 이루어진 모자이크 안에 갇혀 있지 않다. 아시아에서 국가는 주로 대륙과 관계된 문제이며 동남아에서 정치와 행정 제도는 자와를 예외로 한다면 느슨하고 모호하다. 베트남은 동남아에 속해 있지만 문화적으로는 동아시아의 일부를 이루고 있다. 동남아 해양부는 거의 통합되어 있지 않다.

　사회과학의 주요 세 분과학문(정치경제, 경제지리 그리고 국제관계)의 이론적 토대가 되었던 세 패러다임은 경제 계정의 통합으로서의 국가적 실체(entité), 경제 지리의 기초로서의 영토와 물리적 공간, 그리고 국제관계 시스템의 기본 단위로서의 영토국가이다. 오늘날 이 세 패러다임은 국제경제의 변화와 사회과학의 혁신이라는 이중의 영향 하에서 위기에 몰려 있다. 그 이유는 무엇인가?

정치경제와 중상주의적 동어반복

정치에 대한 경제의 자율성은 18세기 유럽에서 만들어진 개념이었다. 바로 그 시기에 경제 활동과 관련성이 있는 실체로서의 국민국가가 구축되었으며, 이는 중상주의와 경제민족주의와 함께 전성기를 구가했다. 전제는 단순했다. 즉 부가 한정된 것이라면 일국의 이익은 타국의 손실일 수밖에 없다. 경제는 제로 섬 게임으로 간주되었으며 여러 국가는 교역상의 이익을 통해 부를 획득하려고 격렬한 경쟁에 뛰어들었다.

이에 따라 국가 경제가 경제활동의 구성 요소라는 관념이 경제학과 정치철학에 깊게 뿌리내렸다. 지리적 분업은 영토국가를 기초로 조직되었다. 비스마르크 하의 독일과 메이지 유신 이후의 일본에 대해 생각해 보기만해도 이를 알 수 있다. 일본인 학자 세키 미쓰히로(関光博)의 용어를 빌면 '완비된 산업구조'는 무로부터(ab nihilo) 산업 조직의 모든 구성요소를 창조해 내려는 19세기 말 일본의 의지에서 비롯되었다.[20] 이런 시각은 1990년대 내내 일본에서 탈산업화(空洞化, kudōka)에 대한 불안과 공포감이 그렇게 강하게 일어났던 이유를 설명하기도 한다.

더글러스 노스가 지적하듯이 제도는 교역 과정과 경제 발전에 결정적인 역할을 한다.

---

20) Seki Mitsuhiro(1994) *Beyond the Full-Set Industrial Structure: Japanese Industry in the New Age of East Asia*, LTCB, Tokyo, p.3. 또한 pp.7~9 참조.

제도는 사람이 사람의 관계에 가하는 제약이다. 제약은(일반적인 경제적 제약처럼) 한 경제체제 내에 존재하는 모든 기회를 규정한다.(…) 제도는 게임의 규칙이며 조직은 그 게임의 선수이다.[21]

경제적 효율성은 제도적인 환경(법, 규정, 관례)과 아울러 경제 참여자의 역량에 따라 다양하게 나타난다. 상호간의 적응(adaptation) 능력은 경제 조직의 핵심적인 사안이 된다. 이런 의미에서 역사는 매우 중요하다. 즉 발전은 많든 적든 경로 의존적이며(*path dependency*)[22], 과거의 제도로부터 축적된 유산에 의해 구속받을 수밖에 없는 현재의 선택이다.[23] 이는 단순히 관성(*inertia*)의 문제가 아니라 과거의 경험(*expériences du passé*) 때문에 현 순간의 선택지 제약(*restrictions des possibilités de choix de moment*)이 따른다는 문제이다.

"형식적으로 보아 경제법은 일반적으로 재산법이다. 재산법은 법과 규정으로 표현되며 재산과 재원에 대한 소유권, 사용권, 용익권, 양도권을 정한다."[24] 재산법과 그 입법과정은 경제에서 핵심적인 역할을 수행한다. 사기업은 재산법이 공식화됨과 동시에 출현했다.

재원을 위한 재산법이 생기기 전에 사기업 시스템은 기능할 수 없었다. 그리고 일단 재산법이 만들어지자 재원을 이용하기 원하는 이는 누구든지 이를 얻기 위해 재원의 소유자에게 대가를 치러야 했다. 혼돈은 사라졌다. 물론 재산권을 규정하고 갈등을 조정하기 위한 법적 시스템이 필요했다. 정부가 그 역할을 했다.[25]

---

21) Douglass North(2005) *La processus du développement économique*, Paris, Editions d'organisation, p.87 · 90.
22) 일반적으로 경로 의존 이론은 기존 제도나 관행을 쉽게 바꾸지 못하는 현상을 말한다(역자).
23) *Ibid.*, p.77.
24) *Ibid.*, p.83.
25) Ronald Coase(1959) 'The federal communications commission', *Journal of Law and*

자본의 유동성 증가와 운송비용의 하락으로 경제활동의 세계 지리가 와해되었기 때문에 영토국가의 경제적 성격을 대변하는 고전적인 방식은 더 이상 설득력이 없게 되었다.

네트워크와 영토

그럼에도 불구하고 여러 국가와 각 국가 영토의 도, 현, 시 등의 하위 단위로 구성되어 있는 동아시아의 지도를 보면서 논의를 시작해 보자. 이들 다양한 실체 간의 상호작용(interactions), 즉 경제적 교환, 정보의 교류, 자본의 흐름을 어떻게 포착해 낼 것인가? 국민국가가 고안한 통계 수단은—국가마다 사용하는 정의가 상당히 다름에도 불구하고— 재화와 서비스의 교역, 자본의 흐름을 정확하게 파악한다. 그러나 정보의 흐름이나 이주 움직임과 같은 사안은 훨씬 덜 분명하게 드러난다.

예컨대 일본과 교역을 하는 주체는 사실 중국이 아니다. 이는 오히려 특정한 기업이며, 이는 아무 데가 아니라 명확한 지역에 위치한다. 일본의 투자를 받는 주체는 중국이 아니라 특정한 장소에 위치한 중국인 기업이다.

여기에서 하나와 난제와 직면하게 된다. 즉 통계 수단이 본질적으로 국가라는(nationaux) 공간을 위해 고안되었다면 어떻게 매우 지역적인(localisées) 흐름을 파악해 내고 이해할 수 있을까? 국가에서 지역으로의 층위의 변화, 즉 국가 공간 내의 하위 단위로의 변화는 물론 여러 국가의 여러 부분을 포함하고 있는 트랜스내셔널 지역으로의 변화는 하물며(a fortiori) 더욱 더 어려운 문제이다. 제인 제이콥스는 『도시와 국부(Cities and the Wealth of Nations)』에서 다음과 같이 말한다.

국가는 정치적 실체이자 군사적 실체이며, 국가연합(blocs de nations)도

Economics, 2, p.14.

마찬가지이다. 그렇다고 해서 이들이 경제생활의 기본이고 핵심적인 실체라거나 경제 구조의 미스터리 즉 부의 증가와 감소를 밝히는 데에도 특별히 유용한 실체라고는 볼 수 없다.(…) 싱가포르와 미국, 또는 에콰도르와 소련, 혹은 네덜란드와 캐나다처럼 서로 전혀 다른 실체를 공통의 분모인양 다룬다면 이 또한 적어도 상식에는 반할 것이다. 이들에게 공통점이 있다면 이는 주권이라는 정치적 행위(fait politique)이다.26)

그렇다면 어떤 층위(échelles)에서 경제적 현상을 분석해야 더욱 적절한 것인가? 이러한 질문은 거의 제기조차 되지 않았다. 순수 경제학은 말할 것도 없이 정치경제학도 국민국가를 경제활동 분석의 기본 단위로 삼고 있기 때문이다. 제인 제이콥스는 여기에서 중상주의적 동어반복(*mercantilist tautology*)이라고 이름 붙인 현상을 비판한다. 이 현상은 오로지 국가 경제만이 거시 경제를 분석하기 위한 기본 데이터를 제공한다는 생각을 의미한다.

[이는] 국가 경제가 경제생활이 수행되는 방식과 경제 구조가 이루어진 방식을 이해하는 데에 유용하고 적절한 실체라는 관념이다. 즉 다른 어떤 실체도 아니고 바로 국가 경제가 거시 경제적 분석을 위한 기본적인 데이터를 제공한다는 인식이다. 이러한 가정은 약 4세기나 되었는데, 포르투갈과 스페인, 프랑스, 영국, 네덜란드가 신세계와 아프리카를 돌아 인도[네시아]제도와 그 너머 무역로를 따라 펼쳐진 바다와 육지를 탐험하고 정복했던 시기에 때마침 벌어지고 있던 교역과 재화를 둘러싼 유럽 세력의 경쟁상황을 주시하고 있던 초기 중상주의 경제학자로부터 시작되어 우리에게까지 전해졌다. 이들 초기 중상주의자는 자신의 눈앞에서 펼쳐지고 있던 국가 간의 경쟁이야말로 부 자체가 무엇이며 어떻게 생성되는지를 이해하는 열쇠라고 확신했다. 이들이 제기한 이론에 따르면, 부는 금으로 이루어지며 국고(national treasure)를 늘리는 과정에서(…) 한 국가가 상품을 더 많이 팔고 덜 사들임으로써 금은 축적된다.27)

---

26) Jane Jacobs(1985) *Cities and the Wealth of Nations*, New York, Vintage Books, pp.31~32.

애덤 스미스 자신은 중상주의자의 많은 가정을 수용하지 않았다. 그는 부가 금은의 축적(금광이나 은광의 소유, 국가의 보고 증대)을 통해서가 아니라 소비를 목적으로 한 생산(*production destinée la consummation*), 즉 자본, 노동, 교역에서 발생한다고 주장했다. 그럼에도 스미스는 국가가 경제 생활에서 기본적인 실체라는 중상주의적 전제를 반박하는 데에는 전혀 이르지 못했다. 오늘날 우리가 국민총생산이라고 부르는 개념을 규정하면서 그는 심지어 이 전제를 자신의『국부론(*Wealth of Naitons*)』의 출발점으로 삼았다.

> 모든 국가의 연간 노동은 원래 그 국가가 연간 소비하는 모든 생활필수품과 편의를 그 나라에 공급하는 자금(fund)이다. 그리고 국가가 소비하는 모든 생활필수품과 편의는 언제나 그 노동의 직접적인 생산물이거나 그 생산물을 가지고 다른 국가로부터 구입한 것으로 구성된다.28)

여기에서 고려의 대상이 되는 유일한 공간은 국민국가(état-nation)이다. 국민국가는 동질적이라고 간주되지만 경제적으로 보면 사실 이 공간은 서로 다르고 이질적이다. 물리적인 지형이 다양해서 라기보다는 커뮤니케이션 네트워크의 농도가 각기 상이하고 특이점(pôles), 망상조직(maillages), 중심, 주변으로 이루어진 가상의 공간이 배열되고 결합되는 방식이 다채롭기 때문이다.

경제적 사실에 대한 분석이 브로델이 연구한 바의 지중해나 드니 롱바르가 분석한 바의 18세기 남중국해와 같이29) 여러 국가 영토의 일부를 자기 내부에 포함하고 있는 트랜스내셔널 경제권역을 대상으로 하고 있을 때도

---

27) *Ibid.*, pp.29~30.
28) Adam Smith, *An Enquiry into the Nature and Causes of the Wealth of Nations*, Book One, in J. Jacobs, *Cities and the Wealth of Nations*, pp.30~31.
29) Denys Lombard, *Le carrefour javanais*.

사정은 전혀 다르지 않다.

도시의 경우에도 마찬가지이다. 도시는 정확히 말해 경제생활의 생산 단위이다. 기업, 기술, 자본, 시장, 이 모든 것이 집중된 곳이 바로 도시이다. 도시는 농업 생산성의 발전은 물론 훨씬 더 세련된 서비스의 발전 가능성이 동시에 표출되는 공간이다. 또한 도시는 사회적 유동성을 배가시킨다. 도시는 사회기반시설에 힘입어 영향력을 파급하고, 다른 도시들과 연계를 맺으며, 네트워크를 만든다. 도시는 사람, 활동, 능력을 집중시키는 매개체(vector)이다. 정보의 생산자이자 분배자로서 도시는 다른 도시 중심지와 경쟁하면서 점점 더 코즈모폴리턴으로 된다. 도시 안에 협력과 혁신의 기능이 집결되며, 도시 간 관계는 교류의 증대를 가져온다.

중심과 자원이 제한적인 주변(거리가 가깝든 멀든)의 관계보다는 발전 수준이 비슷한 도시 간의 관계가 더 구조화되기 쉽다. 한참 때에 제노바, 베네치아 혹은 뤼베크는 자신이 속해 있지만 종속되어 있지 않은 영토국가에 대해 우월한 영향력을 행사했던 세계적인 수준의 세력이었다. 오늘날 홍콩이나 싱가포르 같은 까싸도스(métropoles)는 교역과 금융의 중심지이며, 이로 인해 경제 조직을 네트워크와 결절점으로 재편하고 있다. 다시 한 번 분명히 강조하건데 영토국가는 더 이상 부에 대한 통계를 내기 위해서나 경제력을 위치시키기 위한 유일한 준거틀이 될 수 없다.

틀에 박힌 거시경제 이론은 여전히 도시와 공간에는 관심이 없다. 이는 이런 저런 나라에서 스스로 또는 다른 나라를 위해 생산된 것만을 고려한다. 경제 활동의 공간화(spatialisation)는 거의 중요시되지 않는다. 그렇지만 사회기반시설, 부동산, 도시 서비스는 그 공간에 있다. 도시의 시간(temps)은 거시경제의 그것과는 다르다.

스미스 이래로 리스트(List)를 거쳐 포터(Porter)에 이르기까지 국민국가는 경제학자의 성찰의 중심 대상이었다. 교역 자유화를 둘러싼 논의의 초점도 국민국가였다. 그렇지만 도시는 현재 교양 교육, 고등 교육, 직업 훈련, 산

학 협력의 확산, 거주지에서 일터까지의 일상적 움직임의 조직 등 수없이
많은 경제적 관건을 쥐고 있으며 더욱 더 중요한 경제적 고려의 대상이 되
고 있다. 도시는 수없이 다양한 제도와 역량을 집결시킨다. 현재 국제 시장
에서 경쟁하고 있는 주체는 국가가 아니라 도시와 기업이다. 폴 크루그먼
은 경제에서 지리의 중요성을 재발견하는 데에 크게 기여했다. 그에 따르
면 "우리는 생산의 지리적인 구조를 생각해 볼 필요가 있으며 국가를 당연
한 분석의 단위로 취급해서는 안 된다."[30]

　마누엘 카스텔이 올바르게 지적한 바[31], 교역은 무엇보다도 먼저 까싸도
스 사이에서 발생한다. 도시 간 관계의 복잡성은(한 지역에서든 세계적인
규모에서든) 이매뉴얼 월러스틴이 제시한 비교적 정적이고 국가 중심적인
위계질서나[32] 안드레 군더 프랑크와 같은 종속이론가의 논의가[33] 과연 타
당한가라는 의문을 갖게 한다. 이는 보다 역동적인 접근을 요구한다. 오늘
날 동아시아의 경제발전에서도 도시와 같은 제한적인 영토가 상당한 역량
을 발휘하는 것을 볼 수 있다. 홍콩이나 싱가포르와 같은 까싸도스에서는
교역과 금융 활동의 활력에 힘입어 경제 조직의 형태가 도시의 네트워크와
플랫폼으로 바뀌고 있다.

　건축과 도시발전의 역사를 연구한 앙드레 코르보즈는 『팔림세스트와 습
작의 영토(Le territoire comme palimpseste et autres essais)』에서 인간 활동

30) Paul Krugman(1991) Geography and Trade, Cambridge, MIT Press, p.87.

31) Manuel Castells(1999) L'ère de l'information, Paris, Fayard(vol. 2, Le pouvoir de
l'identité, 5장, "L'Eat impuissant?", pp.295~372 참조).

32) Immanuel Wallerstein(1974) The Modern World-System, vol. 1: Capitalist Agriculture
and the Origins of the European World-Economy in the Sixteenth Century, New
York/London, Academic Press. 또한 그의(1979), The Capitalist World-Economy,
Cambridge, Cambridge Univ. Press와(1980), The Modern World-System, vol. 2:
Mercantilism and the Consolidation of the European World-Exonomy, 1600~1750,
New York, Academic Press 참조.

33) 예컨대, Frank(1971) Capitalism and Underdevelopment in Latin America, London,
Penguin Books. 또한 Frank(1978) World Accumulation 1492~1789와 Dependent
Accumulation and Underdevelopment, London, Macmillan Press 참조.

의 발전 과정에서 영토가 겪어온 바를 바꿔 쓰기(réécriture), 지우기(grattage), 수정(modification) 그리고 재활용에 비유하면서 다음과 같이 쓰고 있다.

영토를 단순한 지면(surface)으로 보는 관념은(…) 국경이 정해진 19세기의 유산이다. 이 지면과 거주자 사이에는 일대일 대응 관계가 존재한다. 그리하여 상호 보완적인 두 가지 특징이 나타나게 된다. 즉 영토 획정(외부로부터 보호하는)과 점유(보호받은 지면의)가 그것이다. 이런 상황에서 영토는(…) 동질적인 사람들이 거주하는 보호받은 표면이다. 이런 관념은 유효성이 없게 되었다. 다문화주의(multiculturalisme), 횡단문화주의(trans-culturalisme), 유동성(mobilité), 많은 역사적 경계(barrières)의 탈구현상(déplacement) 등은 모든 또는 거의 모든 영토 문제를 네트워크 시스템으로 표현할 수밖에 없게 만든다. 하나의 지면은 하나의 경계(périmètre)를 갖는 반면 네트워크는 오로지 접속점(points terminaux)을 가지고 있을 뿐이다. 지면은 전혀 중첩되지 않지만, 반면에 네트워크는 정반대로 서로 겹쳐 있고 결합되어 있다. 게다가 네트워크는 지면을 폐기하지 않는다. 이는 이들 간의 상호관계를 정의할 수 있는 변증법이 필요함을 의미한다.[34]

팔림세스트[35]라는 은유는 경제적 형태가 이를 바라보는 시각(국가 시각, 국가 하부(infra-national)시각, 트랜스내셔널 시각)에 따라 어떻게 달라지는지를 보여준다. 이런 시각은 교역의 실재성을 구성하고 있는 각기 다른 층위를 드러낸다. 이런 관점은 영토가 글로벌 경제 공간을 점하고 있는 두 가지 방식(언뜻 보아서는 보이지 않지만 공존하고 있는)을 드러내 준다. 첫 번째 방식은 국가 구조를 통해서인데, 여기에서 정치는 경계를 계속해서

---

34) André Corboz(2001) *Le territoire comme palimpseste et autres essais*, Besançon, Les éditions de l'imprimeur, p.254.

35) 유럽 중세에는 양피지 값이 비쌌기 때문에 한 번 썼던 내용이 필요하지 않게 되었을 때 일부 혹은 전체를 지우고 다른 내용을 새로 쓰는 일이 많았다. 여기에서 양피지를 지웠다 썼다를 계속해서 재사용한다는 개념이 유래했다.

재현해 낸다. 두 번째 방식은 정도의 차이는 있지만 세계 까싸도스 군도(archipel métropolitain mondial)로 통합된 도시의 중개를 통해서인데, 여기에서 도시는 자신이 속해 있는 국가 영토로부터 벗어나려는 경향이 있다. 교역은 경제 공간의 동질화(homogénéisation)가 급속도로 확대되고 있는 지역에서 더욱 더 활발하게 일어난다.

지리

밀이 경작되는 곳이 어디인가? 강철을 만드는 곳은 어디인가? 지리, 특히 경제지리 또는 인문지리는 오랫동안 경제활동의 지역적 집중화(localisation)라는 문제에 초점을 맞추어왔다. 지리는 비달 드 라 블랑쉬가 정의했듯이, 요컨대 장소의 과학(science des lieux)이다. 보다 정확히 말해 사회과학에서 공간은 양면으로 구성되어 있다. 무엇보다도 공간은 영토적 실체이다. 이는 영토국가의 국경으로 정해지며, 여기에서 다른 가능한 잣대 예컨대 지역(locale)이나 글로벌 수준은 무시된다. 두 번째 공간은 구조적 실체이다. 이는 구역, 지역, 네트워크, 결절점으로 이해되며, 상호작용으로 공간적 효과(effets spatiaux)가 만들어진다. 끝으로 중심·주변(뒤에서 다시 다룰 것이다)과 같은 관념은 우월·종속의 관계를 만들어 내며, 이는 인문지리와 경제사 그리고 세계체제 이론의 연구대상이다.[36]

부에 대한 사고에 변화가 일어나면서 예전과 같이 부를 영토와 긴밀한 관계하에서 파악하지는 않는다. 글로벌화는 공간과 경계의 본질을 바꾸어 버렸다. 자본, 지식, 능력(compétence)은 상당히 이동성을 확보한 반면, 영

---

36) John Agnew(1994) 'The territorial trap: the geographical assumptions of international relations theory', *Review of International Political Economy*, 1(1), Spring, p.65. 또한 그의(1989), 'The devaluation of place in social science', in John A. Agnew and James S. Duncan, *The Power of Place: Bringing Together Geographical and Sociological Imaginations*, Boston, Unwin Hyman 참조.

토에 뿌리내린 경제 활동은 또 다른 규정과 새로운 제약으로 자유롭지 않은 상태이다. 비슷한 속성을 가지고 있는 도시와 지역이 기업의 소재지, 제조나 조립을 위한 공장 소재지, 연구의 장소지, 게다가 군사기지의 입지가 되기 위해 서로 경쟁하고 있다.

여기에서 결정적인 요소는 가능태(*potentialités*)이다. 인구 밀도, 생활수준, 기술교육 정도, 제도적·법적 안전, 세제, 다른 장소와의 관련성에서 본 위치 등이 이에 속한다. 홍콩은 컨테이너 물동량에서 세계적인 주요 항구 중 하나이다. 이는 높은 부가가치를 가진 서비스(사회기반시설과 물류지원 역량)에 못지않게 지리적 입지(아시아에서 유럽과 미국 양쪽으로의 항로가 교차하는 지점에 위치하는 데다 물리적으로 중국 본토와 인접해 있는 수심이 깊은 항구라는)가 가지고 있는 이점 때문이다.

역사적으로 형성되어온 물적·인적 인프라 그리고 지방, 지역, 궁극적으로는 글로벌 공간을 지배할 수 있는 능력이 결국(*in fine*) 이러저러한 위치(site)의 질(qualité)을 결정한다. 그리하여 한 도시의 경제적 팽창은 원에 비유할 수 있는데, 그 원의 반경은 생산 비용, 자본 시장에의 접근성, 정보 가용성, 운수송 시스템, 국제적인 유대, 잘 훈련된 인재와 같은 특정한 요소의 질에 비례한다. 이 모든 요소는 합하여 어떤 주어진 도시의 비교 우위, 속해 있는 네트워크상에서의 위치 그리고 통제할 수 있는 경제 공간을 결정한다.

글로벌화로 공간에 대한 새로운 인식, 말하자면 탈영토화된(*déterritorialisé*) 공간에 대한 인식이 생겼다. 귀하고 찾고자 하며 경쟁성 높은 공간은 네트워크, 접촉의 공간이며 영토의 물리적인 공간이 아니다. 이런 현상은 새로운 형태의 권력, 주권, 위협, 방어, 지정학 제 방면에 수없이 많은 함의를 가진다. 이는 20장에서 다루어질 것이다.

국제관계

　　　　이 연구 분야에서도 마찬가지로 영토국가(자주 국가와 동일시된다)는 주역으로 간주된다. 국가에 대한 정의는 두 가지 함의를 가지고 있다. 한편으로 권력은 본질적으로 일련의 중앙집권화된 정치 제도를 통해 행사되는 것처럼 보인다. 다른 한편으로 분명한 공간 획정이 이루어지며 그 경계 내에서 국가의 특권이 행사된다. 따라서 세계가 지리적으로 상호 배타적인 영토국가로 분할되면서 국제관계라는 영역이 등장하게 된다.

　무역 자유화와 기술 변화로 인해 경제적 정책결정 과정에서 중앙정부(gouvernements nationaux)의 중요성은 줄어들었다. 전통적인 주권 형태—영토, 인구이동, 조세독점권, 자신의 영역에서 산출된 부가가치에 대한 권리—에도 심대한 변화가 일어나고 있다. 국가는 무역장벽과 관세, 쿼터 그리고 보조금을 더 이상 마음대로 사용할 수 없다. 잘못되었을 경우 세계무역기구(WTO, 불어로는 OMC)나 관련 조약의 이행 감독 권한을 위임받은 초국가(supranationaux) 기구의 제재를 받기 때문이다.

　베스트팔렌조약(1648년)으로 탄생했으며 우리가 국가라고 부르는 것은 사실 포스트—르네상스 유럽에서 특정한 사회 · 경제적 이해관계가 맞아 떨어지면서 생긴 국면(conjuncture)에서 수태되었다. 국가라는 형태의 정치—군사 조직이 이탈리아 도시와 한자동맹과 같은 경쟁자에 대해 승리를 구가했다.[37] 그 이유는 영토적 논리로 인해 국가는 경쟁자들보다 더 효율적으로 인구를 동원할 수 있었으며 대외관계를 조직할 수 있었기 때문이다.

　19세기 후반 이래로 국민국가는 역사, 정치지리와 경제지리, 국제관계의 거의 유일한 준거였다. 그렇지만 우리는 분석 범위를 넓혀서 사회를 형성시키고 역사에 글로벌 패턴을 부여한 방대한 상호작용—그 중에서도 대규모 이주, 문화간 교섭, 기술적 실행의 세계적 유통은 지울 수 없는 흔적을

---

[37] Hendryck Spruyt(1994) *The Sovereign State and its Competitors*, Princeton, Princeton Univ. Press, p.185 참조.

남겼다―을 포함시키지 않을 수 없다. 일찍이 1966년 레이몽 아롱은 이미 교역, 이주, 신념의 공유를 통해 그 모습을 드러내고 국경을 무의미하게 만든 조직을 동반한 트랜스내셔널 사회의 형성에 대해 언급한 바 있다.[38] 1970년대 중반 조세프 나이와 로버트 커헤인은 국가주권이 축소되고 복잡한 상호의존 상황과 국제 '정체(régimes)'의 증가로 인해 정치인의 선택지가 줄어들고 있는 이행기의 세계에 대해 분석했다.[39]

그리하여 광대한 트랜스내셔널 지역을 포괄하고 있으며 그럼으로써 경제체제에 일관성을 부여하고 있는 지형을 파악하기 위해 국가 공동체보다 훨씬 더 넓은 분석 범주가 필요하게 된다.

트랜스내셔널 경제 지역과 지구사

여기에서 아시아는 또 다시 구체적인 실례를 제공한다. 아시아의 국제관계가 정형화되고 구조화된 방식은 그 역사적 경로의 결과이다. 우리는 서로 다른 국가에 속하는 여러 지역을 포괄하고 있는 트랜스내셔널 경제 지역에 대한 경제학과 역사학 분야의 저술(1990년대에 일본에서 쓰인)을 통해 동아시아의 특정 역학에 대한 이해를 상당 정도 진작시킬 수 있었다.[40] 이런 연구 동향은 냉전의 종식, 블록의 해체, 일본의 대아시아 투자 열풍, 중국의 세계 경제체제로의 통합이라는 특정한 맥락에서 이루어졌다. '해양 지역(région maritime)'이나 '해양 공동체(communautés océaniques)'[41]와 같은

38) Reymond Aron(1968) *Peace and War: A Theory of International Relations*, New York, Praeger, p.105.

39) Robert O. Keohane and Joseph Nye Jr.(eds.)(1971) *Transnational Relations and World Politics*, Cambridge, Harvard Univ. Press.

40) 이와 관련된 비판적 논의는, F. Gipouloux(1994) *Regional Economic Strategies in East Asia: A Comparative Perspective*, Tōkyō, Maison Franco-Japonaise, pp.13~43 참조.

41) M.W. Lewis and K.E. Wigen(1997) *The Myth of Continents: A Critique of Meta-*

새로운 개념이 이제까지 역사가와 정부 모두가 자연스럽고 이치에 닿는 범주라고 수용한 국민국가에 대한 올바르고 타당한 대안이 될 수 있을까?

해역(bassins maritimes)을 중심으로 한 개념 구상은 유럽과 아시아 간의 절대적 구분을 상대화하고 공해와 해역을 가로지르며 진행된 지속적인 교섭현상을 부각시킬 수 있다는 면에서 두 가지 이점을 동시에 가지고 있다.[42] 그러나 이들 광대지역(macro-regions)이 가지고 있는 한계, 그 경계 그리고 다른 지역과의 교섭을 어떻게 다룰 것인지는 여전히 문제로 남는다. 18세기에서 19세기까지 술루 술탄국은 필리핀에 집중되었던 스페인의 영향과 인도네시아와 그 주변 바다를 지배했던 네덜란드 세력 사이에서 완충지대의 역할을 했다.[43] 일찍이 16세기에 대서양과 태평양 유역 모두에서 경제적·사회적 통합의 징후가 있었으며, '어느 정도 16세기 이후의 해양사는 세계사로 통합되었다.'[44] 예를 들어 아카풀코에서 마닐라로 흐르는 은의 양은 대서양을 가로질러 유럽으로 운송되는 양과 거의 비슷했다. 훨씬 더 많은 양이 육로로 운반되었는데,[45] 대량의 은이 중국으로 유입되어 실크, 칠기, 도자기와 교역되었다(9장 참조).

이들 해양 공간이 구조화되었던 방식을 이해하기 위해 그 접합부를 허브(hub) 또는 결절점이라는 면에서 생각해 볼 필요가 있다. 여기에서 인

---

geography, Berkeley, Univ. of California Press, p.204.

[42] Jerry H. Bentley(1999) 'Sea and ocean basins as frameworks of historical analysis', *Geographical Review*, 89(2), April, pp.215~224.

[43] J.F. Warren(1981) *The Sulu Zone, 1768~1898: The Dynamics of External Trade, Slavery and Ethnicity in the Transformation of a Southeast Asian Maritime State*, Singapore, Singapore Univ. Press 참조. 또한 그의(1998) *The Sulu Zone: The World Capitalist Economy and the Historical Imagination*, Amsterdam, VU Press 참조.

[44] *Ibid.*, p.220.

[45] D.O. Flynn and A. Girandez(1995) 'Born with a "silver spoon": the origin of world trade', *Journal of World History*, 2, pp.201~221 참조. 또한 그들의(1995) "Arbitrage, China, and world trade in the early modern period", *Journal of the Economic and Social History of the Orient*, 38(4), pp.429~448 참조.

프라의 질에 의해 좌우되는 물리적인 공간은 물론 무엇보다도 중요하지만 비물질, 가상, 탈영토화 공간(espace déterritorialisé)도 이에 못지않게 사실 점차 더 중요해지고 있다. 허브 또는 결절점은 역량, 지식, 창의성, 상상력뿐만 아니라 온갖 형태의 지혜가 집중되고 비판적인 대중이 형성되는 공간이다.[46] 바로 이러한 교차로에서 기술적 규범과 행동 규약, 국제교역법의 규정 등이 만들어진다. 문제는 아주 과밀한 상호연결의 네트워크를 어떻게 그려낼 것인가에 있다. 어떤 단위와 척도를 이용할 수 있는가?

여기에서 지구사(histoire globale, world history)와 문명교류사는 앞으로의 연구를 위해 말할 수 없이 귀한 방향을 제시해주고 있다. 이는 야심차게 세계라는 범주를 대상으로 하면서 실제로는 여러 국민국가의 역사를 병렬하는 데에 그치고 있는 세계사를 펼치는 정도의 문제가 아니라 그야말로 트랜스내셔널(transnational) 현상을 연구하는 문제이다. 이에는 단순히 경제 교류(교역과 화폐의 흐름)뿐만 아니라 혁신과 과학적 발견이 확산되는 양식, 이주의 흐름, 환경의 역사, 문화 변동의 역사, 종교사가 포함된다. 이들은 모두 16세기 유럽의 해양 팽창 이면에서 작동했던 중요한 요소이기도 했다.

지구사 패러다임에서 우리의 관심을 끄는 몇 가지 핵심적인 요소는 다음과 같다.

① 국민국가는 경제발전이나 국제관계, 게다가 역사를 이해하는 데에 더 이상 의미 있는 실마리를 제공하지 못한다.

② 유럽중심주의의 포기는 아주 다른 역사를 이해할 수 있는 빛을 준다. 이는 1960년대 말 피에르 쇼뉘가 촉구했던 바, 전 세계의 모든 문명과

---

[46] 홍콩의 링난 칼리지(Lingnan College)의 학장 에드워드 첸(Edward Chen)은 "집중적인 지혜 교육(intensive education in wisdom)"을 학생들에게 제공할 필요에 대해 얘기했다(저자와의 인터뷰, 홍콩, 2000년 6월).

문화의 빗장을 여는 것을 가능케 한다.[47] 로버트 로페즈는 일찍이 1950
년대 말에 정확히 같은 말을 했다. "우리의 지평을 확대하고 서구 정신
의 거울로는 비추어질 수 없는 현실의 여러 차원을 보여주는 작업은 아
시아 역사가에게 달려있다."[48] 1990년대 중반에 일본에서 다시 한 번
유럽중심적인 시각에 대한 의문이 제기되었다.[49] 더 이상 아시아는 유
럽의 대척점으로 인식되지 않는다. 아시아는 지역 시스템(地域 システ
ム, chiiki shisutemu)과 자치적인 교역권을 형성했으며, 더 이상 "단지
유럽의 팽창으로 활기를 띠게 되었던 몇 자급자족적인 경제체들의 병
립"이 아니었다. 통상적인 생각과는 정반대로 아시아는 비교적 통합된
지역으로 다른 지역과의 긴밀한 교류의 중심이었다고 묘사된다. 심지
어 아시아는 세계 경제변화의 주축으로 이해되기에 이르렀다. 이 테제
를 지지하기 위해 하야미 아키라(速水融)는 일본에 근면혁명(勤勉革命,
industrious revolution, kinben kakumei)이라는 패러다임을 적용하면서,
산업혁명과 쌍벽을 이루는 것으로 이해한다.[50] 이에 대해서는 4장에서
다시 다룰 것이다.

③ 지구사는 또한 단일한 시간(temps unique)이라는 개념을 없애버렸다.
대신에 장기지속 하에서 종횡으로 교차하고 상호 침투하는 시간성
(temporalités)을 제시한다.

④ 마지막으로 역사는 다양한 수준—지방, 지역, 대륙, 대륙간, 해양, 글로
벌 수준—에서 전개된다. 역사의 동화(intégration)과 분화(différenciation)

---

47) Pierre Chaunu(1969) L'expansion européenne du XIIIe au XVe siècle, Paris, PUF,
   p.332.
48) 'A letter from Professor Robert S. Lopez', Journal of the Economic and Social
   History of the Orient, 1(1), August 1957, p.6.
49) 川勝平太, 浜下武志, 溝口雄三, 平石直昭(1993) 『アジアから考える』, 東京, 東京大学
   出版会 참조.
50) 速水融, 宮本又郎(1988) 『日本経済史.1, 経済社会の成立 : 17~18世紀』, 東京, 岩波書
   店.

의 과정은 미시사과 대륙간 역사가 이미 오랫동안 혼합되고 끼어들며 만들어낸 길항관계(tension)하에서 하나의 시스템을 형성하는 방향으로 나아간다.

제2장

원거리 교역과 도시 주권:
해양공화국 시기 지중해의 자유경쟁 모델

해양사는 아시아의 교역시스템을 이해하는 데 도움이 되는 세 가지 예를 제공한다. 14세기 서유럽과 비잔틴 유럽, 15세기 게르만과 슬라브 유럽, 그리고 17세기와 18세기 동남아에서는 각기 독특한 경제 체제가 세 해양 공간, 즉 지중해, 발트해, 남중국해를 지배했다. 그 골격은 폭넓은 자치권을 가진 해항도시의 네트워크, 주로 갤리선, 갤리언선, 원양정크와 같은 특정한 운송 수단, 공동체를 위해 마련된 국제 상법과 관례, 그리고 자신이 속한 주요 영토국가나 제국과의 특정한 관계 수립으로 이루어져있다. 이들 해항도시 간의 교섭 즉 경쟁과 협력으로 특별한 정치조직체가 생겨나며 여러 형태의 주권이 등장했다. 먼저 지중해의 해양공화국의 경우를 보자.

피사, 아말피, 베네치아, 제노바와 같이 영향력 있는 해항도시는 물론 이 보다 덜 중요한 바리(Bari), 오트란테(Otrante), 안코나(Ancona), 라구제(Raguse)와 같은 해항도시도 주변의 여러 제국 세력들과의 관계를 통해 구축한 사실상의(*de facto*) 자치를 오랫동안 누렸다. 지중해는 이들의 정치, 경제, 군사적 삶의 무대였다. 자치를 하며 해양을 무대로 살아왔다는 의미에서 이 도시들은 '해양공화국(*repubbliche marinare*)'으로 불린다. 정도는 다양하지만 이들은 그리스, 이집트 또는 시리아의 교역 공동체들로부터 유럽과 아시아 간의 교역 중개자라는 역할을 물려받았다. 물론 이들 교역 공화국이 모두 해항도시였던 것도, 이들 교역 도시가 모두 공화국이거나 적어도 끝까지 그 성격을 지킨 것도 아니었다. 밀라노(commune de Milan)는 콘도티에리 (*condottieri*)[1]하로 떨어졌다. 피렌체(seigneurie de Florence)는 시에나 정복과 더불어 영토국가가 되려는 바로 그 순간에 결국 상인 가문의 하나인 메디치가(家)에게 탈취당했다.

중세 지중해의 특징 중에서 우리의 논의와 관련하여 주목할 만한 점은 세 가지이다. ① 개인 간의 관계망은 도시, 가문, 민족, 혹은 종교적인 신용 (confiance) 위에 세워졌으며, 신용을 배신한 이들은 배제되었다. ② 여기에는 기술 혁신, 교역 및 금융 조직을 위한 새로운 수단, 결사체, 자본 자산의 공동출자, 과업과 위험의 분산, 보험 계약, 국제 보상을 가능케 하는 환절차 등이 있었다. ③ 또한 상인의 실제적인 필요에 조응하는 새로운 법체계가 발전했으며 이는 점차 길드, 시당국 그리고 마침내는 영토국가에 의해 성문화되었다. 다시 말해 오늘날 상법의 기원이 된 새로운 법률이 만들어졌다.

먼저, 이들 상인이 해답을 찾고자 했던 문제가 제기된 제도적이고 지정학적 맥락을 보자. 앞으로 보겠지만, 이들 해양공화국은 상당히 공통적인 특징을 보인다.

---

[1] 14~15세기 이탈리아에 있었던 용병대장들은 콘도티에리라고 부른다.

특정한 제도적 맥락

여러 제국의 이음새로

해양공화국은 여러 종교 관할권(수도원, 교구), 혹은 여타 주권 영토(게르만과 비잔틴 제국, 공국, 후작령, 백작령)의 경계에서 비약적으로 발전했다.[2] 이탈리아 도시가 누린 사실상의 자치는 곧바로 동방(Levant)과의 교역에 종사했던 상인들의 법률상의(*de jure*) 자치로 연결되었다.

게르만 제국의 경계에 있던 제노바는 일찍이 958년 이탈리아 롬바르디아의 왕 베랑게르 2세가 부여한 시면책권(immunité municipale)을 누렸다. 이 도시는 1162년에 독립을 획득했으며, 호엔슈타우펜(Hohenstaufen) 왕가의 황제 프리드리히 1세와 프리드리히 2세의 간섭 시도에 맞서 결렬한 투쟁을 하며 이를 지켜냈다.

베네치아는 서로 경쟁하고 있던 세 제국 롬바르디아와 카롤링거, 슬라브, 그리고 비잔틴 제국의 교차로에 위치하고 있었던 덕분에 상당히 광범위한 자치권을 누렸다. 이런 특정한 지리적이고 정치적인 상황에서 베네치아(Sérénissime), 즉 세레니시마[3]는 세 세계의 교역 허브가 되었다. 경제적 영향력은 아드리아해로부터 달마티아와 에게해를 거쳐 극동에까지 미쳤다. 절정기의 베네치아는 서구 제일의 해양 세력이었으며 다음의 하나의 차이를 제외하면 고대 그리스의 아테네에 비견할 만한 역할을 했다. 세레니시마는 오스만 제국에 맞서 싸울 수 있는 역량이 있었지만 이탈리아도 서구도 영토적으로 지배하겠다는 야심이 없었다.

아말피는 나폴리공국과 마찬가지로 콘스탄티노플에 종속되어 있었다. 그러나 8세기와 9세기에 캄파니아를 놓고 살레르노에서 온 롬바르드족과

---

[2] 이 문제에 대해 보다 상세한 내용은, Harold J. Berman(1983) *Law and Revolution: The Formation of the Western Legal Tradition*, Cambridge, Harvard Univ. Press, pp.386~390 참조.

[3] 가장 평화로운 공화국을 의미하며 베네치아공화국의 별칭(역자).

비잔틴 제국이 격렬한 전투를 벌였다. 항해와 무역은 서로의 영향력을 증대시켰다. 오늘날에도 볼 수 있듯이 지중해 연안을 따라 있는 수많은 도시에 아말피 선원들이 자신의 수호신 성 안드레에게 헌정한 교회를 세운 것을 보면 알 수 있다. 아말피 상인들은 코메스(*comes*, 협회)가 지도하는 자치 정부를 구성할 수 있었다. 코메스는 비잔틴과 롬바르디아의 경쟁을 이용하면서 '교황과 시칠리아의 아랍인들 사이에서 노련한 외교'를 했다.[4] 9세기에 아말피는 살레르노만 북부 연안의 전 지역을 장악하게 되었다. 바르바리 해안의 해적을 퇴치하면서 아말피는 티레니아해 남부와 이오니아해로 진출할 수 있었으며 덕분에 콘스탄티노플, 시리아, 팔레스타인, 알렉산드리아에 식민지를 세울 수 있었다.[5] 아말피는 트라니, 바리 그리고 브린디시에도 식민지를 세웠는데, 이곳은 모두 성지로 향하는 출발지였다.

해양 교역에 종사하는 주로는 개인 선박 소유자와 상인들이 자작과 대주교의 협력을 얻어 통치했던 피사는 일찍이 1081년 제국으로부터 피사 코뮌(commune)으로 인정받았으며, 마침내 1162년에는 최초로 자치시(municipaux)라는 지위를 가지게 되었다.

영토 정복은 그 자체가 목적이 아니다

"베네치아는 적어도 초기에는 무역 거점과 항구들 이외에는 어떤 다른 영토기지를 가지고 있지 않은 깡마른 제국을 세웠다."[6] 지중해 연안을 따

---

4) Yves Renouard(1969) *Les Villes d'Italie de la fin du Xe siècle au début du XIVe siècle*, Paris, Sedes, Vol. 1, p.65.

5) 콘스탄티노플에 거류했던 아말피인은 그곳에서 동유럽과 서유럽 간 교역에 종사했던 상인들 중에서 가장 큰 집단을 형성했다. 10세기 중반 무렵 비잔틴 제국의 정치적·경제적 생활에 깊이 연루하게 된 이들은 콘스탄티노플에 자신들의 거주 구역, 학교, 창고(entrepôts)를 가지고 있다. 이들은 안티오크와 예루살렘에도 거주했는데, 예루살렘에는 성지 예루살렘 성 요한 기사단(Saint-Jean de Jérusalem)을 세웠다.

6) Renouard, *Les Villes d'Italie*, p.79.

라 세워진 베네치아나 제노바의 교역기지를 표현하기 위해 쓴 '식민지'라는 용어를 액면 그대로 이해해서는 안 된다. 중세에 식민지는 다소간 영구적으로 외국인이 있을 수 있는 곳이었지 반드시 정주민의 정착지를 의미하지는 않았다. 이는 일종의 지키는 사람이 있는 여러 창고지로, 수출할 상품을 보관하고 세율을 결정하는 장소였다. 외국인 상인은 이곳에 점포를 낼 수 있었고 지나는 길에 들른 동료를 묵게 할 수 있었다. 정주민이 없었던 '폰두크 (fonduq, fondouk)'7)는 대개 국제 교역을 위해 선호된 물류 기지였다.

> 교역 거점은 상거래의 벡터(vecteurs)이며 그 이상 그 무엇도 아니다. 외교 정책은 하나의 목적만을 가질 뿐이다. 교역 네트워크의 보호와 확장이 바로 그것이다(…). 영토 소유는 불필요하다. 우리는 필요한 상품을 구입하면 된다. 바다에 무기를 가지고 다닐 필요도 없다. 전투는 용병이 하고 우리는 돈을 지불하면 된다.8)

전반적으로 볼 때 베네치아는 되도록이면 후배지를 무시했다. 베네치아가 아드리아해의 일정 연안 지역을 점령한 것은 달마티아 해적에 대응하기 위해서였을 뿐이다. 대신 베네치아는 강력한 해군을 발전시켰고 아드리아해에서 에게해에 걸쳐 있는 황금 같은 상로 위에다 제국을 세웠다. 베네치아 교역 제국은 달마티아, 에피리(Epiri), 낙소스, 키클라데스제도, 칸디아(크레타), 키프로스에 걸쳐 있었다. 베네치아는 14세기 말에 가서 식민지 제국을 세우기 시작했다.

용병이 부족해지고 도시가 제국의 자원을 필요로 하게 되면서 후배지는 궁극적으로 브레시아와 베르가모까지 확장되었다. 노 젓는 이는 슬라브인

---

7) René Fédou(1995) Lexique historique du Moyen Age, Paris, Armand Colin, p.74 참조. 폰테고 데이 테데시(Fontego dei Tedeschi)와 폰테고 데이 투르키(Turchi)와 함께 베네치아가 도시로 들어온 외국인을 위해 '폰두크' 시스템을 재창안했음은 흥미롭다.
8) Renouard, Les Villes d'Italie, p.80.

과 달마티아인이었고, 선원과 조선공은 그리스인이었으며, 군인은 육지 (*terra firma*)에서 온 이들이었다.

고도로 효율적인 경제 정보 네트워크

상사(商社)는 정보원의 도움 없이는 운영될 수 없었다. 때문에 베네치아 는 세계 경제 첩보의 허브이기도 했다. 유럽 국가들의 '동방정책(politique orientale)' 즉 투르크가 중요성을 띠게 되자 국제적인 상인, 외교가 그리고 부지런한 정보원이 세력가(courtisanes)의 살롱을 수시로 들락거렸다.[9] 베네 치아의 상업 권력을 더욱 강화시키기 위해 세련된 외교술이 동원되었다. 또한 교황, 헝가리, 비잔틴, 롬바르드, 노르만, 아랍과 같은 다양한 세력의 접근으로 인해 베네치아는 배타적인 동맹관계가 불러올 수도 있는 위험을 감수하지 않아도 되었다. 정보를 수집하고 외교를 강화한 목적은 해상 교 통의 자유 방어, 해외 상관 네트워크의 확장, 교역상의 특권 확대로 분명했 다.

마지막 목적은 해항도시(villes maritimes)의 교역에 필요 불가결했다. 비 잔틴 제국의 알렉시오스 2세 콤네누스(Alexios II Komnenos, 1081~1178)가 노르만족에 항거할 수 있도록 해군력을 동원해 도와준 이후 베네치아의 독 립은 강화되었다. 아드리아해와 동부 지중해에 대한 교역 제해권 확보는 1082년 베네치아-비잔틴동맹의 직접적인 결과였다. 베네치아는 노르만족 으로부터 그리고 제노바로부터 온 공격을 막아내고 동로마제국을 방어했 다. 이에 대한 대가로 베네치아는 흑해를 제외한 동로마제국 전역에서 교 역상의 특권을 얻었다. 동로마제국은 비잔틴 루마니아(콘스탄티노플, 코린 트, 테베)에까지 확장되었다. 그리고 베네치아가 십자군전쟁 중에 성지에

---

[9] Paul Larivaille(1975) La Vie quotidienne des courtisanes en Italie au temps de la Renaissance(Rome et Venise, XVe et XVIe siecles), Paris, Hachette, p.37, pp.170~172.

라틴인의 국가를 건설하는 프로젝트에 관여하면서 동로마제국도 동방 (Levant)에 거점을 확보하게 되었다. 시리아 연안에 있는 항구의 번영을 보장했던 베네치아의 물류(원군과 보급물자 수송)에 힘입어 프랑(Francs)은 가치를 유지할 수 있었다. 베네치아 상인은 동로마제국에서보다 여기에서 더 많은 상업상의 이득을 취했다. 폰두크(fonduq)와 함께 이들은 예루살렘 왕국의 모든 중심지에 창고, 목욕탕 그리고 공동 취사 시설을 세웠다. 이들은 그리스인과 라틴인뿐만 아니라 바그다드 칼리프(알레포, 다마스쿠스 그리고 바그다드)와의 관계에서도 강자의 위치에 있었다. 이들은 심지어 살라딘의 군대에 목재, 무기 그리고 다른 군 장비를 공급하기도 했다.

제노바 상업 제국의 권력은 제노바의 카자리아에 있는 카파는 물론 알렉산드리아, 스미르나와 포카이아, 페라, 콘스탄티노플 교외의 제노바인 거주지, 트레비존드, 타나(아조브), 몽고(元) 실크와 향료 로드의 종착지에 있던 해외 상관 내지는 교역소에서 나왔다. 제노바 상업 제국은 또한 1346년 일단의 개인 선박 소유자가 점령한 키오스 섬을 기지로 이용했으며 리틀 아르메니아와 사이프러스에서도 특권을 누렸다.

교역 마찰과 사적 전쟁(guerres privées)

이탈리아 도시의 상업사는 갈등과 분쟁으로 점철되어 있다. 1204년 베네치아는 제4차 십자군의 경로를 바꾸어 콘스탄티노플을 점령했다. 베네치아는 콘스탄티노플의 8분의 3과 비잔틴 제국은 물론 크레타 섬을 인도하라고 요구했으며, 제노바와 피사를 배제하고 흑해에서 배타적인 권리를 갖는다고 선언했다. 이런 식으로 해서 베네치아는 중앙아시아를 가로지르는 카라반 루트의 종착지에 접근할 수 있었다. 50년 뒤 제노바는 비잔틴 제국을 도와 콘스탄티노플을 탈환하도록 했으며 그리고 나서 흑해에 대한 무역 독점권을 요구했다. 키오자전쟁(1378~1381) 동안 제노바는 거의 베네치아를 함락할 뻔했다. 베네치아는 반격에 들어갔으며 트레비조(1389), 비첸차(1404),

[지도 1] 이탈리아 도시와 유럽 지중해 교역 루트, 14세기

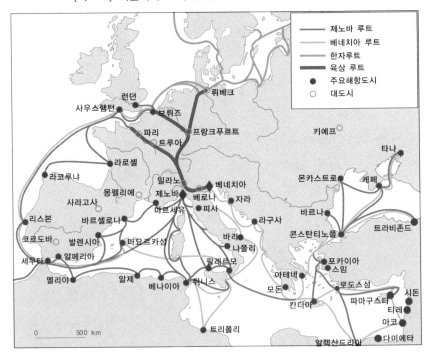

베로나와 파두아(1405), 베르가모(1428)와 다른 도시들을 점령했다(지도 1 참조).

제노바와 피사의 고질적인 경쟁관계는 11세기에서 13세기까지 거의 간단 없이 계속되었다. 중요한 이해관계는 코르시카, 사르디니아, 시실리 세 섬에 둘러싸인 지중해의 한 해역인 티레니아해의 장악에 있었으며, 때문에 1284년 메로니아전투로 피사가 패배할 때까지 수차례의 장기전이 이어졌다.[10] 티레

---

[10] 제노바와 베네치아 간의 경쟁관계에 대해서는 Janet Abu-Lughod(1989) Before European Hegemony: The World System A.D. 1250~1350, New York, Oxford University Press, p.110 · 121 참조. 또한 G.V. Scammel(1981) The World Encompassed, The First European Maritime Empires, c. 800~1650, London, New York, Methuen, p.96 참조. 피사에서의 전쟁에 관해서는 John Mundy and Peter Riesenberg(1967) The Medieval Town, Princeton, Van Nostrand Company, Document 6, p.107 참조.

니아해에서 두 도시가 적대하고 있었다는 사실은 그 어느 도시도 제4차 십자군에 참가하지 못했음을 의미했다. 베네치아공화국(*sérénissime*)은 십자군에서 위압적인 함대를 제공했는데, 이는 베네치아가 콘스탄티노플에 발판을 마련하는 계기가 되었던 반면 동방에 가지고 있었던 제노바의 물질적 기반이 크게 흔들리는 단초로 작용했다. 14세기 초 제노바는 시실리와 사르디니아에 있는 아라곤인과의 전투에도 개입했는데, 주로 베네치아와의 경쟁관계가 가장 치열했다. 제4차 십자군(1204) 이후 비잔틴 제국에서 배제되었음에도 불구하고 제노바는 북해에 대한 교역 독점을 얻을 수 있었다(1261). 북해의 연안은 중앙아시아를 가로질러 향료를 나르는 카라반의 마지막 종착역이었다. 13세기와 14세기 제노바와 베네치아의 경쟁관계는 주로 전자가 동방에 안착하고자 시도했기 때문에 발생했다. '투르크의 화(péril turc)'로 제노바가 교역소—페라(1453), 얼마 지나지 않아 포카이아, 1475년에는 카파—를 잃고 동부 지중해로 접근할 수 없게 될 때까지 양자의 충돌은 통과 지점, 화물 이동 지점 그리고 전략적인 중심지를 둘러싸고 계속되었다.

제노바와 베네치아의 갈등(1205~1381)은 자주 약탈이라는 형태를 띠었다. 제노바의 제독 안드레아 도리아의 예는 한 해양공화국에게 방어라는 개념이 가지고 있는 의미를 잘 보여준다. 상업적인 직관과 군사적인 야망을 겸비한 안드레아 도리아는 군주들이 공해상에서 전쟁을 하기 위해 해군이 필요하다는 사실을 이용했다. 그는 자신의 함대를 군사적인 시설을 갖춘 상업적인 해양 상사로 디자인했으며 비싼 값을 부르는 군주에게 군사적인 목적을 위해서 빌려주었다. 젊은 시절 모험심이 강한 해군 대령이었던 그는 연속적으로 프랑스와 1세와 샤를 5세(1528)를 도왔다. 그는 지중해에서 프랑스와 그 동맹인 솔리만에 맞서 싸웠다. 그의 군 경력과 군지도자로써의 독립적인 태도는 그의 모든 모험주의적인 행동을 특징지은 교역 논리를 분명히 보여준다. 그는 상당히 수익성이 좋았던 약탈을 선호했으며 그의 자본이라고 할 수 있는 갤리선을 위험에 빠뜨리지 않으려고 가능한 한 모든 주의를 기울였다. 후원자의 손길은 변했으며 함대를 유지하는 비용은 계속 증가했기 때문이다.

재력과 무력: 하나의 경쟁 모델

무력 증강은 주목할 만한 정도의 경제적 이득으로 귀결되었다. 베네치아를 언급하면서 레인은 산업화 이전 시기에 자본의 축적 과정을 강화시킨 폭력의 정치경제학을 일깨워준 바 있다. 조직된 무력을 장악했던 정부는 상업 행위자에게 보호를 제공하고 이에 대한 보상을 받았다. 이는 보호를 명목으로 돈을 뜯어내는 행위(racket)라기보다는 일종의 지대(rente)였다. 즉 이를 지불한 이는 배타적인 보호를 받았다. 베네치아 상인이 누렸던 이런 독점의 가치는 보호의 효율성에 따라 다양했다. 그리고 다른 경쟁자보다 우세한 입장은 치르는 가격의 정도에 달려 있었다. 위험한 상황에서 누구나 이런 비용을 지불하는 것이 최선이라고 보았음에도 불구하고, 모든 상인은 시장에 경쟁력 있는 가격을 제시하기 위해서는 자신의 상사를 보호하는 비용을 되도록 적게 지불하고자 원했다.

> 중세와 근대 초기 보호 지대(protection rents)는 교역으로 인해 생긴 부의 원천이었다. 이는 산업 기술이나 산업 조직의 우월성보다도 더 중요한 수익의 원천이었다고 보인다.[11]

운송 수단도 개별적인 수준에서 활동하는 도시에게 유리했다. 빠른 갤리 상선은 부피가 큰 화물의 수송에는 적합하지 않았으며, 전함에는 선박 수가 제한적이었다. 갤리선은 호위를 받으며 무리를 이뤄 항해했기 때문에 해적의 공격을 억제할 수 있었다. 이런 방식으로 위험은 줄었으며 선박 보

---

[11] F. Lane(1958) 'Economic consequences of organized violence', *The Journal of Economic History*, 18(4), p.410.

험료는 낮아졌다.[12]

더욱이 이탈리아의 해항도시는 상당한 재정 재원을 가지고 있었다. 1423
년 베네치아의 예산은 75만 더커츠(ducats)[13]로 동시대의 영국이나 스페인
과 별 차이가 없었으며 프랑스의 4분의 3에 이르렀다.[14] 전체 베네치아 제
국(베네치아를 비롯해 베네치아가 이탈리아와 아드리아해에서 통제하고 있
던 영토와 교역소)을 놓고 본다면 총재원은 100만 더커츠에 달했다.

비잔티움에 있는 제노바 식민지, 페라에서 나온 세수만 해도 제노바의 그
것과 맞먹었으며 뤼베크의 10배에 달했다.[15] 1293년 제노바에서 거둔 세금은
프랑스보다 3~4배가 많았다.[16] 이런 이유들로 인해 이탈리아의 도시들은 동
맹을 맺을 필요가 없을 정도로 강하고 부유했다. 이들의 군사력도 당시로서
는 인상적인 것이었다. 1295년 제노바에만 200척의 갤리선과 4만의 군대가
있었다.[17] 비교해 보자면 1280년 라인란트-슈바벤 동맹(Rhineland-Schwabian
League)은 1만 군대를 가지고 있었으며 그 정도라면 독일의 통치자(ducs
allemands)에 저항할 수 있었다. 그러나 이 목적을 달성하려면 89개 도시의
군대를 통합해야 했다.[18] 15세기 초 베네치아는 군사 작전에 동원할 수 있
는 군대 2만을 가지고 있었다.[19] 베네치아의 병기고에서는 3천에서 5천에

---

12) Scammel, *The World Encompassed*, p.128.

13) 12~16세기에 유럽 대륙에서 사용하던 화폐 단위(역자).

14) Fernand Braudel, *The Perspective of the World, Civilization and Capitalism:15th~18th Century*, Vol. III. Berkeley, University of California Press, pp.119~120.

15) John H. Parry(1981) *The Discovery of the Sea*, Berkeley, University of California Press, p.70.

16) Perry Anderson(1974) *Passage from Antiquity to Feudalism*, London, New Left Books, p.193.

17) Daniel Waley(1988) *The Italian City Republic*, London, Longman, p.84.

18) Rhiman Rotz(1985) 'German Towns', in Joseph Strayer(ed.) *Dictionary of the Middle Ages*, Vol. 5, Charles Scribner's Sons, p.464.

19) Denys Hay and John Law(1989) *Italy in the Age of Renaissance, 1380~1530, Vol. III, Longman History of Italy, Longman and New York*, Longman, p.89. 또한 William McNeil(1974) *Venice: The Hiinge of Europe, 1081~1797*, Chicago, University of Chicago Press, p.70 참조.

이르는 노동자가 일하고 있었다. 이는 취업연령 베네치아 거주 성인남성의 3분의 1에 해당했다. 베네치아 시당국은 해군 건설(갤리 전함, 수송선)을 조직하고 병기고를 관리하는 데에도 중요한 역할을 했다. 더욱이 당국은 이 도시의 건설 현장에 필요한 규칙을 표준화하고 이를 시행토록 했다. 건조된 선박은 쉬이 전함으로 개조되고 바로 통일적인 사단으로 재편될 수 있었다. 하시라도 베네치아는 위엄 있는 함대를 동원할 수 있었다. 매년 대형 수송 선단이 정해진 날짜에 콘스탄티노플, 알렉산드리아, 시리아, 타나, 흑해를 향해 뱃고동을 울렸다. 이들은 부활절, 9월절(foire de septembre), 크리스마스에 맞추어 귀향했다. 15세기 말 베네치아는 바로 전함이나 수송 선단으로 변형될 수 있는 3천 척의 상선을 보유하고 있었다. 무장 인력은 3만 6천 명이었다. 전함 갤리선이 상선을 호위했으며 상선은 선단(mude)을 이루고 있었다. 베네치아 무장 세력의 대부분은 해외 식민지에서 왔다(système de condotta).[20] 요약하자면, 다음 장에서 보게 될 발트해의 도시들과는 달리 이탈리아의 해양공화국들은 군주가 필요하지 않았던 것과 마찬가지로 자신들을 보호해 줄 동맹도 필요하지 않았다.

이런 특정한 맥락에서 상인들은 어떻게 상행위를 할 수 있었을까?

신뢰에 바탕을 둔 개인 상호간의 관계 네트워크

상인과 선원의 공동체

제노바인은, 고로 상인이다(Genuensis, ergo mercato). 제노바는 처음부터 모험가와 상인의 공동체였다. 선원, 상인, 대

---

[20] 도시국가의 통치자와 용병대장(콘도티에리)과의 계약(condotta)에 의해 이탈리아 도시국가들이 방어를 확보했던 제도로 콘도티에로(condottiero) 제도 혹은 콘도타(condotta)라고도 한다(역자).

부업자, 새로운 세계의 발견자, 이들은 모두 해양공화국이 승리를 구가할 수 있었던 두 가지 요인인 기업가적인 예리한 감각과 사업에 대한 재능을 가진 집단에 속하는 이들이었다. 상인과 중개인의 협회, 원거리교역의 주역, 장인, 심지어 콘도티에리(*condottieri*, 용병), 특진한 병사 그리고 유능한 전사, 이 모든 이들에게 도시의 권력은 분산되어 있었다. 많은 사람들이 권력을 나누어 가져서가 아니라 그 정통성이 교회, 군주 그리고 종래의 관습과 같은 여러 다른 독립적인 소스에 기원을 두고 있었기 때문이었다. 권력의 원천이 다양했기에 하나의 자유의지(volonté)가 부상할 수 없었다.

표현력이 풍부한 마린 토르셀로(Marin Torsello)에 따르면, "베네치아는 물이 키웠다". 아말피 또는 제노바와 마찬가지로 베네치아에게도 따로 후배지는 없었다. 부는 바다에서 왔으며, 더 구체적으로 말하면 상품과 사람의 이동에서 왔다. 제노바는 모직물, 무기, 목재, 철, 즉 원자재를 동방에 수출하고 향료를 가지고 돌아왔다. 교역은 생존의 조건이었다. 제노바는 '바다에 던져진' 도시였다.[21] 식량은 스페인, 시실리, 흑해 주변 지역 그리고 북아프리카에서 공급받았다. 제노바 선박은 세네갈에서 금가루를 수송하기도 했지만, 대부분 남프랑스와 카탈로니아의 항구에서 밀, 소금, 백반, 면화, 양모를 실어 날랐다. 이들은 값이 싼 물품이었다. 처음에 금, 은, 향료는 그리 중요한 역할을 하지 못했다. 그러나 순식간에 물류 활동은 대단히 수익성이 있는 사업이 되었다. 제노바의 선박은 프로방스 항구에서 군인, 순례자, 여행자를 실어 나르다가 제1차 십자군의 수송을 맡았다. 십자군이 시리아의 여러 장소를 몰수하자, 필요한 물자를 수송했던 대가로 제노바는 점령한 도시에서의 세금 면제뿐만 아니라 전리품 중 자신의 몫으로 주거구역(quartier) 혹은 여행자쉼터(*caravanserai*)를 받았다.

베네치아와 마찬가지로 아말피의 번영도 비잔틴 제국과의 관계에서 생

---

21) 자크 히어가 쓴 표현으로, Jacques Heers(1991) *Gênes au XVe siècle: civilisation Méditerranée, grand capitalism*, Paris, Flammarion, pp.23~37 참조.

긴 교역상의 특권에서 비롯되었다. 이들 특권으로 인해 이탈리아에서 파는 동방 상품에 대해 세금을 부과할 수 있었다. 아말피는 삼각교역에 대한 통제권을 손에 넣었다. 즉 남부 이탈리아에 가져온 상품(밀, 목재, 린넨, 와인, 농작물)은 북아프리카로 수출되었으며, 이는 다시 튀니지의 항구에서 오일, 왁스 그리고 금으로, 이집트에서는 향료와 금으로 교환되었다. 이들 거래에서 매입한 금은 비잔틴 제국과의 교역에서 동방에서 온 상품, 귀금속 그리고 예술품을 구매하는 데에 사용되었다. 이탈리아에서 이들 상품의 판매로 대출금을 갚고, 새로이 농산품을 사고, 토지와 부동산에 투자할 수 있었다.

튀니지의 항구에서 현지 당국은 종교적 광신자로부터 아말피인을 보호해 주었다. 아말피인은 거기에서 항구세 감면, 자치적인 활동과 종교의식을 행할 수 있는 장소 제공과 같은 상당한 특혜를 누렸다. 아말피는 생산 기지를 가지고 있지 않았지만 대신에 상품 재분배 센터를 가지고 있었다. 밀, 식량, 와인, 린넨, 과일은 모두 아말피로 먼저 수출되어야 했다. 유럽과 비잔틴 시장에서의 수요가 가지고 있는 바로 그 성격—원거리에서 가져와야 하지만 이윤 폭이 큰 고급 사치품—으로 인해 이해의 합치점이 생기기 어려웠다. 이와는 반대로 이는 극심한 경쟁을 불러일으켰으며 어떤 식으로든 도시들 간의 협력을 방해했다. 거부는 경쟁자를 제거함으로써 쌓을 수 있었으며, 부는 한정된 몇 도시에 있는 소수의 가문이 소유하고 있는 비교적 얼마 안 되는 선박에 달려 있었다. 교역로—비잔틴을 경유하는 아말피와 튀니지 사이의 우회로는 물론 아말피와 비잔틴의 직항로—에 대한 어떤 정보라도 극비 사항이었다. 경쟁자나 해적에게 알려지지 않는 것이 절대적으로 중요했다. 흑해와 동방교역로의 카라반 종착지에 접근할 수 있느냐에 따라 수익은 크게 달라졌다. 이곳은 향료로 거부를 모을 수 있는 장소였다. 고급 사치품의 교역량은 적었지만 이로부터 취할 수 있는 이윤폭은 인상적일 정도로 높았다. 베네치아와 제노바에서 원거리교역은 투자 총액의 20%에서 100%에 이르는 이윤을 가져다주었으며 때로는 150%에 달

하기도 했다.[22]

협소한 영토, 내지와의 교통통신의 어려움, 수요가 상당히 많았던 목재를 쉬이 얻을 수 있었다는 사실은 분명히 아말피의 급속한 상업 발전에 기여했다. 그러나 아말피가 나폴리 공국에서 정치적으로 독립했다는 사실도 무시할 수 없다. 이는 아말피의 삼각교역관계─아랍과의 평화적이고 상호간 이익이 되었던 관계를 포함하여─가 노르만의 정복으로 종결되게 된 이유를 설명한다. 노르만의 정복으로 아말피의 대교역(*gran commercio*)은 종지부를 찍었다. 남부 이탈리아에서 아말피는 곡물 교역에 힘입어 베네치아의 유일한 경쟁자였으며, 이런 종류의 무역에 종사하기 위해 필요한 모든 것, 즉 교역소, 교역상의 특권, 자본, 창고시설을 두루 갖추고 있었다. 그러나 곡물 교역이 왕실의 독점으로 되자마자 아말피는 2등지로 강등되었다.[23]

계약 이행에서 상인 길드의 역할

오랜 쇠퇴기를 이어서 일어난 중세의 상업혁명과 유럽과 지중해 원거리 교역의 부활은 지역 간 관계에서 발생하는 계약상의 문제─어떻게 계약 이행을 보장할 수 있는가? 계약 위반을 어떻게 방지할 수 있는가? 이를 효과적으로 하는 방법은 무엇인가?─에 대한 해결책을 필요로 했다. 이에 대한 결과로 법직 제도화가 이루어졌다. 밀그롬, 노스 그리고 와인개스트는 12세기와 13세기에 샹파뉴 시장(foires de champagne)이 서는 동안 기능했던 상사재판소는 정보 수집, 계약 존중, 지체 없는 분쟁사안 확인을 고무시켰으며, 그리하여 거래 비용을 절감케 하는 하나의 제도로서 분석될 수 있다는

---

22) Reinhold Schuman, *Italy in the Last Fifteen Hundred Years*, Lanham, MD, Rowman & Littlefield, p.107. 또한 Scammel, *The World Encompassed*, p.101 · 200; Waley, The Italian City Republic, p.47 참조.

23) Armand O. Citarella(1968) 'Patterns in medieval trade: the commerce of Amalfi before the crusades', *The Journal of Economic History*, 28(4), December, pp.531~555.

점을 보여준다.[24]

   하나의 특별한 조직이라고 할 수 있는 상인 길드는 그리피가 '다자간 평판 메커니즘'이라고 부른 바를 작동시키는 데에 특히나 효과적이었음이 밝혀졌다.[25] 중세에 현지 당국으로 하여금 외국 상인의 안전을 보장하도록 하기 위해 나타난 길드는 자신의 권리와 관행을 수용하게 만들었으며, 급속한 상업 팽창을 촉진시키면서 위기에 대응할 수 있도록 발전했다.[26] 길드의 활동으로 교역은 왕성하게 되었고 교역 중심지의 통치자와 상인 쌍방 모두에게 이익을 가져다주었다. 길드는 해외에서 활동하는 상인을 보호하고 이들의 권리와 특권이 존중되도록 확실히 보장해야 했다.[27] 정말이지 위험이 컸기 때문이다. 골든 혼의 대안에 있는 콘스탄티노플의 제노바인 구역(quartier)인 페라는 1162년 피사인(Pisans)의 공격을 받았다. 이는 다시 1171년 베네치아인에 의해 약탈당했다. 1182년 콘스탄티노플에 있던 모든 이탈리아인들의 구역이 유린당했다. 불확실과 불안이 팽배했으며 교통통신은 느리고 사실이나 현상에 대한 인식이나 해석은 상인에 따라 제각각으로 달랐다. 이런 상황에서 다자간 평판 메커니즘의 실행을 보완할 수 있는 조직이 필요 불가결했다. 길드는 대다수 상인의 이해에 기반하여 교역이 금지되지 않은 장소에서는 교역하고 보이콧의 대상이 된 지역에서는 교역을

---

24) Paul R. Milgrom, Douglass North and Barry R. Weingast(1990) 'The role of institutions in the revival of trade: the medieval law merchant, private judges, and the Champagne fairs', *Economics and Politics*, 2(1), March, p.3.

25) 그리프는 상인과 이들의 해외 중개인(지중해와 한자 교역에 종사하는) 간의 계약관계를 연구했다. Avner Greif(2006) *Institutions and the Path to the Modern Economy, Lessons from Medieval Trade*, Cambridge, Cambridge University Press, pp.91~123 참조.

26) Avner Greif, Paul Milgrom and Barry Weingast(1994) 'Goordination, commitment and enforcement: the case of the merchant guild', *The Journal of Political Economy*, 102(4), August, pp.741~776 참조.

27) M.M. Postan, Edward Miller and Cynthia Postan(eds)(1987) *Trade and Industry in the Middle Ages, Vol. 2, The Cambridge Economic History of Europem*, Cambridge University Press, p.111.

하지 않도록 하는 작업을 통괄했다.[28]

상업 면허를 받고 영사를 둘 권리를 얻게 되자마자 상인의 활동은 배가 되었다. 1286년 시실리에서의 카탈로니아인, 브루제에서의 게르만인의 경우가 대표적이다. 이들은 그곳에 콘토르(kontor)[29]를 세웠다. 이탈리아인 또한 플랑드르에 네이션(nations)이라고 부르는 조직을 창설할 수 있는 허가를 받았다.[30] 아말피인이 상업 계약을 체결했다는 사실은 카이로의 게니자(Geniza) 문서에 기록되어 있다.[31]

이렇듯 양측의 제도화된 확약(engagement institutionnalisé)은 단순한 약속(promesses)을 넘어선 가치가 있었다. 길드는 주어진 영토에서 상인의 해외 활동을 감독하는 등 이 영토 내에서 규제 권한을 가지고 있는 행정체였다. 길드는 상인에게 협력할 사안에 대한 행동방향과 이를 위해 필요한 정보를 전달하기 위한—언제 통상 금지령이나 보이콧을 선언할 것인지 혹은 최적 효율성을 보장하기 위해 언제 어떻게 위반자를 제재할 것인지 등에 관한—메커니즘을 제공했다.

새로운 상업과 금융 방식의 도입으로 상인의 경제 활동 네트워크 또한 견고화되었다.

---

[28] Greif et al., 'Coordination, commitment and enforcement', p.753.

[29] 한자동맹의 외국인 교역소(역자).

[30] Raymond de Roover(1948) *Money, Banking and Credit in Mediaeval Bruges. Italian Merchant-bankers, Lombards and Money-changers. A Study in the Origins of Banking*, Cambridge, MA, The Medieval Academy of America(publications of the Medieval Academy of America, n° 51); Philippe Dollinger(1970) *The German Hanse*, Macmillan, London(edition including the French version, La Hanse); Abulafia, *The Two Italies*, pp.226~227 참조.

[31] Citarella, 'Patterns in medieval trade', p.546.

새로운 수단
:상업조직과 금융조직

국가의 관할권 밖에서 돛을 펼친 경제적·법적 제도

　　　　　　　다시 한 번 강조하건대 우리는 위험 분산과 효율적인
자본 배치라는 관행의 기원 즉 주식을 보유하는 사회의 조짐이 유럽 중세
의 상당히 분열적인 정치 환경에서 나타났다는 점을 발견할 수 있다. 제레
드 다이아몬드의 말을 빌리면[32] 중세 유럽 정치 체제의 이런 '최적 분열
(fragmentation optimale)' 상태는 예기치 않은 결과를 가져왔다. 즉 모든 부
의 영역이 우리가 이제는 자율적인 법인체라고 부를 수 있는 것에 의해 지
배되게 되었다. 그리하여 로마 교회의 재산은 사실상 대체로는 자율적인
경제 조직체인 교구, 사제단, 수도원, 종단에 의해 관리되었으며, 교황청이
관여하는 일은 드물었다. 교황청은 이들 교회 재산의 운영이 한 세대에서
다음 세대로 전달되는 절차를 관리했을 뿐이다. 도시, 길드, 자선기관(호스
피스, 병원 등)과 같은 다른 많은 법인체도 경제적 중요성을 띠게 되었다.
그 존속과 계속성은 법적 토대를 가질 수 있느냐의 여부에 달려 있었다. 어
떤 경우에 개인이 관련 법적 실체에 대해 책임을 지게 되는지 그리고 어떤
경우에 법적 실체가 그 구성원의 행동에 책임을 지는지에 관한 문제는 아
주 일찍부터 규약과 상법으로 명확해졌다.[33]

　　후에 주식회사(société par actions)는 중세 말 선박 소유권을 캐럿(carats)
이나 파르테스(*partes*)로 분할했던 특정한 상관행에 기원을 두고 있다. 이탈
리아 해양공화국에서 화물을 취급하기 위한 자금은 코멘다(*commenda*)라

---

[32] Jared Diamond(1997) *Guns, Germs and Steel: The Fate of Human Societies*, New York, Norton & Co. 참조.

[33] Harold Berman(1983) *Law and Revolution: The Formation of the Western Legal Tradition*, Cambridge, MA, Harvard University Press, p.390; Guido Ferrarini(2005) 'Origins of limited liability companies and company law modernisation in Italy: a historical outline', *Law of Business and Finance*, 6, pp.187~217 참조.

고 알려진 동업자(partenariat)가 조달했다. 반면 선박의 건조와 운항에 드는 비용은 통상 분할되었다. 25개 혹은 64개 부분으로 나누는 것이 가장 일반적이었다. 각각의 부분을 가진 주주들이 항해의 비용은 물론 선박의 건조 비용을 댔으며 이익(즉 선박 건조와 항해 비용을 공제하고 선박 소유주가 번 순이익 총액)도 분할했다. 이 관행은 정부가 갤리선에 대한 소유권을 가져가자 베네치아에서는 사라졌지만,[34] 제노바에서는 일반적인 제도로 자리를 잡았다.

자본의 이동 과정에서 생기는 위험을 분담하는 또 다른 전조 현상은 세수입 징수 특권에서 볼 수 있다. 제노바의 마오네(*maone*)는 1602년에 세워진 네덜란드동인도회사(VOC), 1600년에 세워진 영국동인도회사(EIC)와 마찬가지로 암스테르담은행(1609), 영국은행(1694)과 같은 주식회사의 도래를 선언하는 법적 형태의 기원이 되었다. 마오네의 원칙은 예상 세수액에서 일정정도 감면하여 선수금을 받는 대가로 세수 징수권을 이전하는 것이다. 그리하여 이렇듯 허용된 감면 혜택은 중세에 최고 당국이 내린 금령—오랫동안 고리대금업에 비견되어온 이자가 붙는 대출에 대한—을 빠져 나갈 수 있는 방법을 제시해 주는 좋은 예였다. 마오네의 출자자는 로카(*loca*) 혹은 파르테스(*partes*)라고 불리는 똑같이 나누어진 부분에 대한 권리를 가졌다. 법적으로 이들 몫은 개인의 소유물을 형성했으며 자유로이 교환될 수 있었다.

세금을 거두기 위해 로카를 가진 이들은 마오네 혹은 소시에타스 콤페라룸(*societas comperarum*)으로 알려진 조직을 결성했다. 이 조직은 징세 도급인에게 세금을 거두는 임무를 맡겼다. 14세기에 마오네는 군사 정복과 식민화에도 관여했다. 예를 들어 1346년 치오(Chio)와 포시아(Phocea)의 마오네가 창설되었으며, 제노바로부터 치오와 포시아에서의 배타적인 세금 징수권을 얻어냈다. 그러나 마오네는 자력으로 징수를 해야 했다. 가장 유명한 마오네는 산 지오르지오 징세소(Officium Procuratorium San Giorgio)[35]

---

34) 범선(Sailboats)은 사유재산이었다.

로 1407년에 세워져 제노바 공화국의 대부분의 공채를 관리했으며 암스테르담은행과 영국은행의 모델이 되었다.

해상 보험: 한 부두에 모든 상품을 두지 마라

자본의 위험을 분산하는 또 하나의 주목할 만한 공식은 해상 보험이다. 이 제도는 아주 기본적인 형태의 집단 피해를 제외하고는 고대 그리스와 로마에서는 잘 알려져 있지 않았던 듯하다. 물론 화물을 여러 선박에 나누어 싣는다거나 보급 물자를 여러 카라반에 나누어 싣는 관행은 원거리교역의 역사만큼이나 오래 되었다. 이는 수메르에서도 있었으며 알렉산드리아의 유대인 상인들의 문서에도 묘사되어 있다.[36] 그러나 화물의 물리적 분할(*réparatition physique d'un chargement*)에서 화물 가치에 대한 보장(*garantie d'une valeur pour cette cargaison*)으로의 발전, 즉 투자자 집단이 일정한 금액(보험료)을 받는 대가로 일정 가치를 보장하는 제도로의 변화는 중세 말에야 나타났다. 투자자는 투자금을 되도록 많은 선박에 분할했다. 제노바에서 처음 나타난 이런 금융상의 혁신은 확률 계산 추출로의 중요한 첫발이었다.

이는 이탈리아 상인이 상행위를 위해 고안해내고 이용했던 수많은 혁신 중의 한 예에 불과하다. 진정한 의미의 상업혁명(*révolution commerciale*)[37]이라고 부를 수 있는 환어음, 복식부기, 이자가 붙는 대출(*prêt à intérêt*), 보험제도가 1275년과 1325년 사이에 출현했다. 또한 이 시기에 정주하는 외국 상인이 늘어난 반면 샹파뉴 시장은 쇠하고 이동상인인 행상의 역할은 줄어

---

35) 나중에 산 지오르지오은행(Banco di San Giorgio)이 되었다.

36) Shov D. Goitein(1967) *A Mediterranean Society: The Jewish Communities of the Arab World as Portrayed in the Documents of the Cairo Geniza Vol. 1, Economic Foundations*, Berkeley, University of California Press 참조.

37) N.S.B. Gras(1942) 'The commercial revolution of the thirteenth century, a discussion of capitalism - concept and history', *Bullentin of the Business Historical Society*, XVI(2), pp.34~38.

들었다.

　이탈리아 상인은 더 이상 자신의 재산만을 이용해서 상행위에 종사하지는 않았다. 이는 중요한 의미를 갖는 변화였다. 화물을 한 배에 싣지 않고 여러 배에 나누어 운송하면서 상품의 물리적 손실 위험을 최소화시킬 수 있었다. 이제 위험의 여러 부분을 전적으로 혹은 부분적으로 다른 이들에게 전가하는 것이 가능해졌다. 이를 목적으로 여러 가지 방법—운송 자금 대부, 인도 시 예상 가격을 근거로 한 선대출, 해상보험료의 지불—을 사용했다. 이들 중에서 특히 포에누스 노티쿰(*foenus nauticum*), 또는 해양 대출 (prêt maritime)은 언급할 가치가 있다.[38] 투자자는 배가 항구에 도착했을 때에만 이자와 함께(일반적인 대출을 묘사할 때는 언급되지 않았던) 원금이 상환된다는 조건하에서 대출을 해주었다. 그리하여 전손(全損)의 위험은 대부자에게로 전가되지만 판매고의 수익을 과대평가할 위험을 감수할 필요가 없게 되었다. 만약 그가 위험을 무릅써야 할 부분이 있다면 배의 귀국에 맞추어 상환될 수 있는 금액과 출항 전에 지불한 선지급분 간의 차액으로 한정되었다.

　이런 유형의 금융은 13세기 동안 시들해졌으며 해양 환예약(*cambium nauticum,* contrat de change maritime)으로 대체되었다. 이러한 변화는 계약 이행에는 화폐 교환이 따른다는 사실로 인해 생겨났다. 대부자가 선불한 금액은 선박의 도착과 함께 해외에 있는 그의 외환결제 제휴자(correspondent)에게 지불되어야 했다. 상환은 미리 서로 동의한 금액에 대해서 외환으로 지불되었으며, 오늘날의 전문용어로는 원금, 이자, 외환 커미션 그리고 무엇보다도 외환 위험을 커버하기 위한 프리미엄이 포함되어 있었다. 그리하여 부가적인 위험이 대여자에게서 대부자에게로 이전되었다. 그 결과 환전상-은행가의 개입 비용은 상당히 비싸졌으며, 상품의 판매에서 얻은 수익

---

38) Florence de Roover(1945) 'Early examples of marine insurance', *The Journal of Economic History*, 5(2), November, pp.172~200에 기반 함.

의 상당 부분을 흡수해버렸다. 이자가 붙는 대출에 대한 금령을 피하기 위해서는 이자를 외환비용으로 가장할 필요가 있었다. 이 제도는 14세기 중반 유럽에서 통화 시장의 발전을 가져왔다. 이는 또한 이동 상인에서 정주 상인으로의 이행을 촉진시켰다. 환어음의 사용과 복식부기 제도가 유럽 국제 상업에서 필요 불가결한 역할을 맡았다.

13, 14세기 이탈리아에서 상인, 환전상, 은행가는 지역 간 상거래에 필요한 액수의 돈을 선불하고 대부분의 활동 중심지에 대리인(représentants) 네트워크를 조직할 수 있었던 유일한 이들이었다. 때에 따라 상인이기도 은행가이기도 보험업자이기도 환전상이기도 했던 이들은 특정한 전문분야를 가지고 있지 않았다. 이들의 뇌리를 사로잡고 있는 생각은 가능한 한 정확하게 자신의 이익을 예상하는 것이었다. 이들은 원거리 교역에 관여된 상품과 화폐의 흐름을 통제하고 관리하기 위해 법과 회계라는 도구를 더욱더 적합하게 만들었으며 네트워크로 자신들의 활동을 조직화했다.

플로렌스 데 로버는 상업적인 제휴(partenariats)의 발전, 환어음의 사용 증가 그리고 보험의 발달 사이에 있는 긴밀한 상호관련성을 강조한다. 이들 세 국면은 상인의 정주화에서 비롯되었다. 그러나 보험의 원리는 한 순간에 발전되지는 않았다. 상인은 처음에는 '보험 대부(prêt-assurance)'라고 부르는 계약을 생각해 냈다. 이에는 이미 보험 계약에 특징적인 다음과 같은 여러 요소가 들어가 있다. ① 보험자나 피보험자는 육지에 머물러 있다. ② 보험에 든 상품은 상품만 단독으로 보내진다. ③ 대부는 해양 대부에 명기되어 있었던 바와 같이 선박의 도착과 함께 상환되는 것이 아니라, 대부자는 조난의 경우 단지 부분적으로만 상환하도록 동의했기 때문에 피보험자의 상품이 도착하면 상환된다.

위험 전가의 최초의 예를 13세기 말까지 거슬러 올라가는 팔레르모의 몇 공증서에서 찾아 볼 수 있다.[39] 여러 계약서는 관계 당사자들이 어떻게 위

---

[39] *Ibid.*, pp.178~179.

험을 구매자에게서 판매자에게로, 운송업자에게서 선주에게로 혹은 대부자에게서 대여자에게로 전가하는지를 알고 있었음을 보여준다. 그러나 위험은 제3자에게 전가되지는 않았다. 위험을 지는 행위가 수익성 있는 사업이될 수 있음을 아직 이해하지 못했기 때문이다. 이는 나중에 하나의 전문 직종 즉 보험회사의 업무가 되었다.

화물이 중간이 없어지는 경우는 드물며 대부분은 안전하게 목적지에 도착함을 알기 위해 복잡한 확률 계산까지 할 필요는 없었다. 보험 통계 계산을 활용하기 훨씬 이전부터 해양 보험은 계속 발전했다. 가장 오래된 보험 계약의 하나라고 보이는 1347년까지 거슬러 올라가는 제노바인의 계약을 보면, 조난의 경우 보험에 든 이는 선대출에 대해 대부업자 · 보험업자에게 부분적으로나마 대출금을 상환해야 할 어떤 의무도 없었다. 그리고 피보험자에게 일정한 금액을 지불해야 할 이는 보험업자 그 자신이었다. 우리는 여기에서 이전과는 완전히 다른 관행이 등장했음을 볼 수 있다. 이러한 관행은 이를 성문화하는 법과 규정이 자리를 잡기 이전에 이미 상당히 성숙되어 있었다. 그 결과 해상 보험이 탄생했다.

새로운 법규범 구상

상법과 해양법

당면 문제에 대한 상인의 세 번째 대응은 사법(私法, droit privé)의 영역에 속했다. 중세의 상업 제도는 공들여 만들어놓은 법적 수단의 힘을 활용했다. 이는 국가의 범주를 뛰어 넘었으며 이미 통일성, 계속성 그리고 일반성에 대한 야심을 분명히 드러내고 있었다. 그리하여 애초부터 상법과 해양법은 도시의 헌법, 법령, 관습을 표현하고 있는 문서보다도 미치는 범위가 훨씬 더 넓었다. 중세 사회의 글로벌화의 표현인 상인법(droit marchand)은 강제된 질서에 대한 거부였으며 동시에 계약적인 질서의 발전에 기여했다.

배를 상업적으로 이용한 것만큼이나 오래전부터 해양법, 혹은 더 정확히 표현한다면 해양법의 기본적인 구성요소는 이미 이집트, 페니키아 그리고 그리스 항구에도 있었다. 바로 이 시기에도 해양법은 정치적인 경계를 넘어서 영향력을 발휘할 원칙을 공식화하고 관행을 성문화했다. 상인의 도시라는 별명을 가진 BC 5세기에서 2세기까지의 로도스(Rhodes)는 처음으로 포괄적인 성격을 갖는 법률을 구상했다.[40]

경쟁으로 압박감을 느끼고 사업 걱정으로 노심초사해야 했던 상인은, 자급자족 공동체에 유효한 수많은 영토적 관행의 결과물이 법이었던 그 시절에 대학이 일반법(droit common)의 원칙을 추출하고 성문화할 때까지 기다릴 수 없었다. 당연히 법이 아니라 관행이 교역의 바로 처음 시작부터 상업의 밑바탕이 되었다. 상인은 지역적인 장벽을 넘어서 혁신을 제안했다. 압력을 받을 때면 언제나 교역과 공정의 원칙에 기반 하여, 매우 제한적인 관습과 지역 세력의 권위로부터 자유로운, 새로운 전문적인 법(장터와 시장에 관여하고 있는 상인의 법과 선원의 법)을 발전시킬 수 있었다.

13세기 중반 해양법이 바르셀로나, 토르토사, 그리고 마르세유에서 만들어졌다. 여기에는 화물 하역, 운송비, 계약, 무기의 사용, 조난 선박의 구조에 관한 권리, 통행료, 선원과 상인 간의 관계가 성문화되었다.[41] 예를 들어 카탈루냐인(Catalans)은 지중해의 주요 도시에 있는 밀시장(*alfondecs*, halles au blé)을 장악하고 있었다. 사실상 '시장이자 숙박지(halles-auberges)'였던 밀시장은 '바다의 영사관(*Consulates of the sea*)'—당시 국제 교역을 위한 법적 조직의 근거—으로 알려진 일련의 법률로부터 많은 혜택을 보았

---

[40] Edgar Gold(1981) *Maritime Transport*, Lexington, Lexington Books, p.5 · 15 참조.

[41] 'The 1258 Maritime Code of James I of Aragon', quoted in Roy C. Cave and Herbert H. Coulson(eds)(1965) *A Source Book for Medieval Economic History*, New York, Biblio & Tannen, pp.160~168 참조.

다. 영사는 현지 당국과의 분쟁을 판단하고 해결했으며 이들과 협정을 맺을 수 있었다. 이들 '바다의 영사관'은 규범과 관습의 모음집이었으며, 법과는 달리 전적으로 비공식적이었다. 1435년 아라곤의 자크 1세(Jacques 1er d'Aragon)는 바르셀로나 법령(*Barcelona Ordinance*)을 제정했다. 비록 초기적 형태가 일찍이 1347년 제노바에서도 발견되지만 이 바르셀로나 법령은 보험을 다룬 첫 입법 문서라고 할 수 있다. 해난의 경우 제3자에 대한 선주의 책임을 용적톤수에 따라 계산된 금액으로까지만 제한한 규정이 등장한 것도 바르셀로나 법령에서 처음이었다.

서부 유럽의 상업 중심지에서 이용되던 법규는 초영토적 국면을 얻게 되었다. 14세기 지중해를 석권한 '바다의 영사관'(1340년경), 12세기 대서양 무역을 지배했던 올레론 규례(Oleron codes), 그리고 후에 발트해에서 통용되었던 비스비 법률(Visby laws)이 그 예이다. 트라니법(1063), 1075년으로 실증된 피사의 상법(*Consuetudine di mare*), 그리고 해양법의 관행을 66개 장으로 응축한 아말피 법령(Tables amalfitaines, 1274)도 있었다. 이들은 모두 지중해에서 해양법의 계속성과 일관성을 입증하고 있다. 피사, 베네치아 또는 라구자에서 시행했던 법규 혹은 계약서류(*commende, collegiantiae*)를 참고함으로써 선주뿐만 아니라 상인도 만족할 수 있는 합의를 더 쉬이 이끌어 낼 수 있었다.

그리하여 만민법(*jus gentium*)의 구성요소는 본래의 법원(*juridictions propres*), 판례, 선의를 근거로 했다.[42] 그러나 정의의 실행에 대한 중앙집권화는 이미 거역할 수 없을 정도로 그 자리를 굳건히 하고 있었다. 후에는 국가가 정의를 실행하면서 이런 자치적인 형태의 법은 훼손당했다. 프랑스에서 법률의 국유화를 성취했던 이는 1673년에 상업법령(*Ordonnance sur le commerce*)을 발하고 1681년에 해군법령(*Ordonnance sur la marine*)을 발한

---

[42] 만민법은 로마법의 산물로 문명인의 사법과 공법을 의미했으며, 프란시스코 수아레스(Francisco Suarez, 1548~1617)와 함께 국제관계에서 각기 다른 민족구성원과 국가가 지켜야 하는 국제법의 모체가 되었다.

콜베르였다. 영국 혹은 스페인에서도 같은 움직임이 있었다. 복수의 사법 관할권을 가진 시스템은 더 이상 관용되지 않았다. 그러나 이는 교역을 방해하지 않았으며 오히려 그 정반대로 교역을 촉진시켰다.

제노바, 베네치아, 바르셀로나의 글로벌 공간

새로운 판로를 개척하기 위해 살피던 중 일찍이 14세기에 제노바는 포르투갈, 플랑드르 그리고 영국으로 가는 해로를 열었다. 동방의 창고인 베네치아는 지중해에서 비잔틴 무역을 손에 넣었으며 서유럽 향료 시장을 사실상 독점했다.[43] 13세기 전반기 몽고(元)가 압바스 칼리프(749~1258)의 영토를 점령한 직후, 폴로와 같은 베네치아 상인은 중동을 거쳐 유럽에서 중국으로 여행할 수 있었다. 베네치아의 주요 상인들은 몽골군을 격퇴하고 인도양에서 지중해에 이르는 홍하 해로를 장악한 맘루크 왕조(1250~1511)의 도움으로 이집트의 항구에도 접근할 수 있었다.

서방을 향한 제노바 세력의 재배치는 14세기 초에 일어났다. 포르투갈의 왕정뿐만 아니라 아라곤의 왕정도 샹파뉴 시장에서 동방까지 직접적인 상업 루트를 확보하고 있던 제노바 상인의 도움을 필요로 했다. 대서양으로 가는 도중 기착 항구로 기능했던 카디스, 세빌, 브루제, 앤트워프, 런던, 사우샘프턴에는 제노바인의 식민지가 있었다. 거기에서 이들은 상인이자 보험업자였을 뿐만 아니라 환어음 업무와 복식부기에 능통한 은행가였다. 어떤 면에서 보면 제노바가 대서양에 빨려 들어간 것이 된다. 1312년경 카나리제도를 재발견하고 1418년 마데이라에 처음으로 상륙한 이들도 제노바인이었다. 스페인, 포르투갈과 연합하여 비발디 형제와 크리스토퍼 콜럼버스

---

43) Abu-Lughod, *Before European Hegemony*, p.215. 또한 C.G.F. Simkin(1968) *The Traditional Trade of Asia*, London, Oxford University Press, p.175 참조.

의 대발견에 참여한 아들도 바로 제노바인이었다.

'제노바의 세기(siècle des Génois)'는[44] 1528년에서 1622년까지 계속되었다. 이 시기 '스페인 거래(trafics d'Espagne)'는 중요한 역할을 했다. 이는 부유한 제노바 상인들이 합스부르크 왕가에 전쟁을 하고 제국을 유지하는 데에 필요한 자금을 선대출 해주는 것이었다. 이들 선대출은 페루와 멕시코 광산에서 은을 실은 함대가 도착할 때마다 정기적으로 상환되었다. 물론 이들 선대출에 대한 이자율은 상당히 높았다.

카스티야의 시인 프란시스코 케베도(Francisco de Quevedo, 1580~1645)는 금(사실상 돈이라는 면에서 은이기도 한)에 대해서 다음과 같이 썼다.

유서 깊은 인도에서 태어나
세계의 벗이 되더니
스페인에 와서 죽어
제노바에서 묻혔네…[45]

역설적이게도 상당히 완비된 재정 수단을 마련한 시점인 16세기 말 제노바는 상업적으로 쇠퇴하기 시작했다.[46] 제노바는 자신의 금화폐인 제노비노(*genovino*)를 발행했으며 전 유럽에 걸친 국제 금융과 환거래를 지배했다. 이들의 새로운 번영은 이미 축적해 놓은 자본이 만들어낸 이자에서 나왔다. 군주들에게 빌려줄 자금을 동원하면서 제노바는 부를 만들어내고 축

---

[44] 필리페 루이즈 마틴이 다음의 책 서론에서 쓴 표현으로, Felipe Ruiz Martin(1965) *Lettres marchandes échangées entre Florence et Medina del Campo*, Paris, Sevpen 참조. 이후 브로델이 다시 이 표현을 사용했다.

[45] Nace en las Indias honrado
Donde el mundo le acompaña
Viene a morir en España
Y es en Genova entrerrado….

[46] David Abulafia(1977) *The Two Italies, Economic Relations between the Norman Kingdom of Sicily and the Northern Communes*, Cambridge, Cambridge University Press, Part II, Chapter 9 참조.

적할 수 있을 만한 활동에 자금을 댔다. 샤를 5세도 제노바은행가와 체결한 대부계약으로 빌린 돈으로 전쟁을 치렀다. 은괴를 실은 갤리선들이 바르셀로나를 떠나 제노바로 향했다. 16세기 동안 제노바는 수세기 동안 지중해에서 교역활동으로 번 거대한 수익을 투자로 전환시켰다.

이전에는 이탈리아 해양공화국들로 흘러들어갔던 향료는 네덜란드가 그 제도에 정주하게 되자 그 흐름을 멈추었다. 네덜란드는 후추 플랜테이션에 대한 독점을 주장하며 후추의 자유로운 교역을 금지시켰다. 15세기부터 베네치아인이 상업적 영향력을 유지하기는 정말 어려워졌다. 오토만의 확장으로 동부 지중해에서 베네치아의 세력은 왜소화되었으며 콘스탄티노플의 함락(1453) 이후에는 흑해에의 접근도 차단되었다. 포르투갈과 스페인의 경쟁은 15세기 말부터 16세기를 통해 내내 치열해졌다. 대서양에서 무역을 하려면 돛을 이용한 다른 해양 기법이 필요했다. 일 년에 일곱 달밖에 바다에 나갈 수 없는 갤리선은 장비를 갖추는 데 비용이 너무 많이 들어 더 이상 경쟁력이 없었다. 이런 상업상의 곤경과 풍부한 상속 재산이 공교롭게 조화를 이루면서 베네치아인은 서서히 기업가적인 상인이라기보다는 주주라는 위치에 안착해 갔다.[47]

베네치아와 제노바만이 교역의 흐름을 장악했던 주인은 아니었다. 바르셀로나는 13세기, 14세기, 15세기 동안 카탈로니아와 아라곤의 군주에게 해양으로의 확장을 위한 지렛대였다. 바르셀로나는 북아프리카, 이탈리아와 그리스의 연안, 시리아의 연안, 이집트, 영국과 플랑드르 해안지구와의 교역에 깊이 관여했다. 바르셀로나(*Casal de Barcelone*)는 지중해에서도 발레아레스, 시실리(1282), 시실리 왕의 가신인 아테네와 네오파트리아(Neopatria, 1311~ 1388)의 공작령, 사르디니아(1323) 그리고 나폴리(1442)에 소유지를 가지고 있었다. 1243년에 왕가, 시정부(*generalitat*) 그리고 '바다의 영사관'

---

[47] Lauro Martines(1979) *Power and Imagination, City States in Renaissance Italy*, New York, Alfred A. Knopf, p.172. 또한 Hay and Law, *Italy in the Age of Renaissance*, p.53 참조.

이 공동으로 세운 왕립 조병창(*drassanes rials*)은 17세기에 한꺼번에 30척의 갤리선을 건조할 수 있었으며, 카탈로니아 함대에 필요한 장비를 갖추어 주었다. 중세 이래로 카탈로니아공국과 함께 바르셀로나는 지중해의 주요 해항도시인 알렉산드리아, 제노바, 베네치아 그리고 나폴리에 비견될 만한 교류의 중심지가 되었다.

집단적 자유(libertés communales)의 마그나 카르타(*Magna Carta*)로 알려진 콘스탄츠의 평화조약(paix de Constance, 1183)으로 탄생한 정치 자치 운동으로 정치 권력과 정신 권력이 분리되었다. 그리고 제도적인 혁신이 전성기를 맞이했다. 그러나 선거로 선출된 이의 권한 행사에 기한을 두어야 한다는 혁신은 아직 없었다.

요컨대 이 지중해 모델의 특징은 최고의 권위를 갖는 중앙권력이 부재한 상태에서 도시국가가 발전했다는 점이다. 12세기 말부터 15세기의 초까지 각 지역의 경제적 차이는 물론 이탈리아의 도시들의 상반된 이해관계는 어떤 형태의 안정적인 협력도 방해했다. 의심할 여지없이 가장 주된 요소는 환경이었다. 여기에서 시장은 격렬한 경쟁의 대상이었으며 도시들은 통합하기보다는 서로 경쟁하도록 되어 있었다.[48] 이 중간에 있는 바다, 즉 지중해 주위에서 행해진 교역은 동방으로의 교역로를 따라 이익을 찾고 이를 얻은 몇몇 도시가 가지고 있었던 특권이었다. 이탈리아 도시는 사회적으로 다양했으며 이는 서로 다른 제도화라는 결과를 가져왔다. 어떤 도시는 토지소유 귀족이, 어떤 도시는 수공업길드가 지배했다. 주권(souveraineté)은 주요한 경제 행위자와 정치 행위자의 계속적인 타협의 결과로 나타났으며, 따라서 도시 마다 그 형태가 달랐다.[49] 포데스타(*Podestà*)[50], 시뇨리아 (*signoria*)[51], 혹은 과두정치 공화국(république oligarchique)을 비롯한 다양

---

48) Spruyt, *The Sovereign State*. p.142.

49) Aver Greif, *Institutions and the Path to the Modern Economy*, pp.217~268 참조.

50) 포데스타는 권력을 의미하는 라틴어 potestas에서 기원한 단어로, 중세 후기부터 많은 이탈리아 도시에서 특정한 고위관료를 부르는 말이었다(역자).

한 정부의 제도적 형태는 모두 정치적이고 사회적인 동질성이 부재했음을 반영하는 현상으로 해석할 수 있다. 이에 반해 한자동맹의 도시는 모두 상인 귀족(patriciat marchand)에 의해 지배되었다.

51) 시뇨리아는 이탈리아어로 지배, 통치, 주권 등을 의미하며, 특히 역사적으로 13세기 후반부터 15세기경 이탈리아에서 참주(僭主)가 지배하는 정치체제를 지칭한다 (역자).

제3장 〉

한자동맹:
발트해의 협력모델

육지에 둘러싸인 바다, 즉 내해는 막다른 골목이 아니라 교통로이다. 발트해도 예외가 아니었다. 발트해에서 러시아의 강을 따라가다 보면 상당한 규모의 시장이 열리는 노브고로트까지 항해할 수 있다. 여기서부터는 육로로 이슬람 국가들의 상품뿐만 아니라 비잔틴 제국의 물품이 거래되는 상업 중심지 스몰렌스크에 다다를 수 있다. 바로 이런 특정한 교역 지형에서 한자동맹의 도시들은 번영을 구가했다(지도 2 참조).

성좌를 이룬
자유 도시들

한자동맹 혹은 한자(Hanse)의 시작은 12세기 중반 뤼베크의 창설로 거슬러 올라간다. 이는 처음 하나의 상인조합으로 출발해 나중에는 도시 공동체가 되었다. 한자의 목적은 협회 성원의 상업 활동을 보호·확장

[지도 2] 한자도시와 북해 그리고 발트해 무역, 13세기~16세기

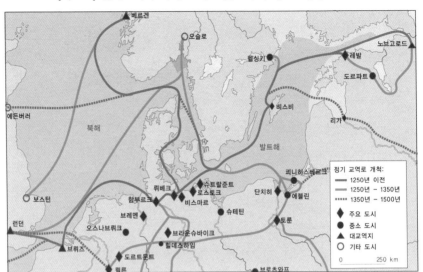

하고 상업에 필요한 원칙을 지키는 데에 있다. 이는 거의 제약이 없는 비공식적인 협회로 그 성원의 경제적 이익 보호가 유일한 목적이라고 말할 수 있다. 한자는 북해로의 접근성도 좋은 발트해에 위치한다는 지리적인 이점으로 혜택을 보았다. 그 전성기에는 서로 조이데르해(*Zuyder Zee*), 동으로 핀란드만에까지 그리고 남으로 튀링겐, 북으로 발트해에까지 뻗어있는 200여개 도시를 아우르는 도시(villes) 네트워크를 결성했다. 13세기 중반 한자는 노브고로트, 리가, 함부르크, 브루제 그리고 런던을 연결하는 축을 따라 두 바다(북해와 발트해)에서의 교역을 거의 독점하다시피 했다.

뤼베크는 서유럽으로의 주요 접속 중계점이었다. 이 북부 독일의 도시가 가지고 있었던 탁월함은 부분적으로는 지리적으로 두 북해[1] 사이에 있는 홀스타인 지협에 위치하고 있다는 사실에서 비롯되었으나 주로는 그 사람들의 역동적이고 기업가적인 정신 덕분이었다. 뤼베크는 한자 전체 운송양

---

1) 북해와 독일 동해(역자).

의 3분의 1 정도를 처리하곤 했으며 1418년 자연스럽게 동맹의 지도자가 되었다. 14세기에 한자도시의 영향력은 널리 퍼져, 육로로는 남부 독일과 이탈리아 그리고 해로로는 대서양 호(弧)—프랑스, 스페인, 포르투갈—에 있는 항구에까지 미쳤다.

관할권 경쟁의
교차로에서

한자동맹은 당시의 다른 세력들—신성로마제국, 튜턴기사단—이 신경을 다른 곳에 쓰고 있었기에 오히려 더욱 능력을 발휘할 수 있었다. 한자동맹은 대체로 제후들의 적대감을 피할 수 있었으며, 그리하여 프리드리히2세의 사후(1250)에 생긴 권력의 공백을 채워가면서 14세기 초에는 도시 네트워크의 기반을 마련할 수 있었다. 도시들은 지역 동맹을 결성했으며, 점차 리보니아, 에스토니아 그리고 리투아니아의 도시들이 이에 합류했다. 이들 동맹은 독일의 제후들로부터 결사의 자유, 수로와 도로의 보호, 상인과 여행가의 안전 통행, 통행료와 연공(年貢, tributes)의 면제, 자의적인 행정 결정으로부터의 보호 그리고 이들의 특권 유지 등 많은 특혜를 얻어냈다

플랑드르와의 경제적 갈등과 덴마크의 선전포고는 한자도시들로 하여금 첫 모임(1356)을 갖게 한 기폭제가 되었다. 고틀란드섬을 점령하고자 했던 발데마르 4세는 비스비를 약탈했으며, 그리하여 콜론동맹 형성의 간접적인 원인을 제공했다. 도시들이 독립적인 지위를 가지고 있었음은 사실이었지만, 그럼에도 불구하고 한계는 있었다. 도시는 지역의 영주에게 복종하지는 않았지만 직접 황제에게 충성을 맹세해야 했다.

상업적·전략적 루트와
결절점에 대한 통제

전략적인 교역 루트를 따라 자리한 한자도시들은 라인강과 다우가바강의 두 수로를 따라 내지는 물론 발트해와 북해의 연안에까지 그 영향력을 확장시켰다. 다우가바강의 어귀에 위치한 리가는 1201년에 세워졌다. 게르만 상인들이 노브고로트에까지 밀고 들어와 1205년 '페테르고프(Peterhof)'라는 교역소를 세웠다. 또한 이들은 스칸디나비아로 가서 스톡홀름의 건설에도 관여했다.

위풍당당한 함대는 이런 상업적인 야망을 키우는 데에 도움이 되었다. 15세기 말에 동맹은 6,000톤에 이르는 1,000여척의 선박(연안과 강가의 배는 계산에 넣지 않아도)을 보유하고 있었다. 이는 당시 세계에서 가장 권위 있는 함대였다. 선박 기술도 변하고 있었다. 이제 코그(외돛 상선, kogge)이 북해를 종횡무진하고 있었다. 길이가 약 30미터, 넓이가 7미터에 이르는 이 선박은 빨랐으며 무거운 화물을 운반하는 데에 더 적합한 운송 수단이었다. 15세기에 한자는 후커(쌍돛대 범선, hookers), 나중에는 캐러벨(쌍돛대 범선, caravels)과 같은 새로운 선박들을 추가하여 함대를 강화시켰다. 비록 교역의 중심지는 뤼베크였지만 한자는 전략적으로 중요한 4개의 해항도시—북유럽을 가로지르는 동서축에 놓여있는 노브고로트, 베르겐, 브루제, 그리고 런던—에 교역소를 두고 있었다.

교역 시스템
:까싸도스(Métropolitan)간
협력과 벌크화물 운송

한자도시는 러시아의 목재, 금속 광석, 모피와 밀랍, 동부 발트해와 러시아의 곡물과 생선, 플랑드르 후에는 영국과 네덜란드의 직물, 스웨덴의 철광석, 스카니아의 자반 청어 등 벌크화물을 취급했다.[2] 교역량은 거대했으나 이윤은 낮았다. 비용도 적게 들었다. 발트해에서의 교역이 번창하기 위해서는 일단의 화물집산지(entrepôts)가 필요했다. 서로는 네덜란드 동으로는 발트해의 도시들과 거래했던 한자도시는 변동이 심한 화폐, 표준화되지 않은 계량 단위 등 매우 불안정한 환경에서 무역에 종사해야 했다. 그리하여 이들은 환율의 변화, 교역의 조건, 그리고 도량형에 대한 정보를 계속 숙지하고 있어야 했다. 이런 면에서 한자동맹은 시장을 통제하고 경쟁을 줄이며—상행위 주체 간의 단합은 더 높은 가격으로 상품을 팔 수 있는 방법이었다— 그리고 동서 교통통신로를 장악함으로써 북해와 발트해 교역에서 독점적인 위치를 보장하는 책임을 진 중세 길드의 역할을 해냈다. 그 목적은 정보에 접근하는 비용을 줄이는 데에 있었다.

한자의 목적은 우리가 보아왔던 바처럼 외지에서 그 상인을 보호하고 교역상의 특혜를 얻어내고 그리고 이미 얻은 특권을 지키는 것이었다. 한자는 원거리 교역에 종사하며 신용으로 거래하는 무역업자뿐만 아니라 제한된 지역에서 상행위를 하는 소상인, 선적처리업자 그리고 중간 규모의 무역상을 포함해 무수히 많은 상인들로 구성된 교역의 성운이었다. 한자동맹의 상행위 방식은 협력과 기존의 상거래 보호에 기반을 두고 있었다. 그리하여 이들의 교역 방식은 북부 이탈리아의 해양공화국들 보다 세련되지 못했으며 한자동맹에는 금융의 중심지도 금융시장도 없었다.

영토국가의 권력에 대한 대안으로서의 도시

일반적으로 말해 한자동맹은 봉건영주나 군주의 간섭과 침해 행위에 저항했다. 그러나 예외는 있었다. 튜턴기사단과의 연

---

2) Philippe Dollinger(1970) *The German Hanse*, *op. cit.*, pp.54~55.

합이 그것이었다. 이 연합으로 프러시아에서 한자의 영향력은 증대했다.[3]
대체로 한자는 상인들의 과두체제라고 말할 수 있다. 한자는 법적 지위를
가지지도 권력의 인장을 보유하지도 그리고 그 어떤 행정조직도 유지하지
않았다. 그럼에도 불구하고 한자는 분명히 하나의 독립적인 정치적 실체
(entité politique)였으며 그 목적은 단순한 이익 집단의 범주를 넘어 확장되
었다. 한자는 특사를 파견하고 조약에 서명하고 세금을 징수하고 그 의회
(*Hansetag*)의 결정을 집행했다. 헌법은 없었지만 그럼에도 불구하고 한자
는 군대를 소집하고, 다른 국가들과 협상을 하고, 법률을 제정하고, 왕을 추
대하고 폐위시키며, 국제 조약에 참가하고 외교 사절단을 파견했다. 또한
한자는 외국의 항구에 있는 상인들에 대해서도 권한을 가지고 있었다.[4]

그렇다면 한자가 국가의 속성을 모두 가지고 있었다고 말할 수 있는가?[5]
상선을 보호할 해군과 관세를 규제할 국제적인 제도가 부재한 상황에서 이
상인들의 협회는 바로 이러한 필요성을 충족시켜 주었다. 한자는 발트해에
서 해적을 소탕했다. 한자는 수차례 보이콧, 봉쇄 혹은 해적과의 전쟁에 호
소했다. 그 해군은 1469년부터 1474년까지 영국을 상대로 한 전쟁에서 이겼
다. 그리하여 한자는 영국 상인들이 발트해에 발을 들이지 못하도록 하는
데에도 성공했다. 그러나 이런 사실들을 잘못 해석해서는 안 된다. 동맹이
통상 영토국가가 했던 행동을 수단으로 사용했다고 하더라도—전쟁을 하
고 조약에 서명하는 등— 이는 오직 그 상인들을 보호하기 위해서였다. 전
쟁은 경제적인 이유 때문에 벌어질 뿐 외교 정책이나 영토적인 야심이 동
기로 작용하지 않았다.

분명 한자는 선전포고를 할 수 있었다. 실제로 한자는 스웨덴(1567~1570,

---

3) 튜턴기사단의 최고 단장은 동맹의 의회(diète) 성원이 될 수 있었던 유일한 독
립적인 개인이었다.

4) Dollinger, *The German Hanse*, p.63.

5) 이는 스프뤼트의 견해(Spruyt Hendrick(1994) *The Sovereign State and its Competitors*,
Princeton, Princeton University Press)이지만 돌링거(Dollinger)는 이에 이의를 제기
한다.

1630), 영국(1470~1474), 홀란드(1438~1441) 그리고 덴마크(1370, 1426~1435, 1616)와 전쟁을 치렀다. 그러나 한자가 개입한 이들 전쟁은 절대 영토를 정복하기 위해서가 아니라 부가 창출되는 장소 즉 부가 수송되고 교환되는 장소를 통제하기 위해서 일어났다. 가장 효율적인 강제 수단은 경제 봉쇄였다. 브루제, 플랑드르 백작, 노르웨이의 왕을 상대로 성공적으로 사용된 이들 봉쇄 조치는 주요 거래 물품의 공급을 차단하거나 적으로부터 시장을 빼앗기 위해 취해졌다.

한자동맹은 권력(puissance)이었지만 국가(État)는 아니었다. 한자동맹의 원리는 오히려 제국(Empire)의 그것과 유사했다.[6] 확연한 위계적인 질서 구조도 명백한 국경선도 가지고 있지 않았지만 한자동맹의 영향력은 경제적인 국면을 훨씬 넘어서까지 확대되었다. 한자에는 공무원도 행정조직도 없었지만 그 이름으로 활동하는 시의회(conseils municipaux)—뤼베크에 있었던 것과 같은—가 있었다. 의사결정은 분권적이었다. 노브고로트, 베르겐, 브루제 그리고 런던에 세워진 한자의 교역소(kontor)는 상당히 자유를 누렸으며 상인들이 선출한 대표자에 의해 운영되었다. 이들 교역소는 상업 분쟁에 연루된 상인들의 대응을 조정하면서 길드로서의 역할을 다했다. 한자는 도시 동맹 중에서 가장 강력했다. 한자의 조직 논리는 주권 국가의 그것과는 달랐지만, 한자동맹은 북유럽에서 약했던 제국의 권력을 대신할 수 있었다.

중세의 상인법

한자동맹은 명백하게 규정된 세금 제도를 가지고 있지 않았지만 세금을 거두어들일 수 있는 수단을 많이 확보하고 있었다. 해군 함대

---

6) Anthony Giddens(1985) *The Nation-State and Violence, Vol. 2, A Contemporary Critique of Historical Materialism*, Berkeley, University of California Press, p.80.

에 장비를 갖추기 위해 한자동맹은 항구에 들어오는 선박에 세금을 부과했다. 실제로 한 항구의 관할권 내에는 여러 법 제도가 공존했지만 도시간의 상호협정, 양자 간 조약 혹은 다른 형태의 개입을 통해 한자는 비교적 동질적인 성격을 지닌 법적 공간 또는 조금 더 정확하게 말해 '봉건주의라는 대양에 도시법이라는 섬들'을 창조해 낼 수 있었다.[7] 멀지 않아 법 앞의 평등, 재산법과 투자법 제정권과 같은 새로운 개념이 나타나기 시작했다.

우선(a priori) 중앙 권력이 없는 상황에서 경제적이고 정치적인 활동을 조직하는 한자동맹을 방해할 수 있는 세력은 없었다. 1284년 노르웨이인이 한 게르만 선박을 공격하여 약탈하자 게르만 도시들은 이에 대한 대응으로 노르웨이에 대해 통상금지령을 내렸다. 이어진 기근으로 노르웨이는 항복할 수밖에 없었다. 노브고로트를 상대로 통상금지령이 내려졌을 때에도 같은 일이 반복되었다.[8] 한자동맹의 선박은 덴마크 해협을 순찰했으며 이 금수조치를 위반하는 상인은 모두 사형에 처해졌으며 그의 재산은 압수되었다. 요컨대 한자는 교역 증진의 목적을 가진 상인들, 이들의 도시 그리고 외지의 다른 도시들 간의 계약(contrats)의 결절점이었다.

한자는 경제적인 활동이 이루어지는 전 분야를 정치적으로 통제한 극히 이례적인 제도였다. 한자는 주권을 가지고 있지 않았다. 이는 제국의 일부였으며 그 성원은 자신의 종교 지도자와 세속 권력자에게 충성을 바쳐야 했기 때문이다.[9] 비유적으로 표현한다면 이는 무정형의 조직이었다. 진정한 법적 지위도 없고 재정적인 세원도 가지고 있지 않았기 때문이다.

한자의 쇠락은 무엇보다도 먼저 북부에서 영국 상인과 네덜란드 상인이라는—이들의 함대는 때로는 연합하여 발트해로 진출했다— 막강한 경쟁자가 부상한 결과였다. 둘째, 남부에서도 한자는 동맹이 이용했던 국가 간 화물 물동량을 동력원으로 활용하면서 등장한 뉘른베르크와 경쟁해야 했

---

[7] Fritz Rorig(1969) The Medieval Town, Berkeley, University of California Press, p.27.
[8] Dollinger, The German Hanse, pp.48~49.
[9] Ibid., p.7.

다. 그러나 무엇보다도 중요한 요소는 정치 환경의 변화였다. 홀란드에서 군주와 제후 세력이 강력해지고 있었다. 튜턴기사단은 타넨베르크에서 패배했다(1410). 덴마크는 홀스타인 지협을 장악했다(1459). 노브고로트는 1471년 이반 3세에 의해 정복당했다. 러시아, 스웨덴, 오토만은 교역 루트를 수시로 급습했다. 한자의 경제 공간은 수축되었으며 상업 수단은 진부해졌다. 도시 간 조직인 한자동맹은 집단행동을 허용한 조치를 시행하고 조정하는 책임을 졌다. 근대 국가의 흥기와 더불어 길드가 상인의 권리를 보호할 필요는 줄어들었다. 한자동맹의 경우 길드로서 오직 상인의 재산권을 보장했다. 그러나 길드는 근대 시기에 들어 상업적 팽창을 방해하는 독점적인 도구로 전락했다.

마침내 치명타를 입힌 것은 영토국가의 부상이었다. 한자의 몰락은 베스트팔렌조약(1648)에 의해 더 분명해졌다. 그렇긴 하지만 수세기 동안 한자동맹의 정치 조직은 그 경제적인 이해관계를 방어하는 데에 있어서는 이를 둘러싸고 있었던 영토국가들보다 더 효율적이었음을 잘 보여주었다.

제2부

아시아 지중해의 초기 윤곽
:조공무역의 우세

아시아의 교역왕국과 독립적인 도시공동체:

7세기부터 17세기까지

　해양공화국(*repubbliche marinare*)과 한자동맹이 번영할 수 있었던 데에는 국가로부터 독립된 도시라는 전통이 유럽에 있었기 때문이었다. 여기에 더하여 이 두 도시 모델은 상인의 이익을 보호하는 법적 토대를 가지고 있었다. 지중해와 발트해 모두에서 도시의 자유(libertés municipales)는 다음 네 가지 특징을 가진 도시 주권(souveraineté urbaine)이라는 개념을 형상화시켰다. 즉 자신의 해군, 영토 장악이 아니라 교역에 필요한 해상의 교통로와 전략적 지점에 대한 통제 의지, 시민법 전통의 보전과 공고화 그리고 입증된 상법이 그것이었다.

　아시아에서도 국가로부터 독립된 도시라는 전통이 있었는가? 아시아의 교역 체제를 지지해 준 제도적인 장치는 무엇이었는가? 선례는 드문 편이며 개별적으로 하나하나를 유럽사와 비교하기도 어렵다. 그러나 교역활동이 활발했던 자치적인 정치체가 여럿 있었음은 분명하다. 7세기부터 14세기까지 수마뜨라의 스리위자야, 1511년 포르투갈에 점령되기 이전 15세기의 믈라까, 15세기부터 17세기까지 일본과 중국 간의 주요 교역지였던 류큐섬(현대의 오키나와)의 수도 나하, 오사카만에 위치한 일본의 해항도시 사카이, 마지막으로 1661년부터 청에 점령된 1683년까지 명(明)에 충성했던 강력한 상인가문인 정씨 지배하에 있었던 타이완을 들 수 있다.

스리위자야
:동남아의 해양 세력

먼저 살피고자 하는 해역의 남단에 위치한 스리위자야(Sriwijaya, Srivijaya)에서 시작해 보자. 스리위자야는 당(唐)과 송(宋)의 사료에는 실리불서(室利佛逝), 삼불제(三佛齊)로 기록되어 있으며, 아랍 사료에는 스리브자(Sribuza)로 나타난다. 이 해상왕국이 남긴 자료는 많지 않다.[1] 1918년 세데스는 스리위자야의 중요성을 강조하면서도 중국어 사료에 언급된 장소가 정확히 어디인지 밝혀내기 어렵다고 했다.[2]

스리위자야를 알게 해 주는 사료는 얼마간의 중국어 기록, 외국인의 여행기, 비문, 고고학적 유물 그리고 예술에 남겨진 흔적이다. 빨렘방(Palembang)이 수도였다고 간주되어 왔는데, 정확한 도심의 위치는 오랫동안 알려지지 않았다. 1993년에야 망갱은 수마뜨라섬의 남부, 부낏 스군땅(Bukit Seguntang)

---

[1] O.W. Wolters(1970) The Fall of Srivijaya in Malay History, Ithaca, Cornell University Press; Pierres-Yves Manguin(1989) A Bibliography for Srivijayan Studies, Ecole Francaise d'Extrême-Orient; Pierres-Yves Manguin(2002) 'From Funan to Sriwijaya: cultural continuities and discontinuities in the early historical maritime states of Southeast Asia', 25 tahun kerjasama Pusat Penelitian Arkelogi, Jakarta, Ecole Francaise d'Extrême-Orient; Hermann Kulke(1986) 'The early and the imperial kingdom in Southeast Asian History', in D.G. Marr and A.C. Milne(eds) Southeast Asia in the 9th to 14th Centuries, Singapore, Institute of Southeast Asian Studies; Hermann Kulke(1991) 'Epigraphical references to the "city" and the "state" in early Indonesia', Indonesia, 52, October, pp.3~22 참조.

[2] Georges Cœdès(1918) 'Le royaume de Crivijaya', Befeo, pp.1~36 참조.

과 사보낑낑Sabokingking) 사이를 흐르는 무시(Musi)강을 따라 스리위자야의 도심이 위치했음을 밝혀냈다.[3]

스리위자야는 자와(Jawa, Java)의 농업왕국들과는 많이 달랐으며, 의심할 여지없이 최초이자 가장 위대한 믈라유의 해양제국이었다. 전성기에 스리위자야의 영향력은 자와의 서부는 물론 수마뜨라섬 전역, 믈라유반도 그리고 끄라(Kra) 해협에까지 미쳤다.[4] 스리위자야의 패권은 해적을 막을 수 있는 막강한 해군력에 바탕을 두었다. 거의 300년간 이러한 해군력으로 인해 스리위자야는 해상 교역을 근간으로 한 광범위한 경제활동의 중추로 기능했다. 수마뜨라섬의 남동부에 전략적으로 위치한 스리위자야는 북쪽으로는 공국인 끄다(Kedah)의 중개를 통해 믈라까(Melaka, Malacca) 해협을 지배했고, 남쪽으로는 순다 해협을 통해 인도와 중국 간의 해상 교역을 통제할 수 있었다. 그 결과 스리위자야는 이 제도의 다른 나라들뿐만 아니라 인도와 중국과도 관계를 수립했다(지도 3 참조).

이 해상제패 세력은 국제교역으로부터 정기적인 수입을 확보할 수 있었다. 제국의 지정학적 권력구조는 섬세했으나 부서지기 쉬웠다. 스리위자야 제국이 그 공국들이나 제해권을 잃어버린다면 와해의 위협은 곧 바로 닥칠 것이었다. 계속된 자연 재해와 전쟁에서의 패배(자와에 있는 경쟁국의 빨렘방 정복), 무시강의 퇴적(바다에의 접근 곤란) 그리고 농업 국가들의 성장이 있었던 13세기에 이는 현실이 되었다. 이후 13세기에 일어난 마자빠힛(Majapahit) 왕국이 해양 세력으로 부상했으며, 15세기 초 스리위자야의 몰락은 돌이킬 수 없었다.

중국과 스리위자야 간 교역 관계는 3세기 말에 수립되었다.[5] 뒷부분에서

---

[3] Pierre-Yves Manguin(1993) 'Palembang and Sriwijaya: an early Malay barbour‒city rediscovered', *Journal of the Malaysian Branch, Royal Asiatic Society*, 66(1), pp.23~46.

[4] So Kee-Long(1998) 'Dissolving hegemony or changing trade patter? Images of Srivijaya in the Chinese sources of the twelfth and thirteenth centuries', *Journal of Southeast Asian Studies*, 29, pp.295~298.

[지도 3] 스리위자야의 교역 네트워크, 10~11세기

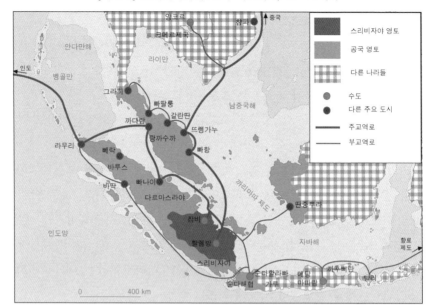

상세히 다룰 조공체제는 7세기에 성립되었다. 이미 믈라유 세계에서 매우 활발히 활동하고 있었던 중국인 상인들은 스리위자야를 주요 기항지로 삼았다. 동남아산 수지와 향료에 대한 중국의 수요가 증가한 덕분에 이 해상 네트워크에서 중요한 역할을 수행할 수 있었던 이들 상인들은, 이와 비슷한 시기에 향과 상아 같은 인도산 산품의 환적지에 대한 수요가 증가하자 스리위자야에게도 없어서는 안 될 존재가 되었다. 수도에 머물면서 이 중국인 상인들은 때로는 번역가와 통역인의 그리고 때로는 외교사절의 역할을 수행하기도 했다. 상인공동체가 교역을 통해 국경을 넘나들었던 예를 보자.6) 중국 측 사료는 스리위자야에서 활동했던 상인들의 출신 민족에 대

5) O.W. Wolters(1967) *Early Indonesian Commerce: A Study of the Origins of Srivijaya*, Ithaca, Cornell University Press, p.27.
6) Claudine Salmon(2002) 'Srivijaya, la Chine et les marchands chinois, Xe-XIIe s. Quelques réflexion sur l'empire sumatranais', *Archipel*, 63, pp.57~78. 또한 Kenneth

해 극도로 신중한 태도를 보이고 있지만, 스리위자야에서 상인들은 민족에 관계없이 자유로이 교역에 참가했다. 그러나 13~14세기에 중국인 상인들이 현지 시장에 직접 진출하는 사례가 많아지면서 중계무역(entrepôt) 중심지로서의 이 도시의 압도적인 위상은 약화되었다.

중국인의 상업적 침투에 더하여, 종교적인 열정이 분출하면서 스리위자야를 찾아오는 이들의 물결이 이어졌다. 스리위자야의 군주들은 대승불교로 개종하면서 산스크리트어와 불교의 경전을 연구하는 기관뿐만 아니라 나가파티남(Nagapatam)에 승원을 세우기도 했다. 이로 인해 이 왕국은 중국 승려들이 인도로 가는 도중에 들르는 기착지가 되었다.

인도와 중국을 연결하면서 번성했던 스리위자야의 몰락은 중국의 해상교역 확장 때문이기도 했지만 스리위자야에 속한 공국들의 반란 때문이기도 했다. 스리위자야는 항만시설 사용료를 과도하게 높이 부과했는데 이는 인접국들의 화를 불러온 듯하다. 인접국들은 인도, 중국과 직접 교역할 방안을 찾았으며 급기야는 스리위자야왕국을 정복하고 말았다.

1000년경 스리위자야는 자와의 대다수 섬들을 지배하고 있었지만 머지않아 촐라(Chola)에 내주어야 했다. 인도대륙에 있던 교역왕국인 촐라는 동남아와 동아시아를 연결하는 해상으로의 팽창에 스리위자야가 커다란 장애라고 인식했다. 12세기 말에 이르면 스리위자야는 작은 왕국에 지나지 않게 되었으며, 수마트라 섬에서의 역할도 잠비(Jambi)에 자리한 자와 공국인 믈라유(Melayu, Malayu)에 넘겨주어야 했다. 스리위자야가 몰락하자 얼마 안 있어 해양아시아에는 또 다른 위대한 교역 교차로, 믈라까가 부상했다.

Hall(1985) *Maritime Trade and State Developement in Southeast Asia*, Honolulu, University of Hawaii Press 참조.

15세기 믈라까
:도시국가와 교역제국

        믈라까는 1402년 스리위자야 왕의 후손으로 빨렘방(수마뜨라)에서 온 한 왕자, 빠라메스와라(Parameswara)가 세웠다. 믈라까는 전략적인 위치로 인해 곧 많은 상인들을 끌어들였다. 믈라유(Melayu, Malay) 반도의 서부 연안에 위치해 있는 이 도시는 인도양과 태평양을 연결하는 믈라까 해협을 통제할 수 있었다. 이 해항도시는 해협의 가장 좁은 곳에 위치하고 있으며 일 년 내내 접근이 가능했다. 우수한 서비스와 잘 만들어진 세제 덕분에 믈라까—1405년부터 중국의 후원을 받고 있던— 이 지역 최대의 중계무역 시설을 갖추고 있었으며, 포르투갈의 정복(1511) 이전까지 믈라유 세계[7]의 중심으로 기능했다. 15세기 중반 이 도시에는 수많은 외국 상인을 포함해 10만 명이 넘는 이들이 거주했다.

  15세기 해협에서 가장 강력한 술탄국이었던 믈라까는 믈라유반도에 대한 지배권을 둘러싸고 샴과 경쟁했으며, 수마뜨라에도 교역소를 여럿 세웠다. 1409년 정화(鄭和)제독을 맞이한 믈라까는 해적과 비공식무역을 막기 위해 중국 명 왕조의 황제들과 협력했다. 이는 실상 해양 교역을 용이하게 하는 일이었으나, 더 공식적인 용어로 표현한다면 상행위를 조공무역체제 내로 포섭시킴을 의미했다. 후추 재배에 착수하면서 믈라까는 의식적으로 교역의 상대를 서양으로 삼았으며 주로는 인도와 유럽 시장을 상대로 대량의 산품을 창고에 쌓았다.

  14세기부터 줄곧 믈라까와 자와는 동남아의 교역 루트를 장악했다. 믈라까의 교역 네트워크는 인도, 페르시아, 시리아, 동아프리카, 지중해로 뻗어 있는 사방의 교역 네트워크와 연결되어 있었으며, '당시 최대의 교역 시스템'을 갖추고 있었다.[8] 믈라까의 교역 네트워크는 자와섬의 동부 연안에서

---

7) 말레이 세계라고도 하며, 보르네오, 자와, 루손, 민다나오, 뉴기니아, 술라웨시, 수마뜨라 제도를 포함한 동남아 해양 세계를 의미한다.
8) M.C. Ricklefs(1981) *A History of Modern Indonesia*, Bloomington, Indiana University

[지도 4] 포르투갈 정복(1511) 이전 믈라까의 교역 네트워크

순다 해협, 자와의 중앙부와 동부까지 이어져 있었다. 이에 더하여 믈라까
는 자와에서 발리, 롬복, 숨바와를 잇는 네트워크, 그리고 띠모르에서 숨바
와 말루꾸(Maluku)제도를 연결하는 네트워크를 가지고 있었다(지도 4 참
조).[9]

믈라까는 샴, 중국, 일본은 물론 미얀마 연안에 위치한 바고(바구(Bago)
또는 페구(Pegu)로도 표기하며, 미얀마어로는 ်)와도 교역 관계를 수립
했다. 믈라까의 상업적 번영은 동남아의 모든 향료(말루꾸제도에서 나는
정향, 반다제도에서 나는 육두구를 포함하여)를 한 장소에 집산시킬 수 있
는 능력과 인도산 직물의 유통 통로를 장악하는 능력에 달려 있었다. 이를
위해 필수불가결한 활동은 상인들과 대부분 이슬람으로 개종한 국제적인
중개인들의 손에 달려 있었다. 인도네시아제도 산 향료가 가장 값비싼 품

Press, pp.18~19.
9) Ibid.

목이었지만, 전체적인 물량이나 가치로 보면 중요한 상품은 인도산 직물과 자와산 쌀이었다. 바바라와 레오나드 안다야가 주시한 바와 같이 이 두 상품이 믈라까의 성공을 뒷받침했다.

> 인도산 직물이나 향료가 없었다면 믈라까는 현지 상품을 교역하는 이 지역
> 의 수많은 다른 항구들과 크게 다를 바가 없었을 것이다.10)

가장 번성했던 유럽 항구 중 하나인 세빌(Seville)이 4백만 크루제이두 (cruzados)로 추산되는 교역량을 취급하고 있던 바로 그 시기에, 토메 피레스(Tomé Pires)에 따르면 믈라까를 거쳐 간 교역량은 이론의 여지가 없지는 않지만 2천 4백만 크루제이두에 달했다.11) 해협에 이르는 모든 도시들이 상품의 흐름에 따라 발생하는 수입의 일정부분을 가져갔다. 그렇다고 믈라까의 역할이 관세를 부과하는 정도에 그쳤다는 이야기는 아니다. 믈라까의 번영은 화물의 집산지(entrepôt)로서 그리고 중계 교역지로서의 기능에서 비롯되었다.

사카이
:일본의 베네치아

사카이(堺市)는 14세기부터 16세기 중반까지 대단히 중요한 해항도시였다. 이 도시는 중국, 한국, 류큐섬 그리고 동남아와의 활발한 교역으로 번영했다. 오사카(大阪)만 야마토(大和)강 어구에 위치한 이 도시는 야마토(현재 나라현) 지방과 바다 건너 다른 지역과의 교차로라는 역할을 수행했다.

---

10) Barbara Watson Andaya and Leonard Y. Andaya(1982) *A History of Malaysia*, London, Macmillan, pp.43~44.
11) *Ibid.*, p.44.

제수이트 선교사들은 사카이를 서양 중세의 자유도시에 비견된다고 보았지만, 이 도시의 자치는 상대화해서 이해할 필요가 있다. 이 시당국(乙名, *otona*)은 상인조합 회원 중에서 선택해 원로회(会合衆, *egoshu*)를 구성했다. 이는 36명의 중진으로 이루어진 진정한 의미의 지방의회로 군대 유지, 댐과 여타 다른 방어시설 구축에 관한 업무를 처리했다. 그러나 사카이는 기내(畿内) 권력자들의 호의에 상당 정도 의존했기에 어떤 독자적인 정치적 권위나 군사적 역량도 가지고 있지 않았다. 이 도시는 다이묘(大名, *daimyō*)간의 경쟁을 잘 이용할 수 있었지만, 일본을 통일한 수장 오다 노부나가(織田信長)가 대두하자 자처했던 모든 독립성은 사라졌다. 상인들은 완전히 두 손을 들었으며, 이 도시는 오다 노부나가 천하의 일부분이 되었다. 그럼에도 불구하고 상인 교역가와 다이묘의 이해관계가 호혜적으로 합치되었음은 부정할 수 없다. 오다 노무나가는 교역 상인이 필요했으며, 교역 상인 또한 그의 보호 없이 성장할 수는 없었다. 상인들은 상행위의 계속성을 보장받았으며, 오다 노부나가는 이들로부터 상당한 세수를 확보했을 뿐만 아니라 이들의 상거래와 물류 유통 서비스로부터 이득을 취했다.[12]

일본에서 사카이와 같은 사례는 많다. 이러한 도시들이 누린 상대적인 자치는 16세기 말에 부상한 새로운 형태의 정치 구조 내에서도 상당히 광범위했다. 내해에 있는 효고(兵庫), 오노미치(尾道), 동해(일본해)를 접하고 있는 수루가(駿河)와 오바마(小浜), 또는 이세만(伊勢湾)에 있는 쿠와나(桑名), 오미나토(大湊), 그리고 무엇보다도 하카다(博多, 오늘날 후쿠오카(福岡))[13] 같은

---

[12] V. Dixon Morris(1981) 'The city of Sakai and urban autonomy', in George Elison and Bardwell L. Smith(eds) *Warlords, Artists and Commoners: Japan in the 16th Century*, Honolulu, The University Press of Hawaii. 또한 같은 저자가 쓴 다음 글도 참조. (1977) 'Sakai: from Shoen to port city', in John W. Hall and Toyoda Takeshi(eds) *Japan in the Muromachi Age*, Berkeley, University of California Press, pp.145~158.

[13] 후쿠오카에 관해서는 Bruce L. Batten(2006), *Gateway to Japan: Hakata in War and Peace, 500~1300*, Honolulu, University of Hawaii Press 참조.

해항도시(港町, *minato machi*) 또한 이런 식으로 번영한 상업 중심지였다.

중일교역의 중개자
:류큐섬의 해양 네트워크

이 장에서 논의하고 있는 해역의 바로 중앙에 위치하고 있는 것이 류큐제도이다. 이 제도는 에도 시대(江戸時代, 1603~1868) 내내 특히 소위 쇄국시기라고 불리는 1633년부터 1868년까지(이 부분에 대해서는 뒤에서 다시 다룬다) 중국과 일본 간 상품의 수납과 출납이 이루어진 기항지였다.

중국 명 왕조(1368~1644)의 이의를 달 수 없었던 권위는 두 적대적인 세력, 즉 북에서는 몽고, 남에서는 왜구에 의해 처음으로 위협을 받았다(지도 5 참조). 왜구는 13세기에 중국 연안 지방을 공격하기 시작했다. 1368년부터 1398년까지 제위에 있었던 홍무제(洪武帝)는 한편으로는 인접국과 조공제도를 재개하고, 다른 한편으로는 해적과 연관된 일본과 다른 아시아 해양국들에 대한 지배권을 확립하면서 위협에 대처해 나갔다.

중국의 일본과의 교섭은 실패로 끝났지만 류큐에의 접근은 성공을 거두었으며, 이 제도는 조공국에게 허용된 일종의 특혜를 누리게 되었다. 상황이 이렇게 전개되자, 명 왕조의 해상 교역에 대한 제한으로 인해 중국 연안 지역에서 억압당하고 있던 중국인 선원과 상인의 네트워크는 류큐제도 그리고 다른 조공국과의 교역을 통해 다시 활기를 찾았다.

류큐제도와의 첫 접촉은 명 태조(太祖)시기인 1372년에 이루어졌다. 오키나와(沖縄)섬의 중앙에 위치한 추잔(中山)은 조공국으로 인정을 받았다. 이에 명 왕조에 충성을 표시하고 말, 유황, 토산품을 조공했다. 1429년경 추잔은 마찬가지로 오키나와섬에 위치하고 있는 호쿠잔(北山)과 난잔(南山)을 병합하여 류큐왕국(琉球王国)을 건설했다. 명의 조공국으로 인정을 받은 류

[지도 5] 14세기부터 16세기까지 동아시아의 왜구

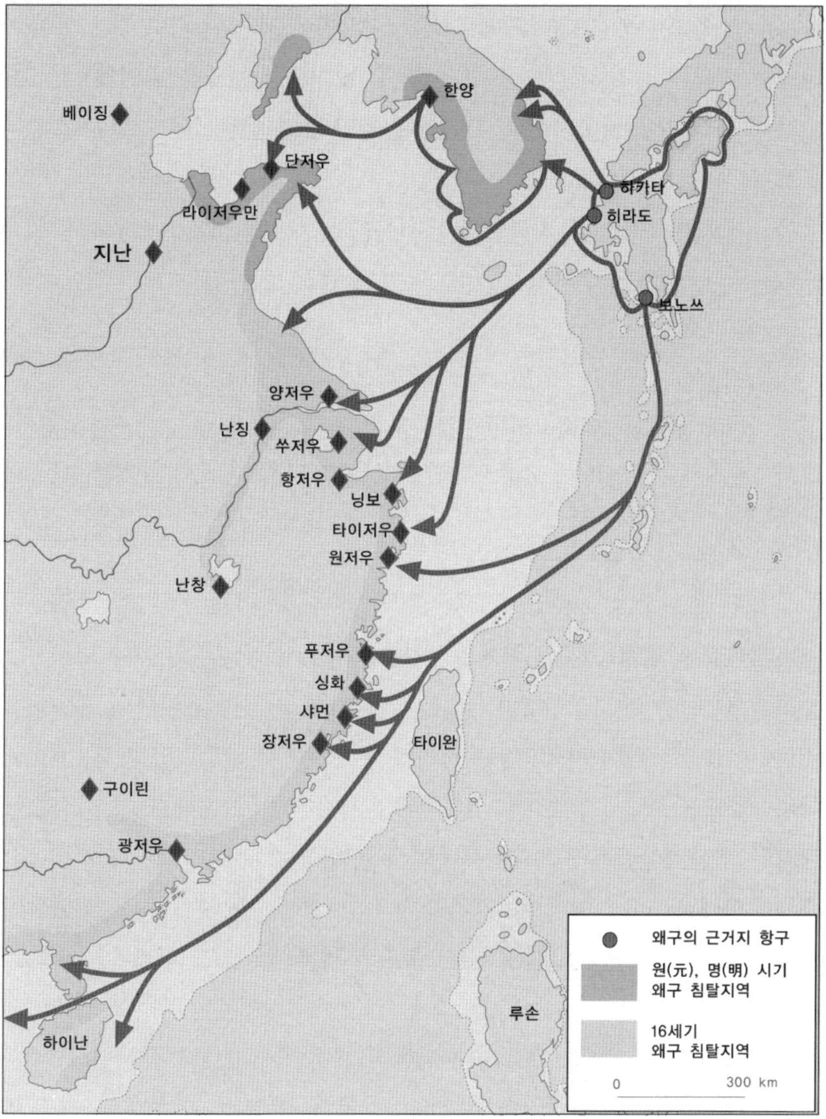

베이징

단저우

라이저우만

지난

한양

하카타

히라도

보노쓰

양저우

난징

쑤저우

항저우

닝보

타이저우

원저우

난창

푸저우

싱화

샤먼

장저우

타이완

구이린

광저우

하이난

루손

● 왜구의 근거지 항구

원(元), 명(明) 시기
왜구 침탈지역

16세기
왜구 침탈지역

0   300 km

큐왕국은 외교적인 인정과 외부로부터의 보호를 약속받았다. 그리하여 류
큐왕국은 지금 말로 표현하자면 지역안보와 교역동맹 체제라고 부를 수 있

는 조공체제 내의 일원이 되었다. 중국의 경제적·군사적 헤게모니에 기반을 둔 이 체제는 일반적으로 예를 들어 새로운 군주의 즉위와 같은 중요한 의례에 중국의 사절, 즉 책봉사(冊封使)를 초청하는 형태를 띠었다. 류큐제도와 중국의 관계는 중국에서 유학하는 동안 류큐의 문인들이 쌓았던 친분으로 더욱 강화되었다.

류큐제도의 주도인 오키나와섬 남서부에 있는 나하(那覇) 항구는 교역의 중심지였다. 1458년 수리성(首里城) 안에 세워진 한 사원의 종에 다음과 같은 글이 새겨져 있다.

> 류큐왕국은 남해의 순수한 아름다움을 간직한 장소이다. 조선, 명제국 그리고 일본 세 나라에서 온 온갖 진귀한 보물들이 여기에 다 모여 있다. 류큐는 중국과 일본 사이 바다에 치솟아 있는 가공할 만한 섬이다. 류큐의 배들은 만국을 잇는 가교(萬國の津梁)이다.[14]

류큐왕국은 특히 1385년 이후, 즉 삿토(察度, 1320~1395)의 치세 말기부터 한국과 교역 관계를 수립했다. 애초 이들 간의 관계는 조난선의 생존자를 송환하거나 석방된 해적 인질을 송환하는 과정에서 비롯되었다. 시간이 지나자 실제 조공체제가 모습을 드러내기 시작했다. 그럼에도 불구하고 그 규모는 제한적이었는데, 이는 해적의 위험과 더불어 이 두 왕국 사이에서 중개자 역할을 하고 있던 큐슈의 남부에 있는 항구인 하카다(博多)와 한반도 남동부에 있는 쓰시마섬(対馬島) 출신의 일본인 상인들과 경쟁해야 했기 때문이었다.

류큐제도에서의 교역 활동은 특정한 국제적인 맥락에서 발전했다. 류큐의 특징은 동남아―샴, 빠따니(Patani), 믈라까, 빨렘방, 자와, 수마뜨라, 베

---

[14] 'Managing a wild horse with a rotten rope: a contemporary history of Okinawa'에서 인용(http://www.Ryukyumaritime.Trade/chap.1-3html(accessed 20 February 2007) 참조).

트남, 순다제도—산품의 교역 중계지(entrepôt) 역할을 수행했다는 데에 있었다(지도 6 참조). 이들 산품의 대다수는—전통 약제와 염료로 쓰인 소목(蘇木·蘇芳·蘇方·蘇枋)은 물론 상아, 주석, 보석, 후추 등의 향료— 중국, 일본, 한국으로 재수출되었다. 이런 산품을 사들인 일본은 나가사키를 통해 검, 금, 해삼(trepang), 상어 지느러미, 전복, 김과 미역 같은 해초, 말린 오징어를 류큐에 수출했다.

류큐의 교역은 16세기 초에 쇠락했다. 류큐의 번영은 대체로 명의 해금(海禁)정책에 힘입었다. 류큐인들은 중국인들이 더 이상 동남아와 교역할 수 없게 되자 이들을 대신했다. 16세기에 명이 해금을 해제하자 중개인의 역할을 수행하면서 쌓은 류큐의 부는 급격하게 고갈되어갔다. 1609년 사쓰마(薩摩) 번(藩)이 류큐를 점령하고 복속하자 류큐의 자치는 막을 내렸다. 이때는 이미 이 제도가 아시아와 교역을 하지 않은지 꽤 되는 시점이었다. 에도시기 류큐왕국은 큐슈(九州)의 사쓰마 번에 속해 있었지만 중국에 계속 조공했다는 의미에서 사실상 이중의 지배하에 있었다.[15]

대부분의 동남아 국가들이 명 왕조와 조공관계를 유지하고 있었던 까닭에 교역에 쓰인 공식 언어는 중국어였다. 그러나 16세기 후반 교역의 중요성은 반감되었다. 명의 바다에 대한 관심이 시들해졌으며 이와 함께 류큐제도의 특별한 위치도 약화되었다. 중국 동부의 대규모 도자기 생산 중심지인 경덕진(景德镇)에서 나오는 도자기의 양이 줄어들자 동남아로 떠나는 선박의 숫자도 현저하게 줄어들었다.

아시아 해상 교역에서 류큐제도가 했던 역할을 보여주는 기본 사료는 1932년에 발견된 『역대보안(歷代寶案)』[16]이다. 한자로 쓰인 이 연대기는

---

[15] 1609년 일본 사쓰마 번의 침입으로 류큐는 당시까지 누리고 있던 상대적인 자치권을 잃었다.

[16] 『역대보안』(れきだいほうあん)은 류큐 왕국의 외교활동 기록을 모은 한문 사서이다. 현재까지 남아 전하는 것은 전 262권, 목록 4권, 별집(別集) 4권이다. 역대보안에서 다루고 있는 류큐의 주요 외교 상대국은 중국(명·청), 조선, 섬라국(샴의 아유타야 왕조), 안남(베트남), 파규국(爪哇;자와 마자빠힛왕국), 구항(舊

[지도 6] 14세기 말부터 16세기 중반까지 류큐제도의 해상 교역 네트워크
(하마시타 다케시의 지도 참조)

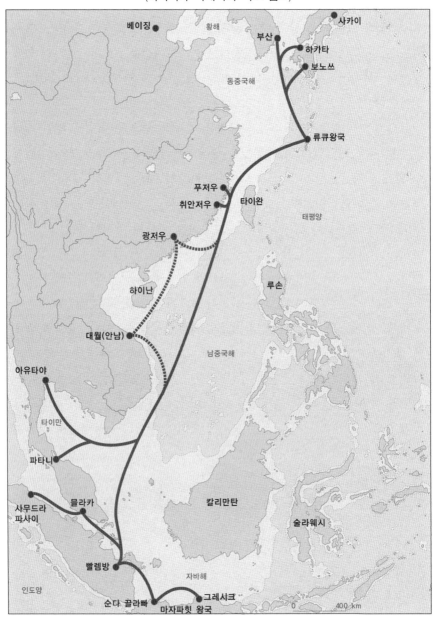

1424년부터 1867년까지 걸쳐 4세기가 넘는 기간에 있었던 류큐섬과 중국, 일본, 동남아 간의 공식 관계사를 전한다.[17]

아시아 해양 시스템에서
나하(那覇) 항구의 좌표

　　　　　　　　몽고의 침략으로 야기된 정치적인 혼란으로 인해 일본과 중국의 직접 연계망에 변화가 초래되어, 류큐제도를 거쳐 큐슈(九州)섬을 푸젠(福建)으로 연결하는 해로가 이용되었다. 명 조정은 류큐에 항해와 조선 전문가를 보냈다. 이로 인해 나하는 중요한 중계지가 되었으며 여기에 중국, 일본, 동남아 상인들이 모여들어 거주했다. 중국 상인들은 14세기에 이 섬의 중앙에 있는 쿠메무라(久米村)에 거류지를 건설했다. 일본인 상인의 경우를 살펴보면 이들은 큐슈, 기나이,[18] 호쿠리쿠(北陸)[19]에서 온 이들로 교역을 위해 나하에 거주했다. 오늘날에도 이들 일본인들이 이 도시에 세운 선불교 사원과 일본식 제단을 많이 볼 수 있다.

港;수마뜨라 빨렘방에 있었던 화교왕국), 믈라까왕국, 빠따니왕국(믈라유반도에 있던 왕국) 등이며 기록기간은 1424년~1867년이다. 원본은 흩어져 소실되었고 (간토대지진과 2차세계대전등에서 피해) 현존하는 것은 사본 등을 모아 재구성한 것이다. 대중국 기록이 가장 많고, 그 다음으로 지리적으로 인접한 동남아시아 각국에 대한 기록이 많다(출처: 위키백과).

[17] Sakamaki Shunzo(1964) 'Ryukyu and Southeast Asia', *The Journal of Asian Studies*, 23(3), May, pp.383~389 참조.

[18] 에도 시기 기나이(畿內)는 야마토(大和), 야마시로(山城), 가와치(河內), 셋쓰(摂津), 이즈미(和泉) 등 다섯 지방을 포함하고 있었다.

[19] 호쿠리쿠(北陸)는 일본 중앙에 있는 섬인 혼슈의 연안 지역으로 동해(일본해)를 바라보고 있는 지역이다.

쿠메무라에서의
중국 상인의 역할

쿠메무라의 중국인 구역에 거주하고 있던 이들은 대부분 푸젠 출신이었다. 이들은 바다의 선원이나, 항해사, 외교 관계의 전문가 혹은 문서작성가였다. 이들의 후손은 류큐제도와 다른 아시아 나라들, 특히 일본과의 외교적 문건을 도맡아 했다. 이들 문서는 한자로 쓰였으며, 10세기에서 13세기 사이 송(宋) 시기에 동남아에 이주해 왔던 중국인 교역자 공동체와 류큐제도와의 활발했던 교역관계를 증거하고 있다. 류큐와 동남아 간 교역관계의 발전은 루손에서 수마뜨라까지 그리고 안남(安南)에서 샴까지 퍼져 있던 중국인 상인, 선원 그리고 통역가의 네트워크와 밀접한 관계를 가지고 있었다.

15세기 아시아 해양에서는 사무역이 증가했으며, 류큐제도에서 공권력이 통제하는 창고(entrepôt)는 위세를 잃었다. 일본-마닐라-푸젠의 삼각교역으로 은과 생사(生絲) 교역이 비약적으로 발전했다. 중국인 상인이 당국과 협력하여 중계교역에 종사했던 쿠메무라는 쇠퇴한 반면, 나하는 일본인을 비롯한 여러 상인들이 일본에서 동남아로 은을 나르는 선적중심지가 되었다. 이후 나하 항구는 동아시아에서 동남아로 확장된 일본 네트워크의 결절점이 되었다.

고도로 통제된
국제교역

현재 오키나와에 해당하는 류큐제도를 구성하는 3 공국 중에서 가장 크고 부유했던 추잔(中山)은 중국인 선박과 선원들에 힘입어 해상 교역을 수행할 수 있었다. 중국에 조공으로 보낼 진기한 물품을 구입하기 위해서 필요한 자금은 이 지역 당국이 지출했다. 조공을 받은 명(明)은

답례로 조공품을 마련하기 위해 든 비용을 정산했으며 새로운 물품을 내주었다. 이런 형태의 경제적 교환이 이루어지기 위해 동원되었던 재정 수단을 강조할 필요가 있다. 공적 자금이 투자되고, 부의 위임을 받은 자들이 구매를 담당하며, 사적인 개인이 대부분의 수익을 챙겼다. 해외 교역은 대체로 관료의 손에 놓여 있었다. 때문에 관료의 해외교역에 대한 통제는 특히나 심했다. 해외로의 여정을 준비하는 모든 선박은 수리(首里)에 있는 류큐의 정부관서에서 발행하는 일종의 증명서인 이이집조(移彝執照, *shissho, zhizao*)를 받아야 했다.[20] 1509년 9월 2일 류큐를 떠나 믈라까로 향했던 한 선박에 관한 이이집조의 내용을 보면 목적지까지 조공을 운반하는 책임을 맡은 사절단에게 내려진 지시가 정확히 어떤 성격을 가지고 있었는지 짐작할 수 있다.

　조공과 그 관련 문제에 관련하여, 류큐국 추잔의 왕 쇼신(尚眞)은 조공 품목으로 하기에는 이 나라의 산물이 미천하고 보잘 것 없어 커다란 불편을 끼치는 상황이 벌어질까 깊이 우려하고 있습니다. 이런 연유로, 우리는 강(江, Kô, K'ang)이라고 이름붙인 원양 선박에 도자기 등을 싣고 카마두(Kamadu) 주사절과 통역인 코켄(Kô Ken, Kao Hsien)과 다른 몇 사람을 산물이 많은 믈라까의 땅으로 파견했습니다. 믈라까에서는 서로가 모두 만족할 수 있는 방식으로 소방(蘇枋)과 후추와 같은 산물들을 구매한 다음 이 나라로 돌아와 다음 해 명 천조에 바칠 조공을 준비할 것입니다.
　그러나 지금 떠나는 사절단 단원들은 공식적인 허가서를 각자 개별적으로는 가지고 있지 않습니다. 가는 도중 관헌들의 조사와 방해로 불편을 겪지 않을까 진심으로 우려됩니다. 그리하여 조정은 현(玄, Gen, Hsüan)자로 감합하고 174라는 숫자가 쓰인 증서를 발행하여 주사절 카마두를 비롯한 이들에게 건네 사절을 행하는 과정 내내 간직하도록 했습니다. 그러하오니 이 증서를 확인하시고, 만약의 경우에는 해협과 연안의 관헌이나 초병들로 하여금 이들

---

20) Shunzo Sakamaki, 'Ryukyu and Southeast Asia', p.385.

을 즉시 풀어주고 도중에서 일을 행함에 불편하게 막는 일이 없기를 요청합니다. 그리하여 이 증서를 바칩니다. 이 사절단은 다음과 같이 구성되어 있습니다. 1명의 주사절-카마두, 2명의 부사절-마니쿠(Maniku)와 구라미(Gurami), 2명의 통역안-코켄과 코카(Kô Ka, Kao Ho), 항해사-료미(Ryo Mi, Liang Shih), 배의 선장-마푸투(Mafutu), 하급 관료와 선원 150명.[21]

항구 당국은 가짜 인장을 사용했던 경우도 흔했던 이런 증서를 기준으로 합법적으로 화물을 실은 공적 선박과 그렇지 않은 사적 선박을 구별했다. 16세기에는 류큐제도에서 실은 많은 상품이 수마뜨라의 남동부 연안에 위치한 빨렘방과 자와의 서부 연안에 있는 순다 카라파(후에는 바타비아로 불림)로 보내졌다(지도 6 참조). 믈라까와의 관계는 유서 깊었는데, 1460년부터 포르투갈에 의해 점령된 1511년까지 믈라까에 닻을 내린 류큐의 선박은 20여 척에 달했다.[22]

류큐에서 중국으로 향한 선박은 유황과 말을 실었으며, 돌아오는 길에 가장 일반적으로 싣고 왔던 상품은 도자기, 실크, 양단, 새틴(satin)과 다른 직물들, 약제, 백반과 곡물이었다. 일본에서 류큐로 향하는 상품은 마구, 병풍, 부채, 나전칠기와 금뿐만 아니라 검, 창, 화살, 갑옷과 투구였다. 류큐에서 일본으로 돌아오는 선박에는 정향, 육두구, 장뇌, 금, 주석, 상아, 백단향, 향, 수은, 아편, 사프란(saffron)[23], 코뿔소 뿔, 선박 건조용 목재 등은 물론 중국인이 염료로 사용하게 될 자(紫)소방(caesalpinia sapan)과 중국에서는 말할 수 없는 값어치를 지닌(원가격의 750배에서 1,500배에 이르는) 후추로 가득했다.[24]

나하를 푸젠과 남중국으로 연결했던 정기 항로는 다시 여러 갈래로—안

21) Rekidai Hoan, *First collection(1697~1698)*, quoted by Sakamaki, 'Ryukyu and Southeast Asia', p.386.
22) *Ibid.*, p.387.
23) 크로커스 꽃으로 만드는 샛노란 가루, 음식에 색을 낼 때 쓰기도 함(역자).
24) *Ibid.*

남과 샴으로, 그리고 빨렘방과 자와로, 그렇지 않으면 샴과 빠따니에서 믈라까로, 그리고 거기에서 수마뜨라와 순다 제도로— 나뉘어졌다. 선박은 순풍을 받으면 46일 만에 믈라까에 닿을 수 있었다. 선장, 항해사, 통역인 혹은 피고용자 누가 되었든 이러한 탐험대에 참가하기 위해 류큐에서 출발한 배에 승선한 이는 거의 중국인이었다. 이들은 대륙에서 온 이들이거나 쿠메무라에 있는 중국인 거류지에서 온 화교들이었다.

이 황금기는 1385년부터 1570년까지 지속되었던 것으로 보인다. 그러나 중국 연안 지역을 유린한 해적선단의 흥기와 맞물리면서 쇠락했다. 포르투갈의 도래도 이에 한 몫을 했다. 이러한 해상 활동의 장애 요소는 푸젠과 광둥(廣東)에서 온 상인들에게도 타격을 입혔다.

쇼겐(岡林) 시기(1557~1572)를 시작으로 류큐를 출발한 선박은 더 이상 동남아를 행선지로 하지 않았으며, 이들의 활동은 중국, 일본, 한국과의 교역에만 집중했다. 1543년 이후 빠따니와의 정기적인 연계는 끊어졌으며, 1570년이 샴으로의 마지막 출정이었다. 이후로 류큐는 동남아에서 완전 철수했다.

반도가 세운 중국의 해양제국
:정성공시대의 타이완

믈라까가 포르투갈에 점령(1511)된 이후 150년 그리고 류큐의 상업적인 영향력이 쇠락한 지 100여년이 되던 시점에 아시아 해양의 한 가운데서 독립적인 해양세력의 전통을 가진 마지막 예가 등장했다. 명의 충신이자 청의 반도인 정성공(鄭成功, 1624~1662)과 그의 아들 정경(鄭經, 1661~1683)이 세운 단기의 왕국이 그것이다. 베이징에서 권력을 장악한(1664) 후, 만주족의 청(淸)은 해외교역을 금지했다.

'국성야(國姓爺)'의 네덜란드어 식 표기 Guo Xingye를 따라 콕싱아라고 알려진 정성공은 아모이(下門)와 진먼(金門)의 해구에서 네덜란드에 대항해 해전을 벌였다. 이 두 기지는 청 군대의 공격에 취약하다고 생각한 그는 네덜란드의 함대가 포모사(Formosa, 타이완의 구칭)를 떠나자 400척의 전함으로 이루어진 함대와 25,000명의 군대를 선봉에 세우고 타이완 공격을 감행했다. 1662년 네덜란드의 요새인 질란디아성(熱蘭遮城)이 함락되었다.

정성공의 승리로 38년간에 걸친 네덜란드의 타이완에 대한 점령이 종료되었으며, 정성공의 주변에는 수천 명의 명 왕조 충신들이 모여들었다. 타이완은 동남아를 위한 대시장(emporium)이 되겠다는 야심을 키웠다. 실크는 중국에서 타이완을 거쳐 일본으로 수출되었으며, 일본으로 수입된 녹비(사슴가죽)는 흉갑(가슴을 가리는 갑옷)이나 방패를 제조하는 데에 사용되었다.25)

정성공은 동아시아와 남중국해에서 정기적으로 유럽 상인들과 거래했으며, 영토보다는 해로 통제에 기반 한 해양제국을 건설했다. 이 제국의 영향력은 류큐를 지나 일본에서 샴으로 그리고 필리핀에서 베트남으로까지 확대되었다. 1662년 38세의 나이로 죽기 직전 그는 필리핀의 스페인 거류지를 공격할 준비를 하고 있었다. 필리핀 제도에는 이미 많은 중국인이 살고 있었으며, 만약 그것이 성공했더라면 이는 필시 만주족 청에게도 무시무시한 도전이 되었을 것이었다. 대륙에 영토 기지를 가진 제국 권력은 역사상 처음으로 중국인 이민자들이 지배하는 해상 교역 제국과 경쟁했어야 했을 것이다. 1683년 타이완에 중심을 두고 있었던 명의 저항운동은 추동력을 상실했으며, 이 섬 또한 청에 의해 정복당했다. 다음해 타이완은 푸젠성의 한 현으로 귀속되었다.

---

25) John Robert Shepherd(1995) *Statecraft and Political Economy on the Taiwan Frontier, 1600~1800*, Taipei, SMC Publishing Inc., pp.47~104 참조.

제5장

아시아에서 교역의 조직화:
중앙정부 독점체제의 무게

앞 장에서 살펴본 아시아 해상 교역의 다섯 사례에서 유럽의 해양공화국
(*repubbliche marinare*) 또는 한자동맹의 도시들과의 유사성을 볼 수 있었
다. 그러나 한자동맹뿐만 아니라 베네치아도 상선, 교역상인 그리고 무장선
박을 가지고 있었음을 기억해야 한다. 또한 이탈리아의 해양공화국과 한자
도시는 제도와 자치적인 법률체제를 만들었다. 그 시민들이 관여한 정기적
인 상행위는 전적으로 정당하고 합법적인 것이었다. 이들 지중해와 한자의
예와는 달리 아시아에서의 역내교역은 두 개의 특정 양식에 따라 전개되었
다. 이러한 교역은 그 정당성을 입증하려고 하지 않았는데, 이로 인해 분석
은 더욱 어려워진다. 하나의 형태는 조공무역으로, 이는 관료제라는 단단히
조여진 코르셋 안에 둘러져 있었으며, 외교의 장막 뒤에 몸을 숨기고 있었
다. 다른 형태는 비공식적 형태인데 때로는 사무역(commerce privé)으로, 때
로는 밀무역 심지어는 해적 행위라고도 불린다. 이는 정부가 고삐를 느슨
히 하면 번성했고 조이면 쇠퇴했다.

이들의 기원과 작동을 이해하기 위해 중국의 두 왕조인 송(宋, 960~1279)와 원(元, 1279~1368)의 해양 정책을 반추해 볼 필요가 있다.

송과 원의 해양 정책
:명 조공제도의 기초

중국은 송 말기에, 원의 통치하에서, 그리고 명 초기에 대해상세력으로 발전했다. 이 해상세력의 반석이 된 선박과 항해 기술의 발전, 탐험, 인도 항구들과의 관계 증대는 이미 송 시기에 상당 정도 발전했다. 해상 교역에 유리하게 작용한 이러한 발전은 원에서도 계속되었다. 원은 남아시아와 동남아에서 중국의 교역 네트워크가 발전할 수 있도록 고무시켰다. 이 네트워크의 구조는 복잡했다. 상인의 네트워크와 관료의 네트워크(관료들은 상선을 타고 여행했던 듯하다), 공무역과 사무역이 얽혀있었다. 인도와의 교역은 활발했는데 이는 정화(鄭和, 1371~1433)가 1403년과 1407년 첫 두 차례 대탐험의 목적지로 인도의 연안을 선택했던 것에서도 드러난다.[1]

중국이 해군을 육군의 단순한 보충 병력으로서가 아니라 자율적인 역할을 가진 상비 군사력으로 간주하기 시작한 시점은 남송에 와서였다. 카이펑(開封)이 함락되고 조정이 항저우(杭州)로 천도했다. 그러나 이 새로운 수도는 바다로부터 공격을 받기 쉬웠다. 그리하여 이를 보완할 필요가 있었다. 화이허(淮河)와 창강(長江, 揚子江) 간의 촘촘한 네트워크로 방어 벨트를 형성했으며 이로써 남송을 방어하고자 했다. 이들 네트워크의 계속적인 작동을 위해서는 이를 방어하고 보호할 수 있을 정도로 강력하고 이동성 있는 해군이 절대적으로 필요했다.

---

[1] Sen Tansen(2006) 'the formation of Chinese maritime networks to Southern Asia, 1200~1450', *Journal of Economic and Social History of the Orient,* 49(4), p.422.

해전은 송과 몽고 간의 대결을 결정지은 요소였다.[2] 어업과 운송에 이용되었던 중요한 선단은 전시 해군의 증강에도 결정적인 기여를 했다. 연안 사람들은 바다에 대한 많은 경험을 가지고 있었으며 어떤 이들은 해전에 참가했던 이력도 가지고 있었다.

몽고도 재빨리 해군을 공격군으로 전환시켰다. 송과 고려 해군을 제패한 쿠빌라이칸(Хубилай хаан)은 1279년부터 수천 척의 선박을 건조토록 명했다. 1281년 그는 일본을 치기 위해 15만 군사와 4,400척의 전함을 동원했다. 그러나 가미카제(神風)가 불어 이 침략에 저항하고 있던 군대를 보호했다고 한다. 이어 쿠빌라이칸은 800척의 전함을 이끌고 대월(大越(Đại Việt)왕국)과 참파왕국을 침입했다(1283~1288). 마지막으로 1293년 1,000척의 전함으로 자와를 공격했다.

새로운 명 왕조도 이 전통을 이어 받았다. 명은 250척이 넘는 '보선(寶船, bao chuan)'—원양항로 정크로 한 척에 500명을 태운—으로 구성된 함대를 조직했다. 이 원양함대로 인해 중국은 베트남의 대월왕국을 점령하고 인도양에도 중국의 위세를 떨칠 수 있었다.

중국 해군력의 부상은 단순히 송 시기에 발전한 교역(공무역이든 사무역이든)의 결과도, 원의 해양을 향한 야망의 결과도, 정화의 대탐험의 결과도 아니었다. 그 뿌리는 훨씬 깊은 곳인 지리적이고 문화적인 영역에서 찾을 수 있다. 해양으로의 확장은 기후 변화 그리고 북서부로부터 침략자들이 가한 압력으로 인해 초래된 사회적 격변의 결과였다.

중국의 북서부에서 강력한 몽고의 칸국(Khanate)[3]이 일어나자 중국은 중앙아시아와의 접촉로를 차단당했다. 중국의 문화적 · 경제적 교류는 해로를

---

[2] Jun-Pang Lo(1995) 'The emergence of China as a sea power during the late Sung and Early Yuan periods', *The Far Eastern Quarterly*, 14(4), August, p.490 참조.

[3] 칸(汗)이 군주로 있는 나라를 가리키며, 한국(汗國)이라고도 한다. 킵차크 칸국(러시아), 일 칸국(이란), 오고타이 칸국(신장), 차가타이 칸국(서투르키스탄)을 통틀어 4칸국이라고 한다(역자).

통해 이루어질 수밖에 없었다. 카이펑의 함락(1127) 이전에는 중국 조공무역의 약 4분의 1이 육로로, 거의 3분의 2가 해로를 거쳐 이루어졌다. 1127년 이후 조공품을 실은 모든 무역 사절단은 해로를 이용해 중국에 갔다.[4] 즉 해양실크로드는 북부 중국을 지배하고 있는 이민족으로 인해 중앙아시아로의 접근이 봉쇄당했기 때문에 다시 활력을 얻었다.

또한 10세기와 13세기 사이 북서부 국경지대에서 발생한 이러한 압력은 사회적 격변을 불러 일으켰다. 이는 거대한 인구이동으로 이어졌다. 인구조사를 담당한 행정 관청은 크게 두 범주—정주인구(住, zhu)와 이주자(客, ke)—로 인구를 분류했다. 1080년 인구조사에 의하면 전체 인구의 3분의 1이, 특히나 북부 중국에서 온 이들은 후자의 범주에 속했다. 이들 이주자들은 이전의 인구 이동 현상에서 볼 수 있었던 바와는 달리 대부분 중국의 남부 지방들 혹은 쓰촨(四川)에 일정하게 퍼지지 않았다. 북서부에서의 거대한 압력으로 밀려난 이들 이주자들은 동남부 중국으로 몰려 들어갔다. 이러한 움직임은 두 가지 중요한 결과를 가져왔다.

첫째 연안 지역의 인구가 상당히 증가했다. 송과 원의 초기에 중국 동남부의 여섯 해양 지방(provinces maritimes, 당시 중국 표면적의 10분의 1 차지)에는 중국 인구의 절반이 정주했다. 이 비율은 송의 도래 전과 명 이후보다도 높은 수치이다. 1330년 원에서 실시된 인구조사에 의하면 조세인구의 3분의 2가 이 해안 지역(régions côtières)에 거주했다.[5]

둘째, 사회적 불안정과 자연 재해—가뭄과 장마가 특히 장쑤(江蘇)와 저장(浙江)에서는 일상적이었다— 또한 농촌인구를 중국의 동남부 해안의 여러 도시들로 밀어냈다. 국내 시장이 급격하게 포화상태에 이르면서 이들 최근 이주자들은 다시 한 번 다른 생존 방식을 찾아야 했다. 가장 대담하다고 할 수 있는 이들은 '바다로 뛰어 들어' 어로, 밀수, 해적행위에 종사했으

---

[4] *Ibid.*, p.497.
[5] *Ibid.*, p.498.

며, 이들의 해양 활동은 먼 바다로까지 확대되었다.

정부 독점 교역의 우위

문인관료 집단이 이전에는 경시했던 업무, 즉 제조업자에 대한 행정관리나 무역 사절단에 참가하는 행위가 송에서는 일상적인 일이 되었다. 조정 관료는 해양 관련 업무와 제조업 공장의 운영에 참여하기도 했으며, 정부는 교역에 대한 독점권을 재차 강제했다.[6]

세수의 절반이 독점과 관세로 충당되었다. 해상 교역은 세수의 20%를 점했다. 송 시기에 중국은 동남아와 인도로의 여객 운송에 대한 아랍 상인의 독점을 막아냈다. 상인들은 기금을 마련하고 선박과 해군을 비롯해 필요한 인력을 충원했으며, 또한 필요한 물자를 조달했다.

명 초기에 해상 교역은 국가독점이었다. 그러나 상인들은 해전에서 결코 하찮다고 할 수 없는 성능을 가진 함대를 추가적으로 만들어 냈다. 선박 건조 기술의 이전, 대포의 기능 향상 그리고 특히 선박의 공격 능력의 발전은 모두 하나의 방향, 즉 민사(civil)에서 군사(militaire)를 향해 갔다.

중국 해군력의 재강화는 두 가지 권력 개념이 서로 상충하고 있던 맥락에서 발생했다. 하나는 정치적 중심성, 문화적 우월성 그리고 경제적 자급 자족이라는 관념에 기반을 두었다. 이 관념은 15세기 중반 명이 해군의 탐험을 방기된 이래 줄곧 승리를 구가했다. 왜구로 알려진 해적에 대한 두려움으로 인해 항구는 폐쇄되었다. 농업 활동에 대한 강조는 산업과 상업, 외국과의 교류, 그리고 외국의 상품과 사상의 도래에 대한 적나라한 적대감을 가리기 위한 구실일 뿐이었다. 중국의 진취성을 앗아가 버린 이런 관념에 대해서는 많은 이들 그 중에서도 안원(顔元, 1635~1704), 고염무(顧炎武, 1613~1682)와 같은 청 시기 문인들의 비판을 받기도 했다.

---

6) 趙靖(1949) 『宋代之專賣制度』, 燕京社會科學卷2, 10月刊, pp.59~94; 鞠清远(1935), 「南宋官吏与工商业」, 『食货』, 2, 8, 16, 9月, pp.37~39 참조.

가족애와 효 사상 같은 문화적인 전통은 의심할 여지없이 이에 영향을 미쳤다. 그럼에도 불구하고 전쟁과 사회적 격변은 가족과 문중 공동체를 파괴하거나 감당할 수 없게 했다. 경제적인 어려움과 인구의 압력으로 대이동이 시작되었다. 12세기부터 계속된 이러한 대이동은 동남아에 첫 영주 중국인공동체(화교사회)의 발전으로 이어졌다. "이들의 일상생활은 바다에서의 교역이었다. 이들은 부모와 아내 그리고 아이들을 뒤에 남기고 주저 없이 야만인과 함께 살았다".[7]

또 다른 권력(puissance) 개념은 송 시대를 풍미한 전략에 관한 논쟁으로 —북진인가, 남부에서의 권력 공고화인가— 촉발되어 나왔다. 첫 번째 안은 송 군대의 명백한 약점이었던 기병뿐만 아니라 대규모의 육군 증강이 필요함을 뜻했다. 채택된 전략은 남부를 방어하는 것이었다. 이 지역의 지리적인 위치는 논리적으로 해군의 증강을 요구했다. 1131년 당시 호부 상서 장의(章宜)는 정책제안서를 제출하여 바다와 창강은 "중국의 새로운 성벽이며, 전함은 감시탑이며, (전함의) 대포는 새로운 방어 무기이다"라고 강조했다.[8] 1131년에 제출한 다른 정책제안서에서도 다음과 같이 역설하고 있다.

> 오늘날 우리의 방어선은 창강이다. 우리 기병이 가진 약점이 뇌리를 사로잡아서는 안 된다. 해군은 말할 수 없이 귀중하다. 우리의 해군을 사용한다는 것은 적의 약점을 칠 수 있는 우리의 가장 강력한 무기를 사용한다는 의미이다.[9]

해군의 비약적 발전은 남중국에서 놀랄 정도로 상업 활동이 발전했기 때문에 가능했다. 이 발전 양상을 더 자세히 언급할 필요가 있다. 여기에는

---

7) 『福建通志』, 1868, 56, 3, Lo, 'The emergence of China as a sea power', p.502에서 인용.
8) *Ibid.*, p.502.
9) *Ibid.*

송의 경제적 번영을 가져온 전형적인 여러 결정 요소(풍작, 새로운 관개, 시장 메커니즘의 확장)에 더하여 해상 교역의 이점과 효과라는 새로운 요소가 작용했다. 남중국의 예는 이를 잘 드러내고 있다.

해안 지방의
교역 관례

　　　　남부 지방인 푸젠과 광둥에서 상인의 상업적 기반은 교역이 이루어지는 장소가 아니라 가족이 있는 고향, 즉 상인이 살고 있는 지역에 있었다. 한 상인의 부는 그 출생지의 번영을 가져옴을 뜻하며 그 지역 경제를 보다 광의의 네트워크 속으로 통합시키는 것을 의미했다. 송과 원 시기에 상인의 활동 영역은 수출입, 지역 내 교역과 지역 간 재분배에 집중되었지만, 상인들 간의 출신 지역의 차이는 언제나 본질적인 식별 인자로 남아 있었다. 일부 사치품은 제국의 수도로 운송되었으며 일부는 그 자리에서 거래되었다. 이런 유형의 상품은 독점 교역으로 소화시킬 수 없는 상품과 함께 지역적인 유통망 속으로 들어갔다.

　송 시기에 시작되었던 지리적, 직업적, 사회적 이동은 여러 행정 통제의 대상이 되었다. 몇 세대가 지나지 않아 거부를 쌓은 기업가 가문은 과거를 통해서든 공직의 매입을 통해서든 현지 엘리트 계층으로 통합되어 갔다. 여기에서 사용한 '기업가'라는 용어를 오해해서는 안 된다. 이 용어는 수공업자들 혹은 특허 상인들 중에서, 그리고 제조업 공장에 관여하고 있던 관리들 혹은 상행위 관련 특수 업무를 처리하는 기관의 관리들 중에서도 이들이 무슨 일에 종사했는지와는 상관없이 관련 네트워크를 이용해 상업적이거나 경제적인 기회를 파악하고 이를 잡는 방법을 알고 있던 이들을 이른다.

　중개인(牙人 yaren, 牙行 yahang)은 해상 교역에서 중요한 역할을 했다.

먼저 이들은 해외여행 보증, 화물 검사, 상품의 평가 등 허가를 득한 다양한 서비스를 제공했다. 해외와의 교역은 비교적 중앙집권적인 정부가 있었던 일본, 수마뜨라, 자와, 참파를 대상으로 했다. 그곳에서 상인들은 현지의 군주와 귀족을 상대로 거래했다.

바다는 멀고 위험했다. 보험도 잘 발달되어 있지 않았다. 실크나 도자기와 같은 사치품은 이문이 많이 남을 수 있었지만, 이들 상품은 오직 지배계층에게만 팔릴 수 있다는 면에서 시장은 협소했다. 이런 상품은 왕도로 수송되어 군주와 그 측근 세력에게 제공되었다.

> 대상인은 항해 시 천 명에 이르는 인명을 잃곤 했다. 저 멀리에서 온 산품들이 사방에서 모여 왕궁으로 들어갔다(王十朋, 1177~1219).[10]

외국과의 교역은 거의 조공무역이라는 외양을 갖추었다. 상당한 자본이 투자되었다는 점에 더하여 지배계층이라는 매우 제한된 고객에게 사치품을 팔기 위해서는 믿음직한 소개는 물론 구매자의 기대심리에 대한 특별한 지식이 필요했다. 믿을 만한 정보와 질 좋은 상품의 추천이라는 두 가지 요소는 거래 비용을 낮추고 예상 이윤의 성취 기회를 높였다.

상인이 상품을 가지고 직접 배에 타고 가서 상행위를 하는 과정에서 새로운 시장이 개척되고 상관행이 더욱 융통성을 띠게 되었다. 그러나 이러한 다소 덜 발달된 교역 형태는 유럽에서는 14세기 초에 이미 쇠락했고, 객상을 대신한 정주 상인이 곧 이어 교역업자, 금융업자 그리고 은행가로서의 역할을 했다.

여러 척의 선박에 화물을 나누어 실어 위험을 분산하는 행위나 자본가, 임금노동자, 금융업자의 분화, 상업 활동에서의 상대적인 전문화와 같은 안

---

10) Billy So(2000) *Prosperity, Region and Institutions in Maritime China: The South Fukien Pattern, 946~1368*, Cambridge, MA, Harvard University Press, p.210에서 인용.

정적인 상관행이 중국에서도 어느 정도 자리를 잡았으며 이는 외국과의 교섭을 통해 강화되었다. 그럼에도 불구하고 이러한 관행은 중국 송에서 보다는 중세 이탈리아에서 더 잘 수용되고 제도화되었다.[11]

그렇다면 왜 중국에서는 교역의 다각화와 전문화가 제도화되지 못했는가라는 질문을 제기할 수 있다. 제도화가 되었다면 상업은 더 잘 기능하고 장기적인 이득을 가져왔을 것이다. 레이몽 드 루버(Raymond de Roover)와 로버트 로페즈가 중세의 상업혁명(révoltuion commerciale)이라고 언급했던 예를 아시아에서도 찾을 수 있을까?[12]

선박과 화물의 손실을 의미하는 조난의 위험을 누가 책임졌는가를 본다면 유럽과 중국의 제도적인 차이점을 명확히 알 수 있다. 이탈리아에서의 관행은 비교적 정교한 해상 보험에 기반을 두고 있었던 반면 중국에서 위험은 투자자가 아니라 상인이 부담했다.[13] 중국에서는 위험을 나누어지는 제도적인 장치가 없었으며 위험을 이전하는 형태의 제도화는 더더욱 있을 수 없었다. 푸젠의 상인들은 해외에서 기능하고 있던 교역 관행을 잘 알고 있었지만 투자자가 위험 부담을 진다는 사고는 완전한 제도적 장치로 전환되지 못했다.[14] 교역의 발전에 상당히 유리했던 이 방법이 왜 중국에서는 뿌리를 내릴 수 없었는가?

무엇보다도 먼저 중국인 상인은 해외 교역을 하기 위해 허가서(certificat d'enregistrement)를 받아야 했음을 기억해야 한다. 한국과 일본으로 여행하기 위해서는 밍저우(明州, 현재의 닝보(宁波))와 저장(浙江))에서, 남해(南海, 동남아)의 시장으로 가려면 칸톤(Canton, 廣東)에서 허가서를 받아야 했다. 또한 해양법으로 특정한 지점으로의 출국이 규정되어 있었다. 교역 항구의

---

11) *Ibid.*, pp.213~217.
12) Robert S. Lopez(1971) *The Commercial Revolution of the Middle Ages 950~1350*, Englewood Cliffs, NJ, Prentice-Hall, pp.56~84 · 86~87.
13) *Ibid.*, pp.76~77.
14) So, *Prosperity, Region and Institutions in Maritime China*, p.216.

역할은 발전했다. 단순히 수출 상품을 옮겨 싣는 중심지에서 취안저우(泉州)와 푸저우(福州)는 사치품 시장으로 발전했다. 항저우(杭州)에 남송(南宋)의 조정이 있고 수많은 황족이 거주한 결과였다.

관계의 네트워크를 구축하고 확실히 입증 가능한 신뢰성을 확보하는 능력이 거래 비용을 줄일 수 있는 최선의 방법이었다. 그러나 장기적인 관점에서 본다면 중국에서의 교역은 법적이고 행정적인 틀이 제공할 수 있는 장점인 안정성이 부족했다. 그럼에도 중국인 상인들은 적어도 한국에서 일본으로 그리고 남해로 어디든 가서 교역할 수 있었다. 중국 북쪽으로는 요(遼)와 금(金) 왕국 그리고 남쪽으로는 안남왕국만이 출입이 제한된 지역이었다. 교역할 수 있는 상품과 금지되는 상품들도 명확히 규정되어 있었다. 이와 마찬가지로 관세와 유예 조치의 대상이 된 수입품의 비율도 공식적으로 정해져 있었다. 불법 거래와 공무집행 방해는 엄한 처벌의 대상이었다.

축적된 재원이 어떻게 항구적인 가치를 가지는 자본으로 전환되었는가? 토지 획득을 통해서인가? 공직인가? 아니면 부동산, 가구 혹은 골동품이었는가? 중국인 거부는 당국이 실시한 여러 규제에도 불구하고 부를 축척했다. 거래 금지 품목과 교역이 허용되지 않는 개인들을 적은 명단은 길었다. 사유 재산이 이처럼 인정되었던 것도 사실이지만 특히나 불법 행동의 경우 벌금을 부과하기 위해서도 그러했다. 사유 재산권은 개인에게라기보다는 공동체(혈연, 조합, 촌락)에 허용된 것으로 보아야 한다. 사유 재산의 기본 단위는 무엇보다도 가계(戶)였다. 상행위를 일종의 형법으로(*droit pénal law des activités commerciale*) 다룰 수 있도록 분명하게 규정하고 있음을 쉬이 볼 수 있다.

해외 교역 분쟁은 출항지의 중국 당국이 발행한 허가서에 기초하여 해결되었다. 그러나 계약을 체결하는 데 관여된 방법, 법적 일관성 그리고 구속력은 분명 부차적인 문제였다.

중국과 서유럽의
계약 제도와 절차

　　　　　중국 형법 사학자인 제프리 맥코맥은 유럽과 중국의 계약법을 비교 연구하면서 전통적인 역사학의 관점을 취했다. 그의 분석에 따르면, 구속력이 있는 계약은 중국에서는 존재하지 않았다. 서양에서 계약은 "일정한 조건이 갖추어진 이상 법적 구속의 대상이 되는 둘 혹은 그 이상의 당사자 간의 합의"를 의미한다.[15] 계약법은 이들 조건, 당사자의 권리와 의무, 그리고 이행되지 않았을 경우 가능한 해결책을 다룬다. 맥코맥의 견해에 의하면 이와는 달리 중국의 계약법은 어떤 법적 형식 내지는 공식화 없이 발전되어온 다수 관행의 결과물이었다. 정부의 입장에서 보면 계약법에는 어떤 권위도 없었으며, 이는 관습법과 더 밀접하게 관련되어 있었다.

　빌리 소는 중국법을 연구한 다른 두 역사학자 발레리 한센[16]과 휴 스코진[17]의 연구 성과를 바탕으로 이러한 견해에 반박한다. 먼저 중국에서의 계약을 "주어진 어떤 상품을 사고, 팔고, 빌리고, 빌려주는 행위에 대한 둘 혹은 그 이상의 당사자들의 합의… 소리 내어 계약서를 읽은 후에 증인과 보증인이 서명했다"고[18] 정의하고 여기에 세가지 요소를 추가했다.

　① 정부는 필요한 절차에 따른다는 조건하에서 사적 계약을 인정했다. 빌리

15) Geoffrey MacCormack(1985) 'The Law of contract in China under the Tang and the Sung Dynasties', *Revue Internationale des Droits de l' Antiquité*, 32, pp.17~68; Geoffrey MacCormack(1985) *Traditional Chinese Penal Law*, Edinburgh, Edinburgh University Press, p.235.

16) Valerie Hansen(1995) *Negotiating Daily Life in Traditional China: How Ordinary People Used Contracts, 600~1400*, New Haven, Yale University Press, pp.113~146 참조.

17) Hugh T. Scogin(1994) 'Civil Law in Traditional China: History and Theory', in Kathryn Bernhardt and Philip C.C Huang(eds) *Civil Law in Qing and Republican China*, Stanford, Stanford University Press, pp.13~41.

18) Hansen, *Negotiating Daily Life in Traditional China*, p.10.

소는 '적기(赤記)'와 '백기(白記)'라는 두 가지 유형의 계약을 설명한다. 첫 번째는 붉은 도장이 찍히며 정부의 보증을 받았기에 이름이 그렇게 붙여졌다. 두 번째 종류의 계약은 사적 거래에 해당되며 정부의 보증은 없었다. 이런 이유로 해서 '백기'로 알려졌다. 상인들은 계약을 어길 경우 치러야 할 비용이 너무 높았기 때문에 계약의 규정을 준수했다.

② 정부는 계약서의 보증에 대한 대가를 요구했다. 이는 계약 금액의 4%였으나 이후에는 6%로, 급기야 1130년에는 10%에 달했다. 송의 초기에 창저주(常州)에서 이 비율은 약 8%였다. 그러나 계약서를 작성하는 비용, 이를 필사하는 비용 그리고 관리들에게 주는 뇌물 비용이 더해지면 전체 액수는 15%를 훌쩍 넘었다. 이렇듯 정부의 보호에 대한 비용은 비쌌던 것도 사실이다. 관리들이 너무나 탐욕스러워 많은 이들은 '백기' 계약서를 작성했다. '적기'는 외국에서 효력을 발휘할 수 없었다. 그리하여 해외 교역에 종사한 상인들에게는 별다른 이득이 없기도 했다.

③ 계약서에는 호주의 서명이 있어야 했으며 그렇지 않다면 계약서는 무효였다. 따라서 불가피하게 가계의 재산이 보증으로 들어갔다. 개인적인 책임은 의미가 없었다. 이는 보다 무게감이 있는 보증이라고 할 수 있다.[19]

이처럼 정부가 규제하는 보증의 존재는 다음과 같은 세 가지 방향에서 이루어지는 경제 활동을 가능하게 만든 도구였다고 볼 수 있다.

- 신용으로 수출품 구매. 신용에 의지했다는 것은 100%에 달하는 이자를 지불해야 할 부담을 무릅썼음을 의미했다. 선박의 귀환 시 원금의 상환과 이자의 지불이 동시에 이루어졌다.
- 선물거래.
- 해양 운항 선박의 대여.

---

[19] So, *Prosperity, Region and Institutions in Maritime China*, p.242.

그러나 법과 규정은 매우 경직되어 있었음을 지적해야 하겠다. 물론 이러한 경직성은 속임수가 통하지 않게 하려는 의도였으나 법과 제도의 목적이 상당히 억압적이었음은 분명하다. 법에 피고를 위해 어떤 보호를 제공하겠다는 의사는 추호도 없었다. '집단 책임'이 종종 언급되었으며 때로는 일반적인 규칙이었지만, 이는 경우마다 다르게 적용되었다. 규정의 적용여부는 그 지역 당국과 유지하고 있었던 관계에 따라서도 달라졌다. 조정이나 타협(無訟)을 중시하는 유교 도덕은 사람들로 하여금 법정에 가서 시비를 가리는 일을 꺼리게 했다. 상업적인 분쟁이라는 영역에서 주목할 만한 사실은 행정이 사법체제를 대신했다는 점이다. 이것이야 말로 중국과 서양의 전통을 구별 짓는 본질적인 차이이다.

제6장

조공무역과 비공식무역

조공무역

　　조공무역체제는 7세기부터 19세기까지, 즉 당에서 청까지 중국의 외교 관계를 지배했다. 그 목적은 유교의 '덕치'에 부합하는 위계질서를 세우는 데에 있었다고 알려져 있다. 그 원칙은 중국(中國)과 야만국가들(外國) 사이에는 차이가 있다는 관념에 기반을 두었다. 그러나 차이가 있다고 해서 반드시 중국에 전적으로 종속하는 국제질서가 만들어진 것은 아니었다. 한국, 일본 그리고 베트남의 군주들은 이들보다 덜 강력한 인접국과는 달리 주권자로서 인정을 받았으며 조공체제의 지지자로 책봉이 되었다.

　　모든 공식무역은 조공질서하에서 수행되었다. 중국과 무역을 원하는 이가 속한 국가는 조공을 해야 했다. 일반적으로 무역단 혹은 면허 상인(marchands accrédités)은 공식적인 조공사절단과 함께 동행 했다. 이들은 임시로 수도의 곳곳에서 상거래를 할 수 있는 권한을 부여받았다. 항구나 다른 국경지역에서도 이와 같은 상거래를 하기 위해서 면허를 받을 수 있었다. 해외의 화상(華商)뿐만 아니라 인도인, 무슬림, 유럽인 상인도 바로 이 조공무역체제의 일부분을 구성한 이들이었다. 이들은 해역권(régions maritime) 간 조공을 통해 확보된 교역관계를 확산시키는 데에 기여했다. 따라서 해역권은 대규모 이주의 장이 되었다. 요컨대 조공무역은 허용된 (toléré) 사무역이라고 할 수 있다. 조공무역의 포괄지역, 그 목적 그리고 교역량은 경제적인 고려라기보다는 정치적인 변화에 의해 변동되곤 했다.

조공제도는 일련의 양면적인 조건을 부과함으로써 중국의 종주권을 세우는 데에 기여했다. 한편으로 외국 사절단은 제국 조정이 자세하게 정한 일정과 의례에 따라 명 왕조 시기 제국의 수도였던 난징이나 베이징에 가서 '조공' 해야 했다. 다른 한편 중국조정에 조공을 한 연후 외국 사절단은 많은 선물을 받았으며, 귀국하는 길에 수도 혹은 출국항에서 중국제 상품을 살 수 있도록 허용되었다. 후자 즉 출발항은 곧 입국항이기도 했는데 이는 사절단을 보낸 국가와의 관계에 따라 따로 정해져 있었다. 일본의 사절단은 닝보, 류큐의 사절단은 취안저우 그리고 1472년 이후에는 푸저우, 동남아와 남아시아에서 온 사절단은 광저우였다.

조공무역이 언제나 바로 위에서 묘사한 모델처럼 작동한 것은 아니었다. 이 또한 상황과 상대국가와의 관계에 따라 달라졌다. 중국이 베트남, 참파, 캄보디아, 샴, 코친, 스리위자야, 자와, 일본, 부르나이, 그리고 한국과 조공관계를 유지했던 기간은 각기 달랐다. 명 조정은 조공무역에 내재해 있는 손실의 규모를 제한하기 위해 조공의 빈도는 물론 공물을 실은 선박의 숫자, 화물의 양과 가치를 정하는 데에 심혈을 기울였다. 조공국의 군주가 붕어하면 중국의 제국조정은 그의 계승자를 책봉하기 위해 사절단을 보냈다. 책봉사절단은 중국과 현지에서 상품을 사서 이익을 남기고 팔 수 있었다. 청 왕조하에서 조공무역은 사무역의 덮개에 불과했다. 그럼에도 이 제도는 자본의 축적을 방해하고 교역을 주변부에 머물도록 했다. 사무역은 용인되었는데, 이는 관료로 하여금 부를 쌓을 수 있는 기회를 주었으며, 조정의 재정 상황 개선에도 도움을 주었는데 개인 참모(secrétaires privés)와 고위관료에게 보수를 지급할 수 있게 해 주었기 때문이었다. 그러나 사무역은 장려의 대상이 되지는 못했으며 교역가에게 자유로운 활동의 여지도 주지 않았다.

조공무역의 범주 밖에서 이루어지는 중국과 외국 간의 해상 교역은 불법이었다. 중국은 조공사절단의 일부가 아니고는 외국인이 중국을 드나들지 못하도록 한 것과 마찬가지로 중국인의 해외로의 여행도 허용하지 않았다. 이 규정은 명 왕조가 권력을 장악하자마자 바로 공포되었다.

중국 남부의 연안지역에 대한 종주권을 확실히 하기로 결정하면서 중국은 민간에서 숭배하던 이 지역의 여러 수호신(divinités locales)에게 직급을 하사하여 이들을 제국의 위계질서 즉 제국의 덕치 질서 내로 통합했다. 가장 잘 알려진 예가 남중국의 바닷가 사람들의 보호신인 마조(媽祖, Mazu)이다.[1] 이런 식으로 해서 바다를 지배한 왕조와 해안가 사람 간의 이해관계는 조화를 이루었다. 그리하여 조공체제는 비록 느슨하게나마 해안 지역에 살고 있던 이들의 삶을 지배했다.

조공무역은 완비된 제도적인 틀 내에서 작동했음을 볼 수 있다. 거기에는 일련의 규정, 규범, 관례, 관행의 결과물인 운영 방식뿐만 아니라 공식 문건에 의해 형식적으로도 상세히 규정된 게임의 법칙이 있었다. 그럼에도 불구하고 관료가 사무역의 역동성을 너무 억압하지 않았을 때에는, 조정이 의도했던 바와는 아주 다른 결과가 자주 나타났음을 볼 수 있다. 어떻게 사무역의 활력과 생동성이 자양분이 거의 없는 제도적인 틀 내에서 유지될 수 있었는지 의아해 할 수도 있다.[2] 공식적으로 제도적인 한계는 분명 존재했다. 중국인 상인들은 조공 사절단의 일원이 되어 교역을 목적으로 항

---

[1] Klaas Ruitenbeek(1999) 'Mazu, the Patroness of Sailors, in Chinese Pictorial Art', *Artibus Asiae*, 58,(3/4), pp.281~329 참조.

[2] Sarasin Viraphol(1977) *Tribute and Profit: Sino-Siamese Trade, 1652~1853*, Cambridge, Harvard University East Asian Monographs, 76, p.46 · 231; Takeshi Hamashita (1987) 'The tribute system and modern Asia', *Memoirs of the Research Department of Toyo Bunko*, 45, Tokyo, Tokyo University Press, pp.7~25.

해할 수 있었다. 그러나 이들은 엄격한 제한 속에서 그리고 무역 활동을 용이하게 하고 더욱 안전하게 만들 수 있는 상업 관행을 발전시키거나 정착시킬 가능성이 거의 없는 상태에서 활동해야 했다.

이들은 적어도 상행위를 기획함에 있어서 그 크기와 대상을 정할 수 있었다. 제국 조정이 어떻게 남부 중국의 상업적 다이너미즘을 이용했는지 보면 흥미롭다. 남부 지방(광둥과 푸젠)에서의 쌀의 부족은 샴에서의 수입으로 채워졌다. 중국-샴 교역은 화교 상인이 국왕의 허가를 받아 샴의 수출에 대한 독점권을 행사함에 따라 청 초기에 가장 번성한 아시아 간 교역의 한 부분을 차지했다. 샴은 중국의 부족한 쌀 창고가 되었으며 이민의 새로운 프론티어가 되었다.[3]

정화와
조공체제의 공고화

명은 정화(鄭和, 1371~1435)의 해양대탐험을 통해 조공제도를 확장시켰다. 이 무슬림 환관은 윈난(雲南) 출신으로 북부 중국에서도 활약했다. 이후 영락제(永樂帝)는 그에게 일곱 차례에 걸친 해양대탐험(expéditions navales)의 지휘를 맡겼다. 1405년부터 1433년까지 그와 그의 함대는 동남아를 넘어 인도, 아라비아 반도 그리고 아프리카의 동부 해안에까지 닿았다. 이들의 목적은 세 가지였다. 즉 해적을 진압하여 남해의 해상 안전을 확보하고, 아마도 중국의 연안을 따라 행해지던 밀수와 사무역을 막아 조공체제를 복원시키며,[4] 이 지역에 종주국과 가신국의 외교적인 주종관계를 강화시켜 중국의 헤게모니를 확립하는 것이었다. 이로써 스리위

---

3) Viraphol, *Tribute and Profit*, p.108.
4) S.A.M. Adshead(2000) *China in World History*, New York, St. Martin's Press, pp.197~200 참조. 흥미롭게도 이 시기 중국의 수출이 급격하게 떨어졌다. 曹永和(2000)『中國海洋史論集』, 台北, 聯經出版社 참조.

자야에서 잔지바르에 이르기까지 약 30여 왕국과 술탄국이 조공체제에 합류했던 것으로 보인다.

정화의 함대는 중국의 항해 기술이 상당히 높은 수준이었음을 보여준다. 항해용 나침판과 선미재의 방향키, 대나무를 짜서 만든 돛, 바람의 방향에 따라 조정이 가능하도록 슬랙과 중간 로드를 갖춘 매트나 캔버스 천, 천문·지리·지도제작 분야에 대한 놀랄 만한 지식, 물이 새지 않도록 방수처리된 객실 등이 이를 증명하고 있다. 이 모든 요소로 인해 정화의 함대는 공해의 험난한 바다를 헤치고 멀리 아프리카의 동부 연안에까지 항해할 수 있었다. 제2차 탐험기에 이 중국 함대는 48척의 거대한 해상 정크(jonques de mer)로 구성되어 있었으며 27,000명 이상을 태우고 있었다. 이 중 일부는 중무장을 하고 있었다.

이런 해양대탐험의 목적은 상업적이라기보다는 외교적인 데에 있었으며, 제국 세력의 정당성과 중국의 세계 중심성을 인식시키는 것이었다. 중국 사절단은 외국 군주에게 왕이라는 칭호를 수여했다. 이는 외국으로 하여금 중국의 상징적인 주권을 인정케 하는 방식이었다. 이런 외교적인 야심은 춘추시기(春秋時機, *Annales printemps autonme*, B.C. 722~481)에까지 거슬러 올라가는 (제국의) '대통일'을 의미하는 대일통(大一統, *da yi tong*) 논리의 일환이었다. 이는 야민인들에게 평화, 질서, 번영을 가져다줌으로써 이들을 교화시키는 사명을 띤 중국 황제가 인도하는 하나의 통일된 세계라는 관념이었다.

정화는 조공 사절을 촉진시키고, 외국 군주들에게 칭호를 수여하는 방식을 통해 이들에 대한 중국의 상징적인 주권을 확인시키는 임무를 띠고 있었다. 또한 이 해양대탐험은 해적을 근절하고 중국의 권위에 반항하는 군주를 포로로 한다는 군사적인 목적도 가지고 있었다. 1406년과 1407년 정화는 믈라까 해협에서 해적 진조의(陳祖義) 세력을 소탕했다. 정화는 1411년에는 스리랑카의 왕 비자야 바후 4세(Vijaya Bahu VI)를 포로로 잡아 중국으로 데리고 갔다. 1414년 정화는 찬탈자 스깐데르(Sekander)를 제거하고 수 마뜨라의 내전을 종결시켰다.[5]

 그렇다면 왜 이 놀라운 해양대탐험은 장기적인 영향력을 가져오지 못했는가? 이는 문인의 저항에 부딪쳤다.[6] 몽고의 위협으로부터 국가를 방어하고 베이징에 새로운 수도를 건설하는 데 드는 비용으로 인해 공공 재정이 심각할 정도로 고갈되고 있었던 시점인지라[7] 해양대탐험을 너무나 무모한 지출이라고 생각한 호부 관료들의 적대감은 강렬했다. 정화의 마지막 탐험 이후 중국의 동남아와의 교역 관계는 무너졌다. 다른 한편 밀수가 다시 성행했다. 사실 정화의 대탐험을 전후한 시기에 상인들이 수행한 해상 교역의 상당 부분은 제국 함대의 지지와는 아무 상관없이 번성했었다.[8]

중국이라는 공간 밖에서의 교역에 관한 규정

명이 재활성화시켰던 조공제도는 아시아 해역권에서 교역의 흐름을 규제했던 유일한 요소는 아니었다. 한국, 명나라 중국, 일본과 류큐와의 사이에는 수많은 사절단이 오고갔으며 상인만이 아니라 여행자의 왕래도 잦았다.[9] 한국과 류큐 그리고 일본과의 관계는 명의 그것

5) Louise Levathes(1994) *When China Ruled the Sea: The Treasure Fleet of the Dragon Throne, 1405~1433*, New York, Simon & Schuster, pp.139~141; Edward L. Dreyer(2006) *Zheng He, China and the Oceans in the Early Ming Dynasty, 1405~1433*, New York, Pearson Longman, p.55 · 79.

6) Adshead, *China in World History*, pp.197~200 참조.

7) John K. Fairbank(1983) *The Cambridge History of China, Vol. 12, Part 1, Republican China 1912~1949*, Cambridge, Cambridge University Press, pp.1~27 참조.

8) 송원시기에 대해서는 Jacques Dars(1992) *La Marine chinoise du Xe au XIVe siècle*, Paris, Economica 참조. 이후 시기에 대해서는 Levathes, *When China Ruled the Sea* 참조.

9) Kenneth R. Robinson(2000) 'Centering the line of Choson: aspects of Korean

과 비교될 수 있을 조공제도라는 외교 의례에 따라 움직였다. 언뜻 보기에 이는 중국의 조공국들 사이에 나타난 중국 중심적인 질서의 복사판처럼 보일 수 있다. 그러나 이 경우는 더욱 다채롭고 복잡했다. 즉 이 외교 체제의 핵심에는 교린(交隣, kyorin), 즉 '동등한 국가 군주 간의 우호 관계'라는 관념이 자리하고 있었다.[10]

교역의 공간(espace des échanges)은 '내해'(內海, 중국어로는 네이하이(nèihǎi), 일본어로는 나이카이(ないかい))였다. 이 개념은 쓰카모토 마나부(塚本學)에 의해 공식화되었다.[11] 내해는 캄차카반도에서 동남아까지 걸쳐 있다. 이 용어는 동해 혹은 일본해보다 더 적절한 용어이다. 이는 하나의 해역이다. 그리고 이 용어는 중국의 해안 지방(façade maritime)뿐만 아니라 한반도, 일본 서부, 류큐제도 그리고 동남아를 포괄하고 있는 해역의 통일성을 잘 드러내준다.

1363년과 1437년 사이 진행된 2,000명이 넘는 표류민의 송환에는 경제적인 측면과 외교적인 측면이 모두 작용했다. 이는 해적과의 전쟁은 물론 이 지역의 여러 정치 세력의 권위를 재강화시키는 계기가 되었다.[12] 추잔 왕국의 나하 항구는 표류민 송환의 허브였다. 여기에서 인도주의적 측면과 상업적인 고려는 서로 긴밀하게 얽혀 있었다. 해적질과 교역은 주된 활동이었으며 14세기 말부터 이 해역을 대표하는 통합적 요소였다. 이 공간은 조공무역의 공간이기도 했지만 해적, 어부, 공식 사절단, 교역자, 수도승— 이 시기 불교 경전에 대한 수요는 특히 일본에서 강했다—도 모두 이 해역을 다투어 오고갔다.

---

maritime diplomacy, 1392~1592', *The Journal of Asian Studies*, 59(1), February, pp.109~125 참조.

[10] *Ibid.*, pp.109~110.

[11] 塚本学(1992), 「內海をめぐる地域」, 『アジアのなかの日本史4 地域と民族』, 荒野泰典, 石井正敏, 村井章介等, 東京, 東京大学出版会, pp.29~53.

[12] 조선의 표류민에 대해서는 Hoon Lee(2006) 'The Repatriation of Castaways in Choson Korea-Japan Relations, 1599~1888', *Korean Studies*, 30, pp.67~90 참조.

비공식무역

비공식무역은 중국 교역의 또 다른 얼굴이다. 이 용어는 아주 넓은 활동 스펙트럼을 포용하고 있다. 엄격한 의미에서의(*stricto sensu*) 사적 활동(activité privée) 외에도 비공식무역에는 밀수가 포함된다. 밀수는 공식 교역이 멀리했던 어떤 필요 즉 소비 수준이 높은 수요를 충족시켰다.

또한 비공식무역에는 동남아에서는 매우 오래 전통에 속하는 해적과 같이 보다 약탈적인 성격이 강한 활동도 포함된다. 어떻게 보면 이는 일정 해양 권역에서 보호의 제공에 대한 선취금의 성격을 갖는다. 또한 이는 다른 약탈자들이 가까이 오지 못하도록 함으로써 일정 해역에 대해 자신의 권위를 선언하는 방식이었다. 정의상 언제나 합법적이지만 때로는 약탈적인 성격을 갖는 국가의 폭력과 언제나 불법적인 개인의 폭력을 구분짓는 차별적 관념은 바다에서는 아주 늦게야 나타났다. 인접한 사회를 급습한다거나 배를 약탈한다거나를 불문하고 해적은 도서부 해양 사회에서는 보통 일어나는 통상적인 질서의 일부분이었다. 빼앗은 물품을 통해 재정 기반을 마련하고 사람들을 잡아 노예로 부리는 행위는 결국 사회를 질서화시키는 하나의 방식이었다. 해적이 통제하는 수역을 안전하게 통과하기 위해서는 일정한 통행료를 지불해야 했다. 따라서 해적에 대한 탄압과 경쟁자의 제거는 동전의 양면이었다.

역설적이게도 동남아의 왕국과 술탄국들은 교역이 쇠퇴하거나 약화되면 무력에 의존했다. 전함을 이용해 교역선박을 자신의 항구에 정박하도록 강제했다. 포르투갈이 부과한 이러한 특정 종류의 관세는 카르타즈(*cartazes*)[13]였다. 이는 통행권에 대한 대가로 배에 부과되는 일종의 세금이었다. 19세기 초부터 네덜란드와 영국은 교역의 안전을 위해 해적을 진압했으며, 자유무역의 이름으로 현지의 정권들이 관세의 수를 늘리지 못하도록 전력을 다했다.[14]

---

[13] 16세기(1502~1750) 인도양에서 포르투갈 황제의 이름으로 발행된 해양교역면허 제도(역자).

일본 해적,
왜구(倭寇, Wako)

왜구는 14세기 말부터 중국과 한국의 연안에 창궐하기 시작했다. 16세기 초에는 왜구의 급습 정도가 심하고 빈도도 높아지더니 닝보(寧波)사건(1523) 이후에는 중국과 일본 간의 공식 관계가 단절될 정도에 이르렀다.[15] 돛대의 꼭대기에 전쟁신 하치만(八幡神, hachiman)의 깃발을 올린 왜구에는 중국인 상인-모험가들(marchands-aventuriers)도 많이 포함되어 있었다.[16] 명조가 선포한 해금(해외로의 여행과 해외 교역 금지)정책으로 인해 수천 명의 중국인 상인이 중국을 떠났다. 15세기 초에 이들은 강력한 해외 화교사회를 형성했다. 이들은 중국 연안에 위치한 섬들을 거쳐, 혹은 자와의 마자빠힛왕국과 샴의 아유타야(Ayutthaya, อาณาจักรอยุธยา)왕국에서 명 조정에 보내는 조공사절에 살짝 끼어서 계속 중국과의 교역에 종사했다. 이들은 또한 체류 국가에서도 중요한 역할을 했다. 예를 들어 이들은 류큐와 중국 간의 교역을 주도했다.

앞에서 살펴보았듯이 조공무역은 상당히 선택적이었다. 정부는 사절단의 빈도와 매번 사절단이 동행할 수 있는 선박의 수를 지정했다. 교역 관계를 책임진 관리와 허가를 받은 면허 상인(marchands licenciés)만이 사절단에 참가할 수 있는 자격이 있었다. 그러나 이런 유형의 교역은 화상의 출신지역인 중국 연안 지역에서 점증하고 있던 수요를 충족시킬 수 없었다. 16세

---

14) 왜구에 대해서는 田中健夫(1986), 『倭寇: 海の歷史』, 東京, 敎育社; So Kwan-wai (1975) *Japanese Piracy in Ming China in the 16th Century*, Michigan, Michigan State University Press; and Chang Pin-tsun(1983) 'Maritime trade: the case of 16th century Fu-chien', PhD thesis, Princeton University.

15) 닝보의 난, 닝보쟁공사건(寧波争貢事件)이라고 부르는데, 1523년 일본의 두 가문이 동시에 조공사절을 닝보에 보내면서 벌어진 사건이다. 먼저 도착한 측이 시박사의 대감에게 뇌물을 써서 유리하게 되자 다른 측이 상대측의 배를 불태워 버리고 명의 관리들까지 살해했다. 이는 외교문제로 비화되었으며, 1529년 닝보의 시박사 대감은 폐지되었으며, 1536년에야 중일간의 조공무역이 재개되었다.

16) Arano Yasunori(1994) 'The entrenchment of the concept of "National Seclusion"', *Acta Asiatica*, 67, p.119.

기 초에 불법적인 형태의 교역이 현지 관리와의 공모에 힘입어 중국 근처에 있는 도서지역에서 발전했다.[17]

사무역(commerce privé)이 불법이었던 이런 맥락에서 해적이 출현하는 것은 당연했다. 한 중국인이 일말의 양심의 가책도 느끼지 않고 말했듯이 "강도와 상인은 같은 사람이다. 시장이 열려있고 교역이 허용되는 곳에서 강도는 상인으로 변했으며, 시장이 닫치고 교역이 허용되지 않는 곳에서 상인은 강도로 변했다".[18]

해적은 두 가지 새로운 현상의 영향을 받으면서 더욱 더 발전했다. 1530년대 일본에서는 중국의 수요를 충족시키기 위해 은의 생산이 상당량 증가했다. 중국인 상인들은 이 귀한 금속을 실크와 교환하기 위해 대거 일본에 왔다. 이들은 류큐에 정착했다. 이들 중에서 특히 왕직(汪直 혹은 王直, Wang Zhi),[19] 진동(陳東, Chen Dong), 엽명(葉明, Ye Ming)[20]은 중국의 전통적인 견해에 따르면 해적질이라고 부르는 교역 네트워크를 장악한 강력한 수장들이었다.

해적을 추동한 두 번째 계기는 유럽인의 도래와 관련이 있다. 유럽인은 교역을 허가받기 위해 중국 당국을 회유해야 했다. 1557년 마카오에 자리 잡은 포르투갈인은 1554년부터 칸톤에서 교역을 허가받았다. 이들은 1570년에 마카오를 거쳐 믈라까(1511년 점령한)와 나가사키 간에 정기 항로를 열었다. 그러고 나서 스페인이 왔으며, 급기야 17세기에는 네덜란드와 영국이 이 지역을 포위했다(9장 참조). 공식적으로 무역 허가를 얻기 이전에 포르투갈인의 지위는 허가를 받지 못한 다른 중국인들과 크게 다르지 않았으

---

[17] 田中健夫(1986), 『倭寇 : 海の歴史』, p.119.
[18] 秋山謙藏(1939) 日支交渉史研究, 東京, 岩波書店, p.595; Olof G. Lidin(2002) *Tanegashima: The Arrival of Europeans in Japan*, Copenhagen, Nias Press, p.82.
[19] 명대의 무역상인(海商)으로 후기 왜구의 두목.
[20] Arano Yasunori(2005) 'Concept of the border: nations, peoples and frontiers in Asian history: the formation of a Japanocentric world order', *International Journal of Asian Studies*, 2, p.188.

며, 때로는 이들과 함께 행동하기도 했다. 이 때문에 명 왕조는 포르투갈인을 새로운 형태의 해적으로 보았으며, '프랑스 해적'을 의미하는 불량기 적(佛郎機 敵, folangji zei)이라고 불렀다.

1567년 해금이 일부분 완화되면서 해적 활동은 줄어들었으나 불법 교역은 줄지 않았다. 그 지역적 기반이 바뀌었을 뿐이다. 이들은 이제 마카오, 타이완 그리고 필리핀에 자리를 잡았다.

사무역

기록이나 고고학적 증거가 많이 남아 있지 않지만 중국인 무역 상인들은 12세기 남아시아 해양 네트워크의 형성에도 중요한 역할을 했다. 사실 중국인 무역 상인들은 인도에 장기적인 교역 기지를 세우지 않은 것처럼 보이지만 동남아에 마련된 기지들로부터 인도를 자주 오고갔음은 분명하다.

해양 교역으로 상당한 세수를 확보할 수 있었기 때문에도 원 왕조는 이를 활성화시켰다. 몽고의 정책은 송 왕조 정책의 연장선상에 있었다. 동남아, 남아시아, 페르시아만과의 교역로는 계속 개방되어 있었다. 많은 경우 상인들은 중국인 공식 사절에게 도움과 지원을 제공했다.[21] 다른 한편, 외국 무역에 대한 관리들의 관여도 여전했다. 사토(K. Sato)는 다음과 같이 썼다.

외국 무역을 관장하는 시박사(市舶司, shibosi)의 관리들은 정부에 속한 선박과 자본을 상인들에게 맡겼으며, 수익은 정부가 70%, 상인이 30%의 비율로 나누어 가졌다.[22]

---

21) Ibn Battuta(1955) The Travels of Ibn Battuta, A.D. 1325~1354, Vol. 4, London, the Hakluyt Society, pp.813~815 참조.

22) K. Sato, 'On the form of maritime trade nd commerce in the Near-East and the Far

명 왕조하에서나 일본의 도쿠가와(德川) 막부 시기에 이런 조공무역은
사무역과 구별하기가 어려웠다. 조공무역은 국가 독점의 관료주의적 외양
을 띠고 있었음에도 불구하고 사실상 교역은 특허권(patenté)을 획득하거나
정부의 허가를 받은 상인들에 의해 수행되었다. 10세기까지 중국과 동남아
제도 간의 교역은 믈라유 상인들의 수중에 있었다. 이들은 남부 중국의 항
구에서 향료와 목재를 팔았으며, 역내교역을 위해 도자기와 중국산 실크를
샀다. 이들 상인들은 이들의 사절단이 중국의 종주권을 인정하고 조공을
하는 한 중국에서 합법적으로 상행위를 할 수 있었다.

행정적인 관점에서 보면 중국의 수입은 동남아의 왕들과 다른 야만인들
이 제국에 바친 조공이었으며, 수출된 중국의 상품은 보답으로 주어진 '제
국의 후한 답례품'이었다. 제국 내에서 수행된 교역은 이런 식으로 송 시기
까지 편안한 수익을 만들어냈다.[23] 그러나 해상 교역은 1661년부터 1685년
까지 청 왕조하에서 금지되었다. 광둥과 푸젠에서의 교역은 1683년 마지막
명의 충성파를 완패시킨 포모사(타이완) 정복 이후에 합법화되었다.

East from the tenth to the thirteenth centuries of the Christian Era' in *Proceedings
of the second Biennial Conference of International Association of Historians of Asia*,
p.335~337, n.p., 1962, p.336, Sen Tansen(2006) 'The formation of Chinese maritime
networks to Southern Asia, 1200~1450', *Journal of the Economic and Social History
of the Orient*, 49(4), p.431에서 인용.

[23] Hamashita Takeshi(1987), 'The tribute system and modern Asia', Memoirs of the
Research Department of the Toyo Bunko, no. 45, Tokyo, Tokyo University Press,
pp.7~25.

제7장

아시아 역내교역에서의 일본의 위치:
중국 헤게모니에 대한 저항

　역동적인 아시아 역내교역에서 일본은 중요한 역할을 했으나 1630년대부터 1853년까지 계속된 쇄국 시기에 일본의 영향력은 제한적이었다. 그러나 엄격한 의미의 고립주의라는 관점에서 이 시기를 분석하는 것은 가당치 않다. 1980년대 중반부터 일본과 미국 학계는 해석 틀을 바꾸기 시작했다. 일반적으로 이 시기를 묘사하기 위해 쓰인 쇄국(鎖国, *sakoku*)이라는 단어는 나가사키 출신 통역, 시즈키 타다오(志筑忠雄)가 18세기 말에 일본 전역을 여행했던 독일인 의사 엥겔베르트 캠퍼(Engelbert Kaempfer)가 1801년에 쓴 『일본역사(*History of Japan*)』에 실린 부록을 번역하는 과정에서 만든 용어였다.[1] 쇄국이라는 표현은 그 이전 17세기와 18세기에는 존재하지 않았으며 이 시기의 쇼군들도 물론 이런 단어를 사용하지 않았다. 일본 군정부인

---

[1] Arano, yasunori(1994) 'The entrenchment of the concept of "National Seclusion"', *Acta Asiatica*, 67, pp.83~103; 그리고 같은 작가의(2005) 'Concept of the border: nations, people and frontiers in Asian history-the formation of a Japanocentric world order', *International Journal of Asian Studies*, February, pp.185~216 참조.

막부(幕府, *bakufu*)[2]의 고문들은 해금(海禁, *hai jin*) 혹은 단순히 금령(御禁)이라는 용어를 사용했다.[3]

쇄국
:선택적 쇄국(fermeture sélective)

잘 알려진 바와 같이 유럽 세력과의 관계는 물론 중국과의 관계에 있어서도 1630년대부터 일본의 외부 세계와의 유일한 접촉점은 나가사키(長崎)였다. 사실 나가사키에는 네덜란드 선박보다는 중국 선박이 훨씬 더 많았다. 그러나 이 항구가 세계로 열린 유일한 대문은 아니었다. 한국의 조선과의 관계는 물론 류큐와의 관계는 예와 같이 유지되었다. 조선은 쇼군(將軍, shōgun)과 동등한 주권국으로 그리고 류큐는 속국으로 간주되었다.

이 조건부 개방(*ouverture conditionelle*)은 외부에 대한 고의적이고 체계적인 봉쇄 정책에 의해서라기보다는 일련의 갖가지 임시(*ad hoc*) 조치와 칙령이 쌓이면서 모양이 갖추어졌다. 이는 보호주의를 견지하고 외부와의 교역을 규제해 온 오랜 정치적인 과정의 산물이었으며 급하게 취해진 몇 가지 조치의 결과는 아니었다. 이는 1612년 다이묘(大名)[4]에게 '주인선(朱印

---

[2] 막부 체제는 12세기 말부터 메이지 시기(1868)까지 지속되었다.

[3] Tashiro Kazui(1982) 'Foreign relations during the Edo period: Sakaku reexamined', *Journal of Japanese Studies*, 8(2), p.283. Ronald Toby(1977) 'Reopening the question of sakoku: diplomacy and legitimation of the Tokugawa Bakufu', *Journal of Japanese Studies*, 3(2), Summer, pp.323~363 참조. Ronald Toby(1991) *State and Diplomacy in Early Modern Japan, Asia and the Development of the Tokugawa bakufu*, Stanford, Stanford University Press 참조.

[4] 다이묘는 봉건 영주로 막부의 권력자 쇼군의 가신이다. 지위를 삭탈당할 수도 있는 다이묘의 지도자들은 광산 개발, 중국·동남아와의 교역에 적극적이었다. 그러나 막부는 이들이 지역의 경제 세력이 되는 것을 두고 보지 않았다. 메이지시기 다이묘의 수는 줄어들었으며 현(縣, préfectures)으로 재조직되었다.

船, *shuinsen boeki*)' 무역 면허의 교부 금지, 1639년 포르투갈인의 추방 그리고 1641년 대외 교역의 나가사키로의 제한을 망라한다. 또한 이는 1680년대 일본과 교역하도록 권한을 부여받은 중국 선박 수에 대한 제한 그리고 마침내는 1720년대 수입품을 대체하기 위해 취해진 조치까지도 포함한다.

네덜란드도 이 해양 규제 정책에 영향을 미쳤다. 네덜란드는 실로 이 고립의 전시기를 통해 일본과 통상활동을 할 수 있는 특별한 권리를 향유했다. 1603년 에도 막부(江戶幕府)를 세운 도쿠가와 이에야스(德川家康)는 네덜란드에게 1609년부터 일본과의 교역을 자유로이 하도록 허가했다. 히라도(平戶)에 '교역소'를 연 이래 네덜란드는 교토(京都), 오사카(大阪), 에도, 사카이(堺市)에 대리인를 보냈으나, 이들은 일본, 중국, 스페인 그리고 포르투갈 선박과의 심각한 경쟁에 직면해야 했다. 네덜란드는 우세한 해군력을 이용하여 일본과 거래하던 포르투갈 선박을 위협하고 스페인 선박을 필리핀 해역에서 빠져나오지 못하도록 하고 중국인 선박을 마닐라로 가는 도상에 묶어 놓을 수 있었다.

네덜란드에게 가장 위협적인 경쟁자는 의심할 여지없이 동남아와의 해상 교역을 지배하고 있던 일본인들로 이들은 네덜란드의 교역 사업을 위태롭게 했다. 네덜란드는 일본인 선박이 동남아와 교역하도록 허용되는 한 가톨릭 선교사들이 몰래 일본으로 들어오는 것을 막기 힘들 것이며 종교적인 복음주의와 상업적인 야심이 서로 밀접하게 관련되어 얽히게 된다고 쇼군을 설득시키기에 이르렀다.[5] 같은 맥락에서 네덜란드는 일본에 대한 다른 동인도회사들의 이기적인 의도를 일본정부에게 알려주었다. 1635년 막부는 '주인선(朱印船) 무역'이라는 교역 체제를 종결시켰다. 이 조치로 필리핀을 경유하여 항해하던 선박의 운송 노선에서 일본인이 효과적으로 배제되면서, 간접적으로 타이완에 있던 네덜란드는 이점을 가지게 되었다.

---

5) Iwao Seiichi(1976) 'Japanese foreign trade in the 16th and 17th centuries', *Acta Asiatica*, 30, pp.14~15.

이러한 압력은 효과가 있었다. 1649년 네덜란드동인도회사(VOC)의 순이
익은 타이완이나 페르시아에서보다 일본에서 더 높았다.[6] 또한 일본 열도
에서 자신들의 이해관계를 공고히 하기 위해 네덜란드는 샴이 일본과 관계
를 맺지 못하도록 했다. 해금 이후에는 화교 공동체가 자리 잡고 있었던 아
시아의 여러 도시와의 교역―당시까지 주로 주인선(朱印船)이나 포르투갈
선박에 의해 수행되어 왔던―의 상당 부분을 특히 은에 관한 한 이제 VOC
의 선박이 도맡아 하게 되었다.

이는 1641년 1월 23~24일자 네덜란드 교역사절단 단장의 글에 나타난 다
음 문장에서 분명히 드러나고 있다.

　　이전에 우리는 천왕(도쿠가와 쇼군)의 이름으로 히라도의 도주로부터 매년
　가능한 한 많은 상품을 일본에 가져오라는 명을 받았다. 이는 포르투갈의 추
　방으로 인해 생길 수 있는 혼란을 피하고자 한 조치였다. 우리는 이 명에 따랐
　으며, 알려진 바와 같이 작년에는 일본의 요구를 만족시키기 위해 고율의 이
　자를 지불하면서까지 거대한 양의 은을 빌렸다. 그리고 나서 우리는 상품을
　대량으로 사재기했으며, 일본으로 가져가서 회사가 커다란 손실을 안은 채로
　팔았다… 손실이 전적으로 일본에서의 상품 과다공급으로 인해 야기되었음을
　깨달은 우리는 남은 상품을 모아 조금 더 이익이 남는 시점에 판매하기로 결
　정했다. 다음 해 우리는 일본으로의 적화량을 제한하고 조금 더 만족할 만한
　수준이 될 때까지 가격이 오르기를 기다려 회사가 이미 입은 상당한 손실을
　벌충할 수 있기를 바란다.[7]

---

[6] Jonathan Israel(1989) *Dutch Primacy in World Trade*, 1585~1740, Oxford, Oxford
　　University Press, pp.171~187 · 244~258.
[7] 永積洋子(1970) 『平戸オランダ商館の日記 第4輯』, 東京, 岩波書店, p.455.

일본 중심적인
세계질서

1630년부터 1853년까지 즉, 도쿠가와 시기의 마지막 두 세기 동안의 일본의 대외관계를 쇄국이라는 개념에 기반 해 분석한다면 문제에 대한 매우 부분적인 해답만을 얻을 수 있을 뿐이다. 그리하여 쇄국은 중국의 명 왕조가 시행한 해금(解禁)과 같은 일본식의 정책—비록 그 실제 정신과 내용은 다르지만—으로 이해되어야 한다. 이 정책은 외국으로의 출입을 금지하고 외국 세력과의 접촉을 제한했다. 이 보호주의와 해외 무역에 대한 통제는 일본형 화이질서(日本型華夷秩序)의 영향을 반영하고 있는 17세기 일본의 해외 교역 시스템을 만들었다. 이 시스템을 받치고 있던 네 개의 기둥은 다음과 같다.

- 명 왕조, 후에는 청 왕조와의 교역은 사무역에 활기를 불러 일으켰다. 두 나라 간에는 외교적인 관계가 없었으며, 일본 측에서 본다면 중국과의 관계에서 종주국에 대한 가신국의 지위를 인정한 바도 없었다. 중국의 관점에서 본다면 나가사키와의 교역은 밀무역에 불과했다.[8]
- 이(李)왕조와는 외교적인 관계가 유지되었다. 이는 동등한 관계였으며 쓰시마(対馬)의 종씨(宗氏)라는 중개자를 통해서 이루어졌다.
- 류큐왕국과의 관계는 계서적이었으며 일본이 지배적인 위치에 있었다. 17세기 초 시마즈(島津)를 점령한 이래 사쓰마 번은 류큐를 자신의 관할권 하에 두었다. 그러나 류큐가 막부에 보낸 사절단은 조공사절단으로 간주되었다. 류큐는 막부 체제(幕藩体制) 내에 있는 외국이라기보다는 동아시아 국제관계 체제 내에서 일본의 지위를 합법화시켜 주는 기능을 담당했던 상대적으로 독립적인 정치체로 간주하는 것이 더 타당하다.
- 마지막으로 네덜란드, 더 정확히 말하면 네덜란드동인도회사(VOC)는 처음에는 히라도에서 1641년에는 쇼군의 요청으로 히라도를 떠나 데지마

---

[8] Tashiro Kazui(1982) 'Foreign relations during the Edo period: Sakoku reexamined', *Journal of Japanese Studies*, 8(2), p.288.

섬에서 교역이 허용되었다. 이는 실상 사무역에 속했으나, 모든 카피탄 (*kapitan*) 즉 히라도의 VOC 최고대표는 외교적 의례의 형식에 따라 막부를 방문해야 했다.

일본이 설정한 아시아에서의 대외 경제 관계는 중국의 그것에서 차용해 온 것이 분명해 보이는 국제질서를 보여주고 있다. 중국 중심적인 동아시아 국제관계 시스템은 화이질서에 기초했다.[9] 중국(華)에게 야만인(夷)은 동으로는 한국인과 일본인, 남으로는 인도차이나의 사람들, 서로는 투르크인과 티베트인, 그리고 마지막으로 북으로는 유목민이었다. 중국인에게 진짜 야민인은 마지막 집단이었다. 일련의 외교적인 협약으로 인해 동아시아 국가들 사이에서 이러한 질서가 자리를 잡았다.

그러나 [도표 1]을 보면 일본은 중국의 후견과 보호에서 벗어나 자유로웠다. 도쿠가와 시기 일본은 자신을 중국과 동등하다고 여겼다. 이는 참으로 쇄국의 긍정적인—동북아에서 새로운 국제질서의 구축이라는— 측면이었다. 역사가들은 부정적인—유럽국가들과의 단절이라는— 측면만을 보아왔다. 이런 긍정적인 해석 방식은 이 시기를 선택적 개방(選択的開国, *sentakuteki kaikoku*)의 시기로 언급한 하마시타 다케시의 견해에도 반영되어 있다.[10] 또한 이러한 접근방식은 동북아에서 중국의 후견에서 독립한 일본적 세계질서의 성공적인 구축을 강조한다.

환언하면 막부는 해외 교역을 독점하려고 하지 않았으며, 사실상 몇몇 다이묘에게 그 혜택을 주었다. 막부는 사쓰마와 쓰시마 번이 각각 류큐왕

---

9) 중국은 고대로부터 자국을 문명이 발달한 세계의 중심, 곧 중화라고 자부했다. 반면 주변 국가들에 대하여는 문명이 미개한 야만인이라는 뜻으로 夷라 칭하며 낮추어 보았다. 화이질서란 이처럼 중국이 자국의 문화와 문명 그리고 한족을 세계의 중심으로 삼는 중화사상을 바탕으로 주변 국가들을 자국의 질서 속에 편입시켜 국제관계를 주도하려는 것이다(역자: 두산백과 참고).

10) 浜下武志(1990) 『近代中国の国際的契機 : 朝貢貿易システムと近代アジア』, 東京, 東京大学出版会, p.90.

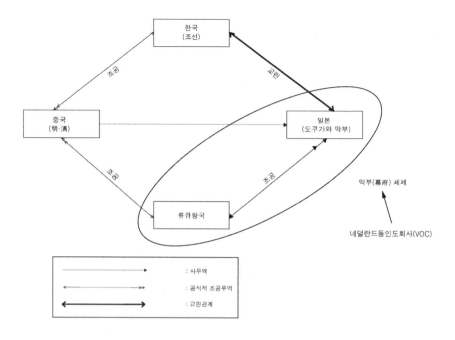

[도표 1] 에도시기 일본의 대외교역

한국
(조선)

조공

교린

중국
(明·淸)

일본
(도쿠가와 막부)

조공

조공

막부(幕府) 체제

류큐왕국

네덜란드동인도회사(VOC)

: 사무역

: 공식적 조공무역

: 교린관계

* 출처: Tashiro Kazui(1982), 'Foreign relations during the Edo period: Sakoku re-examined', *Journal of Japanese Studies*, 8(2), p.290.

국, 조선과 교역할 수 있도록 허가했으며, 17세기 말에 쓰시마와 조선과의 교역은 나가사키의 교역과 물량적으로 비교해도 더 적지 않았다. 이들 번은 에도의 군사 정부인 막부에 충성을 바쳤지만, 학자들도 인정하는 바 이는 오직 행정적인 수준에서만 그러했다.[11] 1616년부터 메이지(明治)시기 초까지 쓰시마 다이묘는 부산에 교역소인 왜관(倭館, *wakan*)과 도자기 공장을 두고 있었다.[12]

---

[11] Tashiro Kazui(1976) 'Tsushima Han's-Korea trade, 1684~1710', *Acta Asiatica*, 30, p.105 참조.

[12] Toby, 'Reopening the Question of sakoku', p.326.

그리하여 찰스 벅서가 '쇄국(the closed country)'에 관한 글을 쓴 이래 해금 시기에 관해 널리 수용되어 왔던 견해는 재고되어야 한다.[13] 시각을 전환시켜 보려면 일본의 관점을 동북아전체로 확대해 보고, 쇄국을 중국식 모델에 따라 만든 국제관계 체제—활기찬 교역 흐름의 선택적 유지를 포함하는—로 보아야 한다. 해외 교역을 규제하지 않으면 해적과 같이 곤란한 문제가 생기기에 정부는 교역행위에 대한 적절한 조치와 함께 신민의 이동에 대한 제한을 통해 이러한 문제를 방지할 필요가 있었다.

그리하여, 엥겔베르트 캠퍼[14]와 같은 동시대인들이 믿듯이 해상활동에 대한 금지인 해금은 국가의 문을 닫는 쇄국이 아니라 평화롭고 문명화된 국제관계 질서를 뒷받침하려는 하나의 방법이었다. 어떤 학자들(荒野泰典, 田代和生)은 쇄국(sakoku)에서 일본식의 보호주의와 상업주의를 발견한다.[15] 요컨대 막부는 쇄국 정책으로 일본을 고립시키고자 의도하지 않았다. 해금의 목적은 국내외적인 관점 모두에서 동북아에서 일본의 정당성(légitimité)을 확인하는 것이었다.

이 정책은 또한 나가사키에 있는 데지마(出島)의 중국인 공동체가 역내교역(commerce sur place, 據點貿易, kyoten boeki)을 성장·발전시키는 데에도 도움이 되었다. 사실 해외 교역의 전반적인 양은 장기적인 관점에서 보면 영향을 받았음에도 불구하고, 더 구체적으로 보면 줄어든 것은 교역량이 아니라 공급자의 숫자였다. 그리하여 일본의 해상 활동에 대한 제한은 또 다른 중요성을 갖는데, 이는 일본 시장에 대한 네덜란드와 중국인 상인

---

13) Charles R. Boxer(1951) *The Christian Century in Japan, 1549~1650*, Berkeley, University of California Press, p.90.

14) Engelbert Kaempfer(1999) *Kaempfer's Japan, Tokugawa Culture Observed*, edited, Annotated and translated by Beatrice M. Bodart-Bailey, Honolulu, University of Hawaii Press.

15) Arano Yasunori(2005) 'Concept of the border: nations, peoples and frontiers in Asian history the formation of a Japanocentric world order', *International Journal of Asian Studies*, 2, pp.185~216; Tashiro Kazui, 'Foreign relations during the Edo period', pp.298~300 참조.

의 독점양상이었다.[16]

동남아의
일본인 디아스포라

일본인은 스스로가 오랫동안 기본적으로 농업에 치중해 왔다고 생각하지만 사실은 때로 일상의 많은 부분을 바다에 의존했다. 그리하여 아미노 요시히코(網野善彦)는 중세 일본을 국가가 아니라 해민(海民, kaimin)의 공간, 벼농사 공간, 산악 지대 등이 착종된 공간으로 파악한다.[17] 에도시기부터 일본의 대부분은 더 이상 전적으로 농업에 의존하지 않는 사회였다. 촌락(村, mura)은 농촌 마을이 아니라 도시의 기능을 하는 거주지였다. 그리고 '백성'(百姓, hyakushō)은 결코 모두 농민은 아니었다. 그들 중에는 임업과 광산업에 종사하는 이들, 선박 건조업자, 운송업자, 상인, 소금 장사, 어부, 선원, 전문 기술을 가진 수공업자 등등이 포함되어 있었다. 물론 세금의 기초는 여전히 쌀 생산에 기반을 두었다. 그러나 16세기부터 상업과 운송업에서 나온 세액은 농업에서 나온 세액을 웃돌았다. 천황에게 바치는 진상품은 물론 최대 규모의 현물 세금은 바다에서 나왔다.

바다는 점차적으로 전도유망한 프론티어로 인식되었다. 항만 행정은 '해민' 공동체에서 지역의 유지에게로 넘어갔다. 해로―일본과 중국 간의 해로, 혹은 홋카이도(北海道)를 한반도 북부와 시베리아 동부로 연결하는 해로―는 육로를 압도했다. 간토 평야(関東平野)에 있는 가마쿠라(鎌倉)는 첫 쇼군(将軍)인 미나모토노 요리모토(源の頼朝)에 의해 사실상의 수도로까지 위상이 격상되었다. 가마쿠라는 해상 교역을 위한 전략적인 장소였기 때문이었다.

---

16) Ibid., p.294.

17) Amino Yoshihiko(1995) 'Les Japonais et la mer', Annales, Histoire, Sciences Sociales, 2, March-April, pp.235~258.

해안을 오가는 배의 사공과 상인들이 모여 살던 연안 마을은 이제 금융전문 가, 환전상, 전당업자, 대부업자, 그리고 한 시장에서 다른 시장으로 어음을 교환하며 이익을 만들어 낼 수 있는 도매상인들을 반기고 있다. 13세기에서 15세기에 걸쳐 이들 촌락(村)은 작은 해항도시(cités portuaires)로 탈바꿈했 다.18)

그러나 해상 교역은 엄격한 규제의 대상이었다. 그리고 동남아와의 교역 은 중국인 선박, 혹은 서부 자와산 후추의 거대 집산지인 반뜬(Banten)에서 온 '왕가의 배(navire royaux)', 혹은 샴 선박으로 한정되었다. 해상 교역은 안정상의 문제로 인해 엄격한 규정의 적용을 받았다. 에도 막부는 독점권 을 행사해 시장의 주기 그리고 허가 상품의 종류와 질을 결정했다.

도쿠가와 이에야스는 일본을 위해 대양횡단선박을 건조케 했으며, 1610 년에는 스페인(Nouvelle-Espagne, Virreinato de Nueva España)에 사절단을 보 냈다.19) 1604년부터 1635년까지 공식무역 허가를 받은 주인선(朱印船) 355 척이 동남아 해역을 오고갔다. 그러나 주인선은 1631년 이전에도 이후에도 일본 국가의 보호를 받지 못했음을 언급해야 한다. 면허는 기껏해야 외교 적인 보호를 의미하는 합법적인 수단이었지 군사적인 보호를 의미하지는 않았다. 피에르 쇼뉘의 뛰어난 표현을 빌린다면 정말이지 '봉쇄구멍을 뚫은 사람들(perceurs de blocus)'이 루손, 타이완, 코친차이나(베트남 남부), 샴, 캄보디아에서 교역을 했다. 중국인 정크가 있고 화물이 유통·교환되는 이 모든 장소에는 일본인 상인공동체가 있었다. 게다가 17세기 초반 나가사키 는 마닐라와 거의 같은 시기에 중국과의 교역에 있어서 주요 중계지 (entrepôt)로 발전했다.20)

---

18) *Ibid.*, p.251.

19) 1525년 이후 뉴스페인의 영토에는 미국의 몇 주뿐만 아니라 오늘날 멕시코, 중 미, 멀리 코스타리카까지 포함되었다.

20) Patrizia Carioti(2006) 'The origins of the Chinese community in Nagasaki', *Ming Qing Yanjiu*(明清研究), pp.1~34.

계속된 규제 조치로 일본인은 일본을 떠나기 어려웠다. 내어준 면허의 숫자와 기간을 조정하면서 그리고 가혹한 처벌(추방, 사형)을 강제하면서 일본 당국은 외부 세계와 교역할 수 있는 '출구(gates)'의 숫자를 제한했다. 그럼에도 불구하고 혹은 오히려 이러한 조치들 때문에 16세기 말과 17세기 초에 일본인 디아스포라는 동남아의 주요 해항도시에 정착하게 되었다. 이들은 마닐라, 샴의 고도인 아유타야, 통킹(Tonkin, Bắc Kỳ), 꽝남(Quảng Nam)지방에 있는 주요 국제 교역 항구이며 파이포(Faifo)라고도 알려진 호이 안(Hội An), 프놈펜(Phnopm Penh)에 거주했다. 일본인 디아스포라가 가장 많았던 지역은 마닐라로 1620년대 일본인 거주자는 3,000명에 이르렀다.[21]

16세기와 17세기에 호이안은 참파(Champa) 왕국에서 가장 번성한 해항도시였는데, 거기에는 일본인 거주지역과 중국인 거주지역이 있었다. 포르투갈, 스페인, 네덜란드, 프랑스의 선박들도 그곳에 정박했다. 이 도시는 토사가 쌓여 톤수가 큰 선박이 항구에 더 이상 들어가기 어렵게 된 18세기말까지 계속 번영을 구가했다.

16세기와 17세기 일본인 이주자들은 다음 세 가지 범주에 속했다.

- 주인선에 상품을 싣고 가서 교역하는 상인.
- 박해를 피해 간 기독교도 난민. 이들은 대부분 마닐라에 정착했다.
- 세키가하라(関ヶ原)전투와 함께 절정에 이른 일본에서의 내전, 그리고 나중에 에도 막부(1603~1867)를 세우고 창설자가 된 도쿠가와 이에야스의 승리 이후에 망명한 용병.

이들 이주민 중에는 1590년대 임진왜란에 동원되었던 군인들도 있었다.[22] 이 집단은 샴에 정착했다.

---

21) Iwao, 'Japanese foreign trade in the 16th and 17th centuries' pp.246~256.
22) William D. Wray(2005) 'The 17th century Japanese diaspora: questions of boundary

이들 일본인 이주자들은 동남아의 교역 네트워크에 편입되고자 노력했다. 이들은 일본에서 온 은과 중국의 실크를 거래했다. 일본인들은 금, 은, 동을 생산했다. 금속통화를 만드는 데 사용되는 금속의 수출은 처음에는 정부의 통제 하에 있지 않았으며 상당히 수익성이 좋은 사업이었다. 쇼군이 금속의 유출을 막기 위해 이 물품의 교역을 금지시키자 중국과의 교역과 중국인 선박의 숫자가 제한되어 있었던 나가사키의 남부, 큐슈(九州, Kyūshū)의 연안을 따라 밀수가 성행했다.

동남아에서 실크 수출의 주요 중심지의 하나는 통킹이었다.[23] 사슴 가죽(스웨드) 교역은 샴왕국의 수도 아유타야 근교에서 번성했다. 일본인은 중개인의 기능을 했으며, 네덜란드 상인은 일본인의 서비스에 의지해야만 현지의 당국과 교섭할 수 있었다. 일본인은 말하자면 샤반다르(Shabandar, شه بندر)[24]의 역할을 수행했다.[25] 그 직위는 외국선박이 관세를 지불하고 협의 내용을 잘 준수하는지를 감독하라고 현지 당국이 부여했다. 이런 기능은 페르시아만, 인도양, 동남아의 모든 중계무역지에 있었다.[26]

또한 일본인 이주자들은 현지의 왕을 도와 국내의 군사 작전에도 동원되었다. 예를 들어 샴에서는 700명으로 구성된 일본인 용병부대가 야마다 나가마사(山田長政)의 지휘하에서 군복무를 했다.[27] 일본인 이주자들은 루손

and policy', in Ina Baghdiantz McCabe, Gelina Harlafatis and Ioanna Pepelasis Minoglou(eds) *Diaspora Entrepreneurial Networks: Four Centuries of History*, Oxford, Berg, pp.73~93.

[23] Hoang Anh Tuan(2007) Silk for Silver: *Dutch-Vietnamese Relations, 1637~1700*, Leiden, Brill Academic Publishers 참조.

[24] 믈라유 국가에서 상인을 감독하고 항구를 관리하며 관세를 징수하던 관리의 명칭(역자).

[25] 페로시아어로 '항만최고책임자'를 의미.

[26] Ralph Kauz and Birgitt Hoffmann(eds) *Iran and iranish gepragte Kulturen*, Wiesbaden, Dr. Ludwig Reichert Verlag, p.86. 또한 Anthony Reid,(1990) *Southeast Asia in the Age of Commerce, 1450~1680*, Vol. 2, Yale, Yale University Press, p.120 참조.

[27] *Ibid.*

과 통킹 사이에서 아주 활발한 중개인의 역할을 했다.[28]

---

[28] Iwao, 'Japanese foreign trade in the 16th and 17th centuries', p.87.

제8장

아시아의 해양 체제

시장

아시아의 해양 체제는 대시장(emporium)과 상품집산지 · 중계무역지(entrepôt)라는 두 형태의 교역공간을 기반으로 했다. 먼저 대시장에 주목해 보자. 이는 갖가지 상품이 집산되고 안정적이고 정기적인 규모로 다시 재분배되는 교역의 중심지를 말한다.[1] 대시장은 지역의 시장이 아니었다. 이는 원거리교역에 특화된 시장이었다. 이는 광범위하게 지역의 상품을 집산하고 처리했다. 몬순의 영향으로 인해 계절적인 성격을 갖게 된 교역에서 이 대시장이 감당해야 할 최우선의 과제는 상인이 화물을 바로 팔지 않고 이를 저장했다가 나중에 더 나은 가격으로 팔아 이익을 얻을 수 있게 해주는 데에 있었다. 그러나 대시장은 여전히 상인의 시장(marché de colportage)이었으며, 상품집산지의 특징인 상사(compagnies commerciales)가 지배하는 시장과는 확연히 구분되었다.

---

[1] Dietmar Rothermund(1991) 'Asian Emporia and European Bridgeheads', in Roderich Ptak and Dietmar Rothermund(eds) *Emporia, Commodities and Entrepreneurs in Asian Maritime Trade, c. 1400~1750*, Stuttgart, Franz Steiner Verlag, pp.3~8 참조.

운송, 보험, 신용, 경제적인 문제에 관한 정보의 교환과 같이 교역에 필요한 편의시설과 서비스가 상시적으로 가동되어야 하기 때문에 대시장을 중심으로 도시가 형성되었다. 도시는 해적이나 무법자의 습격으로부터 보호하기 위해 종종 성벽을 쌓아 요새화했다. 대시장의 최적화를 위해서 정부의 간섭은 최소한으로 축소되었다. 대시장은 자신이 위치한 국가나 대륙의 논리와는 다른 논리에 따라 작동되기 때문이었다. 대시장은 포르투갈의 도래 전 믈라까, 직후의 아쩨, 리아우, 그리고 조호르였다.

　1511년 믈라까가 함락되자 여기에 집중되었던 교역은 수마뜨라섬의 북단에 위치한 술탄국 아쩨와 자와의 북서부 연안에 있는 반뜬(Banten)으로 넘어갔다. 아쩨는 후추와 인도산 직물의 거대한 대시장이 되었다. 유럽으로부터 사들인 무기로 무장한 아쩨는 수마뜨라의 북부를 정복하고 포르투갈, 리아우, 그리고 말레이시아 반도의 남부에 위치한 일련의 제도(3,000개 이상의 섬들이 있다)로 구성된 조호르와의 장기간 분쟁과 전쟁에 개입되었다. 리아우는 오랫동안 인도, 유럽, 중국 세계의 교차로였다. 반뜬은 1527년 포르투갈 함대를 격파시킨 이후 16세기 내내 발전했으며 자와의 서부와 수마뜨라의 남부에서 산출한 후추의 주요 집산지가 되었다. 1601년 VOC는 반뜬에서 스페인-포르투갈 함대를 상대로 승리를 거두었지만 바타비아의 건설 이후 이 도시는 쇠락했다.

　사실 대시장의 위치는 지리와는 별반 관계가 없다. 믈라까 해협에서 이를 발견하기 쉽겠지만 반드시 믈라까 해협에 위치할 이유는 없다. 그러나 하나의 대시장이 번영하기 위해서는 특정한 두 당사자 즉 현지 통치자와 방문하는 상인들이 서로 협력해야 했다. 두 당사자는 예고 없이 거래를 그만 둘 수 있었으며, 바로 이런 이유 때문에 어느 한 당사자가 약속을 파기하지 못하도록 협의 내용을 교섭하는 것이 최대 관건이었다. 우리는 또한 대시장의 세계주의적(cosmopolite), 다문화적(multiculturelle), 다종교적(pluri-religieuse) 측면 그리고 까싸도스 안에서 도시체제가 가지고 있는 관용(tolérance)에도

주목해야 한다.[2]

대시장에서 자유로운 가격 형성 과정은 일반적인 원칙이었다. 그럼에도 어떤 경우에는 현지 당국과 방문하는 상인들 간의 가격 협상인 '팡까다 (*pancada*)'[3]라는 제도가 있었음을 본다. 이 가격 협상은 모든 화물을 일괄 매매하는 경매라는 수단을 통해 이루어졌다. 이러한 관행은 마닐라, 나가사키 그리고 토메 피레스에 따르면 포르투갈 이전의 믈라까에도 있었다. 오용되기 쉬운 이 제도의 목적은 공급 면에서의 커다란 변동으로부터 야기될 수 있는 너무 급격한 가격 변동을 피하고자 하는 데에 있었다.

예측가능성, 투명성 그리고 거래의 안정성은 대시장의 질을 좌우하는 주된 요소였으며, 이는 대시장의 방어와 안전이 얼마나 보장되는가에 달려 있었다. 포르투갈 이전의 믈라까에는 상인의 이해관계를 보호하는 세련된 일련의 절차와 방법이 있었다.[4] 아시아의 대시장 네트워크는 네덜란드, 영국, 후에는 스웨덴, 덴마크 그리고 프랑스의 동인도회사와 같은 대기업체들이 진입하고 이와 더불어 교역로를 장악하고자 대포로 무장한 포르투갈 선박이 들어오면서 혼란에 빠졌다. 글로벌 교역의 비전을 가지고 합류한 이들 대기업체들은 대시장과 같은 시장의 단기 변동성에는 전혀 괘념치 않았다.[5]

아시아 해양 체제가 기반하고 있었던 두 번째 시장 유형은 상품집산지 · 중계무역지(entrepôt)였다. 이는 수출입의 중심지이며 무엇보다도 재수출의 중심지였다. 이들 중심지의 저장시설 즉 창고의 용량은 대단했다. 화물이

---

[2] Denys Lombard and Jean Aubin(1988) *Marchands et hommes d'affaires asiatiques dans l'océan Indien et la mer de Chine, XIIIe-XXe siècle*, Paris, EHESS, p.15 참조.

[3] 상품매매계약(역자).

[4] M.A.P. Meilink-Roelofsz(1962) *Asian Trade and European Influence in the Indonesian Archipelago between 1500 and about 1630*, The Hague, Nijhoff, p.42 참조.

[5] Niels Steengaard, 'Emporia, some reflections', in Roderick Ptak and Dietmar Rothermund(eds)(1991) *Emporia, commodities and Entrepreneurs in Asian Maritime Trade, c.1400~1750*, Franz Steiner Verlag, Stuttgart, pp.9~12.

적하되고 다시 분류되고 재수출되었다. 해운 네트워크는 안정되어 있었다. 수출과 관련된 모든 활동(보험, 수송)은 특히나 중요했으며 자율화되는 경향이 있었다. 사실 상품집산지는 생산 중심지에 가까이로 옮겨가거나 실제 생산 중심지 자체이기도 했다. 어떤 의미에서 상품집산지·중계무역지가 한 활동은 산업자본주의와 증기선의 시기에는 대시장의 기능과 같아졌다. 상품집산지의 활동은 항해와 유통을 위해 더 이상 바람이나 몬순 어디에도 종속되지 않아도 되었기 때문이다. 가장 오래된 예는 물론 11장에서 검토할 19세기 후반부터의 홍콩과 싱가포르이다.

그렇다면 이런 교역은 어떻게 조직화되었는가?

교역 조직

중국의 해상 교역은 특기할 만한 세 가지 특징을 가지고 있다. 무엇보다도 먼저, 모든 교역은 중국의 선박, 주로는 광둥과 푸젠에서 온 원양 항행용 정크에 의해 수행되었다.[6] 두 번째, 승무원와 선원은 모두 중국인이었다. 그리고 마지막으로, 선박과 그 화물은 중국인의 교역에만 적용되는 일련의 규정의 지배를 받았다. 11세기와 12세기 사이 동남아에서의 무역전쟁에서 중국은 아랍 상인들을 패배시켰다. 1511년 믈라까를 점령한 포르투갈은 거기에 5척의 중국 정크가 있음을 목격했다.[7] 1571년 마닐라를 급습했을 때 스페인은 150명의 중국인 상인이 그곳에 거주하고 있음을 발견했다. 나중에 바타비아로 불린 도시를 차지한 네덜란드는 1619년 이 도시에 상당히 많은 중국인 수공업자들이 있음에 주목했다.[8] 이들의 정주는 사무

---

[6] 이 주제에 관한 상세한 설명은 Jennifer W. Cushman(1993) *fields of the Sea*, Ithaca, Cornell University Press, 1993 참조. 또한 Ishii Yoneo(ed)(1998) *The Junk Trade from Southeast Asia. Translations from the Tosen Fusetsu-Gaki, 1674~1723*, Singapore, Institute of Southeast Asia Studies 참조.

[7] Chang T'ien-Tse(1969) *Sino-Portuguese Trade from 1514 to 1644: A Synthesis of Portuguese and Chinese Sources*, Leyden, RTP, p.33.

역과 공무역이 동시에 수행되었던 중국 해상 교역의 황금기인 송 시기까지 거슬러 올라간다.

중국인 상인은 동남아에서 원자재와 식료품 교역에서 줄곧 중요한 역할을 했다. 정크 교역 덕분에 이들은 18세기 말까지도 계속 중국 시장에 '해협에서 온 상품', 다른 말로 하면 동남아에서 온 상품을 공급하고자 했던 유럽인의 시도를 효과적으로 막아냈다. 때문에 유럽인이 이 교역에 관여함으로써 수익을 얻을 수 있는 가능성은 거의 없었다. 이런 교환 형태를 보여주는 전형적인 예를 1685년에서 1730년 사이, 즉 해상 교역에 대한 청의 해금 철회에서 1683년 포모사의 재정복까지 바타비아, 마닐라, 샴 그리고 리아우에서 최고조에 달했던 중국인의 교역에서 볼 수 있다. 1680년과 1703년 사이 1,200척의 중국인 정크가 바타비아에 닻을 내렸다. 이들 대부분은 저장(浙江)의 닝보(宁波), 푸젠의 아모이(廈門), 광둥의 광저우(廣州, Canton)에서 왔다. 통킹, 일본, 샴에서 온 다른 정크들도 있었지만 이 정크들도 중국인의 소유였다.[9] 평균적으로 한 번의 항해는 20일에서 40일 정도 걸렸다. 이는 몬순의 영향을 받았다. 정크는 10월에서 3월 사이 북동 몬순을 타고 연초에 중국을 출발하며, 3월에서 10월 사이 부는 남서 몬순을 이용해 6~7월경에는 중국으로 돌아갔다. 대포를 장착하지 않은 정크선의 무게는 150톤에서 200톤급이었으며, 도자기, 실크, 그리고 이후 18세기 말부터는 차를 실어 날랐다. 청이 법으로 선박의 무장을 금지시켰지만 중국인 상인은 이를 완전히 무시했으며, 바타비아로 가는 포르투갈 선박에 자주 공간을 빌리기도 했다.

1756년 중국과 네덜란드 간에 직접적인 관계가 수립되면서 중국인 원양 항해 정크 교역은 막을 내렸다. 바타비아는 최종 목적지인 광저우로 가는

---

8) Leonard Blusse(1986) *Strange Company: Chinese Settlers, Mestizo Women and the Dutch in VOC Batavia*, Dortrecht, Foris, pp.81~84.

9) Hamashita Takeshi(1994) 'Region and international relations in East Asia: an historical approach', in F. Gipouloux(ed.) *Regional Economic Strategies in East Asia: A comparative Perspective*, Tokyo, Maison Franco-Japonaise, p.135.

도상에 놓인 기착지 중의 하나였다. VOC의 거래량이 중국인과 포르투갈인의 그것보다 많아지면서 중국인의 해상 교역은 예전과 같지 않게 되었다.

복잡하게 뒤얽힌 교역 네트워크

그러나 남중국해에서의 경제적 교류가 단순히 유럽인 활동의 연장선상에서 이루어진 것은 아니었다.[10] 중국의 해상 교역은 1683년 이후, 즉 청의 타이완 재정복과 해금(海禁, *Hai jin*) 정책의 자유화 이후 남중국해에서 상당히 증가했다.[11] 중국의 해상 교역의 압력에 직면한 동인도 회사들은 남중국해에서의 활동을 줄이면서, 외국인과 광저우의 직접적인 연계 그리고 네덜란드로서는 일본과의 직접적인 관계를 수립함으로써 돌파구를 찾으려고 했다.[12] 해외 중국인(화교)과 거래하고자 결심한 역내상인(interlopes, *country traders*)의 동남아 기착도 상황 변화에 일조했다. 여기에다가 부뤼세가 지적했듯이 리아우에 기반을 세우고 싱가포르 해협과 술루왕국을 통제했던 부기스(Bugis)와 같은 또 다른 교역공동체의 등장으로

---

[10] Hosea Ballou Morse(1979) *The Chronicles of the East India Company Trading to China, 1635~1834*, Paris, EPHE, 6th section, Centre de recherches historiques, Sevpen; K.N. Chaudhuri(1978) *The Trading World of Asia and the English East India Company, 1660~1760*, Cambridge, Cambridge University Press.

[11] L. Blusse(1988) *Strange Company: Chinese Settlers, Mestizo Women and the Dutch in VOC Batavia*, Dortrecht, Foris; Jennifer W. Cushman(1993) *Fields from the Sea: Chinese Junk Trade with Siam during the Eighteenth and Early Nineteenth Centuries*, Ithaca, New York, Cornell University Press; Ishii Yoneo(ed.)(1998) *The Junk Trade from Southeast Asia, 1674~1723*(translated from Tosen Fusetsu-gaki, 1674~1723), Singapore, Institute for East Asian Studies; Ng Chin-keong(1983) *Trade and Society: The Amoy Network on the China Coast, 1683~1735*, Singapore, Singapore University Press 참조.

[12] L. Blussé(1996) 'No boats to China: the Dutch East India Company and the changing pattern of the China Sea trade, 1635~1690', *Modern Asian Studies*, 30, Part 1, p.70.

[지도 7] 해로와 아시아 해항도시, 16~17세기

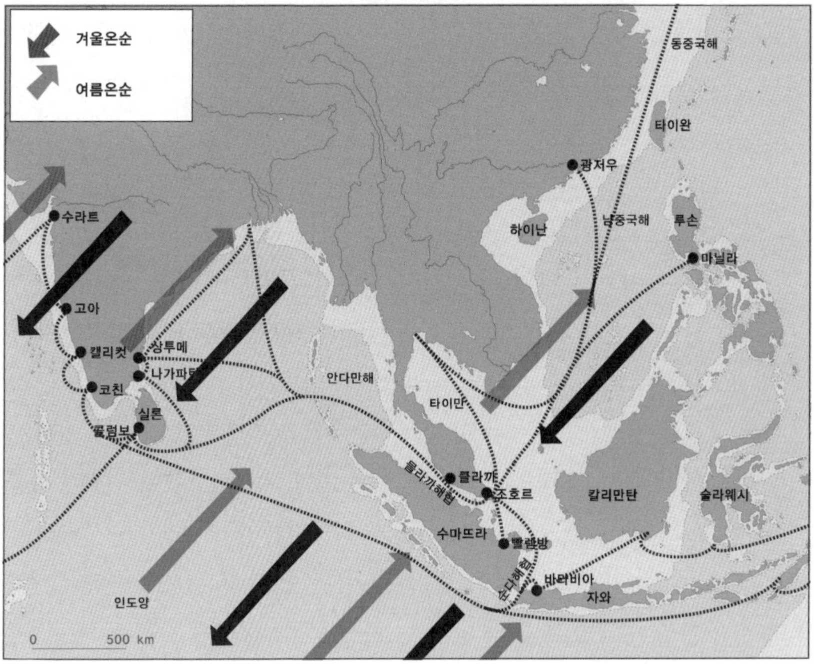

인해 상황은 더욱 더 복잡해졌다(지도 7 참조).[13]

　따라서 남중국해는 18세기 세계교역의 주요 행위자였던 동인도회사들의 식민화 전선도(이는 결국 모스(Morse), 테미니(Dermigny), 그리고 어느 정도는 쵸두리(Chaudhuri)의 테제이다), 스메일 그리고 다른 측면에서지만 가와카쓰 헤이타(川勝平太) 혹은 하마시타 다케시가 지지하는 바와 같이 완전히 자치적인 교역권도 아니었다.[14]

　달리 표현해 보자면, 식민사도 아시아를 중심에 놓는(auto-centrée) 아시

---

13) *Ibid.*, p.75.

14) John R. Samil, 'On the possibility of an autonomous history of modern southeast Asia', *Journal of Southeast Asian History*, 1961, pp.72~102; 浜下武志, 川勝平太 (1997), 『文明の海洋史観』, 東京, 中央公論社 pp.3~15; Kawakatus Heita, 'Early Modern Japan and the Road not Taken', *Japan Echo*, aug. 1998. pp.8~12.

아사도 남중국해의 경제적 활력을 만족할만한 수준으로 설명할 수 없다. 사실 이 지역은 18세기 말에 화상들의 영역이기도 했다. 동남아에 자리를 잡고 있던 중국인 상업집단인 이 화상(華商, *hua shang*)은 왕궁우(王賡武)가 아주 적절하게 표현했듯이 '제국 없는 상인(marchands sans empire)'이었다.[15] 이들이 이 해상과 교역 공간을 점유할 수 있었던 데에는 네덜란드동인도회사(VOC)가 타이완에서 축출 당했으며, 더 이상 캄보디아나 통킹과의 직접 교역에 관여하지 않았고, 1685년 도쿠가와 막부가 취한 조치로 인해 일본과의 관계도 협소해졌기 때문이다. 또한 믈라까에 있던 네덜란드가 인접 왕국 끄다(Kedah), 슬랑오르(Selangor), 뜨렝가누(Terengganu)에 대한 영향력을 상실했기 때문이다. 마지막으로 중국인 노동자들(colons)이 대거 이주하여 농업 활동에 전념하고 있었기 때문이다. 이들은 샴에서 벼농사를, 자와에서는 사탕수수를, 리아우와 부르나이에서는 후추와 그 수지로는 가죽을 무두질하는 데에 이용되는 갬비어를 경작했다. 또한 이들은 믈라유반도에서 주석을 채광했다.

아시아에 정착했던 유럽인은 중국으로 이어지는 주요 연결로를 따라 위치하고 있는 믈라까, 마닐라, 바타비아 그리고 싱가포르와 같은 해항도시의 네트워크에 의존했다. 이들은 합의를 통해 혹은 심지어는 이곳에 오래 전부터 정주하고 있던 화교 상인들의 특별한 조력을 받으면서 교역 활동에 종사했다. 이런 유형의 진출방식은 고유의 식민지모델(modèle colonial propre)을 만들어냈다. 사실 타이완에 있던 네덜란드인은 특별히 영토적인 야심을 가지고 있지는 않았지만 원주민과의 충돌 이후에 VOC는 평정작업에 착수했으며, 종국에는 1636년 일정 구획의 토지를 점령하고 이를 중국인 도급업자(contractants)에게 임대해 주었다. 중국인 도급업자는 임대 토지를 개간하기 위해 대륙으로부터 노동자를 데리고 왔다. 이어 네덜란드는 그

---

15) Wang Gung-wu, *China and the Chinese Overseas*, Singapore, Times Academic Press, 1991, p.70~101 참조.

토지에 고율의 세금을 부과했으며 이주자들의 노동으로 만들어진 환금 작물을 싼 가격으로 구매했다. 네덜란드는 바타비아에서도 같은 방식을 적용했으며, 이로 인해 중국인 식민지민(colons)과 유혈 충돌을 빚기도 했다.

중국 당국은 해외 무역을 국가 독점으로 관리했다. 이 업무를 담당했던 이들은 이득을 남기는 데 별다른 관심이 없었다. 실상 조공국과의 무역수지는 중국에 유리하지 않았다. 교역이 "많이 주고 적게 받는다"는 원칙에 따라 수행되었기 때문이다. 조공 사절은 중국에서 장기간 체류하는 동안 정치적인 충성의 대가로 조정으로부터 후한 대접을 받았다. 조공무역은 정치적인 이점과 경제적인 이득의 교환이었다. 명 조정은 전자를 획득했으며 조공국은 후자를 얻었다. 역설적이게도 조공무역과 해금 정책은 동남아의 중국인 디아스포라를 유지하고 확장시키는 데에 기여했다.[16]

이러한 교역 구조는 해상 운송에 심대한 영향을 미쳤다. 이는 교역 네트워크의 양상을 결정했으며, 중국 중앙 정부의 지배가 약하거나 느슨한 예하여 닝보, 아모이, 광저우와 같은 지역이 거대 교역 중심지로 발전하게 되었다. 마지막으로 대부분 화교 공동체는 대체로 선원, 통역자, 상업 중개인들로 구성되었는데, 이들은 조공무역을 위한 중개자로서 역할하기 위해서도 장기적인 관점에서 해외에 정주하는 것이 유리하다고 판단했다. 중국과의 이런 특별한 유형의 교역은 남부 중국인의 언어(복료화(Hokkien, 福佬話) 혹은 광둥어)가 공통어(*lingua franca*)가 된 동남아에서 중국인의 교역 네트워크가 점진적으로 부상하게 된 배경을 설명해준다.

일반적으로 볼 때 중국에게 해외 무역은 아주 오랫동안 별다른 중요성이 없거나 심지어 불필요하게 보인 듯하다. 조정이 특별한 호의를 베푼 경우에 한하여 외국인은 중국에 와서 거래할 수 있었을 뿐이다. 물론 수요가 많은 일정한 상품에 대해서는 예외가 성립하기도 했다. 교역을 발전시키고자

---

16) Chang Pin-tsun, 'The first Chinese diaspora in South-East Asia', in Ptak and Rothermund, *Emporia, commodities and Entrepreneurs*, pp. 14~20.

한 지역의 관리들과 이러한 시도에 대해 일반적으로는 반대 입장을 견지해
온 중앙 정부 간에 있었던 모순관계를 평가절하해서는 안 된다. 명과 청 시
기에 해외 무역을 지배한 일련의 사건을 보면 본질적으로 일원적, 통합적,
위계적, 의례적인 조공무역에서 상호성에 기반하고 양측 모두에게 유익한
것으로 인식된 교환(互市, hu shi)을 특징으로 하는 교역으로 방향이 선회
하고 있음을 볼 수 있다. 조공무역은 의례적인 절차를 통해 주종간의 계서
관계를 상징하는 선물이라는 비등가 교환과 동시에 이루어진 상당히 다양
하고 활발했던 교역의 모습을 그리고 분명히 교역과 사무역의 성격을 띠고
있었던 상품의 흐름을 은폐해 왔다. 조공무역의 대척점에 상호간 이익이
되는 교역이 있었다. 이는 허례나 가식이 없는 무역이었으며 엄밀하게 말
해 영리를 목적으로 한 상품을 대상으로 했다. 이는 교역에 본질적으로 내
재되어 있는 동력에 기반을 두었다.[17]

명 왕조 초기에 조공무역이 다시 부흥했다. 그 외교적, 군사적, 상업적
목적에 대해서는 이미 논의했다. 즉 조공무역의 목적은 의식과 의례에 기
반 하여 명제국의 정당성을 재수립하는 데에 있었다. 조공과 함께 '외국과
의 교역'은 조공선으로 운송된 상품이 거래되는 마당에서 같이 동시에 일어
났다. 이러한 교역은 창저우(常州)와 닝보에서 이루어졌다. 이는 명이
1521~1522년 광저우에서 포르투갈을 추방한 이후에 더욱 번성했다. 해금
정책의 목적은 거래를 막는 것이었는데 이 정책은 예기치 못한 결과를 가
져왔다. 중국 연안에서 이루어지는 모든 상행위를 봉쇄하자 해적으로 인해
무질서의 상태가 도래했다.

조공국에 속한—또한 아니라 하더라도— 선박이 표류민 송환을 이용하여

---

[17] Iwai Shigeki(2007) 'Developments in trade and trade theory in the Ming and Ch'ing' *Transactions of the International Conference of Eastern Studies*, no LII, Tokyo, The Toho Gakkai [東方學會], p.82; Okamoto Takashi, 'Tribute, trade and the maritime customs system in 16th~19th century China', *Transactions of the International Conference of Eastern Studies*, no LII, Tokyo, The Toho Gakkai [東方學會], p.83.

중국과 교역을 했던 몇 가지 경우도 언급해야 한다. 조공무역의 도상에서 발견된 표류민은 출신 국가로 돌려보내야 했다. 큐슈 연안에서 활동하던 중국 선박은 이런 규정을 이용했으며 의도적으로 이익이 많이 남는 상품을 몰래 싣고 관리들이 이들을 막을 때까지 연안을 따라 항해했다. 물론 이 배들은 난처한 지경에 빠진 것마냥 연안을 표류하는 척 했으며 기회를 찾아 금지된 상업 활동에 종사했다.[18] 특히 베트남도 표류민 송환이라는 구실을 이용하여 광저우와 교역했다. 이러한 시도는 조공무역의 통상 루트가 자의적으로 변경되어서는 안 된다고 판단한 청에 의해 좌절되기도 했다.

'해상 교역 감독관(superintendents du commerce maritime)' 체제에서 양행(associations régionales de courtiers, 客綱, *ke gang*)이 조직되고 해관(海關, *hai guan*)의 통제를 받는 일종의 해외 무역 형태로의 점진적인 변화가 생긴 것은 바로 이러한 맥락에서였다. 즉 해상 교역 감독관에 의해 처리되었던 일원적인 조공 제도에서 조공무역과 상호 무역을 규제하는 복수의 해관 체제로의 발전이 있었다. 구조적으로 볼 때 해관은 다름 아닌 중개자 혹은 아행(牙行, courtiers)의 관리기구(agence)였다. 외국인들은 이를 '길드(guild)' 혹은 독점(公行, *gong hang*)[19]이라고 불렀다. 이는 '광둥무역체제(廣東貿易體制, commerce de Canton)'에 기원을 두고 있다. 광둥 무역은 특허상인 혹은 아행, 그리고 마침내 20세기 후반에는 조약 체제에 의해 운영되었다.

송(960~1279)은 무역을 적극적으로 장려했다. 항구 기반시설의 증강·구축과 조선 분야의 비약적인 발전으로 인해 중국인은 강력한 원양 무역 함대를 건조할 수 있었다. 그러나 명이 세워진 지 겨우 두 세대도 지나지 않은 1433년에 이르면 언급할 가치가 있는 중국인의 해양 활동은 거의 없게

---

18) Liu Shiuh-feng, 'Tribute or trade? From the perspective of maritime East Asia during the Ch'ing', *Transactions of the International Conference of Eastern Studies*, no LII, Tokyo, The Toho Gakkai [東方學會], p.85.

19) 공행은 외국과 무역을 할 수 있는 특허 상인의 조합을 말한다. 그들은 직접 무역할 수 있는 독점권을 받는 대신 관세를 책임지고 징수했다(역자).

된다. 해안 방어는 약해졌다. 돛대가 2개 이상인 정크선의 이용은 금지되었다. 해상 활동의 금지로 교역의 일정 부분은 밀수와 해적 속으로 자취를 감췄다. 해상 활동에 대한 금지, 조공제도, 관세제도는 중국인의 외부 세계와의 상거래를 바다 깊숙이 가라앉게 만든 세 가지 메커니즘이었다. 중국은 무역에 대해서는 국가 독점이 유지되고, 상업에 대해서는 경멸하며, 상인 공동체는 집단적인 약체를 드러내고 있는 국가인 것처럼 보였다. 사실상 이들 각각의 특징은 외관의 세계(monde d'apparences), 같은 모양의 인형이 여러 개 차곡차곡 들어 있는 러시아인형과 같다. 사무역은 조공 사절로 위장했다. 해금은 밀무역의 번성을 심각할 정도로 숨기고 있었다. 그리고 밀수는 세관이라는 제도 바로 그 아래에서 자행되었다. 마지막으로 왜구를 비롯해 해적은 물론 수많은 중국인을 비롯하여 동남아의 상인들은 해상 교역에 부과된 제한을 뛰어 넘으려고 노력했으며 얼마간은 성공했다.

제국이 교역 흐름에 부과한 제도적이고 문화적인 구속에도 불구하고 '아시아 내해(mer intérieur de lAsie)'를 가로지르는 교역이라는 해류의 힘은 너무나 강력해서 수많은 이들을 개입시켰다. 이 해양 체제의 활력은 뒤에서 보는 바와 같이 유럽 세력을 끌어들일 정도로 강력한 촉매였다.

제3부

서구와 아시아
교역 네트워크의 접속

제9장

유럽의 팽창인가
아시아의 흡인력인가?

　아시아에의 유럽의 도래는 오랫동안 그렇게 생각되었던바 유럽 팽창주
동학의 결과인가 아니면 아시아가 발휘한 흡인력의 결과인가? 이 질문에
답하기 위해서는 두 가지 전제조건이 필요하다. 하나는 적극적이고 게다가
공격적인 유럽 세력과 소극적인 심지어는 종속적인 아시아 국가라는 이분
법을 포기해야 한다. 둘째 역사의 초점을 유럽 중심적인 시각에서 벗어나
재조정해야 한다.

　16세기 초 인도양에서의 향료 교역은 아랍 상인들의 손에 있었다. 아랍
상인들은 동부 지중해(알렉산드리아), 동아프리카(잔지바르), 인도의 연안
에 걸쳐 교역을 독점했다. 이들의 독점은 포르투갈에 의해 약화되다가 급
기야는 무너졌다. 포르투갈의 해양확장은 지브롤터 대안에 있는 북아프리
카 대서양 연안에 위치한 교역항 세우타의 점령(1415)에서 시작해 16세기
중반 일본의 '발견'으로 종결되었다.

포르투갈의 팽창

　　질 에아네스가 작은 배를 타고 무시무시한 암초가 늘어서 있는 보자도르곶을 돌아 거친 파도를 헤치고 어렵사리 유럽으로 귀항했던 해는 1434년이었다. 그 후 아프리카 대륙 남부를 향한 느리지만 꾸준한 진척이 이루어졌다. 1488년 바르톨로메오 디아즈는 희망봉을 돌았으며 남아프리카를 경유해 인도로 가는 항로를 열었다. 1494년 가톨릭교도 군주와 포르투갈의 조안2세가 서명한 토르데시야스 조약으로 포르투갈과 스페인 간에 영토 분계선이 그어졌다. 이후에 사라고사조약(1529)으로 개정되었다. 이에 따르면 베르데곶(카도 베르데) 서쪽 370리그에 그어진 선의 동쪽에 위치하는 지역은 포르투갈에게 주어지며, 이 선의 모든 서쪽은 카스티야와 아라곤의 왕에게 속한다고 명기했다. 이 분계선이 그어진 데에는 향료에 대한 욕구만큼이나—더는 아니라 할지라도— 종교 개종에 대한 열망이 작용했다.

　　마카오에 있는 레알 세나두(*Leal Senado*) 광장에 기념비적으로 표현되어 있는 이 세계 분할은 세계일주 항해로 무효화되었다. 1498년 바스코 다 가마와 아랍의 항해사 이븐 마지드가 인도 대륙의 서부 연안에 있는 코지코드(캘리컷)에 닿자, 인도양과 대서양은 따로 떨어져 있는 별개의 두 독립체라는 믿음에 근거한 프톨레마이오스의 지리학은 무너졌다.

　　포르투갈이 개량한 캐러벨(caravels)과 상선이 1507년에 호르무즈를, 1510년에는 고아를 점령했다. 다음해에 알퐁소 앨버커키가 술탄국이자 중국의 조공국인 믈라까를 점령했다. 포르투갈은 말루꾸제도(향료제도)에 있는 암본을 지배했다. 이는 1512년 동아시아에서 매우 중요한 향료 시장이었다. 아브레우(Abreu)는 전 해에 이곳에 도착했다. 조르제 알바레스(Jorge Álvares)는 믈라까를 떠나 1513년에는 남중국의 연안에 닿은 것이 분명하며 1516년까지 이곳을 탐험하고 지도를 그렸던 것으로 보인다. 그리고 그는 1543년에 일본을 우연히 '발견했다'. 그리하여 포르투갈은 16세기 중반 리스본에서 말루

[지도 8] 16세기 인도양과 아시아로의 포르투갈의 팽창과 상아 교역

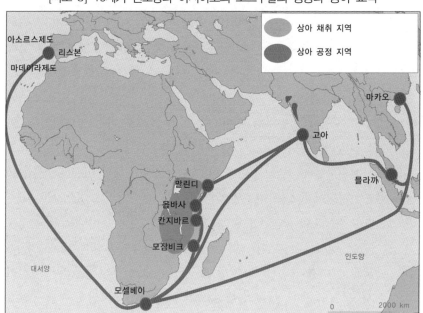

꾸제도의 동부에 이르는 향료길의 주인이 되었다. 포르투갈은 인도와 동남
아 그리고 동남아에서 중국과 일본을 잇는 항로를 중심으로 이루어지고 있
던 상거래를 사실상 독점했다. 유럽의 향료 교역은 리스본을 중심으로 재
편되었다. 또한 포르투갈의 교역로 네트워크는 아프리카 연안을 따라 위치
한 일련의 교역 거점지를 따라 형성되었다. 이들 교역 거점지는 포르투갈
의 배에게 정박지를 제공했다. 포르투갈의 목적은 급속히 팽창할 수 있는
전략적 위치를 차지하는 데에 있었다. 항해 기술의 발전이라는 면에서도
포르투갈의 성취는 놀랄 만했다(지도 8 참조).

유럽인이 아프리카를 돌아 항해하고, 인도양에 있는 아랍인의 교역 회로
에 발을 들여놓고, 마침내는 믈라유제도와 향료제도에까지 다다를 수 있었
던 것은 2세기 이래로 아랍인이 지중해에서 이용했으며 의심할 여지없이

믈라유인의 모델에서 영감을 받은 대형 삼각돛(lateen sail) 덕분이었다. 대형 삼각돛은 비스듬히 선수가 바람을 안고 항해할 수 있도록 하며, 그리하여 남쪽 항로를 통해 유럽에 귀환할 수 있게 해 주었다. 희망봉을 돈 항해사는 다음 두 가지 항로 중에서 하나를 선택할 수 있었다. 모잠비크 해협을 통과해 같은 이름을 가진 섬에 기착하거나, 마다가스카르 남쪽으로 항해하다 북동부로 다음에는 동부로 뱃머리를 돌려 인도로 가는 방법이었다. 인도양에서 선박의 속도는 몬순의 영향을 받았다.

믈라유 선원들은 기원후 천 년간 이 기후현상을 최대한 이용하는 방법을 발견했다.[1] 이들이 몬순을 이용해 3,000해리가 넘는 거리에 있는 서부 아프리카와 마다가스카르의 연안에 닿을 수 있었다는 것은 특히나 유용한 정보였다. 이들은 선미에서 바람을 받아 출발하고, 바람의 방향이 바뀌기를 기다려 제도로 돌아갔다. 이들의 항해 기술은 바람의 양상 분석뿐만 아니라 별의 위치, 물결의 색채, 너울의 형태 그리고 물새의 움직임에 대한 이해를 포함한 세밀하면서도 포괄적인 지식에 기반을 두고 있었다.

남서쪽으로부터 오는 여름 몬순은 5월 말에서 9월까지 분다. 10월부터 4월까지 바람은 북동쪽에서 불어온다. 이 몬순을 이용하기 위해 인도의 서부 연안으로 향하는 선박은 포르투갈을 2월 말, 3월과 4월에 출발하며 6월 전에 적도를 지나, 8월과 10월 사이에 코친이나 고아에 도착했다. 즉 리스본에서 고아까지의 여정은 6개월에서 8개월이 걸렸다. 코친은 첫 기항지이었으며 고아는 포르투갈령 인도의 행정 중심지였다.

유럽으로 돌아올 때는 무장 상선인 카라크(carrack)이 12월 말에서 1월 사이에 코친과 고아에서 출항했다. 떠날 때와 거의 같은 항로를 따라가면 남서풍에 밀린 선박은 적도를 지나게 된다. 이 적도 지역에서 종종 바람이 자서 범선이 멈추게 되면 여정이 길어지게 되는데 어찌되었든 높은 압력으로

---

[1] Lynda Norene Shaffer(1996) *Maritime Southeast Asia to 1500*, Armonk, M.E. Sharpe 참조.

인해 결국은 아조레스 제도에 돌아올 수 있었다.

고아, 마카오, 일본 간 아시아 역내 항해도 몬순의 영향을 받았으며 화물 수송은 연기될 수 있었다. 4월이나 5월에 고아를 출항한 선박은 믈라까에 기항한 이후 6월과 8월 사이에 마카오에 닻을 내렸다. 여기에서 상인은 몇 주 혹은 때로는 이보다 오래 머물면서 중국해의 남서 몬순을 이용하기 위해 기다리거나 광저우에서 6월과 1월에 열리는 실크 박람회에 참가했다.

마카오에서 일본의 항구인 분고(豊後), 히젠(肥前), 오무라(大村), 그리고 1571년 이후에는 나가사키로의 항해는 2주에서 한 달가량 걸렸다. 귀로 항해는 10월 말이나 11월 초에 시작되었다. 선박은 북서 몬순을 타고 일본을 출항하여 마카오로 향했다. 몬순은 믈라까와 향료제도(말루꾸제도) 사이의 항해는 물론 제도의 남부에 있으며 육두구 재배 중심지인 반다와 13세기부터 정향 생산에 힘을 쏟은 북부의 왕국 뜨르나떼(Ternate) 사이의 항해에도 이용되었다.[2] 선박은 1월에 믈라까를 출항해 2월에 반다에 입항하며, 다시 7월에 반다를 출항해 8월에 믈라까에 되돌아 올 수 있었다. 계속해 뜨르나떼로 가려면 다음해 1월에 반다를 출항했으며 뜨르나떼에서 몬순을 기다렸다가 믈라까로 귀환했다. 모두 합쳐 믈라까-반다-믈라까 항해는 7~8개월이 걸렸으며, 믈라까-반다-뜨르나떼(정향을 적재하는 장소)-반다-믈라까의 여정은 19~20개월이 넘게 소요될 수 있었다. 고야-믈라까-향료제도-믈라까-고아의 항해는 보르네오를 거치느냐 반다를 거치느냐에 따라 달랐지만 23개월에서 30개월의 기간이 필요했다. 즉 고아에서 향료제도까지의 아시아 역내 항해는 리스본과 고아의 왕복 항해보다 상당히 더 오랜 시간이 걸린 셈이다.[3]

---

[2] 포르투갈은 1522년 뜨르나떼에 요새를 건설했으나 1575년에 쫓겨났다. 이 섬은 1606년 스페인에 점령되었다. VOC는 15,000사상자를 낸 혈전 끝에 1609년 이를 탈취했다. 1667년 VOC와의 전쟁에 승리한 네덜란드의 지배하로 들어갔다. Robert Cribb(1992) *Historical Dictionary of Indonesia*, Metuchen & London, The Scarecrow Press Inc., p.41 참조.

[3] A.J.R. Russell-Wood(1992) *A World on the Move: The Portuguese in Africa, Asia*

귀로에 필요한 바람을 기다리는 동안 선박은 어떻게 수익을 창출했을까? 포르투갈이 취한 방법은 인도의 서부 연안을 따라 그리고 환적지로 이용한 화물집산지(entrepôt) 코친과 고아에서 연안 교역에 적극적으로 종사하는 것이었다. 1547년까지 포르투갈의 선박은 해금(海禁) 하에 있던 중국 연안 지역, 특히 푸젠과 저장의 연안에서 행해진 밀거래에 아주 깊이 관여했다.[4]

포르투갈이 아시아에 미친 상업적 영향

포르투갈은 아시아에 진출하여 향료 교역을 자신의 영향하에 놓았으며 다른 유럽 세력이 수익성이 높은 이 사업에 발을 들여놓지 못하도록 했다. 반면 포르투갈은 투르크인, 아르메니아인, 자와인, 중국인, 벵골인, 아랍인, 페르시아인 그리고 구자라트인이 장악하고 있던 기존의 상업 네트워크 양상에는 별다른 영향을 미치지 못했다.[5]

현지의 교역 조직은 이 고가의 상품을 한 대시장(emporium)에서 사서 다른 대시장에 파는 소자본 상인들의 네트워크를 기반으로 했다. 때로는 세금을 징수하고 심지어 약탈을 하거나 빼앗는 경우도 있었지만 동남아 현지의 군주들이 재산 소유권자와 인력에 대한 지배를 이용하여 이 거대한 영

---

and America, 1415~1808, New York, St Martin's Press, p.40.

[4] K.S. Mathew(1983) Portuguese Trade with India in the Sixteenth Century, New Delhi, Manohar, pp.146~149; Michael N. Pearson(1976) Merchants and Rulers in Gujarat: The Response to the Portuguese in the Sixteenth Century, Berkeley, University of California Press, pp.45~47; T'ien-tse Chang(1934) Sino-portuguese Trade from 1514 to 1644, Leyden, E.J. Brill, pp.69~72 참조.

[5] R.J. Barendse(1998) The Arabian Seas 1640~1700, Leiden, Research School CNWS, Leiden University; Chaudhuri(1978) The Trading World of Asia and the English East India Company, 1660~1760, Cambridge, Cambridge University Press; Niels Steensgaard, 'Emporia, some reflections', in Roderick Ptak and Dietmar Rothermund(eds)(1991) Emporia, Commodities and Entrepreneurs in Asian Maritime Trade, c.1400~1750, Franz Steiner Verlag, Stuttgart 참조.

리 사업에 뛰어들기도 했다.

1511년 믈라까가 함락되었다고 해서 믈라유인의 상업적인 저력이 사라지지는 않았다. 이는 이 제도의 다른 곳에서 분권화된 형태로 다시 소생했다. 믈라까의 몰락은 그때까지 해적 행위로 살아왔던 아쩨를 번영의 정상에 올려놓았다. 순다 해협으로 가는 도상에서 수마뜨라의 서부 연안을 두르며 지나가는 선박이 정박하기 좋은 위치에 자리 잡은 이 도시는 인구가 많고 부유했다. 믈라까를 떠났던 많은 믈라유 상인들이 16세기 내내 이곳에서 피난처를 찾았다. 해양에 대한 믈라유인의 영향력은 이 나라의 밖에서도 계속 작동했으며 포르투갈의 활동을 방해하기도 했다.

마카오와 나가사키를 예외로 한다면 포르투갈은 이미 확고한 기반을 가지고 있었던 물품 집산지(entrepôts)인 해항도시에 정착한 셈이 된다.6) 점차 상인은 군인을 대체했다. 교역의 주역은 문자 그대로 번역하면 '정착한 사람들'이라는 의미를 가진 '까싸도스'(casados)였다. 이들은 포르투갈의 공공기관 직원으로, 대시장(emporia)에서 상행위를 하고 사업체를 세웠다. 아시아에서의 포르투갈의 교역 기반 시설(항로와 항구)이 믈라까, 마카오, 나가사키 등 3개의 교역 거점 주변에 들어섰다. 마카오와 나가사키 항구를 움직이는 힘은 왕이나 정부가 아니라, 1555~1557년 마카오에서 보이듯 상인과 1571년 나가사키의 경우에서 표현되듯 제수이트 선교사에게서 나왔다.7) 17세기에는 멀리 떨어져 있는 믈라까보다 훨씬 더 지리적 위치가 좋은 마카오가 중국해에서 행해진 포르투갈 교역의 허브가 되었다.

'포르투갈이 만든 단 하나의 아시아 도시'8)라고 묘사되는 마카오는 중국과 일본 사이에서 중계자 역할을 하며 수익을 창출했다. 마카오의 상인들은 여러 다른 귀금속 간의 상대적인 가격차를 이용하여 호박은 물론 금, 은,

---

6) *Ibid.*

7) See Russell-Wood, *A World on the Move*, p.44.

8) *Ibid.*, p.44; G.V. Scammell(1981) *The World Encompassed, The First European Maritime Empires c800~1650*, London, New York, Methuen, p.241.

동에 대한 차익거래(arbitrage operation)[9]를 했다.[10] 마카오는 유럽과 아시아 간의 구조적인 교환 적자를 현금이라기보다는 서비스로 벌충했다.[11] 이런 상업 관행으로 인해, 네덜란드의 봉쇄로 인한 믈라까 해협의 사실상의 폐쇄(1615~1620), 일본의 쇄국(1637), 그리고 두 군주의 갈등으로 인한 포르투갈의 마닐라에서의 철수(1642)에도 불구하고 포르투갈은 마카오에서 살아남을 수 있었다. 마카오는 16세기 중반부터 고도로 발전된 상로(商路) 네트워크의 중심이 되었는데 이런 지위는 19세기 중반까지도 지속되었다. 이 상로는 정기적으로 마카오와 나가사키, 샴, 마닐라 그리고 아카풀코를 연결했다. 유럽의 상품은 중국에서 온 실크, 도자기, 차, 귀금속 그리고 다른 상품들과 교환되었다.

이 도시는 두 가지 유리한 상황 전개로 인해서 이득을 보았다. 첫째는 명(明) 고립주의의 결과인 중국의 쇄국, 그리고 중국과 일본 사이의 거의 단절된 교역 상황이었다. 중국의 국제무역 금지(海禁) 후 포르투갈은 샴과 말레이시아에서 온 선박을 이용하고 이들 나라에 거류하는 것처럼 가장하여 푸젠과 저장 연안의 섬들에서 교역에 종사했다.[12] 중국의 매판자본가(compradore)는 황제의 명을 거역하고 이런 밀거래를 기회로 적극 활용했다. 두 번째 행운은 일본에서 개발된 동광과 은광에서 비롯되었다. 일본은 중국의 금과 실크가 필요했으며 중국은 일본산 동과 은을 받았다. 이로 인해 포르투갈은 마카오-광저우-나가사키 삼각교역의 중심에 있었으며 그 덕택에 마카오는 부상할 수 있었다. 식민주의에 의해 진작된 영토적인 야망

---

9) 재정거래라고도 하며 어떤 상품의 가격이 시장 간에 상이할 경우 가격이 싼 시장에서 매입, 비싼 시장에서 매각함으로써 매매차익을 얻는 행위를 이른다(시사경제용어사전 참고).

10) Ibid.

11) V. Magalhaes-Godhino(1969) L'économie de l'empire portugais aux XVe et XVIe siècle, Paris, Sevpen, pp.275~285 참조.

12) Pierre-Yves Manguin(1972) Les Portugais sur les côtes du Viêt-Nam et du Campa. Etude sur les routes maritimes et les relations commerciales, d'après les sources portugaises(XVIe, XVIIe, XVIIIe siècle), Paris, EFEO, p.182 참조.

보다는 상업적인 야심이 우세했다는 사실 또한 포르투갈이 아시아 교역 네 트워크에서 상대적으로 더 쉬이 수용된 요인으로 작용했다.

그러나 마카오의 번영은 믈라까 해협을 통한 인도양과의 교통이 원활해 지지 않자 내리막길을 걷기 시작했다. 포르투갈은 1624년과 1636년 사이 믈 라까 해협에서 150척의 선박을 잃었다.[13] 1620년대 이래로 믈라까 해협에 대한 VOC의 봉쇄작전이 성공하자 1641년 믈라까는 네덜란드의 수중으로 넘어갔다. 생존을 위해 마카오는 스페인과 포르투갈의 두 왕국정부가 통합 되었던 시기(1560~1640)에는 마닐라와 그 갤리온 교역로(route du galion)를 통하여 스페인령 아메리카와 대서양의 스페인제국(l'Atlantique de Séville)에 매달렸다. 1606년과 1642년 사이 마카오의 마닐라로부터의 과잉 수입은 이 런 경향을 증거하고 있다. 1640년 가치로 보아 마닐라 수입의 절반이 마카 오에서 왔다.

그러나 마카오의 몰락에 결정적인 역할을 한 것은 일본의 봉쇄조치였다. 1633년에서 1639년 사이 상인을 비롯해 모든 포르투갈인들이 일본제도에서 추방당했다. 도쿠가와 이에야스는 친기독교 다이묘들이 포르투갈 상인들과 너무 긴밀한 관계를 가지고 있다고 의심하여 이들을 평정했다. 상교역의 재개를 요청하기 위해 파견된 포르투갈의 외교 사절단은 1640년에 처형되 었다. 마침내 1642년 마닐라가 폐쇄되었다. 피에르 쇼뉘는 '마카오의 세계 사가 막을 내렸다'라고 썼다.[14]

사실 포르투갈은 상거래의 안전성이 비교적 높았던 아시아의 정교한 시 스템을 파괴했다. 포르투갈은 강대한 해군력을 자랑했으며 믈라까와 같은 항구를 장악할 수 있는 능력이 있음을 보여주었으며 그리고 뜨르나떼, 암 보이나(현재의 암본), 띠모르, 띠도레(Tidore)에 세운 교역 거점에서는 물론

---

13) Charles R. Boxer(1953) *The Portuguese in the Far-East*, Oxford University Press, p.229.
14) Pierre Chaunu(1962) 'Manille et Macao face a la conjoncture des XVIe et XVIIe siècle' *Annales ESC*, May-June, 3, p.579.

교역 상인들이 통행하는 지점에서도 세금을 부과하는 능력을 유감없이 발휘했다.

전략적인 위치에도 불구하고 호르무즈는 포르투갈의 지배기 동안 번영하지 못했으며, 1622년 네덜란드의 손에 떨어지기 이전부터 쇠락하기 시작했다. 포르투갈의 정복 이후 믈라까는 원거래 교역에서 차지하고 있었던 지배적인 위치를 단 한 번도 회복하지 못했다. 인접 지역에 경쟁이 되는 대시장들(emporia)이 바로 들어섰다. 조호르, 아쩨, 다음에는 반뜬(Banten, Bantam)과 바타비아(Batavia)가 이들이었다.[15] 화기를 제외하고는 아시아에서 포르투갈의 상품을 사는 이들이 적어지자 포르투갈인들은 뒤에서 다시 살펴보겠지만 아시아에서 은의 가격과 유럽에서 금의 가격 차이를 이용해 이득을 취하는 차익거래 상인으로 화했다. 또한 이들은 우월한 해군력을 이용하여 아시아 역내교역에 관세를 부과하기도 했다. 믈라까에서 부과된 높은 관세로 인해 상인들은 서둘러 아쩨, 리아우 그리고 자와의 항구들로 뱃길을 돌렸다.

아시아에서
포르투갈 세력의 본질

포르투갈은 무력으로 아시아에 들어올 수 있었다. 그러나 병력의 지원을 받은 이들의 상업전략은 자유롭고 공개적인 성격을 지닌 이 지역의 교역에 종사하는 데에는 백해무익했을 뿐이다. 대륙 아시아 제국들이 해군의 조직 등 대응능력을 보여주지 못한 점도 문제로 제기된다. 쵸두리는 바로 이 문제는 아시아의 제국들이 바다를 온전히 이용하는 데에 실패했던 이유를 설명해 준다고 본다. 그럼에도 불구하고 포르투

---

15) Niels Steensgaard, 'Emporia: some reflections', in Ptak and Rothermund, *Emporia, commodities and Entrepreneurs*, p.11.

갈의 우세는 대륙 아시아 제국 통치자들의 태도에 의해서도 설명될 여지가 있다. 즉 이들은 유럽인에 대해 무관심한 태도를 보였으며, 아시아 지배층에게 제공되는 상품의 공급을 차단시키려고도 하지 않았다.

이 주제에 대한 아시아인들의 분석은 물론 최근 포르투갈학 연구동향을 참고하여 수브라만얌은 포르투갈령 아시아제국(empire portugais d'Asie)의 중추가 된 복잡한 세 가지 요소를 다음과 같이 설명한다.

1. 앨버커키가 창안한 국가 시스템: 무장 선박, 요새 네트워크 그리고 군사력. '제국 모델'에 따르면 복서와 스텐스가르드는 포르투갈령 아시아제국(Estado da India)을 피달고(fidalgos)[16]가 우세한 '재분배 제국'(empire redistributif)으로 특징지었다.

2. 민간 상인의 제국: 거의 폭력을 수반하지 않고 아시아 무역상인들과 동업하면서 세력을 얻었다. 마카오와 극동으로의 진출 덕분에 1530년 위기 이후에도 포르투갈령 아시아제국은 고비를 넘기고 생기를 되찾을 수 있었다.

3. 침입자들의 세계: 이탈자, 모험가, 까싸도스(casados), 성직자, 기독교 개종자 그리고 아시아 상인 등 다양한 행위자가 복잡하게 얽힌 세계였다.[17]

수브라만얌에 의하면 포르투갈령 아시아제국은 전근대적이었기 때문이 아니라 ① 스페인 왕이 이를 지원하지 않았으며 ② 아시아에서 포르투갈이 네덜란드의 위협에 대처해야 했던 바로 그 순간 더 강력하고 공격적이었던 아시아 국가들과도 대립했기 때문에 무너졌다. 그러나 아시아에서의 포르투갈의 전략에는 일정 부분 매우 근대적인 측면도 있었음을 지적해야 한다. 의심할 여지없이 필요성 때문에 생긴 것이지만, 아시아에서의 포르투갈

---

16) 혈통이 귀족이고 양반 가문의 사람을 의미 한다(역자).

17) Sanjay Subrahmanyam(1999) *L'Empire portugais d'Asie, 1500~1800*, Paris, Maisonneuve et Larose, see esp. pp.269~330.

의 예는 지금 우리의 눈앞에서 펼쳐지고 있는 바 제2차 글로벌화(la seconde mondialisation)를 예시한 측면이 있다. 즉 교역로와 교역의 흐름만을 통제하는 교역 거점과 근거지가 그것이다. 영토 정복은 본질적으로 목적이 아니었다.

그러나 수브라만얌의 연구가 설득력이 있다고 해서 스텐스가르드의 논지가 무효화된 것은 아니다. 네덜란드가 자본주의적 조직화에 더 우월했다는 주장은 약화되었을지 모르지만 완전히 폐기되지는 않았다. 수브라만얌과 보야쟌은 포르투갈의 무능력(faiblesse)과 무절제(vénalité)로 인해 신기독교도와 민간 상인들의 자본 축적을 향한 열정이 식게 되었음을 강조한다.

포르투갈의 강점은 아시아와 유럽 간 교역로를 통제하기 위해 필요한 전략적 · 군사적 · 상업적 중심지가 어디인지를 파악해 내는 능력이었다. 참으로 포르투갈은 영토적 정복에 대한 가능한 대안을 찾아내는 데에 기민했다. 1507년 앨버커키의 호르무즈 함락, 인도 서부 연안에 있는 고아의 점령(1510), 다음해 믈라까 해협에 있는 믈라까의 정복, 그리고 1518년 콜롬보(실론)에 요새 건설은 모두 이런 전략을 보여주는 훌륭한 예들이다. 호르무즈는 페르시아만에 있는 아랍 교역로를 확보하게 해주었으며, 동방(Levant)[18]과 페르시아만 간 상업이 안전하고 지속적으로 수행될 수 있도록 하는 역할을 했다. 고아는 동방으로 가는 통로에 대한 지배를 확실하게 해주었으며 구자라트의 상업적 우세를 막아주었다. 믈라까는 동으로는 중국, 일본, 믈라유제도 그리고 향료제도로 가는 교역로를, 서로는 벵골만과 인도양으로 가는 교역로를 열어주었다.[19] 교역 거점들과 상관들(feitorias)로 완비된 요새 네트워크가 순식간에 구축되었다. 그리하여 1571년에는 말루

---

[18] 동방(Levant)은 명확한 특정지역을 가르치는 용어라기보다는 북쪽으로는 타우루스산맥, 서쪽으로는 지중해, 남쪽으로는 아라비아사막, 동쪽으로는 북서 이라크를 경계로 하는 지역으로, 현재 이스라엘, 레바논, 요르단, 시리아, 팔레스타인을 포함하고 있는 지역에 대한 문화적이고 역사적인 용어이다(역자).

[19] Russell-Wood, *A World on the Move*, p.21.

꾸제도에 있는 거주지뿐만 아니라, 아프리카 동부 연안에 있는 소팔라와 일본 남부에 있는 나가사키 사이에 40개의 요새와 교역 거점이 있게 되었다.[20]

종주국(suzeraineté), 때로는 가신국(vassalité), 영향권(sphère d'influence), 느슨한 통치권(souveraineté floue), 이들은 모두 번갈아가며 있었던 아시아에서의 포르투갈의 다른 모습들이었다. 그러나 이들 각기 다른 개념을 과도하게 법률적 용어로 해석하면 무리가 따른다. 권력은 호르무즈와 믈라까에 대한 정복의 예에서 보듯이 무력에 의해서 만큼이나 교섭과 타협을 통해서도 공고화되었다.

포르투갈의 거주지는 요새, 상관, 교역 거점 등 여러 형태를 띠었으며 형성된 계기도 다양했다. 그러나 포르투갈이 행사하고자 했던 무역에 대한 독점은 인도네시아제도 술탄들의 끊임없는 도전에 직면해야 했으며, 사실 값비싼 산품인 향료를 거래하고자 원하는 이들 누구에게나 열려 있는 교역로는 수없이 많았다. 그리하여 포르투갈 세력은 일련의 요새와 교역 거점들이 내보이고자 했던 만큼 강하지 못했으며 포르투갈은 무역에 대한 헤게모니를 결코 완전히 장악할 수 없었다.

포르투갈은 네덜란드의 믈라까(1622, 1626), 고아(1603, 1610), 그리고 마카오(1622, 1626)에 대한 접근 시도를 여러 차례 막아냈던 것도 사실이다. 그러나 포르투갈의 영향력은 현지의 정부와 연합하는 방법을 알고 있었던 네덜란드동인도회사(*Vereenigde Oost-indische Compagnie,* VOC)와 영국동인도회사(*East India Company,* EIC)로부터 계속된 도전에 직면하여 17세기에는 쇠잔해졌다. 포르투갈은 거의 언제나 쫓겨났으며 가장 최선의 경우에도 협상을 통해 물러나야 했다. 포르투갈은 1605년 향료제도(말루꾸제도)를, 1641년에는 콜롬보를, 2년 뒤에는 실론을 잃었다. 그리고 나서 1660년에는 코로만델 연안에 있는 나가파티남이, 1662년에는 말라바르 해안에 있는 크

20) *Ibid.,* p.22.

랑가노르(Cranganore, Kodungallur)와 코친이 사라졌다. 아라비아반도와 동아프리카에서도 포르투갈의 입지는 부러움을 살 만한 정도와는 거리가 멀었다. 1622년에 호르무즈는 영국의 지원을 받은 페르시아인의 손에 들어갔다. 그리고 나서 아라비아 연안에 있는 무스카트(1650), 동아프리카의 몸바사(1698)도 같은 운명을 맞이했다. 오만에서는 1650년 영국과 네덜란드 연합군이 지휘한 전투에서 굴복했다. 1639년 포르투갈은 일본에서 추방되었다. 마지막으로 1665년 몸바이를 영국에 할양해야했다.

1580~1640년 스페인과 포르투갈 왕국 정부가 합방했던 시기 아시아에서의 포르투갈인의 민간 무역을 연구한 보야쟌은 영국인과 네덜란드인이 합리적이고 계산적이었지만 그렇다고 포르투갈인이 중세에서 막 튀어나온 듯한 약탈자는 아니었음을 지적한다. 그는 개종한 포르투갈 유대인인 '신기독교도(cristão novos)'라는 특기할 만한 유형의 상인에 대한 연구에 전념하면서 이러한 신화를 공격한다. 이들의 가족은 멕시코에서 브라질 그리고 포르투갈령 아프리카에서 네덜란드에 걸쳐 있는 대륙 간 네트워크를 만들어냈다. 이들은 1580년대와 1640년대에 여러 차례 박해의 위협을 받았지만 이들의 몰락은 무엇보다도 네덜란드 군사력 때문이었다.

아시아에서의 민간 상인이었던 까싸도스는 1580년과 1640년 사이 상품의 가치라는 면에서 아시아를 떠나는 90% 이상의 화물수송을 책임졌다. 이 교역에는 직물, 귀금속 그리고 인디고가 관여되어 있었다. 신기독교도가 거의 절반을 통제했다. 리스본의 상인은 북부 유럽은 물론 아프리카와 남미와도 연결망을 가지고 있었다. 이들은 후에 네덜란드와 영국의 동인도회사들의 거래 품목이자 가장 수익성이 좋은 상품이 된 실크, 인디고, 면포(calicot)와 같은 수요가 가장 많은 물품을 인도에서 확보하는 데에도 상당한 수완을 발휘했다. 이들은 자금을 모으는 데에는 능했으나 이를 아시아 도처에 어떻게 투자할 것인가는 쉽지 않은 문제였다.

네덜란드와 영국의 동인도회사들만이 자본주의적 회사가 가지고 있는 탁월한 합리성의 대변자는 아니었다. 포르투갈의 교역상들도 그만큼 효율적이었으나, 문제는 이들이 항해와 안전을 의존하고 있던 군주가 17세기에 영국과 네덜란드를 상대로 대서양에서 벌인 전투에서 패배했다는 사실에서 비롯되었다.[21]

아시아에서 포르투갈의 영향력이 쇠퇴하자 이와 함께 포르투갈의 공직에 있던 직원들이 대거 불법 교역에 관여했다. 수적인 열세로 인해 잘못되어 버린 군사적인 모험에서 현지 당국에 대한 태도에서 보여준 심각한 잘못에 이르기까지 그리고 동남아 곳곳에 이슬람이 성공적으로 전파되고 있었다는 맥락을 상기해 본다면,[22] 포르투갈의 몰락 원인은 인구학적(démographique)이고 병참학적(logistique)인 성격을 가졌다고 볼 수 있다. 포르투갈에게 강점이었던 바, 교역 거점과 요새의 네트워크에 의해 지원을 받은 가벼운 기반시설(infrastructures légères)은 이 시점에는 약점이 되었다. 거기에는 이들을 방어할 수 있는 충분한 인력이 없었으며 위협을 받게 되더라도 구원을 하기 위해 올 원군도 없었다. 병참술, 상선과 해군의 조직이 부족했다. 스페인의 전략은 포르투갈과는 매우 달랐다.

스페인의 참여
:마닐라 갤리온

17세기 중국해의 동남아 해역은 '스페인의 닫힌 바다'(mare clausum ibérique)였다.[23] 여전히 향료를 쫓아 필리핀 남부를 정복하고자 한 시도가 실패로 끝난 이후 스페인은 관심의 방향을 북부로 돌렸

---

21) James Boyajian(1993) *Portuguese Trade under the Habsburgs, 1580~1640*, Baltimore & London, The Johns Hopkins University Press, pp.241~244.

22) Robert Cribb and Audrey Kahin(1992) *Historical Dictionnary of Indonesia*, 2nd ed., Oxford, The Scarecrow Press, p.196 참조.

23) Chaunu, 'Manille et Macao', p.576.

다. 1565년 스페인은 세부섬을 점령했다. 1571년 뉴스페인(Nouvelle Espagne) 출신 크레올인(créole) 정복자 미겔 로페스 데 레가스피(1511~1572)는 라자 술라이만(Rajah Suleyman)을 패배시키고 루손섬을 장악했으며 그곳에 마닐라를 건설했다. 그 이전 무슬림의 도시이자 중국화된 타갈로그 도시였던 마닐라는 카스티유 왕권하에서 계속 중국과의 관계를 견고히 했다. 당시 스페인은 인식하지 못했지만 마닐라에서의 중국인의 활동은 마닐라를 마카오와 같은 위상에 올려놓았다. 마닐라는 앞으로 보겠지만 중국과 유럽을 연결하는 중개자 역할을 담당하면서 부를 쌓았다.

이후로 스페인 당국은 필리핀과의 교역은 멕시코의 해항도시인 아카풀코를 통해서만 가능하도록 했다. 교역은 일 년에 한 번 '마닐라 갤리온'에 의해 수행되었다. 갤리온은 아시아 각지에서 온 상인들이 마닐라에 가져다 놓은 실크, 향료, 진사(辰砂), 래커(laque), 옥, 상아, 향수, 도자기, 그리고 희귀 종자를 날랐다.[24] 여기에서 다시 한 번 강조하건대 마닐라에서의 교역 시스템은 이르게는 1402년 루손의 여러 지점에 교역 기지를 세웠던 중국인 상인이 없었다면 아무것도 아니었다(지도 9 참조).[25]

갤리온 교역은 1593년부터 1813년까지 계속되었지만 1615년에야 전성기를 맞이하기 시작했다. 중국산 제품을 실은 배는 아카풀코를 향해 마닐라를 떠났으며, 필리핀에 있는 스페인 정부와 성당을 위해서뿐만 아니라 뒤에서 보겠지만 중국과의 상업을 위해서도 필요한 은괴를 가지고 돌아왔다.[26] 마닐라는 실크와 은의 교역 위에 세워졌다. 18세기 말 마닐라에는

---

24) '마닐라 갤리온' 교역의 발전에 대해서는 William Lyttle Schurz(1939) *The Manila Galleon*, New York, E.P. Dutton 참조.

25) John E. Wills, Jr(1991) 'China's farther shores: continuity and changes in the destination of ports China's maritime trade, 1680~1690', in Roderick Ptak and Dietmar Rottermund(eds) *Emporia, Commodities and Entrepreneurs in Asian Maritime Trade, c.1400~1750*, Stuttgart, Franz Steiner Verlag, pp.53~77 참조.

26) Dennis O. Flynn and Arturo Giraldez(1995) 'Born with a "silver spoon": the origin of world trade in 1571', *Journal of World History*, 6(2), p.205 참조.

[지도 9] 마닐라 갤리온 루트

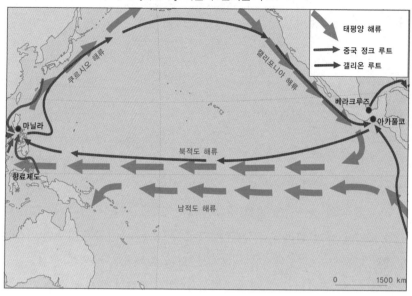

42,000명에 이르는 거주민이 있었다. 이는 바르셀로나, 단치히, 마르세이유
와 같은 다른 까싸도스의 인구와 거의 같은 규모였다. 그중 중국인은
15,000명 정도로 상당히 커다란 공동체를 구성했으며 7장에서 본 바와 같이
일본인도 3,000명이나 있었다.

전성기에는 5층 갑판이 있는 거대한 5척의 선박이 마닐라와 아카풀코의
교역을 담당했다. 수 천 명의 필리핀인들이 동원되어 선박을 건조했고 선
원으로 배에 올랐다. 성당은 중국산 상품을 사는 데 필요한 대부분의 자금
을 미리 대주었으며 갤리온이 안전하게 항구에 귀환하면 30~50%의 이자를
받았다. 귀항에는 1년이 걸렸으며, 많은 갤리온이 도중에 사라지거나 포획
되거나 난파되었다. 인도와의 활발한 교역에도 불구하고 아모이-마닐라-아
카풀코 축은 태평양에서의 스페인 무역거래 흐름의 중심축으로 17세기 말
까지도 기능했다.[27] 스페인의 패권은 네덜란드에 의해 무너졌다. 네덜란드

는 처음으로 아시아 해역에서 자신의 상업적인 팽창을 법적 견지에서 합법화시키고자 노력했다.

해양법
:자유로운 바다·토르데시야스와
사라고사의 분할

후고 그로티우스는 1690년 『해양자유론(*Mare Liberum*)』이라는 제목으로 된 글을 익명으로 발표했다. 여기에서 그는 국제 수역의 접근권에 관한 네덜란드의 입장을 명확히 했다. 즉 모든 바다와 해양에 대한 권리를 주장했다. 그로티우스는 자연법에 따르면 바다는 항해와 다른 그 어떤 목적을 위해서도 모든 이에게(*tous*)에게 열려있다고 주장했다. 이 공간의 본질은 유동적이고 경계가 없기 때문에 어떤 나라도 다른 나라를 그 어떤 국제 수역에서 배제할 권리를 가지고 있지 않다. 이런 논지는 교황의 칙령, 토르데시야스조약 그리고 사라고사조약에 의해 16세기 초 이래로 확립되었던 포르투갈과 스페인 간의 대서양과 태평양 세계의 분할에 정면으로 도전하는 것이었다. 사실 영국과 네덜란드는 자와와 수마뜨라를 가르는 순다 해협과 마젤란 해협을 통해 거의 동시에 태평양에 들어왔다. 영국-네덜란드 동맹은 믈라까 해협을 봉쇄하여 아시아에서의 포르투갈의 세력을 효과적으로 견제할 수 있었다. 영국-네덜란드 동맹의 루손 해협에 대한 봉쇄는 성공과 실패의 양 측면을 모두 가지고 있었다. 그러나 치명적인 무기는 군사적인 것이 아니었다. 이는 네덜란드와 영국이 아시아와의 무역을 조직할 목적으로 17세기 초에 창안된 강력한 상업 기구, 즉 특허회사였다.

---

27) 교역관계는 라틴 아메리카에서의 스페인 정권의 몰락과 함께 단절되었다.

서구 대무역회사의 침입

합스부르크 왕가의 통치에서 벗어난 16세기 말 네
덜란드는 스페인 독립 공화국의 구성원이 되었으며 리스본에서 모인 아시
아 상품을 유럽 전역으로 재수출했다. 그러나 이런 번영을 구가할 수 있었
던 활동도 1580년 포르투갈왕국이 스페인의 지배하에 들어가자 위태롭게
되었다. 필립2세가 네덜란드인의 리스본 접근을 금지하자(1580), 네덜란드
인은 향료를 공급하기 위해 직접 향료의 산지로 가야했다. 1595년 이들은
희망봉을 돌아 자와와 수마뜨라 사이에 있는 순다 해협, 그리고 자와의 서
부 연안에 있는 반뜬으로 향했다. 첫 탐험에 이어 여러 차례의 탐험이 이어
졌다. 네덜란드인이 처음으로 동인도제도를 가로지른 때는 1597년이었다.
1598년에는 성공하지는 못했지만 북극을 거쳐 동으로 가는 해로를 찾고자
여러 차례 탐험을 시도했다. 1599년에 이르러 네덜란드는 반다에 있게 되었
다. 1604년에 이들은 애초부터 포르투갈의 지배를 벗어버리고자 원했던 현
지인들의 도움으로 암본과 띠도레에서 포르투갈을 쫓아냈다. 그리하여
1511년부터 계속되었던 이 제도에 대한 포르투갈의 영향력은 사라졌다. 네
덜란드는 1608~1609년 사이 스페인을 마끄안(Makean)과 바시안(Bacian)에서
쫓아냈다.

네덜란드동인도회사(VOC)

네덜란드 해운업자들 간의 가격전쟁의 위험을 피
하고 포르투갈에 대한 네덜란드의 위상을 제고시키기 위해 1602년 VOC
(*Vereenigde Oostindische Compangie*)가 창설되었다. 이 회사는 1595년 이래
아시아 교역에 관여했던 여러 회사들을 합병한 결과물이었으며, 이사회를
구성하는 네덜란드 주요 도시 대표 17인의 신사(*Heerren XVII*)가 경영했다.
17인의 신사는 회사의 경영 전략을 마련하기 위해 그리고 아시아 총재를

지명하기 위해 네덜란드에 있는 여러 도시에서 회의를 가졌다. VOC는 엥크호이젠, 혼, 암스테르담, 델프트, 로테르담, 미들버그 각 도시에 연결되는 6개의 부로 구성되었다.

이는 주식회사이지만 다른 주주의 경영에의 참가는 규정에 없으며 손익은 자본에 비례하여(*prorata*) 분배되었다. 영국동인도회사(EIC)와 같이 투자자본에 기초하여 설립된 이 회사는 운영 자본을 자유로이 처분할 수 있었다. 그러나 투자는 장기적이고 지속적인 기반 위에서 이루어졌다. 이는 비교적 적절한 배당금 지불 방침과 연계되어 있었다. 두 회사는 각자의 국가원수로부터 특허장을 받았다. 즉 EIC의 경우에는 영국 국왕과 의회에서, VOC의 경우에는 네덜란드공화국 총독(États Généraux)에게서 특허장을 받았다. 특허장을 통해 이들은 다른 나라의 국민은 몰라도 자국 국민에 관한 한 아시아와의 교역에 대한 독점권을 행사할 수 있었다.

그러나 두 나라 간에 있었던 또 다른 차이를 언급해야 한다. VOC는 두 가지 목적을 가지고 있었다. 하나는 아시아와의 교역, 둘은 새로운 공화국의 적들, 즉 스페인·포르투갈과의 전쟁이었다. 그리하여 VOC는 또 하나의 부가적인 권리를 부여받았다. 즉 VOC는 외교적 협상을 하고 현지 주권자들과 조약을 체결하고 군사적인 작전을 수행할 수 있었다. 제도적인 수준에서 보면 VOC는 국가 내의 국가였다. 무력의 지원을 받은 무역 정책은 향료 제도를 접수하는 데에서 보이듯이 매우 공격적이었다. 이는 언제나 이익만 염두에 두는 상인이 아니라 봉급을 받은 공무원이 수행하는 상업전략이었다.

그리하여 네덜란드는 기반시설과 안전 조치에 지나치리만큼 많은 투자를 했으며 나중에나 생길 이윤을 기다릴 수 있는 여유도 있었다. 이는 EIC와 비교해 VOC가 가지고 있던 분명히 유리한 장점이었다. "모든 곳에 영국은 뒤늦게 왔으며 힘이 더 약했다. 영국의 상선이 물품을 챙겨 고향으로 가고나면 이들 요원은 네덜란드 직원의 처분에 남겨졌다. 곧바로 네덜란드의 요새와 군함이 그 지역을 통제했기 때문이다."[28]

VOC는 수십만 명을 고용하고 있던 의심할 여지없이 이 시기 최대의 기업이었다. 17세기 중반까지 VOC의 상업적 영향력은 믈라유반도에서 실론 그리고 케이프에서 타이완까지 이르는 넓은 지역에 미쳤다. VOC는 또한 페르시아, 샴, 일본 그리고 한국에 보세창고(entrepôts)와 상관(factoreries) 네트워크를 두고 있었다. 이 거대 기업은 중요한 재정 분야의 혁신을 통해 힘을 얻었다. 자본은 매번 탐험 이후에 주주에게 환불하지 않고 10년간 동결되어 있었다.

VOC는 1602년부터 1799년까지 200년간이나 네덜란드의 대 아시아 무역의 양상을 결정지었다. 이는 포르투갈 경쟁자와는 매우 다른 상업 전략을 구사했다. 실제로는 큰 무역 회사의 직원을 위한 사무실이었던 상관이 인도 무갈제국의 대표적인 대시장(emporium)인 수랏(Surat), 그리고 중국의 광저우에 세워졌다. 다른 동인도회사들과는 달리 VOC는 선박을 소유했을 뿐만 아니라 건조도 했다. 18세기 말에 암스테르담에 커다란 조선소와 화물 집산 시설을 갖춘 이 회사는 1,500척의 선박을 건조했으며, 네덜란드 항구를 떠나는 4,700여 차례 출항 항해와 아시아에서 귀항하는 3,500여 차례의 입항 항해를 조직했다.

특허장에 의하면 VOC는 희망봉의 동부와 마젤란 해협의 서부 사이에서 행해지는 네덜란드 무역에 대한 독점권을 가졌다. 이는 VOC가 네덜란드 국가의 이름으로 이 지역에서 주권을 행사할 권리를 가졌음을 의미한다. 가톨릭에 대항하는 개신교도라는 종교적인 상호 적대감으로 인해 믈라유제도에서 네덜란드인들이 포르투갈인들과 충돌하는 사건이 터지기도 했다. 여전히 포르투갈이 강고하게 지키고 있던 믈라까 해협을 피해야 했기에 네덜란드인은 조호르와 아쩨(Ache)에서 믈라유 현지 당국과 연합을 결성하고자 했다. 유럽에서의 휴전기(1606~1621) 동안 이들은 자신의 위치를 공고히 했다.

---

28) Vincent T. Loth(1995) 'Armed incidents and unpaid bills: Anglo-Dutch rivalry in the Banda Islands in the seventeenth centuty', *Modern Asian Studies*, 29(4), p.709.

이 시점 네덜란드는 반다와 말루꾸제도를 염두에 두었다. 현지 술탄들과 협정을 맺은 네덜란드는 요새를 짓고,[29] 반뜬과 잠비에서 경쟁관계에 있던 인도, 중국 그리고 인도네시아 상인들을 제거하기 위해 총력을 기울였다.

반다제도에서의
영국-네덜란드의 경쟁과 대립

17세기 초 네덜란드와 영국 간의 대립은 심각해졌다. 전자는 자신이 향료무역을 가능하게하고 포르투갈과 스페인을 격퇴하는 등 모든 부담과 비용을 떠안았다고 느꼈다. 1619년 7월 네덜란드공화국과 영국은 협력조약을 맺었다. 이는 두 회사의 합병을 촉구하지는 않았지만 폭력 사태를 마감하고자 했다. 아시아에서의 교역은 두 회사 모두에게 열려있도록 합의되었다. 그리하여 EIC는 말루꾸제도에서 온 향료의 3분의 2, 자와에서 온 후주의 절반을 처리할 수 있었다. 그리고 양측은 공동의 이해를 방어하기 위해 협력하기로 했다.

영국은 밀매를 하고 1619년 조약을 다소 특이하게 해석함으로써 이런 식의 목조르기를 피했다. 영국은 네덜란드가 요구한 바 반다제도에서의 향료무역을 방어하는 데에 드는 비용을 부담해야 한다는, 즉 요새와 수비대를 유지하고 반다와의 무역으로 발생한 비용을 분담해야 한다는 요구를 거절했다. 영국은 그 회계 장부가 명확하지 않고 세부사항이 조작되었다고 의심했다. 그렇게 보인 것은 어찌 보면 당연했다. 사실 영국은 반다에서의 조약에 대한 네덜란드의 해석을 문자 그대로 수용할 수밖에 없었다. 유럽에서의 향료 시장은 네덜란드가 확고하게 지배하고 있었기 때문이었다. 영국은 참여는 미미할 수밖에 없었다.

---

29) 아시아에 있던 네덜란드 요새에 대한 그림/사진 자료에 대해서는
http://www.colonialvoyage.com/remainsDasia.html(accessed 6 April 2011) 참조.

동남아에서의 영국-네덜란드 대립은 스페인 혹은 합스부르크 왕가와 같은 대영토 제국의 상대적인 쇠락 그리고 영국과 네덜란드와 같이 작은 나라의 흥기라는 특정한 맥락에서 일어났다. 이들의 확장은 VOC와 EIC라는 두 회사 덕택에 가능했다. 반다제도에 대해 네덜란드가 난공불락의 패권을 확립한 1619년 영국-네덜란드 조약으로부터 대부분의 이득을 취한 쪽은 네덜란드였다. 인도네시아제도의 동부에 있는 약 10개의 작은 섬으로 이루어진 반다제도는 당시에는 정향과 육두구가 산출되는 유일한 장소였다. 그리하여 아시아에서 가장 인기가 많은 지역의 하나였으며 힘겨운 항해를 할 만한 가치가 있는 곳이었다.

이런 상황으로 인해 아시아는 영국과 네덜란드라는 사실상의 두 영향권역으로 분할되었다. 조약체결을 이은 17세기에 EIC는 동남아 해양 도서부에서의 네덜란드의 우세를 기정사실로 인정했다. 그리하여 영국은 인도네시아제도를 네덜란드에 남겨주고 페르시아와 인도로 눈을 돌렸다. 17세기말에 향료의 중요성이 줄어들었지만 상황은 크게 변하지 않았다. 그러나 중요한 질문은 남는다. 엄청난 비용이 소요되었음을 상기한다면 반다제도의 착취로 네덜란드가 이득을 보았는가? 네덜란드 역사가들은 반다에서의 네덜란드의 식민 정책은 지나치게 과도한 비용을 지불했다고 하면서 그 수익성을 심각하게 의심한다.

1618년 네덜란드는 자카르타에 정착했다. 다음해 바타비아로 이름을 바꾼 이 도시는 네덜란드의 아시아 본부가 되었다. 진정으로 코즈모폴리턴 도시인 바타비아에는 1700년 6,000~7,000명의 유럽인과 10,000명의 중국인이 거주했다. 점차적으로 동부로는 마따람(Mataram), 서부로는 반뜬의 술탄국에까지 세력을 확대했다. 1618년 바타비아의 건설은 인도네시아 해역에서 네덜란드가 우위를 확보하는 토대가 되었으며 동시에 VOC가 말루꾸제도에서의 향료 무역에 독점권을 행사할 수 있도록 했다. 이를 위한 수단은 현지 정부를 구속하는 조약 체결을 강요하기 위해 무력을 사용하는 것에서 다른 경쟁이 될 만한 국가를 배제시키고 자신의 통제를 벗어난 지역에 있는 향료 나무를 철저히 파괴하는 것(*hongji raids*)에 이르기까지 다양했다.

바타비아
:식민체제로의 이행

바타비아는 독점과 입출항 상품에 대한 과세를 통해 효과적이고도 파괴적인 네덜란드 식민체제의 중심이 되었다. 어떤 면에서 이는 통행료징수제도(système du péage)의 연장이었으나 더 광범위하고 더 체계적이었다. 바타비아는 대시장(emporium)이 되었지만 특별한 유형에 속했다. 이는 현지 정부와 상인 간의 교섭의 결과로 등장한 식민지가 아니었다. 이는 도시의 공간배치를 보아서도 알 수 있듯이 처음부터 한 회사의 이익에 봉사하기 위해 세워진 도시였다. VOC 아시아 본부에서 자원이 할당되었으며 일본에서 홍해에 걸쳐 있는 화물집산지(entrepôt) 네트워크를 통해 교역이 이루어졌다.[30]

VOC의 영토 확장은 17세기 말에 순다제도에서 시작되었다. 그 목적은 현지 왕국들의 정치적인 불안을 제거하는 데에 있었다. 네덜란드는 인도의 코로만델 연안에 있는 나가파티남을 정복함은 물론 1663년 포르투갈로부터 코친을 빼앗았다. 반다의 육두구, 암본의 정향에 대한 네덜란드의 독점은 강고해졌다. 조약을 통해 말루꾸제도의 뜨르나떼 그리고 술라웨시의 마까사르(Makassar)도 지배하에 놓았다. 이러한 전략은 일본과 중국에서는 활용

---

30) Els M. Jacobs(1991) *In Pursuit of Pepper and Tea, The Story of the Dutch East India Company*, Amsterdam, Netherland Museum; F.S. Gaastra and J. R. Bruijn(1993) 'The Dutch East India Company's shipping', in Jaap R. Bruijn and Femme S. Gaastra(eds) *Ships, sailors and Spices: East India Companies and Their Shipping in the 16th, 17th, and 18th Centuries*, Amsterdam, Neera 참조.

되지 못했다. 네덜란드의 활동영역은 일본에서는 나가사키의 대안에 있는 데지마(出島)에, 중국에서는 광저우로 국한되었다.

VOC는 케이프에 있는 보급기지에서 네덜란드와 동인도를 잇는 해로의 안전을 확보했다. VOC는 아프리카와 인도의 연안을 따라 여러 곳에 요새화된 교역 거점을 세웠다. 이와 동시에 VOC는 이 제도에 새로이 침입하려는 세력 즉 영국을 막아내야 했다. 유럽에서 이루어졌었던 여러 차례의 화해 시도에도 불구하고 충돌은 불가피했다. 1623년 암본에서 자신의 통제하에 있는 현지 요새를 차지하려고 공모했다는 이유로 네덜란드는 10명의 영국 상인들과 이들을 도왔던 자와인들을 학살했다.

유럽에서 스페인, 포르투갈이 다시 전쟁을 하게 되자 루시타니아 군대는 서아프리카, 브라질, 실론, 인도 사이에 분산되었다. 믈라까가 방어했던 말루꾸제도와의 연계선이 더 이상 안전하지 않게 되었다. 게다가 포르투갈은 점점 더 공격적으로 되어 가던 영국, 프랑스, 네덜란드의 시나포선(corsaires)[31]을 대적해야 했다. 아쩨 술탄국과 동맹하고 있었던 네덜란드는 1640년에 믈라까 항구를 봉쇄했으며 믈라유 동맹자들과 함께 1641년 이 도시를 장악했다.

믈라까를 점령하고 1666년과 1669년 사이 VOC는 마까사르를 탈취했다. VOC는 남부 술라웨시에 위치한 대시장이며 오늘날에는 우중 판당이라고 부르는 마까사르가 포르투갈, 영국, 덴마크 그리고 향료 무역에 종사하는 다른 아시아 경쟁자의 기지가 되는 것을 막고자 했다.[32] 이와 마찬가지로 이 회사는 1682년 반뜬에서 외국인 상인들을 추출하는 데에도 성공했다. 또한 VOC는 아시아 역내 무역, 특히 인도네시아제도와 인도 간의 교역을 통

---

31) 민간 소유이지만 교전국의 정부로부터 적선을 공격하고 나포할 권리를 인정받은 선박이다(역자).

32) Heather Sutherland(1989) 'Eastern emporium and company town: trade and society in eighteen-century Makassar', in Frank Broeze(ed.) *Brides of the Sea: Port Cities of Asia from the 16th~20th Century*, Honolulu, University of Hawaii Press, p.104 참조.

제하려고도 시도했다.

동남아에 있는 이 정박지에서 네덜란드는 중국과 무역을 하는 데에 최선을 다했으나 오직 두 지역, 즉 포르투갈이 통제하는 마카오와 스페인의 지배하에 있는 마닐라를 통해서만 중국에 들어갈 수 있었을 뿐이다. 그리하여 이들은 타이완에 자신의 터전을 만들 수밖에 달리 선택의 여지가 없었다. 1624년 중국과의 교역을 위해 타이완에 대시장을 세웠다. 중국과의 교역뿐만 아니라 일본과의 무역과 관련해서도 목이 좋았던 이 시장은 많은 수익을 안겨다 주었다. 타이완은 마닐라로의 출입을 위해서도 전략적인 위치에 있었다. 타이완의 북부는 잠시 1624~1642년 동안 스페인에 의해 점령되기도 했으나, 네덜란드는 이곳에 1624년에 자리를 잡기 시작했으며 1642년 단수이(淡水)-지룽(基隆) 지역에 있던 포르투갈을 내쫓았다.

네덜란드의 타이완 지배는 1662년 정성공(鄭成功, 콕싱아)에 의해 추출당할 때까지 계속되었다. 네덜란드의 타이완 점유는 스페인의 마카오와의 교통을 상당히 방해했다. 타이완에서의 VOC의 목적은 '지역 교역'(commerce d'Inde en Inde)으로 알려진 매우 채산성 있는 아시아 역내교역(commerce intra-asiatique)에 침투하거나, 심지어는 자신의 이익에 봉사하도록 이를 손에 넣는 것이었다. 사실 아시아 역내교역은 VOC가 모국과 거래하는 교역을 다 합한 것보다 규모가 더 컸다. VOC는 1637년 코친차이나와 통킹에 교역 거점을 개장함으로써 포르투갈과의 경쟁에 돌입했다. 이 상관은 1700년에 문을 닫았다. VOC는 남부 인도, 벵골, 캄보디아, 베트남, 미얀마, 중국, 믈라까 그리고 인도네시아제도에 상관을 두었다.

VOC는 국가와 유사한 특권을 가지고 있었다. 즉 아시아의 왕들과 조약을 맺고, 요새를 구축하고, 군대를 유지하고, 전쟁을 선포할 수 있었으며(VOC는 스페인의 왕에 대항하여 무기를 들었다), 사법권을 행사하고, 화폐를 주조할 수 있었다. 게다가 VOC는 아시아에서 자신이 통제하고 있는 영토에 세금을 부과했다. 이는 한자동맹의 관행과도 크게 다르지 않다. 그렇다면 VOC는 '상인이 단순히 명령을 따르는 위계적인 질서를 가진 국가였는가?'[33] VOC의 영토(territoire)에 대한 관계는 기껏해야 불분명했으나 국가와의 관계에서 누리는 자치권은 컸다.

VOC가 동인도제도(East Indies)에서 차지하고 있었던 공간과 근거지는 국가 차원에서의 정복이 아니라, 스페인의 왕이건 네덜란드 공화국이든 그 누구라도 원하는 이에게 자신들의 공간을 팔 수 있는 권리를 가진 민간 상인의 사적 재산으로 간주되어야 한다.[34]

그러므로 목적은 결코 영토적인 데에 있지 않았다. 국가 주권의 원천과는 거리가 먼 영토는 오직 협상의 대상이 되는 재산이었다. 17세기 암스테르담 경제력의 근간이 된 여러 요소 중에서 이 도시가 가지고 있었던 독립성은 반드시 고려의 대상이 되어야 한다. 14세기 초부터 줄곧 암스테르담은 정의를 구현하고, 법을 집행하고, 자치를 할 수 있는 권리를 가지고 있었다. 공화주의자 상인들의 공동체인 암스테르담은 교역과 제조업으로 번 '새돈(l'argent nouveau)'을 다루는 능력이 출중함을 입증했다. 그 선박들은 종종 빈 채로 혹은 쇳덩어리만을 바닥짐으로 하여 출항했지만 귀항할 때는 수익성이 좋은 물건을 가득 싣고 돌아왔다. 유럽의 상인은 "경제적인 이유에서뿐만 아니라, 보호를 제공하기 위해서, 혹은 반대로 폭력사태를 유발시켜 교역을 유럽의 지배하에 있는 항로와 선박으로 끌어오기 위해서 물자를 집중시키는 능력"을 발휘했다.[35]

---

33) Manguin, *Les Portugais sur les côtes du Viêt-Nam et du Campa*, p.7.
34) C.R. Boxer(1991) *The Dutch Seaborne Empire*, London, Penguin Books, pp.45~46에서 인용.
35) Niels Steengaard(1991) 'Evidence and patterns', in K. Haellquist(ed.) *Asian Trade Routes: Continental and Maritime*, London, Curzon Press for the Scandinavian Institute of Asian Studies, p.6.

특허회사와 독점

여기에서 잠시 숨을 고르고 특허회사가 가지고 있던 독점의 문제를 검토해 보는 것도 의미 있는 작업이 될 것이다. 『국부론(*The Wealth of Nations*)』에서 보이는 주식보유 회사에 대한 애덤 스미스의 비판적인 분석은 무엇보다도 경험에 기반을 두고 있다. 법적으로 독점적인 지위를 확보했을 때조차도 특허회사는 형편없는 성과밖에는 내지 못한다. 그래서 그는 이 회사 내에서 대리인 비용(coût de agence)이 어떤 역할을 하는지 분석했다. 스미스는 EIC를 정상적인 주식보유 회사—이 문제에 대해 그는 이런 형태의 회사에 대해 어떤 유감도 가지고 있지 않았다—로 보지 않고 정부에 의해 창설된 특이한 형태로 보았다.[36]

스미스는 앤더슨이 '정부의 시장흐름에의 관여 병리학(la pathologie de l'intervention gouvernementale dans un processus de marché)'이라고 부른 현상에 대해 매우 계몽적으로 묘사했다. EIC에 대한 분석에서 스미스는 시장 실패(*market failure*)를 진단한 것이 아니라 정부 실패를 진단했다.[37] 사실 스미스의 주장은 18세기 중반 EIC가 겪은 변화에 대한 분석에 근거를 두고 있다. 1750년(즉, 엑스라샤펠조약과 인도에서의 프랑스와 영국 사이에 벌어진 제1차 카르나틱 전쟁의 종결)부터 계속 EIC의 상업 전략은 전반적인 변화를 경험했다. 이는 비록 독점권을 보장받았고 교역으로 번창했음에도 불구하고 더 이상 일개 상업 회사가 아니라 인도에서 체계적인 착취를 통해 확보한 수입으로 이윤을 확보하는 제도적 기관(institution)이었다. 플라시에서 로버트 클라이브가 이끈 EIC군대가 벵골의 나와브(Nawab)[38]를 상대로

---

36) Adam Smith(1976[1776]) *Enquiry into the Nature and the Cause of the Wealth of Nations*, Oxford, Clarendon Press, p.741 참조.

37) Gary M. Anderson and Robert D. Tollison(1982) 'Adam Smith's analysis of joint stock companies', *The Journal of Political Economy*, 90(6), December, p.1249.

38) 무굴왕조 이전에도 지방장관을 뜻하거나 존칭으로 사용되었으나, 특히 무굴왕조 때 관직명으로 일반화되었다. 18세기 무렵 무굴왕조의 중앙권력이 약해지자, 각지에 할거한 지방장관들은 점차 독립적인 지위를 갖게 되었다. 이 무렵

승리한 이후에 정복의 욕구는 EIC 직원들의 마음을 사로잡았으며 이후로 그들의 뇌리를 절대 떠나지 않았다.[39]

이 회사의 직원들은 회사의 정치력을 이용하여 영국의 통제하에 있던 지역 내에서 이루어지는 교역을 카르텔로 조직했다. 즉 EIC의 재원은 더 이상 교역에서 비롯되는 것이 아니라 세금 수취(하부구조로부터의 재정수입)에서 나왔다. 이러한 변화, 즉 생산적인 상업에서 비생산적인 부의 이전으로 그리고 이윤의 추구에서 세입의 추구로의 변화는 스미스가 한 비판의 핵심이었다. 즉 EIC의 손실은 정부와 같은 지위를 누린 데에서 비롯되었다. 경제적인 부담은 이 회사의 이와 같은 독점적인 활동의 결과가 아니라 정부에 의해 고무된 강압적인 행정 활동의 결과였다. 법치국가의 이러한 명백한 실패로 인해 VOC와 마찬가지로 국가 안의 국가인 회사(EIC)의 유지라는 돌연변이가 생겨났다.

EIC의 정책이 높은 수준의 조세 그리고 국가 내 상업에 대한 강제적인 제한조치에 바탕을 두다 보니 인도에서 국내 교역이 발전할 수 없었다. 1757년 EIC의 수입은 전적으로 교역에서 비롯되었던 반면, 이후에 회사는 거대한 영토적 지배를 관철시키면서 상당한 세입을 확보했다.

18세기 말 플라유제도를 통해 중국으로 운송되는 교역량이 거대해지자 영국은 이 지역에 새로이 관심을 보였다. 이번에 영국은 네덜란드와 충돌했다. 1682년에 반뜬에서 축출당한 EIC의 상인들은 인도와 중국 간 교역 활동에 집중했고 동남아와의 상업을 역내상인(*country traders*)이라고 알려진 민간 상인의 손에 남겨두었다. 이들 민간 상인의 본부는 인도에 있었지만 EIC의 고용인은 아니었다.

또한 EIC는 중국과의 교역 독점권을 가지고 있었다. 이 바로 수익성 있는 거래를 보호하기 위해 18세기 후반부터 회사는 다음의 3가지 목적을 충족

인도에 진출한 영국과 유럽 세력들은 사실상의 지방 군주격인 이들과 직접 교섭했다(역자: 두산백과 참조).

[39] Smith, *Enquiry*, p.749.

시킬 수 있는 기지를 동남아에서 찾았다. ① 영국-중국 무역을 보호하고 고무 시킨다. ② 회사의 선박을 수리하고 연료를 보급할 수 있는 장소가 필요하다. ③ 중국과의 교역을 유지시키기 위한 화물집산지를 건설한다. 이 시기에 아시아에 세워진 모든 교역 거점과 화물집산지는 이 3가지 목적을 달성하기 위해서였다.

중국산 실크, 도자기 특히 차에 대한 영국 시장의 수요는 높았던 반면 중국에서의 영국 상품, 특히 모직물에 대한 수요는 거의 없는 것이나 다름없었다. 할 수 없이 EIC는 수입품에 대한 대가를 은으로 지불해야 했다. 또한 EIC로서는 돈의 출혈을 막는 수단으로 동남아가 으레 중국에 제공했던 후추, 백랍(pewter), 그리고 다른 '해협 상품들'로 대신 거래해야 했다. 영국은 또한 유럽의 이익을 보호해야 했으며 네덜란드나 스페인과 너무 직접적으로 대치하지 말아야 했다. 게다가 코로만델 연안에 있는 프랑스도 계산에 넣어야 했다.

중국과의 상행위를 위한 교역 거점이 되면서도 인도양에 있는 프랑스에 도전할 수 있는 기지로 EIC는 1786년 믈라유반도의 서부에 있는 섬인 뻬낭을 손에 넣었다. 영국 상인 프랜시스 라이트의 중재로 EIC는 끄다 술탄국을 그 적국 샴으로부터 보호한다고 거짓 약속을 했으며 끄다 술탄국 술탄은 이를 믿고 이 섬을 EIC에 대여했다. 일단 대여되자 뻬낭은 끄다에 결코 다시 반환되지 않았다. 이 섬은 바로 코즈모폴리턴 인구를 가진 상업 중심지와 화물집산지가 되었다. 특히 설탕교역이 활발했다. 이어서 EIC는 1795년 믈라까를 포위했으며, 네덜란드와의 1824년 조약을 통해 정복을 확정지었다. 영국은 이 섬을 예외로 하면서 믈라유반도에서의 네덜란드의 우세를 인정했다.

EIC의 점령기 동안 믈라까 사령관이었던 윌리엄 파커(William Farquhar)는 1803년에서 1813년까지 다른 유럽 세력이 이곳에 정착하지 못하도록 하는 사명을 완수했다. 그리하여 그는 해협은 물론 중국으로 가는 교역로를 통제할 수 있었다. 영국은 이때부터 자신의 자원을 이 제도에 있는 중국인 교역네트워크와 연결시켰다. 이들은 믈라까의 중국인을 끌어당김으로써 삐낭의 인구를 늘렸으며, 중국인 상인공동체의 교역관리 관행을 이해하고 이용하려고 노력했다. 야망은 여기에서 멈추지 않았다. 1809년 12월 EIC는 마드라스에서 자와를 공격하는 계획을 세웠다. 이는 1810년 12월에 실행에 옮겨졌다.

동인도회사(*East India Company*)가 획득한 해협식민지(*Straits settlements*)—믈라까, 삐낭, 싱가포르—는 인도에서 관리했다. 해협식민지는 이 친애하는 회사를 위해 중국, 인도와의 교역에서 중추적인 역할을 해냈다.[40]

아시아 역내교역

EIC의 주요 난관은—이 문제라면 VOC도 마찬가지로—만성적인 자본 부족이었다. 이 문제를 해결하기 위해서는 아시아 역내교역 (intra-Asian trade) 혹은 역내교역(*country trade*) 혹은 불어로는 '인도에서의 인도교역(le commerce d'Inde en Inde)'에 관여하는 길 외에 다른 방법이 없었다. 바타비아, 황푸(黃埔, 즉 광저우), 뭄바이, 아모이 그리고 믈라까는 가장 많이 찾는 해항도시였다. 그리하여 수라트에서 면직물을 구매해 이익을 남기고 바타비아에서 다시 팔았다. 그리고 나서 후추를 구매했으며 이를 다시 영국으로 수출했다. 17세기와 18세기를 통해 지속되었던 이러한 형태의 교역은 역내 시장이 파편화되어 있었기 때문에 가능했다. 즉 구자라트인은 인도의 대외 무역을 지배했으며 부기스인은 주로 인도네시아제도 내의 교역을 장악했다. 쵸두리는 교역권(régions *commerciales*), 롬바르드 (Lombard)는 체제(*systèmes*), 브로델은 세계(*mondes*)라고 부른 이들 지역은

---

40) 영국의 인도 통치(British Raj), 즉 영국군주가 인도의 대부분을 직접 통치하는 결과를 낳은 세포이반란 이후 1858년 정부는 이 회사를 인수했다.

상당한 자치를 누린 경제권역(zones économiques)이었다.[41] 술탄국은 쇠락했으며 중국은 조공무역으로 한 발 뒤로 물러나 있었다. 홍해에서 페르시아만, 서부 인도, 벵골, 실론, 인도네시아, 필리핀 그리고 중국에서까지 영국 상인들과 EIC 상선 선장들은 개인의 자격으로 교역에 뛰어들었다. 이들의 교역으로 서로 다른 시장들이 연결되고 금이나 은괴는 후추, 면직물, 실크, 차, 커피, 중국산 도자기, 아편을 비롯한 수없이 많은 상품들과 교환되었다.

아시아 역내교역에서는 상행위기간 동안 상품을 저장할 수 있는 일단의 상사들(factoreries)이 중요한 역할을 했다. 상사는 화물운송담당자(facteurs) —즉 지역 중개인 네트워크에 의존하여 상행위를 하는 상인—가 관리했다. 중국인 상인, 일본인 중개인, 그리고 특허회사만 이런 거래에 참가했던 것은 아니었다. 독자적으로 행동하는 유럽의 상인, 즉 밀매상(interlopes)도 있었다.

역내교역(country trade)은 상당히 오래된 관행이었다. 몬순을 기다리면서 그리고 유럽으로의 귀향을 기다리면서 선박을 놀려둘 수 없었던 포르투갈인들은 오래 전부터 성공적으로 아시아 역내교역에 참가했었다. '역내선박(country ships)'은 이렇듯 한편으로는 인도, 그리고 다른 한편으로는 믈라유반도와 인도네시아제도 그리고 마지막으로는 중국 사이에서 삼각교역에 종사했던 선박에 붙여진 이름이었다. 18세기에 역내상인(country traders)은 EIC의 면허를 받았으며, 이들은 유럽으로 수출되는 중국산 상품의 구매에 필요한 자금을 이 회사에 공급해 주었다. 중국에서 판매된 상품의 가치가 거기에서 구매한 상품의 가치보다 높았다. 이렇게 해서 축적한 재원은 당시 인도에서 거래되고 있었던 이 회사 발행 환어음으로 전환되었다.[42]

---

[41] Lombard, Denys(1981) 'Questions on the contact between European companies and Asian societies', in P.H. Boulle, Leonard Blusse and F.S. Gaastra(eds) *Companies and Trade: Essays on Overseas Trading Companies during the Ancien Régime*, Leiden, Leiden University Press, pp.vi, 276.

유럽인들이 아시아 역내교역을 지배할 수 있게 되자 이 회사들의 영토 지배에 대한 정책도 확장되었다.[43] 아시아에서 건조되고 설비를 갖춘 선박은 한두 명의 유럽인 선장과 아시아인 선원들을 태우고 유럽의 깃발을 휘날리며 이 항구에서 저 항구로 항해했다. 아시아 상인들이 높이 평가하고, 빠르고 좋은 시설을 갖추고 있어 해적을 피할 수 있거나 이에 대항할 수 있는 배는 대부분 개인이 소유한 선박이었으며 무엇보다도 상당한 이익을 가져다주었다. 17세기에 아시아 역내교역은 아시아와 유럽 간 교역보다 규모가 더 컸을 것으로 추정된다.

밀매상의 행위를 분석한 스미스는 이들을 불법자라고 보지 않는다.[44] 이들은 독점이 지배하는 시장에 들어선 이들이지, 회사들이 소유한 공공재산을 무단으로 전용해 부당이익을 취한 모리배는 아니었다. 상품과 용역이 발견되고 효과적으로 생산되고 부족에 대응하기 위해 가장 유능한 사용자에게 할당되는 과정에서 경쟁은 참여자의 숫자에 의해서라기보다는 주어진 시장에의 진입 자유에 의해 결정된다. 진입 장벽을 없애는 것은 한 산업에서 가장 믿을 만한 경쟁력을 확보하기 위한 조치이다. 스미스에 따르면 효율의 두 번째 기준은 한 회사가 장기에 걸쳐 살아남을 수 있는 능력이다. 그리하여 스미스가 일차적으로 몰두한 것은 정부의 규제에 의해 생겨난 독점이다.[45] 이런 주식회사(compagnies par action)의 이점은 부정할 수 없지만 관여의 방식에는 비판의 여지가 있다.

42) Michael Greenberg(1951) *British Trade and the Opening of China, 1800~1842*, Cambridge, Cambridge University Press, pp.11~17 참조.
43) Philippe Haudrere(1998) *Le Grand Commerce maritime au XVIIIe siècle*, Paris, SEDES, p.47 참조.
44) Smith, *Enquiry*, p.742 참조.
45) *Ibid.*, p.759; A. Smith(1976[1759]) *Theory of Moral Sentiments*, Oxford, Clarendon Press, p.162.

이러한 회사의 경영에는 정도의 차이는 있지만 태만과 과실, 흥청망청함이 언제나 만연한다. 때문에 무역에 종사하는 주식회사(joint stock companies)는 좀처럼 개인 모험가(adventurers)와 끝까지 경쟁할 수 없었다. 이들은 배타적인 특권 없이는 좀처럼 성공하지 못했으며 배타적인 특권을 가지고도 자주 성공하지 못했다.[46]

스미스의 견해에 의하면 1748년 이전 EIC의 효율적인 운용과 EIC가 당시 인도에서 다루어야 했던 프랑스와 네덜란드와의 경쟁 사이에는 연관성이 있었다. 1748년, 즉 오스트리아 왕위계승 전쟁의 종결 이후 인도에서의 '냉전'으로 인해 경쟁 회사들은 인도에서 각자가 속한 국가의 영향권 내에서만 활동했다.[47]

밀매상(interlopes)에 대항한 카르텔

밀매상, 즉 불법거래상과의 관계라는 문제는 EIC가 '독점권'을 가진 결과로 등장했다. 스미스는 '공공의 선'을 위한 회사의 요새 건설이라는 주장에는 주의가 필요하다고 믿었다. 그에게 회사가 밀매상을 막기 위해 폭력적인 수단에 의존한 것은 잘못된 일이었다.[48] 사실 요새, 수비대 그리고 무엇보다도 해군력은 밀매상과 싸우고자 했던 특허 회사들의 카르텔 형성에 유리한 메커니즘을 제공했다. 스미스는『국부론』의 출간 17년 전 조시아 터커가 쓴 글을 읽었음에 분명하다.

그야말로 국가적인(*National*) 교역이 유일한 목적이라면 요새가 필요한 이

---

[46] Smith, *Enquiry*, p.741.

[47] *Ibid.*, p.1250, n. 8.

[48] *Ibid.*, p.742 · 754.

유가 분명치 않다. 하나 물어 본다면 이들 요새가 지켜주어야 할 교역의 (Commercial) 용도가 무엇이란 말인가? 교역이 현지인들과의 관계를 통해 이루어져야 한다고 하면, 당신이 거래하고 있는 사람들을 모욕하고 불친절하게 대하면서 교역을 통해 무슨 이득이 생기는지 보여주기는 어려울 것이다. 그리고 확신컨대 고객을 자신의 상점으로 오게 만들기 위해 고객에게 가서 협박하는(bully) 가게주인이 있다면 이는 분명 이상한 피조물일 것이다. 그러나 아마도 다른 유럽 세력이 이들 나라와 교역하지 못하도록 만들기 위해 요새가 필요하다고 하면 말은 될 것이다…. 예를 들어 영국(English)이 요새를 세워 프랑스가 인도(India)와 교역하는 것을 막았는가? 전혀 그렇지 않다. 다른 나라는 물론 요새를 하나도 가지고 있지 않은 유럽의 국가도 교역하는 방법을 찾아냈다. 예전에 있었던 오스텐드회사(Oostende company), 지금 있는 엠덴(Embden)과 예테보리(Gotenbury)를 보라. 더욱이 영국도 중국에는 요새를 가지고 있지 않다…. 그 현지(Country)는 자체가 거리에서 보아도 중요성에서 보아도 아주 멀리 떨어져 있다. 요새가 쓸모가 있다면 인도의 관리 나보브(Nabobs)와 맞서는 데 기여했던 바처럼 중국의 관료 만다린(Mandarins)에 대해서도 맞설 수 있을지 모른다…. 참으로 교역을 목적으로 요새를 짓는다는 바로 그러한 생각은… 터무니없고 어리석기 짝이 없다.[49]

1657년 크롬웰이 준 새로운 특허장으로 EIC는 인도와 여타 다른 지역에 있는 기관과 조직에 대한 법집행 권한을 얻었다. 이에는 밀매상에 대한 법적 제제조치를 취할 수 있는 권리도 포함되었다. 뭄바이에서 EIC는 자신의 해군─뭄바이해군(Bombay Marine)─을 양성했다. 이 해군은 인도에서 아시아 역내교역에 종사할 권리가 없는 영국인 밀매상을 단속하는 일을 했다.[50]

1722년에 설립된 오스텐드회사(Oostende company) 또한 특허회사가 되

---

49) Robert L. Schuyler(ed.)(1931) *Josiah Tucker: A Selection from His Economic and Political Writings*, New York, columbia University Press, pp.141~142.

50) Anderson and Tollison, 'Adam Smith Analysis of Joint Stock Companies', p.1248.

려고 노력했다. 그 구성원은 영국, 아일랜드, 스코틀랜드, 프랑스, 네덜란드, 플랑드르를 비롯해 여러 나라에서 온 상인들이었다. 그 행정적 · 식민적 기반시설은 가벼웠고 이익은 높았다. 오스텐드회사는 특허회사의 직원들과도 경쟁해야 했다. 이는 '항만허가(port-permit)' 시스템으로, 특허회사의 직원은 일정한 톤수 혹은 가치에 달하는—이론상 EIC의 경우 5%였으나 사실은 그 이상이었다— 화물을 대행할 수 있었다.

아시아의 흡인력
(la force of d'attraction)

　　　　　　　　살펴본 바와 같이 유럽과 아시아 간 무역은 매우 불균형적이었다. 극동에서는 수요가 거의 없었기 때문에 유럽 상품의 아시아 직판장은 사실상 별다른 의미가 없었다. 납작하거나 정방형 모양의 쇠막대, 동 주괴(동을 벽돌 모양으로 만든 덩어리), 선박의 바닥짐으로 사용되는 백납이나 납의 주괴와 같은 금속 특히 변형된 금속에 대한 약간의 관심이 있었을 뿐이며 영국의 직물은 특히나 구매자를 발견하기 어려웠다. 그리하여 은이나 금을 보내야 했다. "나간 화물 가치의 절반에서 3분의 2가 은괴, 일반적으로 중남미의 주화작업장에서 오거나 카디스나 암스테르담 혹은 런던에서 산 '피아스터(piastres)' 혹은 피스 오브 에이트(pièce de réaux)[51]로 이루어졌다."[52] 이러한 무역 불균형은 상업적 편견으로 인해 생긴 두려움을 확산시켰다. '한 대륙에서 다른 대륙으로 건너가면서 은이 겪는 가치 상승'[53]은 금 · 은 비율에—유럽에서는 1/15, 아시아에서는 1/10— 의해 설명

---

[51] 스페인의 옛 은화를 나타내는 단위, 레알은 스페인의 옛 은화로 약 12.5센트(역자).

[52] P. Haudrere(1998) *Le Grand Commerce maritime au XVIIIe siècle*, Paris, SEDES, p.43.

[53] Michel Morineau(1999) *Les Grandes Compagnies des Indes orientales, XVIe-XIXe siècle*, Paris, PUF, p.43.

될 수 있다. 무갈제국 조정의 의사였던 베르니에(Bernier)는 '인도는 금과 은의 무덤이다'라고 했다.

은 교역,
글로벌화의 매트릭스

유럽, 아메리카, 아시아 간 글로벌 교역에서 은이 차지한 역할은 오랫동안 강조되어 왔다. 플린과 기랄데즈는 최근 이 문제에 대해 새로운 사실을 밝히고 있다. 이들에 따르면 은 시장은 네 대륙이 안정되고 정기적인 해로에 의해 연결된 이후인 16세기 글로벌 시장의 형성을 설명할 수 있다고 한다. 16세기 말에 도쿠가와 일본은 물론 중남미(멕시코와 페루)가 백금속(métal blanc)의 주요 공급자였던 반면 중국은 주요 수요자였다.[54]

1500년에서 1800년 사이 멕시코와 페루는 15만 톤의 은을 생산했는데, 이는 이 기간 전 세계 생산량의 80%에 해당하는 양이었다.[55] 16세기 말에 일본은 전 세계 생산량의 30%를, 17세기에는 16%를 생산했다. 중국으로의 수출은 매년 200톤에 이르렀던 것으로 추정된다.[56] 유럽이 세계적인 상업 활동의 유일한 중심축은 아니었다. 인플레이션, 더 정확히 말하면 16세기 가격혁명(révolution des prix)은 유럽의 현상이 아니라 전세계적인 현상이었다. 네덜란드와 영국의 동인도회사들은 종종 다국적기업의 원형으로 보이며, 중국으로 가는 돈의 흐름은 유럽에서의 무역적자에 의해서도 설명된다.

유럽인은 확실히 범세계적인 교역의 출현에 중요한 역할을 했으나, 실은

---

54) Flynn and Giraldez, 'Born with a "silver spoon"', pp.201~221.
55) Ward Barett(1990) 'World bullions flows, 1450~1800', in James D. Tracy(ed.) *The Rise of Merchant Empires: Long Distance Trade in the Early Modern World, 1350~1750*, Cambridge, Cambridge University Press, p.237.
56) R.L. Innes(1980) 'The door ajar: Japan's foreign trade in the seventeenth century', PhD Dissertation, University of Michigan.

전세계적으로 중요하게 된 은 교역의 중개자(*intermédiaires*)였을 뿐이다. "아메리카의 스페인을 예외로 한다면 유럽인들은 범세계적인 은시장에서 공급자 측에서도 수요자 측에서도 주인공이 아니었다".[57] 간략히 말해 이들은 신세계와 중국 간의 교역에서 중개자였다. 아트만은 아메리카에서 생산한 은은 포르투갈인에 의해, 다음에는 네덜란드인에 의해 매년 150톤씩 중국으로 수출되었다.[58] 가장 유능한 중개자는 발트해, 동방(Levant) 그리고 아시아에서 자영업에 종사했던 네덜란드인들이었다.

1571년 마닐라 함락부터 1620년까지 필리핀은 만사니요, 콜리마, 그리고 나중에는 아카풀코에서 온 은을 중국으로 수출했다. 필리핀이 매년 수출한 50톤의 은은 17세기 포르투갈 그리고 네덜란드와 영국의 동인도회사들의 연간 수출량에 상당했다.

스페인이 아시아 시장으로 진입할 수 있는 유일한 길은 아카풀코-마닐라 축을 경유하는 것이었다. 유럽과 아시아 간 경로는 처음에는 포르투갈이 나중에는 네덜란드가 통제했다. 중국과 일본 간의 수익성 높은 교역 시장에서도 처음에는 포르투갈이 다음에는 네덜란드가 중국 정크와 일본인 면허 상인들과 경쟁하면서 중개자로 나섰다. 심지어 1637년 포르투갈이 일본에서 축출당한 후에는 다른 아시아인 중개자들이 이를 대신했다.

아시아에 있던 유럽인들은 이질적인 두 개의 세계가 합류하는 네 전초기지였던 믈라까, 마카오, 마닐라 그리고 나가사키를 이용하여 자신들의 이익을 도모했다. 이들 해항도시는 중개자이며 조정자의 역할을 했다. 거간들은 마카오에서 중국과 일본 간의, 마닐라에서는 중국과 아메리카 간의 그리고 이보다는 덜 중요하지만 중국과 유럽 간의 상행위를 처리했다. 이들 네 해항도시는 이미 1580~1585년에 특정가격비율(rapports de prix spécifiques)에

---

57) Flynn and Giraldez, 'Born with a "silver spoon"', p.203.
58) Arthur Attman(1986) *American Bullion in the European World Trade, 1600~1800*, Goteborg, Acta Regiae Societatis Scientiarum et Litterarum Gothoburgensis Humaniora, p.6.

의해 그리고 유럽적이라기보다는 혹은 피에르 쇼뉘가 잘 지적했듯이 하물며(*a fortiori*) 아메리카적이라기보다는 중국적인 금 · 은비율이 지배하는 경제 공간(espace économique)의 경계를 규정했다.[59]

중국이라는 '흡수 펌프'
(La 'Pompe Aspirante' Chinoise)

이 시기 중국은 수 세기 동안 은괴를 끌어당긴 블랙홀, 진정한 의미의 '흡수 펌프'였다. 이러한 흡인력이 작용했던 이유는 간단명료했다. 은은 다른 곳 특히 유럽과 비교하여 중국에서는 두 배의 가치가 있었다. 1592년부터 17세기 초까지 금 · 은비율은 스페인에서는 1:12에서 1:14를 오고갔던 반면 광저우에서는 1:5.5에서 1:7로 움직였다. 금과 은은 무역 적자(아시아에서 실크, 도자기, 향료 구매로 생긴)를 충당하기 위해 아시아로 선적되었다. 아시아인들은 유럽산 상품에 별 다른 관심이 없었다. 사실 교역의 양상은 복잡했으며 적자분도 금전적인 수단으로만 지불되지는 않았다. 은은 아시아로 흘러들어 갔지만 금은 반대로 유럽으로 흘러들어갔다. 이와 마찬가지로 일본의 은은 중국으로 가서, 거기에서 금으로 교환되었다. 중국에서 팽배한 은에 대한 욕구가 이 유입의 원천이었다. 그 이유는 무엇이었을까?

11세기 이래로 중국에서 통용되었던 지폐가 15세기 중반에 들어서면서 실제로 거의 가치를 잃어버렸다. 통화는 결국 동전도 제치면서 은으로 대체되었다.[60] 중국의 은화로의 전환은 16세기 말로 거슬러 올라간다. 복수의 세금을 단일의 세금으로 통합하고 은으로 지불하도록 한 새로운 세제인 일조편법(一鞭制, *yi bianzhi*)의 도입으로 은의 수요는 더욱 증가했다.[61] 조

---

[59] Pierre Chaunu(1962) 'Manille et Macao face a la conjoncture des XVIe et XVIIe siècle', *Annales ESC*, May-June, 3, p.570.

[60] Flynn and Giraldez, 'Born with a "silver spoon"', p.207.

공무역에서도 은을 사용했다.

그리하여 경제적인 용어로 보면 조공은 고정된 상품 가격으로 구매자와 판매가 간에 이루어진 교환으로 처리되었다. 사쿠마 시게오(Sakuma Shigeo)에 따르면 "표준 가격(price standards)은 느슨하게나마 베이징의 시장 가격에 의해 정해졌다". 이들 거래의 본질을 감안하면, 전체 조공무역 형성 과정은 중국의 가격 구조에 의해 심대한 영향을 받았으며, 조공무역권은 이 무역결제의 수단으로 사용된 통합적인 '은 권역(silver zone)'을 형성했다.[62]

이미 살펴본 바와 같이 조공은 무역 체제였다. 청 왕조가 조공에 대한 중상주의적인 통제를 하자, 해외 중국인 상인들은 이런 상업 정책에 저항하고 사적으로 민간 교역을 확대시켰다. 그 결과 청 왕조는 독점적인 무역상인(marchand-négociant)에서 세금 징수인(은으로)으로 역할로 바꾸어야 했다.[63]

그리하여 세계 인구의 4분의 1 이상이 은화를 사용하게 되자 은에 대한 수요는 거대해졌으며, 이 금속의 가치는 천정부지로 올랐다. 아메리카에서 유럽으로 온 은을 아시아로 수송하는 경로는 3가지였다. 발트해 경로, 지중해와 동방(Levant)을 거치는 경로 그리고 케이프를 경유하는 경로가 그것이었다. 마지막 경로가 가장 자주 이용되었는데 매년 50톤을 운송했다. 중요한 네 번째 경로는 아카풀코를 마닐라와 연결하는 경로로, 매년 128톤이 수송되었다. 이 경로를 통해 은의 흐름은 계속되었는데 밀매의 극성으로 말미암아 1620년 이후에도 성행했다.[64]

---

[61] Ray Huang(1974) *Taxation and Governmental Finance in Sixteenth Century Ming China*, Cambridge, MA, Harvard University Press 참조.

[62] Hamashita Takeshi(2008) *China, East Asia and the Global Economy, Regional and Historical Perspectives*, London, Routledge, p.18.

[63] *Ibid.*, p.23.

[64] Flynn and Giraldez, 'Born with a "silver spoon"', p.204.

그리하여 유럽 상인들의 은시장 관여는 아시아와 유럽 간의 커다란 가격 차이 때문에 생긴 차익거래(*arbitrage*)에 속한다. 유럽은 상업 적자를 벌충하려는 동기로만 은시장에 뛰어들지는 않았다. 은을 단순히 소극적인 교환의 수단으로만 보면 잘못이다. 은이 가져다주는 수익으로 인해 중남미(Amérique espagnole)에서 은이 채굴되었다. 또 한편으로 이러한 기능은 이 특별한 시장에서 중국과 관련하여 일본이 한 역할에 의해서도 확인된다. "은은 생산지(일본과 아메리카)에서 마지막 소비자들이 있는 곳(대부분 중국에 있는)으로 이동했다."[65]

범세계적인 교역은 은 교역으로 인해 16세기에 탄생했다고 말할 수 있다. 이 특정한 형태의 교역을 추동한 힘은 은의 가격이었다. 다른 곳과 비교하여 중국에서 은의 가격은 2배나 되었다. 세계 시장이 상호 연결되면서 지불 수단으로 은을 사용하는 모든 지역에서 전 세계적으로 은의 인플레이션 현상이 생겨났다. 요컨대 "명나라 중국은 세비야에 중심을 두고 있는 세계 경제의 해외 상관이 아니었다".[66]

16세기와 17세기 세계 교역의 이러한 구조적인 특징을 보면 유럽이 후진적인 아시아를 근대화시키며 팽창했다고 생각하기는 어렵다. 매우 정교한 아시아의 교역네트워크에 유럽인이 편입되었다는 표현이 맞다. 기랄데즈는 적어도 초기에는 유럽에 대한 중국의 영향력이 아시아에 대한 유럽의 그것보다 더 강력했다고 주장한다. 그렇다면 서구의 초기 존재감이 과대평가될 이유가 없다. 세계 경제에서 단연코 중요했던 아시아 역내교역 네트워크에서 유럽인이 한 역할은 중개인이었다는 사실을 다시 인식할 필요가 있다.[67]

16세기에 아시아에서 포르투갈 나중에는 네덜란드와 영국은 인도양에서

---

[65] *Ibid.*, p.215.

[66] Brian Moloughney and Xia Wenzhong(1989) 'Silver and the fall of the Ming, a reassessment', *Papers on Far Eastern History*, Canberra, ANU Press, p.68.

[67] 또한 William Attwell(1986) 'Some observations on the seventeenth century crisis in China and Japan', *Journal of Asian Studies*, 45, pp.223~244 참조.

작동하고 있던 매우 역동적인 현지 상인들의 네트워크와 대면해야 했다. 비록 이들이 이 네트워크에서 중요한 역할을 수행했을지는 모르지만 산업혁명으로 인해 이러한 지역적 네트워크의 역할이 감소하게 된 18세기까지도 결코 이 네트워크를 통제할 수는 없었다.[68]

아시아에서 포르투갈의 지배력에 대한 하나의 획일적 해석은 가능하지 않다. 앞서 언급한 수브라만얌의 견해는 닐스 스텐스가르드의 주장과는 다르다.[69] 후자는 포르투갈의 해외 교역은 전근대적이었으며, VOC가 예고하게 될 자본주의적 기업의 도래 이전에 있던 과세(taxation)와 포식(prédation)에 기반을 둔 유라시아 제국의 마지막 현현이라고 보았다.

수브라만얌은 아시아와 유럽 사이에 그어진 자의적인 이분법에 반박할 필요를 느꼈다. 1500년 이후 아시아의 국가들은 더 진취적이고(intrusifs) 더 코즈모폴리턴적이고 더 중상주의적이었다. 포르투갈도 끼어들게 된 이러한 발전과정은 유럽인이 세운 식민제국의 등장과 함께 19세기에 가서야 중단되었다. 그에 따르면 유럽의 외부에는 두 가지 형태의 국가 권력이 있었다.

- 해상 교역에는 별반 관심이 없는 농업제국들: 오스만, 사파위(Safavids), 비자야나가라(Vijayanagara), 몽고, 명(明), 자와의 마따람
- 기본적인 재원을 해상 교역에서 취하는 연안 왕국들(royaumes côtiers): 남서 인도의 캘커타(Calcutta)[70], 믈라까, 호르무즈, 류큐제도
- 모든 국가권력은 교역로를 따라 나있는 전략적인 지점을 장악하고 있었으며 재원의 부족으로 인해 교역에 종사해야 할 동기를 가지고 있었다.[71]

---

[68] K.N. Chaudhuri(1985) *Trade and Civilisation in the Indian Ocean: An Economic History from the Rise of Islam to 1750*, Cambridge, Cambridge University Press, 특히 이 점에 관하여 부분적으로 커틴(Curtin)의 테제를 지지하고 있는 3장과 4장 참조.

[69] N. Steensgaard(1973) *Carracks, Caravans and Companies: The Structural Crisis in the European-Asian Trade in the Early 17th Century*, Copenhagen, Studentlitteratur, pp.151~153.

[70] 2001년 콜카타(Kolkata)로 공식 명칭 변경(역자).

식민주의(colonialisme)는 아시아에서 특별한 형태를 띠었다.[72] 한편으로는 현지 집단과 다른 한편으로는 서구 세력들 사이에서 16세기와 17세기에 이행되었던 전략들이 서로 밀접히 연관되면서 '유럽이 우세한 상호작용의 출현(émergence interactive de la domination européen)'이 나타나게 되었다.[73] 유럽 식민세력의 이점은 기술적이나 군사적인 우세, 혹은 경제적인 조직의 우위에서만 비롯된 것은 아니었다. 이는 식민지 팽창 혹은 적어도 해외 탐험을 국가가 후원하고 지원함으로써 생긴 정치적인 이점에서 비롯되었다. 이는 아시아에서는 일반적인 경우가 아니었다.[74] 월즈가 발전시킨 이 논지는 충분한 설득력을 가지고 있지 못하다. 이 보다는, 앞에서 본 바와 같이 유럽 세력에게 미래를 위해 결정적인 요소가 될 지속성(pérennité)을 가져다 준 요소는 중세의 지중해 도시에서 나타난 자치 제도(institutions autonomes)와 상법(droit commercial privé)이었다(2장 참조).

자본의 축척을 가져올 긴장감(tension)은 아시아에서 결코 햇빛을 보지 못했으며, 해군력(naval pouvait)이 국가 정치경제의 도구가 될 수 있다는 관념도 마찬가지였다. 중국 상인은 '법에 의해 보호되고 국가가 장려한 공공 이익이라는 영역'으로 자본을 투하할 수 없었다.[75] 18세기 인도에 관한 연구에서 쵸두리는 인도의 종속성을 비판하는 설명방식을 거부했다. 인도에서의 저발전은 서구에서의 발전이 가져온 당연한 귀결이 아니었다. 이 보다는, 인도양을 통치하는 군주들이 '지속적인 수익을 가져다주는 상업에의 투자가 상인에 대한 직접 과세보다 우월할 수 있다'는 점을 이해하지 못해 생긴 무지의 소치였다.[76] 19세기에는 서양인과 아시아인 간에 이제까지와는 완전

71) S. Subrahmanyam(1999) *L'Empire portugais d'Asie, 1500~1700*, Paris, Maisonneuve et Larose, pp.24~26 참조.

72) John E. Wills Jr(1993) 'Maritime Asia, 1500~1800: the interactive emergence of European domination', *The American Historical Review*, 98(1), February, pp.83~105.

73) *Ibid.*

74) *Ibid.*

75) Chaudhuri, *Trade and Civilisation in the Indian Ocean*, p.210.

히 다른 상호 작용(interaction)—강요된 개방과 불평등 조약에서 비롯된—이 아주 특이한 위치를 차지하게 된 몇몇 해항도시(villes-entrepots)를 중심으로 전개되었다.

---

76) *Ibid.*, p.228.

제10장

강제 개방과 개항장

거대 해항도시(grandes villes portuaires)—싱가포르, 홍콩, 상하이, 톈진(天
津), 요코하마, 부산, 인천—는 아시아 상업 네트워크의 주요 교점이다. 이
들 중심지는 국내 시장과 세계 시장의 교차로, 국내 경제 발전의 기둥이며,
서구의 경제와 문화 그리고 아시아 국가와 사회 사이의 접촉과 교환이 이
루어지는 장소이다. 그러면 항구(port)란 무엇인가? 『프랑스어 역사 사전』
(Dictionnaire historique de la langue francaise)에 따르면 이 용어는 일찍이
(1050) 라틴어 포르투스(portus)—일차적으로 '통과', 항구, 부두, 그리고 문
이라는 의미를 가진 단어—에서 기원했다[1] 즉 항구는 배가 정박하는 항구
(havre)만이 아니라 환승역(point de transit)이기도 하다.

그렇기에 해항에 대한 이미지를 단순히 해양으로의 통로라거나 도시와
바다 사이의 상호작용만을 떠올려서는 곤란하다. 이는 해항이 가지고 있는
훨씬 더 광의의 의미 중에서 특별한 한 측면에 불과하다. 지리학자는 통상
적인 의미가 가지고 있는 협소함을 벗어나도록 도와준다. 해항은 환승역
즉 상품, 금융 그리고 정보의 이동 흐름이 만나고 교차하는 나들목이다. 이

---

[1] Alain Rey(1998) Dictionnaire historique de la langue francaise, Paris, Le Robert 참조.

는 또한 부두(dock) 즉 현지에서 바로 소비되거나 재분배되기를 기다리며 상품을 저장하고 보관하는 화물창고가 있는 곳이다. 이런 관점에서 보면 서울은 한반도의 서해안에 위치한 해항도시인 인천 방향으로 확장되어 있는 해항도시이다. 이는 꾸알라룸뿌르(Kuala Lumpur)가 해항도시 끌랑(Klang)의 방향으로 발전하고 있는 것과 같은 양상이다.

19세기 거대 해항도시—예를 들어 런던이나 뉴욕—에서는 수입된 물품의 대부분이 현장에서 소비되었다. 중국 해안 지방에서도 이와 같았다.[2] 홍콩, 싱가포르 혹은 고베와 같은 해항도시에서는 그렇지 않았다. 이들 화물집산지(entrepôt)로서의 해항도시에서 중시되는 활동은 창고업, 대상인을 위한 주문 배송, 그리고 재수출이었다. 글로벌화(mondialisation) 그리고 도시 네트워크와 글로벌 도시의 출현은 새로운 중심과 새로운 주변, 요컨대 경제권의 신지리학(nouvelle géographie du pouvoir économique)을 창출해냈다.

19세기 중국의 해항도시

19세기 중반에서 2차대전 사이의 기간 동안 중국과 일본은 유럽 세력의 압력으로 문을 열고 외국과 교역을 했다. 이러한 특정한 맥락에서 다른 아시아 시장뿐만 아니라 중국의 국내 시장에 접근하기 위해 처음으로 전쟁과 갈등이 공공연하게 벌어졌다. 이는 조공무역 체제가 파정된 시기이기도 했다. '개항장(ports ouverts)'은 아시아 교역 네트워크의 중심지였다.

중국에게 '개항장'은 항구와 계류장(停泊場, *ting bo chang*)을 의미했다.

---

[2] Rhoads Murphey(1977) *The Outsiders: The Western Experience in India and China*, Ann Arbor, University of Michigan Press 참조.

반면 영어에서 이는 도시(*cities*)와 시(*towns*)를 대상으로 했다. 1842년 5개의 조약항(*treaty ports*, 條約商港, *tiaoyue shanggang*, 또는 條約商埠, *tiaoyue shangfu*)—광저우, 아모이, 푸저우, 닝보, 상하이—이 있었다. 1917년 이는 자유도시(villes ouverters), 해항, 하항, 국경 도시, 그리고 철도 요충지를 포함해 92개에 이르렀다.[3] 중국인들은 이들을 교역항(*ports de commerce*)을 의미하는 상부(商埠, *shangfu*) 혹은 상포(商鋪, *shangpu*)라고 부른다. 가장 엄밀한 의미에서 외국과의 교역이 허용된 항구는 세 가지 범주—'조약항' 혹은 '조약에 의해 개항된 항구', 중국 정부가 자발적으로 개방한 항구, 그리고 마지막으로 외국인의 거주가 허용되지 않는 기항지—로 분류할 수 있다.[4] 따라서 중국의 경우 각각의 도시는 세 가지 수준에서 기능하고 있었음을 알 수 있다(그러나 각기 다른 도시들 간에는 기능이 중복되어 있을 가능성은 언제나 있었다).

- 상하이와 홍콩은 중추적인 역할을 맡았다. 비교하여 말한다면 이들의 역할은 런던, 뉴욕, 부에노스아이레스, 콜카타 혹은 뭄바이의 역할과 맞먹었다.
- 톈진, 홍콩, 그리고 광저우는 중국의 북부, 중부, 그리고 남부를 위해 비슷한 역할을 수행했다. 다롄(大連)은 1905년 이래로 사실상(*de facto*) 중국으로부터 떨어져 나갔다고 말할 수 있으나 만주를 위해 비슷한 역할을 수행했다.
- 마지막으로 지역적 혹은 지방적 차원에서의 서비스는 후난(湖南)의 성시인 창사(長沙), 쓰촨(四川)성의 충칭(重慶), 푸젠(福建)성의 푸저우(福州)와 같은 도시들이 담당했다.

---

[3] John K. Fairbank and Albert Feuerwerker(1986) *The Cambridge History of China, Vol. 13, Part 2, Republican China 1912~1949*, Cambridge, Cambridge University Press, pp.128~129.

[4] G.C. Allen and Audrey G. Donnithorne(1954) *Western Enterprises and Far-East Economic Development*, London, Allen & Unwin, pp.265~268의 표 참조.

개항체제에 대한 평가

식민 침략의 충격은 복잡다단한 반향을 불러일으켰다. 외국인의 현존을 착취와 억압의 형태로 축소했던 '네오-마르크스주의' 해석뿐만 아니라, 서구의 간섭은 침해적인 측면이 있었음에도 불구하고 혁신적인 요소였다고 평가하면서 서구 간섭의 긍정적인 측면을 과대평가한 '수정주의'적인 해석을 위해서도 수도 없이 많은 자료들이 제공되고 있다[5] 이런 복잡한 상호 작용 속에서 비현지인(allogène) 행위자들 특히 외국 상인 공동체의 역할에 대해서는 이제 막 연구가 시작된 단계이다. 외국 상인공동체의 영향력—때로는 식민시기 이전부터 혹은 상하이의 경우에서 보이는 것처럼 조계(혹은 사업허가지, concessions)의 설립에서부터 시작되는데—은 점차 확대되었으며 자치권(puissance autonome)을 얻어냈다.

19세기에 '불평등 조약'에 서명함으로써 아시아 시장이 서구의 상인과 상품에 개방되었다. 많은 도시에서 외국인들은 치외법권이라는 특권과 극히 유리한 관세 특혜를 누렸다. 이러한 조건들 때문에 더 많은 외국인들이 중국 시장에 관여할 수 있는 발판이 마련되었다.

공식적인 중국의 역사서술에도 불구하고, 조약항이 중국에 부정적인 영향을 끼쳤다고 보기는 어렵다. 특히 1895년 이후 실크나 차와 같은 전통적인 부문의 생산을 비롯해 수출을 위해 생산이 크게 늘었다. 동시에 중국의 산업은 급속히 발전하기 시작했다. 자주 외국인은 비켜서서 그 자리에 그대로 있어야 했으며 조약, 조계 그리고 이들이 제국 정부에 어렵사리 압력을 가해 얻어내고자 했던 여러 특권이 지향했던 목표에도 불구하고 중국 시장을 진정으로 열 수는 없었다. 유럽, 미국, 일본 그리고 러시아 사람들의 출입은 중국이 조화롭다고 믿는 질서를 어지럽히거나 심지어 파괴하지 못

---

[5] 더 자세한 내용은 Robert Y. Eng(1984) 'Chinese Entrepreneurs, the Government and the Foreign Sector: The Canton and Shanghai Silk-Reeling Enterprises, 1861~1932', *Modern Asian Studies*, 18(3), pp.353~370 참조.

하도록 명기되었고 처음에는 광저우, 그러고 나서는 개항장과 같은 국한된 지역으로 제한되었다. '서양 야만인들'이 거래하고 거주할 수 있도록 허용된 공간은 몇 안 되는 도시였다. 영사는 중국의 마을 이장(chef de village)과 다를 바 없었다.

역설적으로 개항체제는 유럽과 미국의 중국으로의 상업 진출에 장애로 작용했다. 이는 서구인이 중국의 경제 체제를 제압하도록 허용치 않았다.[6] 서양의 상사들이 해운과 금융과 같은 교역을 위한 기반시설을 마련했음에도 불구하고 이들의 행동반경은 협소한 개항장으로 제한되었다. 이들은 교역 네트워크의 또 다른 측면인 판매와 유통에도 영향력을 거의 미칠 수 없었다.

국내 시장에서도 중국 상인집단은 무역 시장의 개방으로 생긴 새로운 기회를 이용하여 자신들의 판매와 유통 조직을 재정비하고 재활성화시켰다. 그리하여 이들은 유럽인과 미국인이 행사한 압력을 견딜 수 있었으며 이들의 사업은 번창했다.[7] 상인의 프로필은 사실 특정하기 어렵다. 상인, 신사, 매판자본가, 관료 간의 구분이 극히 모호했기 때문이다.

중국의 복잡한 세제와 정교한 상업 방식도 외국인의 침투를 방해한 요소였다.[8] 중국에서 외국 상인은 국내를 통과하는 상품이나 상행위에 부과된 국내 관세인 이금(釐金)을 내야 했다. 외국 상인은 또한 중국인 고객에게 특혜 관세를 제공하는 중국 선박회사들의 상관행에도, 중국인 상인에게는 유리하게 외국인 상인은 배제시키는 방향으로 시장을 통제하는 상인조합

---

[6] 보다 세부적인 내용은 린다 그로브와 수지모토의 다음 책의 서문 참조. Linda Grove and S. Sugimoto(2001) *Commercial Networks in Modern Asia*, Richmond, Curzon.

[7] Murphey, The Outsiders; S. Sugiyama(1988) *Japan's Industrialisation in the World Economy*, 1859~99, London, Athlone Press 참조.

[8] 이 주제에 관해서는, Hao Yen-p'ing(1970) 'A new class in China's treaty ports: the rise of the Compradore merchants', *The Business History Review*, XLIV(4), pp.446~459 참조.

에도 맞서야 했다.[9] 등록된 재수출 물량은 언제나 거의 없었으며, 게다가 각 항구는 그 항구에서 수입한 물품의 주요 소비지였기 때문에 정확하게 평가하기도 매우 어려웠다.

1911년 이후, '대전통(제도)'과 '소전통(생산과 교역)'을 모두 유지하겠다는 새 정부(중화민국)의 선택은 이 나라의 내지로 이동하기를 원했을 수도 있는 많은 외국인들을 단념시켰다. 수많은 조약, 특권, 조계, 대외무역을 위한 권리 그리고 중국 내지의 수로 개방에도 불구하고 조약항은 진짜 중국과는 거의 접촉을 유지하지 못한 채 고립된 이문화집단 거주지로 남아있었다. 중국에서의 교역은 확실히 중국인의 손에 달려 있었다. 중국이 약했던 것도 사실이나 중국은 '야만인'을 능숙하게 다루어왔던 오랜 전통이라는 이점을 가지고 있었다. 일본에서 '외국인'은 '진보의 가능성(possibilité d'amelioration)'과 동의어였으나, 중국에서 이는 '열등한 존재'를 의미했다.[10]

중국 국내시장은 관세에 의해 보호되었다라기보다는 오늘날 '비관세 장벽'이라고 부를 수 있는 상인이 지배하는 유통 네트워크의 역량, 전통적인 은행 제도(錢庄, *qian zhuang*)의 특수성, 중국경제 내에서 자가소비(auto-consommation)의 압도적인 역할에 의해 보호되었다. 보이지는 않지만 상당히 효과가 컸던 마지막 장벽은 시장의 가장 의미 없는 몫만을 차지하고 있다고 느낀 외국인들에게 언제나 불평불만의 대상이었다. 이런 관점에서 보면 중국의 상업 체제는 규정이나 관행 모두에서 서구의 그것과 너무나 달랐음에도 불구하고 그 자체로는 상당히 완벽했다. 조약항(*treaty ports*)에서 조차도 상인조합(guildes)과 중국상인회의소가 확산되어 있었다. 이들은 외국의 상업 침투에 대항해 싸우는 일에 관여하기도 했다. 이들은 상당히 분산되어 있었으며 매우 불투명한 조직이었다. "중국에서 우리의 최대 적은 관리도 아니었고 문인(lettrés)이라 불리는 어렴풋한 형체도 아니었다. 그들

---

9) 머피의 다음 책에서 인용. Murphy, *The Outsiders*, p.192. 중국인은 한커우 교역의 90%를 지배했다.

10) *Ibid.*, p.148.

은 바로 우리의 매판들(*compradores*)[11]과 전-매판들(*ex-compradores*)이었다".[12]

후배지(*Hinterland*)와
격리된 해항

　　　　　　해안에 있는 교역도시는 서로 간 혹은 자신의 후배지보다는 다른 아시아 해항도시들과 공통점이 더 많았다. 조약항에서의 경기 순환은 중국 내지의 그것과는 연결이 차단되어 있었다. 해안 지구에 있는 도시, 즉 해항도시나 심지어는 얼마간의 강항도시는 내지와의 관계보다는 외국과의 관계가 더 밀접했다. 수요가 많은 업종(제분업)이나 정부가 안정된 판로를 허용한 경우(시멘트와 제철소)를 예외로 한다면 전체적으로 볼 때 근대 산업―중국인의 산업이건 외국인의 산업이건―은 이 나라에 커다란 영향을 미치지 못했다.[13]

　　상하이, 홍콩, 톈진, 광저우 그리고 한커우(漢口)에서는 수출 상품과 외국에서 들어온 상품의 거래가 점차 더 활발해졌다.(…) 본토에 있는 4개의 해항도시는 각기 다른 3개의 해항도시를 주요 교역 파트너로 하여 커다란 수익을 올렸다. 상하이는 외국에서 수입한 대량의 상품을 톈진과 한커우에 공급했다. 홍콩은 광저우(…)에 그렇게 했다. 조약항(*treaty ports*) 체제는 비록 가공, 소비, 수출을 위해 일부 농촌 내륙지역에서 농산품을 끌고 왔으나 대체적으로 엔클레이브 경제(économie enclavée)[14]였다.[15]

---

11) 중국에 있는 외국상사·영사관에 고용되어 외국과의 상거래 중개를 한 중국인 (역자).
12) Arthur Davenport(1880) *New China Herald*, 10 April, Murphey, *The Outsiders*, p.185에서 인용.
13) *Ibid.*, p.179.
14) 국제적인 자본이나 비현지 자본이 다른 나라로부터 자원이나 생산물을 뽑아내 수출하는 경제체제를 의미한다. 이 개념은 개발도상국, 특히 남미에서의 후-식

다른 수준에서 그리고 다른 자료를 이용하여 후루타 카즈코(古田和子)는 영국이 아니라 중국 상인의 우위를 보여준다. 이들은 영국 면직물의 아시아 시장, 특히 한국과 일본에의 판매를 좌지우지했다. 비록 면직물이 영국 배로 맨체스터에서 상하이로 오지만 이를 나가사키, 인천, 부산에 보내는 이들은 중국인 상인이었다.16) 19세기 후반기부터 상하이 네트워크는 국경 없는 경제라는 특징을 보여주었다.17)

상하이 네트워크

아시아의 국제경제관계에서 상하이의 위치는 무엇이었나? 이 질문에 답하기 위해 아시아에서 조약항의 개항에 대한 연대기를 볼 필요가 있다. 1842년 난징(南京)조약으로 중국의 해안에 위치한 5개의 항구—광저우, 푸저우, 아모이, 닝보, 상하이—가 개방되었다. 1858년과 1860년 텐진(天津)조약과 베이징(北京)조약으로 창강(長江, 揚子江) 유역과 북중국의 해안에 있는 여러 항구가 개항했다. 일본에서는 처음에는 미국과, 그리고 나서는 다른 유럽 정부들과 체결한 통상조약에 따라 요코하마, 효고(兵庫), 오사카, 나가사키, 하코다테(函館), 니가타(新潟)가 1859년에 개항했다. 한국에서는 일본의 압력하에서 부산(1876), 울산과 인천(1881)이 개항했다.

19세기 후반 상하이, 우한(武漢), 고베, 나가사키에서 상업 활동이 활기를 띠고 발전했다. 이를 조율한 것은 중국인 상인이었다. '상하이의 관점에서 본다면, 고베와 나가사키는 이 지역의 다른 해항도시들과 동일한 네트워크상에

민종속관계를 묘사하기 위한 용어로 널리 사용되었다(역자).

15) *Ibid.*

16) 古田和子(2000), 『上海ネットワークと近代東アジア』, 東京, 東京大学出版会 참조.

17) Furuta Kazuko(1997) 'La réapparition du réseau de Shanghai', *Cahiers du Japon*, 72, Summer, pp.37~39.

있는 일부분이었다. 즉 이들은 중국의 국경과는 별 관계가 없는 다른 구조의 일부분이었다'.18)

역설적이게도 일본과 한국의 해항도시들은 강요된 개항으로 인해 아시아의 다른 나라들, 특히 중국에 더 쉬이 접근할 수 있었다.

중국 상인의 사업이 번성하기 위해서는 자본과 정보라는 두 가지 요소가 필수적이었다. 그리하여 이 두 요소에 대한 자유로운 접근은 극히 중요했다. 중국 상인은 서구의 상인이 경쟁대상이 되지 않는 고베에서 랭커셔 면의 유통과 판매를 지배했다. 영국의 문서국 그리고 상하이, 요코하마, 고베의 영사관 자료에 기초해 이루어진 후루타의 연구를 통해 밝혀진 이러한 사실은 일본 경제에 대한 역사가들의 전통적인 견해를 뒤집었다. 후자에 따르면 영국산 면의 대량 수입은 일본 시장을 공략하여 그곳을 면제품으로 넘쳐나게 하려는 맨체스터의 욕구 때문이었다. 그러나 이들 수입품이 일본의 직물산업에 치명적인 영향을 미쳤는지는 확실치 않다.19)

사실상 압력은 유럽에 의해서가 아니라 아시아에 의해(à partir de l'Asie) 행사되었다. 즉 맨체스터와 일본 시장 사이에는 '아시아 교역권(sphère d'échange asiatique)', 즉 매우 미묘한 상업 방식을 동원하여 운영되는 상하이 네트워크가 있었다. 맨체스터에 온 면직물은 상하이에 들어오고 나서 여러 곳으로 공급되었다. 더 정확히 말해 이들 면직물은 상하이에서 경매되고 중국 상인의 네트워크를 통해 일본의 해항도시 나가사키, 고베, 요코하마는 물론 중국 본토, 한커우, 톈진, 닝보로 재수출되었다.

상하이 네트워크는 남부에서는 푸저우에서 북부로는 뉴쭈앙(牛庄) 저 멀리 서부로는 한커우에 이르기까지 전 중국에 퍼져 있었다. 후에 이 네트워크에 합류한 부산과 인천뿐만 아니라 나가사키, 고베, 요코하마도 이 상하

---

18) *Ibid.*, p.38.
19) *Ibid.*

[지도 10] 19세기 말 아시아 조약항

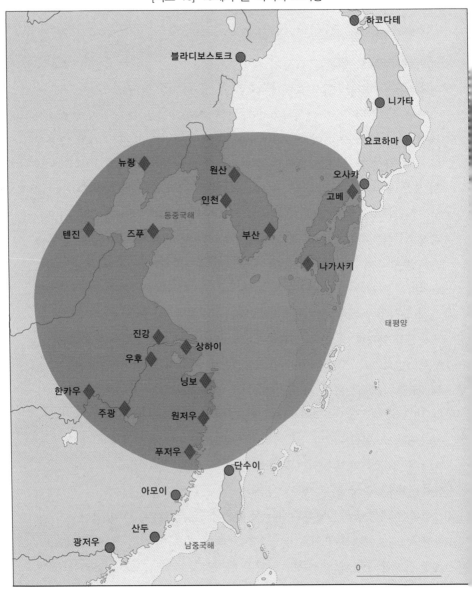

이 네트워크의 일부분이었다(지도 10 참조). 1890년 정도까지 나가사키는 상하이에서 수입해 한국으로 수출하는 면직물의 허브였다. 상하이에서 인천으로 수출이 이루어지기까지 이들 모든 거래는 중국인 상인의 손에 놓여 있었다.

상하이 네트워크는 명확한 국경선을 가진 국가들 사이라기보다는 각기 다른 지역들 사이의 무역 관계를 조정하면서 작동했다. 그리하여 용어의 엄격한 의미로 따져본다면 이는 국제(international) 무역이 아니라 초국경(transnational) 교역의 문제였다. 지도 10은 상하이 네트워크가 형성한 권역 —상하이를 포함해 창강을 따라 있는 해항도시들, 톈진, 나가사키, 고베, 인천, 원산 그리고 부산—을 보여준다.

이 권역에서의 국제교역은 국경의 안과 밖을 가로지르는 상거래의 문제라기보다는 지역(régions) 간 상업 관계의 네트워크를 통한 교역의 문제였다.[20] 여기서 강조되어야 할 바는 중국에게 국내와 대외 교역의 차이는 크지 않았다는 점이다. 닝보에서 팔릴 수 없는 품목은 고베에서 팔릴 수 있었으며, 톈진에서 구매자를 발견할 수 없는 상품은 한코우에 있는 시장에 내놓을 수 있었다.

마지막으로 상하이 네트워크는 맨체스터와 일본 시장 사이에서 유통업자(distributeur)의 역할을 수행했다. 일본의 국경(frontière)은 유럽이 아니라 아시아였다. 이 주제는 일본의 재-아시아화를 논하는 13장에서 다시 한 번 만날 것이다.

이러한 교역 양태로부터 몇 가지 결론을 도출할 수 있다. 첫째 이 네트워크에서의 조음점(points d'articulation)[21]은 가장 본질적인 역할, 즉 정보를 모으는 역할을 했다. 이 네트워크는 상하이에서건 고베에서건 상품의 도착, 공급 물량과 가격에 관한 정보의 매체(vecteur)였기 때문에 네트워크가 효

---

[20] *Ibid.*, p.41.
[21] 조음점 혹은 조음 위치는 자음을 조음할 때 공기의 흐름이 장애를 받고 소리가 만들어지는 부분이다(역자).

[도표 2] 19세기 후반 상하이 네트워크

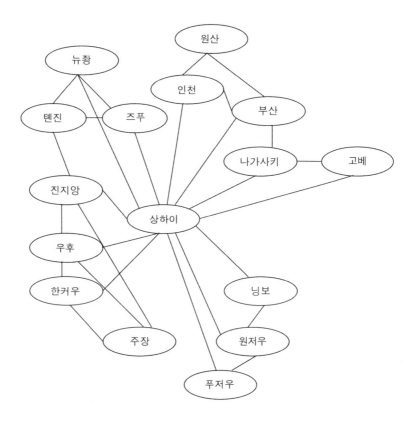

* 출처: Furuta Kazuko(1997) 'La réapparition de réseau de Shanghai', *Cahiers Japon* 2, Summer, p.39.

율적으로 기능했다. 다음으로, 일본의 위치는 특이했다. 일본은 이 네트워크의 주변에 위치해 있었다. 다른 한편 상하이는 특히 해운과 통신 분야에서의 혁명―1860년대와 1870년대에 해상운송이 정기노선화되고 동아시아 해저 전신망이 개통되었다― 이후에는 중심 또는 더 정확하게 표현한다면 주요 허브였다.

이 교역 인프라에 관여된 '하드웨어'가 틀림없이 서구의 생산품(면)이었음에도 불구하고, 이것이 사용될 수 있도록 하는 '소프트웨어'가 없었다면 교역은 발전하지 않았을 것이다. 그리고 이 소프트웨어는 근대 시기 이전부터 기능하고 있었던 아시아 상인 그리고 특히나 중국 상인들의 유통 네트워크였다.[22]

따라서 지역(région)이라는 측면에서 19세기 후반 아시아에서의 국제교역을 생각할 필요가 있다. 즉 일본 이상으로 중국도 아시아에서의 국제 경제 관계망에 통합되어 있었다.

해안 중국과 내지 중국 간 분열의 격화

중국에서는 해외 시장과 국내 시장만 분리되어 있었던 것이 아니라 농촌 시장과 도시 시장도 분리되어 있었다. 조약항은 서구적 조직 모델을 채용하고 있었던 반면 다른 중국의 도시들은 후배지 농촌지역과 공생 관계를 유지하고 있었다. 어떤 조약항도 허가된 조계지의 바깥에서 수행해야 할 행정 업무를 가지고 있지는 않았다. 치외법권(extra-territorialité)은 영토(territoire)의 행정에 대한 어떤 책임도 부여하지 않았다. 이는 왜 이 모델이 더 확대될 수 없었는지의 이유를 설명한다. 조약항에서 거두어들인 자금은 중국 영토의 다른 곳에서 산업에 재투자되기 보다는 조약항이라는 현장에서 상업적 부동산업에 재투자되었다. 두 체제 간의 분리는 은행이 운영된 방식에서도 볼 수 있다. 개항장에서 중국 은행은 국내 시장을 상대했으며 홍콩에 투기했다. 여기에서 서로 아주 다른 두 사고방식이 갈등을 빚었다. 하나는 중국의 그것으로 개인적인 관계(關係,

---

22) *Ibid.*, p.40.

guanxi)가 우위를 차지했다. 다른 하나는 서구의 그것으로 계약을 존중하고 개인적인 책임을 중요시했다.[23]

'조약항 체제' 하에서의
중국의 대외무역

19세기에 중국의 대외무역은 이 나라의 경제 발전에 사소한 역할만을 했다. 이 제국은 비교적 경제적인 자급자족의 상태에 있었으며 인구의 90%가 서구 침투의 영향을 느끼지 못했다.

통계자료가 일관성 있게 만들어진 시점인 1864년부터 해관당국이 대외무역을 통제했던 시기의 끝인 1942년까지를 보면 무역의 성장은 수치가 드러내는 바보다도 훨씬 더 미약했다. 이 시기의 후반부로 갈수록 해관당국은 5개의 항구에서 1920년대에는 62개의 항구로 확장된 네트워크를 동원해 무역을 더욱 더 잘 통제했다. 그 사이 해관에 등록되지 않았던 정크선이 맡았던 환적을 증기선이 대신하게 된 변화가 있었다. 마침내 홍콩이 중국으로의 환적에서 점차로 더 중요한 허브의 역할을 맡게 되었으며 광저우에 있는 해관은 기피의 대상이 되었다.

해관이 제공한 수치가 믿을 만한 지표라고 간주한다 해도, 대외무역이라는 측면에서 보면 중국은 그 시점에 멕시코, 칠레, 뉴질랜드 그리고 브라질과 같은 수준이었다. 중국은 아르헨티나, 오스트레일리아, 캐나다, 인도, 인

---

[23] J. Grasso, J. Corrin and M. Kort(2004) *Modernization and Revolution in China: From The Opium Wars to World Power*, Armonk, NY, M.E. Sharpe 참조. 다음의 글에서 머피의 몇 가지 주장은 비판의 대상이 된다. Kwan Man-bun(1997) 'Mapping the hinterland: treaty ports and regional analysis in modern China', in Gail Hershatter, Emily Honig, Jonathan N. Lipman and Randall Ross(eds) *Remapping China: Fissures in Historical Terrain*, Stanford, Stanford University Press. 또한 Hsiao Liang-lin(1974) *China's Foreign Trade Statistics, 1864~1949*, in Ray Huang, *Taxation and Governmental Finance in Sixteenth Century Ming China*, Cambridge, MA, Harvard University Press 참조.

도네시아 그리고 산업화된 서구국가 혹은 일본과 비교해 훨씬 뒤쳐져 있었다.[24] 그러나 대외무역은 한 나라의 크기에 반비례하며, 그리고 산업화 혹은 상업화의 정도에 비례하여 달라진다. 중국은 세계 무역에서 1.5% 이상을 차지해본 적이 없으며 대외무역의 총가치는 GNP의 10%, 혹은 심지어는 5%도 초과한 적이 없다고 보인다.[25] 그리고 해관은 전통적인 생산 양식 혹은 일반적으로 중국의 생산을 보호하기 위해 고안된 체제가 결코 아니었으며 단순한 세수의 출처였다.[26] 대외무역은 재정적인 문제가 될 정도로 혹은 근대화의 도구가 될 정도로 필수적이지 않았다.

대체로 19세기와 20세기 아시아와 유럽 간의 교역을 보는 방식에는 여러 가지가 있다. 상품의 흐름이라는 가장 엄격한 의미에서 보면 서구의 회사들이 이 두 지역 간의 무역에서 우세했던 것은 분명하다. 다른 한편 일반적으로 아시아, 유럽 그리고 미국 간의 수출입 무역을 본다면, 그리고 특정하게는 아시아에서 서구의 상품이 유통되는 방식을 본다면 아시아 상인과 회사들의 우위를 인정하지 않을 수 없다. 영국의 면제품은 중국 해운회사와 수입업자들에 의해 대부분은 상하이에서 일본으로 수출되었다.[27] 일본의 면제품은 중국 상인들에 의해 인도네시아에서 팔렸으며, 영국의 상품은 중국과 일본 상인들에 의해 한국에 운송되고 판매되었다.

이런 복잡한 상업 체제가 운영되는 방식을 보여주는 예는 많다. 서양의 수입품은 아시아의 도매업자와 판매업자에 의존했다. 상품을 운송하는 선단의 주요 부분을 구성했던 증기선은 현지 네트워크에 속했다. 식품과 석탄을 국내 시장에 들여오고 저장하고 상품을 옮겨 싣는 일은 모두 현지 상사들의 몫이었다.

---

[24] Murphey, *The Outsiders*, p.204.

[25] *Ibid.*

[26] *Ibid.*, p.133.

[27] Furuta Kazuko(1997) 'La réapparition du réseau de Shanghai' [The reappearance of the Shanghai network], *Cahiers du Japon*, 72, Summer pp.37~39.

전통과 근대성 간의 대립에만 초점을 맞추면 아시아 역내교역을 잘 이해할 수 없다. 왜냐하면 이들 두 세계 간의 경계는 희미했기 때문이다. 중국의 일정 지역에서는 낙타 캐러밴과 소형선박과 같은 전통적인 운송 수단이 계속 이용되었던 반면 다른 지역에서는 철도 수송과 증기선 항해가 이용되었다.

아시아를 동양과 서양 간의 상업적 대치의 결투장으로 간주하기보다는 무역관계의 양상을 결정지어간 협력과 경쟁이라는 상호작용의 복잡성을 고려하는 것이 더욱 사리에 합당하다. 이 게임은 공급과 수요의 밀고 당기기라는 단순한 이진배열로 왜소화될 수 없다. 이는 또한 아주 많은 행위자들이 개입되어 있었음을 의미한다. 외국 상인과 아시아 상인들 간의 상업적 경쟁이 전개되었음은 광저우에서의 공행(公行, cohong)[28]—서구의 고객에게 빚을 지고 있었던—의 예에서 매우 잘 드러난다.[29]

사실 만주제국 청은 외국의 팽창을 봉쇄하기 위해 조약을 맺고 조계를 내어 주었다고 생각했다. 다른 한편 서양인에게 조약은 중국의 개방을 위한 첫걸음이었다. 이렇게 서로 다른 견해는 오랫동안 갖가지 오해를 낳았다. 중국의 도시를 옭죄고 있던 케케묵은 위계질서(hiérarchie)는 남아시아와 동남아에서 그랬듯이 결코 재조직되지 못했으며, 이는 이 나라의 다른 곳도 개조

---

[28] 청 시기 광저우에서 외국무역을 독점하던 행상제도의 속칭으로 양행(洋行)이라고도 불린다. 월해관(粵海關)이 설치된 이듬해인 1686년 광둥에서는 징세를 위하여 양화행(洋貨行)을 설치하여 특정 행상에게 수출입품의 무역을 독점하게 하여 관세를 납입하게 하였다. 이것이 행상제도의 시초이며, 십삼행은 명말청초부터 있었던 별칭이다. 1720년에는 해관감독의 원조 아래 행중 중 16가(家)가 공행, 즉 조합을 결성하고 가격의 협정과 주요상품의 독점을 꾀했으나 다른 행상들의 반대로 해산하였다. 1726년에는 유력 행상 6가가 선출되어 관세징수의 연대책임을 부담하고, 외국 선박과의 무역독점권을 부여받아 광둥무역에서 중요한 지위를 차지하였다. 몇 차례의 개편과 교체도 있었으나 공행조직은 외국 무역항이 광저우 한 곳에 한정된 후(1757년)에도 업무를 독점하였다. 그러나 행상의 무역독점체제는 외국상인에게 불리하였기 때문에 1842년 난징조약에 의해 폐지되었다(역자: 두산백과 참조).

[29] Linda Grove and S. Sugimoto(2001) *Commercial Networks in Modern Asia*. 또한 F. Gipouloux(1999) *L'Asie orientale aux XIXe et XXe siècle*, Paris, PUF 참조.

할 수 있는 능력이 없음을 드러냈다. 즉 상하이는 결코 콜카타가 되지 못했다.[30] 외국인들이 공행제도를 없애고 광동무역체제(commerce de Canton)에 내재해 있던 제한성을 제거할 수 있었던 것도 사실이나, 이들은 결코 새로운 체제를 도입하지는 못했다. 이들은 어떤 원심력의 파동을 불러일으킬 수도 있었을 것이나, 대체로 중국의 도시 체제와 위계질서는 본질적으로는 변하지 않았으며 여전히 구심력을 유지했다. 해항의 바깥에서 외국인들은 토지를 소유하지도, 광산을 개발하지도, 철도를 놓을 수도(만주는 예외였다), 산업 활동에 참여할 수도 없었다. 중국은 그 영토 내에서 여전히 최고 권력을 지닌 독립체였으며 그 상업 체제도 고스란히 남아있었다.

중국과 외국 간의 오랜 상호작용의 산물인 세 해항도시는 그럼에도 불구하고 특별한 상업 문화(cultures commerciales spécifique)를 창조해냈다. 이들의 교역 네트워크가 가지고 있던 영향력은 세계적인 차원에 이르렀다. 싱가포르, 홍콩, 상하이가 이러한 해항도시였다.

---

[30] Murphey, *The Outsiders*, p.134.

제11장

아시아 교역 네트워크의 코즈모폴리터니즘

　싱가포르, 홍콩, 상하이, 세 해항도시는 각기 다른 상업 문화를 가지고 있었다.[1] 세 도시는 중국의 도시라는 공통점이 있지만, 이 분명한 사실 바로 이면에서 첫 번째 역설이 나타난다. 싱가포르에서 중국인은 이방인이었다. 이 도시 인구의 다수를 구성했던 중국인 사회는 내지(arrière-pays)에서 온 이들이 아니라 내지에서 아주 멀리 떨어져 있는 푸젠과 광둥에서 온 이들이었다. 이들 대부분은 조주어(潮州語)[2]를 썼는데, 언어적인 이유 때문에 믈라유 세계와도 단절돼 있었다. 홍콩은 중국인뿐만 아니라 영국인(좀 더 정확히 말하면 스코틀랜드인), 인도인─이를테면 배화교도(파르시 또는 조로아스터교도), 신드인(이슬람교도), 보라인(힌두교도)─, 아르메니아인 혹은 바그다드 유대인[3]이 서로 치열하게 경쟁하며 복잡하게 뒤얽힌 네트워

크였다. 그리고 1843년 난징조약(南京條約)으로 상하이가 개항되었을 때 영국인 상인들은 이렇듯 많은 상인조합(guilde) 가운데 하나로 간주되었다. 즉 영국인은 광저우나 푸젠에서 온 상인들과 마찬가지로 이 도시에 온 또 다른 이방인으로 보였으며 그 이상은 아니었다.

그렇다면 이들 매우 다른 상업적인 전통들 사이에서 상호작용은 어떻게 이루어졌는가? 오늘날 이문화간 교섭(dialogue interculturel)이라고 부르는 현상의 시작점에 닿아 있었는지 아니면 반대로 이들 서로 다른 네트워크들이 전혀 연결되어 있지 않고 무관했거나 심지어는 적대적이었는지? 이 문제에 답하기 위해서는 의심의 여지없이 인류학적 정보—가족, 씨족 그리고 확대된 혈족을 분석함으로써—와 경제학적 분석—교역 순환과 재정 유통이 구조화 되는 방식을 연구함으로써—을 결합해 볼 필요가 있다. 브로델이 그랬듯이 현지(local) 교역, 지역(régional, 다른 말로 하면 아시아 역내) 교역 그리고 원거리(즉 아시아-유럽) 교역으로 구분할 수 있을까?[4]

상업적 야심과
지정학적 야망

남중국해에서의 경제 교류는 어떤 이들, 예를 들어 EIC의 연대기 작가 호세아 발루 모스(Hosea Ballou Morse), 루이 데르미니(Louis Dermigny) 그리고 이보다 정도는 덜하지만 쵸두리가 믿고 있는 바처럼 보이듯이 단순히 유럽인 활동무대의 확대판은 아니었다.[5] 이는 방콕, 뻬낭, 믈라까, 싱가포르, 사이공, 광저우, 마닐라를 잇는 매우 밀도 높은 해상 교

---

4) F. Braudel(1986) *La Dynamique du capitalisme*, Paris, Flammarion, pp.37~39 참조.

5) Hosea Ballou Morse(1979) *The Chronicles of the East India Company Trading to China, 1635~1834*, Taipei, Ch'eng Wen Publishers; Louis Dermigny(1964) *La Chine et l'Occident, 1719~1833*, Paris EPHE, 6th section, Sevpen, Centre de recherches historiques; K.N. Chaudhuri(1978) *The Trading World of Asia and the English East India Company, 1660~1760*, Cambridge, Cambridge University Press.

역 네트워크로 구성되어 있었다. 중국의 해상 교역은 1683년 다른 말로 하면 타이완이 청의 지배하로 다시 들어가고 해금(海禁, hai jin)이 해제된 이후 남중국해에서 상당히 발전했다.6) 중국 해상 교역의 압력하에서 여러 동인도회사들은 남중국해 교역에서 점차로 발을 뺐다. 예외는 둘 있었다. 영국인의 광저우와의 직접적인 관계는 유지되었으며, 네덜란드의 경우 일본과 관계를 유지하고 있었다.7) 18세기 말에 역내상인(country traders)으로 알려진 밀매상들(interlopes)이 동남아에 들어왔다. 이들은 화교와 교역하기로 결정했으며 상황은 이전과는 달리 급변했다. 리아우에 정착하여 싱가포르 해협과 술루왕국을 지배했던 술라웨시(Sulawesi, Celebes)의 전사이자 상인 기업가인 부기스인과 같은 다른 상인 공동체들도 남중국해 해상 교역에 개입하자 상황은 더욱더 복잡해졌다.

그리하여 18세기에 남중국해는 대규모의 동인도회사들로 대표되는 세계적인 주역들이 식민했던 변경만은 아니었으며, 그렇다고 존 스메일8)이나 어느 정도는 가와카쓰 헤이타(川勝平太)나 하마시타 다케시(濱下武志)9)가 주장하는 바처럼 유럽의 회사들이 극히 사소하고 소극적인 역할만을 했던 완전히 독립된 경제권역도 아니었다. 환언하면 식민사도 전적으로 아시아에만 초점을 둔 아시아사도 남중국해의 경제적인 활력을 만족할 만할 수준으로 설명할

---

6) L. Blusse(1988) *Strange Company: Chinese Settlers, Mestizo Women and the Dutch in VOC Batavia*, Dortrecht, Foris; J.W. Cushman(1993) *Fields from the Sea: Chinese Junk Trade with Siam during the Late Eighteenth and Early Nineteenth Centuries*, Ithaca, New York, Cornell University; Ishii Yoneo(ed.)(1998) *The Junk Trade from Southeast Asia, Translations from the Tosen Fusetsu-gaki, 1674~1723*, Singapore, ISEAS; Ng Chin-Keong(1983) *Trade and Society: The Amoy Network on the China Coast, 1683~1735*, Singapore, Singapore University Press 참조.

7) L. Blusse(1996) 'No boats to China: the Dutch East India Company and the Changing pattern of the China Sea trade, 1635~1690', *Modern Asian Studies*, 30, Part 1, pp.51~76.

8) John R. Smail(1961) 'On the possibility of an autonomous history of modern southeast Asia', *Journal of Southeast Asian History*, pp.72~102.

9) 浜下武志, 川勝平太(1997) 『文明の海洋史観』, 東京, 中央公論, pp.3~15.

수는 없다. 사실 18세기 말 남중국해는 중국 상인들이 특별히 선호한 공간이 되었다. 왕궁우(王賡武)가 적절히 지적한 바와 같이 동남아에 정착한 화상(華商, hua shang)은 '제국 없는 상인'이었다.[10] 화상이 해상과 상업 공간을 차지할 수 있는 기회는 VOC가 타이완에서 축출되고, 캄보디아나 통킹과의 직접 교역에 더 이상 관여하지 않고, 일본과의 관계가 1685년 도쿠가와 막부(幕府, bakufu)의 정책 때문에 제한을 당했기 때문에 생겨났다. 믈라까에서 네덜란드가 인접왕국인 끄다, 슬랑오르, 뜨렝가누에 대한 영향력을 잃었다는 사실도 언급해야 한다. 마지막으로 샴에서 쌀을, 자와에서는 사탕수수를, 리아우와 브루나이에서는 갬비어(gambier, 가죽을 무두질하는 데에 사용)와 후추를 경작하는 상당히 규모가 큰 중국인 식민 공동체(colons chinois)가 있었다. 이들은 심지어 믈라유반도에서 백랍을 채굴하는 일에까지 뛰어들었다.

17세기 말에 교역 양상은 변했다. 교역품의 상당량을 차지했던 상품은 더 이상 향료와 목재가 아니라, 농산물과 광산물의 전 영역에 걸쳐 있었다. 이들 교역품의 채굴, 생산, 가공을 위해서는 수천 명의 중국인 노동자(苦力, coolies)[11]를 동원해야 했다. 이런 필요를 충족시키기 위해 중국인 노동자들이 푸젠이나 광둥에서 중국 배에 실려 왔다. 18세기 말에 서부 깔리만딴 (Kalimantan)에 들어온 중국인 이주자들은 매년 3,000명에 이르렀다고 추산된다.[12] 지역의 교역(commerce régional)에 압도적인 영향력을 행사하고 있던 이들에 대한 적의와 시샘은 생길 수밖에 없었다. 필리핀에서 중국인 학살이 17세기에 여러 차례 발생했으며(1603 · 1639 · 1686) 18세기 말에도 일어났다(1763).

이러한 발전 단계에서 싱가포르라는 한 도시가 중요한 역할을 수행했다.

---

10) Wang Gung-wu(1991) *China and the Chinese overseas*, Singapore, Times Academic Press, pp.70~101 참조.

11) 쿨리라고도 하는 중국인 저임금노동자(역자).

12) L. Blusse,(1999) 'Chinese century: the eighteenth century in the China Sea region', *Archipel*, 58, p.124.

싱가포르
:동양의 몰타[13]

싱가포르의 전략적 위치는 이르게는 14세기에 발견되었다. 유럽인의 이익을 보호하기 위해 믈라까 해협 인근지역에 요새와 성채를 건설하고자 계획했던 포르투갈, 스페인, 네덜란드 그 어느 세력도 싱가포르의 전략적 위치를 간과하지 않았다.[14] 19세기 초에 싱가포르는 영국과 프랑스가 인도양을 두고 벌인 경쟁에서 그 대상지가 되었다. 네덜란드가 일시적으로 1818년 믈라까로 귀환한 후, EIC와 파커(Farqhuar) 대령은 처음에는 리아우 제도에 기지를 건설하고자 했다. 1819년 래플즈(Raffles, EIC의 서기 출신인 영국 행정가)는 영국이 얻어낸 싱가포르에서 중국인 네트워크와 영국의 상 관행을 결합시키는 데에 성공했다. 인도양과 남중국해의 교차로에 위치한 싱가포르는 이후로 줄곧 상업적으로 커다란 성공을 거두었다. 19세기에 이 도시는 인도네시아제도 전체에 중국인 노동자(coolies)를 수송하는 허브로 기능했다. 래플즈는 스페인과 네덜란드가 마닐라와 바타비아에서 한 실패를 거울삼아 유용한 교훈을 얻었으며 중국인 사업가들이 제공할 수 있는 자원을 십분 활용했다. 이들에게 자유 항구라는 조건을 만들어 주었으며 과도하게 간섭하지 않은 행정 환경을 제공해 주었다. 여기에서 다시 그 목적은 영토적인 정복이 아니었음을 언급할 필요가 있다. 1819년 6월 래플즈는 다음과 같이 쓰고 있다.

우리의 목적은 영토에 있지 않으며 교역에 있다. 대시장(great emporium)

---

13) Raffles, 'What Malta is in the West, that may Singapore be in the East', letter to Colonel Adenbroke, quoted in C.E. Wurtzburg(1954) *Raffles of the Eastern Isles*, London, Hodder and Staughton, p.461.

14) Peter Borschberg(2003) 'Portuguese, Spanish and Dutch plans to construct a fort in the Strait of Singapore, ca 1584~1625', Archipel, 65, pp.55~58. 또한 Malcolm H. Murfett, John N. Miksic, Brian P. Farrell and Chiang Ming Shun(1999) *Between Two Oceans: A Military History of Singapore from First Settlement to Final British Withdrawal*, Singapore, Oxford University Press 참조.

과 그 중심으로부터 언제라도 상황이 허락하면 우리의 정치적인 영향력을 발휘할 수 있다.15)

그러나 목적을 달성하기 위해서는 이 섬에 많은 사람들을 정착시킬 필요가 있었다. 플라까에서 싱가포르로 거대한 이민의 물결이 이어졌다. 싱가포르의 초대 주차관(Resident, 1819~1823)이 된 파커 대령은 플라까에 있는 중국인, 말라유인, 유라시아인들을 이 섬에 와서 살도록 격려했다. 1823년 이들의 숫자는 5,000명에 이르렀던 것으로 추산된다. 1827년부터 중국인들은 이 해항도시에서 최대 규모의 공동체가 되었다.

처음부터 싱가포르에는 매우 코즈모폴리턴적인(cosmopolites) 상인들의 공동체가 있었다. 초기에 거래된 대부분의 상품은 부기스인(Bugis)과 떼멩공인(Temenggongs)—'바다의 유목민(orang laut)'16), 플라까 해협을 누빈 해적단17)—에 의해 싱가포르에서 환적되었다. 이들 말라유 교역가들을 광동과 푸젠에서 온 중국인 중개상들이 계속 대체해 나갔다. 이들은 해협식민지(Straits Settlements)18)에서 상품을 집산하여 이 지역의 모든 항구에 내다 팔았다. 이어서 인도인, 아랍인, 아르메니아인, 유럽인을 비롯한 다른 이들도 등장했다. 1846년 싱가포르 교역 활동의 심장인 상업 광장(Commercial

---

15) C.M. Turnbull(1999) *A History of Singapore*, 1819~1988, Oxford, Oxford University Press, p.20에서 인용.

16) '물의 민족'이란 뜻을 가진 오랑 라우트는 말라유반도, 보르네오, 자와, 수마뜨라, 필리핀, 술라웨시 등 여러 해역에 분포되어 있다. 가족단위로 배에서 거주하며 선단을 조직하여 일정한 해역에서 어로·채취 등을 행하고, 계절적으로 이동하면서 육지의 주민과 교역도 한다. 때로는 해적행위를 하기 위하여 원정도 한다(위키백과 참조).

17) '해적행위'라는 용어가 가지고 있는 함의는 깊다. 서양에서 이는 자신의 국가의 법을 어긴 도적들의 활동을 의미한다. 문제는 이 용어가 동남아—대부분의 민족들이 자신을 영토의, 다른 말로 하면 강어귀 근처나 해안 지구를 따라 있는 지역의 주인이라고 생각하는 이곳—에서 교역 선박에 의해 자행된 해상 공격을 가리키는 단어로 적합하냐에 있다. Nicholas Tarling(1999) *Nations and States in Southeast Asia*, Cambridge, Cambridge University Press, pp.47~56 참조.

18) 삐낭, 플라까, 싱가포르는 1826년부터 EIC에 의해 관리되었다.

Square, 1858년에는 래플즈 광장으로 개칭)에는 20개의 영국인 상사, 6개의 유대인 상사, 5개의 중국인 상사, 5개의 아랍인 업체, 2개의 아르메니아인 업체, 하나의 미국인 업체와 하나의 파르시인(Parsi) 상사가 자리를 잡고 있었다. 각각의 무역회사는 화물을 싣고 내리고 보관하는 자신의 부두를 가지고 있었다. 국제 교역을 위해 필요한 모든 편의시설(배의 보급품 상점, 은행, 경매장 등)이 현장에 있었다. 미국인 박제사 월리엄 호너디는 1885년에 다음과 같이 회고했다. "싱가포르는 단연코 이제까지 본 가장 편리한 도시이다. 이 도시는 비록 한 사람에 의해 세워진 거나 마찬가지이지만 아주 잘 기획하고 이를 신중하게 실행에 옮겼음이 분명하다. 싱가포르는 칸막이로 잘 정리되어 있는 서랍이 달린 커다란 책상 같다. 그 곳에는 모든 것이 제 자리에 있으며 언제든지 필요한 것을 바로 찾을 수 있다."[19]

이들 서로 다른 행위자들은 어떻게 자신들의 네트워크를 만들었는가? 이들은 누구와 함께 특별한 관계를 형성했는가? 아래의 두 예는 상인과 식민정부 사이에 있었던 관계 즉 협력과 경쟁 그리고 심지어는 공개적인 분쟁의 조합까지도 있었음을 보여준다.

① 싱가포르는 개인 무역상이 중국 정크선으로 수행하는 환적에서도 압도적인 위치를 차지하고 있었다. 그러나 남모르는 꿈은 중국과의 교역의 허브인 광저우를 대신하는 것이었다. 이 기회는 1841년 홍콩의 식민화와 이를 이은 중국의 5개 항구(광저우, 아모이, 푸저우, 닝보, 상하이)의 개항으로 사라져버렸다. 아시아에서 화물집산지(entrepôt)의 우열은 고정적이지 않고 항상 변했다. 1820년대에 싱가포르는 샴과 믈라유제도 간의 교역을 위한 화물집산지였던 삐낭과 바타비아를 제쳤다. 이 교역은 방콕에 기반을 두고 있던 중국 선박뿐만 아니라 샴의 선박이 지배했다.

19) William T. Hornaday(1885) *Two Years in the Jungle, the Experiences of a Hunter and Naturalist in India, Ceylon, the Malay Peninsula and Borneo*, New York, Charles Scribner's Son, quoted in Maya Jayapal(1996) *Old Singapore*, Oxford, Oxford University Press, p.6.

이는 1855년 영국-샴 조약의 체결 이후에 외국인에게도 열리게 되었다. 네덜란드에 의해 개항된 자유항 마까사르는 1847년 이 제도와의 교역에 대한 싱가포르의 거의 독점에 가까운 지위를 심각하게 위협했다. 그러나 실제로는 이들 여러 항구 간의 직접적인 교역이 발전하면서 싱가포르는 중국인 중개인의 역할이 극히 중요했던 중국, 네덜란드령 인도(인도네시아) 그리고 샴을 위한 화물집산지로 번성할 수 있었다.20)

② 네덜란드령 인도네시아에서 중국인 상인들은 고무 산업에 공헌을 했는데, 여기에서도 이 산업에 관여된 상인들과 이들을 연결한 관계의 상호성이 잘 드러난다. 관계는 복잡했다. 싱가포르의 금융기관은 네덜란드 식민지에 있는 상인의 유통 네트워크를 통해 소비재와 기금의 형태로 고무나무 농장주들에게 자금을 댔다. 싱가포르는 이들 거래의 허브이었다. 이 도시는 '준-신용 계약(contrats de quasi-crédit)'이라고 알려진 이러한 활동에 자금을 공급하는 상당히 중요한 중심지가 되었다.21)

그러나 이 교역가의 세계—부기스인과 중국인 중개자 사이에뿐만 아니라 중국인 공동체 자체 내에서도—는 많은 분쟁이 일어나는 곳이기도 했다. 리바오핑(李宝平)22)은 이 공동체를 면밀히 연구했다. 종교, 언어적 차이 혹은 비밀 결사의 이데올로기에 기반 한 문화주의적인 설명방식에 이의를 제기하면서 그는 다른 해석을 내놓았다. 즉 한편으로는 후추와 갬비어 경작자, 다른 한편에서는 자유무역 상인 간의 이해관계의 불일치로 야기된 더 엄밀하게 경제적인 문제에 초점을 둔다. 그럼으로써 그는 비밀결사와 상인 혹은 중국인 상인 집단과 영국 정부에 반대하는 집단과의 관계를 밝혔다. 사실 싱가포르에서의 이들 비밀결사의 출현과 지속은 여러 가지 요

---

20) Wong Lin-ken(1997) 'Commercial growth before the second world war', in Ernest C.T. Chew and Edwin Lee(eds) *A History of Singapore*, Oxford, Oxford University Press, p.61 참조.

21) W.G. Huff(1994) *The Economic Growth of Singapore: Trade and Development in the Twentieth Century*, Cambridge, Cambridge University Press, p.21.

22) Lee Poh-Ping(1978) *Chinese Society in XIXth Century Singapore*, Kuala Lumpur, Oxford University Press.

인에 달려 있었다. 그 중에서도 주요한 것을 들자면 다민족사회에서 중국인 이민자를 위한 법적 보호의 취약성, 변화된 상황에 적응하는 비밀결사의 능력 그리고 무엇보다도 분쟁을 제한하는 효과적인 메커니즘을 제시하는 데에서 보인 이들 결사의 역량이었다.[23]

홍콩 모델은 아주 달랐다. 이곳은 역내상인(*country traders*)과 현지(locaux)의 상업 네트워크가 만나는 지점이었다.

홍콩
:트랜스내셔널 모델?

홍콩이 화물중계항(entrepôt)으로 되기 이전 시기(1840~1860)에 이 식민지에는 아주 소수의 영국 상인들이 있었으며 이들의 상업활동도 다양하지 않았다. 식민지재무(*Colonial Treasurer*) 보고에 따르면 1884년 자딘(Jardine)이나 덴트즈(Dent's, Dent & Co, 寶順行)와 같은 몇 안 되는 기존의 무역회사가 한 주요 활동은 아편 재수출이었다. 사실이지 1845년에서 1849년까지 중국으로 향한 아편의 4분의 3이 홍콩을 통해 수송되었다.[24] 또 다른 주요 수입원은 신세계—금에 대한 열정이 만연했던 캘리포니아(1847)와 오스트레일리아—로 향하는 배로 중국인 노동자들을 수송하는 일이었다.[25] 아편 재수출업에 관여했던 영국—혹은 좀 더 정확히 말해 스코틀랜드— 상인은 이 시기에 중요한 역할을 했던 교역망인 인도인 네트

---

[23] Mak Lai-fang(1991) *The Sociology of Secret Societies: A Study of Secret Societies in Singapore and Peninsular Malaysia*, New York, Oxford University Press 참조.

[24] Memorandum of Mitchell, 28 December 1850, C.O. 129/34.

[25] 1851년에서 1872년까지 32만 명의 중국인이 쿨리로 홍콩을 거쳐 해외로 수송되었다. 이는 수익성이 좋은 사업이었다. 수송비는 쿨리 한 사람당 117위안에서 190위안이 들었지만 중국인 상인의 주머니에 들어온 돈은 350위안에서 400위안에 이르렀다. H.B. Morse(2001[1918]) *The International Relations of the British Empire*, vol. 2, New York, Adamant Media Corporation, pp.402~403 참조.

워크, 특히 파르시 상인의 네트워크에 의존했다.

7세기 무슬림의 정복으로 이란에서 쫓겨난 조르아스터교도인 파르시인은 이슬람에 굴복하기 보다는 이주를 선택했던 이들이다. 이들은 인도의 북서부 지방에 정착했으며 16세기에는 뭄바이의 북부를 재편했다.[26] 중국과 거래를 시작한 첫 인도인이 된[27] 이들은 광저우와 마카오에서 활동했으며 무엇보다도 면직물과 아편 무역에 종사했다.[28] 1820년대 초 면시장이 침체하기 시작하자 파르시인은 훨씬 더 수익이 높은 아편 무역에 뛰어들었다. 중국으로의 아편의 수출은 벵골이 EIC의 통제하로 들어간(1765) 직후인 1773년에 시작되었다. 1820년대가 되자 아편 수출은 면직물 수출을 앞질렀다.

1828, 1829년과 1833, 1834년에 파르시인이 중국으로 수출한 이 두 상품은 전체 인도 수출의 각각 32%와 46%를 점했다.[29] 광저우의 상관에서 거래하는 인도인들 중에서 최고의 중개인이라고 간주된 파르시인은 얼마 되지 않아 EIC의 강력한 적수가 되었다. 1833년 광저우의 파르시인 인구는 영국인보다 많았다.[30]

광저우에서 아편 무역을 취급한 최대 외국 회사는 자딘 앤 매디슨(Jardine & Matheson)이었다. 이 회사 뭄바이 지사의 주요 파트너는 1818년부터 말와(Malwa) 아편의 무역 독점권을 가지고 있었던 잠세트지 제지브호이

---

[26] N. Smart(1989) *The World's Religions: Old Traditions and Modern Transformations*, Cambridge, Cambridge University Press, p.100.

[27] R. Ballard(1987) 'The political economy of migration: Pakistan, Britain, and the Middle East', in J. Eades(ed.) *Migrants, Workers, and the Social Order*, London, Tavistock Publications, p.21.

[28] K.N. Vaid(1972) *The Overseas Indian Community in Hong Kong*, Centre of Asian Studies, p.12.

[29] Yan Kejia, quoting A. Guha(1970) 'Parsi Seths as entrepreneurs, 1750~1850', *Economic and Political Weekly*, 5(35).

[30] Yan Kejia, 'Parsi in the Opium Trade in China'(http://www.asianscholarship.org/publications/papers/Kejia%20Yan%20-%20Parsi%20in%20the%20Opium%20Trade.doc(accessed 20 December 2004) 참조).

(Jamsetjee Jejeebhoy)였다.[31] 이 두 회사 간의 협력은 윌리엄 자딘(Willam Jardine)과 잠세트지 제지브호이의 개인적 친분에서 비롯되었다. 후자는 의심의 여지없이 19세기 인도 남부에 있는 말라바 연안에서 가장 부유한 파르시인이었다. 그러나 협력 관계는 이 두 개인 간에만 머물지 않았다. 제지브호이는 홍콩에 기착하는 함대를 조직했다. 이 함대의 교역로는 수마뜨라에서 영국까지 뻗어 있었다. 파르시 상인은 1820년대 말 콜카타에서 EIC가 쇠락하면서 남겨진 공백에 뛰어들었다. 1829~1830년 판촉 기간 동안 뭄바이에 있던 약 50여개의 파르시 상사가 이미 이들의 아편을 자딘에 대주고 있었다. 1839년 아편전쟁이 발발하자 인도와 중국 간의 거의 모든 교역이 파르시인의 손으로 넘어갔다. 이 삼각교역 덕분에 이들은 막대한 재산을 축적했다. 이 부는 나중에 뭄바이의 인도 사회는 물론 이 도시의 경관도 바꾸어 놓았다.

열정은 물론 상당히 공격적인 상관행 덕분에 파르시인은 광저우에서 외국인과 경제적 거래를 수행하는 데에 배타적 권리를 누리고 있었던 중국 상인의 조합인 공행 체제를 해체시키는 데에도 공헌했다. 상업적 기회에 대한 예민한 감각으로 인해 파르시인은 자신들의 상사(maisons de négoce)와 공행 사이에 직접적인 관계를 수립시킬 수 있었다. 이들의 공행과의 관계는 처음에는 협력적이었으나 곧 불편해졌다. 파르시인은 재빨리 공행 독점체제에 문제를 제기하고 EIC에 개입을 요청해 중국당국에 공행의 숫자를 늘리고, 자신들의 상사가 다른 중국 상인들과도 교역할 수 있도록 허가해 줄 것을 요구했다.[32] 그러나 궁극적으로 공행 체제를 약화

---

31) 세 종류의 아편, 즉 파트나(벵갈), 말와(인도 서부), 터키 아편이 중국 시장에서 유통되었다. EIC의 허가를 받은 선박은 파트와(Patwa) 혹은 베나레스(Benares)라는 이름을 가진 벵갈 아편만을 수송할 수 있었다. 아편 무역과 관련된 금융 메커니즘에 관한 자세한 사항은 Francois Gipouloux(1999) 'La Chine', in O. Hartmut Rottermund, Alain Delissen, Francois Gipouloux, Claude Markovits and Nguyen thé Anh, L'Asie orientale aux XIXe et XXe siècle, Paris, PUF, pp.26~29 참조.

32) Morse, The International relations of the Chinese Empire, Vol. III. p.215.

시킨 것은 파르시인의 전문적인 능력과 금융 분야로의 진출이라고 할 수 있다.

파르시 상인은 면 교역을 통해 축적한 재산을 광저우에 있는 매우 수익성이 높은 시장인 금융시장에 투자했다. 돌아온 수익은 매혹적인 수준이었다. 참으로 뭄바이에서의 실제 이자율은 6~12%였지만 광저우에서 자본이 부족한 공행에 대부할 경우 이자율은 12~20%에 달했으며 잦은 미납을 구실로 하여 40%까지도 치솟았다. 바로 이 지점에서 EIC는 파르시인의 계략으로부터 공행을 보호하기 위해 간섭해야 할 필요성을 느꼈다.[33]

1839년 중국이 아편 무역을 금지한 이후 파르시인은 계속 중국으로 이주했다. 이들은 서양의 정부들이 만주제국 청에 부과한 불평등조약을 이용해서 유리한 위치를 차지할 수 있을 것이란 희망을 때로는 공공연히 표현하면서 때로는 가슴에 품고 홍콩뿐만 아니라 마카오와 상하이로 향했다.

홍콩에 정착할 무렵 파르시인은 이미 상당한 부를 쌓은 이들로 다른 이들의 눈에 좋게 보이지만은 않았으며 교류가 없는 고립된 공동체로 남게 되었다. 1843년 홍콩에는 67개의 인도 대기업, 12개의 영국 대기업, 10개의 영국 상사가 있었다. 1845년 홍콩은 24,000명이 거주하는 도시였다. 이 중 595명이 유럽인이었으며 362명이 인도인이었다.[34] 후자는 부동산 거래업에 뛰어들었는데, 이들의 흔적은 빅토리아섬의 경관과 건축물—해안 지구, 코즈웨이 만의 레이튼로 101번지에 있는 조로아스터교 건물, 노스 포인트(North Point)에 있는 창고들—에 남아있다. 그리고 이들은 화물중계항 도시인 홍콩의 코즈모폴리턴적인 성격에 기여했다.[35]

파르시인은 인도와 중국 간의 교역에서 계속 중요한 역할을 담당했다. 쵸두리에 따르면 면직물과 아편의 수출은 1850~1860년 시기에 전체 인도

---

[33] Ibid., p.91.

[34] Barbara Sue White(1994) Turban and Traders, Hong Kong Indian Communities, Hong Kong, Oxford University Press, p.5.

[35] Ibid., p.5.

수출량의 3분의 1에 해당했다.[36] 19세기의 마지막 4분기 동안 이 영역에 일본인이 대거 들어오기 전까지 뭄바이의 방적공장에게 중국은 필수적인 판로였다. 1935년 상하이에는 20여개나 되는 파르시인 회사가 있었다. 홍콩에 있는 인도인 공동체의 대표 격인 두 파르시 교역가는 이 식민지의 첫 은행인 홍콩·상하이은행(Hong Kong and Shanghai Bank)의 임시위원에 임명되었다. 홍콩상업회의소에도 한 명의 파르시 상인이 있었다.[37] 물론 파르시인에게는 황금 시기였던 아편과 면직물 교역 시기는 다시 돌아오지 않았지만 1949년까지도 홍콩과 상하이의 파르시인 사회는 분명 중국에 있는 최대의 파르시인 공동체였다.[38]

중국과의 교역 감소로 뭄바이에 있는 파르시인과 국외에 거주하고 있던 이들의 대리인들과의 관계는 느슨해졌다. 후자는 아편무역을 포기하고 부동산 투기, 호텔 경영 그리고 해운으로 방향을 바꾸었다. 기업가적 활동에서 지대추구 활동으로의 전환은 여타의 상업이민 공동체(communautés de marchands immigrés)에서도 벌어질 변화의 조짐이었다. 이는 상하이에서의 바그다드 유대인의 경제 활동에서도 그대로 드러난다. 1916년 홍콩에는 230명의 파르시인이 있었으나 1938년에는 80명만이 남아 있었다. 1842년 이전에는 2~3년에 한 번씩은 뭄바이로 귀향했던 관행이 있었다면, 이제 이는 낯선 땅에 견고히 뿌리내린 비교적 독립적인

---

36) K.N. Chaudhuri(1983) 'Foreign trade and balance of payments, 1757~1947', in D. Kumar(ed.) *The Cambridge History of India, II, c.1757~c.1970*, Cambridge, Cambridge University Press, p.864.

37) M. Keswick(ed.)(1982) *The Thistle and the Jade*, Hong Kong, Mandarin Publishers, p.14.

38) 홍콩과 중국에 있는 인도인의 숫자는 주로 수많은 구르카(Ghurka)와 시트(Sikh) 병사들 때문에 많았다고 인식되어 왔다. 1931년 홍콩에 있는 인도인공동체의 3분의1이 병사였다. 같은 시기 중국과 홍콩에 살고 있던 인도인은 7~8천명에 달했으며, 일본인, 러시아인, 영국인을 이어 네 번째로 큰 외국인공동체를 구성했다. Claude Markovits(2000) 'Indian communities in China, c.1842~1949', in Robert Bickers and Christian Henriot, *New Frontiers: Imperialism's New Communities in East Asia, 1842~1953*, Manchester University Press, p.50 참조.

공동체가 되었다. 해외에서 들어온 상인 집단은 중국인 사회와 관계를 강화시키는 데 관심을 가지게 된 디아스포라로 변했다. 이들의 박애주의적 활동은 바로 이런 맥락에서 이해될 수 있다. 1845년 광저우에 조로아스터 협회의 창설, 1854년 상하이에 파르시인 묘지 조성을 위한 기금 마련, 1912년에 시작된 홍콩대학 설립을 위한 호르무스지 모디(Sir Hormusjee Mody, 麼地)경의 기부 그리고 요양원 건립을 위한 루톤지(Ruttonjee, 律敦治) 가문의 기부가 이에 속한다.[39]

예의범절이 바른 이들이라고 인정받은 파르시인은 여신관리 능력이 뛰어나고 진정성 있고 청렴결백하며 법을 잘 준수하는 이들이라는 평가를 받았다. 이들이 재판에 연루되는 경우는 거의 없었다. 파르시인은 언어가 통하지 않아 중국인과 접촉할 기회가 많지 않았던 것도 사실이다. 이들은 동족결혼공동체로 다른 사회의 사람들과 결혼한 경우는 단 한 건도 기록되어 있지 않지만 이들의 영향력은 상당했다. 19세기 말에 이들은 존경받는 엘리트 집단을 형성했다. 홍콩상업회의소의 34명 위원 중에서 유대인이 3명, 파르시인이 1명, 아르메니아인이 1명이었는데, 이들은 모두 인도와 활발히 교역하고 있었다. 파르시인은 영국이 중국에 침투할 길을 닦았으며 중국과의 교역을 통해 축적된 부는 뭄바이의 번영에 기여했다. 아편전쟁, 전통적인 해외 교역체제의 붕괴, 그리고 중국 연안에 있는 다섯 자유항의 개방과 함께 새로운 모델이 나타났다. 그 중에서 상하이가 가장 뛰어난 예이다.

---

[39] F. Welsh(1977) *A Borrowed Place: The History of Hong Kong*, London, Harper Collins, p.297 참조.

상하이
: '조약체제'(Système Traités)의 실험실[40]

심지어는 정통 공산주의자들도 비판하지 않고 받아들였으며 오랫동안 그렇게 믿어왔던 역사적 사실과는 달리, 상하이는 결코 가난한 어촌 마을에서 갑자기 19세기에 외국자본의 힘을 빌려 자유항으로 변모하지 않았다. 13세기 말 송(宋) 왕조의 몰락 이후 줄곧 이 도시는 활발한 상업항이었다. 원(元) 왕조하에서는 지방 행정관청의 소재지였으며 명(明) 왕조하에서는 면의 생산 중심지이자 상업의 중심지였다.[41] 공식적이든 비공식적이든 면 교역에 중개인이 관여한 것을 보면 이 시장은 크기와 복잡성에서 이미 단순한 농업과 수공예품 시장 경제의 수준을 넘어서 성장하고 있었음을 알 수 있다. 이 시기부터 줄곧 상하이는 상당히 상업화된 경제의 중심이었다. 1832년 6월 영국 상인 린제이는 이 항구에서 상당한 규모로 해상 운송이 처리되고 있음을 보고 놀라움을 금치 못했다. 그는 단 7일 동안 100톤에서 400톤에 이르는 400개의 정크선이 만주, 톈진, 푸젠, 타이완, 광저우와 난양(南洋, nanyang) 즉 동남아, 코친차이나, 샴에서 황푸(黃埔)강의 상류로 항해하여 상하이에 들어오고 있음을 관찰했다.[42] 1843년 자유항이 되었을 때 상하이는 이미 경제적인 영향력이라는 면에서 20개의 가장 중요한 중국 도시들 중의 하나였으며 중국 내지는 물론 해외와 광범위하고 무수한 교역 관계를 가지고 있었다. 이 점에 대해서 머피는 상하이에서의 해운의 규모는 이 항구가 외국인에게 개방되기 전에도 런던과 비슷

---

40) 이 문구는 M. C. Bergère(2000) *Histoire de Shanghai*, Paris, Fayard, p.17에서 빌려왔음.

41) 머피의 학위논문(Murphey, 1977)에 대해 가장 체계적으로 이의를 제기한 이는 의심할 의지 없이 린다 쿠크 존슨이다. 장기간의 역사적인 맥락에서 중국과 외국의 경제 시스템 간의 상호작용을 밝히고 있는 다음의 책 참조. Linda Cooke Johnson, *Shanghai: From Market Town to Treaty Port, 1074~1858*.

42) Lu Hanchao(1992) 'Arrested development, cotton and cotton markets in Shanghai, 1350~1843', *Modern China*, 18(4), October에서 인용.

한 수준이었음에 주목했다. 의심할 여지없이 상하이는 또한 그가 인정하고 싶어 했던 것보다 후배지와 더 긴밀하게 연결되어 있었다.[43]

상하이는 여러 지방과 국가에서 온 이들이 어우러진 코즈모폴리턴 도시였다. 다른 지방에서 온 중국인은 자신들의 조합인 회관(會館, huiguan)을 가지고 있었으며 전술한 바와 같이 영국도 또 하나의 다른 상인조합으로— 비록 주변에 있고 규모도 작지만— 간주되었다. 상하이가 외국인에게 개방된 후 10년 동안 영국인은 겨우 150명에 불과했다. 그러나 중요한 두 사건으로 인해 1850년대 이 도시는 심대한 변화를 경험하게 되었다. 비밀결사 소도회(小刀會, xiaodaohui)의 반란으로 그때까지는 중국의 배타적인 권리에 속했던 사항에 대해—관세의 징수와 중국인이 대거 몰려오게 된 외국인 조계에 시정 기구 설립— 외국인이 관여하게 되었다. 중국인 중개인(intermédiaires)—이들의 상업적 역할은 필수 불가결 했다—은 외국 회사에 자금을 투자하기를 바라마지 않았다. 사실 치외법권으로 인해 중국인 자본은 제국의 관료제도와 절연하고 앵글로-색슨 법체제가 보호하는 환경에서 피난처를 구할 수 있었다.

같은 이유로 1843년 이후 광저우의 상인들이 상하이로 몰려들었다. 이들은 외국인이 주도한 개방으로 인해 그들 또한 사업을 확장시킬 수 있는 기회를 얻기를 바랐다. 상하이는 외국 상인의 조합을 용인했던 하나의 중국 도시에서 아주 성격이 다른 도시로의 변화를 경험했다. 상하이에는 아직도 성벽에 둘러싸인 중국 도시의 면모와 더불어 황푸강을 따라 나있는 긴 대로, 와이탄(外灘, Bund)—19세기의 말에는 대형 은행과 외국 기업체들이 이 자리에 들어섰다—을 포함한 서양 도시(municipality)의 면모가 양립하게 되었으며 이들 간에는 선명한 이원성이 공존했다.[44]

---

43) Kwan Man-bun(1997) 'Mapping the hinterland: treaty ports and regional analysis in modern China', in Gail Hershatter, Emily Honig, Jonathan N. Lipman and Randall Ross(eds) *Remapping China: Fissures in Historical Terrain*, Stanford, Stanford University Press, pp.181~193 참조.

20세기의 초에 세파르디 유대인(juifs sépharades)[45] 상인이 대거 상하이에 정착했다. 사순(Sassoons, 沙逊), 카도리(Kadoories, 嘉道理) 그리고 하르돈(Hardoons, 哈同) 가문에 이어 곧 이어 바그다드, 카이로, 뭄바이에서 많은 가문들이 왔다.[46]

귀금속, 장미향수, 아라비아 말(馬)의 매매를 전문으로 한 바그다드 유대인은 18세기 후반부터 수라트(Surat), 뭄바이, 콜카타에 정주했다. 런던에서 상하이까지 퍼져 있던 상인 디아스포라 출신 중개상들은[47] 광저우의 아편 무역에 진입한 마지막 집단이었다. 상하이가 개방되자마자 파르시 상인, 페르시아에서 쫓겨나 인도에서 피난처를 구한 시아파 출신인 이스마일 분파 상인, 그리고 바그다드 유대인이 들어왔다. 이들 집단들은 상하이에서는 소수의 주변인이었지만 뭄바이와의 특히 면직물과 아편 무역에서 중요한 역할을 담당했다. 1860년대부터 바그다드 상인은 비록 수는 적었지만—1868년에는 10명, 1874년에는 20명 그리고 1895년에는 175명— 영국의 인도와 중국과의 교역에서 파르시가 했던 역할을 이어받았다.[48] 20세기 초에 바그

---

44) 와이탄을 나타내는 '번드(bund)'라는 단어는 파키스탄의 공용어이며 인도에서도 널리 사용되는 우르두어로, '부두, 제방, 길가'를 의미하는 *band*에서 나왔다고 한다. 이 단어는 사순가(家)에 의해 상하이에 들어왔다는 주장이 있다.

45) 세파르디(복수로는 세파라딤)는 주로 포르투갈이나 스페인계 유대인들로 여겨지며 이란과 같은 중동 나라의 유대인이나 북아프리카계 유대인이 포함되기도 한다(역자).

46) 세파르디의 핵심 집단은 집단 학살을 피해 이주한 아시케나지(Ashkenazi) 유대인이었다. 강한 공동체의식을 가지고 공동체를 발전시켰다. 이들은 상점, 빵집, 모자점의 주인이 되었다. 1917년 러시아혁명으로 상하이의 유대인 수는 배가 되었으며, 1943년에는 25,000이었던 것으로 추정된다.

47) 뭄바이에서 바그다드 유대인이라는 용어는 페르시아와 아프가니스탄에서 온 비아랍어를 쓰는 유대인뿐만 아니라 시리아와 오스만제국의 여러 다른 지역, 아덴과 예멘에서 온 아랍어를 사용하는 유대인을 지칭한다. Robert Bickers and Christian Henriot(2000) *New Frontiers: Imperialism's New Communities in East Asia, 1842~1953*, Manchester, Manchester University Press, p.39 참조. 이 책은 Thomas A. Timberg(1986) 'Baghdadi Jews in Indian Port cities', in Thomas A. Timberg(ed.) *Jews in India*, New Dehli, Vikas Publishing House를 인용하고 있음.

48) *Ibid.*, pp.41~42.

다드 상인은 중국으로 향하는 인도산 아편의 주요 수입상이었으며, 이들은 1920년대부터 이윤을 부동산, 해운, 금속, 양모에 재투자했다. 종합상사의 상인(négociant généralistes)인 이들은 상하이의 증권 시장을 지배했고 영국과 공동으로 이 국제 조계지역을 관리했다. 영국과 바그다드 상인 공동체라는 각기 다른 두 공동체 간의 관계에서 보이는 다공성(porosité)은 의심의 여지없이 이 국제 조계지역이 식민지가 아니었다는 사실로 설명될 수 있다. 바그다드 유대인은 영국인과 함께 그 행정에 참여할 수 있었다.[49]

해항도시의 흥망성쇠를 결정하는 요인이 그 지리적인 위치와 기반시설의 질뿐만은 아니다. 해항도시에 생명력을 불어넣는 네트워크의 특이성—때로는 인습에 얽매이지 않는(이주자는 활동적이고 대담하다)—도 중요하다. 이는 또한 제도적인 요인에 기인한다.

사실 우리가 검토하고 있는 해항도시에서 볼 수 있는 압도적인 세 가지 특징은 ① 중계 무역의 역할 ② 낮은 관세 ③ 코즈모폴리턴적인 상업 환경이다. 여러 상인 문화의 교류와 혼종화가 화물집산지와 중계무역지에 이러한 힘을 가져다주는 것은 확실하다. 이들 세 교역 공동체—싱가포르로 이주한 중국인, 홍콩의 파르시인, 상하이의 바그다드 유대인—는 때때로 영국 제국의 중개인으로 때로는 글로벌 무역체제 내에서 독자적으로 행동했다.

싱가포르에서 영국인은 중국인 네트워크에 아무런 영향도 미치지 못했다. 홍콩에서 파르시인은 영국인을 대신하려고 시도하지 않았으나 아르메니아인, 신드(Sindhis) 무슬림 그리고 보라인(Bohras)과 같이 자유 무역의 진전을 가져온 매개체였다. 이들의 민간 상인으로서의 권력은 거침없이 계속 커져갔으며, 거의 동시에 일어났던 EIC의 독점과 중국 공행의 해체에도 기여했다. 또한 상하이에서 바그다드 유대인은 자신의 방식대로 경직된 중국 관리는 물론 영국의 상업 관행을 다룰 수 있는 혼종적(hybride) 교역 관행을

---

49) 그러나 이들의 통합에는 한계가 있었다. 아주 드문 경우를 제외하면 이들은 영국인의 클럽에 들어갈 수 없었다. 이들은 동양인(Orientaux)으로 인식되었으며, 일정 영국인공동체에 내재해 있었던 잠재적인 반유대주의의 희생자였다. *Ibid.*, p.49.

발전시키는 데에도 공헌했다. 또한 이들은 1937년 일본의 침략이 있을 때까지 창강 하류의 대도시(métropole)를 극동에서 가장 중요한 도회지(centre urbain)로 만든 상업적 활력을 불어넣었다.

이들 이민족(allogène) 네트워크가 가지고 있었던 중요성에 대한 새로운 평가를 통해 19세기에 아시아와 세계 교역을 위해 주요 생산품을 생산하고 상업화하는 일에 관여했던 행위자들을 더 잘 이해할 수 있다. 바그다드 유대인은 영토를 점령하고 있었던 세력과 가지고 있었던 특별한 관계를 이용했으며 굽실거리지는 않았지만 충성스런 협력자였다. 이들 공동체는 인도와 중국 간의 거대한 상품 흐름에서 중개자의 역할을 담당했다. 조국에서 떠나야 했으나 문화적이고 종교적인 강력한 응집력을 가진 이들은 중국인과 유럽인 간에 자주 발생했던 문화 충격을 흡수하는 어떤 의미에서는 교역촉진제(*facilitateurs de transactions*)가 되었다. 다양한 문화를 영리하게 감정해 내는 전문가였던 이들은 사람들과 접촉하고 네트워크를 만들어내는 전문가이기도 했다. 중국인 세계와 세파르디(Sephardi) 세계의 주변부에서 장사를 했던 실라스 아론 하르둔(Silas Aaron Hardoon, 1851~1931)은 상하이에서 이 점을 잘 보여주는 좋은 예이다. 이들 소수자 중개인 집단은 (minorités d'intermédiaires) 서로 경쟁관계에 있었지만, 영국 정부가 아편 무역의 점진적인 축소에 대한 중국의 요청을 받아들였던 20세기 초를 예로 들 수 있는 바와 같이 이들의 이익이 위협당할 때는 힘을 합할 수도 있었다.

그럼에도 이들 공동체들은 분리되어 있었다. 파르시인과 보라 힌두교도는 사회적인 사건이 생기면 홍콩에서 서로 마주할 수 있었지만 파르시인과 신드인(sindhi)은 좀처럼 섞이지 않았다. 중국에서의 영향력에도 불구하고 인도인들은 결코 하나의 민족 집단을 형성하지 못했으며 서로 완전히 달랐으며 무엇보다도 가장 파르시인, 보라인, 신드인, 시크교도 이런 식으로 따로 존재했다.

이들 이주상인 네트워크의 기업가적 직관은 영국의 행정가나 상인과 비교해 보면 관습에 얽매이지 않는 독특한 특성을 가지고 있었다. 이로 인해 이들은 자주 소규모 거래에서 출발하여 중계무역지인 해항도시에 투자하게 되었다. 이들은 아시아에서의 글로벌 무역의 흐름이 도도히 진행되고 있던 장소인 싱가포르, 홍콩, 상하이에 투자했다. 19세기 전반기 동안 싱가포르에 있던 중국인의 경우를 예외로 한다면 수적인 열세와 변경성(marginalité)도 이들에게는 방해물이 되지 못했다. 사실 이들은 소수였으나 영향력은 컸다.

이들 해항도시에서의 교역 활동은 EIC에 의해 운영되었던 시기의 싱가포르에서 볼 수 있듯이 때로는 사적인 개인이 주도하여 발전했는데, 이는 아시아 해양 권역 내에서 확장되기도 하고 수축되기도 했다. 지배적이었던 네트워크가 이들 변동의 과정에서 어느 정도 영향을 미쳤는지를 정확히 알 수는 없다. 당연히 화교는 압도적인 역할을 했으며, 영국과 네덜란드의 동인도회사들도 그곳에 단단히 뿌리내리고 있었다. 식민 권력은 때로는 직접적으로 통치했다. 그러나 동남아에서 중국 상인들이 철수하자 남겨진 상업적 공백을 믈라유인들이 채웠다. 19세기말 동아시아에는 두 가지 대조적인 양식을 가진 도시들, 즉 영토 없는 도시들과 광대한 후배지를 가지고 있는 도시들이 있었다. 이러한 이분화의 영향은 20세기의 후반까지도 그 자취를 남겼다. 앞으로 볼 바와 같이 이는 해양아시아의 경제 공간을 구조화시킬 것이다.

제4부

재글로벌화의 중앙무대
:아시아 지중해 제2의 탄생

제12장

글로벌화 도전에 직면한
중국 해항도시

태평양전쟁 동안 마비되었던 중국의 주요 해항도시들은 1949년 공산당의 집권 이후 40년간 긴 동면의 시기를 맞이했다. 개항장 혹은 자유항은 더 이상 존재하지 않았다. 치외법권 지역은 모두 1945년 중국에 반환되었으며, 공산 당국하에서 도시는 행정적이고 정치적인 기준에 따라 통치되었다. 이는 중국의 전통적인 도시가 가지고 있었던 일부 속성을 해항도시가 다시 갖게 되었음을 의미한다. 주요 특징을 보자.

중국 도시화의 두 형상
:중심지(Places Centrales)와
도시 네트워크(Villes en Réseau)

우리가 통상 도시(cité)라고 언급하는 것은 중세 코뮌(*commune*)[1]에 기원을 두고 있다. 이런 형태의 도시는 11세

---

[1] 코뮌은 자유도시, 혹은 자치도시로 번역되기도 함(역자).

기 북이탈리아에서 나타났으며 급속도로 프랑스, 독일, 네덜란드로 퍼져 나갔다. 베버와 피렌은 각기 나름의 방식으로 도시를 버그(burgh)²⁾와 같은 그 이전의 도시 형태와 구별짓는 특징을 정의했다. 베버에 따르면 도시(ville)는 '방어시설, 시장, 재판소, 최소한 부분적으로라도 자치적으로 관할할 수 있는 일정 지역, 공동의 목적과 이해를 가진 일정한 단체나 조합, 그리고 시민(bourgeois)에 의해 선출된 정부'를 가지고 있어야 한다.³⁾

이에 대해 피렌은 오고갈 수 있는 자유 즉 이동의 자유가 필요한 상인 측에서의 자치에 대한 요구, 경제적이고 사회적인 활동을 함에 있어서 여러 측면에서 간섭할 수도 있는 여러 다른 지역의 관할권으로부터 자유롭도록 보장해주는 특별한 입법의 혜택, 교역의 권리와 안전을 보장하는 형법의 확립, 일정한 형태의 자치정부를 들었다.⁴⁾ 더 나아가 베버는 '시민(bourgeois)'의 열망(aspirations)도 도시의 특징을 규정한다고 보았다. 이에는 시행정관(consuls)이 적용할 수 있는 합리적인 법률의 체계화, 영구적인 정치적 결사체 조직, 그리고 전통적인 봉건 관할권 밖에서 누릴 수 있는 특별한 법적 지위의 향유가 속한다. 독립된 영토 단위를 지배하는 법은 아니었음에도 불구하고 구식의 봉건 사회법은 더 이상 설득력이 없었다. 호모 에코노미쿠스(경제인, *homo economicus*)는 바로 이러한 헌장(charters)과 독점사업권(franchises)의 보호하에서 창조되었다.

만약 이러한 발전, 즉 서구 자본주의가 오직 서양에서만 생겨날 수 있었다면 그 이유는 독특하게 서양에서만 나타난 보편적인 문화 발전(évolution culturelle général)이 가지고 있는 특징에서 찾을 수 있다. 오직 서양에만 원칙에 기반을 둔 헌법(constitution), 전문화된 행정 그리고 권리를 가진 시민으

---

²⁾ 자치구, 자치도시로 번역되며 연결형(-)인 경우 시·읍을 뜻함(역자).
³⁾ Max Weber(1991) *Histoire économique*, Paris, Gallimard, pp.334~356.
⁴⁾ Henri Pirenne(1927) *Les villes du moyen âge, essai d'histoire économique et sociale*, Bruxelles, Lambertin, pp.150~151.

로 구성되는 근대적인 의미에서의 국가(État au sens moderne du terme)가 나타났다. 오직 서양에만 법률가의 합리적인 해석과 적용으로 새로워진 이성적인 법률(droit rationnel)이 있었다. 다시 한 번 오직 서양에만 정확한 의미에서의 도시가 있었기 때문에 서양에서만 시민(burger-civil romanus, citoyen, bourgeois)이라는 개념이 있을 수 있었다.[5]

도시가 농촌과 불화를 겪고 떨어져 나온 분명한 사례를 중국의 전통적인 도시에서 찾기는 어려울 것이다. 유럽에서는 자유를 낳게 된 과정—한편으로는 서로 경쟁하면서 다른 한편으로는 함께 중앙 권력과 경쟁하는 자치 기관들의 흥기—을 중국의 전통적인 도시에서는 볼 수 없다. 행정의 중심지, 성벽으로 두른 도시 또는 시장이 있는 도시로 구성되는 전통적인 중국의 도시는 교역 장소와 행정 수도라는 이중의 네트워크로 조직되어 있었다. 여기에 19세기 후반부터 조약항에는 사실상 고립된 외국인 집단거주지(enclaves étrangères)가 더해졌다.[6] 농촌과 수없이 많은 연계를 가지고 있던 전통적인 중국의 도시는 변화의 인자였다기보다는 농촌사회가 성장하면서 만들어낸 결과물이라고 오랫동안 인식되어 왔다. 성벽 안에 시민은 없었으며 인구의 대부분은 일시적으로 도시에 거주하지만 결국에는 농촌으로 귀향할 이들로 구성되어 있었다. 농촌지역을 지배하는 당국과는 별도로 도시만을 통치하는 행정부는 없었다. 도시는 자치체가 아니었으며 규모에 관계없이 크고 작은 행정 구역이 존재하는 장소였을 뿐이다.

유럽에서 도시 체제의 형태를 설명하는 데에는 크게 두 가지 이론이 동원되어 왔다. 1930년대 남부 독일에 관한 연구에서 독일 지리학자 월터 크리스탈러가 창안해 낸 중심지이론(théorie des lieux centraux), 그리고 중세

---

5) Weber, *Histoire économique*, p.333.

6) G.W. Skinner(ed.)(1976) *The City in Late Imperial China*, Stanford, Stanford University Press; G.W. Skinner and Mark Elvin(eds)(1974) *The Chinese City Between Two Worlds*, Stanford, Stanford University Press 참조.

유럽의 도시화를 연구한 제임스 방스 그리고 리(Lees)와 호헨버그가 발전시킨 네트워크이론(théorie des réseaux)이 그것이다.[7)]

크리스탈러가 제시한 중심지이론의 타당성을 검증하기 위해 이를 19세기 말 중국에 적용시킨 스키너는 '도시/농촌'이라는 이원론을 거부했다. 그는 중국의 공간 구성에서 중심의 점진적인 계층화(gradation hiérarchique de centres)는 생산과 분배 사슬을 따라 체계화됨을 발견했다. 그는 보완적인 차원에서 크리스탈러의 해석을 풍부하게 했다. 그에 따르면 중심 교역지의 계층화는 전적으로는 아닐지라도 대부분 중심 행정지의 계층화와 상응한다. 중국의 공간 구조에서 도시가 차지하는 위치를 분석하면서 스키너는 두 개의 계층적 네트워크(réseaux hiérarchique)를 구분했다. 제국의 관리가 영토적인 행정의 필요를 위해 세우고 다스리는 중국의 공식적인 네트워크, 그리고 향신과 상인이 우세한 중국 사회의 '자연적인(naturelle)' 구조를 반영한 경제적 교환 네트워크가 그것이다.

도시화 과정에 대한 또 다른 설명 방식이 계속 제시되었다. 중세와 근대 유럽을 연구하는 역사학자들은 도시 체제(armatures urbaines)를 구조화하는 데에 네트워크의 개념이 중요함을 강조한다. 이런 해석적 관점에서 보면 도시는 행정의 수도 혹은 생산의 중심지만으로 생기는 것이 아니라, 이주와 정착의 공간(sphère de peuplement), 경제적이고 재정적인 결정권이라는 특권을 가진 교차로, 연구와 혁신의 장소지이다. 대도시화(metropolisation)의 동력은 대도시를 선호하는 경향이다. 높은 성장세를 기록하는 시기에 도시는 엄청나게 많은 일자리를 창출한다. 그리고 이러한 경향은 서비스 부문의 발전으로 인해 더욱 강화된다. 경기가 침체되는 시기에 (특히 농촌에서) 도시에서는 더 활발한 노동 시장을 발견할 수 있기 때문에 사람들은 대거 대도시로 이동한다. 상하이의 예는 특히나 이러한 측면을 잘 보여준다.

---

7) Walter Christaller(1966[1933]) *Central Places in Central Germany*, Englewood Cliffs, Prentice Hall; Paul Hohenberg and Lynn Hollen Lees(1985) *The Making of Urban Europe, 1000~1950*, Cambridge, Harvard University Press 참조.

네트워크 시스템에서는 중심지 시스템에서와는 달리 직선거리가 별다른 의미가 없다. 이는 시간, 잠재 이윤, 법적 투자 환경의 유형, 자본 시장에의 접근도 등 다른 요소들의 함수이다. 네트워크 내의 도시들은 거리라는 문제에 긴박되지 않는다. 이들은 다른 도시들과 손익 분기점(seuil de rentabilité) —중심지 시스템에서는 근접관계(relations de proximité)의 핵심—을 이유로 해서라기보다는 상보성을 이유로 하여 서로 연계관계를 수립한다. 이들 도시는 자신의 적응력과 유연성을 이용하여 네트워크에서의 자신의 위치를 강화시킨다.

사실 이상에서 언급한 두 해석 모델은 도시의 계층(hiérarchies)을 연구하고 도시의 성장을 분석하는 수단이라는 면에서 보면 서로 모순되기보다는 보완적인 관계를 가지고 있다. 사실 이 두 모델은 상호작용의 서로 다른 측면, 즉 중심지 이론에서는 종속, 네트워크 시스템에서는 후배지와의 유기적 결합을 드러내고 있다. 중국의 연안 도시에서 이러한 기능들은 어떤 식으로 발전했는가?

중국의 연안 도시
:사회주의의 유산으로
숨이 막히다

1949년 이후 중국에서의 도시—시(villes, 市, 城市 chengshi)와 진(bourgades, 鎭 zhen)—는 특별히 어떤 지리적인 개념과 관련되어 있지 않으며 특정한 어떤 주거 밀집지역을 가르치지도 않는다. 도시는 무엇보다도 별다른 자치권이 없으며 전영토를 포괄하는 권력 구조 안에 포섭된 행정 단위(entités administratives)이다. 사회 경제적인 의미에서의 도시의 정의는 오늘날에도 상당히 다양하다는 점은 중요하다. 그리하여 1990년대 말 전체 주민이 12만이고 이 가운데 비농업인구가 8만에 이르는 한 지역이 진의 대열에 속할 수 있다. 거기에는 수없이 많은 성패가 달려 있다. 도시의 지위를 획득하게 되면 그 지역은 외국인 투자를 끌어들이고 기술 발전을 위한 개발 지구를 세울 수 있는 가능성—무엇보다도 많은 농민을 내몰아 낼 수 있는 구실로 이용되었던—과 같은 여러 가지 행정적인 특혜를 누릴 수 있다.[8]

중국의 도시는 성(省, *sheng*), 시(市, *shi*), 현(縣, *xian*)이라는 세 가지 범주로 분류된다. 한 도시의 위치를 분석하기 위해서 그 도시가 도시 편재 상 가지고 있는 행정적인 지위, 관할 구역, 주민등록제도, 그리고 마지막으로 그 도시 인구를 구성하는 다양한 시민들의 성격과 같은 네 가지 기준을 세울 수 있다. 수없이 많은 보이지 않는 경계(frontières)가 도시 공간 내에서 뒤얽혀있다. 이 경계는 서로 다른 행정적인 지위—농촌 거주자와 도시 호구(戶口, *hukou*—를 가진 이들)를 가진 인구를 나누며, 도시의 주변으로 포함된 농촌지구와 도시 자체를 구분하며, 비농업 노동력과 다른 범주의 도시 거주자를 구별한다. 이와 마찬가지로 도시 시민의 지위는 도시의 성채 너머로 확대될 수 있다. 국영 농장에 고용된 당원은 도시 호구에 접근할 수 있을 것이며, 따라서 도시 거주자의 지위에 따라 오는 혜택(교육, 고용 기회, 의료 보장)도 얻을 가능성이 크다.

도시와 농촌을 구분하는 성채의 재건설

중국 대도시의 경우 도시와 농촌을 분리하는 여전히 보이지 않는 장벽의 개축으로 인해 도시화를 향한 진전은 더욱 복잡해

---

8) 도시를 구분하는 여러 다른 방법과 이것이 가지고 있는 함의에 대해서는 Kam Wing Chan and Xueqiang Xu(1985) 'Urban population growth and urbanization in China since 1949: reconstructing a baseline', *The China Quarterly*, 104, December, pp.583~613. For the different categories of migrants, see Sydney Goldstein(1990) 'Urbanization in China, 1982~1987: effects of migration and reclassification', *Population and Development Review*, 16(4), December, pp.673~701 참조.

졌다. 중국에서의 도시화의 가속화는 1980년대 이래로 실시된 개혁개방을 따라 진행된 산업화의 물결과 연동되었다. 그리하여 이러한 가속도는 농민의 도시권으로의 이동 폭에 상당부분 의존하게 되었다. 이주의 흐름은 20세기의 마지막 수 십 년간 상당히 증가했다. 이주민(民工, *mingong*)[9] 숫자는 3,500백만에서 거의 1억 5천만으로 증가했으며, 도시인구의 비중은 11%에서 31%로 급증했다(표 1 참조). 이들 1억 5천만 이주민(정확한 통계치를 얻기 어렵기에 근사치라고 할 수 있는)은 이제 도시에서 일한다. 그럼에도 불구하고 이런 상황은 유럽이나 다른 몇 개발도상국가에서 일어났던 도시화 과정과는 다르다. 이들 이주민, 더 정확하게는 한 중국인 사회학자가 이름 붙였듯이 '철새(候鳥, *hou niao*)'는 농촌으로 되돌아간다. 다시 말해 이들은 영구히 도시에 통합되지 않는다. 이들이 도시 거주민 공동체의 일원이 되는 것이 왜 그렇게 어려운가?

[표 1] 중국의 이주민 인구, 1982-2005

	1982	1990	2000	2005*
이주민(백만)	11.345	34.128	144.391	147.35
전체인구(%)	1.12	2.98	11.39	-
도시인구(%)	5.28	11.30	31.45	26.23

* 출처: 孟健軍(2003) 「中國的人口移動與經濟發展的實證分析」,
　　『中國國情研究報告』, 北京, no. 11.
* 2005년 통계는 「2005年全國1%推樣調查主要數据公報」, 『統計局』, 2006年3月16日.

이 문제에 답하기 위해 이주민 인구의 구성을 살펴볼 필요가 있다. 이주민은 세 집단으로 구성되어 있다. 즉 상대적으로 높은 수준의 교육, 기술능력 또는 사업가적 역량을 가진 이들이 한 집단이며, 보통정도의 자본을 가지고 최소한 초기 단계에는 도시에서 그럭저럭 먹고살아갈 수 있는 이들이 또 다른 집단이며, 그리고 제조업, 건설업, 요식업에 고용되고 강도 높은

---

[9] 農民工의 약칭(역자).

12_글로벌화의 도전에 직면한 중국 해항도시　**259**

노동과 적은 임금으로 인해 도시 거주자들이 통상적으로 피하는 직업에 종사하는 마지막 집단들이다.

첫 두 범주에 속하는 이들은 도시에서 영구적으로 정착할 수 있으며, 임시로 체제하다 정착하는 이민 첫 세대와 비교될 수 있다. 마지막 범주가 이주민의 다수를 구성하는데, 이들은 도시에서 오래 머물지 않는다. 공식적인 도시 '거주권(résidence)'이 없는 이들 대다수는 사회 보장이나 고용 보험의 혜택을 누리지 못한다. 사고가 나거나 병이 걸리면 농촌으로 돌아가야 하며 춘절에는 정기적으로 고향으로 간다. 그렇다면 향후에 중국 농촌 인구가 감소할 것인가라는 문제를 제기해 볼 수 있다. 이주민 즉 '철새 이주자'가 도시에서 얼마간을 보낸 후 나이가 들거나 병에 걸리면 대다수가 농촌으로 되돌아 갈 것인가?

마오주의 유산의 무게
:중국 도시에서의 제조업의 우세

마오와 공산주의 지도자들은 도시에 대한 오래된 적대적 전통을 이어받은 후계자들이었다. 도시는 서양인의 거주지(enclaves occidentale) 혹은 퇴폐의 굴로 간주되었다. 때문에 이들은 1950년대에 외국 의존성의 상징인 '소비 도시'를 '생산 도시'로 탈바꿈하려는 목표를 설정했다. 이러한 지상과제를 수행하면서 중국의 도시는 상당한 정도의 생산 능력을 갖추게 되었음도 사실이다. 그리하여 제조업의 역할이 과장되는 것을 피할 수 없었다. 또한 이 정책은 중국 도시의 상업 기능에도 유해한 결과를 가져왔다. 세계적으로 중요한 대부분 도심지의 상당부분이 서비스업에 할애되어있는 반면, 1990년대 말까지도 대부분의 중국 도시에서 서비스업이 차지하는 비율은 고작 30% 정도밖에 되지 않았다.

해안가에 위치한 대도시에도 이 정책은 적용되었다. 2000년대 초기에 제

[표 2] 베이징, 톈진, 광저우에서의 GDP 추이, 2000-2006(%)

	베이징		
	1차산업	2차산업	3차산업
2000	3.63	38.06	58.31
2004	2.40	37.60	60.00
2006	1.25	27.85	70.91
	톈진		
	1차산업	2차산업	3차산업
2000	4.49	50.03	45.48
2004	3.49	53.21	43.30
2006	2.71	57.08	40.21
	광저우		
	1차산업	2차산업	3차산업
2000	3.97	43.44	52.59
2004	2.81	44.16	53.04
2006	2.39	40.01	57.60

* 출처: 베이징, 톈진, 광저우 통계연감.

조업 부문의 비율은 감소하고 있으나, 톈진과 상하이에서 보는 바와 같이 매우 느리게 축소되고 있다. 3차산업의 비중은 약간 증가했다. 수도이고 행정 기능에 초점이 맞추어지다보니 베이징만 다음 표에서 보는 바와 같이 다른 전개양상을 보인다.

상하이의 경우 보다 주의 깊게 살펴볼 필요가 있다. 1980년대 이래로 이 도시는 두 가지 야망—금융과 상업 기반 시설에 대한 대단위 투자를 통해 서비스업의 중심으로 설 것인지 아니면 고도의 경쟁력을 갖춘 제조업 부분으로 무장한 대도시(métropole)로 남아있을 것인지— 사이에서 흔들렸다. 제조업에서의 생산량 감소에 대한 투쟁을 의미하는 후자로의 야망은 21세기의 첫 몇 년간 상하이의 GDP의 구조에 그대로 반영되어 있다(표 3 참조). 제조업이 홍콩에서는 실제로 거의 사라진 반면 상하이에서는 여전히 우세한 입지를 구축하고 있다. 시당국이 시의 경제 활동을 지원하기 위해 선택한 6대 '지주'산업(六大支柱產業)—정보산업, 금융, 교역과 수출입, 자동차, 장비 제조, 부동산—은 서로 다른 역할을 하고 있는 두 도시의 기능 차이를 잘 보여준다. 제조업 부문에서의 생산성의 '재정복'이 무엇보다도 문제였다. 왜냐하면 상하이는 고밀도의 자본과 인적 자원을 가지고 있는 장소이기 때문이다. 즉 부동산은 비싸고 급여와 생산 비용은 다른 델타에 있는 도시들보다 높다. 외국인투자—이것이 하나의 결과일 수 있을까?—는 2003년에는 상하이(US$5.8백만)에서 보다 쑤저우(蘇州)(US$6.8백만)에서 더 높았으며, 2007년에는 거의 비슷해졌다(각기 US$7.1백만, 6.1백만).[10]

[표 3] 상하이 GDP 추이, 2000-2006(%)

	1차산업	2차산업	3차산업
2000	1.83	47.54	50.63
2004	1.30	50.85	47.86
2006	0.90	48.51	50.59

* 출처: 상하이 통계연감.

중앙계획경제에서 물려받은 산업 모델과 인접 지방인 저장(浙江)과 장쑤(江蘇)에서 시행된 '비정부 부문의 산업화(industrialisation du maquis)' 사이에서 벌어진 대립과 반목으로 국유가 지배적인 상하이의 산업 구조에 부담이 되고 있다. 또한 민간 부문에 대해 가지고 있는 상하이 당국의 낡은 편견은 1997~1998년 아시아 경제 위기에 대한 특정한 해석에서 유래한다. 싱가포르와 같은 도시가 커다란 피해를 보지 않고 위기를 극복할 수 있었던 데에는 대규모 제조업 부문이 실재했었기 때문임에 유념하면서 상하이의 지도자들은 도시의 생명선인 제조업 역량을 잃어버린 홍콩의 운명을 피하

---

10) 『中國統計年鑑』, 『上海統計年鑑』, 『蘇州統計年鑑』, 2004, 2008.

고자 노력했다. 그러나 이러한 견해는 중국에서 서비스의 발전을 더디게 하는 데에 공헌했을 뿐이다.

2000년대 초 상하이 당국은 상당히 경쟁력 있는 제조부문을 가진 국제적인 대도시로 성장해야 한다는 생각에 여전히 매달려 있었다. 이로부터 결과한 불균형은 이 도시의 GDP에 반영되어 있다. 2003년 3차산업 부문은 48%에 지나지 않았다. 사실 상하이는 1980년대 중반 이래로 줄곧 금융과 상업 기반시설에 대한 대단위 투자를 필요로 하는 서비스업의 대 중심지로 나갈 것인지 아니면 민간 부분과의 경쟁에서 이길 수 있도록 지원을 아끼지 않는 산업 정책을 취할 것인지 사이에서 머뭇거리고 있었다.

역동적인 민간 부문의 등장으로 약화 일로를 걷고 있는 공유 개념에 기반한 이 한물간 산업 시스템의 사라짐을 슬퍼해야 하는가? 결국 상하이에서 제조업의 쇠락은 이 산업 시스템의 비효율성을 반영하고 있는 것이 아닌가? 그런데 상하이의 지도자들은 상하이에서는 생산성이 떨어지고 많은 부분 인접 지역에서 추월해버린 '지주 산업'—자동차, 철강, 석유화학, 생명공학 그리고 원거리통신(telecommunication)—의 중요성을 새삼 강조하고 있다.

서비스 부문의 위축

중국에서 개혁개방은 시장과 도시화를 연결하는 기제(10세기부터 13세기까지 송 왕조에서 나타났던)를 다시 활성화시켰다. 1980년대부터 중국의 개혁개방은 상황을 어느 정도 흐릿하게 만들었다. 이전 중국의 경제 공간에 있었던 조직에서 분명히 보였던 규칙성을 식별해내기 어렵게 되었다. 상업 활동의 허브를 중심으로 수레의 바퀴살처럼 뻗어있던 국제 교역의 구조화는 해항도시의 위치를 상당 정도로 강화시켰다. 생산 수단은 대해항도시에 집중되었다. 기술, 자본 시장 그리고 연구 역량 등 외국 회사를 세우는 데 중대한 매개변수를 구성하는 필요한 기반시설을 발견할 수 있었던 곳도 이곳이었다. 마지막으로 국제 시장과의 연결은 전략적인 중요성을 띠었다.

1984년 5월 일련의 14개의 해항도시—친황다오(秦皇島), 다롄, 톈진, 옌타이(煙臺), 칭다오, 롄윈강(連雲港), 난퉁(南通), 상하이, 닝보, 원저우(溫州), 푸저우, 광저우, 잔장(湛江), 베이하이(北海)—가 국제교역에 개방되었다. 이들 해항도시는 해안지구(façade maritime)를 따라 배치되어 있는데, 이는 중국 내지보다는 다른 아시아 도시를 상대로 배열되어 있던 이전의 해안지구를 부흥시킨 형태였다. 해항도시를 매우 국제화된 도시 네트워크 방향으로 향하게 한 변화는 이제 막 시작되었을 뿐이다. 이를 크리스탈러의 중심지이론을 적용하여 설명할 수는 없다. 이는 중국 산업화의 고유한 양태—19장에서 살펴보게 될 시장 분할, 행정 구조의 분권화 그리고 지역 보호주의의 격화—와 관련되어 있다.

중국이 세계 교역 무대에 다시 등장함으로써 나타난 결과 중의 하나는 아주 다른 형태의 도시(foyers urbains)가 등장했다는 점이다. 여기에서 가이드라인으로 사용할 기준은 후배지와의 관계, 정치적인 국면, 사회문화적 맥락이다.

먼저 후배지와의 관계를 보자. 경제사, 정치적 맥락, 산업 구조라는 측면에서 해안지구를 따라 위치해 있는 세 지역(macro-régions)인 보하이(渤海)만, 창강(長江, 揚子江) 델타, 주지앙(珠江, 粤江) 델타 지역은 서로 매우 다른 성격을 가지고 있다. 이들의 경제적 도약은 각기 다른 시기에 일어났다. 1980년대에는 주지앙 델타가, 1990년대 말에는 창강 델타가(푸둥(浦東) 지역이 중요한 역할을 맡기 시작하고 제장과 푸젠 간의 노동분업이 개선되고 향상되면서), 마지막으로 다이시앙롱(戴相龍)의 톈진시 시장 지명, TEDA[11]

---

11) TEDA는 Tianjin Economic Development Area의 약자로 톈진경제기술개발구를 말함.

특별경제지구의 창설과 함께 2000년 중반을 전후해서는 보하이만(북부에서의 경제 모델의 성격을 밝히기에는 아직 가능한 단계는 아님에도 불구하고)이 경제적으로 도약했다.

다음으로 정치적인 국면이다. 베이징은 권력의 접점임에는 틀림이 없으며 첨단 기술 쪽으로 발전하려고 노력하고 있는 경제 중심지이기도 하다. 그리하여 경제의 시동은 베이징에서 걸린다. 가장 좋은 두뇌를 가진 인재와 가장 훌륭한 교수들이 있는 중국 대학에서 기업을 세울 수 있는 시스템은 아주 잘 갖추어져 있기 때문이다. 수도는 인적 자원을 집중시키기에 매력적인 조건을 가지고 있다. 중국에서 제1, 제2의 엘리트 대학인 베이징대학(北大)과 칭화대학(淸華)은 베이징에 있다(상하이에 있는 대학들은 베이징에 있는 대학들보다 명문이 아니라고 간주된다).

많은 외국계 기업체 근무자와의 인터뷰에서 이런 이분법적 사고는 자주 보인다.

- 내가 왜 상하이를 선택했나? 내 사업은 민감한 측면이 있다. 나는 중앙 정부와 일정한 거리를 유지해야 했다. 나는 이곳에서 지체 없이 미디어를 통해 파트너와 고객을 찾았다. 그러나 정책결정 미디어는 베이징에 있다. 내가 베이징에서 일을 했다면 잘 되지 않았을 것이다. 거기에서 미디어는 자유롭지 않다. 이는 분명한 사실로 미디어는 수없이 많은 압력을 받고 있다.12)

- 나는 동부 중국에서 중요한 자리를 제안 받았다. 나는 상하이를 선택하지 않았다. 나는 상하이 출신이다. 그것은 기회였다. 물론 가족 네트워크라는 장점을 가지고 있었으며 내 사업을 도와줄 학교 동창들도 거기에 있다. 선전(深圳)에는 고객도 있다. 나는 베이징도 잘 알고 있다. 만약 정부 부처와 대규모 국영기업체와 사업을 하려면 베이징은 분명히 최적의 장소이다. 만약 산업과 관련된 지역에서 일하고자 한다면 상하이나 광저우를 선

---

12) 인터뷰: 상하이, 2006.

택해야 한다. 이들 도시 주변에는 탄탄한 산업 구조가 마련되어 있다. 베이징에는 R&D 인력, 아이디어, 대학, 엔지니어가 더 많이 있다. 베이징에 투자하는 것이 더 역동적하다. 이는 컴퓨터와 전자 산업을 위한 최상의 장소이다.13)

－상하이 대신에 베이징에 내 회사를 세우게 된 이유가 무엇이었나? 베이징은 언제나 정치 권력과 금융 권력의 중심지이며 앞으로도 그럴 것이다. 중요한 결정은 베이징에서 내려진다. 그리고 상하이 출신이 권력의 요직에 앉게 된다는 것은 그가 다음에는 베이징으로 갈 것임을 말해주는 표식이다.14)

대기업에게 베이징은 여전히 의심할 여지없이 기업을 세우는 데 최적의 선택지이다. 중요한 결정은 거기에서 내려지며, 대개는 로비(*lobbying*)를 포함해 일의 성격상 베이징에 있는 것이 필수적인 이들이 있다.

마지막으로 문화적인 측면도 중요하다. 역사 도시인 베이징은 활기차고 비교적 세련된 지적 전통을 가지고 있다. 도심지의 북동부 교외에 있는 다산즈(大山子)는 현대 중국 예술의 중심지로 탈바꿈했는데, 이곳은 소비에트 시기부터 있었던 공장을 놀라운 아이디어로 장식한 활력이 넘치는 장소이다. 베이징에는 다른 예술가 마을도 우후죽순으로 들어서고 있는데, 현재로서는 상하이에서 이에 버금가는 것을 찾기 어렵다.

그리하여 베이징은 강력한 매력을 지니고 있다. 이는 물론 상하이와는 다른 기반시설 때문이다. 그럼에도 불구하고, 수도는 나머지 중국과 보다 빨리 연결되고 이어짐에도 불구하고, 후배지를 고려해 넣는다면 베이징은 이들과는 매우 이질적이다. 이 도시를 벗어나면 우리는 허베이(河北)로 들어간다. 다른 말로 하면 우리는 갑자기 20년 전의 중국으로 돌아가게 된다. 외국과의 오랜 교역사라는 장점을 가지고 있음에도 불구하고 다른 해항

---

13) 인터뷰: 상하이, 2006.
14) 인터뷰: 베이징, 2006.

도시들은 최소한 현재의 시점에서 보면 베이징과 상하이에 경쟁의 대상이
되지 않는다. 베이징에서 남서방향으로 120킬로미터 떨어진 하이허(海河)
어구에 위치하고 있는 톈진은 1604년 이래로 해항도시였으며, 1860년 이후
에는 개항장이 되었다. 그러나 이 도시는 두 가지 불리한 조건을 가지고
있다. 베이징에 너무나 근접해 있다는 사실 그리고 국영기업이 산업구조를
석권하고 있다는 사실이 그것이다. 톈진신경제개발지구(TEDA, Economic
Development Area in Tientsin)에 2005년 가을에는 4,300여 개의 외국 투자업
체가 들어왔으며 톈진 수출량의 3분의 1 이상을 책임졌다. 중앙정부의 직
접적 관할하에 있는 직할시(直轄市, zhixia shi)라는 지위가 일반적으로는
장점이 되지만, 실제로 톈진에게는 약점으로 작용하고 있다. 역설적이게도
직할시라는 지위는 톈진을 베이징의 그림자에 가두었다. 톈진은 베이징을
복제했으나 이보다는 뒤쳐져 있다. 이는 북부 중국의 금융 수도라는 잃어
버린 지 오래된 지위를 회복하고자 열망하고 있는 한 대도시에게는 잔인한
운명이다.15)

남부 중국의 수도인 광저우는 다른 문화에 속한다. 그 윤택함과 활력 때
문에 광저우는 북부 중국이나 동부 중국의 도시들 보다는 동남아의 도시와
더 닮아있다. 문화적인 관점에서는 북부와 동부에 있는 경쟁 도시들보다
훨씬 덜 발전된 광저우도 낡은 관료제로 인해 불리한 상황에 처해 있다. 경
제적인 구조 또한 여기에서는 다르게 나타난다. 수출입 회사가 많고, 중소
규모의 산업이 위주이며, 대기업의 본사는 적고, 기술도 별로 없다. 그리하
여 법률적 도움, 회계 등과 같은 지원 서비스는 훨씬 덜 발전되어 있다. 비
즈니스의 밀물과 썰물이 훨씬 더 중요하다. 마지막으로 광저우는, 영혼 없
는 도시지만 훨씬 더 빠른 속도로 발전하고 있는 선전(深圳)과 분리될 수
없음을 언급해야 한다.

한 도시가 성공하려면 지적, 정치적, 경제적 활력이 결합되어야 한다. 베

---

15) 인터뷰: 시의 지도급 인사와 은행의 지점장, 톈진, 2007 · 2008.

이징은 이들 권력의 세 요소를 모두 갖추고 있으며 정통성 있는 정책이 만들어지는 장소이다. 상하이는 지적이고 경제적인 중심이 되었지만 여전히 정치적으로는 거리가 있다. 광저우는 분명 하나의 경제적인 수도이기는 하다. 그러나 이는 주변에 있다고 인식되기에 정치적인 영향력도 지적인 명망도 가지고 있지 못하다. 톈진은 노력하고 있겠지만 이상에서 언급한 특징 가운데 하나도 가지고 있지 않다. 그럼에도 불구하고 동부 해안의 커다란 대도시는 이 나라의 안정성을 확보하는 데에 이미 매우 중대한 인자가 되었다. 이들은 국제 하청의 필수적인 중심이 되고자 최선을 다할 것이다.

제13장

동아시아의 궁형제조업지대
(l'arc manufacturier)

1990년대 동안 아시아 역내교역의 영향은 중국의 해안 지역 전체에서 느껴졌다. 이들 지역은 풍부한 외국 자본의 흐름과 함께 국제 하청 네트워크 속으로 통합되어 갔다.[1] 자본과 기술의 흐름, 그리고 인간의 상호작용이 정박지로 삼고 있던 대형 허브인 홍콩, 상하이, 베이징으로 수렴되며 그리고 아마도 곧 톈진으로도 집중될 것이다. 그럼에도 불구하고 앞 장에서 보았듯이 바로 그 역사적인 경험으로 의해 중국의 도시들은 도시가 자유와 자치의 공간을 창출했던 유럽에서의 동족체와는 다른 형태의 발전을 경험했다. 중국의 도시가 어떻게 재수출 허브라는 상대적으로 소극적인 지위에서 전 세계적인 경쟁의 장에서 완전히 성숙한 참가자의 하나로 발전할 것인가?

---

[1] 이후의 전개과정에 대해서는 저자의 논문(2006) 'Attractivité, concurrence et complémentarité: la place ambiguë des villes côtières chinoises dans la dynamique économique du corridor maritime de l'Asie de l'Est', *Outreterre, Revue Européenne de Géopolitique*, p.15 참조.

외국인 투자와 중국에서 체결된 국제 하청의 압도적인 부분을 흡수하면서 중국의 해안지역은 아시아 기업들이 이끄는 제조업 벨트가 되었다. 이 제조업 벨트는 모든 노동집약적인 기업의 이전, 한 기업의 핵심 능력 밖에 있는 모든 작업에 대한 아웃소싱, 그리고 필수품 공급의 글로벌화라는 세 자력선의 영향으로 야기된 생산 시스템의 심대한 변화를 따라 움직였다.

이전 선호 지역

생산시설의 이전(délocalisation)에 관한 결정은 오랫동안 노동 비용이라는 문제에 의해 지배되어왔다. 이전은 대부분 개발도상국에서 일어나는 까닭에 전략적인 근거는 임금 수준의 조정에 있었다. 이러한 전 세계적인 규모의 노동의 공간지형(configuration du travail)은 최근 아웃소싱(outsourcing)의 발전으로 얼마간 갑작스러운 변화를 겪었다. 노동 비용의 감소는 여전히 중요한 목표이지만, 오프쇼어(offshore)의 장점을 효과적으로 동원해 얻어낼 수 있는 생산성 증가와 질적 향상이라는 거대한 잠재력으로 인해 이런 인센티브는 퇴색했다. 이전 움직임에는 신흥 국가에 있는 인적 자원의 제반 특징들, 즉 낮은 임금, 자질 면에서의 비교 우위 그리고 더 유연한 노동 조직도 고려의 대상이 된다.

오프쇼링(offshoring)[2]은 비영업(back-office) 활동을 비용이 낮은 나라로 이전하는 것을 가능하게 해주는 탤리 커뮤니케이션의 발전 속도와 밀접한 관련을 가지고 있다. 따라서 오프쇼링은 가치사슬(chaîne de la valeur)의 전부 혹은 일부를 저임금비용 지역으로 이동시키는 것을 의미한다. 이 때문에 오프쇼링은 인건비와 직무 수준의 차이에 의해 결정된다. 기업 네트워

---

[2] 해외업무위탁, 해외이전 혹은 외주라고도 번역되는 오프쇼링 아웃소싱의 한 형태로, 기업들이 경비를 절감하기 위해 생산, 용역 그리고 일자리를 해외로 내보내는 현상(역자).

크에서 각 부문의 활동을 위해 최적의 지리적 위치를 찾는 행위는 엄밀한 의미에서 혁신이라고는 할 수 없다. 이는 단지 생산 과정 구조 내에서의 변화이며, 그 결과에 대해서는 아직 단언하기 어렵다. 이는 지속적인 성장 시기나 경제적 침체기 모두에서 느리거나 혹은 급격하게 일어날 수 있는 변화이다.

성패가 달린 문제는 다름 아닌 비즈니스를 위한 작업 모델과 조직 모델을 새롭게 만들어내는 것이다. 여기에서 재능을 가진 이들을 전 방위적으로 찾는 것은 글로벌 경쟁력이라는 전쟁을 준비하는 새로운 방식이다. 어떤 기업은 이들의 숫자를 줄일 것인 반면 다른 기업들은 방대한 규모의 전문가들(분석가, 엔지니어, 판매원)로 하여금 더 혁신적인 업무에 종사할 수 있도록 통상적인 업무에서 해방시키는 방안을 선택할 것이다. 방법은 작업팀이 모든 절차와 과정(*process*)을 새로이 정하고, 프로그램을 관리하고, 그리고 요컨대 가상의 자회사처럼 운영되는 정보과학의 플랫폼(*plates-formes*)을 세우는 데에 있다. 그리고 나면 계약당사자는 이를 아시아, 유럽 그리고 미국의 전 세계적인 전문가 네트워크에 배분한다.[3]

그리하여 기업은 업무단위로 분해된다. 혹은, 더 정확하게 말해 기업의 경영범위는 새로운 요구—사야 할 것이지, 고용해야 할 것인지 스스로 생산할 것인지, 제휴할 것인지?—에 응하기 위해 재편성된다. 필수적으로 보이지 않는 모든 작업은 아웃소싱된다. 왜냐하면 이제 한 기업의 성공적인 운영을 위해 필요한 기능인 상업 브랜드에 대한 조언, 엔지니어, 재정 분석, 데이터베이스 전문가는 사실상 모두 구매할 수 있기 때문이다. 필요한 모든 법적·행정적 허가를 확보할 수 있도록 소프트웨어 플랫폼이 마련되어 있다.

운송과 텔레커뮤니케이션 부문에서의 기술 변화 그리고 특히 인터넷의

---

[3] Atul Vashistha and Avinash Vashistha(2006) *The Offshore Nation, Strategies for Success in Global Outsourcing and Offshoring*, New York, McGraw-Hill 참조.

발전에 의해 거래 비용이 감소하자 아웃소싱 전략이 더욱 중요해졌다. 어떤 비용을 치르고라도 기업 내에서 지켜져야 했던 한때는 부족했던 자원인 정보는 오늘날에는 컴퓨터와 ADSL 접속기를 가진 모든 고용인에게 열려 있게 되었다. 전통적인 경계가 무너지면서 기업은 핵심 비즈니스에 집중하고 비핵심 업무를 다른 데에 맡긴다.

비록 수천 명의 엔지니어, 재정 분석가, 시장 전문가 그리고 건축가를 매우 낮은 비용으로 온라인에서 이용 가능하지만 수십 개의 국가에 퍼져있는 이들 플랫폼을 조직화하고 거대한 양의 데이터를 다루는 데에는 여전히 어려움이 따른다. 여기에서 진정한 도전은 가상의 기업 내에 있는 보이지 않는 고용인을 관리하는 데에서 온다.

아웃소싱 전략을 가져온 주요인은 무엇인가? 무엇보다도 글로벌화를 들수 있는데, 이는 새로운 시장에 대한 접근을 가능하게 했으며 경쟁을 불러왔다. 뿐만 아니라 정보 기술이 가져온 변화도 중요한데, 이는 거래 비용을 절감하고 국제 교역을 용이하게 했다.

또한 이러한 가치이동은 산업국가에서의 인구 추이와도 관계가 있다. 노령 인구와 급락한 출산율은 이민에 의해 아주 부분적으로밖에 보충되고 있지 못하며, 높은 사회적 보장 비용 때문에 기업은 경험 많은 고용인이 기업을 은퇴하고 그 자리를 대체해야 하는 경우 본국에서보다는 해외에서 사람을 충원하게 된다.

만들 것인가
만들게 할 것인가?

그리하여 한 기업에게 아웃소싱(*outsourcing*)은 핵심 역량에 집중하기 위해 기업의 활동 일부를 자문이나 다른 서비스 제공자에게 맡기는 행위를 의미한다. 중요한 것은 해외이전(*délocalisation*)을 한다고 해서 모든 업무를 아웃소싱(externalisation)할 필요는 없다는 것이다. 특정업무의 경우 여전히 기업의 경영 범위 내에 남아있지만 지리적으로 다른 공간에서 수행될 수도 있다. 이와 마찬가지로 일정한 활동을 다른 기업에 위임하는 아웃소싱이 반드시 해외이전일 필요는 없다. 예를 들어 해당 기업이 자국 내에서 아웃소싱을 할 수도 있다.

자주 있는 일이지만 비핵심 작업을 외주하기 위해 파트너를 찾는 결정을 내리는 이유는 상품의 제공(offre de produits)이 아니라 해결책의 제시(offre de solutions)가 필요하기 때문이다. 그리하여 가상의 기업에 있는 주역은 안무가(chorégraphe) 혹은 다른 용어로 표현하면 배후 제공자(fournisseur de contexte)가 된다. 이는 고객과 상업 서비스 제공자 사이의 인터페이스에서 필요한 규칙을 정한다.[4]

1937년 코우즈가 이론화시킨 거래비용이론(théorie des coûts de transaction) 은 아웃소싱에 대한 결정을 설명하기 위해 가장 자주 인용된다.[5] 한 기업이 어떤 작업을 아웃소싱하는 것이 더 이익이 될 것인지의 여부를 결정하려고 할 때 노동 비용만이 고려의 대상이 되는 것은 아니다. 거래비용[6]도 중요한 고려의 대상이 되는 요소이다. 무엇보다도 이는 파트너를 찾고, 계약을 맺고, 이를 실행하게 하는 활동과 관련되어 있다.[7] 이들 비용은 한 기업이 상품과 용역을 생산하기 위해 내부 혹은 외부 자원을 이용할 것인지를 결정한다. 거래 비용이 떨어질수록 기업의 복잡성 정도는 감소한다. 즉

---

[4] Don Tapscott, David Ticoll and Alex Lowy(2000) *Digital Capital: Harnessing the Power of Business Webs*, Allston, Harvard Business School Press.

[5] Ronald Coase(1937) 'The nature of the firm', *Economica*, IV, November, pp.386~405.

[6] 어떠한 재화 또는 서비스 등을 거래하는 데 수반되는 비용, 즉 시장에 참여하기 위해 드는 비용이라고 할 수 있다(역자).

[7] 잠재적인 파트너 모색과 평가 관련 비용, 협상과 계약서 작성에 드는 비용, 두 당사자가 계약상의 의무를 지킬 수 있도록 하는 데에 드는 조정과 실행 비용, 마지막으로 파트너가 업무 수행 중 일어나는 변화 혹은 외부로부터 비롯된 변화에 대응하기 위해 필요한 비용.

기업은 기업 내에서 부가적인 거래를 수행하는 비용이 똑같은 거래를 자유 시장에서 그리고 기업의 외부에서 수행하는 것과 같은 수준이 될 때까지 확장하는 경향이 있다.

전자 산업에서의
아웃소싱

또 다른 중대한 변화는 생산하도급 혹은 주문자상표부착상품(*OEM, Original equipment manufacturer*)—환언하면 외국 제조업체의 브랜드와 기술적인 조건하에서의 제조 상품의 생산—에서 아이디어(conception)를 창출하는 하도급 혹은 제조업자개발생산(*ODM, Original Design Manufacturing*)으로의 변화이다. 이는 특히 전자업계가 시장의 요구에 부응하는 과정에서 발전했다. 이는 디자인 상류화 지원(aide à la conception), 최상위 구성요소 연구, 산업 과정의 최적화, 파트너 탐색, 조립, 품질 통제뿐만 아니라 생산 과정의 하류화(aval du processus productif), 마케팅, 판매 후 서비스를 포함한 글로벌 서비스를 요구한다. 이는 또한 하청업자에게도 기술적인 감독, 인력 훈련에 대한 지속적인 노력, 새로운 커뮤니케이션 수단에 대한 정통함 등을 포함해 대규모의 변화를 요구한다.

그렇다면 어떻게 상품을 차별화시킬 것인가? OEM제도하에서 제조업자는 상품의 최종 이용자에 대해 신경 쓸 필요가 없었다. 그는 자신의 상품을 다른 기업, 예를 들어 조립회사(assemblage)에 팔기만 하면 되었고, 이 회사가 이를 자신의 생산품에 편입시켜 자신의 브랜드 이름으로 팔았기 때문이다. 이런 상황에서 요구된 모든 것은 제 시간에 상품을 납품하는 것이었다. 그러고 나면 판매자는 커뮤니케이션과 판매 후 서비스에 대한 모든 책임을 졌다.

이러한 처리 방식은 생산과 판매 모두를 포괄하는 글로벌 모델로 대체되었다. 이 새로운 개념의 시장에서 기업들은 자신의 OEM 공급자에게 현지에서의 조립, 발송 그리고 물류 지원을 제공하도록 요구한다. 그러면 상인은 주문을 처리하여 제반 정보에 관한 사항을 OEM 공급자에게 전달하며, 후자는 구체적으로 명시된 형태에 따라 정해진 수량의 상품을 신속하게 조립하고 이를 직접 고객이나 유통업자에게 보낸다. 상인은 유연성을 얻게 되며 여기에 더하여 재고관리비용과 위험을 공급자에게 전이시킨다. 그러나 공급자는 시장에 인접한 곳에 조립 공장과 판매 후 서비스 센터를 세우는 데 들어가는 무거운 비용을 떠안아야 한다. 그럼에도 불구하고 공급자는 주문량을 증가시킬 수 있고 구매자와의 장기적인 협력 관계를 설정함으로써 이익을 얻게 된다.

그리하여 경쟁 능력은 더 이상 비용을 통제하는 능력에만 있지 않으며, 시장의 요구에 맞추고 적응할 수 있는 능력에 달려있다. 또한 이러한 발전의 흐름은 연구와 개발을 위한 모델도 다시 재고하게끔 만들었다. 실시간으로 전송되는 정보의 흐름은 글로벌 경제의 원자재이다.

글로벌 소싱
(l'approvisionnement global)

글로벌 소싱(sourcing)은 상품을 구하기 위해 최선의 소스와 최선의 가격을 찾아내는 조달전략이라고 정의할 수 있다. 이는 로컬 혹은 글로벌 수준 모두에서 공급될 수 있다. 소싱 에이전트(sourceur)가 구매하는 것은 완제품일 수도 노동의 단위일수도 있다. 그리하여 한 재봉사의 일 분당 비용은 관련된 지정학적 지역에 따라 상당히 정확한 비교의 대상이 되었다. 섬유산업에서 분당 노동비용은 아시아에서 매우 낮으며, 노동자가 가장 전문화된 곳도 아시아이다. 다른 한편 동유럽에서 그 비용은 중국에서보다도 낮으나, 구매자는 동유럽에서의 이 산업에 대한 전통은 충분히 깊지 않다고 느낀다.

소싱(*sourcing*)은 특별 주문의 형태를 띠거나 조립식으로 한 벌 형태의 상품(produits en kits)을 구매하는 형태를 띨 수 있다. 후자는 다시 관세가 특히 낮은 곳에서 조립된다. 예를 들어 홍콩 기업인 리앤풍(Li & Fung)은 각 부품을 여러 다른 나라에서 만들게 한 뒤에 최종 상품을 중국에서 조립한다. 각기 다른 활동의 부문은 각기 다른 전략을 필요로 한다. 예를 들어 섬유산업의 경우 직기가 반드시 원자재와 같은 장소에 있을 필요는 없다. 소싱은 자원(ressources)을 발견하는 방법이자 획득을 위한 전략을 최적화하는 방식이다. 공급자(fournisseurs)를 찾고 선택하기 위한 절차를 고도로 합리화하는 과정을 통해 비용이 줄어든다.

이들 각기 다른 전략은 또한 각기 다른 물류의 흐름(flux logistiques)을 만들어낸다. 물류의 흐름은 지역화되거나(예를 들어 방글라데시에서 중국으로의) 국제화(유럽에서 아시아로)된다. 그리하여 두 가지 형태의 흐름─유럽이나 북미에서 아시아로 가는 상품의 흐름(중요하게는 섬유와 전자제품) 그리고 미국과 유럽을 향한 수출의 흐름─이 나타난다. 후자는 전자의 자연적인 결과물이며 거대한 종합도시(ports généraliste)인 요코하마, 가오슝(高雄), 뭄바이, 마드라스, 콜롬보, 싱가포르 그리고 홍콩에서 일어난다.

그 결과 중국은 완제품이라는 면에서뿐만 아니라 부품에서도 국제 교역에 큰 영향력을 미치고 있다. 일상생활에서 사용하는 모든 아이템에는 중국의 부품이 들어가 있다. 우리는 여기에서 전 방위적으로 필수품 공급원(approvisionnement)을 찾는 이유를 읽어낼 수 있다.

위협받고 있는
무역상(*traders*)의 전문지식

소싱(*sourcing*)은 하나의 조달전략이며, 이는 글로벌화 되었다. 지하수맥 탐사자(sourcier)와 그가 가지고 다니는 지팡이(baguette)의 비유—'소싱'이라는 말에는 '소스(source)' 혹은 샘이라는 뜻이 있다—는 구매 비즈니스의 특성을 이해하도록 해준다. 소싱은 무엇보다도 노하우를 알아내고 고객이 표출한 요구에 대해 주어진 영역에서의 전반적인 잠재력이 부합할 수 있도록 만드는 문제이다. 여기에서 다시 한 번 시장을 이끄는 것은 고객이며, 서비스에서와 같이 고용을 창출하는 것도 고객이다. 다음으로 소싱은 생산의 소스를 찾아내는 문제이다. 첫 단계는 매우 엄격한 품질요구에 부응하고 구매자가 제시한 일반적인 조건(마감시간, 가격, 출고 조건 그리고 세트의 규격 등)을 수용할 수 있는 장래의 공급자를 승인하고 공인하는 것이다. 중국인 기업의 상업 신용도는 그 대차대조표(이것도 종종 없는 경우가 있지만)를 분석함으로써는 파악할 수 없다. 섬유 산업에서는 통상 세 가지 기준, 즉 대상이 된 기업의 고객 포트폴리오, 고려하고 있는 상품에 대한 가치평가 수준, 현지의 자원이 가지고 있는 품질이 설정되고 이에 따라 평가가 이루어진다. 섬유 산업에서 구매의 70%는 원자재와 관련되어 있다. 그리하여 자재의 흐름(공급 네트워크의 지형과 안정성)에 대한 통제는 가장 중요하다. 첫 번째 필터는 가격이다.

두 번째 필터는 관리의 질을 검사하는 것이다.

나쁜 공장은 없다. 오직 나쁜 관리자가 있을 뿐이다. 고품질을 위한 산업 수단과 보통 수준의 경영관리는 공존할 수 있다. 이들의 질은 무형이다. 이외의 사항에 대해서 우리는 매우 명확한 기준에 따라 그리고 기술적인 표준 목록을 체크하면서 채우면 되는 서류를 가지고 있다. 우리의 공급자가 이러 저러한 형태의 상품을 생산하는 방법을 알고 있는가? 그들이 오랫동안 이를 계속 생산할 수 있는가? 우리는 생산 능력에 대한 매우 정확한 평가를 한다. 어떤 종류의 기계를 사용할 것인가? 사실 재봉틀은 여러 다른 기능을 가지고 있다. 우리는 대상이 된 기업의 산업 능력인 그 주문 대장을 면밀히 평가한다. 품질관리를 하는 조직의 위계는 어떻게 되어 있는가? 관리자는 어디에 있는가? 체인의 끝은 어디인가? 이들이 조직의 품질을 관리할 것인가? 결코 산업가의 위치를 대신해 차지하겠다는 것이 아니라, 평가하고 그리고 그 목적을 위해 이해하는 것이 필요하다. 어떻게 천을 자를 것인가? 어떻게 잘려진 묶음을 확인할 것인가 그리고 어떻게 조립 조각의 위치를 파악하고 맞출 것인가? 원자재의 재고 상태는 어떠한가? 어떻게 공장 내에서 천들이 전달되는가? 어떻게 반제품이 하나의 작업대에서 다른 작업대로 넘어가는가? 타당한가? 인체공학적인가? 아이템이 담겨 있는가 아니면 땅에 질질 끌리는가? 속옷 작업장은 나무랄 데 없이 깨끗해야 한다.

작업대에 불이 켜 있는 방식도 점검한다. 좋은 상태의 조명은 작은 아이템을 다루는 데에서는 필수적이다. 파기를 위한 장비도 체크하며 세탁물도 확인한다. 공장이 오수처리에 필요한 승인을 받았는가? 통제의 대상인 성분이 포함된 상품이 있다면 이에 필요한 승인은 받았는가? 지금 섬유 산업에는 환경적 요소는 상당히 중요하다. 주문을 넣은 기업이 판매도 할 것이기 때문에 유럽의 법률에 맞추는 것이 필수적이다. 만약 문제가 있다면 소비자는 판매자를 상대로 행동을 취할 것이고, 소싱 회사는 공급자를 대상으로 조치를 취할 것이다.

이 모든 것을 통해 기업이 어떻게 일을 하는지를 이해할 수 있다. 만약 전체 처리작업을 모두 확인하고, 생산을 잘 기획한다면, 우리는 이런 파트너와 비즈니스를 할 수 있다. 만약 무질서가 만연하고, 다음 날 혹은 다음 주에 무엇이 생산될지 알 수 없다면 우리는 빠져나온다.[8]

생산 장소에 대한 실사로 이 과정은 끝난다. 윤리와 관계된 생각도 중요한 역할을 한다. 공급자가 사회 정책을 따르고 있는가? 이들이 아동노동을 사용하지 않고, 차별을 두지 않고 생산하는가 그리고 직업훈련을 시킬 수 있는가? 오직 이들 다른 조건들이 충족된 이후에야 '만들게 만드는' 그리하여 구매하는 결정이 취해진다.

요컨대 수입은 공급자의 국가에 안정된 구조가 마련되어 있지 않으면 안

---

[8] 인터뷰: 홍콩 직물공장, 2001.

되는 복잡한 작업이 된다. 생산의 소스에 가능한 한 근접해 있을 수 있느냐의 문제도 있다. 공장인 아시아에 근접해 있기 때문에 홍콩은 보다 효율적으로 필요한 모든 전문 지식과 기술을 제공할 수 있다. 홍콩은 항구 운영자, 화물 에이전트 그리고 은행을 상대로 협상하고 교섭할 수 있는 장소이다.

비슷한 기준이 전자업계에도 통용된다. 이곳에서의 아웃소싱의 목적은 재고 관리(다른 공급자에 대한 통제와 조정), 유럽으로 보내지기 전 부품의 분류, 상류(en amont, upstream)[9]에서의 품질 관리 이행으로 세 가지이다. 정말이지 설비는 기술적인 관점에서 표준에 부합해야 하며, 공급자는 부품에 대한 요구를 충족시켜 줄 수 있도록 안정된 공급을 할 수 있어야 한다. 그리하여 중국에서 공급자를 찾는 문제는 중요하다.

비용은 중요한 요소이지만, 품질 또한 그에 못지않게 중요한 요소이다. 품질은 소비자의 기대를 충족시켜야 한다. 지리적인 위치 결정은 상품의 최종 목적지에 달려있다. 만약 이것이 유럽이라면, 항구 근처인 것이 낫다. 때로 우리 공장에서 가까운 곳—상하이, 홍콩, 혹은 선전—을 선택해야 한다. 우리는 중국의 시장에도 팔아야 하기 때문이다. 중국에서는 첨단 부품을 생산하지 않는다. 오직 조립만 한다.

우리의 선택에 있어서 재산소유제도는 주된 기준이 아니다. 그러나 공기업과 같은 정부의 기업을 파트너로 하기에는 어려운 점이 많다. 이들은 매우 관료주의적이고 고객을 생각하지 않는다. 사실 대다수의 우리 파트너는 개인적으로 공장을 소유한 이들이다. 마지막으로 중국에서는 아주 많은 문제점이 있기에 하청 공급자가 물류도 책임진다.[10]

요컨대 소싱(*sourcing*)에는 세 가지 조건이 필요하다. ① 공급자 국가에

---

9) 상류(upstream)는 기업의 영업활동 가운데 제품과 용역 생산의 첫 단계에서의 활동 또는 수익을 지칭한다. 석유회사의 경우를 예로 들면 원유의 탐사와 생산은 상류활동이고 정유 및 제품의 판매와 수송은 하류활동이다(역자: 『매일경제』 참조).
10) 인터뷰: 홍콩 전자산업체, 2001년 6월.

구매회사가 있어야 한다. 그것도 가능한 한 생산지에 가까이 있으면 좋다. 이는 상하이, 난닝(南寧), 벵갈루루(Bengalūru, Bangalore), 마드라스 그리고 다카(Dacca)에 소싱 오피스가 급증하고 있는 현상을 설명해준다. 소싱 (sourcing) 팀을 늘려 중국의 성에 오피스를 여는 경향이 있다. 사실상 정보를 이전하는 것은 아주 쉽지만, 현지의 팀은 언제나 품질에 대한 요구를 수용할 수 있는 제조업자를 조사, 통제, 소통하고 찾아내야 한다. 인터넷을 통해 공급자를 선택하는 것은 불가능하다. ② 적합한 생산 수단을 가져야 한다. 슈퍼마켓과 백화점은 주로 특가제공에 기반하여 운영되기 때문에, 양은 충분해야 하며 제시간에 배달되어야 한다.[11] ③ 가격이 적절할 필요가 있다. 이 마지막 조건은 사실상 협상의 문제이다.

이 세 가지 조건의 서열이 처음에는 당황스러울 수 있으나 이는 매우 논리적이다. 가격은 협상하기 가장 쉬운 조건이다. 다른 한편 경영주의 품질에 대한 접근양식은 매우 바꾸기 어렵다!

한편으로는 유통업자의 전문화—특히 규격과 표준의 압력하에서— 그리고 다른 한편으로는 구매자의 요구사항에 따라야만 하는 아시아 공급자의 전문화로 최근 소싱 비즈니스도 변화하고 있다. 이런 연유로 인해 구매자는 반드시 현장에 사무실을 두고 있다. 카탈로그, 무역박람회, 네트워킹이라는 수단을 통해 공급자가 누구인지를 알 수 있지만 상품과 고객 프로필을 알기 위해 대면 만남은 필수불가결하다.

홍콩 사무소는 우리의 커뮤니케이션 네트워크에서는 전략적인 접점이다. 우리는 사지도, 감독하지도, 수입하지도 않는다. 모든 것은 프랑스에서 이루어진다. 우리는 단지 중개업자이다. 사실 우리는 무역상들(traders)의 역할을 쇼트서킷한다(court-circuiter). 지금까지 영업을 하고 있는 무역상들은 디자인(design)에서 부가가치를 만들어 내거나 그렇지 않으면 전 생산품에 대

---

11) 인터뷰: 바이어, 홍콩, 2001.

한 관리를 하는 사람들이다. 이 면에서 보면 홍콩은 무역(*trading*)과 소싱 (*sourcing*) 면에서 좋은 시절을 보내고 있다. 그러나 이런 활동은 점차 더 구매자에 의해 수행될 것이다. 다른 한편 홍콩은 에이전트를 통해 하는 무역 (*trading*)의 앞날이 어떻게 될 것인지에 대해 걱정해야 한다. 아무도 이런 종류의 서비스에 더 이상 돈을 지불하려고 하기 않기 때문이다. 공급자의 회계 감사와 법적 확인이 얼굴을 맞대고 일어나는 반면, 대부분의 구매자는 에이전트가 예전에 했던 일 모두를 하고 있다.12)

중개 비용(intermediary costs)을 줄이기 위한 필요성 때문에 소스에의 접근이 요구되고 있는 상황을 감안한다면, 홍콩이 기여할 것 중의 하나는 수없이 많은 홍콩 무역상(*traders*)의 전문 지식이라고 할 수 있을까? 기업은 중국인 공장을 어디에서 찾아야 하는지 몰랐기 때문에 홍콩의 무역상으로부터 구매하곤 했다. 때문에 홍콩을 거칠 수밖에 없었다.13) 흥미로운 점이지만 아시아인들 사이에서는 아웃소싱이 매우 덜 발달되어 있음을 언급해야 한다. 오해가 팽배하며 아웃소싱에서 판매자와 고객 간의 관계는 파트너관계(partenariat)가 되기 때문이다.

고객은 파트너에게 모든 것을 말해야 한다. 다른 사람에 대해 가지고 있는 불신으로 인해 어떤 아시아 사업가들에게 이는 쉬운 일이 아니다. 아웃소싱 (*outsourcing*)은 '한 방(coup)'이 아니라 장기적인 관계이다. 중국의 기업은 매우 불투명하기 때문에 (대륙의) 중국인 파트너와 이런 관계를 유지하는 것은 극히 어렵다. 이들에게 이런 운영 방식은 매우 위험하다. 왜냐하면 의식적인 수준에서 소싱은 전통적인 교역과는 괴리되며 관리와 통제를 포기함을 의

---

12) *Ibid.*
13) 더욱이, 무역상(*trader*)는 중국의 모든 항구와 거래할 정도로 충분한 물량을 가지고 있지 않으며, FOB를 홍콩에서 거래했다. 무역상은 홍콩에서 발송하면서 상당한 마진을 얻었다. 그럼에도 불구하고 특정한 부문에서 중국에서 활동하는 중국인 무역상들의 출현은 지적할 만하다.

미하기 때문이다. 무역상(*trader*)은 그의 소스를 숨기는 한편, 소싱 에이전트
는 이를 쇼트서킷한다. 그러나 파트너를 잘못 고른다면 이 방식은 재난이 될
수 있다.[14)

소싱 비즈니스는 여러 다른 교역들, 즉 소싱(*sourcing*), 판촉(*merchandising*),
품질 관리, 자금조달과 같이 각기 다른 활동을 모아놓은 팔레트처럼 보인
다. 자금과 관련하여 어떤 의미에서 보면 은행은 소싱을 뒤에서 밀어 주었
다. 왜냐하면 무역상(*traders*)은 현지의 은행에서 자금을 조달하기 때문이
다. 국립 은행 혹은 최소한 소싱(*sourcing*) 에이전트의 은행은 이들이 생산
의 배치전환이 잘 수행하도록 하는 과정에 도움을 주었다.

상품의 흐름이 매우 변덕스러울 때 아웃소싱(*outsourcing*)의 파라미터는
두 변수인 소스와 가격의 단순한 조합보다 훨씬 더 복잡해진다. 이런 흐름
은 환율의 변화로 영향을 받는다. 예를 들어 만약 달러가 유로보다 고평가
되면 모로코는 다시 경쟁력을 확보하게 된다. 그러나 만약 이것이 90상
팀[15)보다 낮다면 섬유산업은 다시 아시아로 돌아간다. 또한 이는 특히 법
적 토대의 변화에 의해서도 영향을 받는다. 중국이 세계무역기구(OMC,
Organisation mondiale du commerce, 즉 WTO)에 가입한 이후 관세, 세금, 쿼
터를 둘러싼 법적 틀은 와해되고 재구성되었다. 제공된 상업적 중개기능의
질은 다른 아시아의 센터들에게 중요한 의사결정 준거가 된다. 홍콩과 상
하이 간의 경쟁은 재미있는 예를 제공하는데, 이에 대해서 이제 자세히 분
석해보자.

---

14) *Ibid.*
15) 상팀은 프랑스의 화폐단위로 1/100 프랑이다(역자).

제14장 〉

홍콩 대 상하이:
중개인 경쟁

  아시아의 생산 시스템이 전 장에서 살펴본 새로운 조직 규칙의 적용을 받는 제조업 벨트에만 전적으로 의존하고 있는 것은 아니다. 이는 고부가 가치 서비스를 가능하게 하고 제조업 역량을 충분히 효율적으로 배치하는 플랫폼들 덕분에 가동한다. '서비스 송이(grappes de services)'라고 할 수 있는 이들 플랫폼으로 인해 상업적인 중개기능과 글로벌 물류 허브의 등장이 가능했다. 컨테이너 수송과 항공화물 운용 사이의 유기적 결합, 혹은 금융기능과 국제 하청의 조정 사이의 연관은 국가들 간 보다는 도시들 간의 네트워크를 만들어냈다. 산업혁명 시기에 투자는 시간과의 커뮤니케이션(도로 혹은 운하)을 상대로 행해졌으나, 이제 이는 다기능을 가진 공항과 항만으로 옮겨갔다. 다른 말로 하면 투자는 커뮤니케이션의 선(*liens*)보다는 새로운 네트워크의 결절점(*noeuds*)에 더 집중되고 있다. 그리고 그 수익률은 기본적으로 교역 루트에 대한 통제에서만 얻어지는 것은 아니다. 투자 수익률은 본질적으로 연구와 혁신의 능력, 새로운 기술적이고 법적인 규범의 창조 그리고 국제 하청의 조정에서 비롯된다. 이들 모든 활동은 서비스 통합 플랫폼(*plates-formes d'intégration de services*)에 닻을 내리고 있다. 이러한 변화의 전체상을 파악하기 위해 서비스라는 개념이 가지고 있는 다의성에 대해 더 살펴보도록 하자.

생산·서비스
이분법의 종결

무형의 활동(activité intangible)이 해내는 경제적인 역할을 즉각적으로 인식하기는 쉽지 않다. 중농학파와는 달리 애덤 스미스는 농산품만이 아니라 모든 상품의 생산이 실소득을 만들어 낸다는 점을 처음으로 강조했다. 그러나 그의 견해에 의하면 무형의 서비스는 물질적인 부에 아무런 공헌을 하지 않는다. 어떤 쓸모가 있는 모든 활동이 부를 창출한다고 인식된 것은 장 바티스트 세이(Jean-Baptiste Say)의 저작에 이르러서였다.

18세기 이래로 애덤 스미스에서 알프레드 마샬(Alfred Marshall)에 이르는 모든 경제 사상에는 두 종류의 서비스, 즉 한편으로는 무형의 그리고 비생산적인 서비스 그리고 다른 한편에서는 유용하고 생산된 상품에 가치를 부여하는 서비스 간의 긴장이 가로 놓여있다. 피셔(Fisher) 그리고 그를 이어 클라크(Clark)가 제1부문에서 제2부문으로의 그리고 나서는 제3부문으로의 경제 활동의 변화를 설명하기 위해 사용한 용어를 차용하여 다니엘 벨은 경제 발전의 국면을 전산업단계, 산업단계, 그리고 마지막으로 후산업단계라는 셋으로 구분했다.[1] 이 견해는 널리 수용되지 않았다. 혁신적인 엔지니어링 회사에서 보험에 이르기까지 전 범위의 서비스를 망라해 단 하나의 범주로 정의한 서비스는 다소 느슨한 감이 있기 때문이었다. 산업과 서비

---

[1] Daniel Bell(1976) *The Coming of Post-Industrial Society*, New York, Harper Colophon Books.

스의 구분이 모호하게 되면서 혼란은 더욱 가중되었다. 유지 기능이 외부의 계약자에게 맡겨졌지만, 디자인(*design*)과 마케팅(*marketing*)은 내부에 놓아둔다. 홍콩의 예를 취해 나중에 보게 될 것이지만 이와는 달리 생산은 어디로든지 움직인다. 이제 경제는 물질적인 생산이 아니라 전문지식과 기술의 축적으로 더욱 더 쏠려가고 있다. 글로벌 도시에서의 첨단서비스 부문의 발전은 새로운 경영관리(gestion) 방식을 확산시키는 데에 기여했는데, 이런 혁신의 에이전트는 컨설턴트였다.

1980년대부터 점차 더 정보 자원을 포함하게 된 서비스는 더욱 더 자본집약적으로 되었다. 이들은 또한 규모의 경제를 실현하는 데에도 산파 역할을 했다. 내부에서의 거래량과 각기 다른 서비스 분야 사이에서 일어난 거래량에서 볼 수 있는 바처럼 대부분의 서비스는 사실 다른 서비스와 연계되어 있다. 많은 경우에 문제의 서비스는 바하마공화국(Bahamas)이나 스위스와 같은 특별한 경우를 예외로 한다면 성장을 촉진할 정도로 충분하게 수출할 수 있는 성질의 것이 아니다. 홍콩의 경우 1988년 이래로 외국인 직접투자의 40%가 서비스 부문으로 들어갔다. 이것이 성장에 미친 영향은 정확하게 계량할 수 없지만 상당히 컸다고 보인다.

이런 사정으로 볼 때 제품의 생산(production matérielle)은 부가가치 창출의 단지 하나의 측면에 불과하다. 생산, 금융 그리고 연구는 국가의 경계를 넘어 펼쳐지는 활동 영역이 되었다. 이 역외의(*offshore*) 영역에서 이루어지는 교역의 주요 부분은 서비스가 차지하고 있다. '역외'(*offshore*)라는 용어 자체가 탈지역화된(délocalisé) 모든 것을 나타내기 때문에 새로운 공간 개념과 연계되어 있다. 역외금융(*offshore banking*)은 익숙한 용어이며, 오늘날에는 역외(*offshore*) 생산은 물론 역외(*offshore*) 교역도 있으며 심지어는 역외(*offshore*) 연구도 있다.

여기에서 중요한 점은 별도의 서비스나 지식 경제의 발전이라기보다는 생산 과정에서 일어난 변화를 반영하는 것이다.[2] 점차로 더 지식이 생산

과정에 편입되면서 생긴 결과로 경제는 점차 더 많은 지식을 생산의 과정에 편입하고 있다. 의류에서건, 섬유에서건, 자동차 생산에서건 미적인 프레젠테이션과 상품의 상징적인 내용에는 디자인, 연구 그리고 개발의 많은 몫이 포함되어 있다. 생산 과정에서의 이러한 변화는 한 기업 내에서는 제조와 서비스 간의, 그리고 기업과 그 외부에 있는 하청업체 간의 경계를 정확히 가늠할 수 없게 만들었다. 제조 과정의 주요 부문이 하청되는가 하면 독립적인 서비스 제공자에게 넘어가게 된 최종 생산품에 전문 지식과 기술이 더해지기도 한다.[3]

이전에는 구별되었던 제조업과 서비스 공급이 이제는 겹쳐서 일어나는 현상은 각기 다른 경제 활동 간의 경계를 다시 생각하게 한다. 즉 경제 활동에 대한 기본적으로 이원론적인 사유 방식은 제조와 서비스 기능을 동시에 포함하고 있는 상품과 네트워크를 중심으로 생성되는 다른 사유방식으로 바뀌어야 한다.[4] 정보를 지식으로 전환하는 과정은 이제 어떤 기업에서든 중추적인 역할을 담당하고 있다. 많은 기업들은 연원이야 어찌되었든 어떤 정보라도 이윤의 소스로 변화시키는 능력을 통해 경쟁우위를 확보하고자 노력하고 있다. 서비스 회사에서 이러한 활동은 '관계 마케팅(*marketing* relationnel)'을 포함한 특정 영역을 다룬다. 즉 고객과 공급자 간의 관계를 경영하거나, 제공되고 있는 서비스에 대한 고객의 기대를 관리한다.

점증하고 있는 산업과 서비스 간의 상호의존 현상은 점점 더 전자를 서비스 하청업자로 변화시키고 있다. 산업체는 더 이상 고객이 그대로 수용해야만 하는 표준적인 상품을 팔지 않는다. 이들은 점점 더 물적인 상품에

---

2) William Beyers and David P. Lindhal(1996) 'Explaining the demand for producer services: is cost-driven externalisation the major force?', *Papers in regional science*, 75(3), pp.351~374.

3) J.R. Bryson, P.W. Daniels and B. Warf(2004) *Service Worlds: People, Organisations, Technologies*, New York and London, Routledge.

4) *Ibid.*

서만은 더 이상 실현될 수 없는 해결책(*solutions*)을 팔고 있다. 산업은 고객에게 유지관리 조언에서 특정한 소프트웨어를 최상의 상태로 사용하기 위한 설명에까지, 조립과 폐기물관리에서 완전히 작동하고 있는 생산 라인에의 접근에까지 이르는 광범위한 서비스를 제공해야 한다. 자동차 제조업자는 금융 서비스를 제공하고, 케이블 제조업자는 텔레커뮤니케이션 공급자가 된다는 식이다. 마지막으로 산업 장비의 제조업자는 기계를 생산하거나 설치를 맡는 것만은 아님을 언급해야 한다. 이들은 또한 기계의 작동도 맡아 처리한다. 이럴 시에 임대차(*leasing*) 계약 혹은 임대판매(*rent-to-buy*) 계약과 같은 금융 서비스가 따라오는 경우도 흔하다. 이런 식으로 특정한 상품에 부가되어 있는 서비스는 특히 수출의 경우에는 경쟁 우위를 확보하는 데에 중요한 요소가 된다.

서비스는 광범위하게 산업 상품에 편입되어 있다. 물질 상품에 더해지는 부가가치의 거의 90%가 서비스에서 비롯된다. 예를 들어 휴대폰에서 소프트웨어는 부가가치의 80%를 점한다. 자동차의 거의 50%의 가치는 이에 부가된 서비스에서 나온다. 제조와 서비스 간에 있었던 전통적인 분리는 이제는 작동하지 않게 되었다.

이러한 이중적인 움직임은 어느 정도까지 서비스가 우세하고 있는지를 거의 기계적으로 보여준다. 이 변화는 또한 지식기반 활동 즉 부가가치의 주요 원천이 되는 활동에 대한 강조에서 구체적으로 모습을 드러내고 있는 경제의 진정한 탈물질화(réelle dématérialisation de l'économie)를 가져온다. 영국에서 항공술, 방어 산업, 그리고 제약업은 강력한 글로벌 지위를 가지고 있다. 반면 2006년 산업 생산품은 영국 GDP의 25%만을 점했다. 우리는 거대한 변화의 와중에 있다. 즉 서비스 계약자는 광범위한 지원 서비스는 물론 상품의 공급자가 되어 가고 있다. 고객과 함께 생산지의 위치를 잡고 건설을 기획했던 엔지니어링 업체는 하청 회사나 정보기술 회사와 함께 일한다. 이들 회사는 매상고의 상당 부분을 유지보수계약에 힘입어 올리고 있다. 물질 생산은 이제 단지 시장에의 참여를 위한 전제조건 혹은 구실이다. 판매와 소비자 서비스를 위한 구조를 마련하고자 기도하고 있는 기업의 외국인 투자가 조직되는 방식을 보면 이러한 관심사는 더욱 명백해진다. 이러한 관점에서 계열 자회사를 통한 서비스의 국제화는 외국인 직접 투자가 선호하는 방식이 된다.

서비스 부문에서의 국제 교역은 현재 통신, 운송, 건설 그리고 에너지 공급의 안정화—개발도상국과의 BOT(*build-operate-transfer*)[5] 계약에 따라 —분야에서 늘어나고 있다. 이와 관련하여 존 브라이슨은 다음과 같이 지적한다.

> 비즈니스 조직들의 공간적인 파편화는—글로벌하고 정보가 풍부한 도시에 갈수록 더 자리를 잡고 있는 외부화된 비즈니스 서비스 지원 기능을 가지고— 독특한 공간을 창출하고 있다. 서비스 공간은 서비스 전문기술을 알고, 접근하고, 효과적으로 이용할 수 있는 자질을 가진 고객이라면 이들이 어디에 위치해 있는지에 관계없이 어떤 고객도 소비할 수 있는 새로운 지식과 전문기술을 창출해낸다.[6]

법적 도움과 조언, 광고, 교역, 운송, 정보, 커뮤니케이션, 금융과 보험 모두를 전문으로 하는 회사의 전문가는 생산 활동의 재구조화에 참여한다. 생산 활동의 재구조화에는 핵심활동에 다시 집중하고 주변적인 것을 아웃소싱하는 작업도 포함된다.

아시아의 주요 대도시 중심지는 어떻게 이러한 변화에 적응하고 있는가?

---

[5] BOT는 건설 분야에서는 건설회사가 도로·교량 따위를 자비로 건설 개통하여 통행료 징수로 건설 자금을 회수 후 그 도로·교량을 정부에 기부하는 방식이다. 건설+운영+이전의 사업수주방식으로 개도국 협력의 한 형태이며 원자력 분야에서는 일괄건설 운영 후 인도방식이라고도 한다(역자: 『매일경제신문』 참조).

[6] John R. Bryson(1997) 'Business service, firms, service space and management of change', *Entrepreneurship and regional development*, 9, pp.93~111.

탈지역화 교역
(la commerce délocalisé)

홍콩과 상하이의 경쟁이 날로 심각해지고 있다. 이를 보면 급격한 변화가 주요 도심지를 지배하고 있는 계서구조(hiérarchies)에 어떤 영향을 미치는지 알 수 있다. 오랫동안 홍콩은 주로 국제 교역에 종사해왔다. 깊은 수심의 항구를 가진 식수 공급처였던 홍콩은 1841년 영국에 양도되기 오래 전부터 아시아의 교역 정크와 유럽의 선박들이 자주 드나들었던 곳이었다. 유리한 지리적 위치로 인해 홍콩은 선박을 수리하고 멀리 유럽과 북아메리카에서 항해해 온 선원들에게 휴식을 제공하기에 이상적인 항구였다. 그 이후로 자원 자연은 아무 것도 없고 있는 것이라고는 인구뿐인(2006년 통계에 의하면 거주민은 690만 명으로, 덴마크, 아일랜드, 혹은 핀란드보다 인구가 많다) 1,000평방킬로미터의 이 작은 영토는 글로벌 요구를 만족시키기 위해 상품과 서비스를 제공하며 이에 기반 하여 번영을 구가해왔다.

이에 반하여, 1949년 상하이는 홍콩보다 경제적으로 더 발전되어 있었으나, 그 이후 장기에 걸친 수입대체 정책으로 정체되었으며 최근에야 12장에서 본 바와 같이 개혁주의자들이 남부 지방에 준 특권과 혜택으로부터 이득을 보고 있다. 1990년대 초 상하이는 잠에서 깨어났다. 장관을 이루는 도시재개발 프로그램과 금융지구로서 푸동의 위치를 설정한 덕분에 상하이는 동아시아의 불빛으로서의 지위를 탈환하겠다는 포부를 실현하고 있다.

이들 두 대도심지가 진정으로 경쟁 라이벌인가? 만약 그렇다면 어떤 영역에서 그런가? 물류에서인가? 금융에서인가? 다국적기업의 지역 본부(quartier généraux régionaux) 유치에서인가? 두 도시를 비교하게 만드는 요소는 분명 여러 가지가 있다. 지리적인 위치의 유사성, 고도성장 경제지구의 아울렛, 과거의 영광, 그리고 고유한 역할과 기능이라는 면도 이에 포함된다. 그럼에도 불구하고 조금 더 면밀히 들여다보면 중국의 연안에는 여러 국제적인 플랫폼이 자리할 여지가 많음을 알 수 있다. 사실 서로 경쟁하고 있는 것은 이들 두 도시의 후배지, 즉 주강 델타와 창강 델타이다. 이 면에서 두 도시는 다른 영역(registre)에 위치하고 있는 듯 보인다. 상하이는 국내 시장을 위해 부름을 받았으며, 홍콩은 국제 교역의 플랫폼으로 남아 있기를 주문 받았다.

다른 중심지가 등장했다고 해서 반드시 제로섬 게임일 필요는 없다. 이 두 주요 해항도시는 현재 같은 기능을 수행하고 있지 않다. 상하이는 수많은 다국적기업들이 중국에서 사업을 하는 중심이 되어가고 있는 과정에 있는 반면 홍콩은 아시아와 동남아 전체를 대상으로 한 지역 본부를 설립하기에 가장 선호되는 곳이다. 홍콩이 금융과 물류를 포함하여 광범위한 역량을 공급할 수 있기 때문이다. 마지막으로 중국과의 교역에서 중개자로서의 홍콩의 몫은 줄어들고 있지만 중국의 성장률이 높기에 그 절대적인 수치는 영향을 덜 받고 있다.

홍콩에 대한 상하이의 위협 혹은 최소한 도전은 각기 다른 중국의 발전 단계라는 맥락에 놓고 볼 필요가 있다. 중국의 시장은 충분히 광대해서 두 대형 교역 플랫폼을 수용할 수 있다. 예를 들어 외국인 투자의 유치 능력이나 해운 능력이라는 면에서 이 두 중국의 대도심지 간의 간격은 좁다. 그러나 비즈니스 환경이나 법적 토대를 고려하면 이 두 도시 간의 간격은 여전히 넓게 벌어진다. 중국에서 국제적인 금융 중심지를 세우는 문제는 잠시 접어두자. 이는 다음 장에서 다룰 것이다. 여기에서는 이 두 도시의 경쟁관계가 가지고 있는 일차적인 국면들, 즉 중국과의 교역에서 선두적인 중개자가 되고자 하는 암투를 탐구하고자 한다.

중개지 홍콩의 여러 모습들
:통과무역과 재수출의 중심지

국제 교역이 언제나 두 국가 단위 사이에
서만 일어나는 것은 아니다. 정치, 종교 혹은 이데올로기 장벽이 있거나 또
는 직접 교역을 허용하는 여타의 조건들(비즈니스 기회에 대한 정보, 교역
인프라, 혹은 기업가의 주도권과 같은)이 결여되어 있을 경우, 통과무역이
이용된다. 형태는 여러 가지로 나타나지만 이런 경제적인 해결책은 지브롤
터, 바레인, 푸에르토리코 그리고 무엇보다도 홍콩과 싱가포르가 성공한 기
반이었다. 물론 지리적인 위치도 중요하다. 통과무역 중심지는 일반적으로
광대한 후배지—반드시 거쳐야 할 곳인— 인근에 위치한다(홍콩). 이는 또
한 반도와 제도로 이어질 수도 있다(싱가포르). 그러나 통과무역에 경제적
인 매력과 파워를 가져다주는 것은 상업적인 인프라이다. 여기에는 저장과
보관 시설과 능력 그리고 수출 관련 전문업(운송, 보험, 금융 등)이 집중되
어 있으며 자율적인 활동이 흥성한다. 이것이 통과무역항이 여러 교역 루
트(*routes*)의 교차로에서 자신을 결절점(*noeud*) 혹은 허브로 자리매김하고
인정받는 방식이다.

이러한 교역 중계지로서의 위치는 무엇보다도 홍콩이 가장 확고하게 자
리를 잡았다. 홍콩의 성장은 언제나 외부로부터의 수요—처음에는 국내 수
출, 그리고는 재수출 마지막으로 서비스 수출—가 견인해 왔다. 2차 대전
말부터 1980년대 초까지도 직물, 시계 그리고 장난감은 홍콩에서 수출되는
주요 아이템이었으며 수출은 언제나 중요한 요소였다. 이 기간 동안 이 식
민지의 노동인구 절반이 제조업에 종사했다. 뒤를 이은 20여 년간 제조업
부문은 쇠락했으며 서비스업이 우세한 위치를 차지했다. 홍콩의 전체 무역
에서 국내 수출(즉 현지에서 제조된 상품)이 차지하는 비율은 1970년대 초
81%에서 1990년대 초에는 35%로 떨어졌으며 2006년에는 겨우 5%에 머물고
있다. 재수출의 경우 1981년 홍콩 외국무역의 31%를 차지하던 것이 2006년

에는 95%로 급상승했다. 이와 동시에 서비스 수출(HK$5,650억으로 추산됨)은 2006년 GDP의 38.3%를 점했다.[7]

이러한 발전은 제조업 부문의 급속한 쇠퇴를 반영한다. 이는 1980년 GDP의 23.7%였다가 2003년에는 4%로 떨어졌다. 홍콩은 중국을 위한 통과무역과 재수출의 중심지가 되었다. 이런 활동에서 얻어진 매출은 1978년 GDP의 15.5%에서 2001년에는 105.1%로 올랐다. 이 급격한 변화는 홍콩의 제조업 부문이 주로 주강 델타로 이전되었기 때문이다. 2001년 홍콩이 재수출한 상품의 80% 이상이 제조과정에서 중국을 통과하며, 이 총액의 70%는 사실 국제적으로 하청을 받아서 혹은 오늘날의 전문용어로 하자면 '위탁가공무역(*processing trade*)'으로 생산되었다.[8]

재수출 활동에는 구매를 통해 홍콩에 들어오지만 홍콩 밖에 재판매되는 상품이 포함된다. 그리하여 이 물품은 두 번, 즉 처음에는 수입될 때 그리고 두 번째는 재수출될 때 관세를 면제받는다. 인구통계과에 따르면 이는 '홍콩으로 수입되고 홍콩에서 재수출되는 상품이지만, 영구적으로 형태, 내용, 혹은 사용법이 변하게 되는 어떠한 제조 과정도 홍콩에서 거치지 않은 상품'에 관한 문제이다.[9] 샘플 테스트, 품질 관리 그리고 준비과정과 같이 그다지 대단하지 않은 기여가 상품이 재수출되는 순간에 행해지는데 이는 일반적으로 상품 가치의 5%에 달한다. 어느 곳에서 이런 일이 수행되는가? 달리 말해 연간 부가가치의 20분의 1을 홍콩에 가져다주는 산업 시설은 어디에 있는가? 아무 데도 그런 시설은 존재하지 않는다. 모든 것은 상품이 홍콩이 제공하는 세무상의 혜택을 받을 수 있도록 하는 복잡한 회계 절차(jeu d'écritures comptables)를 통해 이루어진다. 1962년과 1978년 사이 재수

---

[7] 출처: 인구통계과, 홍콩특별행정구정부, 2006.

[8] 홍콩 인구통계과에 따르면 탈지역화된 생산(*outward processing*)은 홍콩에서 혹은 홍콩을 거쳐 중국으로 가는 원자재와 반제품의 수출로, 중국에서 만들어진 완제품이 홍콩으로 혹은 홍콩을 거쳐 수입되기로 계약된 생산이다.

[9] 인구통계과, 홍콩특별행정구정부, 1998.

출은 매년 평균 11.2% 성장했다. 1978년 이후 연평균 성장률은 19.9%로 이전과 비교해 거의 배가 되었다. 20년간 GDP에 한 기여는 10배의 성장률을 기록해, 1978년 재수출은 GDP의 12.1%였으며 1998년에는 147.1%를 차지했다.[10]

차익거래의 중심,
글로벌 조달을 조정하는 플랫폼

통과무역항(entrepôt)은 또한 중개인(intermédiaire)이 지배하는 장소이다. 홍콩이 전문으로 하고 있는 이 중개기능에는 외국인의 중국 투자 시 브로커로서의 역할, 그리고 외국인 회사에 중국에서의 무역업 시행 방법론에 대한 조언을 해 주는 역할이 포함된다. 여기에 더하여 통과무역항은 일반적으로 또 다른 두 가지 중개기능을 담당한다. ① 관세와 규제에 관한 비교우위 제공, 그리고 ② 탈지역화된(délocalisé) 제품의 생산 조정(coordinatiion) 기능이다. 첫 번째 기능은 중국에서 홍콩으로 수출되고 이어서 다시 중국으로 재수출되는 상품의 경우를 보면 비교적 분명하게 드러난다. 이들 상품은 홍콩에서 유리한 세금 제도의 혜택을 누린다. 두 번째 기능은 중국과 나머지 세계 간에 일어나는 재수출의 흐름과 관계된다. 부품이 홍콩을 거쳐 중국 남부 지방으로 수입되고 완제품이 다시 홍콩을 거쳐 제3의 시장으로 재수출된다.

글로벌 소싱(*sourcing*), 금융, 탈지역화 생산, 물류, 마케팅(*marketing*), 판

---

[10] 재수출의 전제는 수입이다. 때문에 홍콩의 재수출에서 이 두 요소를 구분할 필요가 있다. 하나는 인바운드 재수출(*inbound re-exports*), 즉 중국에서 완제품화되거나 조립되기로 되어 있는 반제품의 재수출이며, 다른 하나는 아웃바운드 수출(*out-bound exports*), 즉 중국에서 조립을 거친 상품으로 홍콩을 거쳐 미국, 유럽, 아시아 시장으로 나가는 수출이다. 수입과 수출(국내수출과 재수출)의 총 가치는 1978년에는 홍콩 GDP의 100%, 1998년에는 352%였다. 국내 수출의 감소(1978년 GDP의 32.6%에서 1998년에는 23%로, 2002년에는 19.31%로 급감)에도 불구하고 이런 결과가 있었다.

매에 관한 조정과 같은 기능은 모두 홍콩에서 현지의 무역상들(traders)과 다국적기업의 지역 본부의 손에서 처리된다. 제조업자를 대리하여 행하는 중재 사안이 대부분이다. 특히 하청업체는 주문을 넣은 홍콩의 회사와 아무런 법적 관계도 없지만 거기로부터 주식보유나 경영참여를 통해 다른 종류의 지배를 받고 있을지도 모를 제조업자를 위해 중재에 나선다. 이러한 환경에서 무역(trading) 회사는 제조업체를 다루는 데 있어서 중개인(courtier)의 역할을 한다. 이들은 공장 소재지를 확인하고 생산을 감독한다. 이런 중개 기능은 상품의 성격상, 해외에 위치한 생산 단위를 다루는 데 겪는 바이어의 어려움, 그리고 수요와 공급 양측에서 기대한 품질과 특징에 대한 자세한 정보를 얻을 필요가 있기 때문에 중시된다.

효과적인 정보 수집과 운영에 기반을 둔 이런 고유한 전문기술은 유통망이라고 번역될 수 있는 교역 네트워크(réseau commercial)가 쥐고 있다.[11] 이 네트워크는 상품의 특징에 관한 정보만을 제공하지는 않는다. 이는 또한 계약당사자를 서로 알게 하고 접촉하게 한다.

회사 내부거래(commerce intra-firme)와 가격이전(transferts de prix)

통과무역항은 서비스 공급자의 총본부일 뿐만 아니라[12] 하나의 회사 내에서도 활발한 거래가 일어나는 장소이다.

---

[11] 이 점에 관해서는 Francis Ng and Alexander Yeats(1999) 'Production Sharing in East Asia: Who Does What for Whom, and Why?', *Policy Research Working Papers of the World Bank*(http://www.papers.ssrn.com/sol3/papers.cfm?abstract_id=623950(accessed 6 April 2011) 참조). James Rauch(1999) 'Networks Versus Markets in International Trade', *Journal of international Economics*, 48(1), pp.7~35; Henry Y. Wan Jr and Jason Williams(1999) 'Hong Kong: the fragile economy of middle-men', *Review of International Economics*, 7(3), pp.410~430도 참조.

[12] Elhanan Helpman and Paul Krugman(1985) *Market Structure and Foreign Trade: increasing Returns, Imperfect Competition, and the International Economy,*

기업은 하루가 다르게 제조 활동을 중국으로 이전시키는(délocaliser) 경향이 있음에도 불구하고 핵심적인 고급 지식과 전문 기술을 소중히 내부에 간직하고 있다. 구성요소를 수집하고, 지역 본부를 세우는 데 드는 비용을 평가하고 유통망을 만드는 것과 같은 서비스에 대한 비용은 어떻게 지불되는가? 대부분의 경우 이는 가격이전의 형태를 띤다. 이 작업은 같은 회사 내에 가격 책정 방식(dispositions concernant les prix)에 관한 전부를 맡겨버리는 것이다. 이는 유형의 작업이든 무형의 작업이든 상관없이 모든 작업에 적용된다. 목적은 과세를 최소화하고 이윤을 최대화하는 것으로 언제나 같다. 상품, 서비스 혹은 지식을 다른 나라에 있는 제3자에게 이전하는 경우 송장에 있는 가격은 이전가격(prix de transfert)으로 불린다. 이는 실제 비용, 수행된 활동 혹은 부가 가치와 아무 관계가 없는 순전히 임의적인 금액일 수 있다. 주요 관심사는 상품이 거쳐 갈 나라들의 세금에 관한 각기 다른 규정들을 이용하면서, 지불해야 할 세금을 최소화시키거나 심지어 지불해야 할 필요가 없는 것으로 만드는 것이다. 홍콩을 거쳐 중국으로 수입된 부품의 가격은 비싸게 값이 매겨지는 반면 중국에서 제조되어 재수출될 상품이 홍콩에 들어올 때는 송장에 낮게 가격이 책정되며, 이 상품이 홍콩을 거쳐 마지막 고객에게 수출될 때는 다시 가격이 올라간다. 요약하면 심지어 서비스나 제조 부문 어느 면에서 보아도 특이할 만한 부가가치가 발생하지 않은 경우에도 상품은 홍콩에 의해 수출된다.

이것이 바로 국제 무역업자들로 하여금 규정의 문제와 관세의 수준과 관련하여 그 차익거래(arbitrage)를 위해 홍콩을 선택하게 만드는 결정적인 요인이다. 그리하여 홍콩은 하나의 네트워크로서 기능하는 경제 내에서 생산 → 운송 → 중재(intermédiation) 서비스로 구성되는 수직적으로 통합된 전체 흐름을 주도하게 된다. 대형 기업체로서는 일정한 활동(교역, 금융, 상업 계약의 협상, 시장 조사, 마케팅, 상업 문서화 그리고 차익거래)을 홍콩에 남

Cambridge, MA, and London, The MIT Press, Chapter 12 참조.

겨 두는 것이 불가피하다. 그리고 이는 다른 형태의 교역 즉 탈지역화된 형태의 교역이 발전하는 데에 무엇보다도 가장 중요하게 된다.

탈지역화
교역의 급성장

1990년대에 홍콩에서 또 다른 변화가 일어났다. 역외무역(commerce *offshore*), 혹은 탈지역화 교역의 등장이 그것이다. 이는 국제 교역의 한 형태로 교역된 상품이 실제로 홍콩의 영토를 지나지 않았음에도 홍콩에서 일정한 작업에 대한 관리를 하는 것이 이 기능에 포함된다. 이런 특징은 탈지역화 교역을 재수출과는 다른 것으로 구분하게 해준다. 즉 상품은 홍콩에서 통관절차를 거치지 않고 생산자에게서 마지막 사용자에게로 전달된다. 사실, 탈지역화 교역은 서비스 수출에 해당한다. 이는 하나의 교역 형태로 정의될 수 있는데, 여기에서 상품 자체는 관세를 면제받는 것도 아니고 홍콩을 거쳐 환적되지도 않으나, 그럼에도 불구하고 홍콩의 제조업자나 기업가가 일정 지점에 개입하여 생산자와 소비자 간의 공급 사슬에서 부가가치를 만들어 낸다. 대부분의 경우 중국에서 제조되고 중국의 항구에서 해외의 수령인에게 직접 발송되는 상품과 관계가 있다.

역외무역 현황에 대한 믿을 만한 통계를 찾기는 어렵다. 오랫동안 홍콩 정부는 이 유형의 무역을 '국제 교역 관련 서비스 수출'이라는 항목에 포함시켰으며 대외무역(commerce extérieur)에 관한 통계에 넣지 않았기 때문이다. 2002년 7월 처음으로 이 사안에 관한 구체적인 통계가 발표되었다. 이 범주에 속하는 전체 활동의 80%가 사실은 역외(*offshore*)무역에 해당한다는 사실이 밝혀졌다. 그 평균 성장률은 아주 인상적이다. 1996년에서 2000년 사이 재수출의 평균 성장률은 3.8%인 데 반해 역외무역의 평균 성장률은 11.4%였다.[13] 이러한 발전상은 두 가지로 설명될 수 있다. 첫째 창강 델타의 제조업 역량이 앞으로 보겠지만 확실히 드러났다. 둘째 중국 자체 내에서 수출 지원 서비스업이 발전하면서 수많은 통상 기능이 탈지역화되었다. 탈지역화(délocalisation)는 운송비를 줄이고 상품이 직접 중국 영토에서 수출되기를 바라는 고객의 선호를 만족시키려는 목적을 가지고 있다.

탈지역화 교역의 계속적인 성장과 홍콩 거주민에 의한 중국에의 직접 투자는 의심할 여지없이 교역 플랫폼으로서의 그리고 다국적기업의 아시아 태평양 지역 본부가 집중된 지역으로서의 이 도시의 위상을 강화시켜 주었다. 그러나 홍콩 기업들이 처리한 총 수출량은 사실 통계 수치가 드러내고 있는 바보다 더 규모가 크다.[14] 홍콩무역 · 발전위원회(Hong Kong Trade and Development Council) 조사에 따르면, 홍콩 기업들(선적을 포함하여)에 의해 처리된 역외(*offshore*)무역의 총 가치는 1997년에는 HK$10,500억이었다. 이는 재수출의 85%에 해당하며, 1994년의 70%, 1991년의 50%와 비교된다.[15] 2005년 역외무역(HK$2조)은 전체 재수출량과 같아졌다.[16] 중국 본토는 1994년에는 홍콩 수출의 59%를 제공한 반면 1997년에는 63%를 제공했다. 1997년 현지의 기업이 수출한 상품의 28%가 홍콩과 중국의 외부 지역에서 얻어졌으며, 9%가 홍콩에서 비롯되었다. 조사 대상 기업(기본적으로 중소규모의 업체) 중에서 38%가 두 개 이상의 장소에서 생산이나 공급을 하고 있었다. 그 몫은 감소하고 있지만 홍콩은 여전히 중국을 위한 통과무역항으로 남아 있다. 1997년 홍콩은 중국 수출 총가치의 40%를 처리했으며

---

13) 출처: 인구통계과, 홍콩특별행정구정부, 2001 · 2006.
14) 'Trade Development Council's Chief Economist Edward Leung, presenting the findings of a TDC research report on the Rise in Offshore Trade and Offshore Investment', 26 March 1998(http://info.hktdc.com/tdcnews/9803/98032601.html(accessed 6 April 2011) 참조).
15) 이 보고서는 1988년부터 시작되어 네 번째로, 2002년 11월과 12월 6,226개의 홍콩기업을 상대로 조사했다.
16) Census and Statistics Department, Hong Kong's Offshore Trade Statistics for 2003 (http://www.info.gov.hk/gia/general/200504/15/04150123.html(accessed 6 April 2011) 참조).

2006년(환적 제외)에는 21%를 처리했다.[17]

중국에서의 탈지역화 교역과 직접 투자의 성장 속도가 빨라지면서 상업 활동을 지원하기 위한 일정한 서비스에 대한 수요를 자극했다. 이에 따라 교역 플랫폼으로서의 홍콩의 기능도 강화되었다. 구체적으로 말해 화물의 물리적인 이동과 직접 연관이 있는 서비스는 인근 항구와의 경쟁 때문에 아마도 성장 수준이 떨어질 것이다(운송과 창고업에서는 급격하게, 발송과 보증에서는 보다 서서히). 그러나 이와는 달리 교역 지원 서비스는 성장할 것으로 보인다. 역외(*offshore*)무역과 비즈니스 지원 서비스는 홍콩 경제에 커다란 기여를 하고 있다. 1995년 역외 교역으로만 창출된 수입은 HK$540억, 즉 홍콩 GDP(Produit Intérieur Brut, PIB)의 5%에 달한다. 해상 비여객 운송(HK$350억)과 화물 발송(HK$60억)이 GDP에 한 기여는 각기 3.2%와 0.6%에 지나지 않는다.

홍콩에 자리 잡고 있는 많은 서비스업자들(컨테이너 터미널 운영자, 해운과 육로 운송 사업자들)이 중국에 상당히 많은 투자를 하고 있다는 사실도 설명되어야 한다. 따라서 홍콩의 재원에 이들이 한 기여, 즉 GNP로 측정되는 수치는 증가하도록 되어있는 반면, GDP에 대한 이들의 기여는 내려갈 것이다. 중국 수출 성장의 상당 부분이 실제로 홍콩 기업들의 적극적인 관여에 힘입었다. 특별행정구(Région Administrative Spéciale)는 지금 탈지역화 교역으로부터 많은 수익을 얻고 있다. 인구조사·통계과(Census and Statistics Department)의 자료에 따르면 탈지역화 교역에서 나오는 재원은 2003년에는 13.1%가 상승하여 총 HK$1,160억에 이르렀다.[18] 이런 실적이 성장이나 고용에 미치는 영향은 별반 크지 않지만, 탈지역화 교역의 증가는 홍콩을 거치거나 거치지 않거나를 불문하고 글로벌 규모로 상품의 흐름을 유도하는 물류의 플랫폼으로의 홍콩의 변화를 가속화시키고 있다.

---

[17] Hong Kong Trade and Development Council, 28 December 2007.

[18] Census and Statistics Department, Hong Kong's offshore trade statistics for 2003, 15.05.2005.

1981년부터 2000년까지의 기간 동안 제조업의 주강 델타로의 이전에 힘입어 홍콩의 수출은 15배 증가했다. 이 발전 단계는 홍콩이 가지고 있는 항만시설 그리고 유무형의 인프라에 의해 가능했다. 탈지역화 교역에 의해 지지되는 글로벌 파워로서의 홍콩의 지위를 유지하기 위해서는 더 이상 항만시설에만 의존할 수 없으며, 중국 내에서 거래를 매듭지을 수 있는 상인과(merchands) 무역상의(traders) 능력이 중요하다. 중개인으로서의 이들의 전문기술과 지식은 수출되었으며, 그리하여 교역의 중개기능(intermédiation commerciale)은 중국 본토로 이전되었다.

역외(offshore)무역은 의심할 여지없이 중국의 제조업 역량이 주강 델타 너머로 확산되면서 나타난 결과이다. 2001년 창강 델타에서 제조업은 이미 전체 국내생산의 4분의 1 이상을 점했으며, 더 이상 홍콩을 통한 수출에 의존하고 있지 않다. 이러한 맥락에서 발생한 또 다른 결과는 선전(深圳) 항구의 급부상이었다. 선전은 2006년 1,840만 TEUs를 취급해 세계에서 4번째 최대 항구가 되었다.[19]

앞서 본 바와 같이, 탈지역화 교역과 이것이 홍콩 경제에 한 기여에 관한 통계가 2002년 7월에 처음으로 인구조사·통계과에서 나왔다. 이런 유형의 교역을 더 정확하게 "홍콩에 위치한 사무실에 의해 취급되는 물품(merchandises)의 교역으로 무역상(traders), 에이전트 혹은 브로커라는 자격으로 운영을 하든 하지 않든 홍콩을 나가거나 들어오지 않는 상품의 교역"이라고 정의했다.[20] 즉 이는 서비스 수출이다. 출판된 통계에서는 역외(offshore)무역을 두 가지 종류, 즉 중개무역(négoce, merchanting)과 머천다이징(marchandisage, merchandising)으로 구분하고 있다.

---

19) 일반적으로 많이 볼 수 있는 길이 20피트의 컨테이너 박스 1개를 나타내는 단위이며, 컨테이너 전용선의 적재용량은 주로 TEU단위로 나타낸다. 프랑스어로는 EVP라고 한다.
20) Hong Kong Census and Statistics Department, 2002년 7월.

- 중개무역(*merchanting*)은 '홍콩을 거쳐 들어오거나 나가지 않으면서 홍콩 밖에서 구매한 상품의 판매에 관계되는 서비스'를 이른다. 또한 이는 국제하청 아웃소싱의 공급계약이라는 틀 내에서 제조되고, 홍콩을 거치지 않고 홍콩 밖에서 팔리는 상품의 거래(transactions)를 포함한다.[21] 이는 무역업자(négociants)가 자신의 계정으로 상품을 사고파는 것을 의미한다. 이러한 무역업자는 중국이나 다른 곳에 생산 단위를 소유하고 있는 제조업자일 수도 있다. 또한 대리상인의 자격으로만 행위를 하는 독립적인 제3자일 수도 있다. 무역 마진 즉 팔린 상품의 순가치와 그 비용 간의 차이가 창출된 수익이 된다.

- 머천다이징(*merchandising*)은 홍콩의 밖에 있는 구매자 혹은 판매자를 위해 이들이 요구한 특별한 사항(조달, 마케팅(*marketing*), 계약 협상, 검사, 발송 등)에 따라 상품을 구매하고 판매하는 일을 조직하는 것을 이른다. 이는 구매와 생산에 따르는 조치(전 생산 과정을 착수하게 하고 감독하는 일)를 마련하는 문제일 수 있다. 머천다이징으로 인해 만들어진 수익은 커미션(commission), 에이전트 비용(frais d'agence) 혹은 제공 서비스 명세 비용(frais de facturations de services)으로 구성된다. 상품(merchandises)의 가치는 통계에 들어가지 않는다. 에이전트나 브로커라는 자격을 자진 이들 중개상인(*merchandiser*)은 법적으로 생산물에 책임을 지지 않으며 완전한 소유권도 가지지 않기 때문이다.[22]

탈지역화 교역은 홍콩의 인프라를 이용하고 있지 않음에도 불구하고 상거래를 용이하게 하기 위한 모든 서비스—금융, 보험 그리고 마케팅을 포

---

[21] Hong Kong Census and Statistics Department, *Press Release*, 22 July 2001.

[22] 역외(offshore) 거래에서 '머천다이징(*Merchandising*)'은 홍콩 밖에 있는 구매자·판매자를 대신해 이들의 요구 조건(예를 들어 다중 소싱(multiple sourcing), 마케팅, 계약, 가격 협상, 용량과 샘플 확보, 선적, 검사, 후속절차 마련(arrangement of follow-up order))에 따라서 상품의 구매·판매를 처리하는 서비스로 정의된다. 여기에서도 상품은 홍콩을 들어오거나 나가지 않는다. 중개(중계)무역(merchanting)과는 달리, 대리인(agent or broker)으로서 홍콩은 관련 상품의 소유권을 가지지 않는다. Hong Kong Census and Statistics Department, Press Release, 22 July 2001.

함하여—에 대한 수요를 촉진시켰다. 또한 이는 상품의 홍콩 영토 통과 여부와 상관없이 글로벌 물류에 대한 홍콩의 지배력을 강화시켰다. 특별행정구(Special Administrative Region)의 미래가 어떠할지에 대한 개략적인 모습은 확연해졌다. 다시 말해 재수출과 역외(*offshore*)무역이 대규모로 증가해도 도시의 성장에는 커다란 영향을 미치지 못할 것이다. 역외(*offshore*)무역에서 고용에 대한 직접적인 파급효과는 거의 없다. 1982년 홍콩이 국내 수출의 중심지였던 시절 전체 인구의 3분의 2가 상업 활동에 종사하고 있었다. 2005년이 비율은 3분의 1 수준으로 떨어졌다. 반면 글로벌 조달(approvisionnement global) 또는 탈지역화 생산(production dé localisée)의 발전으로 홍콩에서 제반 자격을 갖춘 이들의 고용에 대한 수요는 증가했다. 비록 상당히 노동집약적인 작업들이 주강 델타로 이전되었음에도 불구하고 높은 수준의 경영관리를 요구하는 기능은 여전히 특별행정구에 견고하게 자리를 잡고 있다.

허브(*hub*)로서의 홍콩의 역할은 중국의 다른 해항도시가 신뢰성과 효율성을 만족할 만한 수준으로 끌어올리지 못하는 한 오래도록 계속될 수밖에 없다. 이러한 자질은 중국에서는 여전히 많이 뒤쳐져 있는 서비스 부문의 발전과 밀접하게 관련되어 있다.

중국 서비스산업의 후진성

중국의 서비스 부문의 위축은 12장에서 살펴보았던 제조 부문의 비대화에 따른 당연한 귀결이었다. 2005년 중국의 서비스 산업은 GDP의 40%를 점했다. 이는 세계은행이 저소득국가로 분류한 인도(51%)보다 낮으며, 중소득국가로 간주되는 인도네시아(40%)와 같은 수준이다.[23] 서비스 부문에서의 성장률은 전체 GDP 성장률(2003년에는 7.3%, 2004년에

---

23) *World Economic Indicators 2005*, Washington DC, World Bank Group, 2005.

는 8.3%)보다 낮다. 개혁개방의 초기 10년간 강한 성장세를 보였던 GDP 증가에 대한 서비스 부문의 기여도는 1988년 이래 정체되었으며 2002년 이후에는 오히려 떨어졌다. GDP에서 서비스가 차지하는 비중은 2000과 2003년 사이에 떨어졌다가 2004년에는 오르고 2005년에는 다시 떨어졌다. 서비스 부문이 성장과 고용에 상당히 중요한 원천인 오늘날 중국에서는 왜 이런 지체현상이 발생하고 있는가?

중국에서의 서비스 부문이 상대적으로 대단치 않은 위상을 점하고 있는 데에는 여러 가지 요인이 작용하고 있다. 이에는 뒤늦은 도시화와 통계상의 과소평가도 포함된다. 예를 들어 도시의 많은 서비스업은 아예 신고 자체를 하지 않는다. 전 세계 주거용 주택의 50%가 중국에서 지어질 것으로 추정된 이래로 특히나 붐이 일고 있는 건설 부문은 전도유망한 서비스 산업에 속한다. 그러나 서비스 산업이 지체되고 있는 일반적이자 가장 명확한 이유는 제조 부문의 거대한 팽창(그 자체가 사실 현지 수준에서의 투자 열풍의 결과인)과 연관되어 있다. 눈에 쉬이 들어오지는 않지만 간과해서는 안 되는 다른 이유는 유럽과 미국의 많은 기업은 서비스를 아웃소싱하는 반면 중국의 기업은 자신의 서비스 기능을 내부에 유보하고 있는 관행과 관계된다. 예를 들어 고도로 통합적인 바오산철강(Baoshan, Baosteel, 上海宝钢集团公司)은 강철을 생산하는 것만이 아니다. 운송도 책임진다. 무엇보다도 서비스의 저발전은 두 가지 유산이 가져온 결과이다. 첫째로는 생산물 가치만을 인정하는 소비에트형의 경제에서 물려받은 유산, 그리고 둘째는 유교에서 비롯된 유산이다. 유교에서 상인은 의심스런 눈초리를 받는 대상이며 소비자의 손에 놓이게 되는 상품에 어떠한 가치도 더하지 못하는 자로 인식되었다.

서비스업이 많이 발전하지 못한 상태에서 중국이 WTO에 가입한 결과 중국의 서비스업은 사유화, 국제화 그리고 규제철폐라는 삼면으로부터의 도전에 직면해 있다. 국가 독점이 여전히 우세한 부문(철도와 공공 서비스)에서는 생산성과 성장률이 낮음을 누구나 볼 수 있다. 국제화 즉 국가의 경계 밖에서의 서비스의 조달이나 해외에서의 서비스의 소비는 텔리커뮤니케이션, 건설, 엔지니어링, 디자인(*design*)과 같은 영역에서는 별다른 영향을 미치고 있지 못하다. WTO에 가입한 직후 3년 동안 중국은 서비스 시장의 62%를 개방했다. 산업화된 선진국에서 이 비율은 80%에 달하며, 개발도상국의 경우는 20~40%에 이른다. 일반적으로 만연했던 행정기관의 관리감독은 경제가 복잡해지고 성장의 속도에 빨라지면서 혼선을 빚고 있다. 각기 다른 수준에서의 관할 당국의 급증 그리고 규정의 갑작스러운 변화로 개인 사업가나 외국인 사업가는 매번 충격을 받는다. 이러한 새로운 상황 앞에서 상하이는 어떻게 스스로의 위치를 설정하고 있는가?

상하이에서의
서비스업의 위치

2006년 서비스 부문은 상하이 GDP의 절반을 차지했다. 이 수치는 국가 전체 평균보다 분명 훨씬 더 높다. 그러나 이 부문은 운송, 통신, 창고업, 부동산 그리고 도소매업(전체의 41.62%)과 같은 전통적인 서비스업이 차지하고 있다. 이와는 대조적으로 자료 전송, 정보 기술, 소프트웨어 생산 그리고 금융과 같은 고부가가치 서비스 영역은 [표 4]에서 보는 바와 같이 전체의 4분의 1이 채 되지 않는다.

의심의 여지없이 상하이는 환적항의 역할을 하는 43개 '항구' 계획에서 알 수 있듯이 현대적인 도시의 이미지를 만들려고 노력하고 있다. 이 광의의 나들목(points de passage)에는 더 많은 다국적기업의 본부를 유치하기 위해 교통, 부동산 사무실, 호화 호텔 그리고 일을 처리하기 위한 여타 제반 시설들이 들어서 있다. 또한 상하이는 쉬자후이(徐家匯) '디지털' 도시 프로젝트, 송강(松江) 테마파크, 북와이탄 국제여객선부두(北外滩国际客运码头)

를 통해 중국의 쇼윈도가 되고자 한다.[24] 중국을 넘어서 세계 다른 도시들의 모델이 되기를 원하고 있을지도 모른다. 또 하나의 상하이가 되는 것이 뭄바이의 야망이 아니겠는가?

그러나 서비스업의 탈지역화(délocalisation)는 아직 멀리 나아가지 못하고 있다. 한편으로는 노동 비용의 절감을 통해 만들어진 절약보다도 거래비용이(최소한 일정한 활동에 있어서는) 높다. 다른 한편으로 경제 발전을 지지하고자 의도된 기관이 견고하지 못하다. 사실 정부는 계속 경제에 중요한 역할을 하고 있다. 국영기업의 무게, 그리고 행정기관의 부패는 자본의 적정 배분에 악영향을 미치고 있다. 비효율적이기로 이름난 금융 제도 때문에 비국영 회사가 자본에 접근할 수 있는 기회는 차단되고, 소액금융(micro-finance) 지원 활동은 여전이 주변적이다. 조직 내부에서의 혁신 능력은 낮다. 그리하여 작업준비실에서 작업장까지의 길은 결코 순탄치 않다. 고부가가치 서비스, 특히 은행과 금융은 저발전 되어 있다. 이런 후진성은 개인적인 역량의 문제라기보다는 제도의 문제이다. 축적된 경험의

[표 4] 2003년과 2006년 상하이 제3차산업 활동 분포(%)

	2003	2006
운송, 통신, 창고업, 우편, 통신	27.40	12.76
도매업과 소매업	15.30	17.72
자료 전송, 정보 기술, 소프트웨어	20.80	8.03
금융	7.41	15.74
부동산	18.60	13.12
기타	10.30	32.64

* 출처: Zhonguo chanye ditu weiyuanhui, Shanghai chanye ditu[Shanghai Industrial Atlas-, Shanghai, Renmin chubanshe, 2004. 2006년 자료는,『上海統計年監』, 2007.

---

[24] *China Daily*, 1 August 2005.

결과인 무형 자본은 중국에서는 아직 수면으로 떠오르지 않았다고 말할
수 있다.

다국적기업의 지역 본부 유치와 관련하여 홍콩과 상하이 간의 경쟁은 점
차 더 격렬해 지고 있다.

다국적 대기업의
지역 본부 설립

창강 지역에 밀집해 있는 공급자들(납품업체)들에게 접
근하기 위해 많은 다국적기업이 상하이에 자리를 잡았다. 2005년 말 상하
이에는 해외에서 자금을 조달하는 외국 기업의 424개 지역 본부(sièges
régionaux, 연구와 개발 센터 포함)가 있었다.[25] 2007년 말에는 그 수가
1,843개로 늘어났다. 외국인 투자 지원을 받은 서비스의 비율이 처음으로
50%를 넘어섰다. 왜 외국인 회사는 중국에 지역 본부를 세우려고 결정한
것일까? 답은 상당히 다양한 수많은 주체들과 이들의 수익 흐름을 다루는
것이 너무나 복잡해지고 있기 때문이다. 중국에서 다수의 합작투자를 이끌
어 내려면 각기 다른 수많은 파트너와 연결해야 하는데, 이들은 여러 지역
에 흩어져 있고 각기 다른 규정의 영향을 받으면서 활동해야 한다. 때문에
광범위한 업무가 처리될 수 있도록 조정하는 기구를 세울 필요성이 있다.
주요 활동(마케팅, 금융, 정보 기술, 구매, 경영)이 중복되면서 부담이 가중
되며, 그리하여 이들 모든 기능을 하나의 장소에서 종합적으로 처리하는
것에 비해 상당 정도로 비효율적이다. 지역 본부는 많은 이점이 있다.

① 이는 중국에 세워진 한 그룹에 속하는 모든 합작투자(*joint ventures*)가

---

[25] Shanghai foreign economic arelation & trade commission〉〉 in *China Economic Net*,
30.01.2006; Shanghai Municipal Commission of Commerce,
http://www.scofcom.gov.cn/sfic/tc/list.jsp?viewType=viewImage&id=62316(accessed   6
April 2011).

이용할 수 있는 하나의 서비스 센터(금융, 송장작성 등을 위한)의 역할을 한다.

② 이는 현장에서 수익의 재투자를 처리하고 더욱 유리한 세금 관리를 할 수 있는 법률 조직이라는 혜택을 제공한다.

③ 이는 그룹의 여러 합작 투자(*joint ventures*)를 위한 판매, 구매 그리고 송장 작성의 집중화를 가능하게 하며, 고객으로 하여금 하나의 대상만을 상대로 하게 해준다.

④ 이는 예를 들어 가격이전과 같이 기업의 내부거래 활동을 더욱 효율적으로 만들어준다.

앞서 말했듯이 2005년 말 상하이는 외국 기업의 424개 지역 본부(sièges régionaux, 연구와 개발 센터 포함)를 유치했는데, 이는 2004년에 비하면 거의 배가 된 수준이었다. 물론 상하이에 지역 본부를 설치하는 데 따르는 이점은 당연히 이 도시의 인프라의 질에 있다. 이 동부 중국의 대도시는 중국에서는 유일하게 두 개의 국제공항을 가지고 있다. 또한 2005년 상하이는 세계에서 3번째로 큰 컨테이너 항구가 되었다. 이에 대해서는 다음 장에서 다시 언급하고자 한다.

창강의 중·하류에 있는 도시들과의 인접성도 고려해야 한다. 또한 그 주변에는 15개의 도시에 비교적 잘 사는 1억 3천 만의 인구가 거주하고 있다. 89개의 외국계 은행, 4개의 주요 대형 회계감정회사(PriceWaterhouseCoopers, KPMG, Deloitte & Touche, Ernst & Young) 그리고 71개의 법률사무소가 있기에 외국인에게 상하이는 유용한 시험대이다.

그럼에도 불구하고 상하이에 지역 본부를 세우는 데에는 여러 가지 제약이 따른다. 이는 법률상으로 설립된 독립 법인이어야 한다. 이는 또한 4억 달러 이상의 가치가 있는 주식을 보유하고 중국에 3천만 달러 이상을 투자한 회사의 자회사여야 한다. 그리고 마지막으로 지역 본부는 최소한 중국이나 해외에 3개 이상의 회사에 투자해야 하며 이에 대한 경영권을 가지고 있어야 한다.26) 그리하여 중국에서 지역 본부를 세우는 데에는 문턱이 높으며, 최근의 규정에서도 그 조건은 완화되고 있지 않다.27) 외환관리, 수출입, 통관, 입국, 교역 면허 승인과 비자에 관한 절차는 길고 복잡하다. 또한 홍콩이나 싱가포르와 비교해 세금도 높다.28)

경제특구(zones spéciales) 혹은 기술개발구(zones de développement technologique)를 제외하고 중국에서의 세제는 높고 복잡하다. 영업이익에는 33%가 부과되며, 소득세는 5%에서 45%에 이른다. 이에 더하여 재산세, 상속세, 농업세, 토지세, 부가가치세, 판매세, 소비세, 인지세 그리고 자동차 도로세와 같은 여러 가지 직간접세가 있다.

이 문제에 대한 홍콩의 접근방식은 완전히 다르다. 특별행정구(香港特別行政區)에는 어떤 세금 우대조치도 면세조치도 없지만, 간단하고 가볍고 그리고 투명한 세금 체제를 통해 외국인 투자자와 다국적기업을 유치하려고 한다. 표준 소득세는 2%에서 17%이며, 법인세율은 16.5%이다(2010). 자본, 이자 또는 배당금에 대한 세금은 없으며, 부가가치세나 판매세도 없다. 홍콩의 세금 체제가 가지고 있는 두 가지 특징은 이 해항도시를 특히나 더 매력적으로 만든다. 하나는 '일정 제도(*schedular system*)'로 이는 종합소득세 대신에 각각의 소득원에 대해 따로 분리하여 세금을 부과한다. 둘은 속지주의에 의해 오직 홍콩에서 발생한 소득만이 세금부과의 대상이 된다.

마지막으로 중국의 비물질적인 인프라의 질은 여전히 매우 낮다. 이에는

---

26) *Shanghai Foreign Trade and Economic Information*, 2002년 7월 20일과 2003년 3월 규정에 따름.

27) 'Interim regulation on encouraging multinational companies setting up headquarters in Shanghai' 그리고 2002년 7월과 2003년 3월 이를 시행하기 위한 규정 참조. 이는 감세 조치, 현금 유동성 관리, 무역 권리, 거주와 취업허가에 관한 사항을 포괄하고 있다.

28) 상하이 푸동에 있는 외국 기업은 중국 연안지역에 있는 14개 자유시(villes ouvertes)와 비슷한 면세혜택을 누리고 있다. 관세자유지역에서 수출준비가 된 상품은 수출세와 부가가치세를 면제받으며, 수입 부품도 관세와 부가가치세를 면제받는다. 정보산업, 통신, 인터넷 서비스 또한 세금과 관세를 면제받는다.

정보의 자유, 법에 의한 보장 그리고 삶의 질과 같은 항목이 포함된다. 후자는 모호한 개념이지만, 국외에 근무하게 된 직원에게는 중요한 요소이며, 이에는 파트너가 일을 찾을 수 있는 기회, 교육의 정도 그리고 환경 보호 등이 포함되어 있다.

두 후배지 간의 경쟁

　　　　　홍콩과 상하이 두 대도시 간의 경쟁보다는 이 두 도시에 연결되어 있는 두 후배지(hinterland) 간의 경쟁이 더 치열해 보인다. 두 지역 모두 중국 전체의 평균 수준보다 높은 성장률을 자랑하고 있다. 광둥과 전체 장쑤-저장 지역은 1980년에서 2000년까지 13%의 경제 성장률을 보였다. 같은 기간 중국의 경제 성장률은 9.5%였다.[29]

이 두 지역은 개혁 이행 기간이 달랐기에 경제발전에서도 확연한 차이를 보인다. 주강 델타는 개혁개방 정책의 혜택을 처음으로 받은 지역 중의 하나였다. 2003년 이 지역은 중국 인구의 2.5%만이 머무는 곳이었지만 중국 GDP의 7%를 기여했다. 1인당 GDP는 광둥 지방의 두 배였으며 전국 평균의 3배였다.

이와는 달리 창강 델타에서는 지역경제단위(entité économique régionale)가 1984년에야 상하이, 닝보, 원저우(溫州)가 외국 투자에 개방된 시점과 때를 같이하여 세워졌다. 델타의 모든 경제 지역을 통합하는 과정은 1990년 창강 하류에 있는 푸둥과 다른 도시들이 개방되면서 가속화되었다. 2005년에는 이미 많은 외국 자본을 수용한 이 지역은 저장과 장쑤 두 성에 걸쳐 있는 15개 정도의 도시를 포괄하고 있다. 이 지역은 제조업 기지이자 주요 소비 지역을 형성하는데 중국 전체 인구의 10%가 거주하고 있으며 중국 GDP의 거의 20%를 점하고 있다. 상하이 후배지의 무게감이 점증한 데에는

---

[29] Shanghai Municipal Commission of Commerce, 26번 주 참조.

1990년대 후반에 일어난 두 가지 현상이 영향을 미쳤다. 타이베이 당국의 제한 철폐에 이어 중국에 대한 타이완인의 투자가 상당정도 특히 하이테크 부문에서 크게 늘었으며, 창강 델타 지역에 집중되었다.[30] 더욱이 1990년대 초 이 지역은 중국에 대한 제2의 일본 투자 물결로부터 혜택을 보았다.

마지막으로 창강 델타의 도약은 교육을 받고 자질을 갖춘 인재 그리고 연구와 개발 역량에 의해서도 커다란 힘을 받았다. 2000년 중고등학교를 졸업한 고용인의 숫자는 주강 델타의 그것보다 배가 많았으며, 과학과 기술에 종사하는 고용인은 훨씬 더 우수한 자격요건을 갖추고 있었다. 그 결과, 정보 기술, 정밀기기 그리고 자동차 생산에 관련된 산업을 포함하여 수많은 하청업체가 비교적 끊이지 않고 들어섰다.[31]

중국의 새로운 산업화 국면에서 상하이가 선두 주자가 될 것인가? 1970년대 말 이래로 중국의 수출이 추동한 산업화는 두 단계를 거쳐 발전했다. 첫 단계는 직물과 부가 가치가 낮은 상품에 의존했다. 이 단계의 주요 수혜자는 홍콩과 남부 중국이었다. 중국의 수출은 1992년에서 2000년 사이 850억 달러에서 3배로 증가하여 2,500억 달러가 되었다. 기본적으로 이러한 성취는 광둥성과 주강 델타의 노력이 맺은 결실이었다. 중국이 WTO에 가입한 이후 중국 수출의 대부분은 전자와 통신 장비, 강철과 금속 제품이 차지하고 있다. 이런 유형의 상품 생산은 상하이와 그 주변 지역(중국의 수출을 위한 통로로 될 것인)의 산업 역량에 더 적합함은 분명하다. 그렇다면 바로 상하이는 이들 상품의 수출지로 될 가능성이 많게 된다. 지리적으로도 멀고 이런 유형의 산업에 필요한 중개의 경험이 크게 부족한 홍콩은 이 두 번째 단계에서 주도적인 역할을 하는 것이 어려울 것이다. 전자 제품의 생산

---

[30] 2001년 11월 타이완은 그 금융기관의 역외금융단(Offshore Banking Units)으로 하여금 중국 본토의 금융기관과 직접적인 관계를 유지할 수 있도록 허용했다. 2002년 4월 중국에 있는 타이완 기업의 수익과 배당금이 타이완으로 송환될 때 이에 대한 관세가 면제되었다. 2002년 8월 타이완 기업체의 중국 본토에 대한 직접투자가 허용되었다.

[31] Hong Kong Monetary Authority, *Quarterly Bulletin*, June 2003.

[표 5] 창강 델타 지역과 광둥지방의 중국 수출 기여도(US$10억)

	1998		2006	
	총액	수출비중(%)	총액	수출비중(%)
상하이	15.63	8.50	113.59	11.72
장쑤	15.92	8.66	160.41	16.56
저장	11.60	6.31	100.41	10.41
창강 델타 전체	43.15	23.47	374.89	38.69
광둥	76.28	41.50	301.95	31.16

* 출처: 『中國統計年監』, 2001, 2007.

과 조립에서 중국이 세계 지도자로 부상하면서, 2002년에는 거의 30%의 성장률을 자랑하며 상하이에서 가장 인상적인 결과를 내놓았던 분야는 정보와 커뮤니케이션 기술이었다. 이 부문은 당시 상하이 GDP의 9%를 기여했다.

두 지역 간의 격차는 1998년과 2004년 사이에 줄어들었다. 해외 무역과 외국인 투자 유치에 관한 한, 상황은 [표 5]와 [표 6]에서 보는 바와 같이 창강 델타지역에 유리한 방향으로 역전되었다.

2000년도 중반에 수출 격차는 없어졌다(표 5 참조). 그러나 외국인 직접 투자는 비슷한 수준에서 동부 지역과 광둥 사이의 액수가 두 배의 차이가 나는 방향으로 움직였다. 주목할 만한 사실은 2003년에 장쑤는 광둥보다 외국인 투자를 더 끌어들였다. 창강의 하류에 세워진 생산 시설은 생산 비용이 더 낮았기 때문에 주강 델타에서 보다 더 지속적인 성장률을 보였다. 그 결과 더 많은 수출량을 발생시켰다.

홍콩이 이런 생산과 교역의 흐름에서 배제되었다는 뜻인가? 그렇게 보이지는 않는다. 홍콩은 이제 상하이에 대한 최대 투자자로, 2002년에는 상하이 전체 외국 자본의 42%를, 2004년에는 32.45%를 차지하고 있다.[32] 상하이

32) 『中國統計年鑒』, 2005.

[표 6] 창강 델타지역과 광둥 지방에 대한 외국인직접투자(FDI)의 규모(US$10억)

	1998		2006	
	금액	FDI비중(%)	금액	FDI비중(%)
상하이	3.60	7.91	7.07	10.23
장쑤	6.63	14.58	17.43	25.09
저장	1.31	2.88	8.88	12.80
창강 델타 전체	9.61	25.37	33.42	48.12
광둥	12.01	26.41	14.51	20.89

* 출처: 『中國統計年監』, 2001, 2007.

발전의 상당 부분이 홍콩에서 비롯된 대량의 외국인 투자의 결과이다. 컨테이너 터미널 운영사 허치슨 왐포아(Hutchison Whampoa)는 상하이 컨테이너 터미널의 주식을 50% 보유하고 있다. 이는 또한 푸동에 있는 와이가오차오(外高桥)터미널의 1차사업 자본금의 30%를 보유하고 있다. 홍콩의 많은 서비스 하청업체는 상하이에 자회사를 가지고 있다. 상하이의 물류와 환전 중개인(agents)의 4분의 1이 실제로 홍콩에서 온 이들이라고 추정된다. 특별행정구가 창강 지역에 대해 경제적인 지배권을 세우기는 분명 어려울 것이나 그럼에도 불구하고 여전히 중요한 당사자로 남을 것이다.

정치적 경계,
행정적 경계(frontiers)

이 두 도시가 가지고 있는 법적 그리고 행정적 지위의 복잡성도 간과해서는 안 된다. 주강 델타는 하나의 성 정부(광저우), 두 개의 특별행정구(홍콩과 마카오), 두 개의 특별경제구(산전과 주하이(珠海)) 그리고 수많은 지역당국(둥관(東莞), 포산(佛山), 순더(順德), 장먼(江门)…) 으로 구성되어 있다. 이들 각자는 관할구역(frontalier)에서 관세 부과, 항만 운영, 운송 그리고 산업 발전에 관한 독자적인 권한을 가지고 있다. 도시, 산업 지역 그리고 기술발전 지구 간에 있는 이들 복잡한 상호관련성은 하나의 통합된 대도시 공간이라는 인상을 준다. 그러나 결코 그렇지가 않다. 경제 사안에 대한 각기 다른 정도의 자치권을 가지고 있는 수없이 많은 관할권이 복잡하게 얽히고설키면서 행정의 혼탁성은 증가했다. 또 다른 결과는 기반시설의 중복으로 인해 빚어지는 재원의 낭비이다. 주강 델타에는 반경 100킬로미터 안에 5개의 국제공항이 있다. 이들은 모두 1990년대에 들어섰다.

창강 델타의 경우, 중앙 행정정부 하에서 성급의 지위를 갖는 도시 상하이, 두 개의 성정부(제장, 장쑤), 수많은 시당국 그리고 주강 델타에 비해 3배나 되는 인구를 가지고 있어 거대한 중압감을 피할 수 없다. 여기에서도 역시 이들 각기 다른 수준의 행정 기관 사이의 협력은 쉽지 않고 복잡하다. 그러나 이 면에서 상하이는 홍콩과 주강 델타를 포괄하는 복합체보다는 이점을 가지고 있다. 상하이와 저장 사이에는 맨해튼과 저지 시티 혹은 런던과 이스트 엔드 사이에 있는 경계선의 의미가 있을 뿐이다. 그럼에도 불구하고 주룽(九龍)에서 선전으로 간다는 것은 여권과 주민증을 검사한다는 형식상의 절차 이상이 관여된다. 이 경계선은 정치적, 법적, 경제적 그리고 사회적인 의미에서 완전히 다른 두 세계 간의 금이다.

홍콩의 미래
:맨해튼인가 모나코인가?

중국에서 수출의 급격한 증가와 대외 교역을 지원하는 서비스의 부족 사이에는 명백한 모순이 보인다. 현재로서는 홍콩이 이 결함을 보완하고 있다. 앞으로도 그럴 것인가? 예를 들어, 주강 델타에 있는 항구의 발전으로 해외 무역은 점차 더 연안 도시들의 수중으로 들어갈 것이다. 중국에서의 교역의 활성화는 우선 먼저 상하이와 선전과 같은 도시의 재수출 역량에 의존할 것이다.

홍콩에는 두 가지 가능한 도시 발전안이 있을 수 있다. 첫 시나리오에서 홍콩은 광저우까지도 포함하여 주강 델타 전 지역의 선두 도시이다. 이는 '가게의 문은 거리와 마주하고 있으며 공방은 뒤에 있다(前店後廠)'라는 사자성어로 표현된다. 가게의 문은 홍콩이며, 공방은 주강 델타이다. 1978년 이전 홍콩은 글로벌 시장이었다. 1980년대를 시작으로 그리고 중국의 계속적인 개방과 함께, 홍콩은 대륙의 경제공간을 지지하는 대도시가 되었으며 주강 델타의 해양 출구라는 제한적인 역할을 담당하고 있다. 이에 반하여 두 번째 가능한 시나리오는 홍콩이 나머지 중국을 이끄는 특수한 성격을 가져야 한다는 데에 기반을 둔다. 이는 맨해튼 시나리오이다.

이와는 대조적으로, 상하이는 아직 '아시아의 홍콩'이 아니다. 국내 시장에서 비롯되는 환적율이 낮은 것으로 판단해 보건데 상하이는 중국의 홍콩도 아니다. 이는 심지어 '창강의 홍콩'도 아니다. 왜 아닌가? 상하이, 제장 그리고 장쑤는 하나의 단일한 경제 지구를 구성하고 있지 않다. 사실은 오히려 정반대다. 이들은 자신의 개별적인 특권을 포기하지도 시장이 경제활동을 조정하도록 내버려 두지도 않는다. 이들 세 경제권은 적극적으로 지역 보호주의를 조장하고 있다. 이러한 상황에서 상하이는 어떤 역외(*offshore*)무역(離岸貿易, *li an mao yi*)도 조직할 수 없다.

두 번째 시나리오는 홍콩이 중국의 모나코가 되어간다고 볼 것이다. 의류 생산에서의 프런티어가 매년 50킬로미터의 속도로 북상하고 있는 이때에, 홍콩은 고부가가치 서비스의 중심이 될 것인가? 홍콩은 우량한 법적 토대를 가지고 있기 때문에 계속해 비즈니스 법률가(avocats d'affaires)가 활발히 활동하고 계약서의 사인도 이어질 것이다. 비영업(*back office*) 활동, 즉 고객이 보지 못하는 모든 것(회계, 송장 처리, 자금 조달, 행정, 요컨대 모든 지원 서류작업)이 중국으로 이전될 것이다.

홍콩 사람들은 부분적으로만 '일국이체제(一國二體制)' 개념을 이해했다. 이 공식의 두 번째 부문(두 가지 체제)만을 보기 원하기 때문에 이들은 첫 번째 부분, 즉 이제 하나의 국가만이 있다는 사실을 잊었다. 홍콩이 마주한 상황은 그리하여 전례가 없는 일이다. 이전에 중국은 홍콩의 적이거나 동맹이었던 반면 이제 처음으로 중국은 홍콩의 직접적 경쟁 상대가 된다.

하나의 대도시가 상거래를 수행하는 국제적인 플랫폼으로 발전할 수 있는 가능성은 비물질적인 인프라의 질이라는 측면에서 정의할 수 있다. 어떻게 한 도시가 교역의 플랫폼이 되며 통합서비스(intégration des services)의 중심이 되는가? 이는 기본적으로 하청 활동과 글로벌 공급(approvisionnement global)의 광대한 네트워크를 조직하는 능력에 달려있다. 이런 면에서 홍콩과 상하이가 요청받은 역할 간에는 엄청난 차이가 있다. 다양한 규모를 가진 10만여 개에 이르는 고도로 국제화된 무역 회사가 있는 홍콩은 지금까지 자신을 보다 넓은 전망 안에 위치시키고 있는 반면, 후자인 상하이의 활동 초점은 내지의 성들과 창강의 중하류지역에 두어져 있다.

홍콩의 교역 발전사를 따라가다 보면 이 도시가 더 이상 상품의 수출이 아니라 서비스의 수출에 의존하고 있는 정도를 분명히 알 수 있다. 상품의 재수출은 기본적으로 서비스의 수출이며, 이는 탈지역화 교역(commerce délocalisé)에서는 더욱 더 그러하다. 탈지역화 교역의 일환이 금융, 기업에 공급하는 서비스를 포함한 다양한 범주의 활동 그리고 관광이다. 홍콩은 제조 과정에는 어떤 가치도 더하지 않지만 상품의 발송에서 최종 사용자가 이를 수령하는 지점에 이르기까지 현재 물류의 특징인 서비스의 사슬에서 가치를 창조한다.

서비스 수출의 수요를 충족시키기 위해서는 유형의 상품 수출에서 요구되는 것과는 완전히 다른 경제논리에 적응해야 하며 이에 필요한 노동력의 수준을 충족시켜야 한다. 서비스는 현장에서 소비되며 팔리면 바로 사라진다. 그리하여 홍콩의 서비스 부문의 성장은 이용 가능한 서비스를 소비하고 무형의 것에 기반을 둔 서비스 부문을 재건하기 위해 끊임없이 전문기술과 정보 그리고 금융의 흐름을 끌어오는 능력에 달려있다. 지금은 오직 홍콩만이 어떻게 이 특정한 연금술을 실천할 것인지를 알고 있다.

홍콩은 아주 잘 조직되어 있다. 직원과 행정은 효율적이고 부패는 거의 없다. 이 상황은 지속될 것이다. 중국인도 자신과는 다른 홍콩의 이 이점들을 이용하기 위해 홍콩에 회사를 설립한다. 홍콩은 교역 조직이라는 면에서 아시아에서 여전히 주도적인 위치를 가지고 있다. 외국계 회사의 수는 줄어들고 있으나 중국인 회사의 수는 늘어날 것이다. 그러나 홍콩에서 모든 것이 너무 비싸지고 있다. 생산에 따른 후속조치는 물론 연구와 개발 그리고 디자인은 중국으로 이전될 것이다. 그러나 상업 활동과 금융을 연계하고 조율하는 업무(coordination)는 오랫동안 홍콩에 남아있을 것이다.[33]

이런 고유한(particulière) 전문지식과 기술(expertise)은 고도로 국제화된 중소기업의 대단히 두텁고 조밀한 네트워크에 기반하여 축적되어왔다. 투명한 세제와 더불어 법의 지배에 대한 존중, 재산권의 보호, 경쟁적인 열린 시장의 존재는 이들 중소기업(PME, petites et moyennes entreprises, 종업원 50인 이하의 중소기업, 영어로는 SMEs)에게는 필수적이고 필요한 모든 제도였다. 대기업과는 달리 이들 중소기업은 자신의 교역 활동과 투자를 보호하기 위한 수단을 놓고 정부와 협상할 수 있는 힘을 가지고 있지 않다. 사실 대규모 다국적기업이 자신이 당면한 계약상의 위험에서 스스로를 보호하기 위해 중국 정부 기관으로부터 보장을 받아내는 예를 흔히 볼 수 있다.

만약 시장이 무엇보다도 정보의 생산자 혹은 제작자라고 한다면 인상적인 경제 규모를 가지고 있는 홍콩은 여전히 중국 시장에 관한 정보의 수집, 집중, 처리 그리고 재분배를 위한 중심이다.

---

33) 인터뷰: 대규모 유통 부문, 홍콩, 2001.

홍콩과 상하이 간의 경쟁관계는 더 이상 예전 교역 중개인들이 다투었던 전장에서 일어나고 있지 않다. 또한 경쟁은 이와 직접적으로 연관되어 있으나 그 기초는 글로벌화로 인해 심각하게 영향을 받아온 대상인 물류 (logisitque)에서 일어나고 있다.

제15장

아시아 물류 플랫폼 간 경쟁

물류(logisitque)는 '원산지점에서 소비지점까지 원자재, 완제품, 반제품, 서비스 그리고 관련 정보의 흐름과 보관을 기획·실행·통제하는 과정'이라고 정의할 수 있다.[1] 물류는 '공간·시간·커뮤니케이션'이라는 세 요소에 대한 지배이며 물적 유통에 대한 관리뿐만 아니라 상품의 통관, 저장과 보관, 분류, 수송(도로, 철도, 해로, 항로) 그리고 상품의 유통을 다루는 정보 흐름에 대한 운영이다.

물류의 발전

물류 체인은 주어진 상품을 생산자에서 최종소비자에게로 이동시키며, 그리하여 산업 서비스에서 정보 서비스에로 관통하는 통로를 구체화한다. 물류는 여러 서비스의 '원스톱 쇼핑'을 제시함으로써 제 자리에 제 가격으로 상품을 배달하는 과정에서 부가적인 가치를 만들어낸다.

---

[1] 'Mission économique de Shanghai', *La logistique en China de l'est*, July 2006, report by the Mission Economique de Shanghai, French Consulate, Shanghai, p.9.

이를 위해 물류는 다음 네 가지 주요 활동을 통합적으로 수행한다. 첫째는 혼재(pré-groupage, consolidation)2)와 같이 생산(production, 아웃바운드 물류, *outbound logistics*)3)과 관계된 활동이다. 주문과 동시에 고객이 생산에서 배달까지 모든 단계에서의 상황을 알 수 있도록 한다. 이런 끊김이 없이 아주 매끄러운 생산 흐름의 관리는 고객으로 하여금 예를 들어 타이완에서 생산에 차질이 빚어지면 말레이시아에서 생산을 증가시킬 수 있게 한다. 다음으로 물류는 분배(distribution, 인바운드 물류, *inbound logistics*)와 관련된 작업이다. 이는 공급 흐름에 대한 분석과 제공받을 숍(shops, boutiques)의 구성(configuration)에 기반을 둔다. 날마다 숍으로—때로는 아주 작은— 가는 공급의 흐름을 관리하기 위해서는 매우 효율적인 정보 시스템이 필요하다. 또한 예를 들어 주룽에 있는 카이탁(啓德) 현장(site)에서 란터우(爛頭島/大嶼山)에 있는 츠례자오(혹은 광둥어 발음으로는 첵랍콕(Chek Lap Kok), 赤口角) 현장으로 보내기 위한 홍콩 공항에서의 이송(transfert)과 같이 특정한 일회성 활동과 관련된 것도 물류의 한 지류이다. 이는 단순한 수송(transport) 업무 훨씬 그 이상이다. 전체 이송 과정을 완수하기 위해 허용된 타임 슬롯(단 8시간 만에!)을 최대한 이용하기 위해서는 아주 정확하고도 철저한 계획이 필요하다. 가치는 프로그래밍의 질과 한 치의 오차도 없는 이행을 통해 창조된다.4)

네 번째 유형의 물류는 전자 교역과 관계된다. 인터넷의 이용과 결합되면서 앞에 언급한 절차는 e-물류(*e-logistices*)가 되었다. 이는 비교적 저비용에다가 이용하기도 쉽다.5) 그러나 정보의 기밀유지 문제는 해결되지 않은

---

2) 혼재는 운송 상에서는 소량화물을 다수의 하주로부터 집하하여 이것을 모아서 대량화물로 만드는 것을 말한다(역자).

3) 제조업체를 중심으로 상위 공급업체까지는 인바운드 물류, 하위 최종소비자까지는 아웃바운드 물류로 표현한다(역자).

4) 인터뷰: 홍콩 물류회사, 2001.

5) 다른 한편, 전자데이터교환(EDI)라고 알려진 프로세스는 널리 퍼지지 못했으며, 이를 운영하는 위해서는 특별한 기술 훈련이 필요했기 때문에 매우 비용이 많

채 남는다. 고객과 데이터베이스에 관한 기밀 정보에의 접근을 차단하기 위한 방법을 찾아내는 데에는 어려움이 있다. 정부가 아직 상업 데이터의 암호화를 허용하고 있지 않기 때문이다.

이 맥락에서 포스트 제조업(*post manufacturing*), 즉 상품을 변화시키고 마케팅 하는 일련의 과정에서 가능한 한 늦게 상품을 고객이 원하는 대로 만드는(personnalisation) 데에 필요한 요소의 통합이—이 작업은 통과무역항(entrepôt)에서 가장 흔하게 이루어진다— 가지고 있는 중요성이 이해되어야 한다.[6]

한 지역의 발전에 필수적인 복합수송(철도, 도로, 해로, 항로) 체제의 조직화, 그리고 로로(*RORO, roll-on roll-off*)[7]와 로로(*LOLO, load on load off*)[8] 시스템은 주요한 두 가지 결과를 가져왔다. 첫째 이는 글로벌 매니지먼트의 체인을 만들었다. 기업 외부에 물류 서비스를 위탁함으로서('제3자 물류', *third party logistics*) 물류는 아웃소싱되었다. 그리하여 엄두도 못 낼 정도로 높은 비용을 치르지 않고는 처리할 수 없었던 지식정보체—재고자산, 적하품 (expédition)[9], 통관, 중개수수료, 통과화물 취급업자와 운송업자에 관한 정보—에 평범한 보통 기업도 접근할 수 있다. 두 번째 결과는 거래 상품(stocks)이 육로와 해로로 끊임없이 돌아다닌다는 것이다. 컨테이너는 어마어마한 떠다니는 숍이 되었다. 그리하여 정보 과학이 당면한 도전은 플랫폼—고객 (client)의 플랫폼과 중개인(opérateur)의 플랫폼—을 조화시키는 것이다.

이 들었다.

[6] Conseil Général des Ponts et Chaussées(2003) 'Le dévelopment des implantations logistiques en France et ses enjeux pour les politiques d'aménagement', Paris, Ministère de l'Equipement, des Transports, du Logement, du Tourisme et de la Mer, Report no. 2001-0104-01, March, p.72.

[7] 컨테이너를 싣는 방법으로, 적재한 차량이 선박의 측면 또는 선미에 설치한 현문을 통해 선내로 들어와 짐을 부리는 방법(역자).

[8] 컨테이너를 싣는 방법으로 컨테이너를 선박 또는 안벽에 장치한 크레인으로 들어서 배에 싣는 방식(역자).

[9] 위탁판매의 목적물 또는 운송의 위탁, 운송위탁품의 뜻으로 사용된다(역자).

우리는 싱가포르에 있는 매우 중요한 고객과 일 년 간 같이 일을 했다. 만약 다른 고객이 얼마 후 우리에게 접근한다면 그는 다른 플랫폼, 다른 소프트웨어 프로그램 그리고 다른 하드웨어를 이용할 것이다. 각기 다른 고객은 주문을 준비하고 재고자산을 관리하는 자신만의 시스템을 가지고 있다. 우리는 데이터베이스에서 주문에 관한 정보를 어떻게 다운로드할 것인지, 이를 어떻게 다른 고객의 데이터베이스와 연결할 것인지 생각해야 한다. 이를 위해 하드웨어, 소프트웨어 그리고 트레이닝에 대한 거대한 투자가 필요하다. X라는 회사는 정보과학에 엄청난 액수를 투자하고 물류 서비스 공급자와 연결을 원할 수 있다. 그러나 이는 바로 사용할 수가 없다. 온라인 인벤토리 (inventaires en ligne)를 위해서는 시간과 돈을 들여 인터페이스를 개발해야 한다. 그리고 우리가 모든 고객을 만족시킬 수는 없다.10)

물류전문가의 역할은 화물 관리 절차에 중대한 변화가 일어나면서 어느 때보다 복잡해지고 있다. 이전에 포워딩업체(transitaires, forwarding agent)11)는 단순히 수송의 흐름을 파악하고, 포장상태와 혼재(groupage des colis)에 신경을 써서 운송업자(transporteur)에게 넘기면 됐다. 이들의 전문성은 흐름을 확인하는 데에 한정되어 있었으며, 이들의 상업적 기술은 해운회사나 항공사와 가격을 협상하여 이윤을 남기고 이를 고객에게 재판매하는 데에 있었다. 이 작업은 이제 물류에 흡수되었다. 보세창고(entrepôt)는 화물 관리 책임을 진 통과화물 취급업자의 감독하에 있다. 물류회사는 창고시설을 제공하고 재고품을 관리하며 상품을 수송한다. 그리고 고객은 발송부서를 없애고 이 일을 통과화물 취급업자에게 남겨둔다. 후자는 수송 준비와 행정 서류를 챙기는 것은 물론 공장에서 항구까지 수송을 조직하는 책임을 다한다.

정보 과학으로 인한 운송업의 현대화로 이러한 발전양상은 더욱 더 분

---

10) 인터뷰: 홍콩 물류회사, 2001년 12월.
11) 포워딩업체는 통과화물 취급업자, 운송취급인 또는 운송대리업자라고도 번역되며, 재물운송을 위탁받아 물적 유통기능을 수행하는 기능을 한다.

명하게 모습을 드러내고 있다. 실시간으로는 물리적 흐름을 따라잡고 (tracking) 그리고 물류적으로는 주문을 따라잡고(tracing) 수송품을 분류해 적화하는 작업인 혼재가 더욱 일반적으로 되면서, 혼재(groupage)-디컨솔리데이션(dégroupage, cross-docking)[12])의 플랫폼이(상품을 창고에 잡아두지 않는) 나타나고 있다. 이들 플랫폼 또는 허브는 주문을 복수의 공급자로부터 받고, 한정된 시간 내에 재빨리 분류·구분하고 나서 다시 재편성하는 도식에 따라 기능을 수행한다.[13])

이러한 변화는 글로벌 조달(approvisionnement global)의 요구에 의해서도 일어났다. 참으로 많은 '소싱 전문가(sourceurs)'에게 중요한 것은 '판매 중 (prêt-à vendre)'이라는 개념이다. 생산라인의 끝에 이르러 소비될 준비가 되어 있는 상품을 가지는 것이 목적이다. 그리하면 운송 중 하역(rupture de charge, offloading)을 최소화하고 조작(manipulation, handling)을 생략할 수 있다. 이는 매칭(assortis), 조정(homogènes) 혹은 다중(multi-références) 패킹 (catons)을 통해 성취될 수 있다. 다국혼재(groupage multi-pays)를 행하는 얼마간의 미국 회사는 이런 식으로 운영을 한다. 컨테이너를 채우는 과정은 예를 들어 상하이, 그리고 나서 홍콩, 그리고 마지막으로 싱가포르와 같이 여러 현장에서 수행된다. 일단 목적지에 다다르면 상품은 업체에 배분된다. 각각의 배송에는 정확하게 필요한 것만이 포함된다. 그러나 글로벌 수준에서 물류비용은 첨단 컴퓨터 시스템이 필요한 까닭에 지나치게 높아졌기 때문에 지역 차원에서의 시장은 여전히 살아남는다.

궁극적으로 물류에서는 생산자에서 최종 사용자를 잇는 체인의 투명성이 중요하다. 오퍼(offre)[14])가 터무니없게 편차가 심해서 생기는 비용을 줄

---

12) 크로스도킹은 창고에 입고되는 상품을 보관하는 것이 아니라, 곧바로 소매점포에 배송하는 물류시스템을 말한다. 보관 단계를 제거하고 체류시간을 줄여 배송기간 단축은 물론 물류비용 절감과 함께 물류의 효율성을 증대시킬 수 있는 방식으로, 입고 및 출고를 위한 모든 작업의 긴밀한 동기화를 필요로 한다(역자: 『매일경제신문』 참조).

13) *Ibid.*, p.22.

이기 위해 의사소통을 정확히 하는 일은 기본적이며, 중대한 문제는 체인을 누가 소유하고 있는가—소매상을(détaillant, 예를 들어 토이저러스(Toys "R" U)인지 제조업자인지(fabricant, 예를 들어, 자동차 제조업자)—를 아는 것이다.

아시아에서
물류의 신기능

이런 새로운 필요성이 항구의 플랫폼이나 해운 허브에 미치는 영향은 무엇인가? 아시아에서 최대 물류 플랫폼은 어디에 위치하고 있는가?

항구의 기능은 무엇보다도 먼저 각기 다른 수송 양식 간의 접촉점(*point de contact*)이 가지는 기능일 것이다. 그리하여 한 항구의 발전 조건은 주요 해로와 경제 활동의 중심지에 인접해 있는가는 물론 진입수로의 질(수심)과 깊은 관련이 있다. 다른 요소들도 있다. 바다에의 접근성, 즉 다른 수송 방식들(도로, 철로, 항공 등등)과의 연계는 물론 항구와의 연계(liaisons)의 빈도와 밀도는 중요하다. 마지막으로 항구에서의 서비스 질과 가격, 터미널 비용 그리고 처리 시간과 같은 요소도 있다.

중국이 WTO에 가입한 이래 홍콩의 물류는 상당 정도로 성장했다. 생산이 중국으로 옮겨갔기 때문만은 아니었다. 많은 기업은 활동의 대부분을 특히 비영업부서(*back office*)[15] 혹은 콜센터(centre d'appels, call center)[16]를

---

14) 매도인이 매수인에 대하여 어느 품질의 상품을 어느 수량, 어느 가격으로 어느 선적시기에 어느 지급조건으로 판매하겠다는 의사표시를 하는 것을 이른다(역자: 무역용어사전 참조).

15) 중개회사에 있어 백오피스는 개별적인 계정기록의 보관, 수표의 처리, 증권의 발송 등이 이루어지는 장소를 포괄한다(역자: 『매일경제신문』 참조).

16) 원래 기업에서 고객의 문의전화를 단순히 받는 곳이었으나 최근에는 정보제공, 기업이미지 제고, 마케팅, 고객서비스 등과 관련된 고객의 전화를 응대하면서

경계(frontière)의 다른 쪽으로 이전했다. 반면 홍콩은 마케팅(*marketing*), 판매, 금융을 보유하고 있다. 홍콩의 주요 활동의 하나였던 월경유통(transbordement)이 더 이상 화물을 취급할 필요가 없는 단계로 발전하자, 홍콩은 어디에서 경제 가치를 창출해내야 할지 결정하는 어려운 도전에 직면했다. 홍콩은 수출입에 관련된 행정 서류만을 취급하는 일에 개입했다. 만약 이런 절차들이 더욱 간소화된다면 비용은 그만큼 줄 것임을 예상할 수 있다. 그리하여 홍콩은 전자 교역(commerce électronique)의 플랫폼이 되었다. 물론 이러한 변화는 중국에서 통관절차가 처리되는 방식과 컨테이너에까지 운송을 위한 수단—트럭과 바지선만으로 수송될 것인지, 아니면 제트포일(*jetfoil*)[17], 헬리콥터나 비행기로 수송될 것인지?—과 밀접한 관계가 있다.

상하이와 홍콩은 중국의 두 주요 해항도시가 될 것이다. 홍콩은 훌륭한 인프라와 오랜 교역 경험이라는 이점을 가지고 있다. 정부는 항공화물의 탈규제를 위해 어떤 법적 토대를 만들 것인지 생각해야 할 것이다. 우리는 합리적인 가격으로 항공운송을 위한 인프라를 만들고 운영할 수 있는 공간이 필요하다. 그러나 항공운송 분야에서 홍콩은 싱가포르와의 경쟁에서 배제되었다. 독점은 너무나 구속적이고 정치적 간여는 너무나 무거운 짐이다.[18]

중국에서의 물류

다른 한편 중국의 물류시장은 여전히 체제화되어 있지 않다. 자유로운 경쟁이 거의 없고 상당히 파편화되어 있으며—단 하나의 회사도 시장의 2% 이상을 지배하고 있지 못하다— 현지에만 초점을 두는 회

부가가치를 창조해 내는 장소를 일컫는다(역자: 『NEW 경제용어사전』 참조).
[17] 제트 엔진이 장착된 수중익선(역자).
[18] 인터뷰: 홍콩 급송배송업체, 2001.

사들이 대부분이다. 중국 물류 회사가 인터넷 사이트를 갖춘 경우는 드물며 영어를 구사할 수 있는 능력 또한 제한적이다. 고객의 주문과 동시에 각 부품들이 완제품이 되기 위해 이동하는(*pick and pack*) '세밀 조정 물류(logistique fine)'와 같은 개념은 실상 존재하지 않는다. 부가 가치가 거의 없는 상품을 다루는 외국 중개인(opérateurs)은 물류가 저장과 수송에 한정되어 있기 때문에 이러한 저비용의 중국 회사를 이용한다.

공급사슬관리(*supply chain management*)[19]라는 개념은 널리 확산되어 있지 않다. 흐름의 운영, 혹은 관계자들(acteurs)의 코디네이션에는 틈과 누락이 발생한다. 이들 문제는 부분적으로 엄청난 지리적 거리로 인해 생산 센터와 소비 중심지가 분리되어 있기 때문이기도 하다. 문제는 또한 도로 수송을 통제하는 법규의 이질성, 통행료의 변동성, 도심으로의 트럭진입 금지 등등에 의해서도 설명될 수 있다. 이런 상황에서 상품을 추적하는 것은 매우 어렵다. 많은 트럭이 GPS를 장착하고 있지 않다. 누가 무엇을 수송하는지를 아는 것도 그리고 중개인(intermédiaires)의 숫자를 정확하게 헤아리는 것도 쉽지 않다.[20]

전통적인 물류에서 통합된 물류로의 움직임은 가격이 경쟁에 있어서 결정적인 요소일 때 많은 문제에 직면한다. 중국 운송회사에게 비용은 기본적으로 운전자의 급여와 유류비이다. 역설적이게도 중국에서 운송은 생산과 비교해 상대적으로 가격이 높아, 미국에서는 GDP의 10%인 것에 반하여 중국에서는 GDP의 21%를 점한다.[21] 컨설팅업체 머서(Mercer Management Consulting)에 따르면 중국 회사의 60%가 자신의 물류를 스스로 처리하지만 회계에서는 이 활동이 분명히 표시되지 않는다.[22] 중국에서 서비스의 저발

---

[19] 제품생산을 위한 프로세스를, 공급자에서부터 소비자에게 이동하는 진행과정을 감독하는 것으로 부품조달에서 생산계획, 납품, 재고관리 등을 효율적으로 처리할 수 있는 관리 솔루션이다(역자: 두산백과 참조).

[20] 인터뷰: 상하이 물류회사, 2001.

[21] http://www.chinawuliu.com/추/news/display.asp?id=42257&Flag=0.

전은 부분적으로 아웃소싱의 부재, 그리고 중앙집권적인 기획과 오랫동안 지배적이었던 자급자족 경제 그리고 허약한 기능 분할이라는 경제 모델의 탄력성(résilience)에 의해서도 설명될 수 있다.

상하이가 글로벌 물류의 플랫폼이 될 수 있는가?

이런 상황이라면 어떻게 상하이가 홍콩의 라이벌이 될 수 있는가? 중국에서 기업을 하는 것에 관련된 각기 다른 변수(paramètres)를 알아내기 위해서 그리고 다른 지역들과의 경쟁성을 비교하기 위해서 진입 비용, 운영비용, 필요한 능력을 갖춘 노동력에의 접근 그리고 규제의 정도를 검토해야 한다. 남부 중국의 경제 활동은 상하이를 향해 움직이고 있다. 창강 델타는 2000년 이래 중국으로 들어가는 투자 흐름의 10분의 1을 받아들였다. 광둥에 있던 공장은 무엇보다도 의류제조업의 중심지가 크게 증가하고 있는 북쪽으로 이전하고 있다. 저장, 장쑤, 장시(江西), 안후이(安徽)는 상하이를 중심으로 한 자연적인 팽창 지구에 속한다. 이들 성들은 현저히 다른 성격들을 가지고 있다. 항구가 있고 장쑤보다 경제적인 무게감을 가진 저장에서 가능성을 점치고 있는 수없이 많은 무역상들(traders)이 안후이에 있다.

상하이가 국제 환적에 초점을 맞추고 싶어 했다 해도 2005년 전체 컨테이너 환적물동량의 오직 2%만을 차지했다는 사실에는 변함이 없다. 홍콩과 싱가포르가 70%를 점했다.[23] 현재의 항구는 진입 수로의 깊이가 11.5미터밖에 되지 않기 때문에 최신의 컨테이너선을 취급할 수 없음도 사실이다. 그러나 문제는 물리적인 인프라에만 있는 것이 아니라 홍콩과 싱가포르와

---

22) Mission Economique de Shanghai(2006) *La logistique en China de l'est*, Mission Economique de Shanghai, French Consulate, Shanghai, July, p.16.

23) *China Daily*, 15 May 2006.

같은 항구의 강점인 필요한 모든 제도적인(*institutionnelles*) 기반시설(통관 절차, 전자 테이터 정리(*electronic data clearances*) 등)이 부족하다는 데에도 있다. 아시아에서 환적은 일반적으로 부산, 홍콩, 싱가포르항에서 수행되고 있으며, 상하이항에서는 거의 이루어지지 않는다. 외국인 회사의 플랫폼의 위치를 보면 중국의 주요 항구인 상하이, 텐진, 다롄, 샤먼은 홍콩, 선전 또는 부산으로 향하는 지역적인(*régional*) 피더(지선, *feedering*) 운송 시스템을 갖추고 있는 것 같다. 상하이의 새로운 양산 심해항(洋山深水港)이 경쟁력을 갖출 수 있을까? 여기에서 다시 한 번 제도적인 기반시설의 성격이 방해 요소가 된다.

위안화(人民幣)가 전환 가능하고 수출입을 통제하는 규정이 다른 나라에서 적용되고 있는 바와 더 밀접하게 조정이 되는 날 상하이는 전국적인 환적지가 될 것이다. 중국에는 이미 매우 효율적인 연안 해운 시스템이 있다. 지방 수준에서 중국의 행정은 베이징에서 비롯된 모든 통제 안에서 길을 잃었다. 해석의 무게는 너무나 심대하다. 변한 것은 주로 외국인직접투자에 적용되는 법률일 뿐 수출입과 관련된 행정적인 필수 조건은 아주 조금밖에 변하지 않았다. 중국에서의 수출은 단순히 행정적인 형식상의 절차만은 아니다. 이미 부두에 있는 상품도 12시간 안에 내보낼 수 있다고 보장하기는 불가능하다.[24]

컨테이너 수송의
플랫폼

역사적으로 교역의 중심이었던 항구는 시장으로서의 역할을 했다는 특징이 있다. 그러나 환적 중심지로서의 역할은 이제 시장의 그것보다 더 중요하다. 수입된 양과 비교하여 현장에서 사고 소비하는 상품의 비율은 19세기의 유럽과 미국의 주요 항구에서와는 달리 무시해도 좋

---

[24] 인터뷰: 상하이 선박 회사, 2006.

을 정도로 극소량이다.[25] 이는 1970년대의 해운을 혁명화한 대혁신, 즉 컨테이너화가 가져온 결과이다.

1972년에 첫 컨테이너선이 홍콩에 닻을 내렸다. 그 이래 벌크화물(vrac, 영어로는 bulk cargo)[26]과 컨테이너와의 관계는 끊임없이 후자에 유리한 방향으로 발전되었다. 이와 동시에 월경유통(tranbordement), 다른 말로 화물의 소유권을 제3자에게 이전시킬 필요 없이 상품을 한 장소에서 다른 장소로 이동시키는 활동은 홍콩으로부터 수입되거나 수출되는 화물의 직접 운송(expédition directe)과 비교해 더욱 우세하게 되었다. 이 지역의 가장 중요한 중계(relais) 항구로 남아있는 것이 확실하다해도 홍콩이 중국에서 발전하고 있는 모든 항구를 위해 충분한 물량을 처리할 수 있을까? 1980년대에 홍콩은 중국의 모든 화물이 여기를 통해 나가는 중국의 항구였다. 1990년대 동안 홍콩은 이보다는 주강 델타권역의 항구가 되었다. 앞으로 선전의 동쪽에 있는 옌톈(盐田)과 같은 항구가 홍콩의 대부분의 일감을 가져갈 수도 있다. 화물 운송은 점점 더 남부 중국에서 많이 발생하고 있기 때문이다.[27]

두 가지 독특한 성격이 여전히 중국의 항구를 특징짓고 있다. 상하이, 선전, 칭다오, 톈진, 다롄에서 벌크화물의 물량은 컨테이너 화물 물량보다 많기 일쑤이다. 이런 경향은 상하이로부터의 거리가 멀어질수록 더 두드러지게 나타난다. 반면 환적률은 낮아진다.

---

[25] Joseph Konvitz(1978) *Cities and the Sea: Port City Planning in Early Modern Europe*, Baltimore, Johns Hopkins University Press 참조.

[26] 산적화물이라고 하며, 포장하지 않고 노출된 채로 그대로 적재하고 운송하는 화물. 대량으로 운송되는 곡물, 유류 및 목재 등과 같이 포장을 하려면 거액의 비용이 소요될 뿐 아니라, 운송 도중에 손상될 염려가 그다지 크지 않아 포장하지 않은 채 운송되는 화물을 말한다(역자: 『무역용어사전』 참조).

[27] 옌톈은 세관을 통과하는 컨테이너를 스캔하기 위해 X레이 스크린너를 중국에서는 처음으로 설치한 해항도시였다. 이로 인해 수 시간 심지어는 수 일이 걸렸던 통관 절차는 이제 5~10분이면 완료된다. *South China Morning Post, Freight and Shipping Supplement*, 14 May 2001.

우리는 중국의 비효율성 덕분에 살아간다. 물류에 관한한 이 나라는 충분할 만큼 전자화되어 있지 않다. 그러나 중국은 언젠가 자신이 필요한 노하우를 가지게 될 것이다. 1970년대 미국의 서부 연안에서의 상황을 생각해 보자. 많은 항구—타코마, 롱비치, 시애틀, 로스앤젤레스—가 있었다. 오늘날에는 오직 롱비치만 있다. 중국에 항구가 두 개 있을 필요는 없다. 게다가 옌톈은 HIT(Hong Kong International Terminals, 홍콩국제터미널)에 의해 통제되고 있다. 중국의 비효율성이 크게 줄어드는 때가 올 것이다. 그 때에도 홍콩이 글로벌 허브로 남아있겠는가? 홍콩은 틀림없이 글로벌 항구로 남아 있을 것이지만 상당히 축소된 후배지를 가진 항구가 될 것이다.[28]

상하이는 환적 능력이 제한되어 있고 당분간은 제2플랫폼(*sub-hub*)의 지위를 감수해야 되겠지만 그럼에도 불구하고 국내 시장에서 결정적인 역할을 하게 되어 있다. 상하이의 환적 능력이 낮기 때문에 이 도시는 '항만을 키우기 위해(nourrir le port)' 계속 제조업에 집중하고 있다. 제조업 부문에서의 이러한 과도한 발전은 두 가지 이유에서 기인한다. 첫째는 세제에 있다. 지방 정부는 자동차업에 대해 매우 관대하다. 다음으로는 부동산 비용이다. 제조업은 서비스업과 비교가 되지 않을 정도로 거대한 규모의 토지가 필요한데, 토지의 매매는 지방 정부에 주요한 재원을 가져다 준다.

항만의 기능변화
:보세창고(entrepôt)에서
종합서비스지로

　　　　　　자유항 싱가포르와 홍콩에서 절차는 단순하고 투명하다. 담배, 술 그리고 몇 가지 잠재적으로 위험한 상품을 제외하고 홍

---

[28] 인터뷰: 홍콩 중국 물류회사, 2001.

콩 항에 컨테이너가 도착하면 남아 있는 작업은 단순히 행정적인 형식 절차(*formalités administrative*)이다. 다른 말로 하면 이는 통관수속 절차(*formalités douanières*)가 아니다. 특별 관세 구역인 홍콩은 중국의 관문이다. 앵글로-섹슨 계통의 법률을 물려받은 법적 인프라로 인해 홍콩은 물류와 교역을 위한 인터페이스로 자신의 위치를 공고히 했다. 중개지로서의 경험으로 인해 홍콩은 경쟁 우위를 가지고 있다. 그러나 홍콩은 창고비용이 너무나 높기 때문에 시장의 일정 정도를 잃을 것으로 예상할 수 있다. 혹은 더 정확하게 표현해 홍콩은 확대일로에 있는 '파이(gâteau)' 중에서 비율적으로 보아 더 적은 부분만을 얻을 것이다. 오직 자유지대(zones franches)[29]만이 홍콩과 경쟁할 수 있다.[30] 이외의 다른 모든 곳에서는 관세 지불을 포함하여 매우 다른 시스템을 가진 통관절차를 밟아야 하는 문제가 있다.

1980년대 중반부터 홍콩과 싱가포르는 '통합서비스 지역(intégrateurs de service)'으로 탈바꿈했다. 어느 때보다도 풍부하고 세련된 서비스가 창고업에서 이미 확연히 보였던 물류의 체인을 통해 수출산업으로 통합되었다. 아웃소싱(externalissation)은 중요한 역할을 했으며(11장 참조) 서비스 수출은 더욱 중요한 위상을 차지했다. 사실 서비스 센터는 생산에서 독립되었으며 다른 나라로의 상품과 서비스의 수출을 조직했다. 그리하여 1990년대 말 홍콩은 중부 중국에 있는 후베이 성의 80%의 수출을 취급했다. 그렇다면 종합서비스지의 핵심적인 기능은 무엇인가?

---

29) 자유지대는 일반적으로 상업항구의 일부에 설치되며 영역국의 주권 하에 있지만 관세적 관점에서 그 영역국의 관세국경 외에 있다고 간주되는 지역이다. 관세자유지대, 면세지대, 비관세지역이라고도 한다. 자유지대 내부에서 상품의 양륙, 보관 및 저장, 가공 또는 재출하가 이루어지지만 이 지대에 출입하는 상품은 일체의 관세가 면제된다. 자유지대를 갖는 항을 자유항이라고 하는 경우가 있다(역자: 『21세기 정치학대사전』 참조).
30) 중국을 통틀어 15개가 있다.

전략적 이점
:이용 가능한 서비스인가
혹은 지리적 위치인가?

　　　　　　흐름의 경제에서(economie de flux) 글로벌 경쟁력
은 자치적이고(autonome) 유동적이며(mobile) 크로스보더적인(transfrontalière)
장치를 중심으로 조직화되어있는 혁신(innovation)과 예측(anticipation) 능력
의 활성화에 의해 결정된다. 중요한 것은 더 이상 크기가 아니라 기획
(projet)의 질이다. 그리하여 항구는 논스톱으로 운영된다. 통합서비스는 기
본이며, 통관절차는 로테르담에서는 2시간 이내에, 혹은 컨테이너의 경우
에는 스캐너를 이용한 컨테이너 스캔 기술에 힘입어 샤먼에서와 같이 단
몇 분 안에 마무리된다.

　화물의 창출은 물론 항구의 지리적 위치에 의존하지만 또한 특히 항구에
서 제공되는 서비스에 의해서도 좌우된다. 해상 화물(fret maritime)은 국제
적인 유통과 관련되어 있어서, 해운회사의 과점은 전속시장(marchés captif
s)[31]에 달려있다. 해운회사의 운임은 결코 투명하지 않은데, 해상 운송이
여전히 상당 정도로 규제의 대상이 되기 때문에도 더욱 그러하다. 각 항구
에는 각기 다른 집수지역(catchment area)이 있다. 이는 전속 화물 네트워크
에 의지해 유지되지만 대상 지역을 확장하고 새로운 화물을 끌어들이는 활
동이 점차 더 중요해지고 있다. 화물의 창출은 세 군데—현지, 후배지 그리
고 무엇보다도 운송료에 따라 다양할 수 있는 운송영역(freight territories)—
에서 일어난다. 이제 더 이상 화물은 자연적으로 일정 항구를 향해 움직이
지 않는다. 개별 항구의 전략적인 위치를 보장하는 요소를 분석할 필요가
있으며 그리고 발송되는 상품의 성격, 기점과 종점에 따라 이들 항구 간의
서로 다른 경쟁 유형을 보장하는 요소를 분석할 필요가 있다. 화물 발생 지

---

[31] 전속시장(captive carket)은 고정거래층이라고 표현할 수도 있다. 즉 선택의 여지
　　없이 특정 상품을 사지 않을 수 없는 소비자층을 말한다(역자: 『시사경제용어사
　　전』 참조).

역은 해상 운송에서 계약에 적극적으로 개입하는 각기 다른 행위가(선적 처리업자[32]) 그리고 선박 소유자 혹은 매니저)에 따라 중첩될 수도 서로 구분될 수도 있다. 이런 특정한 공간구조(configuration) 그리고 각기 다른 운영자 간의 경쟁은 항구에 분명히 영향을 미친다. 그러나 지리적으로 동북아에서 매우 다이내믹한 동북아의 화물 창출 지구(zone de création de fret) 근처에 유리한 위치를 점하고 있는 한반도 남단의 부산항은 톈진이나 다롄으로부터 많은 화물을 유치하고 있지 못한다. 비용이 너무 높고 항구의 상품취급과 운반(manutention portuaires)이 지체되고 통관절차가 너무 길기 때문에 해운회사는 톈진이나 다롄에 기항하기를 피한다. 그리하여 항구를 선택하는 것은 해운회사이며 항구가 화물을 통제하는 것은 아니다. 바로 그 이유 때문에 2001년 머스크(Maersk)는 싱가포르를 떠나 불과 얼마 떨어져 있지 않지만 가격 면에서는 완전히 다른 환경을 가진 말레이시아의 딴중 뻬레파스항(Port of Tanjung Pelepas, PTP)으로 갔다. CMA가 싱가포르를 떠나 끌랑항(Port Kelang)으로 간 이유도 그 때문이었다.

항공운송의 허브

물류에서의 변화는 항공운송에도 영향을 준다. 항공운송이라는 수단은 최대 반응도(réactivité maximal)라는 지상과제—'정확한 시간에' 구성요소(composants)를 획득해야 할 필요성—를 실현하기 위해 이용되나 예기치 않은 지체나 재고비용을 줄이기 위해서도 이용된다.

이런 맥락에서 생각해야 할 문제는 여러 가지가 있다. 첫째 여객 항공에서 이용하던 방식으로 화물 항공을 디자인하는 것은 분명 가능하지 않다. 이는 각기 다른 개념이다. 화물을 전담하는 공항은 정해진 공간, 저장 능력

---

[32] 상품의 소유인—혹은 소유인이 아니어도—, 선적업자(발송인, 중개인, 혹은 상품 수신자)는 수송계약을 체결하며, 중개인이나 해운회사로부터 화물 공간을 받고, 상품을 준비하고, 화물 모니터링과 통관을 관리하는 책임을 진다.

그리고 고부가가치 서비스의 집중을 통해 가치를 창출하는 주요 소스가 되도록 되어 있다. 다음으로 지적할 문제는 홍콩과 남부 중국 간의 교역의 패턴은 아직 분명하게 세워져 있지 않다. 이 두 경제 공간이 수렴하는 방향으로 갈 것인지? 하루 24시간 홍콩과 중국 간의 경계(frontière)가 개방된다면 거대한 창고를 선전에 세울 수 있을 것이다. 아니면 신속한 커뮤니케이션의 중추를 창출할 것인지? 이는 부가적인 인프라(철도, 도로)와 법적 환경의 정리를 의미하게 될 것이다.

제1의 관문인 첵랍콕 공항이 위태로운 상황에 빠질 가능성은 두 가지 이유 때문에도 거의 생기지 않을 것 같다. 남중국에는 다국적기업이 이곳에 장기적으로 자리 잡기에는 아직 인프라나 운송망이 부족하다. 그러나 주강 델타에는 5개의 공항—홍콩, 선전, 주하이, 광저우 그리고 포산—이 있다. 차로 90분 거리에 떨어져 있는 이들 5개의 공항은 보다 통합적인 운송 시스템으로 볼 수 있다.

항공업자에게 포워딩업체는 자신과 고객 사이에 있는 장막으로 인식된다. 대형 포워딩업체는 시장을 지배한다. 그러나 이 흐름이 무엇으로 구성되는지를 언제나 인식할 수 있는 것은 아니다. 그럼에도 불구하고 주요한 세 가지 흐름의 형태를 구별할 수 있다. 1. 정보기술(컴퓨터) 상품 2. 직물(의류) 3. 소형 제조품. 포워딩업체는 수출업자를 위해 인터페이스를 제공한다. 홍콩에는 360개의 국제항공운송협회(IATA)의 승인을 받은 화물운송업자가 있다. 대규모의 운송업자는 공동적재(co-loading)를 한다. 즉 주어진 목적지로 향한 주요 흐름을 평가한 후 항공사와 협상하여 유리한 가격으로 공간을 얻으며, 그리고 나서 괜찮은 이윤을 남기고 소규모 운송업자에게 재판매한다. 이런 메커니즘은 물류 시스템에 의해 위협받고 있다.[33]

홍콩의 항공운송체제는 그럼에도 불구하고 아시아와 태평양에서 가장

33) 인터뷰: 홍콩 항공회사, 2000.

규제가 엄격한 체제에 속한다.

　항공운송에서 회사들은 제안받은 화물운송을 얼마나 빠르게 수행했는지에 근거해 판단된다. 그리하여 세관에서의 어떤 막힘도 그냥 넘어갈 수 없다. 자유항인 홍콩은 이런 관점에서 보면 이상적이다. 반면 선전은 여전히 복잡한 행정 절차가 기다리는 곳이다. 다른 특수한 문제도 있다. 홍콩은 지나치게 규제가 심하기 때문에 싱가포르의 오픈 스카이스(*open skies*)34)와 유사한 제도를 도입해야 한다. 이러한 규제들은 홍콩의 항공회사인 케세이 퍼시픽(Cathey Pacific)이 국내 시장에서 누리는 지위와 비견될 만한 지위를 유지할 수 있도록 보장하기 위해 마련되었다. 그러나 6백만 명이라는 인구밖에 가지고 있지 않은 홍콩의 경우에는 국내 시장이라는 개념은 아무런 의미도 없다. 의심의 여지없이 홍콩 당국은 상하이와 베이징 그리고 심지어는 광저우 즉 대륙의 대형 플랫폼을 위해 홍콩의 하늘을 통제할 수 있기를 바란다.35)

　특송 서비스(전 세계를 움직이고 있는 마일당톤(tonnes/miles) 물류량의 채 5%도 점하고 있지 않지만 운송 상품 가치의 37%를 점하고 있다)에서 문제는 더욱 더 심각하다. 한 공항에서 다른 공항으로 화물을 움직였던 전통적인 항공운송업자와는 달리, 페덱스(Fedex)나 DHL과 같은 회사는 통관을 포함해 화물에 대한 전적인 책임을 지며 아시아에서 24시간 이내에 물품을 인도한다. 그리하여 페덱스는 단지 운송이 아니라 '총체적인 가치(*valeur totale*)'를 판다. 이는 다롄, 톈진, 칭다오, 상하이, 광둥에 센터를 두고 있을 뿐만 아니라 베이징에 합작투자사를 설립함으로써 중국 물류에 투자했다. 중국의 WTO 가입과 함께 더욱 더 많은 상품이 직접 중국에서 운송될 것이

---

34) 오프 스카이스는 항공장화라고도 번역된다. 오픈 스카이스는 1972년 미국이 규제완화정책의 일환으로서 결정한 항공운송·통신위성에 관한 여러 사항의 자유화를 나타낸다. 이 이외에도 상대국의 공공기에 의한 영공의 사찰을 상호 인정하는 정책을 말하기도 한다(역자: 『21세기정치학대사전』 참조).
35) 인터뷰: 홍콩 급송업체, 2001.

다. 홍콩이 핵심적인 허브(*hub*)로 남아있을 수 있는 유일한 길은 특히 선전이 정확히 항공운송업자의 주목을 받고 있는 고부가가치 상품에 점차 더 초점을 두고 있는 것으로 보아서도 더욱 더 자유화(libéralisation)로 나아가는 것이다. 홍콩은 영공을 개방해야 한다. 사람들이 상품을 선전에서 더 낮은 항공비용으로 보낼 수 있는데 왜 트럭을 이용해 홍콩으로까지 운송하겠는가?

이 지역의 화물 흐름에 개입하고 있는 항공운송업자가 염두에 두고 있는 관심사항은 두 가지이다. ① 흐름의 변동성(volatilité des flux). 전자와 컴퓨터 부품의 대량 생산은 타이완에서 남부 중국으로 아웃소싱되고 있다. 이들은 남부 중국에서 발송될 것이며, 평면스크린과 같은 고도의 기술 집약이 필요한 부품의 경우를 예외로 한다면 더 이상 타이완에서는 발송되지 않을 것이다. 그리고 항공운송은 안전한 포장이 요구되는 모든 것에 이용된다. ② 플랫폼을 사용하는 비용. 홍콩은 전문가 풀(은행업자, 보험업자, 운송 중개인 등)을 포함하여 여러 이점을 제공한다. 그럼에도 불구하고 비용(주차, 잡다한 제반경비, 상품취급 등)이 심각한 핸디캡이다. 선전이건 광저우이건 대체할 플랫폼을 찾는 일은 앞으로 곧바로 닥칠 문제이다. 이런 변화는 홍콩이 중국과의 교역에서 차지하게 될 위치를 결정지을 것이다.

컨테이너와 신용장

결국 홍콩을 거쳐 재수출하는 것이 왜 더 쉬운가? 쿼터제가 없기 때문에 운송회사들은 홍콩에 자리를 잡았다. 홍콩은 자유항이다. 이에 더하여 선하증권(connaissements)의 교환(échange)을 전문으로 하고 있다.[36] 즉 상품의 실제 원산지(origine réelle)를 감추는 인증표(label)가 홍콩

---

[36] 선하증권(bill of lading: B/L)이란, 운송물을 수령 또는 선적할 때 용선자나 송하인의 청구에 따라 선박소유자가 발행하여 양륙항에서 증권소지인에게 운송물을 인도할 것을 약속하는 유가증권이다.

에서 재발행된다. 이런 식으로 해서 컨테이너는 홍콩에 있는 발송인과 선착항(port d'origine)을 가진다. 홍콩 무역상(traders)과 운송업자는 이런 식으로 해서 번창한다. 이런 이점은 지속될 것이 분명하다.

계약은 FOB37)로 체결된다. 고객은 선적 비용을 부담한다. 그리하여 제조업자는 별다른 권한을 갖지 않는다. 우선은 터미널 운영자는 다시 경로를 정해 화물을 보낸다. 홍콩에서는 항구를 지나는 비용, 즉 선주가 그의 고객에게 청구함으로서 되찾게 되는 처리비용(THC)38)이 차지하는 부분이 세계에서 제일 높다. 그래서 주문을 하는 이들은 선전으로 옮기고 싶어 하지만 채무변제 불능상태(insolvabilité)를 우려하여 중국은행과의 신용장 개설을 원하지 않는다. 홍콩의 이점은 금융활동을 위한 우월한 인프라에 있다. 신용장은 홍콩에 있는 은행과 개설하는데, 이는 그 평판이 어느 중국 은행보다도 훨씬 높기 때문이다. 현 시점에서 중국의 수출업자는 중국에는 금융 인프라가 없는 것과 다름없고 신용하지 않기 때문에 홍콩에 FOB 가격으로 판다. 즉 누구도 위안화(Renminbi)로 신용장을 개설하고자 하지 않는다.

우리는 대량의 컨테이너를 수입하며 해운회사와 운송비용을 협상한다. 우리는 완전히 컨테이너를 채울 수 있을 정도로 전 중국에 걸쳐 FOB 가격으로 대량 구매한다. 이런 식으로 하면 혼재(consolidation)할 필요는 없어진다. 만약에 더 싼 곳이 있다면 우리는 공급자가 상품을 보내기를 원하는 곳은 어디든지 갈 수 있다. 그리하여 우리는 광저우, 선전, 닝보, 상하이, 칭다오 그리

---

37) Free On Board의 약자로, 선측인도가격 또는 본선 인도조건이라고 번역되며 수입상이 지정수배한 선적항(수출항)의 본선상에서 수출상이 계약상품을 수입상에게 인도할 것을 조건으로 하는 매매계약을 말한다. 수출상은 화물이 현장에서부터 본선 선상에 인도될 때까지의 제비용과 위험을 부담함으로써 계약상의 책임이 완료되며, 수입상은 그 이후 화물의 소유권을 취득하게 됨과 함께 도착항(수입항)까지의 제비용과 위험을 부담하게 된다. 그러므로 계약상품을 지정수입항까지 수송하기 위한 운송계약은 수입상의 책임 아래 선박회사와 별도로 체결된다(역자: 『선박항해용어사전』, 『매일경제신문』 참조).

38) Therminal Handing Charge의 약자로 터미널 화물 처리비 혹은 항만처리비용이라고 번역된다. 화물이 CY에 입고된 순간부터 본선의 선측까지, 또는 본선의 선측에서 CY의 게이트까지의 컨테이너 화물 취급비용을 말한다(역자: 『무역용어사전』 참조).

고 남부 중국과 홍콩에서 FOB 상품을 발송한다. 왜 FOB가 홍콩에서 사용되는가? 그곳에서 팔리는 화물은 중국, 방글라데시 등 여러 곳에서 오기 때문이다. 이는 상당히 커다란 이점이다. 때문에 선전에 그와 같은 플랫폼을 가지는 것은 너무나 위험천만한 일이다.39)

홍콩의 또 다른 큰 장점은 혼재(consolidation)이다. 이 작업은 하나의 컨테이너에 아시아의 각지에서 온 상품을 묶음으로 만드는 것이다. 사실 소싱(*sourcing*) 전문가에 의해 선택된 목적지에는 '대국과 소국' 간의 뚜렷한 이분법이 존재한다. 수량이 아주 다양하기 때문에 혼재가 필요하다. 소매업에서 유수 회사의 물류부서는 해운회사와 교섭하며, 이들과 함께 혼재(regroupement) 플랫폼을 결정한다. 일부 대규모 소매상은 운송업자(transitaires)를 따로 쓰지 않지만, 항구별 그리고 목적지 국가별로 부가가치의 질과 FOB 배송에 충분한 자격을 가진 서비스 제공자를 선호한다. 나라마다 규정이 다른 까닭에 이들은 시장과 유통 상황을 위시해 참고할 만한 일람표를 작성한다. 상품의 흐름에 수반하는 금융 절차 또한 홍콩에서는 정말 매끄럽게 진행된다. 신용장은 은행이 고객을 위해 발행한 문서로 일정한 서류―송장, 포장내용 명세서, 선하증권, 화물 수취인과 인수자 지정서―를 제시하면 수령인에게 명시된 금액의 지급을 보장한다.

신용장은 프랑스에 있는 두 은행이 발행하며, 중국이나 홍콩에 있는 공급자의 은행으로 보내진다. 우리는 세 운송업자와 거래하고 있다. 은행은 추가의 비용 없이 정보를 처리하지만, 우리의 정책은 언제든지 그렇게 하는 것이 필요하다고 판단되면 서비스 공급자가 제시한 서비스를 받아들인다. 우리가 은행을 필요로 하는 것은 신용장 때문이며, 상품의 후속조치 때문은 아니다. 이와 마찬가지로 운송업자는 물품 수취를 위하여 반드시 있어야 하지만, 운송요금 협상에 있어 직접 당사자일 필요는 없다. 우리의 주문을 받게 되면 그들은 배달

---

39) 인터뷰: 홍콩 대형 소매상점, 2001년 12월.

과 통관을 책임진다.

일사분란하게 모든 일이 처리되어야 한다. 하나의 요소라도 빠진다면 전체 작업에 차질이 생긴다. 우리는 은행 제도와 창고 시설이 홍콩에서는 박자기의 정확도만큼이나 오차 없이 처리되기에 홍콩을 선택했다. 홍콩의 또 다른 이점은 이윤을 더 쉽게 숨길 수 있다는 점이다. 원가(혹은 비용가격)와 고시 가격 간의 차이는 주하이에서보다 홍콩에서 더 감추기 쉽다. 이를 우리는 '창조적인 송장 작성(facturation créative)'이라고 부른다. 이런 식으로 '이행조항(clause de performance)'이 중국에 있는 기업에게는 보너스로 주어질 수 있다. 이는 심지어 신용장에 나타날 수 있다. 그 목적은 상업 비밀을 보호하기 위해 공급자와 고객 간의 회색지역을 창출하는 것이다.

소싱(sourcing)이 지배적이 될수록 복잡성도 더 증가한다. 전체 과정을 조정할 수 있는 운영센터를 두는 것이 필수적이다. 지금 홍콩은 이런 서비스를 제공할 수 있는 유일한 센터이다. 여기에서 관세와 은행 절차는 단순하고 투명하다. 상품 중에서 단 하나의 아이템을 위해 FOB 조건으로 계약하는 것은 문제가 되지 않지만, 아이템이 많아지면 다른 곳에서는 복잡해 질수 있다. 왜? 무역상들(traders)은 품질통제 검사의 위험을 감수하거나 주어진 소요시간(temps de transit, lead time)[40]에 속박되기를 원하지 않기 때문이다.[41]

홍콩 대 상하이
:기만의 경쟁
(concurrence en trompe-l'œil)

앞 장에서 이미 언급한 바와 같이 물류 경쟁이 가장 심한 곳은 홍콩과 상하이 사이가 아니라, 한편에서는 홍콩과 주강 델타의 항구와 공항의 네트워크 그리고 다른 한편으로는 상하이와 여기

---

[40] 리드타임이라고도 하며, 물품이 발주되고 납품되어 사용할 수 있도록 될 때까지의 기간. 일반적으로는 어떤 상품이 발주되면서부터 상품이 실제로 전량 납품완료 되기까지 소요되는 전체적인 시간을 의미한다(역자).

[41] 인터뷰: 홍콩, 대형 소매상점, 2001년 12월.

에서 남쪽으로 160킬로미터 떨어진 심해항 닝보 사이에서 일어난다.[42]

집수지역은 홍콩과 상하이가 다르다. 전자는 이전에는 범(凡)주강 델타라고 알려진 지역을 구성하고 있는 두 특별행정지역인 홍콩과 마카오는 물론 남부 중국, 즉 광둥, 윈난, 쓰촨, 구이저우, 광시, 후난, 장시, 푸젠의 8성이다. 중국 인구의 5분의 2가 살고 있는 이 광대지역(macro-région)은 중국 GDP의 3분의 1을 만들어내고 44%의 외국인 투자를 유인한다. 이에 더하여 12만 홍콩 기업이 문을 연 것도 이 지역에서이다.[43] 두 번째 집수지역은 동부 중국, 더 정확히 말해 대상하이(grand Shanghai)와 두 인접 지방인 저장과 장쑤로 이루어져 있다.

이들 두 광대지역 내에서 홍콩의 이점은 고도로 국제화된 기업가와 경영자가 집중되어 있고 정보를 취합하는 기술이 있으며 계속해서 새로운 시장을 찾고 있다는 사실로 설명될 수 있다. 상하이에서의 증대 일로에 있는 현대성(modernité)의 징후들이 홍콩의 불가피한 약화와 몰락을 예시하는 것인가? 다른 사유 방식을 택해 산업과 일정한 서비스를 키워온 외국인 투자가 빠져나간다면 상하이에 무엇이 남을 수 있을까를 질문하는 것이 더 나을 것이다. 즉 직설적으로 질문한다면 브랜드명을 창조해 내는 소스가 될 수 있을 것인가 그리고 진정으로 고부가가치의 서비스를 제공할 수 있는가가 된다. 그리고 상하이가 자신이 만들어내지 않은 흐름(flux)을 위한 정박지가 될 수 있는가?

또한 이런 특수성(spécificités)은 홍콩과 상하이 간의 경쟁이 격화되고 있는 다른 부분, 즉 금융에서도 그 모습을 드러낼 것이다.

---

42) 실례를 들어보면, 선전의 컨테이너 물동량은 지난 10여 년간 놀라울 정도로 증가해, 2004년에는 1,300만 TEU를 넘어섰다. 이로서 선전은 중국에서 두 번째 항구의 위상을 차지했다.((International Containerization, 2005). 닝보항의 경우 2004년에는 45%의 증가율을 보였으며 이미 400만 TEU를 넘겼다. 항공운송에서도 같은 추세를 발견할 수 있다.

43) Ralph Chow(2005) 'The Strategic Role of Hong Kong', report from Hong Kong Trade and Development Council.

제16장 〉

홍콩, 상하이, 베이징:
중국의 국제금융센터는 어디에 위치할 것인가?

금융센터는 엄청난 양의 금융자본이 모이고, 스와프되고(*swapped*), 인출되고, 교환되는 시장이다. 이는 일반적으로 '역사적, 문화적, 행정적 혹은 재정적 이유 등으로 은행, 보험회사, 경영자문회사, 중개인 등의 시장 참여자들이 집중된 도시에 있다. 이들 시장 플레이어는 이들의 지역성(localisation)과는 직접 관련을 가지지 않은 채 서로 복합적인 관계를 맺으며 다양한 제1, 제2의 금융시장에서 활동을 한다. 이들 직접 시장참여자의 주변에는 다른 사업가들도(정보기술 제공자, 신용평가기관, 자문 서비스, 교육·훈련센터와 같은) 모인다'.[1]

모든 금융시장은 광범위한 전문 지식과 기술을 요구하며, 구체적이고 명확한 전문분야에서 높은 수준의 부가가치를 창출하는 행위자들 사이에서 이루어지는 자유로운 협력에 의해 움직인다. 국제금융센터에서는 협력함으로서만 분명히 감지될 수 있을 정도의 투자를 하지 않고도 거대한 잉여를

---

[1] D. Goyeau and A. Tarazi(2006) 'Le financement de l'économie', *Les Cahiers francais*, 331, p.19.

거둘 수 있다. 예를 들어 1999년 영국 GDP의 7%는 런던시('City')의 스퀘어 마일에서 일하는 백만 명의 고용인이 번 액수이다.[2] 프랑스 금융 부문에서 일하는 70만 고용인은 전국 GDP의 4.5%를 기여했다. 이는 자동차 산업 크기의 2배에 달한다.[3] 이런 활동을 수행하고 있는 이들은 자주 '대면접촉 (face à face)'을 하며, 주요 증권거래소와 금융시장은 '자유도시(villes libres)' 로서의 평판을 누리고 있는 항구(ports)라고 표현할 수 있다. 생산, 교환 그리고 저장 과정의 비실체화에도(dématérialisation) 불구하고 장소 효과(effets de place)는 여전히 작동하고 있으며 경제가 국가의 통제로부터 벗어나게 하는 방향으로 기여하고 있음은 분명하다.[4]

국가보다는 도시
:금융시장의 서열

금융 세계에서 경쟁은 국가 간에서보다는 도시 간에서 발생한다. 이를 설명하기 위해 두 가지 이론이 제시되어 왔다. 첫째는 탈규제와 새로운 커뮤니케이션 수단이 결합하면서 지리적인 제약을 없애는 효과를 가져왔다는 이론이다. 리처드 오브라이언에 의해 주장되다시피 이 이론에 따르면 거리는 더 이상 문제가 아니다. 그리하여 금융 활동은 어디에든 위치할 수 있으며 금융업의 글로벌화(mondialisation)는 지역적인 금융센터에 의존하지 않고도 발전할 수 있다.[5] 다른 이들은 보다 신중한 접근방법을 택한다. 이들은 위치는 중요성을 잃지 않았으며, 소수의 중요한 금융

---

[2] David Fairlamb(1999) 'Duelling markets', *Institutional Investor*, May, pp.106~114.

[3] Alexandre Duvivier(2004) 'L'attractivité des places financières', *Bulletin de la Banque de France*, 123, March, p.45.

[4] 이 문제에 관해서는 Hervé Hannoun(2000) 'Places financières et banques centrales', *Revue d'économie financière*, 57, February, p.86 참조.

[5] Richard O'Brien(1992) *Global Financial Integration : The End of Geography*, London, Pinter.

혹은 서비스 센터의 주도적인 역할이 약화되고 있다는 징후는 없다는 점에서 사스키아 사센과 의견을 같이 한다.[6] 사센이 정확하게 상기시켜 준 바, 글로벌화는 집적 효과(effets d'agglomération)를 강화시킨다. 탈규제와 자본의 자유로운 이동은 서비스 부문에서의 집중화를 가져왔다. 구조의 효율화는 교역 관계의 수를 최소화시켰으며, 그리하여 중개(intermédiation) 서비스에 더 많이 의존하게 되었다.[7] 차익거래(arbitrage)는 리스크 관리와 비용 사이에서 행해진다. 중개(intermédiaires)의 숫자가 많아지면 리스크의 수준은 낮아지지만, 다른 한편 중개의 수가 줄어들면 비용은 낮아진다.

지리적 구분의 종말에 관한 주장 그리고, 특히 은행이 더 이상 금융센터에 위치할 필요가 없다는 확신을 지지하기는 힘들다. 장소(lieu)는 중요하며 다른 활동을 위해서는 다른 장소가 필요하다. 통상적으로 처리되는 계산을 포함하여 표준화되고 일상적인 금융거래는 여기저기로 흩어질 수 있지만 중요하고, 혁신적이고, 개개인의 요구에 맞춘 거래는 여전히 주요 금융센터에 위치한 은행에 의해 수행되고 있다. 외국 은행은 현지국가 은행의 경쟁과 혁신을 자극하면서 더 커다란 공헌을 하고 있다. 이를 통해 국제 금융센터의 전체 환경에는 강력하고 격렬한 기류가 발생하게 된다. 중요한 인자는 은행의 크기라기보다는 은행의 활동영역이다. 사실 이중적이면서 상호 보완적인 움직임이 이에 관여된다. 즉 원심성 운동에 의해 은행의 통상적인 활동은 탈중심화되고 있으며, 구심성 운동으로 은행의 혁신적인 활동은 지리적으로 집중되어 있기를 요구한다.

이들 두 현상을 혼동해서는 안 된다. 빠른 정보 전송은 지리적인 공간의 제약성을 없앨지 몰라도 전략적인 위치의 역할을 제거하지는 못한다. 모든

---

[6] Saskia Sassen(1991) *The Global City: London, New York, Tokyo*, Princeton, Cornell University Press.

[7] R.M. Townsend(1978) 'Intermediation with costly bilateral exchange', *Review of Economic Studies*, 45, pp.417~425.

장소 혹은 모든 활동이 같은 정도의 흡인력(attractivité)을 행사하지는 않는다. 더욱이 한 장소에 많은 은행이 현존하고 있다는 사실은 서로의 인력을 증대시킨다. 은행 간의 상호작용은 재빨리 반응할 수 있는 환경을 만들며, 그리하여 경쟁과 혁신을 이끌어낸다.

금융시장의 위치는 순전히 우연의 결과가 아니라, 일정한 도시를 은행과 국제금융 활동의 중심지로 가능하게 했던 역사적인 과정의 산물이다. 하나의 금융시장을 만들기 위해 필요한 자본 투자의 수준은 비교적 낮다. 그러나 이러한 이점은 인적 자본에의 매우 높은 수준의 투자가 필요하다는 사실과 연관이 있다. 고정 시설에 투자되는 자본과 달리 후자는 상당히 유동적이어서 금융시장은 바로 다른 곳으로 옮겨갈지도 모를 인재를 끌어 모으는 것이 된다. 정도는 다양하게 나타나지만 각기 다른 시장의 운명은 국가 간 분쟁, 기술 발전(특히 교통과 통신 분야에서의), 무역 센터의 흥망성쇠, 수도의 정치적 영향, 시행중인 법적·규정적 틀과 같은 요소에 의해 영향을 받아왔다.

정치적 불안 혹은 국제적 분쟁은 금융센터에게는 사형집행 영장 혹은 최소한 경쟁자에게 자리를 양보하고 쇠락하거나 사라지게 되는 원인이 될 수 있다. 양차 세계대전 사이에는 중요성에서 홍콩을 크게 앞질렀던 상하이는 1949년 이후 홍콩에 그 자리를 내주고 쇠락했다. 1975년 역외 지위(statut offshore) 획득으로 금융센터로서의 역사를 시작한 바레인은 1970년대 중반 레바논을 황폐화시킨 내전 이후에 베이루트의 자리를 차지했다.

같은 흐름과 역류를 지역의 금융센터 중에서도 찾아볼 수 있다. 쿠바혁명 이후 아바나는 카리브제도의 금융센터라는 지위를 잃었으며 처음에는 파나마가 나중에는 마이애미가 이를 대신했다. 비슷한 역학이 개별 국가 내에서도 작동한다. 확고하던 지위가 무너지기 시작하며 새로운 경쟁자가 전면에 나서게 된다. 2차 세계대전 이후에 시드니는 멜버른을, 토론토는 몬트리올을, 요한네스버그는 케이프타운을, 상파울로는 리오 데 자네이루를 대체했다.

1840~1870년 금융기관들이 점차적으로 들어서게 됨에 따라 홍콩은 19세기 말 이래 중요한 중개기능(intermédiation)을 수행해왔다.[8] 1860년대 중반부터 줄곧 상하이—중국의 북부와 동부에 초점을 두고자 의도된—에 외국 은행이 들어섰으나 이들은 홍콩에 있는 본부에 보고를 하는 형태였다. 상하이는 19세기 말부터 20세기 중반까지 3가지 유형 즉 전통적인 중국 은행(錢莊, zhuang), 외국 은행 그리고 현대 중국 은행에 의해 지지되는 금융시스템을 갖춘 국제적인 금융의 중심지였다.[9] 1920년대에는 요코하마의 차례가 돌아왔으며 이는 아시아의 주요 금융 중심지의 하나가 되었다. 1940년대 초 독일이 네덜란드를 침입한 후 두 주요 네덜란드 은행이 바타비아로 이전함으로써 바타비아는 아시아의 금융 중심지가 되었다. 마침내 2차 세계 대전 직후 홍콩과 상하이가 주도하다 도쿄에 자리를 내주었다. 도쿄는 일본이 주요 산업과 상업의 강대국으로 되면서 요코하마를 밀쳐냈다.[10] 다른 요소도 고려해 넣어야 한다. 재정 재원을 국가의 경계 내에 간직하고 자본의 유출을 막기 위해서는 장벽을 설치해야 할 필요가 있기 때문에 금융 서비스는 강력한 규제의 대상이 되는 것이 보통이다. 자본의 유입을 차단하는 방벽 역시 어떤 주어진 국가 내에 있는 도시가 국제적인 금융 중심지로 발전하는 것을 방해한다.[11]

---

[8] 이 문제에 관해서는 Frank H.H. King(1987) *The History of the Hongkong and Shanghai Banking Corporation, Vol.1, The Hong-Kong Bank in Late Imperial China, 1864~1902*, Cambridge, Cambridge University Press 참조.

[9] Ji Zhaojin(2003) *A History of Modern Shanghai Banking: The Rise and Decline of China's Finance Capitalism*, Armonk, M.E. Sharpe.

[10] Howard Curtis Reed(1980) 'The ascent of Tokyo as an International Finance Center', *Journal of International Business Studies*, 11(3), Winter, pp.19~35.

[11] 관습법을 따르느냐 성문법을 따르느냐에 따라 규제 시스템은 달라진다. 관습법 하에서는 명백하게 금지되지 않는 모든 행위는 허용되는 반면, 성문법 하에서는 허용되지 않는 모든 행위는 금지된다. 공산주의 체제 하에서는 명백하게 허용되지 않은 모든 행위는 엄격하게 금지되며 허용된 모든 행위는 필수이며 의무이다.

이런 모든 이유로 인하여 금융 중심지 간의 서열은 고정되어 있지 않다. 1870년 보불전쟁(普佛戰爭, 프랑스-프로이센(프러시아)) 전에는 유럽과 미국의 많은 도시(암스테르담, 베를린, 플로렌스, 프랑크푸르트, 제노아, 함부르크, 런던, 밀란, 뉴욕, 파리, 필라델피아, 로마, 토리노, 베니스)는 지역적 혹은 글로벌 서비스를 제공했으며 어느 하나의 도시가 압도적으로 지배적인 위치에 있지 않았다. 1870년 이후 그리고 1차 세계대전까지 런던이 주도권을 잡았다. 그리고 2차 세계대전 이후에는 뉴욕과 시카고가 런던의 제1인자 자리를 대신했다. 그 뒤 냉전의 상황 하에서 미국에서 은행과 금융 활동을 규제하는 규정으로 인하여 주요 플레이어(grands opérateurs)는 거기에서 자금을 운영하는 데에 어려움을 느꼈으며 심지어는 아예 미국 은행을 피했다.[12] 유로달러 시장이 발전하게 되면서 대부분의 글로벌 금융 활동이 다시 런던으로 이동했다.[13]

아시아의
금융 중심지들

결국 1980년대 말 버블을 초래한 거대한 주식거래총액의 중

---

[12] 이는 특히 'Q 규정(Regulation Q)'—미국 회사가 한 은행예금의 이자에 상한선을 설정하고 해외 지사가 한 은행예금의 이자에는 이런 제한을 두지 않은— 때문이었다.

[13] Charles P.Kindleberger(1974) *The Formation of Financial Centers: A Study in Comparative Economic History*, Princeton Studies in International Finance, International Finance Section, Princeton University, Princeton University Press. 이 현상에 대한 역사적인 측면에 관해서는 Sang Rim Choi, Dackeun Park and Adrian E. Tschoegl(1996) 'Banks and the world's major banking centers, 1990', *Review of World Economics*, 132(4), pp.774~793; Sang Rim Choi, Adrian E. Tschoegl and Chow Ming Yu(1986) 'Banks and the world's major financial centers, 1970~1980', *Review of World Economics*, 122(1), pp.48~64; Adrian E. Tschoegl(2000) 'International banking centers, geography, and foreign banks', *Financial Markets, Institutions and Instruments*, January, pp.1~32 참조.

심지였던 도쿄는 아시아에서 오랫동안 선두적인 금융 중심지로 간주되었다.[14] 통화 시장에 대한 전문지식은 잘 알려져 있었으며 도쿄에는 많은 거래자들이 있었다는 사실은 변동성(volatilité)[15]이 좁은 범주 내로 제한되어 있었음을 의미했다. 당시에는 그 어느 곳보다도 유동적(liquid)이라고 간주되었던—단연 그 위신에 도움을 준 요소— 이 시장에서 상당량이 처리되었다. 또한 도쿄는 런던과 뉴욕이 문을 닫은 시간에 작동하고 있어 24시간 계속되는 거래를 가능하게 했다. 그러나 도쿄 시장의 흥기는 일본 경제의 국제화 수준이 상당히 낮았기 때문에 여전히 국가적인 수준에서만 의미가 있었다.

국제금융시장에서 은행가와 금융업자가 가장 흥미를 보이는 영역은 이익 폭을 최대화할 수 있는 부문인 파생상품(produits dérivés)[16], 그리고 인수·합병 활동이다. 이런 금융의 논리는 이 관점에서 볼 때 왜 홍콩이 도쿄보다 더 중요한지를 설명한다. 외국의 대기업이 일본 회사의 자본을 가지고 있다면 도쿄 증권시장에서 자금을 조달할 수 있을 것이나, 이는 여전히 금융적이 아니라 산업적인 활동을 지원한다. 많은 외국 회사들이 도쿄 증권시장에 이름을 올리고 있는 것은 일본에서 활동하기 위한 일종의 면허가 되기 때문이며, 거래량은 낮은 데 비해 일본 증권시장에서 활동하는 것이 복잡하고 곤란하기 때문이다.

영국의 은행 노하우의 혜택을 보고 있는 홍콩은 도쿄와 경쟁하기 위해

---

14) 오사카는 또한 주요 금융시장이다. 이는 2005년 주가총액 기준으로 세계에서 네 번째였다. Grant Thornton International(2006) Global New Markets Guide (http://www.gti.org/documents/GNMG%202006%2014th%20July.pdf(accessed April 2011) 참조).

15) 가격이 향후 어느 정도 움직일 가능성이 있는가를 나타내는 척도가 변동성이다 (역자).

16) 파생상품은 채권, 금리, 외환, 주식 등의 금융자산을 기초로 파생된 상품. 전통적인 금융상품 자체를 대상으로 한 상품이 아니라 금융상품의 장래 가격변동을 예상해 만든 '금융상품의 가격움직임'을 상품화한 것이다. 대표적인 파생금융상품으로는 선물, 선물환, 옵션, 스왑 등을 들 수 있다(역자: 『시사경제용어사전』 참조).

그 운영의 유연성을 발휘했다. 그러나 홍콩의 경우 지역적인 활동과 국제적인 활동 사이에 명확한 구분이 있어야 한다. 이와는 달리 선전과 상하이는 중국의 통화 위안화(*remnimbi*)가 자유태환되지 않는 한 계속해 커다란 역할을 수행하지는 못할 것이다. 외환거래를 위해 금융 중심지가 필요했던 중국에게 홍콩은 이제까지 그 기능을 충족시켜 주었다. 반면 싱가포르는 동남아를 위해 똑같은 역할을 수행했다. 시장은 둘 모두를 수용했으나, 1990년대 말 아시아의 금융 중심지의 중력은 홍콩으로 옮겨갔다. 싱가포르의 중요성은 아시아 금융위기 때문뿐만 아니라 태국이나 말레이시아가 이 시장을 우호적으로 생각하지 않았기 때문에도 멀어졌다. 그럼에도 불구하고 싱가포르는 인접국의 정치적 불안정으로부터 이익을 볼 수 있었으며, '동남아 금융의 도피처(coffre-fort sécurisé)'로 돋보일 정도는 아닐지라도 일정한 역할을 하고 있다. 반대로 중국의 인접국들로서는 홍콩에 대한 반감은 없다.

금융 노하우라는
무형의 인프라

금융시장은 내재된 규칙, 취약점, 운명의 부침을 가진 생태계와 닮아있다. 고유하고 서로 분리된 별개의 단계들(부지를 사고, 공장을 짓고, 기계를 설치하고, 노동력을 충원하고, 생산을 시작하고 등등)을 통해 발전하는 산업 활동과는 달리, 금융에서 모든 문제는 상호 의존적이며 이미 다른 부분들에 내포되어 있다. 활용되는 수단의 문제이든 활동을 조정하는 문제이든 한 장소에서의 평판과 전망은 금융 제도의 질에 대한 시장의 판단에 좌우된다. 자유로이 진입하고 철퇴하는 수없이 많은 플레이어(opérateurs)가 상호작용하고 있다. 국가 혹은 규제 당국의 의도는 이런 기본적인 사실에 거의 영향을 미치지 않는다.

국제금융 중심지는 여러 가지 활동, 특히 증권시장에의 참여를 특징으로
한다. 밤낮이고 돌아가는 국제금융 중심지에서 현재 하루거래량은 1조 5천
억과 2조억 달러(US$)사이를 오간다. 이와는 대조적으로 3개의 주요 증권시
장(뉴욕, 런던, 도쿄)의 총 하루 거래량은 150억~350억 달러에 지나지 않는
다. 거래 활동은 시드니와 싱가포르에서는 낮곁에 시작되어, 오후 늦게는
도쿄로 옮겨가고 밤에는 런던에 다다르며 아침 8시에는 뉴욕에 온다. 이런
계속성은 참여자에게 실시간에 일어나는 정치적, 경제적, 그리고 사회적 사
건에 대응할 수 있은 여지를 준다.

국제금융시장은 부채상환액, 금융자산관리, 발행주식의 재투자 문제를
해결하고 인수·합병 활동을 확실하게 갈무리한다.[17] 국제금융거래의 구조
를 이해함으로서 시장이 수행하는 역할을 더 잘 숙지할 수 있다. 2006년 국
제금융거래의 1%에 미치지도 않는 부분만이 증권 시장을 거쳤다. 대량의
비공식적인 거래에 대한 정확한 숫치를 아는 것은 불가능하기 때문에, 물
론 이는 언제나 시장 참여자들 자신이 한 대략의 추산액이다. 압도적인 수
의 거래가 사실 주식장외시장(*over the counter*, OTC),[18] 즉 어떤 법적 요구
의 대상이 되지 않는 자유롭고 규제되지 않은 시장에서 수행되는 거래이
다. 공급자는 관련 정보를 투명한 방식으로 유포해야 할 의무도 없다. 이런
사적이고 유연한 시장에서는 구매자와 판매가 사이에는 은행과 브로커에
더하여 많은 중개인들이 참여하게 된다. 이들 사적이고 등록되지 않은(물
론 완전히 합법적인) 거래가 전화나 개인적인 접촉으로 이루어진다. 이

---

[17] 국제금융 중심지가 수행하는 여러 가지 운영 활동에 대해서는 Harold Rose(1994)
'International Banking Developments and London's Position as an International
Banking Centre', London, London Business School, July 참조.

[18] 주식장외시장은 증권거래소 밖에서 유가증권을 매매하는 비조직적인 상대매매
시장으로 점두시장, 장외시장, 창구거래라고도 한다. 브로커나 딜러가 투자자나
기타 증권회사와 주식이나 채권을 거래한다. 주식장외시장은 증권거래소 시장
의 전 단계 시장으로 상장이 안 된 중소기업이나 모험기업 주식을 증권회사 창
구에서 투자자 또는 증권사들이 서로 사고팔 수 있도록 제도화된 시장이다(역
자: 『매일경제신문』 참조).

OTC시장에서는 80%의 국제 거래가 달러화로, 10%가 유로화로, 5%가 엔화로 그리고 나머지 적은 금액이 스위스 프랑(Swiss francs)으로 이루어진다. 이는 이들 거래가 몇 안 되는 금융시장, 즉 뉴욕, 런던, 도쿄에서 일어나고 있음을 의미한다.

이러한 거래가 미국 시장에서 대량으로 일어나고 있다는 사실은 일본의 역설적인 상황을 이해하는 데에 도움이 된다. 2009년 도쿄 국내시장 자본화는 뉴욕 다음으로 2위이지만 거래량은 훨씬 적다. 이런 상대적인 무력감의 원인은 세 가지이다. ① 일본의 금융시장은 충분히 유동적(liquide)이지 않다. ② 일본 회사는 투명성이 부족한 까닭에 해외 투자가 적다. ③ 도쿄는 매우 적은 거래량을 취급한다. 역외 주문(ordres *offshore*)은 뉴욕이나 런던으로 가며 일본을 피한다. 외국 플레이어들은 뉴욕과 런던에서 상대적으로 더 믿을 만한 정보를 얻을 수 있다고 생각한다.

이와는 대조적으로 일본에서는 대량의 채권(obligations)이 발행된다. 첫째로 이는 대부를 통해 회사에 간접적으로 재원을 충당하는 오랜 전통 때문이다. 둘째 이유는 일본은 빚이 많은 국가이며, 일본 정부의 공공 적자는 전적으로 국채의 발행을 통해서 충당되고 있기 때문이다. 그 결과 도쿄는 선도적인 금융시장이지만, 이자율 움직임에 대한 민감성과 수적으로 적은 외국인 플레이어(opérateurs)라는 두 가지 핸디캡을 가지고 있다. 도쿄 시장에서 활동하는 외국기업의 수는 그렇지 않은 경우에는 이보다 덜 중요한 홍콩,[19] 서울, 타이베이와[20] 같은 시장에서 활동하는 숫자와 비슷한 수준이다.

활동을 수행하기 위해 국제금융시장은 시장 기능 그 자체에서 회계, 세금, 법, 정보 기술과 같은 보조적인 기능에 이르기까지 다양한 종류의 서비스를 제공하는 각기 다른 전문가를 이용한다. 이는 이들이 특정한 목표를

---

[19] 여기에는 중국 본토에서도 활동하고 있는 많은 외국인 플레이어가 있다.
[20] 이 두 시장은 모두 매우 폐쇄적이다. 프랑스인의 회사는 타이베이에서 보다 상하이에 더 많다.

가진 프로젝트를 시작하고, 그들의 법적 위치를 지키고 그리고 조세부담 등을 최적화할 수 있는 능력을 완전히 갖추고 있음을 의미한다. 또한 국제 금융 중심지에는 높은 수준의 법적·규정적 지원이 필요하며 다음의 사항이 반드시 보장되어야 한다. 먼저, 규정은 이행을 위해 안전하고 예상 가능한 수단에 의해 지지되어야 하고, 단순하고 쉬이 번역될 수 있어야 한다. 다음으로, 공공 당국은 책임 있고 전문지식을 가진 전문가를 두어 투자자 보호를 보장할 수 있어야 한다.[21]

그리하여 국제금융 중심지의 등장은 순전히 기술적인 일도 아니며 그렇다고 단순히 자격을 갖춘 인재 가용성에만 의존하는 것도 아니다. 이는 그 법적 환경과 밀접히 관련되어 있으며 효율적으로 기능하기 위해서는 효율적인 제도가 필요하다. 이런 의미에서 금융은 제도의존적인(*intensive en institutions*) 활동이라고 부를 수 있다.

중국의 자본시장: 비공식·공식 구조

중국에서 국제금융 중심지가 나타나기 전에, 당시 국내 시장을 대상으로 하는 하나 혹은 그 이상의 금융센터의 통합정리가 있어야 한다. 국제금융 중심지는 우선 무엇보다도 국내 금융시장의 확대이다. 그러나 이 영역에서 많은 장애가 있다. 맨 먼저 언급되어야 할 것은 여전히 고도로 통제된 금융시스템에 가해지고 있는 중대한 정치적 간섭이다. 여기에 더하여 중국 금융시스템은 개혁 속도가 더딘 이유가 되고 있는 3가지 주요 특징을 가지고 있다.[22]

① 은행 부문이 압도적인 우세를 점하고 있다. 은행의 활동 영역은 광범

---

21) Duvivier, 'L'attractivite des places financieres', p.55.
22) Franklin Allen, Jun Qian and Meijin Qian(2005) 'Law, finance, and economic growth in China', *Journal of Financial Economics*, 77(1), pp.57~116.

위하지만 비교적 비효율적이다. 이는 4개의 대 공공기관에 의해 통제되며 이 기관들은 생산성의 부족으로 짓눌려있다. 인정하다시피 중국은 중국민생은행(中國民生銀行, China Minsheng Bank)과 같이 최소한 형식적으로는 민영에 속한 은행이 여럿 있다. 그러나 이들 부채의 구성은 불투명하다. 어떤 주어진 기업과 관련하여 리스크를 평가함에 있어서 중국 은행은 두 가지 요소, 즉 자기금융(autofinancement) 능력(부채 상환, 예상 수입과 세금 후 수입) 그리고 시장 점유율을 고려한다.[23] 순이익을 보여주는 이윤율은 고려의 대상이 아니다. 그리하여 대출 허가와 리스트 관리는 부적절하고 믿을 수 없는 정보에 기반을 두게 된다. 이러한 접근 방식은 불필요한 투자가 많이 행해지는 이유를 설명한다. 은행에서 인센티브가 운영되는 방식도 언급할 만하다. 은행 매니저는 매우 낮은 정액 급여를 받으며 대출의 수익성에는 아무런 혹은 거의 중요성을 두지 않고 순전히 대출 허용 건수에 따른 수수료를 보수로 받는다.

② 은행 시스템과 비교해 금융시장의 크기는 제한되어 있다. 선전과 상하이에 있는 두 증권 시장은 전도유망해 보이던 개장 이후에는 활기를 띠지 못했다. 투기가 지배하고 초보자들의 여러 부정행위로 인해 많은 장애를 가지고 있다. 그렇다면 실제 중국의 기업들은 어떻게 자금을 조달하는가? 일종의 증권 시장이 세워졌으나 사실 그 기본적인 기능은 국영기업으로 하여금 자신들의 지분에 대한 지배권을 잃지 않으면서 자본을 조달할 수 있도록 하는 것이다.[24] 이 때문에 각기 다른 유형의 주식이 나오게 되었다(A주(선전과 상하이 증권 시장에 상장된 회사의 주식으로 오직 중국 시민에게만 팔리는 주식), B주(선전과 상하이 증권 시장에 상장된 회사의 주식으로 오직 외국인에게만 팔리는 주식), H주(홍콩 증권시장에 상장된 중국 기업의 주식으로, 주식소유자의 국적에는 아무런 제한이 없지만 오직

---

23) 인터뷰: 베이징과 상하이에 있는 은행과 회계 회사, 2006년 7월·10월.
24) See F. Gipouloux(2005) *La Chine du XXIe siècle, une nouvelle superpuissance?*, Paris, Armand Colin, pp.159~163.

홍콩에서만 거래할 수 있는 주식)). 이들 각 유형의 주식은 분리되어 거래되고 있다. 국영기업에서의 국유주의 양도(transferts)는 소주주의 권리에 대한 어떤 존중도 없이 이루어진다. 이러한 체제에서 주식은 어떤 분명한 가치를 가지지 않는다. 홍콩과 싱가포르와 같은 시장에서 모든 플레이어(opérateurs)는 대량의 정보를 취할 수 있는 반면, 상하이와 선전에서 잠재적인 투자자는 이너 서클에 속하지 않는 한 구매를 해야 할 동기부여의 기회를 갖지 못한다. 투명(透明, tou ming)이라는 단어가 중국어에도 있으나 실제로 이는 어떤 구체적인 책무를 의미하지는 않는다.

③ 공식적인 형태의 금융에 접근할 수 있는 민간기업은 얼마 되지 않기 때문에 물론 비공식적인 금융이 우세할 수밖에 없다. 은행 대출 할당제도는 회계 절차의 불투명성이 가져온 하나의 결과이다.

두 번째 등급에 속하는 중국의 대기업은 이들의 회계가 쉬이 이해될 수 있으면 은행으로부터 금융 지원을 받을 것이다. 중국의 회계는 계획경제의 공공 부분으로부터 유산을 물려받았다. 이는 시장 경제의 작동과는 판이하게 다르다. 상하이 증권거래소에 상장된 회사가 1,200개에 이르지만 외국 투자가들은 그 중 수십여 개만을 심각한 고려의 대상으로 생각한다.[25]

실제로 은행은 충분한 자금을 제공하지 않는다. 금융 지원은 제한된 숫자의 국영기업에만 머물 뿐이다. 경제학자 린이푸(Justin Yifu Lin, 林毅夫)는 중국 기업의 겨우 5%만이 공식적인 은행 부문을 통해 자금을 조달한다고 보았다. 그 반대로 거의 모든 금융 지원은 시스템 외부에 있는 채널—때로는 비공식적이고 때로는 관찰하기 어려운—을 통해 공급된다. 이에는 자기금융(이윤의 재투자를 통해), 민간 융자(prêts privés), 자본 대출(avance en capital, 원시적 형태의 위험 자본), 그리고 각종 공공단체에서 끌어온 대부,

---

25) 인터뷰: 은행 관계자, 베이징, 2006년 10월.

자본 기부(dotations en capital), 보조금이 포함된다. 여기에서 중요한 기본 덕목은 개인적인 신뢰, 평판 그리고 관계이다. 중국 은행을 통해 자금을 조달할 수 없는 중국인 기업이 외국 은행을 통해 그렇게 할 기회는 더 더욱 적을 수밖에 없다. 이는 비공식 시장밖에는 대안이 없게 됨을 의미한다. 중국 기업에게 비공식에서 금융에서 공식 금융으로의 변화는 이들의 회계를 정상화하는 과정(현재는 매우 느리게 진행되고 있는)이기도 하기 때문이다.

악성부채의 누적으로 인해 야기되는 은행 위기의 발생 위험은 여전히 높다. 인정하건대 부실여신 비율은 2000년의 시작 이래 떨어졌지만 대출 할당 제도는 비생산적인 대출을 단지 갱신해주고 있을 뿐이다. 신용 리스크를 평가하는 메커니즘에 별다른 변화가 없기 때문이다. 악성부채의 누적액은 6,500억에서 9,000억 달러 사이로 추산된다. 이는 전체 지급준비금과 같은 수준이며 중국 GDP의 40~50%에 이르는 크기로, 은행 제도를 자유화하기 위한 움직임에 계속 부담을 주고 있다. 악성부채를 청산하려는 노력으로 주기적으로 강압적인 방법이 동원되고 있지만, 이 시스템 자체는 GDP의 40%에 이르는 높은 저축률 덕분에 존속하고 있다.[26]

그럼에도 불구하고 금융 제도와 수단의 현대화는 진척을 보이고 있다. 이제 이자율스왑(swap de taux d'intérêt)[27]은 물론 위안화나 외화로 계약 체결이 가능하다. 또한 중국인은 외화 계좌를 개설할 수 있다.

종합적인 수치를 제시하는 것은 어렵지만 규정은 마련되어 있다. 파생상품에 관해 규정은 여전히 작업 중에 있다. 그러나 여러 다른, 다양한 지역당국이 규정을 해석하는 방식에는 커다란 차이가 있다. 성문의 규정이 있지만, 이를

---

26) 이상과 같이 총예금액은 세 종류의 은행예금─일반예금, 이자지급예금, 정기예금─을 훨씬 초과한다. 총예금액은 1997년에는 GDP의 41.5%를, 2002년에는 39.4%를 차지했다(『中國統計年鑑』).

27) 금리스왑이라고도 하며 동일통화의 일정기간의 고정금리와 변동금리를 주기적으로 교환하는 계약을 말한다. IRS 금리는 은행 신용도를 기반으로 한다(역자: 『매일경제신문』 참조).

해석하고 실행하는 것은 완전히 별개의 문제이다. 조화와 통일성을 가지려면 많은 시간이 필요할 것으로 보인다. 시의 상업은행들은 개혁에 더 적극적이다. 이들이 민간부문에 자금을 대어주게 될 이들이다. 이 다이나미즘은 아주 상당 정도로 중국 중산층과 새로운 기업가들의 요구에 달려있다. 결정적인 요소는 이들 새로운 사회 계층이 가지고 있는 유형의 소유물이라기보다는 이들이 하고 있는 저축의 규모이다. 비교적 잘 사는 이들 집단은 외국 은행이 더 안전하기 때문에 거기에 저축을 하려고 할 것이다. 이들은 외국을 경험했기 때문에 제공된 서비스의 차이를 판단할 수 있으며, 세계 모든 곳에서 통하고 있는 비슷한 수준의 서비스를 요구한다. 이는 특히 보험 분야에 있어서는 더 확실하다. 해외를 여행하는 중국 당원은 그가 어디를 가던 보험의 혜택을 받기 위해—중국 보험증서로는 되지 않기 때문에— 외국 보험증서를 가지고 나간다.[28]

요약컨대, 은행 시장의 현대화는 중국에서 금융시스템의 개혁을 이끌기 위해 부름 받은 두 주요 기관 사이에 불가피하게 나타나게 될 긴장에 노출되어 있다. 중앙은행인 중국인민은행(中國人民銀行, People's Bank of China, PBOC)은 전체 부문을 발전시키기를 간절히 원하고 있고 WTO 가입 시에 한 약속을 알고 있기에 주도권을 행사할 수 있는 능력이 있다. 그에 반해 중국은행업감독관리위원회(CBRC, China Banking Regulatory Commission, 약자로 중국은감회)는 규정을 기안하고 보다 신중한 접근방법을 취하고 있다.

WTO와 탈규제화
:외국 은행이
중국 시장을 손에 넣을 수 있을까?
　　　　　　　　WTO와의 협정에 따라 2006년 12월에 중국 은행 시장이 개방되었다. 이는 세 영역에서 그 모습을 드러냈다.

---

[28] 인터뷰: 은행 관계자, 상하이, 2005.

1. 협정 이행은 원칙적으로 위안화(RMB, *renminbi*)로 운영하는 합작제휴를 맺은 외국 은행이 중국의 도시에 지사를 두는 것에 아무런 제한도 두지 않음을 의미한다. 이는 광둥개발은행(Guangdong Development Bank)의 경우에서 채택된 전략이다. 이 은행은 전 중국에 걸쳐 600개 지사 네트워크를 가지고 있었기 때문에 외국 은행은 이와 제휴하기 위해 많은 노력을 했다. 규정에 따르면 중국 은행에 대한 외국 투자가의 참여는 25%로 제한되며 한 투자가가 20%를 넘지 못한다. 외환거래에 관해서는 과거의 수행실적과 장래의 발전계획을 감안하여 매년 쿼터제로 조정하며 국가외환관리국(國家外匯管理局, State Administration of Foreign Exchange, SAFE)에서 엄격하게 규제한다.

중국에 있는 외국 은행은 자신의 네트워크를 설정하거나 확장시킬 수 없다. 허용되지 않기 때문이다. 이와 함께 외국 은행의 대표자나 대리인도 적은 지분을 소유하고 있음을 감안해 본다면 이들은 정책결정에 거의 영향을 미칠 수 없다. 그럼에도 불구하고 중국 당국이 은행 제도를 현대화하고자 하는 의지는 평가할 만하다. 예를 들어 중국 당국은 생산성을 향상시키기 위해 중국 은행의 자본금 운영에 외국인을 참여시키고 있다.

2. 은행은 주택담보대출, 신용카드, 투자계좌 그리고 생명보험과 같은 고객 서비스를 제공할 수 있도록 허용되었다. 그러나 어떤 관리들은 '이들 외국인이 우리 은행 시스템을 파괴하고 있다'는 다소 비이성적인 공포감을 가지고 있다. 그러나 실제로 이를 위해서는 자금력이 어마어마하게 필요할 것이다. 게다가 어떤 경우에도 중국 당국은 중국에서 성공하고자 노력하는 외국 은행을 방해하는 방법을 강구하는 데에 대단한 재간을 보여주고 있다. 예를 들어 모든 외국인의 활동은 자본이 지나치게 투입된(surcapitalisée) 지주회사의 통제하에 있도록 요구된다. 관리부서에서 보조역할을 하는 처지에 놓인 외국인이 결정을 내릴 수 있는 경우는 아주 적기에 외국 은행은 주요 중국 은행에 공동으로 참가하는 방식을 더 선호한다. 이들의 목적은

영향력을 서서히 확대하면서 일정한 자신의 네트워크를 만드는 데에 있다.

3. 보호무역주의에 반대한다는 약속에도 불구하고 실제 중국의 은행 부문에서의 경쟁 독려는 거짓임이 확연하다. 이 시장에 참여하는 비용은 매우 높게 책정되어 있어, 지사 당 자본금은 1억 위안 혹은 5천만 달러이다. 이는 유럽에서 요구되는 액수의 10배에 해당한다. 여기에 더하여 외국 은행이 일반인이 이용할 수 있는 지사를 개장하려면 따로 면허를 받아야 한다. 이는 지사 허용 숫자를 효과적으로 제한하려는 정책이다.

2006년 12월까지 위안화(RMB)를 취급하기 위해 면허를 얻을 수 있는 도시는 25개에 한정되어 있다. 외환을 거래하기 위해서 이 면허를 얻으려면 2,400만 달러가 든다. 의무적인 자기자본비율이 8%여서, 지사 당 1조 2천 5백만 위안 이상을 빌리는 것은 불가능하다. 두 번째 지사를 열기 위한 허가는 첫 지사가 세워진 지 2년 후에 그것도 이윤을 낸 경우에만 가능하다. 그리하여 외국 은행이 여기저기에 지사를 여는 것은 분명히 불가능에 가깝다.[29]

이런 제한적인 규정은 WTO가 은행 시장의 개혁을 위해 정해놓은 만기일인 2006년 말까지도 모두 풀리지는 않았다. 외국 은행은 이 나라 은행 활동의 오직 2%만을 점하고 있다. 이 면에 관해 보면 가장 개방적인 국가인 폴란드에서 그 비율은 75%이다. 보호주의적이라고 간주되는 러시아에서도 그 비율은 30%에 이른다. 그리하여 중국 시장은 '국가 챔피언'을 아주 특별한 방식으로 지키고자 노력하고 있음을 알 수 있다. 사실 외국 은행의 활동은 해항도시에 집중되어 있다. 여기에서 이들은 서로 활기찬 경쟁을 하고 있다. 무디스(Moody's) 평가기관의 보고에 따르면 외국 은행 활동의 55%가 상하이에 집중되어 있으며, 2006년 말 현재 상하이에는 50개가 넘는 외국 은행이 들어서 있다.[30]

---

[29] 인터뷰: 은행 관계자, 상하이, 2006.

[30] Moody's Investors Service(2006) Banking System Outlook, China, July.

인수·합병을 통한
성장·발전

　　중국은감회의 위원장(主席) 리우밍캉(劉明康)이 이 부문의 전문가들에게 여러 차례 언급했듯이 금융당국은 중국에서의 외적 성장(croissance externe)을 허용치 않는다.[31] 그리하여 어떤 주요한 팽창도 무거운 부담을 안게 되고, 그리하여 내적 성장은 봉쇄된다. 이러한 상황은 합병을 고무시키는데, 그렇다면 이는 중국 은행에 대한 외국 은행의 몫이 전자에 위협이 되고 있다는 의미인가? 앵글로-섹슨 계통의 은행(Citibank, HSBC)은 중국의 대형 국유은행에 비교적 적은 투자를 하고 있으나, 이들이 가지고 있는 주식은 여전히 막대한 투자량이라고 할 수 있다. 그럼에도 불구하고 국유은행의 엄청난 규모로 인해 이들에게 WTO에 가입한 이후 외국의 경쟁에 개방되면서 생기는 충격은 충분히 흡수할 수 있도록 되어 있다. 많은 외국 은행이 목적하고 있는 바는 중국의 회계를 관리하겠다는 것이 아니라 생산적인 활동에 접근할 수 있는 통로를 제공하는 규율 있고 지속성 있는 기업의 주식을 획득하는 데에 있다. 중국 은행의 외국인 주주는 이들이 요직이라고 간주하는 신용 리스크와 회계 감사에 집중되어 있다.[32] 이런 유형의 합작제휴는 양측에 모두 유리하다고 보기 때문에 외국 은행도 선호한다. 이는 중국 파트너가 은행의 전문적인 기술을 아무런 대가 없이 ―외국 은행은 금융 기술을 이전하라는 요구를 받기 때문에― 가져가는 진짜 리스크로부터 이들을 보호한다. 또한 이런 합작제휴에서는 언어 장벽에서 오는 단점도 있다는 사실을 기억할 필요가 있다.

　　만약 당신이 중국어를 하지 못하고 당신의 참여권이 20%로 제한되어 있는 이사회의 자리에 앉아 있다면, 당신은 물론 아무 말도 할 수 없다. 당신은 옳은 일을 하고 있다고 보여주려고 애쓰겠지만 낙관해야 할 근거는 어디에도 없

---

31) *Ibid*.
32) 인터뷰: 은행 관계자, 상하이, 2006년 5월.

다. 네트워크는 중국인이 차지하고 있으며, 이러한 사실을 바꾸려고 하는 얼마 되지 않는 외국인 전문가가 할 수 있는 일은 거의 없다. 우리는 자신을 드러내고 현지 수준에서 신용거래에 어떤 영향력을 미치려고 지치지 않고 계속 희망해 보지만 돌아오는 것은 매우 적다.[33]

예금 계좌의 상당 부분을 외국 금융기관으로 옮기게 할 수 있을까? 외국 보험회사와 퇴직기금의 경험을 쉬이 중국에 갖다 대기도 쉽지 않고 적용하기도 어렵다. 이들 기관은 잦은 구조조정을 겪고 이들의 관계망은 매우 불안정하다. 소액 예금자는 관례대로 익숙해져 있는 중국 은행을 계속해 선호할 것이다. 최근 중산층은 5천만 명을 약간 넘어서는 수준에 이르렀다. 이런 사람들은 예금 계좌가 미국 은행에 있다고 말하는 것이 일종의 사회적 지위를 드러낸다고 볼지도 모를 이들이다. 다른 한편 진짜 신흥부자(*nouveaux riches*)는 두 은행 즉 중국과 외국 은행 시스템이 제공하는 서비스의 차이를 평가할 수 있는 좀 더 나은 위치에 있다. 그러나 외국 은행은 예금을 받아들이기 위한 네트워크를 가지고 있지 않다.

홍콩, 상하이 그리고 베이징
:중국의 국제 금융 중심지 경쟁

상하이는 아시아 제1의 금융센터가 되기를 열망하고 있다. 푸동의 심장인 루자쭈이(陸家嘴)는 상하이 시내에 싱가포르 크기만 한 520평방킬로미터의 면적을 가지고 있다. 이 구역은 미래의 국제적인 금융 중심지로 계획된 다섯 구역 중의 하나로 2010년과 2020년 사이에는 월스트리트나, 런던, 홍콩, 싱가포르, 도쿄에 버금가는 역량을 확보한다는 계획을 가지고 있다. 어찌 되었든 이는 선언된 공식 목표이다. 그 저변

---

[33] 인터뷰: 은행 관계자, 상하이, 2006년 10월.

에서 중국의 국제적인 금융센터라는 탐나는 지위를 누가 차지할 것인지를 놓고 홍콩과 상하이 간의 경쟁은 이미 시작되었다.

상하이가 이 전투에서 이김으로써 상하이 시장의 꿈은 이루어질까?[34] 이 첫 질문의 근저에는 또 다른 질문이 놓여있다. 오직 단 하나의 국제 금융센터가 중국을 위해 봉사할 것인가? 첫 질문에 대해 대다수 외국 은행가는 상하이가 성공하려면 더 많은 시간이 필요하다는 데에 동의한다.[35] 20세기 전반기의 역사 전개를 보면 두 번째 질문에 대한 답은 부정적임을 알 수 있다. 1920년대와 1930년대 국민당 하에서 중국이 통일된 이후에도(물론 불완전한 통일임을 모두 인정하지만) 중국에는 하나의 국제적인 금융 중심지가 있었던 것이 아니라 상하이와 베이징 이라는 두 개의 금융 중심지가 있었다.[36]

어떤 상황에서 어느 지역에 국제적인 금융센터가 들어서는가? 커뮤니케이션과 데이터 전송 시스템은 절대적으로 필요불가결하다. 그러나 이에 더하여 정보에 대한 자유롭고 신속한 접근(이것 없이 어떤 무역상들(*traders*)도 활동할 수 없다)과 같은 일정한 비물질적인 요건이 충족되어야 한다. 규모의 경제가 가지고 있는 중요성도 언급해야 한다. 그 핵심은 대 그룹들 본사들, 이들의 상업 활동 그리고 이를 지원하는 서비스 간의 밀접한 연계를 통해 구축된다.

대 금융 중심지가 된 곳은 암스테르담, 뉴욕, 런던, 도쿄와 같은 해항도시라는 사실은 놀랄만한 일이 아니다. 일반적으로 비즈니스 협상이나 구매를 위해 대면 접촉이 필요할 때 한 장소에 공급자가 집중되어 있다면 이를 찾아내는 비용도 줄일 수 있을 뿐만 아니라 각 판매자의 시장 이윤도 높일 수 있다. 은행업에서 직접 접촉은 절대적으로 중요하다. 특히 중요한 고객의 요구에 맞춘 전문적인 서비스의 경우에는 더욱 그러하다. 직접 접촉으로

---

[34] 『人民日報』, 8 August 2002.
[35] 인터뷰: 은행 관계자, 베이징·상하이, 2006년 5월·10월.
[36] 吳景, 馬長林(2003) 『上海金融的現代化與金融化』, 上海國際出版社, pp.68~70.

인해 이전의 많은 거래가 기반이 되어 암묵적인 이해에 도달하게 된다. 이는 불확실성을 줄이고 신뢰감을 드높인다. 투자 펀드는 고객이 가까이에 있는 한 장소에 집중되어 있다. 근접성은 신뢰를 만들어내기 때문이다. 이는 공급자로 하여금 요구된바 조건을 다양화하고, 이를 고객의 변화하는 수요를 만족시킬 수 있도록 조정하게 한다. 믿을 만하고 개방적이고 지속적으로 갱신되는 정보는 다른 무엇보다도 중요하다. 전문가들의 협회에 가입하는 것은 정보의 교환을 위해 핵심적이다.

지리적으로 근접해 있거나 최소한 업무시간 내에 혹은 비교적 업무시간에서 크게 벗어나지 않는 범위 내에서 접촉할 수 있는 같은 시간대에 있다는 사실은 잦은 소통을 가능하게 하고 따라서 비용을 줄인다. 또한 이는 펀드 매니저에 대한 투자가의 신뢰 수준도 높인다. 마찬가지로 중요한 요소는 국제공항 혹은 고속철도에의 높은 접근도 그리고 법률적이고 회계적인 서비스의 이용 가능성이다. 또한 금융시장에서는 다른 직업군에 속한 이들에게도 매력적일 수 있도록 예를 들어 취업허가증에 대한 제한 같은 것이 없이 전문가의 자유로운 이동이 보장되어야 한다. 과세 수준, 진입을 제한하는 장벽 낮추기, 규정의 투명성 정도는 시장 지배력을 발휘하기 위한 또 다른 결정적인 요소가 된다.

장기간에 걸친 뉴욕의 경제 상황에 대한 연구에서 마르쿠스 나들러는 한 도시가 국제적인 금융시장으로 되기 위해 필요한 7가지 조건을 다음과 같이 정리했다.[37]

① 안정되고 건전한 통화제도
② 신뢰할 수 있고 항구적인 국가 통화의 수요와 공급
③ 통화의 수요와 공급에 영향을 미치는 급격한 변화를 피할 수 있는 비교적 장기간에 걸친 국제수지의 균형

---

[37] Marcus Nadler et al.(1995) *The Money Market and its Institutions*, New York, Roland Press, pp.283~284.

④ 시장의 금융관계 처리 능력이 있는 국내 금융기관들의 집중
⑤ 법적으로나 다른 형태의 제한으로 차별받지 않고 활동할 수 있는 많은 외국 금융기관의 분소나 지사의 존재
⑥ 상업적인 은행 조직으로 하여금 국제적인 금융거래를 수행할 수 있도록 힘을 주는 전문적인 기관들의 설립
⑦ 현지 국가의 중앙은행 본사의 존재

처음 세 가지 조건은 현지 국가의 금융 제도의 규모와 질을 내용으로 한다. 나는 이미 중국의 금융 제도가 작동하는 방식—도와주는 힘이 되기보다는 잠재적인 파괴요인이 될 수도 있는 방식—을 언급했다.

특정한 장소, 즉 금융 중심지에 있는 금융기관의 질을 의미하는 네 번째 포인트는 안정되고 일관성 있고 비교적 포괄적인 법제도를 요구한다. 이는 재산권에 대한 명확한 정의 그리고 파산절차와 관련된 적절한 입법과 같은 것들을 포함해야 한다. 이들 조건은 도쿄, 홍콩, 싱가포르에서는 완전히 충족되고 있으며 서울, 타이베이에서는 다소 제한적으로 마련되어 있으나 상하이에서는 전혀 갖추어져 있지 않다.

나들러가 정리한 다섯 번째 조건과 관련해서 보면 우리는 중국에서의 외국 은행이 차별적인 제한으로부터 자유로운 것과는 아주 거리가 있음을 보았다. 여섯 번째 조건은 홍콩과 상하이가 각기 다르다. 1949에 상하이에만 68개 외국 은행이 있었다. 이들 은행은 19세기 후반과 20세기 초반 동안 자신의 네트워크를 구축했었다. 60년이 흐른 2006년 말에는 중국은감회에 따르면 상하이에는 단지 60개의 외국 은행과 이들의 자회사가 있다. 은행권과 비은행권 모두를 아우르는 외국 금융기관의 전체 숫자는 103개에 불과하다.[38] 같은 해 홍콩에는 76개의 외국 은행이 있으며, 이들 모두는 세계 100대 은행에 속해 있다.

나들러의 일곱 번째 포인트에 관해 보면, 이는 필요한 전제조건이지만

---

[38] *China Daily*, 17 November 2006.

그 자체로 결정적인 조건은 아님을 알 수 있다. 유럽중앙은행의 주소지인 프랑크푸르트는 1990년에서 2000년까지 런던에 밀리면서 유럽 시장 내에서 그 지위가 쇠락했다. 런던이 유로존의 영역이 아니었음을 감안해 본다면 이는 다소 역설적으로 보인다.[39] 중국의 중앙은행, 즉 중국인민은행(PBOC) 이 베이징에서 상하이로 이전하는 일은 일어나지 않을 것이다.

가까운 장래에 상하이가 국제적인 금융 중심지가 되기에는 이밖에도 많은 장애가 있다. 이중 하나는 계획경제와 고도로 중앙집권화된 정치제도의 유산이다. 이는 가장 중대한 장애이다. 물론 압도적인 규모의 공적 부분 그리고 수입대체정책에는 각기 그 역사적인 배경과 이유가 있다. 건축 붐과 수송 인프라 건설 가속화(예산상의 제약이 약한 공적 부문에 의해 충당되는)는 상하이가 국제적인 금융 중심지가 되기 위해서 필수적인 개혁에 대한 어떤 필요성을 눈가림하고 있다. 이는 고속도로, 항만 설비, 공항 그리고 지하철을 놓기 위해 콘크리트를 까는 작업보다는 훨씬 더 많은 것을 필요로 한다. 앞서 언급했다시피 필요한 것은 법에 의해 지배되는 비물질적인 인프라의 건설 그리고 전문 인력과 그 능력의 집중이다. 중국에는 여전히 인적 자원이 부족하며, 금융 부문에서는 경험이 풍부하고 위험을 감수할 수 있는 검증된 인사들이 충분하지 않다.[40]

활력 있는 금융시장의 본질적인 하나의 조건은 일정한 기간—하루, 일주일, 한 달, 일 년, 10년 혹은 30년에 관계없이— 돈을 빌리는 비용을 제시하는 이율곡선(*yield curve*)[41]의 존속이다. 국채 발행에 대응하여 끊임없이 변

---

39) Sang Rim Choi, Daekeun Park and Adrian E. Tschoegl(2002) 'Banks and the World's Major Banking Centers, 2000', Wharton Financial Institutions Center.
40) 인터뷰: 은행 관계자, 베이징, 2006년 10월.
41) 수익률곡선이라고도 하며, 금융자산 중 채권의 만기 수익률과 만기와의 관계를 나타낸다. 수익률곡선은 일반적으로 우상향하는 모습을 보이나 우하향 또는 수평의 형태를 보이기도 한다. 이처럼 수익률 곡선형태가 다른 것은 경제주체의 기대설, 유동성 또는 시장분할설 등으로 설명된다. 일반적으로 수익률곡선의 형태는 미래의 단기이자율에 대한 예상(기대)에 의하여 결정된다. 이는 금융시장이 앞으로의 경기전망을 어떻게 보고 있는가를 시사해준다(역자: 『매일경제신문』

화하는 이율곡선은 주어진 순간에 예상된 투자 기간의 길이와 예상된 이윤 사이의 관계를 보여준다. 이는 돈이 두어져야 할 가치를 단기에서 장기로 전환시키며, 회사의 부채를 평가하는 것을 가능하게 해 준다. 채권 시장의 부재로(장기 국채의 발행은 없다) 중국에서 이율곡선은 아예 존재할 수 없다. 이런 시스템에서는 기관과 개인 플레이어들 모두 장기적인 확신을 가질 수 없기 마련이다.

그 결과는 국내 도처에 있는 모든 금융시장의 저발전이다. 2002년 중국에서 자본 시장의 크기는 일본의 6분의 1에 지나지 않으며, 통화시장은 일본의 경우 6,550억 달러와 비교하여 50억 달러를 넘지 않았다.[42] 자본 시장은 극도로 제한되어 있으며 이들의 활동은 심각한 부패는 말할 것도 없이 경험 부족으로 인해 잘못과 실수투성이다. 증권 시장의 운영에 있어 되풀이되는 문제(분식 회계, 투명성 부족 그리고 잦은 정부 간섭)는 그 미성숙성의 증거이다. 금융시장으로서의 상하이의 잠재적인 매력은 회계, 감사 그리고 신용평가 부문에서의 결함으로 인해 상당정도 반감되었다. 물론 홍콩과 상하이가 경쟁하고 있지만, 같은 지역을 상대로 일어나고 있는 것 같지는 않다. 중심이 되고 있는 주강과 창강 델타는 각기 다른 금융 흐름을 따라 가고 있다. 상하이는 무엇보다 첫째 국가적인 금융센터가 되어야 할 것인 반면, 같은 시기 홍콩은 국제적인 센터로 남아 있을 것이다.

금융이나 행정 부문 모두에서 베이징의 상하이에 대한 후견적 통제는 노골적이다. 중요한 금융적인 결정이 내려져야 할 때마다 상하이는 중앙 정부의 지시를 받아야 한다. 1994년에 상하이에 증권 시장이 들어서고 1996년에 은행 간 통화 시장이 확립되었음에도 불구하고 금융의 신경 중추는 여전히 실제적으로 모든 은행, 보험회사 그리고 주식회사가 그 본부를 두고 있는 중국의 수도에 있다. 더욱이 베이징은 금융 활동을 규제하기 위한 주

참조).

[42] Louise de Rosario(2003) 'China makes up for lost time', *The Banker*, 1 March.

요 조직인 중국인민은행, 중국증권감독관리위원회(中國證券監督官理委員會, China Securities Regulatory Commission, CSRC), 국가외환관리국(国家外汇管理局, State Administration of Foreign Exchange, SAFE), 중국은감회 그리고 중국 보험관리위원회(中國保險管理委員會, China Insurance Regulatory Commission, CIRC)가 위치하고 있는 곳이다. 이 면에서, 모든 금융의 90%가 모여 있는 베이징은 브뤼셀과 비교할 만한 정보의 허브(hub)이며, 규정이 만들어지고 전략적인 결정이 내려지고 주요한 주문이 행해지는 장소이다.

자본의 자유로운 이동에 대한 보장이 부족하다는 점은 여전히 심각한 문제를 안겨줄 수 있는 요인이다. 중국의 은행 시장에 새로이 진입하는 이들은 높은 진입 장벽과 매우 제한적인 활동 면허라는 문제에 직면한다. 현금 관리(gestion de trésorerie, cash management)는 이를 보여주는 좋은 예이다. 중앙은행(PBOC)은 금융 회사를 설립하기 위해 드는 출자금의 요건을 하향 조정했지만(3억 위안에서 1억 위안으로) 독립 법인체를 설립하고 운영하는 비용은 여전히 높다. 은행 지역 사무소를 개설하는 비용 또한 매우 부담스럽다. 외국 에이전시에 대한 지불은 매우 엄격한 통제를 받으며, 외국인 참여자는 중국으로 들고나는 금융 이동이 매우 어렵다는 사실을 알게 된다. 이 때문에 많은 중국 기업이 외국에 있는 파트너를 상대하기 위해 홍콩에 은행을 둔다.[43] 지역의 지사를 위한 확고한 조세부담 원칙이 부족하기 때문에 상황은 훨씬 더 복잡해진다. 하나의 지역 지사의 통제 하에 한데 묶어 있는 다양한 합작투자기업(joint ventures)에 적용되는 세제가 각기 다른 경우 문제가 생긴다. 이에 더하여 국외거주자에 대한 소득세는 너무나 높아 어떤 지역의 운영에 매력이 되었던 요소를 아예 모두 상쇄시켜 버리는 정도에 까지 이르는 경우도 발생한다.

중국 당국은 오랫동안 홍콩이 필요할 것이다. 여기에서 중요한 것은 무엇보다도 역사의 무게 그리고 이전 영국 식민지에서 구축된 법 제도의 장

---

[43] 인터뷰: 은행 관계자, 베이징, 2006년 10월.

점이다. 그러나 결국 상하이는 현재 마주하고 있는 모든 장애에도 불구하고 국제적인 금융센터가 될 것이다. 이는 분명 베이징의 재정 당국보다도 종종 더 실용적인 상하이 재정 당국의 의도이기도 하다. 이 면에서 베이징에 대한 상하이의 영향을 저평가해서는 안 된다. 상하이의 매력은 거대한 산업 지역에 인접해 있으며, 상하이 지역에의 산업 집중은 결국 재벌을 만들어낸다는 사실에서 비롯된다. 쑤저우(蘇州)는 산업 공원이 되고 있다. 공급자들이 이곳으로 들어오고 있으며 하청업자도 이들을 따라 들어오고 있다. 홍콩·상하이은행(Hongkong and Shanghai Banking Corporation, HSBC)도 중국 활동의 중심지를 홍콩에서 상하이로 옮기고 있다는 사실 또한 중요하다.

그러나 최소한 당분간은 상하이를 국제적인 금융센터로 건설하겠다는 성명은 실제로는 의지의 표명에 지나지 않을 것이다. 홍콩과 싱가포르가 국제적인 금융센터를 세우는 데에는 거의 30년이 걸렸다는 사실 또한 기억해야 한다. 더욱이 홍콩의 힘은 주강 델타의 제조 부문의 파워와 연계되어 있다. 베이징의 야심찬 계획도 고려되어야 하며, 분명히 상하이의 발전을 팔짱 끼고 보고만 있지 않을 것이다. 예를 들어 홍콩의 얼마간의 특정한 힘의 근원은 상하이에 대해 균형을 잡아주는 세력으로 유지되게 될 것이다. 그러면서 고려되어야 할 또 다른 요소는 타이베이(臺北) 시장의 등장이다.[44]

법규에서 나타날 앞으로의 변화를 예견함으로서 그리고 현재의 가능성을 최대한 이용하면서 그리고 때로는 감당 능력을 넘어서는 위험을 무릅쓰면서 외국 은행은 상하이에서 소비자 금융과 신용 카드, 공동 포트폴리오(portefeuilles collectifs) 경영 그리고 소매금융 분야에서 자신들의 입지를 강화시키고 있다. 이러한 세 활동 분야와 몇 개의 다른 활동 영역—주식 상장

---

[44] 타이완 사람들이 대거 상하이에 진출해 있지만 바로 그곳에 은행을 설립할 수는 없으며 오프쇼어 은행지점을 통해서만 가능하도록 되어 있다.

과 장내시장(salles de marché)—에서, 시장이 개방될 때 준비가 완료될 수 있도록 조직, 절차, 활동의 중심을 일구어 내는 일이 중요하다.[45] 그러나 지금으로서는 상하이에 국제적인 금융센터를 세우기에는 상황이 무르익지 않았다.

중국의 화폐는
국제결제통화로 부상할 수 있을까?

나들러의 일곱 가지 조건은 국제적인 금융시장의 등장과 생존을 알아보기 위해 탁월한 검사항목들이지만, 그의 리스트에는 한 가지 필수적인 요건이 빠져있다. 국가 통화의 충분하고 완전한 교환 가능성이 그것이다. 이것이 없이 이 게임에서 상하이는 기존의 거인들과 결코 겨룰 수 없다.

그러나 중국은 통화의 독립과 통화의 안정성에 커다란 가치를 부여하고 있다. 위안화(renminbi)는 1997년 이래 미국달러에 연계되었으며, 2005년 7월에 2.1%로 약간 평가절상되었음에도 불구하고 놀랄 정도로 안정성을 유지하고 있다. 문제는 중국이 자본 이동성을 포기했다는 점이다. 즉 위안화(renminbi)는 자유태환 통화(monnaie convertible)[46]가 아니며 자본의 움직임은 엄격하게 규제되고 있다. 이러한 정책은 부정할 수 없는 이점을 가지고 있다. 중국 당국은 1997~1998 아시아 금융위기에서 교훈을 얻었으며, 자본 운동에의 과도하게 재빠른 개방은 특히 중국 은행이 투명하지도 근대화되지도 않은 시점에는 커다란 재앙을 불러올 수 있다고 결론지었다.[47] 그

---

[45] 인터뷰: 은행 관계자, 베이징, 2006년 10월.
[46] 교환가능통화라고도 하며, 다른 통화나 금을 대가로 자유로이 매매될 수 있는 통화를 말한다. 국제거래상 지급통화로 사용되거나, 주요 외환시장에서 광범위하게 거래되고 있다고 IMF가 인정하는 가맹국 통화를 지칭한다(역자: 『외교통상용어사전』 참조).
[47] 게다가 중국 금융당국은 노벨상 수상자인 경제학자 로버트 먼델의 조언을 받아

러나 중기적으로 보면 이 선택은 상하이가 국제적인 금융센터로 되는 것을 방해하고 상하이의 활동 반경을 순전히 국내로 한정시킨다. 이는 효율적이고 정확한 자금 이체를 통해 이익을 취할 수 있고 있어야 하는 은행의 지역 지사에 심각한 불이익을 준다.

그렇다면 언제 이 통화는 완전하게 교환될 것인가? 중요한 요소는 통화 보유량의 규모라고 생각하는 이들의 견해에 따르면 완전 교환의 시간은 상당히 가까울 수 있으며 그 시점을 2010년과 2015년 사이로 잡는다. 그러나 그 동안 거쳐야 하는 단계는 여럿 있다. 가능한 시나리오는 먼저 홍콩달러와 연계하고 그리고 나서 미국달러와 연계하는 방식이다. 그러나 이는 단기로는 수행하기 어려울 듯 보인다. 금융시스템의 탈구획화, 이자율에 대한 정부 통제의 점진적인 제거 그리고 의심스런 대부의 청산이 모두 동시에 진행되어야 한다. 통화의 교환, 이자율과 환율에 대한 정부 통제, 자본의 할당에 대한 자유재량정책, 이 세 가지는 동시에 가질 수 없다. 만약 홍콩과 중국대륙의 경제가 점차로 더 통합된다면 이들의 통화와 발권은행의 통합을 예견할 수 있다.[48] 대부분 은행가들은 이런 가능성에 대해 의구심을 표시한다. 베이징, 홍콩 혹은 상하이 어디에 있건 불문하고 이들은 이는 최소한 10년 이후에야 실행이 가능할 것으로 보고 있다.

주된 문제는 비생산적인 대출(prêt non productifs)의 규모이다. 공식적인 수치에 따르면 이는 현재 총액의 20~40%에 달한다. 그러나 비공식적인 소스에 의하면 진짜 수치는 30~50%에 이를 것으로 추산된다. 대형 은행의 이자율은 5%보다 낮다. 중국은행의 은행장이자 중국은감회 위원장인 리우민캉(刘明康)에 의하면 중국 은행에 똬리를 틀고 있는 두 가지 주요 문제는

들인다. 정기적으로 중국을 방문하는 먼델은 달러에 대한 통화 페그제를 지지하며 중국통화의 너무한 빠른 태환화폐로의 전환을 지지하지 않는다. 중국당국은 또한 독일의 총리였던 헬무트 슈미트에게도 자주 자문을 받는다. 슈미트는 독일 마르트의 달러에의 연동을 지지했었다.

48) 2006년, 홍콩달러와 위안화 간의 갭은 6~8% 사이였다.

은행 그 자체의 운영과 중국 기업의 회계 관행 모두에 있는 약점이다. 이 때문에 기업은 신용 구조의 신뢰성에 대한 믿음을 갖기 어렵고, 은행은 기업에 신용을 확대시켜 줄 자신감을 가질 수 없다.[49]

그러나 상하이에 국제적인 금융센터가 부재하다는 사실에는 어떤 역설이 존재하는 것 같다. 1960년대 일본의 예를 통해 보건데 국제적인 시장의 병행적인 출현 없이 산업과 상업의 역량은 지속될 수 없다. 그러나 과거에 중국을 위한 역외(*offshore*) 기지로서 역할을 다했던 홍콩의 예는—그리고 최소한 앞으로 10년에서 15년은 더 그렇게 할— 이 역설을 잘 설명한다. 홍콩의 은행 증권 시장(*banking securities market*)은 매우 효율적이고 미국식 규정에 상당히 접근해 있어 베이징 당국은 이에 계속 의존할 것이다. 그렇다면 상하이는 시카고의 방식을 따라 석유, 곡물 그리고 다른 원자재의 선물 시장으로 발전할 수 있을 것이다.

앞서가는 미국의 세 중심지인 워싱턴, 뉴욕 그리고 시카고 사이에서 발전되어 왔던 시장 기능의 배분이라는 측면에서 중국에서의 장래 금융시장의 지리적인 배치를 해석하는 것은 위험할 수 있다. 극히 중요한 이론적인 전문성은 모든 규정이 기안되는 베이징에서 축적되고 있다. 홍콩이 수행하고 있는 역할이 줄어들 수밖에 없겠지만 금융부문에서 경제 정보의 확실성과 이용가능성은 여전히 상당히 중요하다. 이러한 우수성은 홍콩에서는 발견되지만 상하이에는 없는 요소이다. 그래서 오랫동안 그래왔으며 여전히 고도로 집중화된 금융 환경으로 인해 홍콩은 상하이보다는 훨씬 더 좋은 시장으로 남아있을 것이다. 이 두 도시 간의 이러한 비교는 경제 문화와 교역 문화를 이식하는 데에는 오랜 시간과 어려움이 따른다는 사실을 보여준다. 이를 비유하자면 숲과 그 생태계 간의 관계 혹은 나무와 그 나무 밑의 작은 초목 간의 관계이다. 유럽의 금융 중심지는 여전히 런던(유로 존에서는 아니지만)이며 독일의 금융 수도이자 유럽중앙은행의 장소지인 프랑크

---

[49] 인터뷰: 헬무트 슈미트, 베이징, 2006년 10월.

16_홍콩, 상하이, 베이징 **367**

푸르트로 (아직) 옮겨가지 않았음을 다시 한 번 기억할 필요가 있다.

그리하여 탈규제와 커뮤니케이션 비용의 하락은 지리적 요소를 의미 없게 만들지 않았으며, 금융기관의 서열이 더 이상 그렇게 엄정하지는 않지만 그렇다고 허물어진 것은 아니다. 사실 이들 경우에서 보건데 서열(*hiérarchie*)이라는 바로 그 개념은 핵심을 잃어 버렸다. 금융 중심지는 외국과 국내 은행 간에 격렬한 경쟁이 일어나는 장소이다. 이는 영구적인 혁신으로 이어지는 혁신적인 과정을 불러일으킨다. 각기 다른 금융센터 간의 관계는 네트워크(réseau)로 더 잘 표현된다. 이 네트워크에서 정보, 지식, 자본은 언제나 발전 중에 있는 각각의 결절점(pôles singuliers)을 중심으로 집중된다. 이는 지배자와 피지배자라는 근원적인 분할에 기반을 둔 단 하나의 서열(*hiérarchie*) 내에서 고정적인 위치를 차지하고 있는 것과는 대조적이다.

중국의 주요 시장의 역할 분담은 삼자모델(triptyque)로 나갈 수 있다. 여기에서 홍콩은 역외(*offshore*) 기능을 보유하고, 상하이는 점차 더 중요한 경제적이고 금융적인 기능을 맡게 되고, 베이징은 기획, 규제, 감독의 중심이 된다. 이런 역할 배분은 '인도네시아' 시나리오(예금 인출 소동)와 '일본' 버전(추락과 이를 이은 장기의 경기침체)이 불러일으킨 두 개의 공포로 인해 그림자가 드리워진 작금의 금융 세계에서 이미 이루어지고 있다.

다음 장에서는 동아시아 해양 회랑에서 이제까지 분석했던 각기 다른 제조업, 무역, 물류 기능 간의 상호 작용이 이루어지는 방식을 검토하고자 한다.

제5부

아시아 지중해와
국가주권에 대한 도전

제17장 〉

트랜스내셔널 지역과 동아시아 경제회랑:
아시아 지중해

동아시아의 해양 경제회랑은 거대 교역권이다. 이는 제조업 벨트(중국의 연안 지방)와 일련의 물류와 금융 플랫폼으로 구성되어 있다. 이 권역에서 자본의 움직임과 항공과 해상을 통한 상품의 흐름은 급변하고 있다. 홍콩의 무역은 대륙과 타이완 간 직접 관계가 수립되면서 일정 부분 위협받고 있다. 상하이는 닝보, 가오슝은 샤먼으로의 경쟁에 직면해야 했으며, 싱가포르는 말레이시아 해항도시인 끌랑과 탄중 페레파스에 환적량의 일부분을 내주고 있다.

동아시아 경제회랑
(corridor économique de l'Asie de l'Est)

　　　　　　　　　　　　　　　　　미국, 유럽과 강한 유대를 가지고 있는 도쿄, 홍콩, 싱가포르는 동아시아 경제회랑(지도 11 참조)을 구성하는 거대 해항도시이다. 이 회랑은 동서의 폭이 비교적 좁지만 남과 북

[지도 11] 동아시아 경제회랑

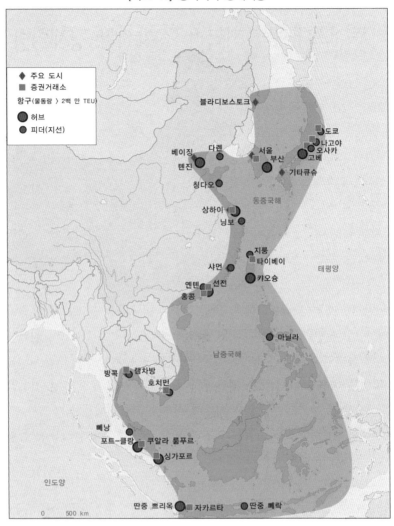

을 향해 길게 늘어져 있다. 북으로는 두 개의 지배적인 극점이 위치하고 있
는데, 북극이나 시베리아를 횡단하는 항공기의 기착지인 서울과 도쿄가 그
것이다. 남으로 태국은 유럽과의 항공 교통의 요지이다.

트랜스내셔널 경제협력 권역의 등장

프랑스어에는 트랜스내셔널 경제협력 권역(zones de coopération économique transnationales)의 형성을 설명할 수 있는 적당한 용어가 없다. 영어의 지역경제권역(*sub-regional economic zone*)도 충분한 용어는 되지 못한다. 보통 아시아에서는 하나의 국가 공간 안에서 잘 알려진 지역화의 과정(processus de regionalisation)이 일어남과 동시에 여러 나라에 속하는 트랜스내셔널 경제 공간이 형성되고 있다. 이러한 경제권역은 동해, 황해 그리고 남중국해이다. 이들의 경제적인 영향을 평가하는 것은 특히나 어렵다. 국가적 단위에서 수집된 통계 데이터는 이들 광대지역(macro-régions)의 트랜스내셔널 국면을 적절한 방식으로 충분히 드러내 주지 못하기 때문이다.

왜 1990년대 중반 아시아에서 이런 권역이 나타났는가? 국경이 확립되어 그 역할을 다하고 멈춘 바로 그 순간에 경제적 필요라는 압력과 냉전의 종식이 동시에 일어났다. 이로 인해 정치적 분열과 이념적인 분할을 모두 넘어선 새로운 형태의 트랜스내셔널 협력을 위한 구상이 본격화 되었다. 이런 특별한 맥락에서 일본에서는 간토(関東, 東京平野)와 간사이(関西 혹은 近畿, 오사카-고베), 혹은 우라 니혼(裏日本, *ura-nihon,* 동해에 면한 지방)과 오모테 니혼(表日本, *mote-nihon,* 태평양을 마주하는 지방) 간의 오래된 경쟁의식이 새로이 중요성을 띠며 부상하게 되었다. 지방정부의 정책은 신기술과 외국인 투자를 유치하는데 뿐만 아니라 필요한 인프라를 제공하는 데에서도 결정적인 역할을 한다. 또한 지역적 균형을 재조정하려는 정책으로 인해 대기업의 활동과 중소기업의 그것을 조정하고 조직화하려는 여러 계획이 마련되었다. 이는 아시아의 새로운 경제 공간의 주변에 위치하고 있던 지방 정부들이 자신의 통제하에 있는 영토를 정비하고 재조직하기 위한 정책 결정에 관여하고 있음을 의미한다.

역사적 뿌리

국경을 넘어 조직된 경제 공간의 탄생은 아시아에서 완전히 새로운 현상은 아니다. 4장에서 보았듯이 특히 15세기와 17세기 사이 인도네시아제도는 정치적, 문화적, 종교적 이질성에도 불구하고 상업적으로 통합된 지역이라고 말할 수 있는 교차로를 형성했다. 18세기 초 아모이(푸젠)에서 온 상인들은 필리핀, 보르네오, 태국 남부 그리고 믈라유 국가들에 수많은 상관을 세웠다. 20세기의 첫 30년간 동해 주위에 위치한 지역은 시베리아횡단철도 덕분에 심지어는 유럽에까지도 이르는 원거리교역은 물론 활발한 근거리무역에 종사했다.[1] 일반적으로 19세기 말부터 2차 세계대전 종결까지 이들 지역이 가지고 있었던 동력은 서구와 일본 식민주의에 의해 전용되었다. 그 후 이 지역은 중국에 갑작스러운 공산주의의 도래와 냉전으로 야기된 분할로 얼어붙어 있었다.

동서대치의 종결로 이 지역화 과정(processus de régionalisation)이 다시 소생하면서 경제 발전을 둘러싼 중앙집권화의 한계가 눈에 띄게 나타났다. 중국, 러시아 그리고 한국의 영토를 전부 혹은 일부분 포함하는 광대지역에서는 정보의 방산(예를 들어 위성 텔레비전에 의한)을 합리화하기 위한 필요성, 국제적인 생존 능력을 가진 인프라 건설을 위한 필요성 때문에 비슷한 선택이 이루어졌다. 이러한 선택은 탈규제화 조치에도 영향을 미쳤는데, 이는 지역의 발전을 위해서도 필요한 정책이었다. 지방이 대도시지역이나 수도의 감독을 받지 않고 직접 상대와 무역을 하도록 허용함으로써, 이들 협력 관계(schémas de coopération)는 다른 지역에는 여전히 영향을 미치고 있는 이념적인 차이를 보다 쉬이 비켜갈 수 있었다. 이런 현상은 1990년대 이래로 타이완과 중국 대륙과의 교역이 엄청나게 증가한 사실에서 극명하게 드러난다.

---

[1] Yamazawa Ippei(1994) 'Economic integration in the Asia-Pacific region and the option for Japan', in Francois Gipouloux(ed.) *Regional Economic Strategies in East Asia: A Comparative Perspective*, Tokyo, Maison Franco-Japonaise, pp.263~264.

동아시아 경제회랑의 북단과 남단에서 형성된 이 지방협력 권역(zones de coopération sub-régionales)을 보면 아시아에서 통합 과정이 가지고 있는 특이한 성격을 더 잘 이해할 수 있다. 국제 관계를 이해하는 전통적인 방식은 국가의 틀 내에서 모든 것을 보았다. 재화, 서비스, 자본이 모두 국가의 차원에서 계산되기 때문이다. 그러나 전반적으로 설명하자면 아시아의 경제 발전에 결정적인 영향을 미쳤던 요소는 많으며, 이들 요소는 이들 광대지역의 작동에도 핵심적인 역할을 한다. 강한 지역적 기반을 가지고 있는 도시 자본주의의 비약적 발전, 활발한 국경 무역과 같은 소규모 협력(micro-coopération)의 급증, 그리고 공식적인 제도나 기구는 부재하지만 이를 대체하고 있는 네트워크의 광범위한 확산이 그것이다.

이렇듯 지역을 재구성하는 데에는 지정학적인 실상뿐만 아니라 역사에서 비롯된 독특한 나름의 한계도 작용하고 있다. 동해경제권역(일본해경제권역, *kan nihonkai keizai ken*)은 동아시아에서 경제 통합에 관한 견해가 어떤 지점에서 분기되는지를 보여주는 좋은 예에 속한다. '일본의 지중해'는 만주국의 발전에서 활력을 끌어당길 수 있었으며 그 자원을 일본 쪽으로 돌렸다(두만강 어귀의 항구와 남만철도의 개발을 통해)는 견해가 그러하다. 이 개념의 함의에 대해서는 1930년대와 1940년대에 조선총독부와 아시아 대륙에서의 일본 식민주의의 전략적인 싱크탱크였던 남만철도회사의 연구부에 의해 많이 논의되었다.[2]

이런 배경은 지역경제통합을 위한 일본의 노력이 왜 중국과 한국에서는 커다란 의혹을 불러일으키는지를 설명한다. 중국은 이 개념의 함의가 단순히 경제적이지만은 않기 때문에 호의적으로 보지 않는다. 일본 자신은 서해라고 불렀었으며 한국인은 여전히 동해라고 부르는 바다가 왜 이제 '일본해'로 바뀌었는가? 많은 중국인들은 일본해라는 개념의 저변에는 동북아보

---

[2] Ramon H. Myers and Mark R. Peattie(eds)(1987) *The Japanese Colonial Empire, 1895~1945*, Princeton, Princeton University Press, pp.3~52 참조.

다는 일본에 초점을 둠으로써 궁극적으로는 일본의 영해선을 재조정하려
는 의도가 있다고 믿는다.[3]

중심 없는 주변인가, 계서 모델인가

아시아에서 형성된 경제 공간은 생활수준, 시장 잠재
력, 교육 수준, 투자량, 인프라 설비 면에서 비교적 동질적이나, 바로 인접
한 지역으로 구성되어 있지는 않다. 여기에서 경제적인 흐름은 해항도시와
수도권이 형성하는 결절점(noeuds)과 여러 다른 운송·교통·통신망과 통
하는 관계망(liaisons)으로 구성된 네트워크 공간에서 전개된다. 그리하여 이
복잡다단한 경제회랑에서 전략적인 결절점이 어디인지를 찾아내는 것은 중
요하다. 현재 이는 물론 홍콩, 싱가포르, 도쿄이며 상하이가 곧 합류할 것이
다. 문제의 경제 공간은 서로를 간섭한다기보다는 밀접하게 뒤얽혀 있다.
당연히 이들 사이에 우열은 있지만, 그렇게 분명하게 식별할 수 있을 정도
는 아니다. 서로 다른 전문화의 영역은 고정되어 있지 않으며 기술 혁신, 노
동 비용 변화 그리고 책임을 맡은 이들의 능력에 따라 변한다. 동남아, 동부
일본(도쿄-오사카) 그리고 동아시아(시베리아에서 베트남까지)에서 현재 발
전 중인 이 회랑의 척추에 해당하는 부분은 중국의 연안 지역이다. 이들 개
발도상 회랑(corridors de développement)[4]은 널리 분산되어 있는 생산 단위
를 적극적으로 조정하는 새롭고 혁신적인 환경을 조성하고 있다.

그리하여 동북아의 경제회랑은 각 국가의 중심으로부터 떨어져 있는 일
련의 주변들의 집합으로(러시아의 극동, 북한, 일본의 안쪽 면) 보일 수 있

---

[3] 인터뷰: 랴오닝 사회과학원(Liaoning Academy of Social Sciences), 1994년 5월.
[4] 그 형성 과정과 작동 방식에 대해서는 Gipouloux(ed.)(1994) *Regional Economic Strategies in East Asia: A comparative Perspective*, Tokyo, Maison Franco-Japonaise, pp.13~43 참조.

다. 각각의 경우에 있어서 국가의 역할은 양면성을 지니고 있다. 국가는 조절하는 기능을 하면서 규제적인 힘을 발휘하는 동시에 국제적인 협력의 장을 만들어내고 지역적인 인프라에 자금을 대는 일을 통해 경제회랑이 발전할 수 있도록 기여하고 있다.[5]

그러나 동아시아의 해항도시들을 연결하는 특히 항공화물과 해상화물과 관련하여 보면 더 나은 시스템을 제공하는 것은 계서 모델이다. 이 모델은 주요한 플랫폼(*hubs*)과 지역화된 유통(flux régionalisé, *feeders*)으로 이루어져 있다. 그럼에도 불구하고 이 관계는 불안정하며 언제라도 급변할 수 있다. 상품의 흐름은 끊임없이 변하기 마련이며 그 지형은 해상무역회사, 항구, 그리고 무엇보다도 시장의 정책 변화에 따라 자주 변하기 때문이다.[6]

동아시아의 새로운 '인프라 무대'와 구조화 물결

호주의 지리학자 피터 리머(Peter Rimmer)가 '인프라 무대'라고 명명한 바의 발전적인 특징을 잘 이해할 필요가 있다. 비록 이는 생산 시스템보다 더 느리게 발전하지만 내부에서 일어나는 상당히 많은 변화상에 영향을 미친다. 1870년경 산업화된 국가에서 철도는 수송 인프라의 85%를 점했던 반면 도로와 운하는 10%에도 못 미쳤다. 2040년까지 항공 수송은 전체 수송 네트워크의 65%를 점할 것으로 추산되며, 도로와 철도 수송은 합하여 35% 정도를 점할 것이다.

운·수송 시스템이 구조화 효과에 미치는 영향에 대한 고전적인 견해는

---

5) 인터뷰: 정일수(Jun Il-soo), 동아시아센터(East-West Center, Hawaii), 2001년 7월. 그는 한일해저 터널 개통을 포함한 야심찬 비전을 제시했다.

6) Francois Gipouloux(2000) 'Hong Kong, Taiwan and Shanghai: rival logistics hubs along the East Asian maritime corridor', *China Perspectives*, 33, January-February, pp.4~12.

기술 혁신의 영향으로 근본적으로 수정되었다. 글로벌 물류 시스템의 등장으로(예를 들어 컨테이너 화물 수송과 전자 공학적으로 전송되는 데이터) 네트워크를 중앙에서 처리하는 대형 플랫폼은 지식의 통제라는 전략적인 이점을 누린다. 잠재적인 시너지와 복잡한 정보 구조를 이용할 수 있기 때문이다.

트랜스내셔널 지역인 동해, 황해 그리고 남중국해는 그 최전선에 발을 들여놓은 새로운 에이전트, 즉 지방 당국, 해항도시, 다국적기업망, 그리고 소규모 협력(micro-coopérations)의 필요불가결한 당사자인 중소기업들의 정렬적인 활동으로 재형성되고 있다. 이들 기업체와 지방자치체(municipalities)는 위계질서를 떠나 비공식적이고 탄력성 있는 노선을 취하며 이 새로운 공간을 구조화하고 조직한다. 그 골격은 다음 4가지 흐름을 둘러싸고 구체화되고 있다.

① 재화(원자재와 에너지를 포함하여)의 흐름: 현재 저속 수송 네트워크(원자재, 에너지, 혹은 적기공급 생산 시스템과 관련 있는)가 동아시아 물류의 기본(*norme logistique*)이다.

② 자본의 흐름: 이는 직접 투자의 문제일 뿐만 아니라 재투자의 문제이기도 하다. 재투자가 아시아에서는 더욱 일반적인데, 이는 제조업 부문의 이윤이 더욱 높기 때문이다.

③ 정보의 흐름: 여기에는 간단한 정례적인 정보(전자통신 네트워크를 통해 표준화된 형식으로 보내는 선적에 관한 정보, 수령 통지, 현재 진행단계에 대한 보고와 같은)의 문제만이 아니라 복잡하고 정교한 정보(기술 정보와 노하우 같은)도 포함된다.

④ 사람의 이동: 이는 마찬가지로 전통적인 노동력 이동의 문제이자 고급의 '부가가치가 있는(forte valeur ajouteé)' 인력의 이동 문제라고 할 수 있다. 이는 고속 운송의 영역(출장, 그리고 대표자나 정책 결정자 간의 직접 접촉)에 속하며, 이로 인해 생긴 시너지 효과는 비즈니스 협상과 새로운 지식의 확산을 용이하게 한다.[7]

긴밀하게 조직된 일본의 링크와
열려 있는 중국의 네트워크

위에서 정의한 트랜스내셔널 경제협력에서 특별한 조역을 맡고 있는 당사자는 중국과 일본의 무역과 금융 네트워크이다.

일본 기업 간의 긴밀하게 조직된 링크(maillages)를 먼저 보자. 이 링크는 정부 기관(외무성에 소속된)으로부터 지원을 받으며, 일본의 공적 원조와 관련이 있는 계약으로부터 간접적으로 이익을 얻는다. 이는 기업 자회사들과 다수의 하청업자 간에 긴밀하게 조직된 링크라는 형태를 띤다.

일본에 비해 중국의 네트워크(지역적으로 제휴의 형태가 다양하기 때문에 중국의 네트워크들이 더 정확한 표현이 될 것이다)는 더욱 취약하다. 이는 오랫동안 기능하고 있었기에 장점을 가지고 있지만 일본의 링크와는 달리 장기적인 재정적 역량을 가지고 있지 못하며 기술적 전문성 수준도 현저히 낮다.

일본과 중국의 두 네트워크(réseaux)는 각기 다른 수준에서 기능한다. 전자는 무엇보다도 산업 생산, 선진 기술 그리고 장기 금융 계정 주위에 집중되어 있는 반면, 후자는 비즈니스 거래에 초점이 있다. 더욱이 아시아의 국가들은 이 보완적인 관계를 이용하는 데에 능숙하다. 이들이 경쟁관계로 돌아설 것인가? 무어라도 말하기에는 아직 때가 이르다. 그럼에도 불구하고 중국의 세 해항도시의 엄청난 교역 파워가 결합한다면 아시아에서 이제까지 도전받아 본 적이 없던 일본의 우세에 대항하는 새로운 균형추가 등장하게 될 것이다.

동아시아의 전반적인 경제 공간을 이렇게 설명하는 방식은 경제, 영토

---

7) Peter J. Rimmer(1993) 'Transport and communications in the Pacific economic zone, during the early 21st century', in Yeung Yue-man(ed.) *Pacific Asia in the 21st Century: Geographical and Developmental Perspectives*, Hong Kong, The Chinese University Press, p.199 참조.

단위 그리고 국제경제 관계에 대한 우리의 기존 인식에 여러 가지 시사점을 준다. 이는 무엇보다도 먼저 국가보다는 지방의 행위자(acteurs locaux)를 중시한다. 그러나 여기에서 어떤 종류의 지리적인 결정주의에도 경도되지 않도록 조심해야 한다. 14, 15, 16장에서 재화와 정보를 포함한 서비스의 흐름을 처리하는 플랫폼을 다루면서 보았듯이, 금융센터는 관련된 특정 공간의 경계 그 너머까지도 영향을 미친다. 중요 행위자, 즉 해항도시는 구조보다도 더 중요하다. 기업가와 이들의 네트워크 그리고 아마도 요컨대 비공식적인 협의 체제인 회의, 전문기술을 표준화하려는 노력은 정부보다도 더 커다란 영향력을 가진다.

중국의 전체적인 경제 공간에서 보자면 동아시아 경제회랑은 원심력을 발휘한다. 어떤 면에서 보면 중국의 연안 지역은 강력한 투자의 흐름과 지역적인 동력을 가진 아시아 역내교역 흐름에 몸을 맡기고 있다. 이 회랑은 중국의 경제 공간을 양극화시키고, 부분적으로 중앙정부의 손을 빠져나간 동력은 다시 중국의 경제 공간을 재조직하고 있다. 때문에 아시아 지중해는 중국의 연안 지역과 중국의 내지 간을 경계(frontière)짓고 있다고도 말할 수 있다. 이는 또한 아시아의 후배지와 이와는 분리된 중국 내지의 서부 사이에도 경계를 만들고 있다.

연안 공간의 외관 자체도 리모델링되고 있다. 샤먼은 특히 타이완과의 직접 링크의 수립을 기대하면서 항만설치(허치슨델타항, Hutchison Delta Ports)라는 형식을 통해 상당량의 외국인 직접투자를 받고 있다. 이와 비슷하게 칭다오에는 한국인 투자로 다롄에는 일본인 투자로, 산동과 랴오닝성은 아시아 간 교역 네트워크로 통합되면서 그 모습이 바뀌고 있다. 다른 한편 주강 델타에 있는 도시들은 밀도 높은 국제 하청 네트워크 속으로 오래 전부터 편입되어 있다.

여기에서 강조해야 할 지중해의 개념에는 네 가지 요소가 있다. 이들은 북으로는 라페루즈 해협(La Pérouse)에서 남으로는 믈라까 해협에 걸쳐있는 이 해양 회랑에서 오늘날 작동하고 있는 경제적인 역동성의 핵심이 무엇인지를 이해하게 해 준다.

① 그 어원에도 불구하고 지중해(une Méditerranée)는 닫힌 공간이라는 의미로 정의되지 않는다. 필립2세 시기의 지중해(la Méditerranée)도 닫힌 공간이 아니었으며 현대 동아시아 해양 회랑도 마찬가지다. 후자의 개방성은 한편으로는 북미 시장을 다른 한편으로는 유럽 시장을 향하고 있는 것에서 보이듯 두 가지 기본 방향을 가진다는 특징이 있다. 아세안(ASEAN) 국가들을 필두로 중국의 연안지역도 이 방향을 따르면서 1990년대를 통해 거대한 규모로 탈지역화(délocalisations)가 일어나고, 아주 먼 시장에 상품을 공급하고, 글로벌 아울렛을 향한 궁형제조업지대(arc manufacturier)가 만들어졌다.

② 지중해는 혁신과 사업가적 진취성이 정제되는 도가니이다. 이는 새로운 사회 규범을 시험하고, 새로운 소비 규범을 도입하고 새로운 생활양식을 만들어내는 실험실이다.

③ 그 결과 지중해는 승수효과가 있는 새로운 공간(espace multiplicateur)을 제공한다. 그 안에서 자본의 흐름, 강력한 시장 활동 그리고 각기 다른 인프라의 네트워크는 자신들만의 특별한 역동성을 생산한다. 이 새로운 공간은 연안 지역을 그 깊숙이 자리한 내지로부터 분리시킨다. 이는 관료주의적 계획의 숨 막히는 통제를 납작하게 만들 수 있는 힘의 선(lignes de force)을 따라 중국의 공간을 재정열하고 있다.

④ 지중해는 서로 다른 문화권을 연결하는 끈이다. 조금 더 정확히 말해서 동해, 황해 그리고 남중국해를 둘러싼 교역의 발전은 서로 이질적인 경제와 사회 시스템에서 연유한 장애도 잘 피할 수 있게 한다.[8]

중국의 주요 해항도시가 후배지와의 관계보다도 그들 사이의 관계를 더

---

[8] *L'espace géographique*, no. 3, numéro spécial issue consacré au concept de Méditerraneé, 1995 참조.

중시하고 더욱 유지하려고 노력하는 과정에서 해항도시의 도심지는 더욱 연안 쪽으로 재배치되고 있다. 연안 지역은 다시 한 번 경제 공간의 중심축이 되고 있다. 또한 회랑과 방사형으로 뻗은 네트워크의 중심(네트워크로 조직되어 있는 국제적인 금융센터들과 기업의 본사들)은 더욱 커다란 중요성을 띠고 있다. 다음 장에서는 이를 자세히 살펴본다.

제18장 〉

아시아 지중해와
중국 경제공간의 형태 변화

    1980년대 말 중국의 개혁개방은 그 경제 공간의 파편화와 재편으로 이어졌다. 중국의 전통적인 국경은 팽창되고 흐려졌다. 유서 깊은 지역체(entités régionales)가 부활했다. 경계선은 지리적인 부분에만 국한되어 있지 않다. 창강을 경계로 한 남부와 북부 간의 전통적인 분할 즉 문화적이고 경제적이며 기후적인 차이는 이 나라의 북에서 남으로 이어진 자오선 분할의 등장으로 상당 정도 그 중요성을 잃었다. 이들 자오선은 분명하게 연안 지구, 중부 중국 그리고 광대한 서부 지역이라는 경계를 지었다. 이 경계선은 기본적으로 지경제학적인 성격을 띤다. 차별화된('사다리발판') 발전(梯度發展論) 개념이 균형 발전(均衡布局)의 개념보다 중시되었다. 이들 세 중국은 각기 다른 리듬을 타고 발전했다. 이들은 각자의 독특한 경제 논리에 의해 지배되는 지역으로 보인다. 중국에서의 지역적 차이를 참작해야 그 경제 지도를 더 정확하게 읽어낼 수 있다. 이는 1980년대 말 중국 당국이 인정한 바이기도 하다.[1]

---

  [1] 동부에는 베이징, 톈진, 상하이 시, 랴오닝, 허베이, 산둥, 장쑤, 저장, 푸젠, 광

성장 약세와 국유제의 압도적인 우위 사이에는 분명 상관관계가 있다. 1990년대 중반 서부, 특히 티베트, 칭하이(青海), 산시(陝西) 그리고 산시(山西)에서 모든 산업체 고정자산의 80% 이상이 국유에 속했다. 이 비율은 2006년에도 거의 변하지 않았다. 두 번째 상관관계는 성장 강세와 국제경제 교류에의 참여 사이에서 발견된다. 세계적 규모의 제조업 활(弧)이 된 해안 지대를 따라 분포해 있는 외국계 기업이 중국의 대외 교역에 한 기여는 1990년대 말부터 확연이 눈에 띄기 시작했다. 이때 톈진에서는 62%, 타이완과 마주보고 있는 푸젠에서는 57%, 홍콩 바로 옆에 위치한 광둥에서는 51%였다.[2]

그리하여 우리는 중국에서 각기 다른 지역적 기반을 가지고 있는 두 종류의 경제적 양태를 볼 수 있다. 하나는 연안 지대에 있는 지역으로 해외 시장(북미와 유럽연합은 물론 고도성장하고 있는 아시아 국가들)을 석권하고자 꿈꾸며, 다른 하나는 중부와 서부에 있는 지역으로 국내 시장의 구조 내에 통합되어 있다.

중국 경제공간의 역동적인 분열

1980년대와 1990년대 중국에서의 경제의 지역화(réionalisation économique)라는 문제는 수없이 많은 이론과 경험적인 연구의 주제였다. 주제 자체는 새로울 것이 없다. 1930년대 지차오딩(冀朝鼎)이 잘 분석해 다룬 바 있으며 1970년대에는 스키너가 이 주제를 다시 논의의

둥, 광시 성 그리고 하이난 섬이 들어간다. 중부에는 내몽고, 산시(山西), 지린, 헤이룽장, 허난, 안후이, 후베이, 장시 성이 속한다. 마지막으로 서부에는 티베트, 신장, 칭하이, 닝샤, 간쑤, 구이저우, 산시(陝西), 쓰촨, 윈난 성, 1997년부터는 쓰촨 성에서 떨어져 나온 충칭자치시가 있다.

[2] 『中國統計年鑑』, 1997.

대상으로 삼은 바 있다.[3] 그러나 두 가지 해석 틀에서 변화가 있었다. 무엇보다도 먼저 중국의 통일을 유지해야 한다는 당위론, 따라서 중앙 정부의 통제에 대한 필요성, 두 번째는 지역의 경제권에 대한 인정이 그것이었다.

거의 30년간 시행되어 왔던 중앙정부의 계획 경제는 낭비를 가져오고 연안 지방에서 얻은 수입을 전용하여 서부에서 탕진해버리는 가공할 만한 기제임이 증명되었다. 개혁개방 이전 시기에는 두 개의 메커니즘이 공존했다. 첫째 메커니즘은 결핍의 경제학(économie de pénurie, economics of shortage)이라는 틀 내에서 일어난 광범위한 성장의 결과인 가치의 이전(transfert de valeur)이다. 당시의 관료주의적 맥락에서 투자 열풍은 결핍뿐만 아니라 불필요한 사고를 체계화시키는 데에 공헌했다. 또한 이는 지역적 전문화를 꾀하려는 시도를 좌절시켰다. 예를 들어 협상가격차(ciseau des prix)는 원자재나 에너지 생산자에 대해 상당히 불리하게 작용했으며 서부와 중부 지역을 심하게 위축시켰다. 둘째 메커니즘은 지리적인 소득의 이전(géographique de revenu)이다. 이는 재정의 중앙 집권화로부터 결과했으며 국가가 긴밀히 통제하는 사회에서 일어난 중앙과 지방의 권력관계로부터 유래되었다. 중앙 집권 예산이라는 매개를 통해 국가는 한 지방에서 다른 지방으로 기금과 보조금의 이름으로 소득을 재분배했다. 기본적으로 이는 국영 부문이 우세한 서부와 중부 지방에 있는 도시 사람들에게 많은 보조금이 지원되었음을 의미한다. 이러한 소득의 이전 방법은 구식의 경제 구조를 유지시키는 목적에도 부합했다. 그러나 문제는 더 많이 보조금을 받은 지역일수록 더 저발전되었다.[4]

---

3) Chi Ch'ao-ting(1936) *China Key Economic Zones*, London, Allen & Unwin; G. William Skinner(1977) 'Cities and the hierarchy of local system', in G. William Skinner(ed.) *The City in Late Imperial China*, Stanford, Stanford University Press, pp.275~351 참조.

4) Tang Wing-shing(1991) 'Regional Uneven Development in China, with Special Reference to the Period between 1978-and 1988', Occasional paper No. 110, Department of Geography, The University of Hong Kong.

가치의 이전과 소득의 이전이라는 이 두 메커니즘은 동부 중국과 서부 중국 사이에 균열을 가져왔으며 경제 발전의 진전과 함께 그 틈은 더욱 깊어졌다. 중앙집권적인 계획 경제와 관련된 제약이 완화되었어도 이 두 중국 간의 틈은 여전히 존재하며 이전 시기에 중요했던 메커니즘은 이중 공간 시스템의 등장으로 제 역할을 하고 있지 못한다. 국가에 의해 엄격히 통제되고 상대적으로 닫힌 하나의 공간(내지와 서부 중국)은 해안지구에 있는 개방된 다른 공간과 공존하고 있다.

지역 격차의 기원

갈수록 심해지고 있는 동부와 중부 그리고 서부 사이의 격차를 설명하기 위해 두 가지 방식이 제시되었다. 첫 번째 방식은 이런 지역 차이를 수출에 기반을 둔 성장 전략의 선택에 있다고 설명한다. 비교 우위를 이용하면서 연안 지역은 산업에 특화했으며, 네 마리의 용(홍콩, 타이완, 한국 그리고 싱가포르)으로 하여금 1970년대 배당금을 받도록 해주었던 국제 노동 분업으로 통합되었다. 두 번째 방식은 각기 다른 유형의 산업 소유권에 초점을 둔다. 여기에서는 중국의 여러 다른 지방의 고르지 못한 성장 문제의 중심에 비정부 부문(집체기업, 개인 회사, 중국-외국인 회사)의 역할이 있다고 설명한다.[5]

사실 지역 차이만큼이나 복잡한 현상을 특히 더 이상 계획 경제도 아니고 그렇다고 아직 통합된 시장이 있는 것도 아닌 맥락에서 단 하나의 설명방식을 통해 이해하기는 어려울 것이다. 첫째 역사의 무게를 보자. 연안 지방들, 특히 광둥과 푸젠은 19세기 중반 아편전쟁 훨씬 이전에도 중요한 교역 중심지였다. 이들은 1840년부터 1949년까지 백 년이 넘게 계속

---

[5] 특히 Inderjit Singh, Dilip Ratha and Geng Xiao(1993) 'Non-State Enterprises as an Engine of growth: An Analysis of Provincial Industrial Growth in Post reform China', Research Paper Series, World Bank, July 참조.

발전했다. 그 추동력은 외국의 영향, 청(淸) 말기의 산업 정책 그리고 심지어 일본 식민주의(예를 들어 랴오닝의 경우)에서 비롯되었다. 산업 특화(spécialisation industrielle)도 아주 일찍부터 대강의 그림이 잡혀, 동북부에는 중공업을 발전시킨 반면 상하이, 톈진 그리고 광저우 주위에는 경공업을 집중시켰다. 1952년 상하이는 이미 중국 산업 생산의 5분의 1을 담당하고 있었다. 이런 분열(clivages)을 설명하기 위해 네 가지의 중요한 경험적인 요소를 제시할 수 있다. 투자 흐름의 방향전환(réorientation), 부문별 산업의 구조, 서부에 불리한 가격 제도의 지속, 그리고 외국 자본의 역할이 그것이다.

투자 흐름의 방향전환

1979년부터 시작되어 특히 1980년대 중반부터 동부에 대한 투자는 증가하고 중부와 서부에 대한 투자는 감소했다(표 7 참조).

[표 7] 고정 자본 투자의 지역 배분, 1986-2005(%)

	1986	1990	1995	2000	2005
동부	52.5	59.0	63.8	58.7	58.0
중부	28.2	25.9	21.0	22.7	25.1
서부	19.0	15.1	11.9	15.5	15.0

* 자료: 『中國統計年鑑』에 기반.

그리하여 동부로의 투자의 이동은 자원 개발을 위한 장기 투자에 상당정도 의존하는 중부와 서부 지방의 발전을 저해했다. 그렇다고 서부와 중부가 점차 더 말라가는 중앙정부로부터의 자본의 흐름을 상쇄하기 위해 외국인 투자에 기댈 수도 없다. 현 수준에서의 외국인 투자는 아주 미약하다.[6]

---

[6] Victor Shih(2004) 'Development, the second time around: the political logic of

부문별 산업 구조

　　　　　　부문별 산업의 구조 또한 중부와 서부의 저발전에 커다란 부담으로 작용했다. 1950년대는 중국의 산업이 이들 지역으로 밀려 들어왔다는 의미에서 매우 중요하다. 전략적인 이유(미국과의 분쟁 위험은 여전히 매우 실제성이 있는 것으로 간주되었다)는 물론 정치적인 이유(외국인에게 개방된 도시화된 연안 지역에 대한 경계심)로 인해 '제3선건설'로 알려진 산업이 쓰촨, 산시(山西), 산시(陝西), 구이저우 등에 자리 잡게 되었다. 이 전략은 중공업과 국영 부문이 우세했던 중부와 서부 지방에 오랫동안 흔적을 남겼다. 군사 산업을 제외한 다른 중요한 부문은 에너지와 원자재 추출이었다. 가공 산업은 거의 발전되지 못했다. 시장 메커니즘은 무시해도 좋을 정도로밖에 이 지역에 침투하지 못했다.

　1989년 이 나라의 산업 산출 전체 가치에서 중공업이 차지하는 비중은 동부에서는 47%였던 반면 중부와 서부에서 그 비율은 각기 56%와 60%로 훨씬 더 높았다.

서부에 불리한
가격 시스템의 지속

　　　　　　1950년대에 마련된 상당히 불합리한 가격 구조는 오랜 기간 지속되었다. 1985년 광업 부문의 이익률(직접적으로 행정부의 가격 고정에 의해 결정된)은 10.38%이었다. 광업은 서부의 주요 산업이었다. 반면 제조업의 이익률은 20%였다. 제조업은 동부에서는 이미 산업 기지의 초석이었다. 이와 마찬가지로 기본적인 공업용 화학제품의 이익률은 6.83%이었던 데 반해 유기화학물질 변형의 경우는 58.42%에 달했다. 그리하여 에너지생산 상품과 원자재가 대량 유출되면서 엄청난 가치가 최근 서부에서 동

---

　developing western China', *Journal of East Asian Studies*, 4, pp.427~451 참조.

부로 이전되었다. 동부는 모든 면에서 승리를 구가했다. 동부는 서부에서 얻은 일차산품을 변화시켜 상당한 부가 이익을 얻으며, 싼 비용으로 에너지와 원자재를 얻고 있다.

외국인 자본의 역할

주로 혼합자본기업(entreprises à capitaux mixtes)의 형태를 띠고 있는 외국인 직접투자는 중국에서 산업 기지의 혁신은 물론 때로는 심지어 산업기지를 새로 만드는 데에도 기여했다. 그러나 그 지리적 배분은 동부, 중부, 서부 간의 불균형을 가속화시켰다(표 8 참조).

[표 8] 외국인 투자 주식의 지역 배분, 1985-2005(%)

	1985~1991	1992~1998	1999~2005
동부	89.4	87.5	86.9
중부	5.4	9.1	9.5
서부	4.2	3.0	3.6

* 자료: 『中國統計年鑒』에 기반.

[표 9] 외국의 자금을 받은 회사가 중국 수출에 한 기여, 1985-2005(%)

	수출액(US$billion)	수출비중
1985	0.30	1.1
1990	7.81	12.6
1995	46.88	31.5
2000	119.44	47.9
2005	444.18	58.3

* 자료: 『中國統計年鑒』에 기반.

외국 자본은 연안을 따라 집중되어 있다. 외국인 투자를 상당량 받고 있는 10개의 성(省)은 모두 연안에 위치하고 있다. 이러한 분포 상황은 크게 변하지 않았다. 1985~1991년 사이에는 90%의 외국인 투자가 1999~2005년 사이에는 87%의 외국인 투자가 연안 지방에 집중되었다.

외국인 투자는 또한 [표 9]에서 보듯이 수출 발전에 상당한 역할을 했다. 대부분 수출에 깊이 관여하고 있는 삼자기업(三資企業)[7]은 연안 지방에서 외국과의 무역에서 중요한 위치를 차지하고 있다. 다른 한편 내지와 서부 지방에는 외국인 자본의 침투가 한정되어 있어 수출이 원활하지 않다. 이들 지방은 부가가치가 낮은 상품이나 별다른 변화를 경험하지 못한 원자재에 초점을 두고 있다. 이들 지방의 수출량은 사실 1978년과 1989년 사이 3배가량 늘었으나, 전체 중국의 수출량에서 차지하는 비중은 [표 10]에서 보는 바와 같이(1990년에는 5% 이하, 2005년에는 3% 이하) 여전히 낮다.

[표 10] 서부 지방의 중국 수출에 대한 기여, 1978-2005(%)

1978	1985	1990	1995	2000	2005
1.67	3.37	4.76	4.37	3.03	2.78

* 자료: 『中國統計年鑒』에 기반.

거대한 외국 자본의 투입은 수출 증가 그 이상의 역할을 했다. 정치적인 개방의 눈으로 보면 중국에 몹시 부족했던 요소인 선진적인 기술과 경영방식을 제공했다. 중국의 경제 기구는 물론 영리 회사의 운영 방식을 변화시킨 새로운 형태의 조직을 확산시킴으로써 외국인 투자는 비정부 부문의 발

---

7) 삼자기업(三資企業)은 중외합자(中・外合資), 중외합작(中・外合作), 외상독자(外商獨資)의 세 유형의 기업으로 외국 기업이 중국에 투자하는 대표적인 3가지 기업형태를 말한다.

전과 일반적인 성장에도 공헌했다.

그리하여 외국인 투자는 연안 중국, 중부 중국 그리고 서부 중국이라는 새로운 분계선을 따라 중국의 지리 경제를 리모델링하는 데에도 참여했다고 볼 수 있다. 이러한 중국의 경제 지구 분열은 서로 모순되는 지정학적 논리를 드러냈다. 연안 지역이 더욱 더 아시아 역내교역에 관여한 반면 중부와 서부 중국의 경제 구조는 아주 몇 안 되는 예외는 있지만 국가 소유권이 지배적이었던 탓에 비교적 자급자족적인 산업 시스템과 낮은 도시화라는 두 가지 특징을 보이고 있다.

외국인 직접투자로 인해 중국의 지경학적 공간 분열이 가속화되었는가 아니면 반대로 경계가 무너졌는가? 이런 식으로 질문을 제기하다보면 민족주의와 경제주권을 놓고 19세기 말 중국 경제를 다룬 역사가들 사이에 벌어진 논쟁의 대상이 되었던 문제와 마주하게 된다.[8] 외국인 투자가 중국을 동질적인 경제 지역으로 조직할 수 있는 유일한 힘인가? 다시 말해 외국인 투자가 통합적인 효과를 가질 것인가? 그러나 이 질문을 완전히 뒤집어 거꾸로 생각할 수도 있다. 외국인 투자의 침투가 중국 경제 공간 사이에서 진행되어 왔던 기존의 균열상을 확대시킬 것이고 통합된 시장으로의 발전을 방해할 것인가? 다시 말해 중국이 외국 자본의 기반 위에서 구조화되고 연동관계(connexion)가 중앙 정부에 의존하는 것이 아니라 외부적이고 원심적인 힘에 의존하기 때문에, 서로 간 크게 연관되지 않은 광대지역(macro-régions) 혹은 영향권으로 파편화되어 가는 과정을 목격하고 있는 것인가? 그렇다면 외국인 투자는 해체하는 효과를 가진다고 말할 수 있는가?

---

[8] 王方中(1982) 「1840~1894年間外国资本主义侵略与中国国内市场统一趋势的分解」, 『清史研究集』, 2, p.177 참조.

외국인 투자와
광대지역으로의 분열 강화

　　　　　　　　세 가지 측면, 즉 공업 생산, 산업 투자, 대외무역에의 기여를 분석함으로써 외국인 투자의 현존이 공간 수준에 미치는 효과를 정의해 보자.

1996년을 시작으로 외국 자본이 연안 지역의 산업 생산에 크게 기여했던 반면(광둥에서는 60%, 하이난과 상하이에서는 40%, 그리고 푸젠에서는 33%가 넘게) 중부 지방에서는 낮았으며(산시(山西)에서는 3% 그리고 후난에서는 4%) 서부 지역에서는(신장, 칭하이 그리고 간쑤) 무시해도 될 정도였다. 유일한 예외는 쓰촨으로 외국인 투자기업이 산업생산에 한 기여는 10%를 넘었다.

10년 후인 2006년 차이는 더욱 벌어졌다. 외국인 투자기업이 산업생산에 한 기여는 상하이에서는 거의 63%, 광둥에서는 60% 그리고 푸젠에서는 57%에 달했다. 그러나 산시(山西)에서는 겨우 4%를 넘었고, 산시(陝西)에서는 7%로 답보상태였다. 유일하게 눈에 띄는 예외는 후베이(23%), 안후이(16%) 그리고 장시(14%)와 같이 창강 유역에서 경제적인 탄력을 받고 있었던 중부의 몇 지방이었다.

중국의 대외무역에 대한 외국인 투자기업의 기여도를 보자. 1996년 중국 연안지역과 나머지 지역 간의 격차는 이미 분명하게 눈에 보인다. 외국인 투자기업은 톈진시의 대외무역(70%), 광둥의 대외무역(54%), 상하이의 대외무역(53%)에서 지배적인 위치를 점했다. 후베이에서 외국인 투자기업에 의해 좌우되는 대외무역은 36%로 다시 한 번 내지 지방으로서는 유일하게 연안지방과 비슷한 위치에 있다.[9]

---

[9] 티베트의 경우는 너무나 이례적이어서 분석에 고려하기에는 어렵다. 중-외기업이 이 지역의 해외 무역의 상당부분을 지배하고 있는 것으로 보임에도 불구하고(30%), 1997년도 『중국통계연감』의 통계를 믿는다면 절대적인 가치라는 면에서 그 수준은 상당히 낮으며(US$166달러) 중국 전체 대외무역의 겨우 1.15%만

2006년에도 격차는 여전히 분명하게 남아 있다. 중국 연안의 성과 성 소속의 자치시는 비록 이들 경제 중심지의 그 계서는 시기에 따라 다르게 나타나지만 외국인 투자기업이 대외무역을 크게 지배하는 장소로 남아있다(톈진(81%), 상하이(67%), 광둥(65%), 푸젠(63%)).[10] 다른 한편 서부 지방에서는 외국인 기업이 대외무역에 관여하는 폭은 좁다(티베트(0.7%), 간쑤(6.2%), 윈난(7.8%), 헤이룽장(8.1%), 구이저우(11.9%)). 중부 중국의 성들에서도 외국인투자기업이 들어와서 무역에 종사하기 시작했으며, 이들 지방에서 대외무역의 비율은 안후이에서 33.7%, 충칭에서는 37.4%, 후베이에서는 39.6% 그리고 장시에서는 4.8%였다.

외국인 투자는 지난 30년이 넘는 시간 동안 중국에서의 성장으로 야기된 분열을 더욱 공고히 했으며, 경제 활동이 수출 지향적으로 맞추어져 있던 중국 연안과, 원자재와 노동력을 공급하는 중부, 그리고 그 특성상(원자재와 에너지 중심) 개발 난제를 가진 서부 사이의 격차와 그 격차에 따른 분열을 더욱 뚜렷하게 만들었다. 중국 연안지역과 내지 간의 분열은 매우 오래된 지경학적 분단 현상이었다. 결국 공산당의 흥기에서 개혁의 시작까지 수십 년(1949~1979)간 계속된 혼란의 시기를 지나 개혁개방의 동력으로 인해 다시 난폭하게 부활하여 재등장한 셈이다. 1984년 국제 교역에 개방된 14개의 연안 도시는 19세기 아편전쟁 직후에 외교적이고 군사적인 압력에 굴복하여 개항했던 일련의 해항도시와 대체로 일치한다.

공유재산제의 붕괴와 도시화의 확산이라는 두 맥락에서 보면 이들 지역 간의 차이가 만들어진 원인을 보다 잘 이해할 수 있다. 즉 소유권의 형태와 도시화의 정도는 연안 중국과 내지 중국 간의 보이지 않는 경계선을 만드는 데에 결정적인 역할을 한 제도적 차원을 갖는 두 가지 요소이다.

을 담당한다. 평가하기 어렵게도 이 지역에서 외국인의 경제활동에는 국경무역에 활발하게 종사하고 있는 네팔인과 파키스탄인들이 주로 간여하고 있다.
10) 『中國統計年鑑』 2007년에 기반.

소유권 형태의 다양화

지역의 차이를 만드는 중대한 변수이지만 중국에서의 경제 발전을 분석할 때에는 거의 보이지 않는 변수 중의 하나인 산업 소유권의 구조를 살펴보자. 1978년에는 산업 생산의 78%가 국영기업에 의해 이루어졌다. 1995년에 국영기업은 산업 생산량의 3분의 1만을 감당했다.[11] 2006년에 이 비율은 31.2%로 떨어졌다.

그러나 통계 자료에 포함된 명백한 민영화와, 자산과 이윤에 대한 소유권이 공식적으로는 정부의 손에 있으나 실제로는 공장장이나 행정관료에게 있는 불명확한 종류의 민영화를 구별할 필요가 있다. 이렇게 갈피를 잡을 수 없는 민영화에서 가장 흔히 볼 수 있는 형태는 자산과 이윤을 개인명의의 계좌로 위장하는 방식, 정부의 통제가 미치던 공공 자산에서 민간 혹은 준 민간 회사로 넘어간 국영기업의 지사에 투자하는 방식, 그리고 해외에 기업을 설립하는 방식이다.

외국인 투자의 공간적 배분은 산업에서 공공자산곡선(contours de la propriété publique)에 따라 그 윤곽을 분명히 드러내는 최소 저항선(ligne de moindre résistance)을 따라 이루어지는 것 같다. 중부와 서부 중국에서의 산업 시스템은 국영기업이 지배하고 있다. 1960년대 말부터 1970년대 중반까지 '제3선(troisième ligne)건설'이라고 알려진 산업체가 시안, 충칭, 시닝(西寧) 구이양(貴陽)과 같은 도시에 세워졌다. 이들 산업체와 국방관련 연구기관이 집중되어 있는 이 지역은 오늘날 오염도 수준이 높고 이윤은 낮으며, 수송 인프라의 부족으로 인해 기업이 서로 고립되어 있다. 1996년 계획 경제를 위해 남겨진 이 벽지에서(산시(陝西), 구이저우, 윈난, 칭하이, 닝샤(宁夏)) 국영기업은 전체 산업생산의 54%에서 76%까지를 통제했다.[12] 2006년 국가 통제하의 산업 비율은 신장(83%), 칭하이(79%), 간쑤(79%), 산시(陝

---

11) 『中國統計年鑑』, 1996, p.403.
12) 『中國統計年鑑』, 1996.

西)(71%), 구이저우(65.8%), 윈난(61.9%)에서 여전히 높다.

국영기업은 대부분 1980년대 중반부터 지역 당국(省, 市, 縣)의 지도 아래 놓이게 되었다. 부채 상황이 심각했으며 부실 경영으로 교착상태에 빠져 있었고 생산성 침체를 벗어나지 못했던 이들 기업에 대해 중앙 정부의 통제를 줄일 필요는 분명히 있었다. 그럼에도 불구하고 지역의 행위 주체가 외국인에게 자본 투자를 허용하자마자 무시할 수 없을 정도로 경제 민족주의 사고방식이 작동하기 시작했다. 많은 관리자는 '모든 인민에 의한 소유권'을 유지하는 것과 민영화 간의 선택이라는 딜레마가 아니라, 여전히 전략적이라고 간주된 자산(특히 중규모와 대규모의 기업들)에 관한 중국 주권과 외국 주권 간의 선택이라는 딜레마에 봉착했다.[13]

다른 한편 2006년 연안 지역에서 공공 부문이 통제하는 산업 생산의 비율은 낮았다. 저장에서는 13.8%, 장쑤에서는 14.3%, 광둥에서는 16.5%, 그리고 푸젠에서는 17.1%였으나, 베이징과 랴오닝(45%), 톈진(40%), 그리고 상하이(37%)와 같은 전통적인 산업 지역에서는 여전히 높았다. 바로 이 요인 때문에 그곳에서의 성장률은 가장 역동적인 네 연안 지역, 즉 광둥, 저장, 장쑤 그리고 산둥과 비교해 더디게 나타났다(지도 12 참조).

1996~2006년 사이 중부 지역에서 나타난 산업의 국유화 재추진(지방 당국에 의해 수행된)은 주목할 만한 현상이다. 이와는 반대로 이 시기에는 공유 소유권의 점진적인 붕괴가 연안 지방에서 중부 중국으로 확산되리라는 기대감이 팽배해 있었기 때문이다. 산업에서의 공유재산의 우세 현상은 또한 은행 제도라는 면에서 특히 더 약탈적으로 표출되었다. 재정 자원이 국영 산업으로 빠져 나가는 바람에 결국 공동사업 부문과 사적 부문은 약화되었다. 이에 따른 필연적인 결과로 산업적 기반, 특히 하청업이 자리를 잡을 수 없었다. 대부분의 국영기업은 고도로 통합된 기업(규모가 크고 모든 것을 갖춘 大而全(da er quan) 기업)이기 때문이다.

---

13) 陈秉才(1995), 「中國不需要如此大規模的外資」, 『經濟研究參考』, 753, 10月4日.

[지도 12] 국가 통제 산업 생산 비율, 1996년과 2006년

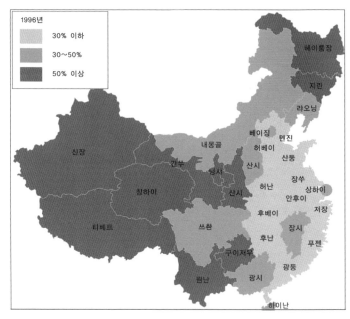

1996년
- 30% 이하
- 30~50%
- 50% 이상

신장, 칭하이, 티베트, 쓰촨, 윈난, 간쑤, 닝샤, 산시, 산시, 내몽골, 구이저우, 광시, 후난, 후베이, 허난, 베이징, 톈진, 허베이, 산둥, 장쑤, 상하이, 안후이, 저장, 장시, 푸젠, 광둥, 하이난, 헤이룽장, 지린, 랴오닝

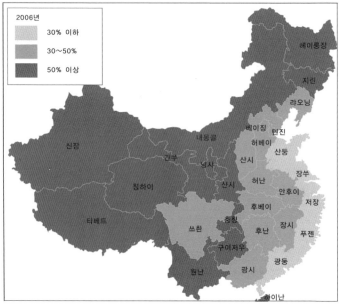

2006년
- 30% 이하
- 30~50%
- 50% 이상

신장, 칭하이, 티베트, 쓰촨, 윈난, 간쑤, 닝샤, 산시, 산시, 내몽골, 충칭, 구이저우, 광시, 후난, 후베이, 허난, 베이징, 톈진, 허베이, 산둥, 장쑤, 안후이, 저장, 장시, 푸젠, 광둥, 하이난, 헤이룽장, 지린, 랴오닝

외국인 투자는 하청업자의 네트워크를 필요로 한다. 그러나 국영기업으로서는 이를 제공할 수 없고 이들의 경직된 경영과 복잡하고 느린 영토적 조직(organisation territorial)은 하청업자의 네트워크를 방해하는 요소가 된다. 때문에 외국인 투자는 산업 소유권이 상당히 다양한—사영기업과 집체기업(entreprises collectives), 집체(colletif)의 성격을 가진 사영기업, 국제 하도급업체(putting-out system)— 지역, 돈 많은 교외 지역, 지금은 상당정도 도시화되어 있는 광둥, 저장, 장쑤와 같은 지역에 몰리게 되었다. 이로서 결과적으로 외국인 투자는 이들 지역과 공기업이 집중되어 지역(중부와 서부) 사이에 경계를 지지하고 강화하게 되었다.

도시화의 수준

이제 두 번째 요소, 즉 외국 자본이 투자된 각기 다른 지역을 분석할 때에 거의 제시된 적이 없는 도시화를 분리해서 보자. 무엇보다도 먼저 외국인 투자는 하나의 도시 현상이라고 말할 수 있다. 쓰촨에서의 2005년 외국인 투자를 자세히 보면 청두(成都)시에 집중되어 있음을 알 수 있다(전체 외국 투자의 83%). 산시(陝西)의 수도 시안에서 이 비율은 85%로 더 높다. 윈난에서 이 지방에 대한 외국 투자의 3분의 2 이상을 흡수하고 있는 곳도 그 성도인 쿤밍(昆明)이다.[14] 연안 지방인 광둥과 산둥에서도 마찬가지이다. 외국인 직접투자는 도시적(urbain)—심지어는 대도시적(métropolitain)— 현상이다. 이는 주로 50만 이상의 인구를 가진 대도시를 상대로 한다.

도시화는 또한 외국인 직접투자를 유인하는 지역과 외국 투자자본의 진출이 곤란한 지역을 경계 짓는 결정적인 요소이다. 단지 도시 인구와 그 증가만이 중요한 요소가 되는 것은 아니다. 외국인 투자가 점점 더 내지 시장

---

14) 『中國城市統計年鑑』, 2006.

을 만족시키는 방향으로 가고 있음도 사실이다. 외국인이 투자를 제공할 장소를 선택할 때에는 지불 능력이 있는 소비자 시장의 확장을 의미하는 도시 인구의 증가 요소를 고려한다. 그러나 보다 중요한 요소는 다음 세 가지 현상을 양산하는 도시 기반의 다양화 혹은 다변화이다.

① 성 수준과 관련하여 도시가 가지는 권한이나 자율권: 1993년부터 6개 도시(칭다오, 다롄, 닝보, 충칭, 샤먼, 선전)는 성 수준의 독립체(entités)로 인정되었다. 투자 프로젝트의 승인, 채권의 발행, 공공 기금의 사용 그리고 세금제도에서 이들은 직접 중앙 정부의 통제를 받는다. 다른 한편 이들의 행정은 성 수준에서 처리된다.[15]

② 행정 기능의 축소와 상업 활동의 (조심스런) 복원: 이는 전통적으로 도시와 잘 어우러졌다. 오늘날 도시는 더 이상 단순히 중앙집권적인 계획으로 조직화된 산업 발전을 도모하기 위한 중심지가 아니며 거주자의 경찰서 등록, 배급, 프로그램화된 고용, 사회적 보호 시스템에 의존하며 사회적 통제를 우선시하는 장소도 아니다. 농촌에 의한 도시의 포위라는 마오이스트 시기의 특징은 완전히 무너지지는 않았을지라도 느슨해지는 경향이 있다. 도시와 주변 공간 간의 경계는 흐려졌다. 1949년 이전 중국 경제 발전의 징후였던 도시·농촌 연속체(continuum)가 일정 정도 다시 나타나는 경향이 있다.

③ 중소규모의 도시(소규모 도시는 거주자가 20만 이하, 중규모 도시는 20만~50만 사이) 숫자의 증가. 개혁의 진취성이 가장 확연하게 보이고 1980년대 중반을 시작으로 가장 빠른 성장을 하고 있는 지역은 비교적 최근에 세워진 바로 이들 도시이다. 그 이유는 간단하다. 이들의 산업 기반은 민간 기업, 공동 기업, 합작투자(joint ventures) 등의 결합으로 이루어져 있고, 이들의 서비스는 다시 활기를 띠고 있으며, 이들은 행정 기능

---

[15] Kam Wing Chan(1997) 'Urbanization and urban infrastructure services in the PRC', in Christine P. Wong(ed.) *Financing Local Government in the People's Republic of China*, New York, Oxford University Press 참조.

보다 무역에서의 역할을 우선시하기 때문이다.

1986년과 2006년 사이 발생했던 놀라운 도시화 현상을 보면(현(縣)급 이상의 행정 단위에서 도시의 숫자는 이 기간 동안 거의 배가되었다) 세 가지 요소가 눈에 띈다.

① 서부에서 도시의 발전은 비교적 느렸다. 칭하이, 신장, 그리고 티베트에서 1986년과 2006년 사이 새로이 탄생한 도시는 없었다. 도시화는 대부분 쓰촨(+11, 11개 신도시가 세워졌다), 간쑤(+7), 산시(陝西)(+6), 윈난(+6)에서 일어났다. 구이저우와 닝샤에서도 도시화 과정은 매우 느리게 진행되고 있다.

② 도시화가 가장 급속하게 진행되고 그 결과 농촌 인구가 급감하며 산업화가 국영 부문 바깥에서 일어나고 있는 지방은 모두 연안에 위치하고 있다. 광둥(+11), 산둥(+8), 광시(+9).

③ 도시화는 중부의 여러 지방에서도 탄력을 받고 있다. 안후이(+9), 후난(+7), 그리고 인구밀도가 높은 산시(山西, +6).[16]

보이지 않은 경제 경계

무엇을 지표로 선택하여(중국-외국인 기업의 산업 생산 기여도, 투자 혹은 국제 무역) 보든, 외국인 투자는 일단 안후이에서 산업 시스템의 단단한 장벽을 넘어 동북쪽의 지린까지 창강을 중심으로 한 동서축을 따라 확산되었다.

이 변화(déplacement)가 동에서 서로 중국 전역에 걸쳐 확산되면서 중국의 성장과 발전에 기여할 수 있는가? 그렇다고 한다면 이는 너무나 낙관적인 전망일 수 있다. 중국은 생산요소가 자신을 제약했던 여러 다른 한계에서 자유로워지면 자연스럽게 성장하고 그대로 번창하게 되어 있는 매끈하

---

16) 『中國統計年鑒』, 2007; 『中國統計年鑒』, 1987.

고 균질적인 경제 공간과는 거리가 멀다. 사실 얼마나 다양한 규제 시스템이 작동하고 있는지를 아는 것은 아주 중요하다. 중국은 하나의 통합된 시장이라기보다는 별개의 광대지역들로 구성된 나라처럼 보인다. 각 광대지역은 각기 다른 생산 요소를 가지고 있으며 각기 다른 법률 제도와 규정(특히나 외국인 투자를 유치하고 자신을 보호하는 사안에 대해서는 더더욱)을 두고 있다. 요컨대 중국은 각기 다른 규정의 구속을 받는 미니 마켓의 모자이크이다.[17)]

여기에서 마찬가지로 서로 다른 경제 논리가 작동하고 있다. 중앙정부는 변함없이 산업 정책(특히 통신과 자동차 산업에서)의 실시와 금융시스템의 개혁에 결정적인 역할을 하고 있다. 중앙정부는 일정 정도 지방의 경제적 선택에도 개입할 수 있다. 그러나 외국인 투자를 유치하고, 세금을 부과하는 문제나 외화를 보유하는 문제 등에 관해서는 지방 당국이 상당정도의 자치권을 가지고 정책을 결정한다.

연안과 내지 중국을 가르는 경계선은 여전히 상당정도로 이질적인 두 경제권(entités économiques)을 나누고 있다. 중국 연안 도시의 국제 경제무역 체제로의 통합은 외국인 직접투자를 흡수한 결과임을 감안한다면, 아시아 해항도시 간의 관계는 이들 각자가 자신의 후배지와 갖는 관계보다 더욱 강하고 더 장기적인 효과를 가져 올 것으로 보인다. 다른 맥락에서이긴 하지만 로이드 머피는 19세기 말과 20세기 초 중국에 대해 비슷한 가설을 설정한 바 있었다. 그에 따르면 텐진은 자신의 후배지보다는 외부 세계와 더 강한 링크를 가지고 있었다.[18)] 그러나 이는 중국에서의 국제 교역과 해외 투자가 여전히 이 나라의 발전에 별반 중요치 않은 역할을 하고 있었던 시기였다.[19)]

[17)] F. Gipouloux(1997) 'Vers une fragmentation du marche chinois', in Alain Peyrefitte (ed.) *La Chine d'aujourd'hui et de demain*, Paris, Mazarine, pp.225~233 참조.

[18)] Rhoads Murphey(1977) *The Outsiders, The Western Experience in India and China*, Ann Arbor, University of Michigan Press, esp. Chapter 11 참조.

산업화의 신개념

　　　　　주강 델타의 성공 요인 중에서 중국 내지의 산업화를 무시할 수는 없다. 1927년 국민당과 공산당 군대가 공화주의자들의 권력을 약탈했다고 본 북부의 군벌들을 '징벌(punir)'하기 위해 조직한 군사원정, 즉 북벌(北伐)을 위해 광저우(Canton)를 출발했다. 이처럼 오늘날 광저우의 제조업은 중부와 북부 중국의 '요새들(citadelles)'에 향해 공격을 단행하고 있다. 고향에 돌아간 후 작은 공장을 세운 이들 '신노동자(nouveaux ouvriers)'는 광저우에서는 다소 역설적이지만 '경제 북벌'(經濟 北伐, *jingji beifa*)이라는 꼬리표가 붙은 일에 관여하고 있다.

　이 과정을 거쳐 결국에는 진정한 산업화로 나아갈 수 있을까? 이러한 '산업화(industrialisation du maquis)'가 점차로 북부에 있는 국유라는 '요새'를 포위하고 위협할 수 있을까? 이는 합작 투자(*joint ventures*) 산업체, 중소기업, 새로이 창설된 하청 부문이 힘을 합하게 됨을 의미할 것이다. 연안 지역에서의 분산된 산업화(industrialisation diffuse)는 소규모이고 영토성이 아주 강하지만(fortement territorialisées) 해외 중국인 즉 화교(華僑, *huaqiao*)의 투자를 적극 환영하는 수없이 많은 기업들에 의해 이루어지고 있다. 분산된 산업화는 그때까지 우세했던 고도로 위계적인 영토적 관계(imbrication territoriales)에 기반을 두었던 논리와는 아주 다르게 네트워크에 기반을 둔 공간 조직의 논리에 따라 진행된다. 국가와 지역의 경계가 희미해지는 곳인 연안 지역은 이런 움직임에 동참하기에는 적격이다. 예를 들어 광둥 지방의 상인 네트워크는 중국 내지, 홍콩 혹은 다른 동남아 국가의 그것들과 연계되어 있다. 오늘날에는 여전히 초안의 형태이긴 하지만 대안이 될 만한 영토적 조절 양식(modes de régulation territoriale)이 의제가 되고 있다.

---

19) Kwan Man-bun(1997) 'Mapping the hinterland: treaty ports and regional analysis in modern China', in Gail Hershatter, Emily Honig, Jonathan N. Lipman and Randall Ross(eds) *Remapping China: Fissures in Historical Terrain*, Stanford, Stanford University Press, pp.181~193 참조.

중국의 경제 공간에 대한
아시아 지중해의 통합·해체 효과

대체로 보아 중국에서의 외국인 직접투자
는 세 가지 측면에서 지역의 경제 발전에 공헌하고 있다.

① 이는 중국 경제 공간의 차별화 과정을 가속화시켰다. 앞으로 외국인
직접투자의 규모와 방향은 단지 비용이나 주어진 시장의 잠재력에 관한
집착에서만 비롯되는 것이 아니라 중국의 경제 공간을 만드는 두 가지
주요한 요인, 즉 국유 개념이 해체되는 정도와 그리고 도시 기반의 다양
화 혹은 더 정확하게 표현해 교역에 있어 도시의 역할 부흥에 따라 정해
질 것이다.

② 이는 중국을 별개의 두 광대지역(macro-régions)으로 나누고 있는 보이
지 않는 선을 드러낸다. 이들 각자는 자체의 논리에 따라 운영된다. 하나
의 경우에는 교역에 의해 통치되고, 다른 하나는 주로는 국유에 의해 생
긴 특정한 관성 때문에 비교적 자급자족적인 논리로 작동한다.

③ 이는 중국 연안 지역을 아시아의 네 마리 용, 일본 그리고 다국적기업
에 의해 고무된 국제 하청 네트워크로 편입시켰다. 이 지역의 소명은 분명
수출로 지향되어 있다. 주강 델타, 상하이-난징-항저우 삼각지대, 그리고
비교적 규모는 작지만 보하이만(이 맥락에서 일본의 재수출에 대한 다롄
의 역할은 놀랄 정도이다)을 합하여 궁형제조업지대(arc manufacturier)를
형성하고 있다. 그 화살은 유럽과 미국에 있는 장거리 시장을 겨냥하고
있다.

이런 관점에서 보면 '아시아 지중해'의 등장은 1990년대 이래로 많은 외
국 기업이 실천했던 바가 타당했음을 입증한다. 외국인 직접투자는 더 이
상 양자적 국면(예를 들어 일본과 중국 간의) 속에 갇힌 단순한 자본의 흐
름이 아니라, 여러 국가 혹은 트랜스내셔널 지역(régions transnationales)을
포괄하는 다국적 동학(dynamique multilatérae)의 일부분을 이룬다.

가장 중요한 질문, 즉 중국의 경제적 분열에 관한 질문이 남는다. 이는 서로 상관관계가 있는 두 주제로 나누어 살펴볼 수 있다. 첫째는 경제 '군벌(*warlordism*)', 즉 '독립적인 경제 왕국'의 출현이며, 두 번째는 장래 중국의 중심 권역이 될 새로운 광대지역의 탄생이다. 지차오딩(冀朝鼎)의 이론과 (핵심적인 경제 지구의 형성과 변화가 중국사의 요지이다)[20] 스키너의 이론(중국에서 교역 중심지의 위계질서는 계속적으로 각 광대지역에서의 중심·주변 구조를 결정한다)[21]은 모두 지난 30년간 모습을 드러낸 경제적인 실상으로 인해 곤란한 처지에 놓여있다. '유용한(utile)' 중국은 동부로 기울었다. 이는 중앙에서 경제적 발전을 기획하고 유지하기로 한 공산당의 민족주의적 열정을 포기하게 만든 이동(translation)이 가져온 결과이다.

중국으로 유입되는 외국인 직접투자의 70%가 다른 아시아 국가들로부터 오고 있다. 이를 감안한다면 궁극적으로 위에서 언급한 경계(frontière)는 중국의 밖에서 시작된 다이내믹의 결과라기보다는 중국 자본주의의 내생적인 발전의 결과이지 않을까라는 생각을 갖게 된다. 만약 우리가 중국에 중심을 두고 보는 관점에서 동아시아 경제회랑을 중심에 두고 보는 관점으로 옮겨간다면 그림은 아주 다르게 펼쳐진다.

이 경계는 중국을 둘로 분할하고 있으며, 이에 관여된 두 경제 논리가 상대적으로 이질적임을 강조하는 것도 사실이다. 그러나 또한 이는 중국을 다른—훨씬 더 글로벌한— 공간에 위치시킨다. 여기에서 역동성은 아시아 간 교역에 의해 제공된다. 다른 말로 해서 이 경계는 중국을 분리하는 것만큼이나 통합한다. 중국 대륙에서 기능하고 있는 주요한 요소를 가장 잘 식별해 볼 수 있기 위해서는 중국의 외부에 서서 볼 필요가 있다. 중국의 발전 소스를 찾아야 할 곳은 그 윤곽과 흐름이 아직 명확히 정의되지 않은 바

---

20) Chi Ch'ao-ting(1936) *China's Key Economic Zones in Chinese History*, London, Allen & Unwin 참조.
21) G.W. Skinner(ed.)(1976) *The City in Late Imperial China*, Stanford, Stanford University Press 참조.

로 이 아시아 지중해의 주위에서이다.

역설적이게도 지금과 같은 글로벌화 시기에 이와 같은 역동성은 불안정한 주권, 유연한 네트워크, 변동하는 경계와 같은 제국적(impérial) 패턴을 되찾아가고 있는 듯 보인다. 이와 함께 중국의 진정한 지정학적, 경제적 파워를 외부에 투사하려는 야망도 부활했다. 이런 단층 운동(movement de désarticulation)이 중국이 해양으로 방향을 전환하면서 생긴 자연적인 결과인 한 긍정적으로 보인다. 그러나 예상하지 않았던 장애, 지역 보호주의의 부활, 지방 간 교역 갈등이라는 문제가 나타나고 있다. 다음 장에서는 중국에서의 시장 파편화 현상이 가지고 있는 바로 이 국면을 검토하고자 한다.

제19장

지역 보호주의와 무역 전쟁:

중국 시장의 파편화

1980년대 초 이래 중국의 경제 개혁은 서로 연관되어 있는 두 현상, 즉 계획 경제의 부분적인 해체와 경제적 결정의 탈중앙집권화를 특징으로 했다. 그러나 계획이 줄어든다고 자동적으로 시장이 발전하지는 않는다. 아주 흔하게 발생하듯 계획의 속성은 전혀 손상되지 않은 채 때로는 더 강화되어 지방 수준으로 자리만 옮긴다. 중앙 정부, 지방 당국, 기업이라는 각기 다른 세 층위에서의 결정이 충돌하는 환경 속에서 개혁이 제대로 시행되기에 앞서 문제가 발생한다. 또한 이들 세 층위는 전 개혁 과정을 통해 서로 다른, 심지어는 상반되는 전략을 세우기도 한다.

행정적인 분권화로 하나의 통일된 시장이 만들어 질 것인가 아니면 이와는 반대로 경제 공간의 파편화가 초래될 것인가? 1950년대 말 이래로 중국에서 여러 차례 진행되어 온 경제의 탈중앙집권화(예를 들어 대약진운동(大躍進運動)과 문화대혁명(文化大革命))는 행정 논리에 부합하는 것이었다. 무엇보다도 먼저 이는 재원의 할당, 투자, 일정 세금의 부과, 가격 설정, 재분배 정책에 관한 결정권을 대도시나 지방 수준의 행정 기관에 이양하는 것을 의미했다. 즉 이는 관료제도 내에서 권력을 재분배하는 문제로, 경제적인 결정권을 독립된 운영자들에게 양도하는 사항 이상의 의미를 가진 문제였다.

그리하여 지방 당국의 이율배반적인 행동 양태는 더욱 분명하게 드러났다. 그들은 이전에는 중앙 정부의 특권이었던 경제에 대한 행정 통제권을 자신의 이익을 위해 전용했으며, 이들의 행동은 하나의 통일된 시장의 창설에 백해무익하게 되었다. 1989년 이후 이들은 또한 일정한 개혁으로부터의 보호막 역할을 한다고 자처하면서 베이징에서 오는 중앙의 계획마저도 때로는 상당한 창의성을 발휘하여 막아냈다. 예를 들어 이들은 농촌의 기업 숫자를 급감시키는 조치에 저항하며 농촌에서의 산업 고용 수준을 유지시켰다.

그렇다면 중국의 경제 공간을 파편화시키는 데에 참여하고 있는 주된 에이전트는 누구인가?

경제적 행정권의
지방 수준으로의 위임

재정의 탈중앙집권화에서부터 시작해보자. 개혁 이전 세수의 징수와 이전은 중앙집권화되어 있었다(統購統支). 구체적으로 보면 세금과 수입은 지방 정부가 거두어들여 모두 중앙정부로 이전했다. 그리고 나서 지방 당국의 비용에 충당하기 위해 일부가 다시 지방 정부로 이전되었으며, 지방 당국은 지출에 앞서 중앙 정부의 재가를 받아야 했다. 1980년대 초 장쑤에서는 1977년 이래 시험적으로 운영되고 있었던 계약에 기반 한 세수제도가 널리 시행되었다. 이전 제도와는 달리 이는 지방 당국으로 하여금 수입과 지출을 책임지게 했으며, 자신과 중앙 정부 간의 계약에 의해 확정된 비율에 따라 지방 당국이 거두어들인 세수를 배분하도록 허용했다.

이는 중국식의 표현으로 '여러 부엌에서 준비한 음식 먹기(分灶吃飯, fenzao chifan)'로 멋지게 묘사된 방식이었다. 이 새로운 세제에는 3가지 유형의 세입 즉, 중앙 정부의 세입, 지방 정부의 세입 그리고 분여 세입[1]이 같이 들어 있었다. 1980년부터 1984년까지 분여세입의 80%가 중앙 정부에 할당되었으며 20%는 지방 정부의 몫이었다. 이렇듯 중앙과 지방 정부 간에 책임이 분할되자, 대도시와 지방 수준의 규제 당국은 그 지역에 자리 잡은 회사에 대한 보호정책을 강화시켰다. '여러 부엌에서 준비한 음식먹기'는 사실 기회만 된다면 무엇이든지 '먹어버림'을 의미했다. 실제로 각기 다른 수준의 행정 당국은 자신들이 할 수 있는 만큼 최대한을 모았으며, 그 후에 각자의 몫을 결정하기 위해 비공식적으로 협상했다.

기업 수준에서 보면, 국영기업의 수익은 모두 정부에 양도되었던 시스템에서 1970년대 말에는 계획의 목적이 달성된 이상 정부와 기업 간에 맺어진 계약에 따라 수익을 나누는 시스템(利改稅, li gai shui)으로 바뀌었다. 1994년 새로운 '세금분배제도(分稅制, fenshuizhi)' 개혁으로 중앙 정부에 할당되는 세입과 지방 정부에 할당되는 세입이 재조정되었다. 이 개혁으로 또한 분배되어야 하는 몫을 특정하고 이를 나누는 데에 적용해야 할 규칙이 마련되었다. 중앙 정부에 할당되는 세수는 관세, 세관에서 부과되는 소비세, 부가가치세 그리고 공기업의 수익세, 철도 매상고, 은행과 보험회사에 대한 세금, 지방 당국에 의존하는 공기업의 수입에 대한 세금, 그리고 소득세이다. 지방 정부와 공유하는 세금은 부가가치세, 부동산거래세(중국의 두 증권거래소가 소재하고 있는 선전과 상하이에서만 있는 세금) 그리고 자연자원세이다.[2]

---

[1] 중앙과 지방 정부가 공유하는 세입(역자).
[2] 부가가치세(VAT)는 중앙정부가 75%를 지방정부가 25%를 가진다. 개인재산세는 중앙과 지방 정부가 균등하게 나눈다.

이들 각기 다른 재정 정책은 기본적으로는 다음의 두 가지 이유 때문에 기업과 지방 정부에 예산상의 제약을 더욱 강화시키는 결과를 가져왔다.

① 각기 다른 지역은 외국인 직접투자를 유치하기 위해 심한 경쟁을 했다.

② 재정 제도는 다시 중앙집권화 되었으며, 중앙정부와 지방 당국 간의 세수의 분할에 관한 새로운 방식이 도입되었다.

또한 이들 정책은 지방의 기업(주로 공기업)와 지방 당국 간의 연계를 강화시키는 방향으로 기여했다. 후자는 투입 가격과 비용을 통제할 수 있었으며, 그리하여 중앙 정부에 넘겨져야 하는 수익을 최소화시켰다.[3] 중앙 정부의 세수는 떨어진 반면, 지방 층위의 재정 능력은 1986~1991년 동안 전체 정부 세수의 60% 수준 그리고 그 지출의 60% 수준으로 향상되었다. 지방 당국은 재정적인 관점에서 수익이 나는 산업체(예를 들어 술과 담배 관련 기업체)를 세우는 데에 몰두했다. 일반적으로 지방 정부는 투자는 적게 하고 생산 사이클은 짧고 빠른 시일 내에 결과를 가져올 수 있는 기업을 선호했다. 그리하여 높은 세금을 매길 수 있고 상당히 비용효과가 높은 생산에 주력하게 되었다. 지방의 보호주의 조치는 전통적인 산업에 유리한 방향으로 흘렀으며 기간산업, 첨단 산업 그리고 신산업은 무시되었다. 전통 부문에서 일어난 필요 이상의 저가품 생산과 과도한 경쟁은 지역 불균형, 특히 동부와 서부 간 지역 불균형을 가져온 주원인이었다.[4]

탈중앙집권화의 두 번째 중요한 요소는 대부분의 국영기업의 경영을 지방 수준으로 넘긴 것이었다(企業下放, qiye xiafang).[5] '관료기업가(bureau-preneurs)'는 승리를 구가했다. 관료기업가는 사회학자 류샤오보(劉曉波)가

---

[3] Gao Qiang(1995) 'Problems in Chinese intra-government fiscal relations, tax sharing system and future reform', in Ehtisham Ahmad, Gao Qiang and Vito Tanzi(eds) *Reforming China's Public Finances*, Washington DC, International Monetary Fund, pp.15~24 참조.

[4] 黃肯廣(1996) '財政體制改革與地方保護主義', 『經濟硏究』, 2, pp.37~40 참조.

[5] 철도, 항공 운송 그리고 커뮤니케이션과 같이 군대나 중앙정부의 협력이 필요한 부분은 제외된다.

만들어낸 신조어로 국가 자산의 고삐 풀린 민영화를 수행하는 에이전트를 가리킨다. 이들은 목적을 위해서는 수단과 방법을 가리지 않는 것으로 오명이 나있다.[6] 1985년 중앙 정부의 관리하에 있던 공기업의 숫자는 3,835개 (868만 노동자)였으며, 대도시가 경영하는 기업의 숫자는 31,254개(2,330만 노동자)였다. 현(縣)급 행정구는 660만의 노동자를 고용한 35,263개의 국영 기업을 관리했다. 산업 생산에서 중앙 정부가 경영하는 공기업은 전체의 20%밖에 되지 않는다. 반면 지방과 대도시 수준에서 이는 45%, 현 수준에서는 35%에 달한다. 마지막으로 우한, 다롄, 하얼빈, 시안, 광저우와 같은 몇몇 도시는 국가계획도 상에서 특별 리스트에 속한다. 이들은 경제 발전 문제에 관한 한 성 수준의 당국과 같은 특혜를 누린다. 이런 일련의 조치로 대도시(municipalités)는 투자, 외국인 자본에 대한 접근, 재정 정책, 가격 고정, 자원 관리와 같은 경제 문제에 관여할 수 있는 기회가 상당정도 증가했다.[7] 개혁 초창기부터 지방 정부는 그 산업체를 보호했다. 이들이 세금 수익의 원천이기 때문이다. 지방 정부의 대부분의 수입은 공기업으로부터 왔다. 그리고 지방 정부는 지역에서 관리하는 공기업의 경영자를 지명할 수 있는 권한을 가지고 있다. 이들은 또한 가족이나 친구가 공공 부문에서 직업을 찾을 수 있도록 힘을 쓸 수 있는 여러 가지 방법을 알고 있다. 그리고 마지막으로 이들은 잘하면 인프라의 건설을 위해서 최악의 경우에는 사적인 용도로 사용하기 위해 공기업의 자금을 전용할 수 있었다.

분권화(déconcentration), 즉 중앙 정부의 관할권에 속했던 부문의 지방 수준으로의 위임은 결코 기업으로 결정권이 이전되는 것을 의미하지는 않았다. 지방 당국은 자신이 얻은 새로운 특권을 이용해 기업을 상대로 행사했던 권력을 확장하거나 강화시켰다. 또한 지방 정부는 기업에 영향을 미치는 재분배 시스템의 주요 행위자이다. 지방 정부는 이전 10여 년 동안 우후

---

6) Lu Xiaobo(2000) 'Booty socialism, bureau-preneurs and state in transition: organisational corruption in China', *Comparative Politics*, April, pp.273~294.

7) *Ibid.*

죽순으로 나타난 비상업적 메커니즘이라는 수단 즉 주택에 대한 접근, 사회보장 시책 등을 사용해 사회 서비스의 귀속에 대한 결정적 발언권을 가지게 되었다

이러한 발전은 의심할 여지없이 중앙 정부의 거시 경제적(macro-économique) 통제력을 약화시켰다. 넘쳐나는 투자, 물가상승, 지역주의, 부패, 2000년대의 이 모든 악행은 이러한 관행에 그 뿌리를 두고 있다.

제후 경제

지방 당국은 기업 활동만 한 것이 아니었다. 이들은 지방이 자립경제에 기반 할 수 있도록 만드는 데에도 점차 더 중요한 역할을 했으며, 그리하여 심각한 시장 파편화에 공헌하게 되었다. 중앙과 지방 간의 갈등은 더 심화되었지만 지역 경제의 '제후 경제(諸侯經濟)'로의 전환은 1980년대에 일어난 권력분립의 결과이다. 그 세 가지 특징은 다음과 같다.[8]

① 폐쇄성(fermeture): 경제 활동은 행정 당국의 강력한 감독과 제재하에 놓여 있다. 투자, 교역, 기술 혁신 등 모든 경제활동에 관한 결정이 정부 기능의 본질적인 부분이 되었다. 가격 경쟁은 가능한 한 제한되었다. 제후 경제가 우세한 곳에서는 어디에서나 생산 요소의 순환이 상당히 제한되고 시장 메커니즘은 보잘 것 없는 역할만을 했다.

② 차별적 관행: 독점적 관행은 1980년대 후반 이래 중국의 지방을 소모전으로 내몰았던 '무역 전쟁'의 도래에 기여했다.[9]

③ 경제 활동의 침체: 원자재와 생산 요소에 대한 지배는 엄청난 대규모의 자원 낭비와 소실을 가져왔다.

---

8) 黃仁伟(1995) 「論區域經濟與"諸侯經濟"」, 社會科學, 上海, 8, pp.22~26 참조.
9) 중국에서의 '무역 전쟁'에 관해서는 Alwyn Young(2000) 'The razor's edge: distortions and incremental reforms in the People's Republic of China', *The Quarterly Journal of Economics*, 65(4), November, pp.1091~1111 참조.

이런 경제 관행으로 인해 전국에 걸쳐 너무나 다른 산업 부문들이 거의 똑같은 방식으로 생성되는 경향을 있었다. 장야춘(Chang Ya-chun)이 밝힌 바와 같이, 1985년과 1987년 사이 4개의 전략산업 부문(광업, 원자재, 경공업 그리고 중공업)에서 중국의 전 지역을 통해 그 어느 때보다도 유사한 공간 재분할이 있었음을 볼 수 있다. 이들 지역은 매우 다른 경제적인 성격을 가지고 있었는데도 말이다. 이는 자원의 공급이나 경제적 전문화에 따라서 경제 공간이 발전한 것이 아니라 이와는 반대로 각 지역에 독립적으로 비교적 완결적인 산업 시스템을 구축하려는 경향이 있었음을 증거하고 있다.[10]

이러한 생산 구조의 집중성은 여러 가지 부정적인 결과를 초래했는데, 그 중의 하나는 원자재 산업과 가공 산업 간의 불균형이 증가일로에 있다는 점이다. 이는 수많은 보호주의적 조치를 낳게 했다. 지방은 중앙 정부를 향해 더욱 더 많은 에너지와 원자재의 공급을 요구했지만, 이와 동시에 자신의 자원, 인력 그리고 기술을 내보내기 원하지 않았다. 또한 각 성은 다른 성으로부터 자원, 인력, 기술이 들어오는 것도 제한했다.

또 다른 형태의 경쟁 즉 이번에는 부문 간 경쟁으로 주요 산업과 가공 산업 간에 갈등이 빚어졌다. 지방 당국이 중앙에 세금을 지불하고 나서 투자를 스스로 처리할 수 있는 권한을 획득하자마자 이 문제는 불거져 나왔다. 지방 당국은 단기에 수익을 제공하고 별다른 투자를 요하지 않으면서도 특히 자신의 지역에 이익에 되는 산업의 발전에 치중했다. 그러다 보니 기간산업과 대자본의 투자가 필요한 산업은 홀시된 반면 가공 산업이 붐을 이루게 되었다. 또한 정부가 과열 경제를 '식히기(refroidir)' 위해 노력할 때면 언제나 대형 인프라 프로젝트는 내핍 계획경제의 첫 번째 희생자가 되었다. 게다가 지방 당국은 자신의 이익을 보호하려고 노력하다 보니 수요가

---

10) Ya-Chun Chang(1996) 'The financial autonomy of provincial government in mainland China and its effects', *Issues and Studies*, 32(3), March, pp.78~95.

많은 상품을 미리 사서 비축해 두었다. 원자재를 통제하는 이는 누구나 하시라도 시장에 내다 팔 수 있는 상품을 생산할 수 있었다.

지방보호주의
(地方保護主義)

1980년대 중반 자원을 전용하기 위한 경쟁이 더욱 가열한 양상을 띠었다. 게임은 단순했다. 강력한 경제적인 수단을 마음대로 사용할 수 있었던 연안 지방은 더 많은 자원을 얻기 위해 이들 수단을 충분히 활용했다. 반면 내지 지방은 자신의 자원을 독점하기 위해 행정적인 특권을 모두 사용했으며 이를 다른 지방이나 중앙 정부와 협상하는 무기로 사용했다.

그리하여 경제적 결정에 대한 통제를 둘러싼 치열한 싸움은 각기 다른 수준의 관료들(bureaucraties)─중앙, 지방, 대도시, 주요 부서 혹은 심지어는 기업내에 있는─ 간의 경쟁을 유발시켰다. 다양한 소유권 제도로 문제가 빚어지는 방식에서 보았듯이 이러한 갈등은 다양한 경제 부문들이 오랫동안 적응해 나가야 할 과정에서 발생하는 문제였다.

렌진에 있는 공장이 베이징에 벽돌을 팔려면 특별한 면허가 필요하다. 상하이는 GM(General Motors) 조립 공장이 도시 바깥에서 부품을 사오지 못하도록 했다. 상하이 밖에서 온 트럭은 아침 7시에서 9시까지는 이 도시에 들어올 수 없다. 이는 현지 운송업체에 커다란 기회가 되었다. 성의 통행료가 높기 때문에 광저우에서 란저우로 물품을 보내는 것이 샌프란시스코에서 광저우로 수송하는 것보다 더 많은 비용이 들 수 있다. 대부분의 중국의 해항도시에서 서류 절차는 번거롭고 관리는 부패되어 있다. 베이징에서 1,700킬로미터나 떨어져 있고 자신의 언어인 광둥어를 쓰는 광저우 사람들은 자신들만의 관세와 검역 제도, 즉 그 유명한 홍콩의 '그레이 채널(grey channel)'을 적용했다.[11]

이런 보호주의는 통일된 시장의 창설에 가공할 만한 장애가 되었다. 이는 강도 높은 보호주의의 장벽에 기대어 번영하고 종종은 해적판이나 불법적인 상품의 생산과 판매에 종사하는 미니 마켓의 모자이크로서의 중국이라는 그림을 만들어 냈다. 해적판 상품의 생산과 지방보호주의의 관계는 참으로 서로 동체라고 할 수 있다. 지방 당국은 생산된 상품이 해적판이건 그렇지 않건 신경을 쓰지 않고 자신의 관할권 내에서 편안한 수입을 만들어 내는 경제 활동을 지지하고 보호하기 위해 자신이 처분할 수 있는 모든 수단을 강구해야 할 충분한 이유를 가지고 있었다. 변죽을 울릴 필요도 없이 충칭시의 부주석은 1998년 '나는 경제 발전과 지식 재산권의 보호 모두 중요하다고 생각한다. 그러나 두 가지 중에서 경제 발전이 더 중요하다'고 선언했다.

쿤밍(윈난)의 우화구(五華区) 시창(西昌)에 있는 전자제품과 시청각 시장은 생생한 예가 된다. 컴팩디스크와 전자제품을 파는 200여 개가 넘는 상점이 있는데 대부분 해적판을 판다. 각 상점은 이 상품을 팔 권리를 얻기 위해 매달 3,000위안을 지불한다. 이 금액은 매년 720만 위안의 세수를 의미하는 데, 조그만 도심지로서는 상당한 액수라고 할 수 있다. 지방 당국의 해적판 담배 생산에의 관여는 수많은 예 중의 하나에 불과하다. 푸젠성의 윈샤오현(云霄县)에서 밀수를 위해 담배를 생산하는 회사는 당의 간부이자 지방 정부의 관리가 세웠다. 작업은 비밀 장소에서 가동되었으며 지방 당국과 돈독한 관계를 유지했다. 거대한 이익금은 호텔, 레스토랑 그리고 다른 활동에 재투자되었다.12)

중국의 행정 위계질서의 위로 올라갈수록 지방보호주의를 지지하는 이들과 이에 맞서는 사명이 있는 이들을 구별하기는 더욱 더 어려워진다. 정

---

11) *The Economist Intelligence Unit*, 19 August 2002.

12) 더 자세한 사항은 Andrew Merta(1998) 'China's "soft" centralization: shifting Tiaol Kuai(條塊)authority relations since 1998', *The China Quarterly*, 184, December, pp.791~810 참조.

부 관료는 지방 수준에서 배가되는 경향이 있으며, 지방 당국의 보호하에 있는 기업이 보호주의를 차단하는 책임을 맡고 있는 이들의 친구나 때로는 심지어 가족을 고용하고 있을 때 보호주의적 관행을 영구히 없앨 가능성은 상당히 차단되어 버린다.[13]

계획의 지역화(régionalisation)는 강력한 지역 독점권을 확립하도록 허용했으며, 영리한 방식으로 고안된 보호하에서 피신하고 있는 자급자족경제체제인 '독립 왕국(royaumes indépendants)'을 건설하게 했다. 이와 동시에 경제 공간의 이러한 파편화 과정은 통일된 시장을 세우는 작업을 불가능하게 만들었고 교역을 통해 부를 창출하는 과정을 더디게 했다. 중국에서 경제 공간은 물물교환이나 약간의 현금화가 가능한 교환을 근간으로 상호작용하는 다수의 지역 단위로 구성되었다. 마지막으로 지역 간 링크는 관료 간 유형(type inter-bureaucratique)을 띠며 여전히 고도로 정치화되어 있다.

중국에서는 관료의 호의와 시장을 얻기 위한 치열한 경쟁이 일어난다. 그리하여 정치적인 흥정과 부패가 개혁의 시초부터 매우 눈에 띄는 역할을 하게 되었다.

경제적인 탈중앙집권화가 긍정적인 결과—생활수준의 향상, 농촌 산업의 흥기, 건설과 수송 인프라 확충 등—를 가져왔음을 부인할 수는 없다. 그럼에도 불구하고 성(省)급의 지방 권력은 법률상의 규정이나 계약상의 합의에 의해 보호되는 대상이 아니다. 이들은 관용의 정도 혹은 각기 다른 행위자 간에 존재하는 권력 투쟁의 정도에 따라 번성하기도 몰락하기도 한다. 참으로 지방 세력의 권리는 적절한 입법에 의해 보장되는 것이 아니라 중앙 정부의 양해라고 하는 것에 의해서 보장된다.

그리하여 개혁은 두 문화 간의 갈등 아래에서 진전되었다. 하나는 최소한 부분적으로는 현대 중국에 그 뿌리를 두고 있는 중앙집권적이고 계획적

---

[13] Francois Gipouloux(2005) *La China du 21e siecle: Une nouvelle superpuissance?*, Paris, Armand Colin, pp.30~31 참조.

이고 전제적인 문화로 이는 소비에트 주형에 잘 맞아 떨어진다. 또 다른 문화는 분권적이고 기업가적이고 경제적인 자치를 선호하는 문화이다. 이는 개방적이고 코스모폴리턴적인 상인 네트워크에 의존한다. 우리는 개혁이 당면한 어려움은 경제적인 것 못지않게 문화적인 것임을 쉬이 볼 수 있다. 소비에트 모델은 공유에 더 가치를 두며 농민이 도시를 먹여 살리고 산업화에 돈을 대는 메커니즘으로 끌고 간다. 이 같은 메커니즘은 자원의 분산에 기여한다고 말할 수 있다. 이로 인해 생산자와 시장 간의 링크는 영원히 단절된다. 배급과 가격 통제라는 고삐에 채워진 수요는 시장에서 표현될 수 없으며 생산자는 자기 생산품의 품질을 높이고 비용을 낮추거나 혁신하여 수요를 충족시켜려는 동기를 부여받을 수 없다. 이런 운영 양식은 품질의 하락, 비용의 상승 그리고 기술적 혁신의 부재라는 치명적인 연쇄반응에 기반을 둔 경제 침체의 원인이 된다.

계획 경제의 해체는 시장의 투명성을 제고하는 방향으로 나아가기보다는 지방 당국의 입장에서는 보호주의적이고 독점적인 관행을 증가시키는 방향으로 나아갔으며, 그리하여 중국에서의 경제 공간의 심각한 파편화가 초래되었다. 국가 기능의 지방 수준으로의 이전은 기업가적이면서도 동시에 부패한 조합주의 국가(état corporatist)의 외형을 드러냈다.

개혁은 행정적인 간섭주의를 축소시키는 방향으로 나아가는 것과는 거리가 멀었으며 오히려 그 반대로 행정 권력을 재정의하는 계기로 작용했다. 다수의 결정 중심지에서 국가 부문에 대한 통제가 작동했다. 지방 당국 간의 교섭, 지방 당국과 중앙 정부와의 협상은 모양은 변했지만 끊임없이 계속되었다. 중앙과 지방 수준의 대립은 다가올 수 년 동안 모양을 갖추게 될 개혁의 구조를 만들어내는 중요한 하나의 요소로 작용했다. 시장은 대륙 제국인 중국에 응집력을 가져다 줄 수 있는 유일하고 확실한 경제 형태라고 보이기도 했으나 부분적으로 시장이 가지고 있는 대치적인 관계는 이미 중국의 경제 지도를 다시 그리고 있다.

중국의 경제 공간은 파편화로 나아가고 있는가?

　　　　　　　행정과 경제 부문에서 분권화가 진행되었다 하더라도 중앙집권화된 계획을 버린 모든 지역에서 시장 경제가 자리를 잡고 있는 것은 결코 아니다. 참으로 법적 기반의 조성—이것 없이 시장은 결코 성공적으로 작동할 수 없다—은 '탈계획화(de-planification)'로 생기는 당연한 결과가 아니다. 지방 당국은 기업에 넘겨져야 할 많은 특권을 가지고 있다. 행정적 탈중앙집권화는 여러 가지 부정적인 결과를 가져왔다.

　중앙 정부가 가격에 대해 행사하고 있던 통제를 풀고 요구사항의 범주를 줄인다고 해서 자유롭고 통일된 시장이 자연스럽게 형성되지는 않는다. 중국 국내 시장은 광대한 지역에 퍼져 있으나 효율적인 커뮤니케이션 루트는 아주 부족하고 상당히 자급자족적인 미니 마켓의 모임에 지나지 않는다. 게다가 1980년대 중반부터 경제는 과열되고 원자재를 둘러싼 지역 간의 경쟁은 격화되었다.

　지방 정부는 마음대로 사용할 수 있는 광범위한 행정 권력을 이용하여 자신의 상품이 다른 지역에 수출되는 것을 막기 위해 온갖 종류의 지역 간 장벽을 설치했다. 이런 장벽의 등장은 현 수준에서뿐만 아니라 성 수준에서도 관찰된다. 1980년대 말 중국의 지방들 사이에서는 면, 모, 담배, 차, 비단을 둘러싼 경쟁이 무서운 기세로 지속되었다. 이 시기에 이들 원자재의 가격은 상당히 올랐으며 배가 되는 현상도 비일비재했다. 한편으로는 원자재의 부족으로 생산 역량의 대부분, 특히 연안 지방에서의 생산 역량이 정체기를 맞이했다. 다른 한편으로는 원자재의 수입과 수출이 동시에 증가했다.

　이들 교역 장벽은 여러 가지 형태를 띠었다. 어떤 곳에서는 때로는 지역의 민병대나 무장 세력의 도움을 받으며 수출금지령이 내려졌고 어떤 곳에서는 생산자가 정부가 정한 가격보다도 높은 가격으로 팔지 못하도록 지방 당국이 공급 채널을 통제하는 방식인 면허 제도를 도입했다. 또한 교역 장벽은 수출 상품에 대한 세금이라는 형태로, 혹은 수출하는 대가로 특별 대우의 폭을 확대하도록 의무지우는 형태로 나타난다. 예를 들어 면을 정부가 정한 구매가로 팔도록 하는 합의가 이루어지지만, 거래를 현찰로 해야 하거나, 저율 대여나, 상품을 '계획' 가격 즉 시장 가격보다 낮은 정부 가격(state price)으로 만들어내야 했다.

이런 형태의 묘책을 짜내는 지방 세력의 주된 동기는 재정에 있다. 이들은 세금 분야에서 이들을 중앙정부와 묶고 있는 계약상의 합의를 실행할 수 있도록 하기 위해 모든 종류의 장벽을 설치한다. 투자 광란으로 열병을 앓고 있는 지방 당국은 자신의 세수를 늘리기 위한 온갖 수단을 강구한다.

시장의 파편화로 인해 발생하는 비용은 무시해도 될 정도가 아니다. 가장 기술적으로 선진적이지만 원자재가 생산되는 지역 밖에 위치하고 있는 (연안 지역에 있는 생산자의 경우가 그러하다) 생산자의 생산성은 위태로울 정도로 급락한다. 다른 한편 원자재가 생산되는 중부와 서부 중국 지역의 지방 당국은 우후죽순으로 많은 기업이 들어서도록 격려했는데, 이들 지역에서는 사용할 수 있는 기술 수준이 매우 초보적인데다가 생산 비용이 높았다. 이들 생산물의 품질 저하와 환경에 미친 오염의 심각성은 불가피한 결과였다. 시장의 파편화가 가져온 또 다른 결과는 대량의 원자재가 수입되어야 했다는 점에서 찾을 수 있다. 후난이 상하이에 실크를 팔지 않고 이를 홍콩에 수출하자, 상하이에 있는 직물공장은 원자재를 해외, 이 경우에는 홍콩에서 실크를 수입해야 할 도리밖에 없었다.

지방 권력의 특권은 경제 부문에만 적용되지는 않는다. 이는 법적 국면에도 개입되어 있으며 통일적인 경제 법규의 시행을 더욱 복잡하게 만들고 있다.

법적 분열
(Balkanisation juridique)

　　'법에 의한 국가 통치(以法治國)'라는 법률의 정통성이 개혁개방한 지 30년이 넘는 지금 중국에서는 훨씬 더 확고하게 자리 잡고 있다. 그럼에도 불구하고 법적 보호주의 즉 법률의 시행을 방해하기 위한 지역 당국의 간여는 결코 멈춘 적이 없다. 최고인민법원(最高人民法院)의 부원장 리구오광(李国光)에 의하면 1995년과 1998년 사이에 성급, 현급, 대도시급 최고법원의 보고에 따르면 법원 결정의 집행을 거부한 심각한 사례가 3,473건에 이르렀다. 법원에 파견된 경찰 2,378명이 신체적으로 상해를 입었으며 4명은 법을 집행하려다 목숨을 잃었다. 어려움은 탈중앙집권화가 시작된 이래 하급 관청이 누렸던 경제적이고 정치적인 사안에 대한 광범위한 결정권에서만 비롯된 것은 아니었다. 문제는 지방 세력이 재정과 임명권 분야에서 가지고 있는 특권에서 더 많이 유래한다. 지방 정부가 판사를 임명하고 이들의 활동을 감독하므로 법원의 창설자는 결국 지방 정부 당국이 된다. 더욱이 법률 제도는 재원이 제대로 공급되지 못해 어려움을 겪고 있다. 상업 활동에 대한 금지가 선언된 1988년까지 지방 검사 사무소와 법정은 상행위에 깊숙이 관여하고 있었다.

　　이러한 관행으로 인해 법률 기관과 관계를 가지고 있는 당사자를 고소하는 사건이 일어날 때 아무도 그 결정에 신뢰감을 가질 수 없다. 법제도 외부에서의 재판소(tribunaux)의 난립 또한 기능장애의 표현이다. 인민 검찰관 조직에 관한 법과 직접적으로 모순되는 '전문(professionnel)' 재판소가 중국에서 지난 몇 해 동안 배가되었다. 출산통제 재판소, 세금문제 재판소, 기업 재판소, 산림관리 재판소 등이 이에 속한다. 2000년 말 주요 도시에 있는 구(區)와 연계를 가지고 있는 재판소를 폐쇄하려는 강도 높은 조치가 취해졌다. 여섯 개의 해양 법정(상하이, 우한, 광저우, 다롄, 칭다오, 톈진에 있는)이 통일적인 법적 시스템으로 통합된 일은 바로 이런 법적 권위의 파편화에 대한 대항과 중앙집권화라는 맥락이 작용했음을 이해할 필요가 있다. 이렇게 해서 모든 해양 법정은 법적 시스템에 완전히 통합되었다. 그러나 일반적으로 하급의 재판소는 지방 당국에 속하지 않고 국가가 통제하는 지역 검찰관에 속한다는 의식을 여전히 많은 관료는 가지고 있지 않다.

간단히 말해, 1980년대 초 이래로 중국에서는 법적이고 규제적인 틀거리가—무엇보다도 상표, 저작권, 지적 재산권에 관한 법률 분야에서— 상당 정도로 발전해왔다. 그런데 이들 서로 다른 입법 조치는 제한 없이 보호주의를 구가한 지방 세력 때문에 잘 지켜지지 않았다. 유죄판결을 받은 경우에도 범죄자는 어떤 처벌도 받지 않고 재판소의 결정을 무시하기 일쑤였다. 특히 지방 행정의 대표자들이 세운 기업은 자신의 이익을 방어하는 데에도 가공할 만한 능력을 보여주었다. 유능한 인재의 부족으로 문제는 한층 더 복잡해졌다. 실상 많은 판사는 기껏해야 최소한의 법률 교육을 받은 퇴직 군요원들이었다. 단순한 지리적인 결정주의(경제 공간의 분할을 조건화하는 물리적인 공간의 분할) 혹은 단순한 저발전의 한계(예를 들어 수송 인프라의 뒤쳐진 발전) 이상으로, 중국의 경제 공간의 파편화에 관여되어 있는 각기 다른 메커니즘은 고도의 정치 제도의 통합과 경제적 다변화 메커니즘의 비등 사이에 존재하고 있는 완강하고 오래된 갈등의 결과이다. 이러한 이원론은 경제적이고 지정학적이며 문화적이기도 한 또 다른 변화 즉 중국의 해양으로의 강조점 이동에 의해서도 더욱 두드러지게 되었다.

제20장

다시 해양으로 향하고 있는 중국

　동아시아를 해양 회랑으로 연결된 트랜스내셔널 지역으로 상상한다면 새로운 시각을 얻을 수 있다. 이 시각에서 보면, 경제 공간(espace économique)은 더 이상 국토 공간 안에 갇혀있지 않게 된다. 경제 공간은 또 다른 차원을 갖는다. 국가와 주권의 본질이 무엇인지에서 출발해 이 지역이 가지고 있는 위험과 이를 방어하기 위해 필요한 전략에 이르기까지 모든 것이 새롭게 바뀐다. 이러한 맥락에서 이 책이 제시했던 세 가지 주요 주제로 돌아가고자 한다. 이는 지정학의 영역에 속했지만 브로델의 분석으로 인해 탈바꿈한 주제로, 즉 육지·바다 이분법, 경계(frontière)에 대한 개념, 중심·주변의 대립이다. 나는 브로델보다 더 나아가고자 한다. 지리적인 기원에서 연유한 결정론적 한계로부터 탈각시켜 이 주제를 설명하고자 하기 때문이다.

육지·바다
:글로벌화 기본형

해양아시아 역사가들에게 글로벌화는 새로운 현상이 아니다. 16세기 말 네 대륙은 이미 확실히 자리를 잡은 해로를 따라 정기적으로 무역활동을 하면서 서로 확실하게 연결되어 있었다. 필리핀과 신세계를 연결하는 태평양횡단로의 개통으로 '하나의 세계'라는 개념은 현실이 되었다. 이는 1511년 포르투갈이 동남아의 대시장(emporium) 믈라까를 점령하면서 시작되어 1571년 스페인이 마닐라를 세우면서 완결되었다. 포르투갈의 팽창을 연구한 저명한 역사가 찰스 복서는 첫 번째 글로벌화의 현장이 아시아였다고 주장한다. 그에 따르면 16세기 말 글로벌화의 (mondialisation) 동력은 의심할 여지없이 스페인과 포르투갈의 손에 있었다.[1]

그러나 '바스코 다 가마 시대'[2] 이전에 동아시아와 동남아는 이미 비교적 통합된 경제 지역이었다. 9장과 10장에서 보았듯이 믈라까, 광저우(Canton), 나가사키는 이미 국제적인 교역 중심지가 되어 있었다. 이들 해항도시는 아랍인, 인도인, 중국인, 일본인 상인의 활동에 힘입어 작동하는 네트워크의 일부분이었다. 여기에서 자유 무역항 제도는 결정적인 요소였다. 믈라까의 번영은 양질의 인프라, 적절한 항구세(배의 입항세)와 세제에 힘입었

---

[1] Charles R. Boxer(1969) *The Portuguese Seaborne Empire*, 1415~1825, New York, Alfred A. Knopf; Dennis O. Flynn and Arturo Giraldez, 'Born with a "silver spoon", the origin of world trade in 1571', *Journal of World History*, 6(2), pp.201~221 참조.

[2] 이 용어는 인도 역사가 빠니까르의 다음 저서에서 빌려왔다. K. Pannikkar(1959) *Asia and Western Dominance: A Survey of the Vasco da Gama Epoch in Asian History, 1498~1945*, London, Allen & Unwin. 아시아해양사를 이런 식으로 재구성해도 되는지에 대한 의문이 최근에 제기되었다. Kwa Chong Guan(1998) 'From Melaka to Singapura: the evolution of an emporium', *in Port Cities and Trade in Western Southeast Asia*, The Universities Historical Research, Yangon/The Institute of Asia Studies, Chulanlongkorn University, Bangkok, IAS Monographs no. 53, Bangkok, p.109 참조.

다. 이러한 이점으로 인해 믈라까는 상인을 끌어 모을 수 있었다. 믈라까의 자유 무역항 제도는 이후에 포르투갈과 네덜란드가 행사한 약탈적인 체제[3] 보다 훨씬 더 번영을 가져온 요소였음이 입증되었다. 난징(南京)조약의 체결(1842) 이후에 아시아의 해항도시 간 교역 네트워크는 약간의 변화를 겪었으나 19세기 후반과 20세기 초반을 석권한 식민주의에도 불구하고 근본적으로 변하지 않았다.

해군력이 경제적인 흥망성쇠를 결정하는 중요한 요인이었음에는 분명하다. 유럽에서는 제노바와 피사 간의 해전을 시작으로 제노바와 베네치아의 격렬한 전쟁을 비롯하여 여러 단계를 거치면서 해군력은 증강되었다. 다음 단계는 16세기 초 포르투갈이 홍해, 페르시아만, 인도의 서부 연안과 동남아의 교역 기지를 장악하면서 시작되었다. 해군력은 1571년 유럽 세력과 오스만 제국 간에 있었던 레판토해전, 이를 이어 1588년 8월에는 그하블린느에서 스페인함대의 패배로 인해 더욱 강화되었다.

그렇다면 해군력이 가져다 준 직접적인 결과는 무엇이었나? 유럽에서 아시아로 온 상인과 선원들은 언제나 지정학적 요소를 고려하고 있었다. 16세기에 약제사 토메 피레스(Tomé Pires)는 믈라까를 '교역을 위해 만들어진' 도시라고 묘사했으며 '믈라까의 주인은 누구든지 베네치아의 명줄을 쥐고 있다'라고 생각했다.[4] 앨버커키의 믈라까 점령은(1511) 리스본을 아시아와 유럽 간 향료 무역에 대한 독점 중심지로 만들고자 했던 희망 못지않게 경제적으로 베네치아의 목을 조르고자 의도되었음은 의심할 여지가 없다. 같

---

[3] 이는 포르투갈과 네덜란드가 선원과 상인들에게 강제로 자신의 상관이 있는 항구로 들어오게 하고 믈라까 해협을 지나는 선박에 통행세를 부과하고 교역세를 거두었음을 말한다. Kwa Chong Guan(1998) 'From Melaka to Singapura: the evolution of an emporium', *in Port Cities and Trade in Western Southeast Asia*, Bangkok, The Universities Historical Research, Yangon/The Institute of Asian Studies, Chulanlongkorn University, IAS Monographs No. 053, pp.107~135 참조.

[4] Armando Cortesao(1944) *The Suma Oriental of Tome Pires. An Account of the East. from the Red Sea to Japan, Written in Malacca and India in 1512~1515*, London, Hakluyit Society.

은 맥락에서 아시아에서 네덜란드의 입지가 점차 강해지자 포르투갈과의 무력 충돌은 불가피했다. 또한 1602년 VOC의 설립에는 '조국을 지킨다'와 '적을 쳐부순다'는 두 가지 목적이 있었다.[5] 비슷한 집착으로 인해 싱가포르도 생겨났다. 영국동인도회사 직원 토머스 래플즈는 1819년 믈라까 해협의 동단에 영국인의 거주지를 건설해야 할 필요성을 그의 상사에게 설득시킬 수 있었는데, 그 필요성은 이 지역에서 네덜란드의 패권을 막아야 한다는 것이었다.

가까이에서 그리고 멀리서
:해군 전략에의 함의

애초에는 멀리에서 일어난 사건이 가까운 곳의 경제 활동에 영향을 미치는 경우는 항상 있어왔다. 1588년 8월 8일 필립2세 함대의 패배는 스페인 제국의 몰락을 예고했다. 이와 마찬가지로 7년전쟁 시기(1754~1763) 영국 해군이 대서양에 대한 패권을 장악하자 이 전쟁의 영향은 전 세계적인 국면으로 확대되었다. 전쟁의 장이 유럽을 넘어 캐나다, 카리브해, 인도에 있는 프랑스와 영국의 식민지에까지 확대되었기 때문이다. 1781년 4월 16일에 포르토 다 프라야(Porto da Praya) 전투에서 수프랑(Suffren)이 취한 절묘한 전법이 가져온 강력한 영향에 대해 카스텍스(Castex) 제독의 이야기를 듣노라면 시공간적으로 해전이 미치는 광범위한 영향력에 대해 다시 생각하게 된다.

바다에서의 조직된 힘은 참으로 해상 세력의 진정한 기초이다. 18세기에는 아무도 이 사실을 완전히 이해하지 못했으나(…) 당시 단 한 사람은 라 프라야

---

5) 네덜란드 행정관(Grand Pensionary) 조안 반 올던바르너벌트(Johan van Oldenbarnevelt)가 한 말로 다음 저서에서 재인용. Harm Stevens(1998) *The Dutch Enterprise and the VOC, 1602~1699*, Amsterdam, Walburg Pers, p.16.

에 있는 존스톤(Johnstone)의 파괴가 1,500리그[6] 떨어져 있는 케이프 (Cape)를 구할 수 있다는 점과(…) 이는 3,000리그 떨어져 있는 인도에서도 시간이 흐르면 패권을 장악할 수 있음을 분명히 알고 있었다. 이 사건은 역사상 전례가 없었다.[7]

바다는 부를 나르는 데 사용되었기 때문에 해로와 해협에 대한 통제는 중요했다. 해로에 대한 개방을 유지하는 전략은 그 반대 전략 즉 다른 이들이 이 해로를 이용하지 못하게 하는 전략과 함께 했다.[8] 더욱이 "네덜란드 공화국(Provinces Unies, 1581~1795)은 진정한 부는 씨팡고(Cipango)에서 온 금이 아니라 어떤 화물이든지 한 항구에서 다른 항구로 수송하는 과정에서 만들어진 수익임을 발견했다".[9] 휘호 그로티우스(Hugo Grotius)는 이를 보다 명백하게 표현했다.

신학자들은 우리에게 사람은 특히 각자에 속하는 것을 보유하기 위해 정당하게 전쟁을 할 수 있는 것과 마찬가지로 자연법에 따라 모두에 속한 공동의 것을 지키기 위해 정당하게 전쟁을 수행할 수 있다고 가르친다. 때문에 상품의 수송을 방해하려고 통로를 점령한 이들에 대항하여 정당하게 사실상의(de facto) 수단을 사용할 수 있다.[10]

전 세계의 해양 즉 뱃사람이 살고 있는 시·공간은 이동성(mobilité)·항상성(permanence)이라는 또 다른 한 쌍의 지배하에 있다. 이 측면에서 보면

---

6) 리그는 거리의 단위로 영미에서는 약 3마일, 5킬로미터이다(역자).

7) Raoul Castex(1913) *La Manauvre de La Praya*, Paris, Fournier, quoted in Michel Tripier(1993) Le Royaume d'Archimede, Paris, Economica and FEDN, p.31.

8) Michel Tripier(1993) Le Royaume d'Archimede, Paris, Economica, Chapters 1과 2 참조.

9) *Ibid.*, p.18.

10) Hugo Grotius(1609) *Dissertation on the Freedom of the Sea*, quoted in Tripier, Le Royaume d'Archimede, pp.17~18.

해양은 '복잡하게 분할된 국경과 국가 폭력이 불가항력으로 증가하는 닫힌 공간인' 유럽 대륙과는 완전히 다르다.[11] 해양은 곧바로 글로벌 비전을 제시한다. 해양은 전반적으로 모든 경제적, 문화적, 전략적 함의를 가지고 있다. 국제 교역의 제1의 무대로서 해양은 전략적인 이동성(mobilité stratégique)을 위한 무한 공간이며 경제적이고 군사적인 대치의 공간이기도 하다. 해양이라는 공간의 점령은 언제나 일시적이고 불안정하기 때문에 해양은 잠재적인 주권(souverainetés virtuelles)만이 실현되는 공간을 제공할 뿐이다.[12] 또한 대양은 국가 간의 경계가 흐려지는 공간이다. 분명한 국경이라는 개념 뒤집기는 '우리의 국경은 다른 나라의 해안이다'라는 영국의 캐치프레이즈에 잘 표현되어 있다. 그리고 이러한 해양세력(*sea power*)의 기초를 놓은 이는 마한 제독이었다. 그는 몇 가지 원칙을 열거했는데 이를 우리 시대의 경제 글로벌화의 당위 혹은 필요성과 비교해 보면 흥미로운 사실을 발견할 수 있다.

① 제1순위를 연안 방어에 두지 않고 공해에 두었다는 점은 글로벌 비전의 필요성을 역설한다. 이런 목적은 정보의 두 가지 이용 양식 즉 중앙의 국가가 정한 논리와 변하는 상황에 대한 관리, 그리고 '이동 물류(logistique mobile)'와 '전략적인 이동력(capacité de mobilité stratégique)' 간의 갈등을 분명히 드러낸다. 우리는 인접한 공간 간의 의존 관계가 덜 중요하게 된 세계에서 서비스업은 경제 강대국에게 '전략적인 타력(capacité de frappe stratégique)'을 준다고 추론할 수 있다. 핵심적인 문제는 정보에

---

11) 여기에서 나는 라부데리 제독의 주장을 따랐다. Admiral Labouérie, 'Mahan, une nouvelle jeunesse', in Alain Guillerm(ed.)(1999) *Géopolitique des mers: les Méditerranees d'Europe et d'Asie*, Paris, Cirpes, pp.15~32.

12) 이는 세계양(océan mondial), 지구양(planète océan), 혹은 해양세계라는 용어로 표현될 수 있다. 하마시타 다케시는 kai ri(thalassology)라는 개념을 만들었다. 칼 슈미트의 주장에 기반 하여 만든 데이비드 쿠민의 개념도 참조. David Cumin, 'Thalassopolitique: Carl Schmitt et la mer', in Hervé Couteau-Bégarie(ed.) *L'Evolution de la pensee navale, VII*, Paris, Economica, 1999, pp.219~256.

대한 접근의 문제가 되었다. 여기에서 필요한 전략은 과거에 대륙을 지배하게 해준 전략과는 아주 많이 다르다.

② 커뮤니케이션의 자유를 보장하고 커뮤니케이션이 반드시 거쳐야 할 지점을 관리한다. 이는 그 지점을 이용하여 다른 이들이 이를 사용하지 못하도록 막는 것을 의미한다. 여기에는 항구의 작동을 확실히 장악하는 방법과 비슷한 유사성이 있다. 항구는 영토나 국가가 아니라 흐름을 통제할 수 있게 하는 환승 지점(points de passage)이기 때문이다. 우리는 그 두드러진 예에 속하는 한자동맹의 도시와 중국의 해항도시를 보았다. 항구는 네트워크상에 있는 기지이다. 항구는 그 영향력을 외부로 투사시키면서 수없이 많은 대도시 중심지(metropolitan centres)가 이루는 광대한 네트워크 속으로 통합되어 간다. 여기에서 계서질서는 영토와는 아무런 상관없이 그렇지만 금융, 연구, 혁신과 같이 대체로는 탈영토화된 (*dé-territorialisées*) 기능(*fonctions*)과의 관계하에서 변화한다. 경제력의 축적은 두 가지 양식을 따라 이루어진다. 영토에 대한 지배력과 당연히 이를 위한 가공할 만한 군대의 창설 그리고 커뮤니케이션 채널에 대한 통제가 그것이다. 이 두 전략은 2차 세계대전 시기 영국 함대의 승리, 그리고 프랑스와 독일 함대의 연이은 실패를 설명한다. 경제학 영역 내에서 결정적인 문제는 정보의 자유, 데이터에 대한 자유로운 이용과 특허권에 대한 존중뿐만 아니라 게임의 규칙을 정하기 위해 기술적인 규범 (*normes techniques*)을 구상하는 능력이다.

③ 사방으로 힘을 투사할 수 있도록 바둑에서와 같이 가장 중심이 되는 위치를 확보한다. 그리고 힘을 집중할 수 있도록 의도에 의혹을 품으면서 정보를 최대한 지배한다. 페니키아인, 이어서 그리스인은 해역(bassin maritime)의 요지들을 중심으로 뻗어 있는 네트워크 덕분에 지중해 세계를 석권할 수 있었다.

④ 동시에 후방에는 해군 기지와 '기동 부대(*task forces*)'가 전진할 수 있

는 기지를 둔다. 기지는 '산업력의 자손'이다. 조직된 무력은 이익을 얻어내는 데에 유용하다. 그렇기는 하지만 산업과 상업 구조가 분열하여 각종의 네트워크에 의해 연결되는 수 천 개의 조직으로 만들어지기 때문에 권위주의적인 중앙집권화에 기반을 둔 계서질서는 완전히 약화된다. 이러한 새로운 맥락에서 국가의 개념과 국가와 경제의 관계는 어떻게 나타나고 있는가?

레비아탄, 베헤모스, 만다라
:유럽과 아시아 국가의 차이점

정치 철학과 '국가(état, state)'의 개념에 관해 유럽은 하나가 아닌 다양한 전통을 가지고 있다. 홉스, 로크, 루소는 이에 대해 각기 다른 의견을 내놓았다. 일찍이 중세에 마그나 카르타(*Magna Carta*)가 영국 군주에게 웅변적으로 상기시킨바 왕은 자신이 만들지 않은 법에 따라야 했다. 의회에도 같은 논리가 적용되어 훨씬 뒷날까지도 의회는 입법 기능보다는 사법 기능을 맡았다. 그리하여 중세에 권위의 구조는 무정부 상태를 초래하지 않으면서도 다양한 권력으로 이루어져 있었다. 로버트 리즈벳은 서양 전통에서 사회는 언제나 국가와는 분리되어 있었다고 주장한다. 홉스의 이론은 이런 개별성에 조종을 울렸다. 그에게 "군주가 가진 주권(*sovereign power*)이 법의 의지에 굴복한다는 것은… 코먼웰스(*Commonwealth*)의 본질에 혐오감을 주기' 때문에…" 군주의 권력은 더 이상 법의 대상이 아니었다.[13]

독일의 예 또한 그 나름의 방식으로 국가 형성 과정을 관장하는 단일한 논리는 존재하지 않음을 보여준다.[14] 국가는 이 나라의 전반적인 상황의

---

13) 홉스, Robert Nisbet(1953) *The Quest for Community: A Study in the Ethics of Order and Freedom*, Oxford, Oxford University Press, pp.119~120에서 인용.

변화에 대한 대응으로 형성되지 않았다. 순전히 전쟁 양상의 변화나 신념 체계의 변동에 의해 봉건적인 분열 상태에서 커다란 영토적 독립체로 발전했다고도 설명할 수 없다. 왜 독일의 경우는 프랑스의 경우와 그렇게 달랐는가? 대답은 11세기의 활기찬 경제 발전에서 비롯된 특수한 동맹(coalitions)에서 찾을 수 있다. 쾰른과 같은 라인란트의 도시와 함부르크, 뤼베크, 브레멘과 같은 발트의 도시는 유럽의 교역 발전으로부터 이익을 얻었다. 1226년의 뤼베크와 같이 이 중 몇몇은 제국의 도시가 되었다. 이들은 더 이상 봉건 영주에 의존하지 않았으며 오직 황제에게만 충성을 맹세하게 되었다. 더욱이 중앙집권화된 군주제의 권력이 약화되면서 이들 도시의 자치에 활력을 불어넣었다. 도시는 상당한 자치권을 사거나 얻어냈다.

대안적인 역사를 기술하기 위한 주된 요소로 육지와 바다 간의 대립을 설정한 칼 슈미트는 상당히 독창적인 방식으로 각기 다른 유럽 국가의 계보를 다시 그렸다. 그의 주장에 따르면 육지 · 바다 이분법은 모든 정치의 모체(matrice)이며 세계의 역사를 해석하는 열쇠를 제공하는 동지 · 적(ami · ennemi)의 이분법을 다른 방식으로 재구성했다. 홉스의 국가관이 실제로 실현된 곳은 영국이 아니라 유럽의 대륙, 즉 프로이센(프러시아)과 프랑스에서였다.15) 이와는 반대로 영국은 성문의 헌법, 법전 그리고 상비군과 같은 특유의 국가 제도로 무장하지 않은 채 해군과 무역 덕분으로 세계 강대국이 되었다.

앵글로-색슨판 국제법에서 보면 국가와 전쟁에 관한 대륙적인 개념은 적절하지 않았다. 슈미트의 견해에 의하면 해상 분쟁과 무역 갈등으로부터 전쟁과 적에 대한 명확한 개념이 발전했다. 여기에서 전투원과 비전투원 간에는 아무런 차이도 없었다.16) 따라서 육지에서 수행되는 전쟁에 관한

---

14) Hendryck Spruyt(1994) *The Sovereign State and its Competitors*, Princeton, Princeton University Press, esp. Chapter 6 참조.

15) Cumin, 'Thalassopolitique: Carl Schmitt et la mer', p.225.

16) Carl Schmitt(2001) *Le Nomos de la Terre*, Paris, PUF, esp. pp.171~183.

법과 바다에서 전개되는 전쟁에 관한 법은 서로 상반된다. 전자에 따르면 주권 국가 간의 전쟁은 정규군에 의해 수행되고 민간인은 적대의 대상이 되지 않으면 '정당하다(juste)'. 반면 바다에서의 전쟁에는 이러한 국가 간의 관계가 개입되지 않는다. 바다에서 전쟁을 벌이는 이는 적의 무역과 경제 전체를 공격함으로써 전투원과 비전투원 모두를 대상으로 하는 전면전이라는 방식을 채용한다. 슈미트는 또한 해상봉쇄는 교전자만큼이나 민간인을 겨냥했으며, 취득권(droit de prise)은 적의 재산에 대해서 만큼이나 중립국의 재산에도 적용되었음을 지적한다. 이로부터 '정당한 전쟁(guerre juste)'과 국제법에 대한 새로운 개념이 등장했다. 즉 적이 범법자로 분류되면 교전자 간의 법적이고 도덕적인 등가 관계는 더 이상 성립되지 않는다.

이렇듯 권리가 형성되는 방식이 갖는 차이로 인해 닫힌(fermé) 공간과 열린(ouvert) 공간이라는 두 개의 다른 공간 개념이 나왔다. 육지에서의 공간은 주권 국가의 영토 분계선을 따라 닫혀있다. 반면 바다에서의 공간은 열려있고 분할되지 않으며, 모든 국가의 지배로부터 '자유롭다(staatfrei)'. 여기에서는 커뮤니케이션의 통로를 확보하는 것이 가장 중요하다. 이전 포르투갈과 네덜란드와는 달리 영국은 공간의 개념을 영토가 아니라 커뮤니케이션의 통로와 수단으로 생각했다. 토마스 무어의 『유토피아(Utopia)』(1516)가 가지는 중요성은 이것이 공간에 대한 새로운 상상적인 개념을 구상하기 시작했다는 데에, 그리고 18세기 이래 영국 산업주의가 만들어가게 될 '아토피아'(a-topique)17) 강대국(puissance)의 탄생을 예시했다는 데에 있다.

세계를 지배하는 제국이 되기 위해서는 법적인 규범(éthos juridique)이라는 보편적인 비전이 필요했다. 코먼웰스를 구성하기 위해 필요했던 간섭 행위를 정당화시키기 위해서도 이는 필요했다. 그 이전의 라첼(Ratzel-그에게 "국가는 흙에 뿌리를 내리고 있다")과 같이 슈미트는 국가는 육지 그리

---

17) 영토적 국경이 없는 사회(역자).

고 분명한 경계를 가진 영토와 불가분의 관계가 있다고 생각했다. 따라서 홉스도 바다의 힘을 나타내는 바다에 사는 거대한 괴물인 레비아탄[18]이 아니라 땅의 힘을 상징하는 구약성서에 등장하는 거대한 육지 괴물인 베헤모스[19]를 국가의 상징으로 선택해야 했다.

중세가 끝나갈 즈음 필요하게 된 국민국가(État-nation)의 등장을 설명하는 두 가지 일반적인 견해가 있다. 신현실주의 견해가 있는데, 여기에서 국민국가는 전쟁에서의 규모의 경제라는 혜택을 누릴 수 있기 때문에 우세하게 되었다. 그리고 마르크스주의자의 견해에 따르면 부르주아지는 시장의 범주를 확대하기 위해 국민국가를 성립시켰다. 그러나 다른 가능한 해결책도 있었다. 중세 후기 교역의 급성장으로 제도적인 구조가 와해되었으며, 상인, 수공업자, 관료 계급이 생겨났으며, 시정부가 탄생하게 되었다. 이런 발전 과정이 모든 곳에서 획일적으로 일어난 것도 동일한 결과를 가져온 것도 아니었다. 도시동맹(한자동맹과 같이), 독립된 도시국가(특히 이탈리아에서), 그리고 국민국가(특히 프랑스에서)라는 세 가지 제도적인 형태가 서로 경쟁했다.

오랫동안 한자의 형태와 이탈리아 도시국가의 형태는 영토국가의 형태와 경쟁할 수 있었던 실현 가능한 대안이었다. 최소한 2세기가 넘게 이들은 세금을 거두고 군대를 동원할 수 있었다.[20] 찰스 틸리는 국가형성사는 실패로 가득한 반면 성공한 예만이 공식화되고 길고 자세하게 분석되어왔다

---

[18] 유대교 전승에 따르면, 이는 천지창조 5일째 되는 날부터 존재해왔으며 바다 생물들의 왕으로 군림해왔다. 대항해시대 때 유럽의 선원들에게 있어 레비아탄은 그야말로 공포의 대상이었다(역자: 네이버 지식백과 참조).

[19] 구약성서에 나타나는 괴수로 아무도 잡을 수가 없으며, 쓰러뜨릴 수도 없는 동물로, 그 모습에 대해서는 하마, 물소, 코뿔소 등 여러 가지 설이 있다. 유대교의 한 전승에 의하면, 하느님이 천치창조 6일째 되는 날에 만들어졌으며 천개의 산들 한가운데에 방목되었다고 한다. 또 다른 전승에서는 본래 레비아탄과 더불어 바다에 살도록 창조하였지만 둘 다 바다에 살면 바닷물이 넘쳐나기 때문에 베헤모스 만이 육지에서 살게 되었다고 한다(역자: 네이버 지식백과 참조).

[20] Spruyt, *The Sovereign State and its Competitors*, p.178 참조.

는 점을 지적했다.[21] 노스와 토마스에게 근대 국민국가는 그 크기로 인해 무엇보다도 두 가지 기능, 즉 재산권 그리고 사람과 상품의 물리적 안전을 효율적으로 더 잘 보장할 수 있었기 때문에 서유럽에서 우세하게 되었다[22] 그러나 승부가 확정되기 전까지 게임은 계속되고 있었으며 그 당시 아무도 결과를 예측할 수 없었다.

중세 말을 특징짓는 제도적 다원성에—제국(empire)과 교황제(papaute) 라는 두 지도적인 경쟁 제도, 그리고 수없이 많은 작은 제도들(공국 (principalités), 백작령(comtés), 공작령(duchés), 남작령(baronnies), 수도원 (monastères), 주교구(évêchés))— 대해서는 적극적으로 재평가할 필요가 있다. 앞서 언급한 그 어떤 제도도 어떤 일정한 영토에 대해 절대적인 권위를 주장할 수 없었다. 봉건 영주는 자신이 관할하고 있는 영역 내에서도 십일 조의 교황제로의 전입과 같은 일단의 기독교적 의무를 용인해야 했다. 즉 권력은 이질적이고 파편적이었다. 14세기 유럽에는 규모가 다양한 약 천 여개의 국가가 있었다. 이런 이질성(hétéronomie)은 권력의 집중을 막았으 며 창조적인 경쟁을 유발시켰다. 보다 많은 자유를 누리기 위해 다른 곳으 로 가기를 원하는 사람은 언제라도 자유로이 그렇게 할 수 있었다.[23]

이런 상황에서 여러 가지 다른 발전 양상이 나타났다. 독일에서 세 주연 배우는 황제, 귀족, 도시였으며, 이탈리아에서는 교황, 황제, 도시, 프랑스에 서는 왕, 귀족, 도시였다. 각각의 사례마다 각기 다른 동맹이 형성되었다. 독일에서 황제는 도시에 대항하여 귀족과 동맹했다. 이탈리아에서 귀족은 도시화되었으며, 도시는 종교적 권위와 세속 권력 간의 투쟁으로부터 이득 을 보았다. 프랑스에서 귀족은 도시 부르주아지를 불신했으며 왕은 귀족에

---

21) Charles Tilly(1990) *Coercion, Capital, and European States, AD 990~1990*, Cambridge, Basil Blackwell, pp.5~9.

22) Douglass North and Robert Paul Thomas(1973) *The Rise of the Western World: A New Economic History*, Cambridge, Cambridge University Press, pp.2~3.

23) Daniel Chirot(1985) 'The rise of the West', *American Sociological Review*, p.183 참 조.

대항하여 도시와 동맹했다. 영국은 나름의 독자적인 방식을 취했다. 프랑스보다 먼저 중앙집권적인 국가를 만든 영국은 중세의 제도적 다중심주의(polycentrisme institutionnel)를 구성했던 수많은 요소를 조화시켜 독창적인 정치적 구조에 성공적으로 결합시킬 수 있었다.

아시아의 전통
:만다라(État-Mandala) 국가

유럽에서 일어났던 일이 아시아에서는 일어나지 않았다. 동남아의 서로 다른 모든 정치 조직을 국가라는 하나의 단어로 획일적으로 묘사하는 것은 정말 시대착오적인 발상이 될 것이다. 정통성의 근원이든 경제를 조직하는 논리이든 혹은 경계에 대한 구체적인 관념이든 정치 조직체들 사이에는 엄청난 차이가 있었다.[24] 동남아에서 부족(tribu), 즉 '원시적인(primitives)' 정치체와 국가 사이의 경계선은 완전히 자의적인 것이다. 인도적, 이슬람적 그리고 서구적 정치 개념을 교섭함으로써 만들어진 국가는 예를 들어 인도네시아제도에서 국가는 지역 세력가와의 주도면밀하게 만들어진 연맹 네트워크에 기반을 둔 조정 관료정치(bureaucraties de cour)의 틀처럼 보인다. 일정정도의 제도화에도 불구하고 왕, 가신 그리고 비적 간의 구분은 불명확했으며 때로는 거의 의미가 없었다. 응우옌 테 아인은 다음과 같이 지적하고 있다.

동남아와 접촉한 초기 유럽 여행가 대다수의 눈에 가장 먼저 들어온 것은 동남아의 정치적 파편화였다. 마르코 폴로는 "8명의 왕이 있는 8개의 왕국… 각 왕국은 고유의 언어를 가지고 있다"고 북부 수마뜨라를 묘사했다. 국지적 권력 중심지가 만연해 있었다는 사실은 이 지역의 다중심주의적 특질을 잘

---

[24] Warren Choen(2000) *East Asia at the Center*, New York, Columbia University Press 참조.

드러내고 있다. 영토적 위계질서에 기반을 둔 정치 체제로부터 가져온 기준을 적용해서는 이를 정확하게 설명할 수 없다. '왕국(royaumes)'이나 '공국(principautés)' 대신에 우리는 사회적으로 정의할 수 있는—공동체의 중대사를 위해 동원할 수 있는— 충성(loyautés)의 네트워크라는 것을 생각해야 한다.

실제로, 동남아에서 정치체는 일반적으로 국지적 권력 중심지들의 합체(coalescence)라고 말할 수 있다. 이들은 강제가 아니라 혈연에서 비롯된 유대와 의무가 만들어낸 복잡한 관계의 역학에 의해 결합되어 있었다. 지도자와 종자의 관계는 친족관계로 인해 발생한 의무의 외연적인 표현이었다.

주종관계를 설명하고 정당화하기 위해 가족과의 유사성이 끊임없이 환기되었다. '아버지(père)'로서의 위치에서 군주는 보호와 지원을 할 수 있어야 했으며, 필요할 때에는 심한 질책도 했다. 그리고 '자식'으로서 신하는 충성, 존경 그리고 봉사로써 보답해야 했다. 그리하여 혈연관계에서 발생한 개인 상호 간의 관계는 모든 정치사상의 핵심이었으며, 심지어는 가장 오래된 정치체에서도 가족 관계에 기반을 둔 구조를 감지해 낼 수 있다.[25]

이와는 달리 중국에서는 광대한 토지를 아우르는 사회 질서를 효율적으로 관리한 덕분에 권력을 집중시킨 단일 국가가 등장했다. 이런 중앙집권적인 국가에서 이에 도전하는 토지소유 귀족, 제도화된 종교 기관 혹은 상대적으로 독립된 사법부는 있을 수 없었다. 유럽과 비교해 이런 제국 질서에 거역하는 반체제 성직자나 도시 부르주아지 혹은 군인 사회가 존재하지 않았다. 바로 여기에서 서양과 중대한 차이가 있다. 서양에서 국가는 사회 질서를 위해 아무리 필요한 존재였다고 해도 결국 정통성(légitimité)은 없었다. 성 아우렐리우스 아우구스티누스의 말을 빌어보자.

정의가 없다면 제국은 단지 한줌의 도적떼에 지나지 않는다. 진정으로, 정의

---

25) Nguyễn Thế Anh(1998) 'La féodalité en Asie du Sud-Est', in Eric Bournazel and Jean-Pierre Poly(eds) *Les Féodalités*, Paris, PUF, pp.683~714.

가 없는데 도둑들이 대거 모여 있다고 제국인가? 이와 마찬가지로 한 지도자가 통치하고 계약에 따라 합의된 원칙을 존중하면서 전리품을 분배했다고 해서 이 도적떼가 작으나마 제국이 되는가? 이러한 악당들이 부정한 이들 중에서 사람을 모아 세력을 키우게 하고, 이들이 어떤 지역을 점령하여 지배권을 확립하게 하고, 도시를 쳐서 사람들을 예속시키게 내버려 둔다면, 이들은 왕국이라 불리며 그 욕망을 떨쳐 버리기커녕 환호성을 지르며 파렴치함이 도를 더해간다. 이는 정확하게 알렉산더 대왕의 손에 떨어진 한 해적의 재치 있는 답변을 통해서도 잘 드러난다. 대왕이 그에게 무슨 권리로 바다를 혼란하게 하는지를 물었을 때 그는 대담하게 다음과 같이 말했다. "당신이 육지를 혼란하게 하는 것과 같은 권리에 따랐다. 그렇지만 나는 작은 배만을 가지고 있어 해적이라 불리지만 당신은 커다란 함대를 가지고 있기 때문에 정복자로 불린다."26)

이런 견해는 왕권신수설에 대한 교회의 비준을 거부하고 왕권의 세속적인 성격을 단언했던 정치철학의 전통에 지워지지 않는 각인을 남겼다. 이는 세속 권력의 근거에 대한 논의를 불러일으켰으며 종교적인 규범에서 정치적인 규범의 분리를 가져왔다. 이로부터 기독교 신학의 세속 권력에 대한 비판적인 전통이 풍부해졌다.

만약 왕의 권력이 일반 대중의 권리에 근원을 두고 있다면, 왕이 폭군이 되어 왕권을 남용할 경우 그 일반 대중에 의해 왕이 폐위되거나 그의 권력을 제한당한다 해도 부당한 것은 아니다.27)

중국의 전통은 이와는 상당히 거리가 멀다. 중국에서 관료와 사대부는 토지소유로부터 비롯된 임대소득을 전용하기 위해 연합했다. 이렇게 함으

---

26) Saint Augustine, *The City of God*, Book IV, Chapter 4, reprinted(2009) by Peabody, MA, Hendrickson Publishers.

27) Thomas Aquinas(Author), James M. Blythe(Translator) *On the Government of Rulers: De Regimine Principum*(The Middle Ages Series), Philadelphia, University of Pennsylvania Press, annotated edition, 1997.

로써 이들은 독립적인 상공업 부르주아지의 출현을 봉쇄했다. 세제는 엄청나게 효과적이었으며 사적 활동에 대한 보호는 약했다. 중요한 의미가 있는 사업체는 모두 국가가 독점했다.

지방의 행위자와 중앙의 권력 간에 있었던 독특하고 경쟁적인 지형은 중국에서 20세기 말에 이르러 탈구된 제국의(empire désarticulé) 형성으로 귀결되었다. 이 제국의 힘은 역설적이게도 경계의 이동성과 트랜스내셔널 네트워크의 분산성에서 나온다. 이들 두 가지 특징으로 인해 제국은 국제적인 경제 무대에 그 영향력을 투사할 수 있는 엄청난 능력을 가지게 된다. 오늘날 경계는 다공성이 증가하고 압력으로 휘어지고 갈라지고 있으며, 국가와 개인 간의 관계 또한 느슨해지고 있다. 이렇듯 제국이 탈구되면서 생긴 아시아 주변의 중국이 일본에서 싱가포르까지 이어지는 활모양의 영역(arc) 내에서 발전할 수 있을까? 이런 질문을 하는 데에는 이유가 있다. 도시는 제국이나 국가의 권력이 이완된 정치적 맥락에서 그 특권(prérogatives)을 확장시킬 수 있다. 12세기 독일 신성로마제국의 약화로 인해 한자동맹은 번성할 수 있었다. 그리고 영토국가를 권위의 궁극적인 원천으로 삼은 베스트팔렌 조약(1648) 이후 겨우 20년 만인 1669년에 사라졌다는 점은 중요하다. 지금 국가의 중심성(centralité)을 피할 방도가 있을까? 글로벌 도시가 제도화된 중앙집권적인 권력형태에 대한 신뢰할 수 있는 대안이 될 수 있을까?

비연속 국가(états non contigus)와 모호한 정체성(identités floues)

이런 특정한 구성의 선례는 유럽에서는 적지 않다. 중세의 영국(노르망디와 아키텐을 포함하는), 혹은 아라곤왕국(피레네산맥의 양측에 걸쳐있는)과 같이 물리적으로 단절되어 있는 지역을 포괄하는 국가(entités étatiques)의 예를 들 수 있다. 아시아에서도 고려해볼 만한 비슷한 예를 찾을 수 있다. 모호한 정체성을 가진 20세기 말 오키나와의 지위는 어떤 의미에서 홍콩의 반환을 처리하기 위해 중국 본토가 창안해낸 '일국이체제(一國二體制)'를 상기시킨다. 타이완과 중국 본토와의 재통합 과정은 하나의 통일된 국가로서의 중국의 창설이라는 본질적인 국면을 염두에 두지 않고는 이해될 수 없다. 이 과정은 1911년 신해혁명과 함께 시작되었으나, 여전히 미완의 상태에 있다. 이 과정은 1911년 중국공화국의 수립, 1928년 북벌, 중일전쟁(1937~1945), 1949년 중화인민공화국의 창설, 그리고 1980년대의 개혁개방으로 이어졌으며, 타이완의 경제 발전과 민주화도 이에 포함되어야 한다. 이들 여러 주요 단계는 국가로서의 중국의 건설이라는 다면적인 과정의 각기 다른 측면을 대변하고 있다고 보인다. 어떤 하나의 정당 즉 국민당도 공산당도 자신만이 중국을 통치할 수 있는 정당한 권력을 가지고 있음을 입증하지 못했다.[28]

주권의 변신
(métamorphoses de la souveraineté)

주권 즉 통치권의 개념은 로마의 권력 개념에서 유래했다. 즉 통치한다는 것은 일정 영토에 자신의 법을 강제하는 것이다. 주권은 무엇이 통치되는가가 아니라 누가 통치하는가의 문제이다. 영토보전에 기반을 둔 통치권은 결코 안정성 있는 개념이 아니었다. 그리고 통치권 자체의 불가분성도 의문의 여지가 있다. 예를 들어 주권의 개념은 영미의 관습법(common law)에서는 생경한 것이다. 더욱이 경제 관계가 전 세계적으로 확장 발전함에 따라, 정치적으로 부과된 질서라는 의미로 이해되어 왔던 주권의 개념을 잠식해 버렸다. 그렇다면 다원주의적인

---

28) 중심과 주변 간에 새로이 형성되고 있는 관계에 대해서는 Tu Weiming(ed.)(1994) *The Living Tree: The Changing Meanign of Being Chinese Today*, Stanford, Stanford University Press 참조.

사회가 패권을 다시 장악한다는 뜻인가?

이 미증유의 상황을 밝히기 위해 통치권과 정치 질서 간의, 혹은 영토법과 해양법 간의 복잡한 관계를 다시 고찰할 필요가 있다. 마키아벨리 이후 국가의 정통성은 종교적인 근거와 연계되지 않고 폭력에 기초하여 세워졌다고 인식되어 왔다. 보댕에게 주권은 "한 공화국의 절대적이고 영속적인 권력, 명령하는 최대의 권력"으로 인식되었다.[29] 반면 루소에게 주권은 일반 의지의 표현이었다. 마지막으로 슈미트는 국가는 정치적인 것 혹은 정치의(le politique) 전제조건이라고 말한다. "무엇을 정치적인 것이라고 함은 이 무엇을 어떤 식으로든 국가의 일면에 동화시켜 넣거나, 최소한 이 무엇과 국가와의 관계를 설정하는 것이다".[30] 이는 주권에 대한 특정한 개념을 낳았다. 정치적인 것은 법률(droit)과는 본질적으로 다르다. 이 때문에 정치적인 것의 본질적인 전제조건은 "법적 의미에서의 결정은 온전히 규범의 내용에서 연역되어야 하지만 주권은 최고의, 어디에서도 파생되지 않은, 통치할 수 있는 권력"[31]이며 '예외적인 상황'에서 결정하는 능력을 의미한다.[32]

정치철학이 다수의 계통에 속하는 주권에 관한 개념들과 이질적인 내용들을 수용한다면, 유럽사에서 주권과 영토 간의 관계는 훨씬 더 다양해진다. 예를 들어 프랑스에서 국가 주권의 개념은 봉건 영주의 배타주의(particularisme)와, 교회와 게르만 신성로마제국의 보편주의(prétentions universalisantes) 둘 모두에 대응하기 위해 고안되었다. 국가의 권위는 명확하게 규정된 국경 내(그 안에서 국가가 권력을 행사할 수 있는)에 있는 전 영토에 미쳐야 했다. 독일에서는 반대의 현상이 일어났다. 거기에서 군주

29) Jean Bodin(1993) *Six Livres de la République*, Paris, Le Livre de Poche, pp.118~122.
30) Carl Schmitt(1992) *la Notion de politique*, Paris, Champs-Flammarion, pp.57~58.
31) Carl Schmitt(1988) *Théologie politique*, Paris, Gallimard, p.16.
32) *Ibid.*, p.19.

는 자신들의 이해관계는 이탈리아에 있는 교황의 지배로 규정되는 보편적인 질서에 참여하는 데에 있다고 인식했다. 이들은 도시에 대한 권력을 봉건 영주에게 맡겨버림으로써 그 목적을 달성하고자 했다. 따라서 군주와 부르주아지 간의 그 어떤 동맹 관계도 성립되지 못했으며 그리하여 주권국의 바로 그 가능성은 사라졌다.[33] 도시는 자신을 대표하고 전쟁을 하고 교역에서 위험한 불확실성을 줄이기 위해 자신들끼리 동맹을 만들었다. 프랑스의 왕과는 달리 게르만의 황제는 도시에 반대하는 봉건 영주의 편을 들었다. 1250년 이후 독일은 봉건 제후 영토, 독립 도시 그리고 도시 동맹의 집합체였다. 황제의 명목적인 권위 하에서 귀족과 도시는 영토를 지배하기 위해 다투는 경쟁자였다.

수백 년간 지속되어온 교회의 권력이 끝나자 주권은 분명하게 획정된 국경선 내에서만 행사되었다. 이때부터 국제관계 체제는 하나의 기본 원칙, 즉 주권에 대한 존중에 기초을 두었다. 이는 구체적으로 다른 국가의 일에 대한 불간섭, 국제법의 준수 그리고 외교관의 면책특권을 의미했다.[34] 이런 시각에서 보면 3장에서 분석한 한자동맹의 작동 원리는 보다 적절히 표현한다면 국가의 논리보다는 제국의 논리와 더 닮아있다.[35] 그러나 이는 분명한 권위의 위계적 계서질서도 가지고 있지 않았으며 공식적으로 규정된 영토적 국경도 없었다.[36] 원거리교역을 조직하는 데에 도움이 되는 정치 제도를 수립하고자 한 시도는 주권 국가를 지지하는 논리와 상충될 수 있었다. 그렇다면 한자가 어떻게 거의 5세기 동안 지속될 수 있었는가?[37]

---

33) Spruyt, *The Sovereign State and its Competitors*, p.129.

34) 베스트팔렌조약의 국제적인 측면에 관해서는 Leo Gross(1968) 'The peace of Westphalia 1648~1948', in Richard A. Falk and Wolfram F. Hanrieder(eds) *International Law and Organization*, Philadelphia, J-B. Lippincott, pp.45~67 참조.

35) See *The Sovereign State and its Competitors*, p.129, n. 117.

36) *Ibid.*, p.129.

37) 필리프 돌랭제(Philippe Dollinger)는 한자동맹(Hanseatic League)이라는 용어는 한자가 결코 가져본 적이 없는 동맹이라는 조직체를 의미하기 때문에 적절하지 않다고 지적한다. 사실 한자 내에서 특정한 목적을 위해 그리고 특정한 기한

이는 강제력을 행사하기 위한 어떤 능력 때문은 아니었으며 "공동체의 구성원을 서로 묶어주는 공통된 이해관계의 동원"이 가능했기 때문이었다.[38] 우리는 이러한 결속을 북유럽의 교역을 통제하기 위한, 동유럽과 서유럽 간에 상호의존적인 관계의 중개인이 되고자 하는—원자재(모피, 밀랍, 질 좋은 원목, 광산물, 곡물)와 기본적 욕구를 충족시키는 생필품(직물, 소금과 같은)과의 교환을 지배하는 것을 의미한다— 공동의 결정에서 분명히 볼 수 있다. 한자는 이러한 이해관계의 공동체(communauté d'intérêt)가 존속하는 한 지속될 수 있었다.

주권·영토의 분리(découplage),
상인법(*Lex Mercatoria*), 해적
:전통적인 주권에 대한 도전

글로벌화는 국가의 역할을 단순히 약화시키는 것이 아니다. 이에는 보다 더 복잡한 과정이 개입되어 있다. '주권과 영토 간의 교차점'이라는 특수한 형태인[39] 근대 국민국가의 권위는 상호 배타적인 영토와 법체제의 병치(juxtaposition)라는 관념에 기반 하곤 했다. 오늘날 탈지역화(délocalisé) 생산이 원산지규정을 우회하는 데에 관여하는 방식에서 보이듯이, 경제 활동의 가상현실화(virtualisation)는 모든 영토 관할권을 비웃고 있다. 이는 특히 해외(*offshore*) 작업과 탈지역화 교역의 엄청난 발전이라는 맥락에서 보면 글로벌화라는 새로운 제도(institutions), 즉 국

동안 많은 동맹이 맺어졌다. 돌랭제는 당시에 일반적으로 사용되었던 여러 명칭, 즉 *communis merator, deer Gemene Kopman, die Gemene Stete* and La Hanse 의 의미를 더 잘 전달할 수 있는 "한자공동체(communauté hanséatique)"라는 용어를 더 선호한다. Philippe Dollinger(1970) *The German Hanse*, London, Macmillan (adapted from the French edition *La Hanse*).

[38] *Ibid.*
[39] Saskia Sassen(1995) *Losing Control*, New York, Columbia University Press, p.6 참조.

가의 관할권을 피해나간 활동을 어떻게 이해할 것인가라는 문제를 제기한다. 이를 탈국가화된 영역의 일부로(pans de territoire dé-nationalisés) 간주해야 하는가?

글로벌화로 인해 생긴 준-법적인 계약상의 혁신(특히 재정거래의 점증 경향)이 사스키아 사센이 시사한 바와 같이 상인법(lex mercatoria)의 우세나 사적(privé) 사법제도의 출현으로 이어질 것인가? 쟁점은 본질적인 거버넌스 메커니즘과 관련되어 있다. 이 권위는 현지 국가(local state)에서 나온 것이 아니다. 홍콩에서 재정거래의 눈부신 증가는 이미 이런 발전을 증거하고 있다. 법의 지배와 앵글로색슨 법률 지식으로부터 확실한 혜택을 얻을 수 있다고 본 많은 아시아 기업들은 갈등과 분쟁을 해소하는 데에 이를 이용하기로 합의했다. 이 버전의 법의 지배는 이 법이 탄생한 영토적인 공간 훨씬 너머로 영향력을 확대해 적용되고 있는 셈이다.

영토국가와 정치의 지속적인 감결합이라는 가설에서 우리는 엘리자베스 시대와 어느 정도 유사성을 가지고 있는 법률, 정치, 그리고 공간의 개념을 보게 된다. 영토국가는 여러 가지 형태로 정치적인 것을 구상해내는 장소였다. 로도스(Rhodes)의 법률, 베네치아의 해상법, 바르셀로나 법령은 그로티우스의 법률 훨씬 이전에 사적 해상법을 법적으로 체계화시켰다. 그로티우스의 업적은 16세기 스페인의 법률전문가, 그리고 이들이 그에게 전해 준 성 토마스 아퀴나스의 철학에 크게 빚지고 있다.

공해 그 자체가 가지고 있는 실상으로 인해 불가피하게 트랜스내셔널성(transnationalité)이라는 이슈가 제기된다.[40] 문제는 어떻게 이 해양 공간을 남에게 의지하지 않고 전용할 것인가 그리고 어떻게 다른 이들이 똑같이 하는 것을 막을 수 있을 것인가이다. 이 공간은 영토 공간과는 아주 다

---

40) 국제관계이론에 대한 신사실주의와 신자유주의의 입론에 대해서는 Mark Zacher and Brent A. Sutton(1996) *Governing Global Networks: International Regimes for Transportation and Communications*, Cambridge, Cambridge University Press, pp.17~24 참조.

르다. 그로티우스가 네덜란드동인도회사의 부탁으로 작성한 논문『해양자유론(*Mare Liberum*)』은 공해에서의 자유 통행과 무역의 자유라는 개념을 수립했다. 이는 해변에서 3해리로 정해진(그 시대 교회법령으로 인정된 범주) 영토수역과 누구에게도 속하지 않으며 누구라도 이용할 수 있는 권리가 있는 국제수역을 구분했다. 슈미트에 따르면 프랑스는 국가 주권을 선택했다. 영국은 바다의 자유를 선택했는데, 그 때문에 영국은 전 세계를 아우르는 야망을 펼칠 수 있었다. 섬나라 영국의 이런 '출범(désamarrage, *Entankerung*)'을 계기로 그리고 사적으로 교전할 수 있는 특허를 받은 해적들인 사나포선(*privateers*)[41]의 도움을 받으면서[42], 교역 회사와 이주민들은 심지어는 국가 그 자체에 대항하면서 해외제국을 창조해냈다.

우리는 이미 명(明) 초기에 해적이 중국의 제국 관료제에 어떻게 도전했는지를 보았다. 광의의 의미에서 본다면 아시아에서 해적은 본질상 두 가지 측면을 가지고 있었다. 하나는 일종의 권력의 측면으로, 세금을 거두어들이고 바다의 항해자에게 보호를 제공했다. 18세기와 19세기에 동남아에서 해적이 한 전통적인 역할이 이에 속한다. 이런 의미에서 해적은 주권에 대한 확실한 도전을 의미했다. 둘은 교역의 측면으로, 비공식적인 교역에 종사하고 가장자리에 있었을지 모르지만 해적은 해양 활동이 금지된 때에 교역의 수요를 충족시켰다.

해적의 현대적인 모습에는 아시아 해적이 중국해와 술라웨시해에서 선박을 나포하는 것도 포함된다. 이는 국가의 주권에 대한 양면적인 도전이다. 첫째 해적은 영토 수역 밖의 바다에서 활동한다. 이는 국가의 주권과 국가 재정에 대한 도전을 의미한다. 영토국가로서는 예방적인 차원에서 이를 차단해야 하지만 치러할 할 비용은 매우 높다. 그리고 둘째로 해적을 효과적으로 퇴치하기 위해서는 때로는 한 주권 국가의 영토수역에서 여러 국

---

[41] 민간 소유이지만 교전국의 정부로부터 적선을 공격하고 나포할 권리를 인정받은 배(역자: 두산백과 참조).

[42] Cumin, 'Thalassopolitique: Carl Schmitt et la mer', p.233.

가의 해군을 동원하여 공동 작전을 펼쳐야 할 필요가 있다. 어떤 나라들 특히 중국은 그렇게 하기를 꺼린다.

국제관계

베스트팔렌조약(1648)으로 새로운 주권(souveraineté) 개념이 공식화되었다. 그 이래로 영토의 경계를 세워 공간적으로 분리되고 명확하게 규정된 국경이 없는 주권은 아무런 의미가 없었다. 주권을 가진 자는 상호 배타적이었으나, 대내적으로는 비슷한 방식으로 통치했다. 이들이 주권자였던(sovereign) 이유는 다른 모든 주권자들이 그렇게 인정해 주었기 때문이었다. 새로운 국제 질서는 주권의 상호 인정에 기반을 두었으며, 국제 정치는 종교적인 영역과는 완전히 결별했다.

이러한 변화로 인해 사적 영역과 공적 영역 간의 그리고 국내적인 일과 대외적인 일 사이의 구별이 날로 날카로워졌다. 전쟁은 사적 활동이기를 멈추었으며 주권 국가의 특권이 되었다. 용병의 사용은 점차 더 드물어졌으며 무장 세력은 국가의 속성이 되었다. 필리프 콩타민의 말을 달리 바꾸어 표현한다면 왕이 일으킨 전쟁은 왕국의 전쟁이 되었다.[43] 위트레흐트조약(1713)으로 베스트팔렌조약에 의해 시작된 과정이 완결되었으며, 더 나아가 자기조절균형(équilibre autorégulé)이라는 사상이 유럽 강대국에 도입되었다. 이는 분명히 기계론적(mécaniste) 모델의 영향을 받았는데, 행성 궤도가 중력의 법칙에 의해 지배되는 것과 마찬가지로 끌어당기는 힘(引力, attraction)과 밀어내는 힘(斥力, répulsion)의 상호작용으로 조화를 이루는 문제로 이해되었다.

그러나 육지에 기반을 둔 주권의 개념과 형태는 글로벌화가 가지고 있는 외교적인 함의로 인해 시험대에 올라있다. 여기에서 국가의 정통성은 영토

---

43) Philippe Contamine(2003) *La Guerre au Moyen Age*, 6th ed., Paris, PUF.

주권이 아니라 종종은 국제 공동체의 불문의 규칙을 준수하는 능력에 기초해 평가된다.[44] 이에 대하여 중국은 이전 베스트팔렌 주권 모델을 고집하면서 그 모든 속성을 자신의 목적을 위해 아전인수하고 있다. 이렇게 하는 표면적인 이유, 즉 한 세기 반 동안 외국인에게 당한 굴욕을 씻어버리기 위해서라는 이유는 정당해 보인다. 그러나 글로벌화로 인해 고전적인 형태의 주권이 약화되어가고 마당에서 이러한 접근 방법은 결국 실패하게 될 것으로 보인다.

아시아적 국제관계 체제에 반대하는 견해—후진적이고 비합리적이라고 판단하며—는 물론 유럽적인 국제관계 시스템은 현실정치(realpolitik)에 기반하고 있기 때문에 근대적이고 합리적이라고 간주하는 견해 모두 이미 유용하지 않을 뿐만 아니라 성공하지도 못했다. 사실 서로 다른 문화적 요소가 국가와 국제관계에 대한 아시아와 서구의 개념 저변에 자리 잡고 있는 합리성을 만들어낸다. 이들 간의 오해는 국제사회의 규범적 신호가 크게 명확하지도 투명하지도 않다는 데에서 비롯된다. 또한 그 주체들—국가, 국제 조직 혹은 비정부조직을 막론하고—에 대한 정의도 분명치 않기 때문이 혼란이 가중된다.

중국은 아직 그럴 수단을 가지고 있지 않기 때문에 국제관계의 현재 시스템으로부터 거리를 둘 수 없다. 다른 한편 중국이 당했던 역사적으로 부당한 취급에 대한 기억이 너무나 강해서 국제관계의 규범에 충실하게 따를 수도 없다. 그래서 중국은 불만의 소리(voice)를 높일 수밖에 없는 불편한 입장에 몰려있다.[45] 다른 곳에서는 권력에 대한 다른 모델이 구축되고 있

---

44) A. Chayes and A. Houdler-Chayes(1999) *The New Sovereignty*, Cambridge, Harvard University Press. 또한 Bertrand Badie(1999) *Un monde sans souveraineté: les Etats entre ruse et raison*, Pairs, Fayard 참조.

45) 이 개념에 대해서는 Albert O. Hirschman(1978) *Exit, Voice, and Loyalty*, Cambridge, MA, Harvard University Press와 이를 차용한 Zheng Yongnian(1998) 'Comprehensive national power: an expression of China's new nationalism', in John Wong and Wang Gungwu(eds) *China's Political Economy*, Singapore, Singapore

는데 중국은 여전히 전적으로 국가 이익을 추구하고 있다. 주권에 대한 이러한 개념은 자신을 규정하기 위해 적을 필요로 한다. 그 때문에 중국은 여전히 두 가지 형태의 권력이 일으키는 갈등으로 뒤틀려 있다. 하나의 권력 형태는 기존의 제도적 시스템 내에서 작동하는 현상권력(*pouvoir de statu quo*)이며 다른 하나는 미래를 바라보며 게임의 규칙을 바꾸고자 하는 전망권력(*pouvoir prospectif*)이다.

국제관계에서의 조화에 대한 중국식의 개념은 자연 질서적 관념에 그 뿌리를 두고 있다. 때문에 중국은 유럽의 경우에서와 같이 힘의 균형을 목적으로 정치적 기술을 발휘하여 시스템을 만들기보다는 표준이자 책임자로서 행동하게 된다. 18세기 중국의 국제 환경 속에는 한국, 만주, 몽고, 투르키스탄, 티베트, 미얀마, 베트남, 류큐, 일본이 있었다. 중국은 특히 정치와 문화적인 수준에서 그 종주권을 재조직하기 위해 이들 모두를 제압하고자 했다. 중국을 둘러싸고 있는 여러 국가를 세심하게 다룸으로써 중국의 안전을 도모했다.

국가 주권의 관점에서 보건 지역 주체(acteur local)의 관점에서 보건, 오늘날 국제관계는 매우 다른 방식으로 인식될 수 있다. 이 점과 관련하여 현재의 글로벌화 혹은 제임스 로스노의 절묘한 표현을 사용한다면[46] 포스트–인터내셔널(post-international) 질서의 형성으로 인해 고도로 국제화된 도시와 같이 글로컬(로컬 · 글로벌) 수준의 단위들이 이전에는 영토국가만이 배타적으로 가졌던 정치 대권(prérogatives)을 가지고 있는지를 질문해도 좋을 것이다.

University Press and World Scientific Publishing Co., pp.191~210 참조.

[46] James N. Rosenau(1990) *Turbulences in World Politics*, Princeton, Princeton University Press.

위협과 안보

21세기 권력의 투사는 영토에 대한 물리적인 지배를 통해서라기보다는 국제적인 조정결정기관(WTO, G8 등)에 영향을 미칠 수 있는 능력을 통해 더욱 더 이루어질 것으로 보인다. 냉전이 종결된 이상 보다 신빙성 있는 형태의 위협—산업스파이(industrial espionage)와 같은—과 그리고 이로부터 특정한 형태—경제적 안보와 기술적 안보, 모조품과의 전쟁 등과 같은 특정한 형태—의 안보를 고민할 때이다. 정보(information) 그 자체가 분쟁의 요인이 되었다. 이는 값이 싸지만 동시에 필수적이다. 이전의 양·무력(quantité·force)의 쌍은 새로운 이분법인 질·정보(qualité·intelligence)를 못 이기고 무너져 내리고 있다.

비물질적인 요소가 부의 창출에 상당한 역할을 하게 되었으며 더 이상 부의 생산이 어떤 특정한 영토에 귀속되지 않음을 감안한다면, 또한 경제조직이 이제 경직된 수직 구조에서 횡단적인 네트워크로 옮겨갔음을 감안한다면, 정보와 온라인(on-line) 재원을 지배하기 위해 지리적인 팽창이나 영토적인 제국을 위해 전략을 세울 필요는 없다. 이런 점에서 볼 때 예를 들어 중국이 타이완을 쳐서 경제적인 이득을 얻을 수 있을지는 심히 의심스럽다.

또한 새로운 형태의 재원과 권력은 동아시아 해양 회랑에서 방어 문제가 제기되는 방식에도 의문을 제기한다. 해항도시 간의 네트워크 지형을 중심에 두고 민감한 긴장의 포인트를 특정한 각도에서 분석할 필요가 있다. 이들 해항도시에게 관건은 상당히 원활하게 유통되는(fluides) 생산, 교환 그리고 혁신의 네트워크를 보호하는 것이다. 보호되어야 할 귀중한 대상은 인접해 있지 않고 지리적으로 분산되어 있으며 조직적으로 분리된 기능의 상호연결성(connectivité), 즉 가상의 장소에서의 통합(intégration)이다. 이런 접근방식은 영토의 문제에 대한 기존의 이해방식은 물론 직면하고 있다고 생각하는 위협에 대한 인식과 이를 방어하기 위해 요구되는 조치를 포함하여 모든 측면에 대한 종래의 이해방식을 전복시킨다. 우리가 이 새로운 전략적인 상황의 윤곽을 막 보기 시작하고 있다는 의미에서 보면 이는 더더욱 긴박감이 있는 메시지를 전한다. 예를 들어 사무엘 헌팅톤의 견해에 따르면 일본은 자치적임에도 불구하고 중국의 영향권역으로 편입되는 출구밖에는 다른 선택의 여지가 없을 것이다. 21세기에 미국이 더 이상 슈퍼파워가 될 수 없다거나 중국과 대등해진다고 가정하면 미국과의 동맹은 더이상 안보를 보장하는 수단이 될 수 없다.[47]

이러한 견해는 일본은 우세한 해군력을 가지고 있던 중국에 언제나 충성을 서약해왔다고 믿고 있는 하마시타 다케시와 같은 역사가들에 의해서도 지지된다.[48] 너무나 주변부에 있고 섬나라의 편협성에 갇혀 있어 영구적인 중심지가 되지 못한 오늘날의 일본은 중국에게는 일종의 '슈퍼 홍콩' 정도가 될 것이다.[49] 그럼에도 불구하고 미국이 국제관계 시스템에서 중국에게 충분히 중요한 위치를 부여하지 않는다면 중국과 미국 간의 전쟁이 불가능한 대안만은 아니다. 여기에서 1920년대와 1930년대 중국과 일본 사이에 있었던 관계가 재현될 가능성도 배제할 수 없다.

군사력에서 중국은 동아시아 해양 회랑에 자신의 힘을 투사할 수 있는 충분한 역량을 가지고 있는가? 중국은 단지 그러는 척하는 것 이상을 할 수 있을까? 중국은 기동성, 탈중앙집권화된 지휘통제, 독립적이고 빠른 의사결정 그리고 조정 역량과 같은 주된 요소를 완전히 장악하고 있는가?[50] 여기에는 수많은 군사적이고 외교적인 요인이 작용한다. 이에는 재래식 병력의 비율, 이 지역에서 해군 항공대의 기동 능력, 전략적인 핵공격 능력(미사

47) Samuel Huntington(2002) *The Clash of civilisations and the Remaking of the World Order*, London, The Free Press, pp.236~238.
48) 작가와의 인터뷰, 홍콩, 1998년 12월.
49) 이 주장은 로랑 뮈라위에 의해서도 제기되었다. Laurent Murawiec(2000) *La Guerre au XXIe Siècle*, Paris, Odile Jacob, pp.26~28 참조.
50) Greg Austin(1998) *China's Ocean Frontier: International Law, Military Force, and National Development*, Canberra, Australian National University.

일), 대공미사일보호체제(이지스-장비를 갖춘 구축함), 정보 수집의 질(정찰위성) 그리고 외교적인 안보 장치, 즉 미국과 많은 아시아 국가가 서명한 군사방어조약이 포함된다. 제1차 걸프전쟁은 중국의 주요 군사관계자에게는 중국 군대의 기술적인 후진성을 절실히 깨닫게 해준 기회였다. 이로 인해 이러한 불리한 조건을 극복하기 위해 상당한 노력이 경주되었으며, 일부분은 러시아로부터의 무기와 기술의 구입 덕분에 그리고 일부분은 첩보 활동 덕분에 어느 정도 성공을 거두었다.

라부에리 제독이 적절히 표현했듯이 정복과 새로운 영토 획득이 불가능한 닫힌 세계에서 문제는 '해항도시의 네트워크 상에서 물질적이고 비물질적인 방어 장치를 마련하는 데에' 성공하느냐에 달려있다.[51] 이는 홍콩이 상하이, 샤먼 그리고 북부 중국에 자신의 능력을 투사하는 방식에서 싱가포르가 샤먼과 칭다오에 발판을 얻는 방식에서 전형적으로 드러난다.

세계는 육지만도 바다만도 아니다. 세계는 다양한 크기와 가지각색의 소명(vocation)을 가진 도시 무리(urban clusters)를 연결한 하나의 다도해(archipelagique)이다. 육지의 세계에서 다도해로의 탈바꿈은 16세기 말에 마닐라의 함락과 함께 시작된 글로벌화 이래로 계속 진행되고 있다. 바다를 향해 바깥으로 몸을 돌리고, 복잡한 제도적인 구조를 알고, 일어나고 있는 변화를 이용하려 하고, 그리고 자신들의 목적을 위해 이를 전용할 수 있는 능력을 가지고 있는 한 모두 이익의 혜택을 누렸다.

만약 이런 맥락에서 비전투(non-bataille)가 결정적이라면, 가장 중요한 것은 간접적인 전략이다. 위협, 기만 혹은 제스처를 통해 우위를 점하는 기술은 이제 중요한 역할을 한다. 이들은 새로운 형태의 폭력과 결합하기도 한다. 군대는 물론 민간인도 참여하는 이런 '무제한 전쟁(guerres sans restrictions)'에는 사이버 공격, 상업 시설과 금융기관의 인수, 테러리즘이 포함된다. 중국

---

51) Guy Labouérie, in Guillerm, Alain, *Géopolitique des mers: les Méditerranees d'Europe et d'Asie*, Paris, Cirpès, p.27.

은 신기술, 경제 압박과 금융 압력, 대규모의 역정보를 광범위하게 이용하고 있는데, 이는 중국이 바라마지 않는 글로벌 파워의 갑옷과 투구의 일부분이다.[52]

'위대한 해람'
:중국이 다시 바다로 오고 있다

15세기 중반 중국 해군력이 쇠락한 데에는 여러 가지 요소가 작용했다.[53] 이에는 외국인과의 접촉과 교역에 대한 문인 관료들의 전통적인 적대심과 같은 문화적인 요소, 그리고 특히 베트남에서 일어난 반란을 진압하기 위해 군사원정을 감행함으로써 늘어난 재정 부담을 포함하여 경제적인 요소가 포함되었다. 또한 수도를 난징에서 베이징으로 옮기게 하고 1411년 대운하를 다시 열게 하고 그리고 1412년 곡물수송선단을 해체하게 한 북서부로부터의 위협적인 몽고의 부활과 같은 전략적인 요소도 있었다.

해양 세력으로의 중국의 변화는 다시 한 번 시작되었다. 문화적인 수준에서 이에 대한 저항은 교역이 여전히 관료주의적 족쇄에 묶어있지만 교역

---

52) Zheng Yongnian, 'Comprehensive National Power: An Expression of China's New Nationalism'; Qiao Liang and Wang Xiangsui(2006) *La Guerre hors Limites*, Paris, Payot 참조.

53) 다음이 대표적이다. Lo Jung-pang(1958) 'The decline of the early Ming Navy', *Oriens Extremus*, 5(2), pp.149~168; Chan Hok-lam(1988) 'The Chien-wen, Yung-lo, Hung-hsi, and Hsuan-te reigns, 1399~1435', in Frederick W. Mote and Denis Twitchett(eds) *The Cambridge History of China, Vol. 7, The Ming Dynasty, 1368~1644, Part 1*, Cambridge, Cambridge University Press, pp.182~304; Joseph Needham, Lu Gwei-Djen and Ling Wang(1971) *Science & Civilsation in China, Vol. 4, Physical Technology. Part III: Civil Engineering and Nautics*, Cambridge, Cambridge University Press, pp.524~527. 최근의 연구 중에서는 다음을 들고 싶다. Edward L. Dreyer(2006) *China and the Oceans in the Early Ming Dynasty, 1405~1433*, New York, Pearson Longman.

전통의 부활로 인해 이는 줄어들었다. 재정적으로 보면 경제 변화로 인해 그 무게 중심이 지리적인 중심지에서 연안으로 이동했다. 그리고 전략적으로 중국정부는 다시 한 번 글로벌 지위를 유지하기 위하여 대양을 오가는 중국해군을 가져야 함을 이해하게 되었다.

그리하여 중국의 미래는 이미 그 과거에 새겨있는 바와 같이 유연하고 관대한 제국, 구속적인 위계질서를 통해서가 아니고 영향력을 통해 동질다형의 (polymorphe) 공동체들을 맞뚫는 능력이 있는 부유한 연방(confédération)이 될 것으로 보인다. 다른 한편 베스트팔렌조약에서 의미한 바대로 중국을 국민국가로 건설하고자 하는 시도도 여전히 있으며, 이는 가공할 규모로 유산할 위험을 안고 있다. 하이에크의 견해에 따르면 "민족주의와 사회주의는 자유 문명에 대한 최대의 위협이다".[54] 과도한 근대화 추구와 서구로부터 자신을 방어하기 위한 의태로 19세기와 20세기 중국은 이들 위협의 첫 번째의 희생자가 되었으며 그리고 나서는 두 번째의 희생물이 되었다. 1949년 이래로 권력을 잡은 정권은 동시에 두 가지에 일격을 가하는 데에 혁신적이었다.

---

[54] F. Hayek(1978) *Law, Legislation, and Liberty, Vol. 2, The Mirage of Social Justice*, Chicago, Chicago University Press, p.111 참조.

[결론]

나는 음악에 비유하자면 지중해, 발트해, 그리고 동아시아의 해양 회랑이라는 다성음악[1]에서 영토적인 경계가 없는 경제 통합 모델이라는 단성의 (singulière) 하모니에 귀를 기울이고자 했다. 교역의 세계화라는 지평과 지중해라는 메타포를 통해 여기에서 서로가 너무나 다르게 보이는 역사와 경제의 궤적을 관통하는 공통된 특징을 찾아 이를 재구성할 수 있었다. 이 공통된 특징은 국가라는 틀뿐만 아니라 대제국의 얼레도 벗어나 있다. 코즈모폴리턴 문화와 함께 수없이 많은 가지를 가진 디아스포라 네트워크, 전방위에 걸쳐 있는 후배지, 언제라도 바뀔 수 있는 유연한 계서구조, 그리고 자기재생의 역량을 가진 해항도시는 그 벡터(vecteurs)이다. 오늘날의 홍콩이 잘 보여주듯이 해항도시는 자신의 행정 경계를 넘으며 쌀 교역에서 금융에 이르기까지 광범위한 영역에서 활동한다. 그리하여 지중해 모델은 지리적이자 역사적인 모델로 여러 공간과 문화를 포용하고 있으며, 무엇보다도 제도적 모델(modèle institutionnel)로 그 지역의 주요 국가에 대해 자치권을 가진 수많은 도심(pôles urbains)의 존재를 특징으로 한다. 자치권은 다중심 권력(pouvoir polycentrique)시스템, 상인에 의해 발전된 상법, 도시 군대이자 민간(privées) 군사력에 기반을 둔 시민평화(paix civile)의 원천이다.

중세 말에 유럽이 경험했던 해상 교역의 놀랄 정도의 비약적 발전은 다음과 같은 제도적인 조합이 만들어낸 결과물이었다. ① 갈등과 전쟁에 관여하고 있던 세력들의 주변부에 위치하고 있었기 때문에 도시는 독립적일

---

[1] 독립된 선율을 가지는 둘 이상의 성부로 이루어진 음악(역자).

수 있었다. 정치적인 파편화로 각기 다른 입법 세력, 즉 봉건영주, 주교, 제국 그리고 교황은 서로 다투어 경쟁했으며, 도시는 제도적인 혁신을 통해 자치권을 얻었다. ② 바다에서의 안전은 도시가 조직하거나 개인이 소유한 함대와 무장 세력의 손에 달려 있었다. ③ 도시라는 제도(institutions)를 통해 약탈적인 국가를 가까이 못 오게 저지하고 있었기 때문에 세금 수준을 낮게 유지할 수 있었다. ④ 국가의 틀을 벗어나 만들어진 사법(droit prive)의 영역에 속하는 법적 도구가 있었다. 이러한 상인법은 놀랄 정도로 효율성 있는 상업 제도를—보험, 선하증권, 환어음 그리고 특허회사— 창설하는 데로 귀결되었다. 이로 인해 계속적으로 그리고 비교적 안전하게 자본을 축적할 수 있었다.

16세기에서 19세기 동안 아시아에서의 상황은 거의 완전히 반대였다. 전통적인 권위체의 지배력은 만연했으며 기껏해야 믈라까, 나하, 사카이 그리고 광저우(칸톤)와 같은 소수의 중계지(entrepôt)에 있어서만 다소 약했다. 바다에서의 안전은 16세기 중국의 왜구와의 여러 전쟁에서 보이듯이 일반적으로 국가의 공식 해군력에 의해 유지되었다. 마지막으로 교역은 개인의 손에 있었다기보다는 기본적으로는 조공무역이었으며 독점 무역이었다. 그러나 국가의 시야 밖에서 발전했던 경제적이고 정치적인 과정은 지역의 세력이 활기찬 문화를 지속시킬 수 있었던 곳에서는 유럽과 마찬가지로 중국에서도 나타날 수 있었다. 이는 또한 주권과 경계라는 문제가 결코 분명히 정의된 바 없었으며 의례적인 거래의 대상이었던 동남아에서는 더 오래 지속될 수 있었다. 중국의 경우에는 정통성과 중앙에 집중된 정치권력을 빙둘러 가야 했으며 재간 있는 개인을 흡수하고 만족시키는 능력을 갖춘 중앙집권적인 관료제도와 싸워야했다. 이런 제어 능력으로 인해 국가로부터 독립하고 자치 제도에 힘과 열정을 불어넣어줄 엘리트 계층이 등장하기 어려웠다. 상인은 고도의 행정 통제 밑에 있었다.

그리하여 16세기에 아시아에서 유럽인이 접촉하게 된 교역 제도는 내재적으로 고도의 교환 체제와 자본주의적 조직으로 발전할 수 있으리라고 믿기는 어려웠다. 그러나 만약 그러한 단계로 발전하기 시작했다고 하면 약탈적인 유럽인이 도래하면서 이 과정이 중단되었다는 말인가? 루이 데르미니는 "중국은 일대 중심지 아마도 단 하나의 대중심지였다. 이를 둘러싸고 근대 세계가 발전했다"라고 썼다.[2] 1650년 이전 시기에 관한 피에르 쇼뉘의 논제를 발전시켜 루이 데르미니는 전 세계적인 사이클의 존재를 발견했다. 그는 중국의 서구와의 대치는 이 둘 사이의 차이(*différences*)의 결과가 아니라, 정반대로 경제 사이클의 상관관계(*corrélation*)가 가져온 결과라고 본다. 그는 1770년 전에 유럽을 강타했던 간주기 경기침체(récession inter-cyclique)는 극동에도 영향을 미쳤음을 보여줌으로써 그의 견해를 증명하고자 했다.[3] 그러나 무엇보다도 두 경제체제 간의 충돌은 문화(civilisation)의 차이에서 비롯되었다. 서양에는 자본주의, 과학 정신, 기술의 흥기와 권력 논거의 약화라는 특징이 있었던 데 반해 중국에서 자본주의, 과학, 기술은 덜 발전했다. 기술적인 진보와 비농업 활동에 적대적이었던 관료제로 속박된 중국은 저축을 자본으로 전환시키고 발전을 우주론적 가르침에 의해 제한될 수 없는 과정으로 만드는 일종의 연금술에는 관심이 없었다. 서양에서는 교역으로 인해 생긴 이윤이 신용제도의 확대를 통해 축적되었지만 대륙제국이자 농업제국인 청(淸)은 마지못해 교역과 해양 질서의 소용돌이 안으로 들어왔다.

이와 비슷하게 로버트 로페즈는 1950년대 말에 마크 앨빈이 『중국 과거사의 패턴(*Pattern of the Chinese Past*)』에서 밝힌 핵심 논지가 될 사항을 어렴풋이나마 알고 있었다.[4]

---

[2] Louis Dermigny(1964) *La China et l'Occident: le commerce a Canton au xviii siècle, 1719~1833*, Paris, Sevpen, Vol. 1, p.11.

[3] *Ibid.*, Vol. 3, pp.811~835.

[4] Mark Elvin(1973) *The Pattern of the Chinese Past*, Stanford, Stanford University Press.

중세 말에 일어난 상업혁명이 농민의 부담을 가벼이 한 정도는 송 시기 일어났던 경제발전으로 농민의 부담이 가벼워진 정도를 훨씬 더 웃돌았다. 서양에서의 산업혁명은 동양에서보다 먼저 일어났다. 인구가 너무 많아 격동을 유발하지 않고서는 이를 수행할 수 없는 상황이 형성되기 이전에 산업혁명은 서양에서 일어났다. 동남아의 이른 성공이 현재의 후진성의 주된 원인이라고 주장할 수 있다. 만약 고대와 중세 유럽에서 농민이 아시아의 토지에서 나온 만큼의 식량을 생산할 수 있었다면 유럽의 인구는 산업화 과정이 촉발되기 이전에 임계량을 넘었을 것이다.[5]

의심할 여지없이 아시아에서 유럽인이 당면한 가장 심각한 장애는 마음대로 이용할 수 있는 현지 교역 네트워크를 가지고 있지 않다는 데에 있었다. 이 커다란 대시장(emporia)에서 아시아인과 연줄을 맺어줄 믿을 만한 관계가 부족해 이들의 상업 활동에 참여할 수 없게 되자 유럽인들은 해적을 조직하려는 유혹에 빠졌다. 포르투갈이 이를 처음으로 대규모로 실천에 옮겼다. 이들이 아시아에서 정복한 교두보는 거의 대시장으로 살아남지 못했다. 믈라까는 예외였으나, 아쩨가 그 경쟁자로 부상하자마자 이에 굴복해야 했다. 바스코 다 가마의 도착 이래 수 세기 동안 아시아 교역 집단을 대신할 수 없게 되자 이들은 아시아 교역의 성격을 바꾸는 데에도 실패했다.

더욱이 포르투갈의 경우에 인구가 적다는 약점은 심각한 장애로 작용했다. 이는 왜 혼혈 정치(politique de métissage)가 필요했는지를 설명한다. 강력한 교역 회사를 세울 수 없었기에 이들은 아시아 대륙의 연안을 따라 통제 거점들을 세우는 데에 만족해야했다.

마지막으로 서구인들은 상품을 판매하는 자가 아니라 향료나 차와 같은 상품을 사는 구매자였다. 화기와 시계를 제외하고 유럽의 상품은 아시아의 유통 채널에 거의 들어가지 못했다.

---

5) 'Une lettre du professeur Robert S. Lopez', *Journal of the Economic and Social History of the Orient*, 1(1), August 1957, p.2.

이 관점에서 본다면 월러스타인의 테제(지배·종속 관계가 전 지구 경제를 동력화하는 엔진이다)와 일반적으로 종속 이론가(Andre Gunder Frank, Samir Amin[6])의 주장 모두 너무 계통학적(systématique)이고 기계론적이어서 설득력을 얻기 곤란해진다. 포메랑즈[7]와 로이 빈 왕은(王國斌)[8] 세계 경제에 대한 단축의 지배라는 단순한 견해에 의문을 제기하고 서구 유럽과 중국 양축의 상호작용(interaction de deux pôles)을 중심으로 논리를 전개한다. 이는 월러스타인에 따르면 유럽에 의해 지배되는, 혹은 프랭크에 따르면 압도적으로 강력한 중국에 의해 지배되는 단축이 아니라, 다극 네트워크(maillage multipolaire)로 이루어진 세계라는 이미지를 만들어냈다. 역사 분석의 탈중심화(décentrage)라는 관점에서 보면 더 이상 유럽과 그 확장에만 관심을 둘 수 없다. 더욱이 우리는 분명히 경계가 획정되어 있는 유럽, 중국, 인도 또는 아프리카와 같이 국가나 대륙이라는 실체를 훨씬 넘어선 범주 앞에 서있다. 세계는 유럽과 같은 단일 권력의 팽창에 기반하고 있지도 않고 그랬다고 해도 그 질서는 이젠 무효화되었다.

유럽 자본주의와 아시아 경제발전이 서로 교섭하면서 전개된 역사는 지리적이고 기술적인 결정주의가 아니라 온전히 제도(institutions)를 중심에 둔 새로운 틀에서 해석될 수 있다. 그리고 우리가 보아왔듯이 자본주의가 제도적인 혁신이라는 수단을—최선두에는 국제교역법이 자리하고 있다—통해 도약할 수 있었던 것은 국가의 한계화(lisière) 덕분이었다. 그렇게 본다면 파편화(fragmentation)라는 개념이 가지고 있는 생산적인 측면과 공식 역사에서는 너무나 자주 방기되곤 하는 다중심주의(polycentrisme)는 복권된다.

---

6) 1장의 주 32, 주 33 참조.
7) Ken Pomeranz(2001) *The Great Divergence: China, Europe, and the Making of the Modern World Economy*, Princeton, Princeton University Press.
8) Bin Wong(1997) *China Transformed: Historical Change and the Limits of European Experience in China*, New York, Ithaca.

이런 맥락에서 우리는 해양아시아의 외쿠메네(Ökumene)[9]는 세 모델로 구성되었음을 알 수 있다. 즉 화물을 싣고 부리는 지점인 상관(*emporium*)이며, 제조업과 창고업을 겸하는 본래 의미의 공장(*factorerie*)이며, 전통적인 형태의 서비스(창고업과 운수송업)에 더하여 수출입 활동을 지원하는 서비스(은행, 보험, 회계, 법률상담 등)를 제공하는 통합서비스제공자(*intégrateur de service*)가 그것이다. 비록 17세기 이전에 해양아시아는 기본적으로는 한 대륙국가가 통제하는 조공무역 권역이었지만, 이와 동시에 중국의 연안 지방에 대해 강력한 흡인력을 발휘해 이를 개방시키고 글로벌 상업에 종사토록 한 주변지역(périphérie)이기도 했다. 또한 해양아시아는 아시아 교역 네트워크와 아랍, 인도, 유럽의 교역 네트워크 사이에 깊은 상호 작용(경쟁과 협력 모두를 포함한)이 이루어졌던 지역이었다.[10]

스페인, 포르투갈, 네덜란드 그리고 영국이 역사적으로 가져왔던 지정학적 야망이 오늘날의 세계에서도 사라진 것은 아니지만, 차이점은 탐내는 장소는 과거와 같이 영토가 아니라 전략적인 플랫폼이다. 전략적인 플랫폼을 통제하고 그 안전을 확보함으로써 주도권을 가진 세력이 될 수 있다. 우리가 보아왔던 세 가지 경제조직 모델(지중해, 발트, 그리고 남중국해)은 차이점에도 불구하고 다음과 같은 많은 공통점을 가지고 있다.

① 부가 지나가는 해상 교통로와 결절점에 대한 지배는 내지로의 깊은 침투나 영토의 점령보다 더 중요했다.

② 화물중계지(entrepôt)의 교역은 중개인(courtiers)이 지배했다. 포르투갈이 마카오에 정주지를 세운 시점부터 1842년 이후 영국이 홍콩을 교역

---

[9] 외쿠메네는 고대 그리스인들은 그들이 알고 있던 인간이 거주의 세계를 이 이름으로 불렀다. 인류가 살아가면서 경제생활을 하고 있는 생활공간을 말하며 '거주 지역'으로 번역되기도 한다(역자: 두산백과 참조).

[10] Wang Gungwu and Ng Chin-keong(eds)(2004) *Maritime China in Transition, 1750~1850*, Wiesbaden, Harrassowitz 참조.

거점으로 세울 때까지 거의 3세기 동안 이에는 변함이 없었다.

③ '공식적' 경제와 나란히 '비공식적' 경제—많은 문헌자료에 나와 있지만 수량하기는 어려운—도 흥성했다. 정통 역사에 따르면 아시아에서 이는 대부분 허가받지 않은 교역가들—과거 자신이 속했던 집단이나 사회를 떠난 이탈자, 배교자, 심지어 해적—의 손에 있었다고 한다. 이들은 모두 이 지역의 상업 번영에 상당히 기여했다.[11]

④ 주역은 국가가 아니라 도시와 기업이었다. 이런 지형으로 인해 중국의 경제 공간은 해체되고 재구성되었으며, 그 추진력은 중국 안에서가 아니라 화교 공동체를 포함해 외부에서 비롯되었다.

⑤ 교역이 활발했던 지역은 국가 공간의 부분들을 국민국가가 추구하는 목적과는 다른 목적에 봉사하도록 재구성하고 결합시켰다. 이는 또한 경제 현상을 이해하고 살피기 위해 필요한 다른 통찰력을 제공했다.

현대 중국에서 상하이, 광저우, 톈진 그리고 다롄은 더 이상 조약항도 치외법권 지역도 아니다. 이들은 관세 자주권을 가지고 있으며 더 이상 외국의 통제하에 있지도 않다. 샤먼, 선전과 같은 경제특구(zones économiques spéciales, ZES)의 개방적 지위에 현혹될 필요는 없다. 이들은 완전히 중국의 주권하에 있다. 그러나 이들 해항도시가 조약항으로 1840년에서 1943년까지 열려있었다는 사실은 여전히 의미가 있다. 오늘날 해항도시는 부정할 수 없이 다시 한 번 중국의 경제 성장과 현대화의 매개체가 되었다. 짧지 않은 침묵 후에 그 기능을 되찾은 것이다. 외국인은 다시 한 번 여기에서 토지와 권리에 대한 양도 계약, 조약 혹은 특권에 힘입어서가 아니라 투자와 기술 이전과 그리고 전문 정보와 지식을 통해 중요한 역할을 하고 있다.

1979년 이래 개혁개방 과정에서 드러난 가장 새로운 특징은 중국이 다시 국제 교역의 주요 흐름에 참여했다는 데에 있다. 이 나라는 더 이상 몇몇

---

11) G.V. Scammel(1992) 'European exiles, renegades and outlaws, and the maritime economy of Asia, C.1500~1750', *Modern Asian Studies*, 26(4), October, pp.641~661.

시장을 위해 단순히 상품을 생산하는 데에 그치지 않고 그 자체가 완전한 재조직을 경험하고 있는 국제적인 노동 분업의 파트너가 되었다. 이는 국제 하청의 엄청난 팽창은 물론 처음에는 중국의 자본이 많았지만 점점 전적으로 외국 자본으로 이루어진 합자회사(joint ventures)의 급속한 발전으로 촉발되었다. 분명 외국인투자기업은 중국의 철도나 해운회사를 소유할 수 없지만 홍콩의 회사는 항만시설의 건설과 현대화에 상당정도 개입하고 있으며 일본은 공적원조 프로그램을 통해 이러한 주요 분야에 진출해 있다. 중국 당국은 쿼타 정책이나 외국인투자 인가제를 없애기보다는 보호 조치에 의존하거나 지연 전략으로 대응한다. 이러한 저항의 중심에는 실업과 같은 사회적인 우려가 놓여 있지 않다. 경쟁력이 약한 문제의 부문(무엇보다도 은행업과 보험업)은 실상 관료와 군대의 권력 기반이다.

외국인과의 교역 관계는 여전히 애매모호함으로 가득 차 있다. 중국과의 교역은 규칙의 엄수가 아니라 어떤 주어진 순간의 상황에 맞추어 만들어진 해결책에 의존하게 된다. 관세는 분명히 낮아졌으며 많은 나라들과 같은 수준이 되었다. 그렇다고 해도 중국에서 비즈니스하기가 더 쉬워지지는 않았다. 중국의 비관세장벽은 앞으로도 상당 기간 원활한 교역에 장애가 될 것이다. 협상, 개인적 선호, 상호간의 의무, 즉 그 유명한 관계(關係, quanxi)가 이 나라에는 너무나 각인되어 있어서 가까운 장래에 법의 지배가 실현되리라고는 낙관할 수 없다.

보이지 않는 경계선이 연안 중국과 내지 중국을 다시 나누고 있다. 비록 분단선이 조약에 의한 개항 시기보다 덜 분명하지만 오늘날 두 개의 중국이 있음은 분명하다. 이 분단 상태는 경제에 대한 관료주의적 규정과 이주자와 투기자들에 대한 연안 지역의 매력 때문에 유지되고 있다. 우회적인 방식, 즉 중국에서 중국으로의 '일주 투자(round trip investment)'를 거치지 않고는 이 나라의 내지에 자본을 투자할 수 없다. 인구는 끊임없이 해항도시로 유입되고 있다.

이는 이 나라의 해항도시가 아시아 지중해를 구성하는 도시들의 네트워크 속으로 들어오고 있는 이유 중의 하나를 설명한다. 그러나 동아시아 해양 회랑의 경제는 15세기 지중해나 16세기 발트해의 그것과는 아주 다른 맥락에서 작동하고 있다. 르네상스 이탈리아의 해양공화국(*publiche marinare*)과 한자동맹의 도시들은 중앙 권력이 옭죄어오기 전에 자치권을 확립했다. 그러나 이들은 경계, 세제, 중앙집권화된 군대 등과 같은 국가적 장치가 국가적이라고 정의된 영토에 뿌리를 내리면서부터 세계적인 세력이 되기를 멈추었다.

우리가 글로벌화의 계통이나 유래를 이해하고 사실상 근대 국민국가의 등장으로 인해 그 역사적인 계속성이 교란되었음을 인식한다면 현재 진행형인 글로벌화를 상대화해서 볼 수 있다. 14세기에 발생했던 바와 같이 21세기의 도시는 글로벌 경제의 주요 참가자로 두각을 드러내고 있다. 문화적인 다양성, 혁신 그리고 기업가적 창의성의 온실인 이들 해항도시 중 몇 은—물론 뉴욕, 런던, 도쿄뿐만 아니라 뭄바이, 홍콩, 샌프란시스코 그리고 상하이— 글로벌 도시의 수준으로 부상했다.

16세기의 글로벌화와 현재의 글로벌화를 연결하는 역사적인 가닥을 통해서 우리는 주권을 새로운 시각에서 볼 수 있다. 즉 흔히 축소되어 하나의 덩어리라는 단위로 인식했던 것에서 보다 복잡한 단위들로 인식하게 된다. 이탈리아의 해양공화국이나 한자도시의 대부르주아지가 가지고 있었던 코즈모폴리턴 도시성(urbanité cosmopolite) 그리고 로크 이래 유럽에서 인민 주권(souveraineté du people)의 핵심으로 자리한 개인의 자유(liberté individuelle)는 모두 베스트팔렌조약으로 인가를 받은 국민국가의 주권(souveraineté du état-nation)에 이의를 제기했다. 이렇게 본다면 글로벌화는 국민국가의 전통적인 속성을 단순히 약화시키고 그 주권의 힘을 분산시키는 것 이상의 의미를 갖는다. 또한 이는 역설적으로 다형의 네트워크, 흐릿한 경계를 가지며 자신의 권력을 엄격한 의미(*stricto sensu*)의 지배라기보다 영향력을 미치는 데 사용하는 유연한 제국(*flexible empires*)의 귀환을 용이하게 한다. 중국은 제국적 의례(예를 들어 한반도와 타이완에 대한 종주권과 같은)를 재확인하고 이와 함께 군사력 과시와 같은 전통적인 방식과 혹은 해외 네트워크의 영향력을 동원하고 유교적 우주관이 갖는 가치를 재가동하는 새로운 방식을 통해서 분산된 주권(souveraineté diffuse)을 활발하게 행사하고 있다.

연안으로의 중국 경제의 이동, 중산층의 등장, 그리고 해외유학파의 귀국은 비록 서로 이질적인 요소들로 보이지만 모두가 합하여 중앙 정부의 교섭 능력을 약화시키며, 해항도시에게 자치의 공간을 열어준다. 해항도시가 가진 자치의 공간을 폐쇄하기는 결코 쉽지 않을 것이다. 이러한 변화로 인해 시장 개방의 효과는 역동적이 된다. 예를 들어 수입의 증가와 WTO에의 가입 등 중국의 글로벌 시장에의 참여는 높아졌다. 중국의 중앙 정부는 이 해득실을 정확히 알고 있다. 때문에 개방에 대한 저항도 만만치 않다. 우리는 경제 민족주의의 부활 속에서도 그리고 중국이 WTO에 가입할 때 행정부 내에서 개진되었던 의견대립을 통해서도 이를 알 수 있다.

이제까지 보아왔듯이 해양아시아는 단지 해상 교통로, 상품, 교역 때문에 의미가 있는 공간은 아니다. 해양아시아는 이를 훨씬 너머 새로운 사상, 관념, 신앙과 종교(이슬람, 신도, 대승불교, 소승불교, 천주교, 개신교)가 유통되는 특별 해역이었다. 또한 교역에 헌신한 코즈모폴리턴적(cosmopolites)이고 다언어적인(polyglottes) 공동체(micor-sociétés)가 뿌리를 내리고 있던 공간이었다. 이에 대해 대다수 사람들뿐만 아니라 정부 당국도 종종 의심스런 눈길을 보냈다. 그러나 이런 다양성이 가져온 풍부한 문화 자원(richesse culturelle)은 전체로서의 아시아 문화유산을 풍부하게 해주었다. 교역은 자주 전쟁과 연관되기도 했지만 이는 또한 각기 다른 전통, 문화 그리고 문명 사이의 대화를 촉진시키기도 했다.

21세기 아시아 교역 네트워크의 새로운 항로는 미디어의 영향을 받겠지만 종교, 전통적인 지혜 그리고 세계관의 영향도 받을 것이다. 이미 중국제국 (Empire chinois)에서 게임은 시작되었다. 중국제국은 아시아에로의 확장과 글로벌 지위(특히 갈등으로 점철된 미국과의 파트너십을 통해)를 모색하고 있다. 중국은 또한 일본제도에서 믈라까 해협에까지 이어지며 그 내에는 타이완이 여전히 중요한 역할을 하고 있는 가늘지만 유연한 '봉쇄의 활(arc de confinement)'을 얻으려고 하고 있다.

영토의 획득이나 인구에 대한 물리적인 통제가 전략적인 중요성을 잃고 있다는 맥락을 고려한다면, 교역 네트워크의 지리적인 구성은(예를 들어 대륙이 주변인 해양으로 팽창한다는) 그 운영의 구조보다 훨씬 덜 중요하다. 이 네트워크에서(은행과 금융, 기술, 연구와 혁신 능력, 제조업 기량) 전략적인 요소는 여전히 일본과 아시아의 신흥 산업국들이 지배하고 있다. 그러나 얼마나 오래 지속될 것인가? 중국 해항도시의 성장은 계속될 것으로 보인다.

[중국어 문헌]

濱下武(2006)『中國近代經濟史研究:淸末海關財政與通商口岸市場圈』, 江蘇人民出版社, 南京.

陳炳才(1995)『中國不需要如此大規模的外資』, 經濟研究可參考, 753, 10.4.

陳高華&史衛民(2000)『中國經濟通史, 元代經濟卷』, 經濟日報出版社.

陳尙勝(2001)「明代市舶司制度與海外貿易」, 『中國社會經濟史硏究』, 20, pp.46~52.

陳希育(1991)『中國帆船于海外貿易』, 廈門, E.J.Brill.

戴一峰(2004)『區域性經濟發展與社會變遷』, 長沙, 岳麓書社.

放行(2006)『中國社會經濟史論叢』, 北京, 中國社會科學出版社.

馮立軍(2001)「試論淸朝前期廈門海外貿易管理」, 『南洋問題研究』, pp.74~82.

傅衣凌(2002)『明淸時代商人及商業資本明代江南市民經濟試探』, 北京, 中華書局.

郭鴻懋(2002)『城市空間經濟學』, 北京, 經濟科學出版社.

侯家駒(2008)『中國經濟史』, 北京, 新星出版社.

胡鞍鋼(2007)『中國崛起之路』, 北京, 北京大學出版社.

黃仁偉(1995)「倫區域經濟與"諸侯經濟"」, 『社會科學』, 上海, 8, pp.22~26.

黃肯廣(1996)「財政體制改革與地方保護主義」, 『經濟研究』, 2, pp.37~40.

江世銀(2007)『西部大開發新選擇』, 北京, 中國人民出版社.

鞠淸遠(1935)「南宋官吏與工商業」, 『實貨雜誌』, 2(8), 9.16, pp.37~39.

李劍農(2005)『中國古代經濟史稿, 宋元明部分』, 武漢, 武漢大學出版社.

李錦坤(2004)『天津市經濟社會形勢:分析與預測』, 天津, 天津社會俄科學院出版社.

李金明(1999)「17世紀初荷蘭殖民者在澎湖台灣的貿易」, 『台灣研究』3, pp.84~88.

李金明(2006)「論明初的海禁與朝貢貿易」, 『福建論壇讓你問社會科學版』, 7, pp.73~77.

李金明(2006)「十六世紀漳泉貿易港與日本的走私貿易」, 『日本問題研究』4, pp.1~4.

李金明(2007)「17世紀初全球貿易在東亞海域的形成與發展」, 『史學集刊』, pp.35~42.

李金明(2007)「明朝對日本貿易政策的演變」, 『福建論壇』, 人文社會科學版, pp.68~73.

李金明(2008)「明朝中琉封貢關係論析」, 『福建論壇』, 人文社會科學版, pp.46~51.

李冀平, 朱學群, 王連茂(2007)『泉州文化與海上絲綢之路』, 社會科學文獻出版社, 北京.

李雪松, 阿楊·雷炯(2001)『加入WTO與中國經濟前景』, 北京, 中國金融出版社.

李揚(2007)『中國金融發展報告』, 社會科學文獻出版社, 北京.

廖大珂(2000)『早期葡萄牙人在福建的通商與衝突』, 東南學術, 第4期, pp.71~78.

林仁川(1987)『明末清初私人海上貿易』, 復旦大學出版社, 上海.

林毅夫(2007)『解讀中國經濟沒有現成 模式』, 社會科學文獻出版社, 北京.

劉澤華(2001)『中國傳統政治哲學與社會整合』, 社會科學出版社, 北京.

馬洪(2007)『中國發展研究2007』, 中國發展出版社, 北京.

孟建 2003)『中國的人口移動與經濟發展的實證分析』, 中國國情研究報告, 北京, 2003.

倪鵬(2004)『中國城市競爭力報告NO.3-集群：中國經濟的龍脈』, 社會科學文獻出版社, 北京.

彭巧(2002)『明代海外貿易管理機構的演變』, 南洋問題研究, 4, pp.78~88.

湯錦台(2001)『大航海時代的台灣』, 台北, 果實出版社.

曹永和(2000)『中國海洋史論集』, 台北, 聯經出版社.

王方中(1982)『1840~1894年間外國資本主義侵略與中國國內市場統一趨勢的分解』, 清史研
    究集 2.

王燕玲(2007)『商品經濟與明清時期思想觀念的變遷』, 雲南大學出版社, 昆明.

王一(2007)『宋代以來金衢地區經濟史研究』, 社會科學文獻出版社, 北京.

吳景, 馬長林(2003)『上海金融的現代化與國際化』, 上海國際出版社, 上海.

張炎憲編(1989)『中國海洋發展史論文集』第三輯, 台北, 中央研究院三民主義研究所出版.

張增信(1989)『明季東南海寇與巢外風氣』, 張炎憲 編,『中國海洋發展史論文集』第三輯中
    pp.313~344.

趙靖(1949)『宋代之專賣制度』, 燕京社會科學卷 2, 10月刊, pp.59~94.

趙曉雷(2007)『中國經濟思想史』, 大連, 東北財經大學出版社.

周立(2003)『中國各地區金融發展與經濟成長(1978~2000)』, 清華大學出版社, 北京.

莊國(2000)『論15世紀-19世紀初海外華商經貿網絡的發展——海外華商網絡系列研究之二』,
    廈門大學學報 2, pp.58~67.

莊為璣(1996)『海上集』, 廈門, 廈門大學出版社.

[일본어문헌]

荒野泰典(1992)「海禁と鎖国」,『アジアのなかの日本史:外交と戦争』, 荒野泰典, 石井正
    敏, 村井章介 編, 東京, 東京大學出版会.

ブルース·バートン(2001)『国境の誕生：大宰府から見た日本の原形』, 日本放送出版協会.

蛯名保彦(1995)『環日本海地域の経済と社会：持続的発展をめざして』, 東京, 明石書店.

蛯名保彦(1996)『地域経済の空洞化と東アジア : アジアとの共生のために』, 東京, 日本評論社.

古田和子(2000)『上海ネットワークと近代東アジア』, 東京, 東京大学出版会.

古厩忠夫編(1994)『東北アジア史の再発見 : 歴史像の共有を求めて』, 東京, 有信堂.

浜下武志(1990)『近代中国の国際的契機 : 朝貢貿易システムと近代アジア』, 東京, 東京大学出版会.

浜下武志(1991)「中国の銀吸収力と朝貢貿易関」, 浜下武志, 川勝平太編, 『アジア交易圏と日本工業化 1500~1900』, 東京, リブロポート.

浜下武志(1993)「地域研究とアジア」, 溝口雄三, 浜下武志, 平石直昭, 宮嶋博史 等, 『アジアから考える. 2, 地域システム』東京, 東京大学出版会.

浜下武志, 川勝平太 等(1991)『アジア交易圏と日本工業化 1500~1900』, 東京, リブロポート.

浜下武志, 川勝平太(1997)『文明の海洋史観』, 東京, 中央公論社.

羽田正(2007)『東インド会社とアジアの海 』, 東京, 講談社.

速水融(1989)「近世日本の経済発展と勤勉革命」, 『徳川社会からの展望 : 発展·構造·国際関係』, 東京, 同文館.

速水融, 宮本又郎(1988)『日本経済史.1, 経済社会の成立 : 17~18世紀』, 東京, 岩波書店.

岩生成一(1966)『南洋日本町の研究』, 東京, 岩波書店.

岩生成一(1966)「鎖国」, 『日本の歴史 14』, 東京, 中央公論社.

岩生成一(1971)『鎖国』, 東京, 中央公論社.

岩生成一(1985)『朱印船貿易史の研究』, 東京, 吉川弘文館.

籠谷直人(2000)『アジア国際通商秩序と近代日本』, 名古屋, 名古屋大学出版会.

片桐一男(1997)『開かれた鎖国 : 長崎出島の人. 物. 情報』, 東京, 講談社.

加藤栄一(1981)「鎖国と幕藩制国家」, 『講座日本近世史 2, 鎖国』, 東京, 有斐閣.

加藤栄一(1989)「鎖国論の現段階」, 『歴史評論』, 475, pp.2~25.

川勝平太(1991)『日本文明と近代西洋 : 「鎖国」再考』, 東京, 日本放送出版協会.

川勝平太(1991)「日本の工業化をめぐる外圧とアジア間競争」, 浜下武志, 川勝平太 等, 『アジア交易圏と日本工業化 1500~1900』, 東京, リブロポート.

川勝平太(1992)「新たなる'日本論'のために」, 『中央公論』, 107(2), pp.102~117.

川勝平太(1992)「新たなる'日本論'のために-続-日本文明の隠された形」, 『中央公論』, 107(4), pp.168~183.

川勝平太(1993)「'脱亜'過程としての日·欧の近世」, 『歴史評論』, 515, pp.43~58.

川勝平太(1998)「Early modern Japan and the Road not taken」, 『Japan echo』, August, pp.8~12.

川勝平太, 浜下武志, 溝口雄三, 平石直昭, Hirajima Hirobumi(1993)『アジアから考える』,

東京, 東京大学出版会.

経済企画庁(1992) 『環日本海時代と地域の活性化 ： 日本海沿岸地域の特色ある発展に向けて』, 東京.

北見俊郎(1993) 『港湾都市』, 東京, 成山堂書店.

真栄平房昭(1983) 「琉球＝東南アジア貿易の展開と華僑社会」, 『九州史学』, 76.

真栄平房昭(1991) 「鎖国」日本の海外貿易」, 朝尾直弘, 等, 『日本の近世. 第1巻, 世界史のなかの近世』, 東京, 中央公論社,

永積洋子(1970) 『平戸オランダ商館の日記 第4輯』, 東京, 岩波書店.

永積洋子(1990) 『近世初期の外交』, 東京, 創文社.

中野謙二(1991) 『北東アジアの新風 ： 環日本海新時代の原点をさぐる』, 東京, 情報企画出版.

西川光一(1982) 『神戸港の歴史』, 神戸, 冬鵲房.

西村明, 林一信編(1992) 『環黄海経済圏創生の課題と展望』, 福岡, 九洲大学出版会.

西村明, 渡辺利夫編(1992) 『環黄海経済圏 ： 東アジアの未来を探る』, 福岡, 九洲大学出版会.

小川和男(1991) 『環日本海経済圏 ： 北東アジア・シベリア時代の幕開け』, 東京, 日本経済新聞社.

小川雄平, 小幡伸二編(1995) 『環日本海経済・最前線』, 東京, 日本評論社.

嶋倉民生(1992) 『東北アジア経済圏の胎動 ： 東西接近の新フロンティア』, 東京, アジア経済研究所.

田中健夫(1982) 『倭寇』, 教育社.

田中健夫(1986) 『倭寇 ： 海の歴史』, 東京, 教育社.

神戸市港湾局(1967) 『神戸開港100年の歩み』, 神戸市.

神戸市(1971) 『神戸市史』, 神戸市.

豊田武(1964) 『堺 ： 商人の進出と都市の自由』, 東京, 至文堂.

塚本学(1992) 「内海をめぐる地域」, 『アジアのなかの日本史4 地域と民族』, 荒野泰典, 石井正敏, 村井章介等, 東京, 東京大学出版会.

角山榮(2002) 『堺 ： 海の都市文明』, 東京, PHP 研究所.

山脇悌二郎(1964) 『長崎の唐人貿易』, 東京, 吉川弘文館.

湯谷稔編(1883) 『日明勘合貿易史料』, 東京, 国書刊行会.

[유럽어문헌]

Abulafia, David(1997) The Two Italies, Economic Relations Between the Norman

Kingdom of Sicily and the Nothern Communes, Cambridge, Cambridge University Press.

Abu-Lughod, Janet(1989) Before European Hegemony: The World System A.D. 1250~1350, New York, Oxford University Press.

Adshead, S.A.M.(2000) China in World History, New York, St. Martin's Press.

Agnew, John(1989) 'The devaluation of place in social science', in John A. Agnew and James S. Duncan(eds) The Power of Place: Bringing Together Geographical and Sociological Imaginations, Boston, Unwin Hyman, pp.9~29.

Agnew, John(1994) 'The territorial trap: the geographical assumptions of international relations theory', Review of International Political Economy, 1(1), Spring, pp.53~80.

Allen, Franklin, Jun Qian and Meijin Qian(2005) 'Law, finance, and economic growth in China', Journal of Financial Economjcs, 77(1), pp.57~116.

Allen, G.C. and Audrey G. Donnithorne(1954) Western Enterprises and Far-East Economic Development, London, Allen & Unwin.

Allen, John and Paul du Gay(1994) 'Industry and the rest: the economic identity of services', Work, Employment and Society, 8(2), pp.255~271.

Ames, Glen J.(1991) 'The Carreira da India, 1668~1682: maritime enterprise and the quest for stability in Portugal's Asian empire', The Journal of European Economic History, 20(1), pp.7~27.

Amino, Yoshihiko(1995) 'Les Japonais et la mer', Annales ESC, March-April, 2, pp.235~258.

Andaya, Leonard Y.(1993) The World of Maluka: Eastern Indonesia in the Early Modern Period, Honolulu, University of Hawaii Press.

Anderson, Gary M. and Robert D. Tollison(1982) 'Adam Smith's analysis of joint stock companies', The Journal of Political Economy, 90(6), December, pp.1237~1256.

Anderson, J.L.(1991) Explaining Long-Term Economic Change, London, Macmillan.

Anderson, Perry(1974) Lineages of Absolute State, London, New Left Books.

Anderson, Perry(1974) Passage from Antiquity to Feodalism, London, New Left Books.

Aoki, Masahiko(2006) Fondements d'une analyse institutionnelle comparee, Paris, Albin Michel.

Aquinas, Thomas(1977) On the Government of Rulers: De Regimine Principum(The Middle Age Series), trans. James M. Blythe, annotated ed., Philadelphia, University of Pennsylvania Press.

Arono, Yasunori(1994) 'The entrenchment of the concept of "national seclusion"', Acta Asiatica, 67, pp.83~103.

Arano, Yasunori(2005) 'Concept of the border: nations, peoples and frontiers in Asian

History: the formation of a Japanocentric world order', International Journal of Asian Studies, 2, pp.185~216.

Arndt, H.W.(1987) Economic Development: The History of an Idea, Chicago, University of Chicago Press.

Aron, Raymond(1968) Peace and War: A Theory of International Relation, New York, Praeger.

Aron, Raymond(2004) Paix et guerre entre les nations, Paris, Calmann-Levy.

Arrighi, Giovanni, Takeshi Hamashita and Mark Selden(eds)(2003) The Resurgence of East Asia: 500, 150 and 50 Year Perspectives, London and New York, Routledge.

Attman, Arthur(1986) American Bullion in the European World Trade, 1600~1800, Goteborg, Acta Regiae Societatis Scientiarum et Litterarum Gothoburgensis, Humaniora.

Attwell, William(1986) 'Some observations on the "seventeenth century crisis" in China and Japan', Journal of Asian Studies, 45, pp.223~244.

Austin, Greg(1998) China's Ocean Frontier: International Law, Military Force and National Development, Canberra, Australian National University.

Aymard, Maurice(1956) Venise, Raguse et le commerce du ble pendant la seconde moitie du XVIe siecle, Paris, Sevpen.

Badei, Bertrand(1995) La fin des territoires, Paris, Fayard.

Badie, Bertrand(1999) Un monde sans souverainete, les etats entre ruse et responsabilite, Paris, Fayard.

Baechler, Jean(1971) Les origines du capitalisme, Paris, Gallimard.

Baechler, Jean, John A. Hall and Michael Mann(eds)(1988) Europe and the Rise of Capitalism, Oxford, Basil Blackwell.

Bairoch, Paul(1985) De Jericho a Mexico: villes et economie dans l'histoire, Paris, Gallimard.

Balard, Michel(1973) Genes et l'outre-mer, Vol. I, Les actes de Caffa du notaire Lamberto di Sambuceto, 1289~1290, Paris-La Haye, Mouton & Co.

Balard, Michel(1978) La Romanie genoise(XIIe-debut du XVes.), Genes-Rome, Bibliotheque des ecoles francaises d'Athenes et de Rome, 2 vols.

Balard, Michel(1980) Genes et l'outre-mer, Vol. II. Actes de Kilia du notaire Antonio di Ponzo, 1360, Paris-La Haye, Mouton/Editions de l'EHESS.

Balard, Michel(1989) La Mer Noire et la Romanie genoise, Londres, Varorium Reprints.

Balard, Michel, Elisabeth Malamut and Jean-Michel Spieser(2005) Byzance et le monde exterieur: contacts, relations, echanges, Paris, Publications de la Sorbonne.

Ballard, R.(1987) 'The political economy of migration: Pakistan, Britain, and the Middle East', in J.Eades(ed.) Migrants, Workers, and the Social Order, London,

Tavistock Publications, pp.17~41.

Barendse, R.J.(1998) The Arabian Seas 1640~1700, Leiden, Research School CNWS, Leiden University.

Barett, Ward(1990) 'World bullions flows, 1450~1800', in James D. Tracy(ed.) The Rise of Merchant Empires: Long Distance Trade in the Early Modern World, 1350~1750, Cambridge, Cambridge University Press, pp.224~254.

Baker, Richard A.(1989) 'The size of the "Treasure Ships" and other Chinese vessels', The Mariner's Mirror, The International Journal of the Society for Nautical Research, L:XXV(3), pp.273~275.

Basu, Dilip K.(ed.)(1983) The Rise and Growth of the Colonial Port Cities in Asia, Berkeley, University of California Press.

Battuta, Ibn(1955) The Travels of Ibn Battuta, AD 1325~1354, 5 vols, London, The Hakluyt Society.

Bauer, Peter T.(1971) 'Economic history as theory', Economica, New Series 38, 150, May, pp.163~179.

Bell, Daniel(1974) The Coming of Post-Industrial Society, New York, Harper Colophon Books.

Bellec, Francois(1992) La tentation de la haute mer, Paris, Seghers.

Bentley, Jerry H.(1999) 'Sea and ocean basins as frameworks of historical analysis', Geographical Review, 89(2), 'Oceans Connect', April, pp.215~224.

Berger, Suzanne(2005) How We Compete: What Companies Around the World Are Doing to Make It in the Global Economy, New York, Doubleday.

Bergere, M.-C.(2000) Histoire de Shanghai, Paris, Fayard.

Berman, Harold J.(1974) 'The influence of Christianity on the development of Western law', in Harold Berman The Interaction of Law and Religion, Nashville/New York, Abingdon Press, pp.49~76.

Berman, Harold J.(1983) Law and Revolution, I, The Formation of the Western Legal Tradition, Cambredge, MA, Harvard University Press.

Berman, Harold J.(2003) Law and Revolution, II, The Impact of the Protestant Reformation on the the Western Legal Tradition, Cambridge, MA, Harvard University Press.

Beyers, William and David P. Lindhal(1996) 'Explaining the demand for producer services: is cost-driven externalisation the major force?', Papers in Regional Science, 75(3), pp.351~374.

Bickers, Robert and Christian Henriot(2000) New Frontiers: Imperialism's New Communities in East Asia, 1842~1953, Manchester, Manchester University Press.

Bindemann, Kirsten(1999) The Future of European Financial Centres, London, Routledge.

Blusse, Leonard(1981) 'The VOC as Sorcerer's Apprentice', in W.L. Idema(ed.) Leyden Studies in Sinology, Leiden, E.J. Brill.

Blusse, Leonard(1988) Strange Company: Chinese Settlers, Mestizo Women and the Dutch in VOC Batavia, Dortrecht, Foris.

Blusse, Leonard(1990) 'Minnan-jen or cosmopolitan〉 The rise of Cheng Chih-lung alias Nicolas Iquan', in E.B. Vermeer(ed.) Development and Decline of Fukien Province in the Seventeenth and Eighteenth Centuries(Sinica Leidensia XXII), Leiden, New York, Kobenhaven, Koln, E.J. Brill, pp.259~260.

Blusse, Leonard(1996) 'No boats to China: the Dutch East India Company and the changing pattern of the China Sea trade, 1635~1690', Modern Asian Studies, 30, Part 1, pp.57~76.

Blusse, Leonard(1999) 'Chinese century, the eighteenth century in the China Sea region', Archipel, 58, pp.107~130.

Blusse, Leonard and George Winius(1985) 'The origin and rhythm of Dutch aggression against the Estado da India, 1601~1661', in Teotonio R. de Souza(ed.) Indo~Portuguese History, Old Issues, New Questions(3rd International Seminar on Indo-Portuguese History), New Delhi, Concept, pp.73~83.

Blusse, Leonard, Jan Oosterhof and Ton Vermeulen(1991) 'Chinese trade with Batavia in the 17th and 18th: a preliminary report', in Karl R. Haellquist(ed.) Asian Trade Routes: Continental and Maritime, London, Curzon, pp.231~245.

Blusse, Leonard and Femme Gaastra(1998) On the Eighteenth Century as a Category of Asian History: Van Leur in Retrospect, Aldershot, Ashgate.

Bodin, Jean(1993) Six livres de la republique, Paris, Le livre de poche.

Bogaars, George(1955) 'The effect of the opening of the Suez Canal on the trade and development of Singapore', Journal of the Malayan Branch of the Royal Asiatic Society, 38(1), pp.99~143.

Borgard, Jean-Pierre, Jean-Pierre Brun and Maurice Picon(2005) L'alun de Mediterranee, Naples, Publications du Centre Jean Berard.

Borschberg, Peter(2003) 'Portuguese, Spanish and Dutch plans to construct a fort in the strait of Singapore, ca 1584~1625', Archipel, 65, pp.55~88.

Bourguet, Marie-Noelle, Bernard Lepetit, M.-N. Bourguet, D. Nordman and M. Sinarellis(1998) L'invention scientifique de la Mediterranee, Paris, Editions de l'EHESS.

Boxer, Charles R.(1928) 'European Rivalry, in the Indian Seas, 1600~1700', The Mariner's Mirror, The International Journal of the Society for Nautical Research, XIV(1), January, pp.13~25.

Boxer, Charles R.(1928) 'Novas da India Oriental, ano de 1655, portugueses e holandeses. Relacao contemporanea', Arqueologia e Historia, 6, pp.61~70.

Boxer, Charles R.(1935) 'Anglo-Portuguese Rivalry in the Persian Gulf, 1615~1635', in E. Prestage(ed.) Chapters in Anglo-Portuguese Relations, Watford, Voss & Michael, pp.46~129.

Boxer, Charles R.(1935) The General of the Galleons and the Anglo-Portuguese Truce Celebrated at Goa in January 1635, Lisboa, Casa Portuguesa.

Boxer, Charles R.(1938) 'A Derrota dos Holandeses em Macau no Ano de 1622', Macau, Escola Tipografica de Orfanato.

Boxer, Charles R.(1938) On a Portuguese Carrack's Bill of Lading in 1625, Coimbra, FLUC.

Boxer, Charles R.(1939) 'Some Early Portuguese Bills of Lading, 1625~1708', The Mariner's Mirror, The International Journal of the Society for Nautical Research, XXV(1), January, pp.24~34.

Boxer, Charles R.(1951) The Christian Century in Japan, 1549~1650, Berkeley, University of California Press.

Boxer, Charles R.(1953) The Portuguese in the Far-East, Oxford, Oxford University Press.

Boxer, Charles R.(1958) 'Portuguese and Dutch Colonial Rivalry, 1641~1661', Studia, Lisboa, Centro de Estudos Historiees Ultramarinos, 2, September, pp.7~42.

Boxer, Charles R.(1959) The Great Ship of Amacon, Annals of Macao and the Old Japan Trade, 1555~1640, Lisbon, Centro de Estudos Historiees Ultramarinos.

Boxer, Charles R.(1963) Four Centuries of Portuguese Expansion, 1415~1815, A Succinct Survey, Johannesburg, Witswatersrand University Press.

Boxer, Charles R.(1968) Fidalgos in the Far-East. Oxford, Oxford University Press.

Boxer, Charles R.(1969) The Portuguese Seaborne Empire, 1415~1825, New York, Alfred A. Knopf.

Boxer, Charles R.(1969) 'A note on Portuguese reactions to the revival of the Red Sea spice trade and the rise of Atjeh, 1540~1600', Journal of Southeast Asian History, 10(3), pp.415~428.

Boxer, Charles R.(1991[1965]) The Dutch Seaborne Empire, London, Penguin Books.

Boyajian, James C.(1993) Portuguese Trade in Asia under the Habsburgs 1580~1640, Baltimore Johns Hopkins University Press.

Braudel, Fernand(1985) La dynamique du capitalisme, Paris, Champs-Flammarion.

Braudel, Fernand(1992) The Perspective of the World, Civilization and Capitalism: 15th~18th Century, Vol. III, Berkeley, University of California Press.

Braudel, Fernand(1993) La Mediterranee et le monde mediterraneen a l;epoque de Philippe II, Paris, Armand Colin.

Braudel, Fernand(1998) Les memoires de la Mediterranee, Paris, Fallois.

Braudel, Fernand(2000) Civilisation materielle, economie et capitalisme, Paris, Armand Colin.

Braudel, Fernand and Maurice Aymard(1999) Grammaire des civilisations, Paris, Flammarion.

Brealey, R.A. and E.C. Kaplanis,(1996) 'The determination of foreign banking location', Journal of International Money and Finance, 15, pp.577~579.

Broadman, HarryG. and Xiaolun Sun(1997) 'The Distribution of Foreign Direct Investment in China', Policy Research Working Paper 1720, The World Bank, Washington DC.

Broeze, Frank(ed.)(1989) Brides of the Sea: Ports Cities of Asia fro, the Sixteenth th the Twentieth Centuries, Honolulu, Hawaii University Press.

Bruijn, Jaap, R. and Femme S. Gaastra(1993) Ships, Sailors and Spices: East India Companies and Their Shipping in the 16th, 17th, and 18th Centuries, Amsterdam, NEHA.

Bryson, John R.(1997) 'Business service, firms, service space and the management of change', Entrepreneurship and Regional Development, 9, pp.93~111.

Burke, Peter(1988) 'Republics of Merchants in Early Modem Europe', in Jean Baechler, John Hall and Michael Mann(eds) Europe and the Rise of Capitalism, Oxford, Basil Blackwell, pp.220~233.

Butcher, John G.(1979) The British in Malaya, 1880~1941: The Social History of a European Community in Colonial South-East Asia, Kuala Lumpu, Oxford University Press.

Calanca, Paola(ed.)(2006) 'Desseins de frontiere', Extreme-orient, Extreme-occident, 28, Saint Denis, Presses Universitaires de Vincennes.

Calder, Kent E.(1993) Strategic Capitalism. Private Business and Public Purpose in Japanese Industrial Finance, Princeton, Princeton University Press.

Campodonico, Pierangelo(1991) Navi e marinai genovesi nell'eta di Cristoforo Colombo, Genova, Edizioni Colombo.

Cantor, Norman F.(1991) Inventing the Middle Ages: The Lives, Works, and Ideas of the Great Medievalists of the Twentieth Century, New York, William Morrow.

Carioti, Patrizia(1989) 'Il mercantilismo cinese in Giappone tra I secoli XVI-XVII', Il Giappone, XXIX, Part II. pp.51~66.

Carioti, Patrizia(1995) Zheng Chenggong, Napoli, Istituto universitario orientale.

Carioti, Patrizia(1996) 'L'ingresso di Taiwan nel panorama internazionale dell'Estremo Oriente tra I secoli XVI-XVII', Annali [Istituto Universitario Orientale of Napoli] LVI/4, pp.507~517.

Carioti, Patrizia(1997) 'The Zheng's maritime power in the international context of the seventeenth century Far Eastern seas: the rise of a "centralised piratical organisation" and its gradual development into and informal "stats"', in Paolo Santangelo(ed.) Ming Qing Yanjiu [Ming Qing Studies], Napoli-Roma, pp.29~67.

Carioti, Patrizia(1998) 'Il cosiddetto sakoku: nuove linee interpretative della storiografia giapponese circa la politica di "chiusura" varata dal bakufu Tokugawa nel secolo XVII', in Giappone: Il futuro del passato [Atti del XXI Convegno di Studi sul Giappone, Roma, 17-20September 1997], Venezia, pp.89~106.

Carioti, Patrizia(2006) 'The origins of the Chinese community of Nagasaki, 1571~1635', Ming Qing yanjiu [Ming Qing Studies], pp.1~35.

Carlyle, R.W. and A.J. Carlyle(1950) A History of Medieval Political Theory in the West, Vol. 6, Political Theory from 1300 to 1600, Edinburgh, Blackwood.

Carruthers, Bruce G.(1996) City of Capital: Politics and Markets in the English Financial Economy, Princeton, Princeton University Press.

Cassis, Youssef(2006) Capitals of Capital, A History of International Financial Centers, 1780~2005, Cambridge, Cambridge University Press.

Castells, Manuel(1985) High Technology, Space and Society, Beverly Hills, Sage.

Castells, Manuel(1999) L'ere de l'information: Vol 1, La societe en reseaus, 1998; Vol 2, Le pouvoir de l'identite, Vol 3, Fin de millenaire, Paris, Fayaqrd.

Castells, Manuel and Peter Hall(1995) Technopoles of the World, London, Routledge.

Castex, Raoul(1913) La Manoeuvre de La Praya, Paris, Fournier.

Cave, Roy C. and Herbert H. Coulson(eds)(1945) A Source Book for Medieval Economic History, New York, Biblio & Tannen.

Cave, Roy C. and Herbert H. Coulson(eds)(1965) The Barcelona Maritime Code, New York, Biblio & Tannen, 1965, pp.160~168.

Caves, Richard E.(1982) Multinational Enterprise and Economic Analysis, Cambridge, Cambridge University Press.

Chan, Gerald(1999) Chinese Perspective on International Relations, Palgrave Macmillan.

Chan, Hok-lam(1988) 'The Chien-wen, Yung-lo, Hung-hsi, and Hsuan-te reigns, 1399~1435', in Frederick W. Mote and Denis Twitchett(eds) The Cambridge History of China, Vol. 7, The Ming Dynasty, 1368~1644, Part 1, Cambridge, Cambridge University Press, pp.182~304.

Chan, Kam Wing(1994) Cities with Invisible Walls: Reinterpreting Urb anisation in Post-1949 China, Hong Kong, Oxford University Press.

Chan, Kam Wing(1997) 'Urbanization and urban instrastructure services in the PRC', in Christine P.Wong(ed.) Financing Local Government in the People's Republic of China, New York, Oxford University Press, pp.83~125.

Chan, Kam Wing and Xueqiang Xu(1985) 'Urban Population growth and urbanization in China since 1949: reconstructing a baseline', The China Quarterly, 104,

pp.583~613.

Chanda, Nayan(2007) Bound Together: How Traders, Preachers, Adventurers, and Warriors Shaped Globalization, New Haven, Yale University Press.

Chang Pin-tsun(1983) 'Maritime Trade: The Case of 16th Century Fuchies', PhD Thesis, Princeton University.

Chang Pin-tsun(1990) 'Maritime trade and local economy in late Ming Fujian', in E.B. Vermeer(ed.) Development and Decline of Fukien Province in the 17h and 18th Centuries(Sinica Leidensia XXII) Leiden, New York, Kobenhaven, Koln, E.J. Brill, pp.63~81.

Chang Pin-tsun(1991) 'First Chinese diaspora in Southeast Asia in the fifteenth century', in Roderick Ptak and Ditter Rottermund(eds) Emporia, Commodities and Entrepreneurs in Asian Maritime Trade, C.1400~1750, Stuttgart, Franz Steiner Verlag.

Chang T'ien-Tse(1969) Sino-Portuguese Trade from 1514 to 1644: A Synthesis of Portuguese and Chinese Sources, Leyden, RTP.

Chang, Ya-Chun(1996) 'The financial autonomy of provincial governments in mainland China and its effects', Issues and Studies, 32(3), March, pp.78~95.

Chaudhuri, K.N.(1978) The Trading World of Asia and the English East India Company, 1660~1760, Cambridge, Cambridge University Press.

Chaudhuri, K.N.(1983) 'Foreign trade and balance of payments, 1757~1947', in D. Kumar(ed.) The Cambridge History of India, II, c.1757-c.1970, Cambridge, Cambridge University Press, pp.804~877.

Chaudhuri, K.N.(1985) Trade and Civilisation in the Indian Ocean: An Economic History from the Rise of Islam to 1750, Cambridge, Cambridge University Press.

Chaudhuri, K.N.(1990) Asia before Europe: Economy and Civilisation of the Indian Ocean from the Rise of Islam to 1750, Cambridge, Cambridge University.

Chaudhuri, K.N(1993) 'The English East India Company', in Jaap R. Bruin and Femme S. Gaastra(eds) Ship Sailors and Spices: East India Companies and Their Shipping in the 16th, 17th, and 18th Centuries, Amsterdam, Neera, pp.49~80.

Chaudhury, Sushil and Keram Kevonian(eds)(2007) Les Armeniens dans le commerce asiatique au debut de l'ere moderne, Paris, Editions de la Maison des Sciences de l'Homme.

Chaunu, Pierre(1962) 'Manille et Macao face a la conjoncture des XVIe et XVIIe siecles', Annales ESC, May-June, 3, pp.555~580.

Chaunu, Pierre(1969) L'expansion europeenne du XIIIe au XVe siecle, Paris, Presses Universitaires de France.

Chayes, Abram and A. Handler-Chayes(1998) The New Sovereignty, Compliance with International Regulations Agreements, Cambridge, Harvard University Press.

Cheng, Christina Miu Bing(1999) Macau: A Cultural Janus, Hong Kong, Hong Kong University Press.

Cheng, Siok Hwa(1972) 'Government legislation for Chinese secret societies in the late 19th century', Asian Studies, 10(2), pp.262~271.

Cheng, U. Wen(1961) 'Opium in the Straits Settlements, 1867~1910', Journal of Southeast Asian History, 2(1), pp.57~75.

Chi Ch'ao-ting(1936) China's Key Economic Zones in Chinese History, London, Allen & Unwin.

Chiang, Hai Ding(1965) 'The statistics of the Straits Settlements Foreign trade, 1870~1915', Malayan Economic Review, 10(1), pp.73~83.

Chiang, Hai Ding(1970) 'Sino-British mercantile relations in Singapore's entrepot trade, 1870~1915', in J. Chen and N. Tarling(eds) Studies in the Social History of China and Southeast Asia: Essays in Memory of Victor Purcell, Cambridge, Cambridge University Press, p.247~266.

Chiang, Hai Ding(1978) A History of Straits Settlements Foreign Trade, 1870~1915, Singapore, National Museum.

Chin, Yoong Fong(1970) 'The Chinese Protectorate in Selangor 1896~1906', Malaysia in History, 15(1), pp.30~42.

Chirot, Daniel(1985) 'The Rise of the west', American Sociological Review, 50(2), April, pp.181~195.

Chirot, Daniel(1986)Social Change in the Modern Era, San Diego, Harcourt, Brace, Jovanovich.

Chirot, Daniel and Antony Reid(1997) Essential Outsiders: Chinese and Jews in the Modern Transformation of Southeast Asia and Europe, Seattle, University of Washington Press.

Choe, Sang-Chuel(1995) 'The evolving urban system in Northeast Asia', in Lo Fu-chen and Yue-man Yeung(eds) Emerging World Cities in Pacific Asia: Growth and Adjustment to Global Restructuring, Tokyo, United Nations United Nations University Press, pp.498~519.

Choi,Sang Rim,Dackeun Park and Adrian E.Tschoegl(1996) 'Banks and the world's major banking centers, 1990', Review of World Economics,132(4), pp.774~793.

Chow, Ralph(2005) The Strategic Role of Hong Kong, Hong Kong Trade and Development Council.

Christaller, Walter(1966[1933]) Central Places in Central Germany, Englewood Cliffs, Prentice Hall.

Chu, D.K.Y. and T.N.Chiu(1984) 'Laissez-faireism in port development: the case of Hong Kong', in B.S. and D. Hillings Hoyle(eds)Seaports Systems and Spatial Change, London, Hohn Wiley, pp.135~160.

Cipolla, Carlo M.(1981) Before the Industrial Revolution: European Society and Economy, 1000~1700, 2nd ed., London, Methuen.

Citarella, Armand O.(1968) 'Patterns in Medieval trade:the commerce of Amalfi before the Crusades',The Journal of Economic History, 28(4), December, pp.531~555.

Clark, H.R.(1991) 'The politics of trade and the establishment of the Quanzhou trade superintendency', in UNESCO, China and the Maritime Silk Route, Unesco Quanzhou international seminar on China and the maritime routes of the silk roads, pp.376~394.

Clark, P. and Zhang Wei(1990) 'A preliminary survey of wreck sites in the Dinghai area, Fuhian Province, China', International Journal of Nautical Archaeology, March, pp.239~241.

Coaed, Ronald(1937) 'The nature of the firm', Economica, IV, November, pp.386~405.

Coase, Ronald(1959) 'The Federal Communications Commission', Journal of Law and Economics, 2, pp.1~40.

Coedès, Georges(1918) 'Le royaume de çrivijaya', Befeo, pp.1~36.

Coedès, Georges(1964) Les Etats hindouisés d'Indochine et d'Indonésie, Paris, De Boccart.

Cohen, Stephen and John Zysman(1987)Manufacturing Matters:The Myth of post Industrial Economy, New York Basic Books.

Cohen, Warren I.(2000) East Asia at the Center, New York, Columbia University Press.

Conseil Général des Ponts et Chaussées(2003) 'Le développement des implantations logistiques en France et ses enjeux pour les politiques d'aménagement', Paris, Ministère de l'Equipement, des Transports, du Logement, du Tourisme et de la Mer, Report no. 2001-0104-01.

Contamine, Philippe(2003) La guerre au moyen âge, 6th ed., Paris, Presses Universitaires de France.

Contamine, Philippe, Marc Bompaire, Stéphane Lebecq and Jean-Luc Sarrazin(2003) L'économie médieévale, Paris, Armand Colin.

Cooke Johnson, Linda(1995)Shanghai from Market Town to Treaty Port, 1074~1858, Stanford, Stanford University Press.

Corbin, Alain(1990) Le territoire du vide, l'Occident et le désir de rivage(1750~1840), Paris, Flammarion.

Corboz, André(2001) Le territoire comme palimpseste et autres essais, Besançon, Les éditions de l'imprimeur.

Corey, Kenneth E. and Mark L.Wilson(2007) 'Jean Gottmann, contribu-tions inoubliables à la théorie et à la planification urbaines', La géog-raphie, 'L'orbite de la géographie de Jean Gottmann', Special Edition 1523, January, pp.130~142.

Cornelius, P., K.Schwaband M.E, Porter(2003) The Global Competitiveness Report 2002~2003, Geneva, World Economic Forum.

Cortesao, Armando(1944) The Suma Oriental of Tome Pires. An Account of the East, from the Red Sea to Japan, Written in Malacca and India in 1512~1515, London hakluyt Society.

Coutinho, Valdemar(1999) O Fim da Preseça Portuguesa no Japão, Lisboa, Sociedad Historica da Independencia de Portugal.

Couto, Dejanirah(1990) 'L'Espionnage Portugais dans l'Empire Ottoman au XVI Siècle', in Actes du Colloque 'La Découverte, Le Portugal et L'Europe', Paris, FCG-CCP, pp.243~268.

Cowan, C.D.(1961) Nineteenth-century Malaya: The Origins of British Political Control, London, Oxford University Press.

Cribb, Robert(1992) Historical Dictionary of Indonesia, Metuchen and London, The Scarecrow Press, Inc.

Crouzet-Pavan, Elisabeth(1997) Venise:une invention de la ville, XIIIe-XVe siècle, Paris, Champ Vallon.

Cumin, David(1999) 'Thalassopolitique: Carl Schmitt et la mer', in Hervé Couteau-Bégarie(ed.) L'évoluttion de la pensée navale, VII, Paris, Economica, pp.219~256.

Curtin, Philip D.(1984) Cross-Cultural Trade in World History, Cambridge, Cambridge University Press.

Cushman, Jennifer W.(1993) Fields from the sea: Chinese Junk Trade with siam During the Eighteenth and Early Nineteenth Centuries, Ithaca, New York, Cornell University Press.

Daniels, P.W.(1985) 'The geography of services', Progress in Human Geography, 9, pp.443~451.

Daniels, P.W.(1991) 'Internationalisation, telecommunication and metro-politan development: the rode of producer services', in S.D. Brunnand and T.R. Leinbach(eds) Collapsing Space and Time: Geographic Aspects of Communication and Information, London, Harper and Collins, pp.149~169.

Dars, Jacques(1992) La marine chinoise du Xe au XIVe siècle, Paris, Economica.

Das Gupta, Ashin(1992) 'The Maritime City', in I.Banghe(ad.) Ports and Their Hinterlands in India, 1700~1950, New Delhi, Manohar.

Dash, Mike(2002) L'archipel des hérétiques, la terrifiante historire des nau-fragés du Batavia, Paris, J.C. Lattès.

DeBernardi, Jean(1995) 'Lim Boon Keng and the invention of cosmo-politanism in the Straits Settlements', in J.DeBernardi, G.Forth and S.Niessen(eds) Managing Change in Southeast Asia: Local Identities, Global Commections, Montreal, Canadian Council for Southeast Asian Studies, pp.173~187.

Degos, Jean-Guy(1998) Histoire de la comptabilité, Que sais-je?, Paris, Presses Universitaires de France.

Deng Gand(1999) Maritime Sector, Institutions, and Sea Power of Pre-modern China, Greenwood Press, Westport, Connecticut.

Deng Gand(1999) The Premodern Chinese Economy:Structural Equilibrium and Capitalist Sterility, London, Routledge.

Dermigny, Louis(1964) La Chine et l'Occident: le commerce à Canton au XVIIIe siècle, 1719~1833, 3 vols, Paris, EPHE, VIe section, Centre de recherches historiques, Sevpen.

Diamond, Jared(1997) Guns, Germs and Steel: The Fate of Human Societies, New York, Norton&Co.

Disney, Anthony R.(1978) Twilight of the Pepper Empire, Portuguese Trade in Southwest India in the Early Seventeenth Century, Cambridge, MA, Harvard University Press.

Disney, Anthony R.(1991) 'The Viceroy as entrepreneur: the Count of Linhares at Goa in the 1630s', in Roderich Ptak and Dietmar Rothermund(eds) Emporia, Commodities and Enterpreneurs in Asian Maritime Trade, c.1400-1750, Stuttgart, Franz Steiner Verlag, pp.427~444.

Dixon Morris, V.(1997) 'Sakai, from Shōen to port city', in John W. Hall and Toyoda Takeshi(eds) Japan in the Muromachi Age, University of California Press, Berkeley, pp.145~158.

Dixon Morris, V.(1981) 'The city of Sakai and urban autonomy', in George Elison and Bardwell L. smith(eds) Warlords, Artists and Commoners: Japan in the 16th Century, Honolulu, The University Press of Hawaii, pp.23~54.

Dollfus, Olivier(1995) La nouvelle carte du Monde, Paris, Presses Universitaires de France.

Dollinger, Philippe(1970) The German Hanse, Lndon, Macmillan(adapted from the French edition La Hanse).

Dos Santos Alves, Jorge Manuel(1999) Um Porto entro Dois Imperios: estudos sobre Macau e as Relaçaões Luis-Chinesao, Macau, Istituto Português do Oriente.

Dreyer, Edward L.(1974) 'The Poyang Campaigh, 1363: inland naval warfare in the founding of the Ming Dynasty', in F.A.Kierman, Jr. and J.K. Fairbank(eds) China and the Oceans in the Early Ming Dynasty, 1405~1433, New York, Pearson Longman.

Dufay, G.(1984) 'Banking in the Asia Pacific Region', Research in International Business and Finance, 4, Part B, pp.295~327.

Duvivier, Alexandre(2004) 'L'attractivité des places financières', Buletin de la Banque de France, 123, March, pp.45~49.

Duyvendak, J.J.L.(1938) 'The true dates of the Chinese maritime expedi-tions in the early 15th Century', T'oung Pao, pp.341~412.

Edler, Florence de Roover(1945) 'Early examples of marine insur-ance', The Journal of Ecomomic History, 5(2), November, pp.172~200.

Ee, Joyce(1961) 'Chinese migration to Singapore, 1896~1941', Journal of Southeast Asian History, 2(1), pp.33~51.

Endacott, George B.(1993) A History of Hong Kong, Oxford, Oxford University Press.

Eng, Robert Y.(1986) Economic Imperialism in China: Silk Production and Exports, 1881~1932, Berkeley, University of California Press.

Eng, Robert Y.(1984) 'Chinese entrepreneurs, the government and the foreign sector: the Canton and Shanghai silk-reeling enterprises, 1861~1932', Modern Asian Studies, 18(3), pp.353~370.

Epstein, Steven A.(1996) Genoa and the Genoese, 958-1528, Chapel Hill & London, The University of North Carolina Press.

Etiemble, René(1988) L'Europe chinoise, Paris, Gallimard.

Etsuko Hae-Jin Kang(1997) Diplomacy and Ideology in Japanese-Korean Relations: From the Fifteenth to the Eighteenth Century, London, Macmillan.

Fairbank, John K.(ed.)(1953) Trade and Diplomacy on the China Cost: The Opening of the Treaty Ports, 1842~1854, 2 vols, Cambridge, Harvard University Press.

Fairbank, John K.(1983) 'Maritime and continental in China's history', in John K. Fairbank(ed.) The Cambridge History of China Vol.12, Republican China 1912~1949, Part1, Cambridge, Cambridge University Press, pp.1~27.

Fairbank, John K.(1986) The Cambridge History of China, Vol. 13~1, Cambridge, Cambridge University Press.

Fairlamb, David(1999) 'Duelling markets', Institutional Investor, May, pp.106~114.

Falconer, John(1987) A Vision of the Past: A History of Early Photography in Singapore and Malaya: The Photographs of G.R. Lambert & Co., 1880~1910, singapore, Times Editions.

Fang, Gang, X. Wang and L. Zhang(2000) Annual Report 2000: Marketization Index for China's Provinces, Beijing, National Economic Research Institute, China Reform Foundation.

Fédou, René(ed.)(1995) Lexique historique du Moyen Age, Paris, Armand Colin.

Fei Changkang(1996) Macao, 400 Years, Shanghai, The Publishing House of Shanghai Academy of Social Sciences.

Felix, Alfonso, Jr(1966) The Chinese in the Philippines, Manila, Bombay, New York, Solkdaridad Publkshing House.

Ferrarini, Guido(2005) 'Origins of limited liability companies and company law modernisation in Italy: a historical outline', Law of Business and Finance, 6, pp.187~217.

Fik, T.J. and G.F. Mulligan(1990) 'Spatial flows and competing central places: toward a general theory of hierarchical interaction', Environment and Planning, 22.

Flynn, Dennis O. and Arturo Giraldez(1995) 'Born with a "silver spoon": the origin of world trade in 1571', Journal of World History, 6(2), pp.201~221.

Flynn, Dennis O. and Arturo Giraldez(1995) 'Arbitrage, China and world trade in the early modern period', Journal of the Economic and Social History of the Orient, 38(4), pp.429~448.

Flynn, Dennis O. and Arturo Giraldez and James Sobredo(eds)(2001) The Pacific World Land, People and History: European Entry into the Pacific, Spain and the Acapulco-Manila Galleons, Aldershot, Ashgate Variorum.

Forest, Alain(1999) 'L'Asie du Sud-Est continentale vue de la mer', in Nguyên Thê Anh and Yoshiaki Ishizawa(des) Commerce et naviga-tion en Asie du Sud-Est(XIVe-XIXe SIècle), Paris, l'Harmattan, pp.7~30.

Foucher, Michel(1991) Fronts et Frontières, un tour du monde géopolitique, Paris, Fayard.

Fox, Edward W.(1973) L'autre France, Paris, Flammarion.

Frank, Andre Gunder(1998) ReORIENT: Global Economy in the Asian Age, Berkeley, University of California Press.

Fujita M. and T. Mori(1996) 'The role of ports in the making of major cities: self-agglomeration and hub effec', Journal of Development Economies, 49, pp.93~120.

Furber, Holden(1986) Imperi Rivali nei Mercati d'Oriente, 1600~1800, Bologan, Il Mulino.

Furuta, Kazuko(1997) 'La réapparition du réseau du Shanghai', Cahiers du Japan, 72, Summer, pp.37~41.

Gaastra, Femme S. and J.R. Bruijn(1993) 'The Dutch East Ind?a Company's shipping', in Jaap R.Bruin and Femme S.Gaastra(eds) Ship Sailors and Spices: East India Companies and Their Shipping in the 16th, 17th, and 18th Centuries, Amsterdam, Neera, pp.177~208.

Galbraith, J.S.(1960) 'The "turbulent frontier" as a factor in British expansion', Comparative Studies in Society and History,2, pp.150~168.

Gao Qiang(1995) 'Problems in Chinese intra-governmental fiscal rela-tions, tax sharing system and future reform', in Ehtisham Ahmad, Gao Qiang and Vito Tanzi(eds) Reforming China's Public Finances, Washington DC, International Monetary Fund.

Gardella, Robert(1992) 'Squaring accounts: commercial bookkeeping methods and capitalist rationalism in late Qing and Republican China', The Journal of Asian

Studies, 51(2), May, pp.317~339.

Gardella, Robert, Jane K. Leonard and Andrea McElderry(eds)(1998) 'Chinese business history, interpretative trends and priorities for the future', Chinese Studies in History, Spring-Summer, 31(3/4), Arm?nk, M.E. Sharpe.

Giddens, Anthony(1985) The Nation-State and Violence: Volume Two of a Contemporary Critique of Historical Materialism, Berkeley, University of California Press.

Gill, Bates(1992) Chinese Arms Transfer: Purpose, Patterns, And Prospects in the New World Order, Westport and London, Praeger Publishers.

Gilpin, Robert(1987) The Political Economy of International Relations, Princeton, Princeton University Press.

Gipouloux, François(ed.)(1994) Regional Economic Strategies in East Asia: A Comparative Perpective, Tōkyō, Maison Franco-Japonaise.

Gipouloux, Francois(1995) 'L'Asie orientale: un nouvel atelier nippon?', in GEMDEV (Groupement d'intérêt scientifique pour l'étude de la mondialisation et du développement)(ed.) L'intégration régionale dans le monde, Paris, Karthala, pp.45~58.

Gipouloux, François(1995) 'The interplay of sub-regional economic areas, nation states and firms in East Asia: towards a reconceptualization of the framework of international relations in the post-Cold War era', in Bih-Jaw Lin(ed.) The Asia Pacific and Europe in the Post-Clod War Era, Taipei, Institute of International Relations, pp.141~151.

Gipouloux, François(1996) 'Les poussées centrifuges du capitalisme urbain: l'mtégration des villes côtières chinoises dans le féseau des métropoles portuaires asiatiques', Tiers-Momde: La Chine après eng, October, pp.569~597.

Gipouloux, François(1997) 'Vers une fragmentation du marché chinois', in Alain Peyrefitte(ed.) La Chine d'aujourd'hui et de demain, Paris, Mazarine, pp.225~233.

Gipouloux, François(2000) 'HongKong, Taiwan and Shanghai: rivallogis-tics hubs along the East Asian maritime corridor', China Perspectives, 33, January-February, pp.4~12.

Gipouloux, François(2005) La Chine du 21e siècle, une nouvelle superpuis-sance?, Paris, Armand Colin.

Glahn, Rihard Von(1996) Fountain of Fortune, Money and Monetary Policy in China, 1000~1700, Berkeley, University of California Press.

Godley, Michael R.(1975) 'The late Ch'ing courtship of the Chinese in Southeast Asia' Journal of Asian Studies 34(2), pp.361~385.

Goetzmann, William N. and Geert Rowenhorst(2005) The Origins of Value: The Financial Innovations that Created Modern Capital Markets, Oxford, Oxford University Press.

Goitein, Shelomo Dov(2000) Mediterranean Society: The Jewish Communities of the Arab World as Portrayed in the Documents of the Cairo Geniza, Vol. I: Economic Foundations, Berkeley, University of California Press.

Gold, Edgar(1981) Maritime Transport: The Evolution of International Marine Policy and Shipping Law, Lexington, Lexington Books.

Goldstein, Sydney(1990) 'Urbanization in China, 198-1987: effects of migration and reclassification', Population and Development Review, 16(4), December, pp.673~701.

Goodman, G.K.(1986)Japan: The Dutch Experience, London, Dover, New Hampshire: The Athlone Press.

Gottman, jean(1983) 'Capital cities', Ekistics, 50(299), March-April, pp.88~93.

Goyeau, D. and A.Tarazi(2006) 'Le financement de l'économie' Les Cahiers Français, 331.

Gras, N.S.B.(1942) 'The commercial revolution of the thirteenth century, a discussion of capitalism-concept and history', Bulletin of the business Historical Society, XVI(2), pp.34~38.

Grasso, June, Corrin Jay and Michael Kort(2004) Modernization and Revolution in China: From the Opium Wars to World Power, Armonk, NY,M.E. Sharpe.

Green, J.N.(1983) 'The Shinan excavation, Korea: an interim report on the hull structure', International Journal of Nautical Archaeology, April, pp.293~301.

Green, J.N.(1983) 'The Song Dynasty shipwreck at Quanzhou, Fujian Province, People's Republic of China', International Journal of Nautical Archaeology, March, pp.253~261.

Green, J.N.(ed.)(1991) 'Waterfron excavations at Dongmenkou, Ningbo, Zhejiand Province, PRC', translated by Lin Shimin, Du Genqi, International Journal of Nautical Archaeology, April, pp.299~311.

Green, J.N. and Zae Guen Kim(1989) 'The Shinan and Wando sites, Korea: further information', International Journal of Nautical Archaeology, November, pp.33~34.

Greenberg, Michael(1951) British Trade and the Opening of China, 1800~1842, Cambridge, Cambridge University Press.

Greif, Avner(2006)Institutions and the Path to Modern Economy: Lessons from the Medieval Trade, Cambridge, Cambridge University Press.

Greif, Avner, Paul Milgrom and Barry R. Weingast(1994) 'Coordination, commitment, and enforcement: the case of the merchant guild' The Journal of Political Economy, 102(4), August, pp.745~776.

Gross, Leo(1948) 'The Peace of Westphalia 1648~1948', The American Journal of International Law, 42(1), January, pp.20~41.

Grotius, Hugo(2004[1609]) The Free Sea[Mare Liberum], Indianapolis, Liberty Fund Inc.

Grove, Linda and S. Sugimoto(2001) Commercial Networks in Modern Asia, Richmond, Curzon.

Gu Chaolin, Qiu Youliang and Ye Shunzhan(1997) 'The change of desig-nated cities in China before and after 1949', China City Planning Review, 13(2).

Guha, A.(1970) 'Parsi Seths as entrepreneurs, 1750~1850', Economic and Political Weekly, 5(35), pp.107~115.

Guillerm, Alain(1999) Géopolitique des mers: les Méditerranées d'Europe et d'Asie, Pais, Cirpes.

Guillot, Claude, Denys Lombard and Roderick Ptak(eds) (1998) From the Mediterranean to the China Sea: Miscellaneous Notes, Wiesbaden, Harrassowitz.

Gunn, Geoffrey(2003) First Globalization: The Eurasian Exchange, 1500~1800, Lanham, Rowman&Littlefield Publishers, Inc.

Guy, John S.(1986) Oriental Trade Ceramics in Southeast Asia, Ninth to Sixteenth Centuries, Singapore, Oxford, Oxford University Press.

Hall, Kenneth(1985) Maritime Trade and State Development in Early Southeast Asia, Honolulu, University of Hawaii Press.

Hamashita, Takeshi(1987) 'The tribute system and modern Asia', Memoirs of the Research Department of Tōyō Bunko, no.45, Tōkyō, Tōkyō University Press, pp.7~25.

Hamashita, Takeshi(1994) 'Region and international relations in East Asia: an historical approach', in François Gipouloux (ed.) Regional Economic Strategies in East Asia: A Comparative Perpective, Tōkyō, Maison Franco-Japonaise, pp.125~139.

Hamashita, Takeshi (2008) China, East Asia and the Global Economy: Regional and Historical Perspectives, London, Routledge.

Hanappe, P. and M.Savy(1981) 'Industrial port areas and the Kondratieff cycle', in B.S.Hoyle and D.A.Pinder(eds) Cityport Industrialization and Regional Development: Spatial Analysis and Planning Strategies, Oxford, Pergamon, pp.23~339.

Haneda, Masashi(2005) 'Bandar Abbas and Nagasaki: an analysis of the reaction of the Safavid government to Europeans from a comparative perspective', Annals of Japan Association for Middle East Studies, 20(2), special issue 'II:Ports, Merchants and Cross-cultural Contacts', pp.119~130.

Hanley, Susan B.(1997) Everyday Things in Pre-modern Ja[an: The Hidden Legacy of Material Culture, Berkeley, University of California Press.

Hannoun, Hervère, 57(2), pp.83~94.

Hansen, Valerie(1995) Negotiation Daily Life in Traditional China: How Ordinary People Used Contracts, 600-1400, New Haven, Yale University Press.

Hao, Yen-p'ing (1970) 'A new class in China's treaty ports: the rise of the

Compradore merchants', The Business History Review, XLIV(4), pp.446~459.

Hartwell, Robert(1966) 'Markets, technology, and the structure of enter-prise in the development of the eleventh-century Chinese iron and steel industry', Journal of Economic History, 26, pp.29~58.

Haudrère, Philippe(1998) Le grand commerce maritime au XVIIIe siècle, Paris, SEDES.

Haudrère, Philippe(1998) La Compagnie Française des Indes au XVIIIe siècle, Paris, les Inder Savantes.

Haudrère, Philippe(2006) Les Compagnies des Indes orientales, Trois siècles de rencontre entre Orientaux et Occidentaux, Paris, Desjonquères.

Havighurst, Alfred F.(ed.) (1976) The Pirenne Thesis: Analysis, Criticism and Revision, Lexington MA, DC Heath and Co.

Hay, Denys and John Law(1989) Italy in the Age of Renaissance, 1380~1530, Longman History of Italy Vol. III, London&New-York, Longman.

Hayashi, Takeshi(1990) The Japanese Experience in Technology: From Transfer to Self-Reliance, Tōkyō , The United Nations University.

Hayek, Friedrich A.(ed.) (1935) Collectivist Economic Planning, London, Routledge &Sons.

Hayek, Friedrich A.(1945) 'The use of knowledge in society', American Economic Review, 35, September, pp.519~530.

Hayek, Friedrich A.(1948) 'The meaning of competition', in Friedrich Hayek, Individualism and Economic Order, Chicago, University of Chicago Press, pp.92~106.

Hayek, Friedrich A.(1954) 'History and politics', in Friedrich von Hayek(ed.) Capitalism and the Historians, Chicago, University of Chicago Press.

Hayek, Friedrich(1978) Legislation and Liberty, Vol.2, The Mirage of Social Justice, Chicago, University of Chicago Press.

Heers, Jacques(1991) Gênes au XVe siècle, Civilisation mèditerranéenne, grand capitalisme et capitalisme populaire, Paris, Flammarion.

Heers, Jacques(2001) Les Barbaresques: la course et la guerre en Méditerranée, Paris, Perrin.

Heller, Sipa, Marcus Nadler and Samuel S. Shipman (1955) The Money Market and its Institutions, New York, Roland Press.

Helpman, Elhanan and Paul R.Krugman (1985) Market Structure and Foreign Trade: Increasing Returns, Imperfect Competition, and the International Economy, Cambridge, MA and London, The MIT Press.

Hicks, John(1969) A Theory of Economic History, Oxford, Oxford University Press.

Hirschman, Albert O.(1978) Exit, Voice and Loyalty, Cambridge, Harvard University

Press.

Hoang, Anh Tuan(2007) Silk for Silver: Dutch Vietnamese Relations, 1637~1700, Leiden, Brill Academic Publishers.

Hocquet, Jean-Claude(2003) Venise au Moyen Âge, Paris,Les Belles Lettres.

Hohenberg, Paul and Lynn Lees(1995) The Making of Urban Europe, 1000~1994, Cambridge, MA, Harvard University Press.

Hong Kong Government(2002) 'Report on 2002 Annual Survey of Regional Offices Represention Overseas Companies in Hong Kong', Hong Kong, Census and Statistics Department.

Hong, Sung Woong(1995) 'Seoul: a global city in a nation of rapid growth', in Fu-chen and Yue-man Yeung Lo(eds) Emerging World Cities in Pacific Asia: Growth and Adjustment to Global Restructuring, Tōkyō, United Nations University Press, pp.144~178.

Hornaday, William T.(1885) Two Years in the Jungle, the Experiences of a Hunter and Naturalist in India, Ceylon, the Malay Peninsula and Borneo, New York, Charles Scribner's Sons.

Hoyle, B.S.and D.Hillings(eds) (1984)Seaports Systems and Spatial Change, London, John Wiley.

Hsiao, Liang-lin(1974) China's Foreign Trade Statistics, 1864~1949, Armonk, M.E. Sharpe.

Huang, Ray(1974) Taxation and Governmental Finance in Sixteenth Century Ming China, Combridge, MA, Harvard University Press.

Huang, Ray(1997) China: A Macro History, Armonk, M.E. Sharpe.

Huff, W.G.(1989) 'Bookkeeping, berter, money, credit, and Singapore's international rice trade, 1870~1939', Explorations in Economic History, 26(2), pp.161~189.

Huff, W.G.(1994) The Economic Growht of Singapore: Trade and Development in the Twentieth Century, Cambridge, Cambridge University Press.

Hunt, Edwin S. and James M. Murray(1999) A History of Business in Medieval Europe, 1200~1550, Cambridge University Press.

Huntington, Samuel(2002) The Clash of Civilisations and the Remaking of the World Order, London, The Free Press.

Innes, R.L.(1980) 'The Door Ajar: Japan's Foreign Trade in the Seventeenth Century', PhD dissertation, University of Michigan.

Irwin, Michael D. and Holly L. Hugues(1992) 'Centrality and struc-ture of urban interaction: measures, concepts and applications', Social Forces,71(1), pp.17~51.

Irwin, Michael D. and John D. Kasarda(1985) 'Air passenger linkage and employment growth in U.S. metropolitan areas', American Sociological Review, 56(4),

pp.524~537.

Ishii. Yoneo(ed.)(1998) The Junk Trade From Southeast Asia, Translations form the Tôsen Fusetsu-gaki, 1674~1723, Singapore, ISEAS.

Israel, Jonathan(1989) Dutch Primacy in World Trade, 1585~1740, Oxford, Oxford University Press.

Iwai Shigeki(2008) 'Developments in trade and trade theory in the Ming and Ch'ing', Transactions of the International Conference of Eastern Studies, LII, The Tōhō Gakkai [The Institute of Eastern Culture], Tōkyō, p.82.

Iwao Seiichi(1963) 'Reopening of the diplomatic and commercial relations between Japan and Siam during Tokugawa period', Acta Asiatica, 4, pp.1~31.

Iwao Seiichi(1976) 'Japanese foreign trade in the 16the and 17the centuries', Acta Asiatica, 30, pp.14~19.

Jackson, R.N(1967) 'Grasping the nettle: first successes in the struggle to govern the Chinese in Singapore', Journal of the Malaysian Branch of the Royal Asiatic Soviety, 40(1), pp.130~139.

Jacobs, Els M.(1991) In Pursuit of Pepper and Tea: The Story of the Dutch East India Company, Amsterdam, Netherland Maritime Museum.

Jacobs, Jane(1970) The Economy of Cities, New York, Vintage Books.

Jacobs, Jane(1984) Principles of Economic Lif, New York, Vintage Books.

Jacobs, Jane(1985) Cities and the Wealth of Nations, New York, Vintage Books.

Jan, Michel, Gérard Chaliand and Jean-Pierre Rageau(1997) Atlas de l'Asie orientale, Paris, Seuil.

Jayapalm Maya(1996) Old Singapore, Oxford, Oxford University Press.

Ji, Zhaojin(2003) A History of Modern Shanghai Banking: The Rise and Decline of China's Finance Capitalism, Armonk, M.E. Sharpe.

Jones, E.L.(1987) The European Miracle: Environments, Economies, and Geopolitics in the History of Europe and Asia, Cambridge, Cambridge University Press.

Kaempfer, Engelbert(1999) Kaempfer's Japan: Tokugawa Culture Observed, ed. and trans. Beatrice M. Bodart-Bailey, Honolulu, University of Hawaii Press.

Kasarda, John D. and Stephen J. Appold(1988) 'Paradigms of social agglomeration under advanced technologies', Kolner Zeitschrift für Soziologie, 29, pp.132~150.

Kasarda, John D. and Stephen J.Appold(1989) 'Comparative urbani-zation patterns and processes', in Alberto Gasparini(ed.) Innovation, Technology and New Form of Urban Organization, Milan, Angeli Publishers, pp.92~117.

Katō, Eiichi(1976) 'The Japanese-Dutch trade in the formative period of the Seclusion Policy: particularly on the raw silk trade by the Dutch factory at Hirado. 1620~1640', Acta Asiatica, 30, pp.34~84.

Kaufman, G.G.(2001) 'Emerging economies and international financial centers', Review of pacific Busin Financial Markets and Policies, 4(4), pp.365~377.

Kaur, Amarjit(1993) Historical Dictionary of Malaysia, Metuchen, N.J. Rowman & Littlefield Pub. Inc.

Kauz, Ralph and Birgitt Hoffmann(eds)(2008) Iran und iranish geprägte Kulturen, Wiesbaden, Wiesbaden, Dr. Ludwig Reichert Verlag.

Keay, John(1993) The Hounourable Company: A History of the English East India Company, London, Harper Collins.

Kellenbenz, Hermann(1956) 'Autour de 1600: le commerce du poivre des Fugger et le marché international du poivre', Annales ESC, II(1), pp.1~28.

Kennedy, Paul(1987) The Rise and Fall of the Great Powers: Economic Change and Military Conflict, 1500~2000, New York, Random House.

Keohane, Robert O. and Joseph Nye, Jr (eds) (1971) Transnational Relations and World Politics, Cambridge, Harvard University Press.

Kerr, George H.(2000) Okinawa, The History of an Island People, Tōkyō, Tuttle Publishing.

Keswick, M.(ed.)(1982) The Thistle and the Jade, Hong Kong, Mandarin Publishers.

Kieniewicz, Jan(1969) 'The Portuguese factory and trade in pepper in Malabar during the sixteenth century', The Indian Economic and Social History Review, 6(1), pp.68~69.

Kindleberger, Charles P.(1974) 'The formation of financial centers: a study in comparative economic history', Princeton Studies in International Finance, 36.

King, Frank H.H.(1987) The History of the Hongkong and Shanghai Banking Corporation. Volume 1, The Hong-kong Bank in Late Imperial China, 1864~1902, Combridge, Cambridge University Press.

Kirzner, Israel(1976) The Economic Point of View: An Essay in the History of Economic Thought, Kansas City, Sheed and Ward, Inc.

Klein, Peter W.(1989) 'The China Seas and world economy between the sixteenth and nineteenth centuries: the changing structures of trade', in Carl-Ludwig Holtfrerich(ed.) Interactions in the World Economy, New York, New York University Press, pp.61~89.

Knaap Gerrit and Heather Surherland(2004) Monsoon Traders: Ships, Skippers and Commodities in Eighteenthe Century Makassar, Leiden, KITLV Press.

Konviz, Josef(1978) Cities and the Sea: Port City Planning in Early Modern Europe, Baltimore, The Johns Hopkins University Press.

Kratoska, Paul H.(ed.)(1983) Honourable Intentions: Talks on the British Empire in Southe-East Asia Delivered at the Royal Clolnial Institute, 1874~1928, Singapore, Oxford University Press.

Krugman, Paul(1991) Geography and Trade, Cambridge, The MIT Press.

Kulke, Hermann(1986) 'The early and the imperial kingdom in Southeast Asian history' in D.C. Marr and A.C. Milne(eds) Southeast Asia in the 9th to 14th Centuries, Singapore, Institute of Southeast Asian Studies, pp.1~22.

Kulke, Hermann(1991) 'Epigraphical references to the "city" and the "state" in early Indonesia', Indonesia, 52, October, pp.3~22.

Kwa Chong Guan(1998) 'Form Melaka to Singapura: the evolution of an emporium', in Port Cities and Trade in Western Southeast Asia, Bangkok, The Universities Historical Research, Yangon/The Institute of Asian Studies, Chulanlongkorn University, IAS Monographs No.053, pp.107~135.

Kwan Man-bun(1997) 'Mapping the hinterland: treaty ports and regional analysis in modern China', in Gail Hershatter, Emily Honig, Jonathan N. Lipman and Randall Ross(esd) Remapping China: Fissures in Historical Terrain, Stanford, Stanford University Press, pp.181~193.

Labouérie, Guy(1999) 'Mahan, une nouvelle jeunesse', in Alain Guillerm, Géopolitique des mers: stratégies navales en Europe et en Asie, Paris, Cirpès, pp.15~32.

Landes, David(1970) Unbound Prometheus: Technological Change and Industrial Development in Western Europe from 1750 to the Present, Cambridge, Cambridge University Press.

Lane, Frederic C.(1940) 'The Mediterranean spice trade: further evidence on its revival in the sixteenthe century', American Historical Review, 45, Aprill, pp.581~590.

Lane, Frederic C.(1958) 'Economic consequences of organized violence', The Journal of Economic History, 18(4), pp.401~417.

Lane, Frederic C.(1966) Venice and History, The Collected Papers of Frederic C.Lane, Baltimore, Johns Hopkins University Press.

Lane, Frederic C.(1985) Venise, unerépublique maritime, Paris, Flammarion.

Lardy, Nicholas (1998) China's Unfinished Economic Revolution, Washington, DC, The Brookings Institution.

Lardy, Nicholas (2002) Integrating China into the Global Economy, Washington, DC, The Brookings Institution.

Larivaille, Paul(1975) La vie quotidienne des courtisanes en Italie au temps de la Renaissance (Rome et Venise, XVe et XVIe siècles), Paris, Hachette.

Latham, A.J.H. and Heita Kawakatsu (2000) Asia Pacific Dynamism 1550~2000, London, Routledge.

Lattimore, Owen(1989) Inner Asian Frontiers Of China, Oxford, Oxford University Press.

Le Goff, Jaques(1956) Marchands et banquiers du Moyen-Age, Que sais-je?, Paris, Presses Universitaires de France.

Lee Chul-Ho(1999) Le développement régional autour du golfe du Bohai et de fleuve Tumen, Régionalisme économique et coopération internationale en Chine du Nord et du Nord-Est, PhD thesis, Paris, EHESS.

Lee, Edwin(1991) The British as Rulers Governing Multi-racial Singapore 1867~1914, Singapore, Singapore University Press.

Lee, Hoon(2006) 'The repatriation of castaways in Choson Korea-Japan relation, 1599~1888', Korean Studies, 30, pp.67~90.

Lee, Lai To(1988) 'Chinese consular representatives and the Straits government in the nineteenthe century', in Lsi To Lee (ed.) Early Chinese Immigrant Societies: Case Studies from North America and British Southeast Asia, Singapore, Heinemann Asia, pp.64~94.

Lee Poh-Ping(1978) Chinese Society in XIXth Century Singapore,Kuala Lumpur, Oxford University Press.

Leong, Stephen(1977) 'The Chinese in Malaya and China's politics 1898~1911', Journal of the Malaysian Branch of the Royal Asiatic Society, 50(2), pp.7~24.

Leoni, Bruno(2006) La liberté et le droit, Paris, Les Belles Lettres.

Lepetit, Bernard(1984) Chemins de terre et voies d'eau. Réseaux de trans-port. Organisation de l'espace, paris, Editions de l'EHESS.

Leung, Edwin Pak-Wah(ed.)(1992) Historical Dictionary of Revolutionary China, 1839~1976, Westport, Greenwood Press.

Leung, Yuen Sang(1987) 'Religion and revolution: the response of the Singapore Chinese Christians to the revolutionary movement in China', in Lai To Lee(ed.) The 1911 Revolution: The Chinese in British and Dutch Southeast Asia, Singapore, Jeinemann Asia, pp.66~89.

Leung, Yuen Sang(1988) 'The economic life of the Chinese in late nineteenth-century Singapore', in Lai To Lee(ed.) Early Chinese Immigrant Societies: Case Studies from North America and British Southeast Asia, Singapore, Jeinemann Asia, pp.126~155.

Levathes, Louise(1994) When China Ruled the Sea: The Treasure Fleet of the Dragon Throne, 1405~1433, New York, Simon&Schuster.

Levine, Ross(1997) 'Financial development and economic growht: views and agenda', Journal of Economic Literature, XXXV(II), pp.688~726.

Levinson, Mark(2006) The Box: How the Shipping Container Made the World Smaller and the World Economy Bigger, Princeton, Princeton University Press.

Lewis, M.W. and K.E.Wigen(1997) The Myth of Continents: A Critique of Meta-geography, Berkeley, University of California Press.

Li Guo-Qing(1989) 'Archaeological evidence for the use of "chu-nam' on the 13th century Quanzhou Ship, Fujian Province, China', International Journal of Nautical

Archaeology, April, pp.277~283.

Li Shaomin, Li Shuhe and Zhang Weiying(2000) 'The road to competiton and institutional change in China', Journal of Comparative Economics, 28(2), June, pp.269~292.

Lidin, Olof G.(2002) Tanegashima, The Arrival of Europeans in Japan, Copenhagen, Nias Press.

Lin Renchuan(1990) 'Fujian's private sea trade in the sixteenth and sev-enteenth centuries', in E.B. Vermeer(ed.) Development and Decline of Fukien Province in the 17th and 18th Centuries(Sinica Leidensia XXII), Leiden, New York, Kobenhaven, Köln, E.J. Brill, pp.163~215.

Lincoln, James R.(1977) 'Organizational dominance and community structure', in Allen W. Immershein Liebert(ed.) Power, Paradigms and Commnunity Research, Beverly Hills, Sage Publications, pp.19~49.

Linge, Godfrey(ed.)(1997) China's New Spatial Economy. Heading Towards2020, Hong Kong, Oxford University Press.

Liss, Franklin W.Knight and K.peggy(eds)(1991) Atlantic Port Cities. Economy, Culture and Society in the Atlantic World, 1650~1850, Knoxville, University of Tennessee Press.

Liu Shiuh-feng(2008) 'Tribute or trade? From the perspective of mari-time East Asia during the Ch'ing', Transactions of the International Conference of Eastern Studies, LII, The Tōhō Gakkai [The Institute of Eastern Culture], Tōkyō, p.85.

Ljungsted, Anders(1992[1836]) An Historical Sketch of the Portuguese Settlements in China and of the Poman Catholic Church and Missing in China and Description of the City of Canton, Hong Kong, Viking Hong Kong Publications.

Lo Fu-chen(1994) 'The inpact of current global adjustment and shift-ing techno -ecoomic paradigm on the world city system', in Roland J. Fuchs, Ellen Brennan, Joseph Chamie, Fu-Chen Lo and Juha I.Uitto (eds) Mega-city Growth and the Future, Tōkyō, The United Nations University Press, pp.103~130.

Lo Fu-chen and Yue-man Yeung(eds)(1995) Emerging World Cities in Pacific Asia: Growth and Adjustment to Global Restructuring, Tōkyō, United Nations University Press.

Lo, Jung-pang(1958) 'The decline of the early Ming Navy', Oriens Extremus, 5(2), pp.149~168.

Lo, Jung-pang(1969) 'Maritime commerce and its relation to the Sung Navy', Journal of the Economic and Social History of the Orient, 98, pp.57~101.

Lo, Jung-pang(1995)' The emergence of China as a seapower during the late Sung and early Yuan periods', For Eastern Quarterly, August, pp.489~503.

Lombard, Denys(1990) Le carrefour javanais: Essai d'histoire globate, 3 vols, Paris,

Ecole des Hautes Etudes en Sciences Sociales.

Lombard, Denys(1995) 'Networks and synchronisms in Southeast Asian history', Journal of South-East Asian Studies, 26(1), pp.10~16.

Lombard, Denys and Jean Aubin(1988) Marchands et hommes d'affaires asiatiques dans l'océan Indien et la mer de Chine du 13e au 20e siècle, Paris, Editions du l'EHESS.

Lopez, Robert S.(1971) The Commercial Revolution of the Middle Ages 950~1350, Englewood cliffs, NJ, Prentice-Hall.

Loth, Vincent T.(1995) 'Armed incidents and unpaid bills: Anglo-Dutch rivalry in the Banda Islands in the seventeenth century', Modern Asian Studies,29(4), pp.705~740.

Lu, Hanchao(1992) 'Arrested development, cotton and cotton market in Shanghai, 1350~1843', Modern China,18(4), October, pp.468~499.

Lu, Xiaobo(2000) 'Booty socialism, bureau-preneurs and state in transition: organisational corruption in China', Comparative Politics, April, pp.273~294.

Ma Huan(1970[1443]) Triumphant Tour of the Ocean's Shores(Ying yai sheng lan), trans. J.V.G. Mills, London, Cambridge University Press Maccormack, Geoffrey (1985) 'The law of contract in China under the Tang and the sung Dynasties', Revue Internationale des Droits de l'Antiquite, 32, pp.17~68.

MacCormack, Geoffrey (1985) Traditional Chinese Penal Law, Edinburgh, Edinburgh Iniversity Press.

Maddison, Angus(2007) Contours of the World Economy, 1-2030, Essays in Macro-Economic History, Oxford, Oxford University Press.

Madsen, Richard(2002) 'Confucian conceptions of civil society', in Simone Chambers and Will Kymlicka(eds) Alternative Conceptions of Civil Society, The Ethikon Series in Comparative Politics, Princeton and Oxford, Princeton University Press, pp.3~19.

Magalhaes-Godhino, V.(1969) L'economie de l'empire portugais aux XVeet XVIe siecles, Paris, Sevpen.

Mahan, A.T.([1890]1980) The Influence of Sea Power upon History 1660~1805, London, Bison Books.

Mak,Lai-fang(1991) The Sociology of Secret Societies: A Study of Secret Societies in Singapore and Peninsular Malaysia, New York, Oxford University Press.

Maloughney, Brian and Xia Wenzhong (1989) 'Silver and the fall of the Ming, a reassessment', Papers on Far Eastern History, Canberra, ANU Press, pp.51~78.

Manguin, Pierre-Yves(1972) Les Portugais sur les cotes du Viet-nam et du Campa Etude sur les routes maritimes et les relations commerciales, dapres les sources portugaises(XVIe, XVIIe, XVIIIe, siecles), Paris, EFEO.

Manguin, pierre-Yves(1976) 'La traversee de la Mer de Chine meridionale, des Detroits a Canton, jusquau 17e siecle (la question des Iles Paracels)', in 'Actes du XXIXe Congres International des Orientalistes', Paris, Asie du Sud-Est Continentale, Vol.2. pp.110~115.

Manguin, Pierre-Yves(1987) 'Palembang et Sriwijaya: anciennes hypotheses, nouvelles recherches(palembang Ouest)', Bulletin de l'Ecole Francaise d'Extreme- Orient, 76, pp.337~402.

Manguin, Pierre-Yves(1989) A Bibliography for Sriwijayan Studies, Collection de Textes et Documents Nousantariens, vol. VIII, Jakarta, Ecole Francaise d'Extreme-Orient.

Manguin, Pierre-Yves(1993) 'Trading ships of the South China Sea', Journal of the Economic and Social History of the Orient, 36(3), August, pp.253~280.

Manguin, Pierre-Yves(1993) 'Palembang and Sriwijaya: an early MAlay harbour-city rediscovered', Journal of the MAlaysian Branch, Royal Asiatic Society, 66(1), pp.23~46.

Manguin, Pierre-Yves(2000) 'Les cites-Etats de L Asie du Sud-Est cotiere: de l'Ecole Francaise d'Extreme-Orient, 87 (1), pp.151~182.

Manguin, Pierre-Yves(2001) 'Sriwijaya, entre texte historique et terrain archeologique: un siecle a la recherche d un Etat evanescent, Bulletin de l'Ecole Francaise d'Extreme-Orient, 88, pp.331~339.

Manguin, Pierre-Yves(2001) 'Reseaux marchands et navires en mer de Chine meridionale', in M. Lhour(ed.) La memoire engloutie de Brunei: Une aventure archeologique sous-marine, Paris, Editions Textuel, Vol. I (Precis scientifique), pp.7~18.

Manguin, Pierre-Yves(2002) 'From Funan to Sriwijaya: cultural continuities and discontinuities in the early historical maritime states of Southeast Asia', in 25 tahun kerjasama Put Penelitian Arkeoloji dan, Ecole francaise d'Extreme-Orient, Jakarka:Pusat Penelitian Arkeologi/EFEO, pp.59~82.

Manguin, Pierre-Yves(2002) 'The amorphous nature of coastal polities in Insular Southeast Asia: restricted centres, extended peripheries', Moussons, 5, pp.73~99.

MAnguin, Pierre-Yves(2004) 'The archaeology of the early maritime polities of Southeast Asia', in P.Bellwood and I.Glover(eds) Southeast Asia: From Prehistory to History, London, Routledge Curzon, pp.282~313.

Marshall, J.N.(1985) 'Business services, the region, and regional policy', REgional Studies, 19, pp.353~363.

Martin, Ron(1994) 'Stateless monies, global financial integration and national economy autonomy: the end of geography', in S. Corbridge, N. Thrift and R. Martin(eds) Money, Power and Space, Cambridge, Blackwell, pp.253~278.

Martines, Lauro(1979) Power and Imagination, City States in Renaissance Italy, New

York, Alfred A. Knopf.

Massarella, Derek(1990) A World Elsewhere: Europe's Encounter with Japan in the Sixteenth and Seventeenth Centuries, New Haven, Yale University Press.

Mathew, K.S.(1983) Portuguese Trade with India in the Sixteenth Century, New Delhi, Manohar.

McIntyre, W. David(1967) The Imperial Frontier in the Tropics, 1865~75: A Study of British Colonial Policy in West Africa, Malaya and the South Pacific in the age of Gladstone and Distaeli, London, Macmillan.

McNeil, William(1974) Venice: The Hinge of Europe, 1081~1797, Chicago, University of Chicago Press.

McNeil, William(1980) The Human Condition: An Ecological and Historical View, Princeton, Princeton University Press.

Meilink-Roelofsz, M.A.P.(1962) Asian Trade and European Influence in the Indonesian Archipelago between 1500 and about 1630, The Hague, Nijhoff.

Meilink-Roelofsz, M.A.P.(1977) 'The Structure of Trade in Asia in the XVIth and XVIIth Centuries', Mare Luso-Indicum, Vol.4, pp.1~43.

Merta, Andrew(2005) 'China's "soft" centralization: shifting Tiao/Kuai authority relations since 1998', The China Quarterly, 184, December, pp.792~810.

Mesquitela, Goncalo(1996) Historia de Macau, Instituto Cultural de Macau, Macau.

Meyer, D.R.(1998) 'World cities as financial centres', in F.-C. Lo and Y.M. Yeung (eds) Glovalization and The World of Large Cities, Tokyo, United Nations University Press, pp.410~432.

Milgrom, Paul R., Douglass North and Barry R. Weingast(1990) 'The role of institutions in the revival of trade: the medieval law merchant, private judges, and the Champagne fairs', Economics and Politics, March, 2(1), pp.1~23.

Mises, Ludwig von(1957) Theory and History, New Haven, Yale University Press.

Mises, Ludwig von(1985) Human Action: A Treatise on Economics, London, Willam Hodge(French translation: L'action Humaine: traite deconomie), Paris, Press Universitaires de France.

Mises, Ludwig von(1990) 'Catallactics of the economics of the market society', in Stephen Littlechild (ed.) Austrian Economics, Vol. 3, Aldershot, UK and Brookfield, VT, USA, Edward Elgar, pp.3~27.

Moloughney, Brian and Xia Wenzhong(1989) 'Silver and the fall of the Ming, a reassessment', Papers on Far Eastern History, Canberra, ANU Press, pp.51~78.

Monoz, Paul Michel(2006) Early Kingdoms of the Indonesian Archipelago and the Malay Peninsula, Singapore, Ed. Didier Millet.

Montes, M. F.(1999) 'Tokyo, Hong Kong and Singapore as competing financial centres', in G. de Brouwer and W. Pupphavesa (eds) Asia Pacific Financial Deregulation, London and New York, Routledge, pp.151~169.

Mookerjee, R. and Q. Yu(1999) 'An empirical analysis of equity markets in China', Review of Financial Economics, 8 (1), pp.41~60.

Morikawa, Hidemass(1992) Zaibatsu, The Rise and Fall of Family Enterprise Groups in Japan, Tokyo, University of Tokyo Press.

Morineau, Michel(1999) Les grandes compagnies des Indes orientales, XVIe-XIXe siecles, Paris, Presses Universitaires de France.

Morse, Hosea Ballou(1979) The Chronicles of the East India Company Trading to China, 1635~1834, Taipei, Ch'eng Wen Publishers.

Morse, H.B.(2001[1918]) The International Relations of the British Empire, vol. 2, New York, Adamant Media Corporation.

Mumford, Lewis(1938) The Culture of Cities, New York, Harcourt, Brace.

Mundy, John and Peter Riesenberg (1967) The Medieval Town, Princeton, Van Nostrand Company.

Murawiec, Laurent(2000) La guerre au XXIe siecle, Paris Odile Jacob.

Murfett, Malcolm H., John N. Miksic, Brian P. Farrell and Chiang Ming Shun(1999) Between Two Oceans: A Military History of Singapore, from First Settlement to Final British Withdrawal, Singapore, Oxford University Press.

Murphey, Rhoads(1970) The Treaty Ports and China's Modernization: What Went Wrong?, Ann Arbor, Michigan University Press.

Murphey, Rhoads(1977) The Outsiders: The Western Experience in India and China, Ann Arbor, University of Michigan Press.

Murphey, Rhoads(1989) 'On the evolution of the port city', in Frank Broeze(ed.) Brides of the Sea: Ports Cities of Asia from the Sixteenth to the Twentieth Centuries, Honolulu, Hawaii University Press, pp.223~246.

Myers, A.R.(1975) Parliaments and Estates in Europe to 1789, New York, Harcourt, Brace, Jovanovich.

Myers, Ramon H. and Mark R. Peattie(eds)(1987) The Japanese Colonial Empire, 1895~1945, Princeton, Princeton University Press.

Nakane, Chie(ed.)(1990) Tokugawa Japan: The Social and Economic Antecedents of Modern Japan, Tokyo, Tokyo University Press.

Natkiel, R. and A. Preston(1986) The Weidenfeld Atlas of Maritime History, London, Weidenfeld and Nicholson.

Needham, Joseph, Lu Gwei-Djen and Ling Wang(1971) Science and Civilisation in China, vol. 4: Physics and Physical Technology, Part 3: Civil Engineering and Nautics, Cambridge, Cambridge University Press.

Ng, Chin-keong(1983) Trade and Society: The Amoy Network on the China Coast, 1683~1735, Singapore, Singapore University Press.

Ng, Siew Yoong(1961) 'The Chinese protectorate in Singapore, 1877~1900', Journal of Southeast Asian History, 2 (1), pp.76~99.

Nguyen, The-Anh(1998) 'La feodalite en Asie du Sud-est', in Eric Bournazel and Jean-Pierre Poly(eds) Les feodalites, Paris, Presses Universitaaires de France, pp.683~714.

Nisbet, Robert(1953) The Quest for Community : A Study in the Ehics of Order and Freedom, Oxford, Oxford University Press.

North, Douglass(2005) Le Processus du developpement economique, Paris, Editions d' organisation.

North, Douglass and Robert Paul Thomas(1973) The Rise of the Western World: A New Economic History, Cambridge, Cambridge University Press.

Nozick, Robert(1988) Anarchie, Etat et utopie, Paris, Presses Universitaires de France.

O'Brien, Patrick(ed.)(2001) Urban Achievement in Early Modern Europe, Golden Ages in Antwerp, Amsterdam and London, Cambridge, Cambridge University Press.

O'Brien, Patrick(1992) Global Financial Integration : The End of Geography, New York, Council of Foreign Relations Press.

Ohmae Ken'ichi(1990) The Borderless World : Power and Strategy in the Interlinked Economy, New York, Harper Business.

Okamoto Takashi(2008) 'Tribute, trade and the maritime customs system in 16th~19th century China', Transactions of the International Conference of Eastern Studies, no, LII, Tokyo, The Toho Gakkai [The Institute of Eastern Culture].

Okazaki Tetsuji(2005) 'The role of the merchant coalition in pre-modern Japanese economic development: an historical institutional analysis', Explorations in Economic History, 42, pp.184~201.

Osterfeld, David(1992) Prosperity versus Planning: How Government Stifles Economic History, 42, pp.184~201.

Pacheco, Diego S.J.(1989) The Founding of the Port of Nagasaki and its Cession to the Society of Jjesus, Macau, Centro de Estudos Maritimos de Macau.

Pairault, Thierry, Alexandre Fur and Pierre Gentelle(1999) Economic et regions de la Chine, Paris, Armand Colin.

Pannikkar, K.(1959) Asia and Western Dominance: A Survey of the Vasco da Gama Epoch in Asian History, 1498~1945, London, Allen & Unwin.

Pardessus, Jean-Marie(1828-1845) Collection de lois maritimes anterieures au XVIIIe siecle, Paris, Imprimerie royale.

Park, Y.S. and M. Essayyad(1989) International Banking and Financial Centers,

Boston, Kluwer Academic Publishers.

Parry, John H.(1981) The Discovery of the Sea, Berkeley, University of California Press.

Pearson, Michael N.(1976) Merchants and Rulers in Gujarat: The Response to the Portuguese in the Sixteenth Century, Berkeley, University of California Press.

Pinder, David A. and Bryan S. Hoyle(eds)(1992) European Port Cities in Transition, London, Belhave.

Pirenne, Henri(1927) Les villes du moyen age, essai d'histoire economique et sociale, Bruxelles, Lambertin, pp.150~151.

Pirenne, Henri(1963) Histoire Economique et Sociale du Moyen-Age, Paris, Presses Universitaires de France.

Planhol, Xavier de(2000) L'islam et la mer: la mosquee et le matelot, VIIe- XXe siecle, Paris, Perrin.

Png, Poh Seng(1969) 'The Straits Chinese in Singapore: a case of local identity and socio-cultural accommodation', Journal of Southeast Asian History, 10 (1), pp.95~114.

Pomeranz, Kenneth(2001) The Great Divergence: China, Europe, and the Making of the Modern World Economy, Princeton, Princeton University Press.

Pomeranz, Kenneth and Steven Topik(2006) The World that Trade Created: Society, Culture and the World Economy, 1400 to the Present, Armonk, M.E. Sharpe.

Porteous, D.J.(1995) The Geography of Finance: Spatial Dimensions of Intermediary Behaviour, Aldershot, Avebury.

Porter, Robin(1994) Industrial Reformers in Republican China, New York and London, M.E. Sharpe.

Postan, M.M., Edward Miller and nCythia Postan(eds)(1987) Trade and Industry in the Middle Ages, Vol.2, The Cambridge Economic History of Europe, Cambridge, Cambridge University Press.

Postel-Vinay, Karoline(1996) 'L'activite internationale des acteurs locaux au Japon et en Asie du Nord-Est', Etude du Centres d'Etudes et de Recherches Internationales, No. 17, June.

Prakash, Om(2006) 'International Consortium, Merchant Network and Portuguese Trade with Asia in the Early Modern Period', The XIVth International Economic History Congress, Helsinki, Autust 2006.

Pred, Allan(1973) 'The growth and development of systems of cities in advanced economies', Lund Studies in Geography Series B., 38, pp.1~82.

Ptak, Roderick(1998) 'International symposium on the "Asian Mediterranean"', Archipel, 55, pp.11~14.

Ptak, Roderick(2001) 'An international symposium on China and Southeast Asia: historical interactions', Archipel, 62, pp.3~5.

Qiao Liang and Wang Xiangsui(2006) La guerre hors limites, Paris, Payot.

Quevedo, Francisco de(1912) 'Letrilla: Don Dinero', Antologia de poesia espanola, London, T. Nelson.

Ratzel, Friedrich(1987) La geographie politique : les concepts fondamentaux, Paris, Fayard.

Rauch, James(1999) 'Networks versus markets in international trade', Journal of International Economics, 48 (1), pp.7~35.

Reed, Howard Curtis(1980) 'The ascent of Tokyo as an International Finance Center', Journal of International Business Studies, 11 (3), Winter, pp.19~35.

Reid, Anthony(1990) Southeast Asia in the Age of Commmerce, 1450~1680, 2 vols, Yale, Yale University Press.

Reid, Anthony(1997) 'Merchant imperialist: W.H. Read and the Dutch Consulate in the Straits settlements', in B. Barrington(ed.) Empires, Imperialism and Southeast Asia: Essays in Honour of Nicholas Tarling, Calyton, Vic., Monash Asia Insitute, pp.34~59.

Reid, Anthony(1997) 'A new phase of commercial expansion in south-east Asia, 1760~1850', in A. Reid(ed.) The Last Stand of Asian Autonomies, Responses to Modernity in the Diverse States of Southeast Asia and Korea, 1750~1900, Basingstoke, Macmillan, pp.57~81.

Renouard, Yves(1969) Les villes d'Italie de la fin du Xe siecle au debut du XIVe siecle , Vol. 1, Paris, Sedes.

Revue d'Economie Financiere(2004) 'Le Devenir Financier de la Chine', Paris.

Rey, Alain(1998) Dictionnaire historique de la langue francais, Paris, Le Robert.

Reynolds, Clark G.(1989) History and the Sea: Essays on Maritime Strategies, Columbia SC, University of South Carolina Press, pp.1~11.

Reynolds, Craig(1995) 'A new look at old Southeast Asia', The Journal of Asian Studies, 54(2), pp.419~446.

Ricklefs, M.C.(1993) A History of Modern Indonesia since 1300, Standford, Stanford University Press.

Rimmer, Peter J.(1993) 'Transport and communications in the Pacific Economic Zone during the early 21st century', in Yue-man Yeung(ed.) Pacific Asia in the 21st Century, Geographical and Developmental Perspectives, Hong Kong, The Chinese University Press, pp.195~232.

Roberts, J.M.(1985) The Triumph of the West: The Origins, Rise, and Legacy of Western Civilization, Boston, Little, Brown.

Robinson, Kenneth R.(2000) 'Centering the line of Choson: aspects of Korean maritime diplomacy, 1392~1592', The Journal of Asian Studies, 59(1), Feburary, pp.109~125.

Rohlen, Thomas(1995) 'A 'Mediterranean' Model for Asian Regionalism: Cosmopolitan Cities and Nation States in Asia', Stanford University, Asia Pacific Research Center, May.

Roover, Florence de(1945) 'Early examples of marine insurance', The Journal of Economic History, 5(2), November, pp.172~200.

Roover, raymond de(1948) Money, Banking and Credit in Medieval Bruges. Italian Merchant-bankers, Lombards and Money-changers. A Study in the Origins of Banking, Cambridge, MA: The Medieval Academy of America (publications of the Medieval Academy of America, no. 51).

Rorig, Fritz(1967) The Medieval Town, Berkeley, University of California Press.

Rosario, Louise de(2005) 'Shanghai makes up for lost time', The Banker, March, pp.77~79.

Rose, Harold(1994) 'International banking developments and London's position as an international banking centre', London, London Business School, July.

Rosenau, James N.(1990) Turbulences in World Politics, Princeton, Princeton University Press.

Rosenberg, Nathan(1976) Perspectives on Development, Cambridge, Cambridge University Press.

Rosenberg, Nathan and L.E. Birdzell, Jr(1986) How the West Grew Rich: The Economic Transformation of the Industrial World, New York, Basic Books.

Rostow, W.W.(1990) Theorists of Economic Growth from David Hume to the Present: With a Perspective on the Next Century, New York, Oxford University Press.

Rothermund Dietmar and Roderick Ptak(1991) 'Asian Emporia and European Bridgeheads', in Roderick ptak and Dietmar Rothermund(eds) Emporia, Commodities and Entrepreneurs in Asian Maritime Trade, c.1400~1750, Franz Steiner Verlag, Stuttgart, pp.3~8.

Rotz, Rhiman(1985) 'German Towns', in Joseph Strayer (ed.) Dictionary of the Middle Ages, Vol. 5, New York, Charles Scribner's Sons, pp.457~471.

Roundtable on Subrahmanyam's 'The Portuguese Empire in Asia, 1500~1700'(1993) International Journal of Maritime History, 5(2), pp.211~235.

Ruitenbeek, Klass(1999) 'Mazu, the patroness of sailors, in Chinese pictorial art', Artibus Asiae, 58 (3/4), pp.281~329.

Ruiz Martin, Felipe(1956) Lettres marchandes echangees entre Florence et Medina del Campo, Paris, Sevpen.

Russell-Wood, A.J.R.(1992) A World on the Move: The Portuguese in Africa, Asia and

America, 1415~1808, New York, St Martin's Press.

Sakamaki, Shunzo(1964) 'Ryukyu and Southeast Asia', The Journal of Asian Studies, 23 (3), May, pp.383~389.

Sakihara Mitsugu(1987) A Brief History of Early Okinawa Based on the Omoro Soshi, Tokyo, Honpo Shoseki Press.

Salmon, Claudine(2002) 'Srivijaya, la Chine et les marchands chinois, Xe-XIIe siecles: Quelques reflexions sur l'empire sumatranais', Archipel, 63, pp.57~78.

Sassen, S.(1995) Losing Control: Sovereignty in an Age of Globalization, New York, Columbia University Press.

Sassen, S.(1999) 'Global financial centers', Foreign Affairs, 78(1), pp.75~87.

Sassen, S.(2001) The Global City : New York, London, Tokyo, Princeton, Princeton University Press.

Sassen, S.(2006) Cities in a World Economy, Thousand Oaks, CA, Pine Forge Press.

Sassen, S.(2006) Territory, Authority, Rights: From Medieval to Global Assemblages, Princeton, Princeton University Press.

Scammel, G.V.(1981) The World Encompassed, The First European Maritime Empires, c.800~1650, London, New York, Methuen.

Scammel, G.V.(1992) 'Enropean exiles, renegades and outlaws, and the maritime economy of Asia, c. 1500~1750', Modern Asian Studies, 26(4), October, pp.641~661.

Scammel, G.V.(1995) Ships, Oceans and Empire, Studies in European Maritime and Colonial History, 1400~1750, Norfolk, Varorium.

Schlegel, G.(1902) 'On the invention and use of firearms and gunpowder in China, prior to the arrival of the Europeans', T'oung Pao, 3, pp.1~11.

Schmitt, Carl(1988) Theologie politique, Paris, Gallimard.

Schmitt, Carl(1992) La notion de politique, Paris, Champs-Flammarion.

Schmitt, Carl(2001) eL nomos de la terre, Paris, Presses Universitaires de France.

Schoeck, Helmut (1987[1969]) Envy: A Theory of Social Behaviour, Indianapolis, Liberty Press.

Schottenhammer, A.(ed.)(2006) The Perception of Maritime Space in Traditional Chinese Sources, Wiesbaden, Harrassowitz Verlag.

Schottenhammer, A.(2006) The East Asian Mediterranean: Maritime Crossroads of Culture, Commerce and Human Migration (East Asian Maritime History), Harrassowitz Verlag.

Schuman, Reinhold(1992) Italy in the Last Fifteen Hundred Years, a Concise History, Boston, University Press of America.

Schurz, W.L.(1939) The Manila Galleon, New York, Columbia University Press.

Scogin, Hugh T.(1994) 'Civil law in traditional China : history and theory', in Kathryn
    Bernhardt and Philip C.C. Huang (eds) Civil Law in Qing and Republican China,
    Stanford, Stanford University Press, pp.13~41.

Seki, Mitsuhiro(1994) The Full-set Industrial Structure, Tokyo, Long Term Credit Bank.

Sen, Tansen(2006) 'The formation of Chinese maritime networks to Southern Asia,
    1200~1450', Journal of Economic and Social History of the Orient, 49(4),
    pp.421~453.

Shaffer, Lynda Norene(1996) Maritime Southeast Asia to 1500, Armonk, M.E. Sharpe.

Shand, Alexander(1984) The Market in The Capitalist Alternative: An Introduction to
    Neo-Austrian Economics, New York, New York University press.

Shaw, Victor(1996) Social Control in China : A Study of Chinese Work Units,
    Westport, Praeger.

Shepherd, John Robert(1995) Statecraft and Political Economy on the Taiwan Frontier,
    1600~1800, Taipei, SMC Publishing Inc.

Shiba, Yoshinobu(1992) Commerce and Society in Sung China, Center for Chinese
    Studies, The University of Michigan.

Shiba, Yoshinobu(2006) 'The managerial aspects of Chinese trading junk from the
    Sung through the Qing', in Wan Xing (ed.) Zhongguo shehui jingji shi luncong,
    Beijing, Zhongguo shehuikexue chubanshe, pp.820~830.

Shin, Victor(2004) 'Development, the second time around: the political logic of
    developing western China', Journal of East Asian Studies, 4, pp.427~451.

Shimizu, Hajime(1997) Southeast Asia in Modern Japanese Thought: Essays on the
    Japanese-Southeast Asian Relationship, 1880~1940, Nagasaki, Nagasaki Prefectural
    University.

Simkin, C.G.F.(1968) The Traditional Trade of Asia, London, Oxford University Press.

Simon, Dennis Fred and Yongwook Jun(1995) 'Technological change, foreign
    investment and the new strategic thrust of Japanese firms in the Asia Pacific', in
    Edward K.Y. Chen and Peter Drysdale (eds) Corporate Links and Foreign Direct
    Investment in Asia and the Pacific, Hong Kong, Harper Educational, pp.203~226.

Singh, Inderjit, Dilip Ratha and Geng Xiao(1993) 'Non-State Enterprises as an Engine
    of Growth: An Analysis of Provincial Industrial Growth in Post Reform China',
    Research Paper Series, World Bank, July.

Sit, Victor F.S.(ed.)(1985) Chinese Cities: The Growth of the Metropolis since 1949,
    Hong Kong, Hong Kong University Press.

Skinner, G.W.(ed.)(1976) The City in Late Imperial Chinam Stanford, Stanford
    University Press.

Skinner, G.W. and Mark Elvin(eds)(1974) The Chinese City Between Two Worlds,
    Stanford, Stanford University Press.

Smail, John R.(1961) 'On the possibility of an autonomous history of modern southeast Asia', Journal of Southeast Asian History, pp.72~102.

Smart, N.(1989) The World's Religions: Old Traditions and Modern Transformations, Cambridge University Press.

Smith, Adam(1976[1776]) An Inquiry into the Nature and causes of the Wealth of Nations, ed. R.H. Campbell and A.S.Kinner, Oxford, Oxford University Press.

So, Billy, K.L.(2000) Prosperity, Region and Institutions in Maritime China: The South Fukien Pattern, 946~1368, Cambridge, Harcard University Press.

So, Lee-Long(1998) 'Dissolving hegemony or changing trade pattern? Images of Srivijaya in the Chinese sources of the twelfth and thirteenth centuries', Journal of Southeast Asian Studies, 29, pp.139~142.

So Kwan-wai(1975) Japanese Piracy in Ming China during the Sixteenth Century, East Lansing, Michigan State University Press.

Song, H., X. Liu and P. Romilly(1998) 'Stock returns and volatility: an empirical study of Chinese stock markets', International Review of Applied Economics, 12 (1), pp.129~139.

Song, Ong Siang(1984) One Hundred Years' History of the Chinese in Singapore, Singapore, Oxford University Press.

Souza, George B.(1986) The Survival of Empire: Portuguese Trade and Society in China and the South China Sea, 1630~1754, Cambridge, Cambridge University Press.

Spancer, M.(1995) 'Securities markets in China', Finance and Development, 32 (2), pp.28~31.

Spruyt, Hendryck(1994) The Sovereign State and its Competitors, Princeton, Princeton University Press.

Spufford, Peter(2002) Power and Profit, The merchant in Medieval Europe, London, Thames & Hudson.

Stanback, Thomas and Thierry Noyelle(1982) Cities in Transition, Allanheld, NJ, Osmun and Co.

Steensgaard, Niels(1974) The Asian Trade Revolution of the Seventeenth Century: The East India Companies and the Decline of Caravan Trade, Chicago, Chicago University Press.

Steensgaard, Niels(1991) 'Emporia, some reflections', in Roderick Ptak and Dietamar Rothermund(eds) Emporia, Commodities and Entrepreneurs, Stuttgart, Franz Steiner Verlag, pp.9~12.

Steensgaard, Niels(1991) 'Ecidence and patterns', in K. Haellquist(ed.) Asian Trade Routes: Continental and Maritime, London, Curzon Press for the Scandinavian Institute of Asian Studies, pp.1~6.

Stevens, Harm(1998) Dutch Enterprise and the VOC, 1602~1799, Amsterdam, Walburg Pers.

Stopford, John and Susan Strange(1991) Rival States, Rival Firms: Competition for World Market Shares, Cambridge, Cambridge University Press.

Su, D. and B. Fleisher(1998) 'Risk, return and regulation in Chinese stock markets', Journal of Economics and Business, 50(3), pp.239~256.

Subrahmanyam, Sanjay(1985) 'Staying on : the Portuguese of southern Coromandel in the late seventeenth century', The Indian Economic and Social history Review, 22 (4), pp.445~463.

Subrahmanyam, Sanjay(1986) 'The Coromandel-Malacca Trade in the 16th century: a study of its evolving structure', Moyen Orient et Ocean Indien, 3, pp.55~80.

Subrahmanyam, Sanjay(1987) 'Notes on the sixteenth century Bengal trade', The Indian Economic and Social History Review, 24(3), pp.256~289.

Subrahmanyam, Sanjay(1991) 'An Augsburger in Asia Protuguesa: further light on the commercial world of Ferdinand Cron, 1587~1624', in R. Ptak and D. Rothermund (eds) Emporia, Commodities and Entrepreneurs, Stuttgart, Franz Steiner Verlag, pp.401~426.

Subrahmanyam, Sanjay(1999) 'Notes on circulation and asymmetry in two "Mediterraneans", 1400~1800', in Claude Gillot, Denys Lombard and Roderick Ptak(eds) From the Mediterranean to the China Sea, Wiesbaden, Harrassowitz, pp.21~43.

Subrahmanyam, Sanjay(1999) L'empire portugais d'Ase 1500~1700, Une histoire economique et politique, Paris, Maisonneuve et Larose.

Subrahmanyam, Sanjay and LuisFilipe F.R. Thomaz(1991) 'Evolution of empire : the Portuguese in the Indian Ocean during the sixteenth century', in James D. Tracy (ed.) The political Economy of Merchant Empires, State Power and World Trade 1350~1750, Cambridge, Cambridge University Press, pp.298~331.

Sugiyama, S.(1988) Japan's Industrialisation in the World Economy, 1859~99, London, Athlone Press.

Sutherland, Heather(1989) 'Eastern emporium and company town: trade and society in eighteenth-century Makassar', in Frank Broeze(ed.) Brides of the Sea: Port Cities of Asia from the 16th~20th Century, Honolulu, University of Hawaii Press, pp.124~126.

Sutherland, Heather(2003) 'Southeast Asian History and the Mediterranean Swart, K. W.(1969) The Miracle of the Dutch Republic as seen in the Seventeenth Century, London, H.K. Lewis.

Tabak, Faruk(2008) The Waning of the Mediterraneum 1550~1870, Baltimore, Johns Hopkins University Press.

Tam, O.K.(1999) The development of Corporate Governance in China, Cheltenham,

Uk and Northampton, MA, USA, Edward Elgar.

Tang Wing-shing(1991) 'Regional Uneven Development in China, with special Reference to the Period between 1978 and 1988', Occasional Paper No. 110, Department of Geography, The University of Hong Kong.

Tao Qu and Milford B. Green(1997) Chinese Foreign Direct Investment: A Subnational Perspective on Location, Ashgate, Aldershot.

Tapscott, Don, David Ticoll and Alex Lowy(2000) Digital Capital: Harnessing the Power of Business Webs, Boston, MA, Harvard Business School Press.

Tarling, Nicholas(1999) Nations and States in Southeast Asia, Cambridge, Cambridge University Press.

Tashiro Kazui(1976) 'Tsushima Han's Korean Trade, 1684~1710', Acta Asiatica, 30, pp.85~105.

Tashiro Kazui(1982) 'Foreign relations during the Edo period: Sakoku reexamined', Journal of Japanese Studies, 8 (2), pp.283~306.

Taylor, B. and R.Y.W. Kwok(1989) 'From export center to world city', American Planning Association Journal, 55, pp.309~321.

Thomaz, Luis Filipe F.R.(1979) 'Les Portugais dans les mere de l'Archipel au XVIe siecle', Archipel, 18, pp.105~125.

T'ien Ju-kang(1981) 'Cheng Ho's voyages and the distribution of pepper in China', Journal of the Royal Asiatic Society, 2, pp.186~197.

Tilly, Charles(1990) Coercion, Capital and European States, AD 990~1990, Cambridge, Basil Blackwell.

Timberg, Thomas A.(1986) 'Baghdadi Jews in Indian port cities', in Thomas A. Timberg(ed.) Jews in India, New Dehli, Vikas Publishing House, pp.273~281.

Toby, Ronald P.(1977) 'Reopening the question of sakoku: diplomacy and legitimation of the Tokugawa Bakufu', Journal of Japanese Studies, 3(2), Summer, pp.323-363.

Toby, Ronald P.(1984) State and Diplomacy in Early Modern Japan: Asia in the Development of Tokugawa Barufu, Princeton, Princeton University Press.

Toulmin, Stephen(1990) Cosmopolis : The Hidden Agenda of Modernity, Chicago, University of Chicago press.

Townsend, R.M.(1978) 'Intermediation with costly bilateral exchange', Review of Economic Studies, 45, pp.417~425.

Tracy, James D.(ed.)(1990) The Rise of Merchant Empires: Long Distance Trade in the Early Modern World, Cambridge, Cambridge University Press.

Tracy, James D.(ed.)(1991) The Political Economy of Merchant Empires: State Power and World Trade, 1350~1750, Cambridge, Cambridge University Press.

Tripier, Michel(1993) Le royaume d' Archimede, Paris, Economica.

Trocki, Carl A.(1990) Opium and Empire : Chinese Society in Colonial Singapore, 1800~1910, Ithaca, NY, Cornell University Press.

Trocki, Carl A.(1993) 'The rise and fall of the Ngee Heng Kongsi in Singapore', in D. Ownby and M. Somers Heidhues(eds) 'Secret Societies' Reconsidered: Perspectives on the Social History of Modern South China and Southeast Asia, Armonk, NY, M.E. Sharpe, pp.89~119.

Trocki, Carl A.(1993) 'The collapse of Singapore's great syndicate', in J. Butcher and H. Dick(eds) The rise and Fall of Revenue Farming: Business Elites and the Emergence of the Modern State in Southeast Asia, New York, St. Martin's Press, pp.161~181.

Ts'ao Yung-ho(1980) 'Chinese overseas trade in the late Ming period', International Historians of Asia - Biennial Conference Proceedings, pp.429~458.

Tschoegl, Adrian. E.(2000) 'International banking centers, geography, and foreign banks', Financial Markets, Institutions and Instruments, 9(1), pp.1~32.

Tu, Weiming(1984) The Living Tree: The Changing Meaning of Being Chinese Today, Stanford, Stanford University Press.

Turnbull, C.M.(1999) A History of Singapore, 1819~1988, Oxford, Oxford University Press.

Udovitch, Adram(1967) 'Credit as a means of investment in medieval Islamic trade', Journal of the American Oriental Society, 87(3), pp.260~264.

Usellis, W. Robert(1995) The Origin of Macau, Macau, Museu Maritimo de Macau.

Vaid, K.N.(1972) The Overseas Indian Community in Hong Kong, Hong Kong, Centre of Asian Studies.

Van Creveld, Martin(1999) The Rise and Decline of the State, Cambridge, Cambridge University Press.

Van Leur, Jacob(1955) Indonesian Trade and Society : Essays in Social and Economic History, The Hague and Bandung, W. van Hoeve, Ltd.

Vashistha, Atul and Avinsah Vashistha(2006) The Offshore Nation Strategies for Success in Global Outsourcing and Offshoring, New York, McGraw-Hill.

Villain-Gandossi, Christiane, Louis Durteste and Salvino Busuttil(eds)(1997) Mediterranee, Mer ouverte, actes du colloque de Marseille 1995, 2 vols Malte, Foundation Internationale, et Commission Francaise d'histoire maritime, Universite de Provence.

Unfinished book, ed. Jacques Melitz and Donald Winch, Durham, NC, Duke University Press.

Viraphol, Sarasin(1977) Tribute and Profit: Sino-Siamese Trade, 1652~1853, Cambridge, Harvard University East Asian Monographs, No. 76 Wake, C.H.H.(1979) 'The changing pattern of Europe's pepper and spice imports Ca. 1400~1700', The Journal of European Economic History, 8 (2), pp.361~403.

Waley, Daniel(1988) The Italian City Republics, London, Longman.

Wallerstein, Immanuel(1974) The Modern World-System, vol. I: Capitalist Agriculture and the Origins of the European World-Economy in the Sixteenth Century, New York/London, Academic Press.

Wallerstein, Immanuel(1979) The Capitalist World-Economy, Cambridge, Cambridge University Press.

Wallerstein, Immanuel(1980) The Modern World-System, vol. II: Merchatilism and the Consolidation of the European World-System, 1600~1750, New York, Academic Press.

Walter, I.(1988) Global Competition in Financial Services, Cambridge, MA. Harper and Row.

Walter, I.(1998) 'Globalization of markets and financial sectors competition', in R.J. Langhammer(ed.) Challenges for Highly Developed Countries in the Global Economy, Kiel, Institut Fur Weltwirschaft, pp.410~430.

Wang, Gungwu(1959) 'Sun Yat-sen and Singapore', Journal of the South Seas Society, 15 (2), pp.55~68.

Wang, Gungwu(1991) 'China and the Chinese Overseas, Singapore', Times Academic Press.

Wang, Gungwu and Chin-keong Ng(eds)(2004) Maritime China in Transition, 1750~1850, Wiesbaden, Harrassowitz.

Wang Yi-t'ung(1953) Official Relations between China and Japan 1368~1549, Cambridge MA, Oxford University Press.

Warren, James Francis(1981) The Sulu Zone, 1768~1898: The Dynamics of External Trade, Slavery and Ethnicity in the Transformation of a Southeast Asian Maritime State, Singapore, Singapore University Press.

Watten, James Francis(1986) Rickshaw Coolie: A people's History of Singapore 1880~1940, Singapore, Oxford University Press.

Warren, James Francis(1988) The Sulu Zone: The World Capitalist Economy and the Historical Imagination, Amsterdam, VU Press.

Watanabe Toshio, J.J. Meng and K.L. Yang(1996) 'A study on the allocation structure of the economic power among regions in China', Jetro China Newsletter, July-August, pp.11~18.

Waters, M.(1995) Globalization, London, Routledge.

Watson, Barbara and Leonard Y. Andaya(1982) A History of Malaysia, London, Macmillan.

Weber, Max(1968) Economy and Society, ed. G. Roth and C. Wittich, Berkeley, University of California Press.

Wedeman, Andrew H.(2003) From Mao to Market : Rent Seeking, Local Protectionism, and Marketization in China, Cambridge, Cambridge University Press.

Welsh, Frank(1993) A Borrowed Place: The History of Hong Kong, New York, Kodansha America.

White, Barbara Sue(1994) Turban and Traders, Hong Kong Indian Communities, Hong Kong Oxford University Press.

Wills, Jr. John E.(1979) 'Maritime China from Wang Chih to Shin Lang: Themes in peripheral history', in J. Spence and J.E. Wills(eds) From Ming to Ch'ing, Conquest, Region and Continuity in Seventeenth Century, London, New Haven, Yale University Press, pp.201~238.

Wills, Jr. John E.(1991) 'China's farther shores: continuity and changes in the destination of ports of China;s Maritime trade, 1680~1690', in Roderick Ptak and Dietmar Rottermund(eds) Emporia, Commodities and Entrepreneurs in Asian Maritime Trade, c.1400~1750, Stuttgart, Franz Steiner Verlag, pp.53~77.

Wills, Jr, John E.(1993) 'Review article, Maritime Asia, 1500~1800: the interactive emergence of European domination', The American Historical Review, 98(1), February, pp.83~105.

Winius, George Davision(1971) The Fatal History of Portuguese Ceylon: Transition to Dutch Rule, Cambridge, Harvard University Press.

Wolters, Oliver W.(1967) Early Indonesian Commerce: A Study of the Origins of Srivijaya, New York, Cornell University Press.

Wolters, Oliver W.(1967) The Fall of Sriwijaya in Malay History, Ithaca, NY, Cornell University Press.

Wolters, Oliver W.(1982) History, Culture, and Region in Southeast Asian Perspectives, Singapore, Institute of Southeast Asian Studies.

Wolters, Oliver W.(1986) 'Restudying some Chinese writings on Srivijaya', Indonesia, 42, October, pp.1~41.

Wong, Bin(2001) 'Entre monde et nation: les regions braudeliennes en Asie', Annales HSS, 1, January-February, pp.5~41.

Wong, R. Bin(1997) China Transformed: Historical Change and the Limits of European Experience, Ithaca, NY and London, Cornell University Press.

Wong, Christine P.(ed.)(1997) *Financing Local Govemement in the people's Republic of China,* New York, Oxford University Press.

Wong, C.S.(1966) 'The protector and the traid societies: an outline survey', *Journal of Southeast Asian Researches,* 2, pp.65~75.

Wong, john and Wang Gungwu(eds)(1998) *China's Political Economy,* Singapore,

Singapore University Press and World Scientific Publishing Co.

Wong Lin-Ken(1997) 'Commercial growth before the second world war', in Ernest C.T. Chew and Edwin Lee(eds) *A History of Singapore*, Oxford, Oxford University Press, pp.41~65.

Wray, William D.(2005) 'The 17th century Japanese diaspora: questions of boundary and policy', in Ina Baghdiantz McCabe, Gelina Harlafatis and Ioanna Pepelasis Minoglou (eds) *Diaspora Enterpreneurial Networks: Four Centuries of History*, Oxford, Berg, pp.73~93.

Wurtzburg, C.E.(1954) *Raffles of the Eastern Isles*, London, Hodder and Staughton.

Yamazawa, Ippei(1994) 'Economic integration in the Asia-Pacific region and the option for Japan', in Fraçois Gipouloux (ed.) *Regional Economic Strategies in East Asia: A Comparative Perspective*, Tōkyō, Maison Franco-Japonaise, pp.257~270.

Yancon/The Institute of Asian Studies(1998) *Port Cities and Trade in Western Southeast Asia*, The Universities Historical Research, Chulanlongkorn University, Bankok, IAS Monographs, No. 53.

Yao, C.(1998) *Stock Market and Futures Market in the People's Republic of China*, Hong Kong, Oxford University Press.

Yen, Ching Hwang(1985) *Coolies and Mandarins: China's Protection of Overseas Chinese During the Late Ch'ing Period* (1851~1911), Singapore, Singapore University Press.

Yen, Ching Hwang(1986) *A Social History of the Chinese in Singapore and Malaya 1800~1911*, Singapore, Oxford University Press.

Yen, Ching Hwang(1988) 'Early Chinese Clan Organizations in Singapore and Malaya, 1819~1911', in Lai To Lee (ed.) *Early Chinese Immigrant Societies: Case Studies form North America and British Southeast Asia, Singapore Heinemann Asia*, pp.186~229.

Yen, Ching Hwang(1995) *Community and Politics: The Chinese in Colonial Singapore and Malaysia*, Singapore, Times Academic Press.

Yeung, Yue-Man(ed.)(1990) *Changing Cities of Pacific Asia: A Scholarly Interpretation*, Hong-Kong, University of Hong Kong Press.

Yeung, Yue-Man and Xu-wei Hu(1992) *China's Coastal Cities: Catalysts for Modernisation*, Honolulu, University of Hawaii Press.

Yong, H.-W., K. Hung and D.C. Cheng(1999) 'Toward Asian Pacific financial centers: a comparative study of financial developments in Taiwan, Hong Kong and Singapore', *Review of Pacific Basin Financial Markets and Policies*, 2(1), pp.29~55.

Young, Alwyn(2000) 'The razor's edge: distortions and incremental reforms in the People's Republic of China', *The Quarterly Journal of Economics*, 65(4), November,

pp.1091~1111.

Zacher, Mark and Brent A. Sutton(1996) *Governing Global Networks: International Regimes for Transportation and Communications*, Cambridge, Cambridge University Press.

Zheng Yongnian(1998) 'Comprehensive national power: an expression of China's new nationalism', in Wang Gungwu and John Wong, *China's Political Economy*, Singapore, Singapore University Press, pp.191~210.

Zhu Yuchao(1996) 'The Tumen River Delta Project and Northeast Asia regional economic cooperation', *Issues and Studies*, 32(3), March, pp.96~120.

〈ㄱ〉

가격 책정 방식 295
가격이전 295
가격혁명 205
가오슝 276
가와카쓰 헤이타 29, 161, 232
가치사슬 270
가치의 이전(이동) 272, 385, 386
강(江) 113
개발도상 회랑 376
개항장 214, 217
개항체제 217
개혁개방 263, 302, 308, 393, 459
갤리 64, 65, 73, 82
갤리온 177, 183~185
갬비어 233, 237
거대 해항도시 213
거래비용이론 273
걸프전쟁 447
결절점 52, 291, 368, 376
결핍의 경제학 385
경계선 383
경로 의존적 40
경제 공간 380
경제 공간의 파편화 419
경제 군벌 403
경제 민족주의 462
경제 북벌 401

경제 사이클 455
경제 위기 262
경제권 400
경제권역 373
경제민족주의 39
경제법 40
경제의 지역화 384
경제의 탈중앙집권화 405
경제특구 307, 459
경제회랑 371, 376, 380, 403
계서 모델 377
계약법 127
계층적 네트워크 256
계층화 256
계획 경제 385
고베 220, 221, 223
공간 48
공급망관리 324
공기업 409
공무역 118
공식무역 130
공유 개념 263
공해 425, 440
공행 228, 240
공행 체제 240
공행제도 229
과두정치 공화국 83
관계 마케팅 286
관계(關係, guanxi) 226

관료기업가 408

관세 121

관습법 127

광대지역 338, 373~375, 391, 392, 400,
  402, 403

광둥 123, 309, 386, 397

광둥개발은행 354

광둥무역체제 165, 229

광저우 32, 131, 163, 164, 199, 226, 239,
  241, 243, 246, 387

교린 136

교역 공간 30, 171

교역 네트워크 294, 462, 463

교역소 61, 63, 65, 69, 71, 88, 91, 102,
  144, 148

교역왕국 101

교역 장벽 416

교역 플랫폼 297

교역항 215

구자라트 180, 184

국가외환관리국 354, 363

국가의 한계화 457

국민국가 43, 49, 430, 431

국부론 43, 196, 202

국영기업 22, 350, 351, 394, 395, 397

국유은행 356

국유주 351

국제 교역 플랫폼 290

국제 하청 네트워크 38, 269, 402

국제금융시장 339, 345, 348

국제 금융 중심지 343, 349, 358, 364,
  365

군대 193, 196, 401, 408, 426, 447

궁형제조업지대 269, 381, 402

권역 371, 373, 458

귀금속 68, 175, 176, 182, 246

균형 발전 383

그레이 채널 412

그로티우스 424, 440, 441

근면혁명 53

근접관계 257

근접성 359

글로벌 경쟁력 330

글로벌 도시 19, 33, 214, 285, 435, 461

글로벌 매니지먼트 319

글로벌 물류 325, 378

글로벌 소싱 275, 293

글로벌 조달 293, 301, 321

글로벌화 20, 29, 36, 38, 48, 214, 340,
  341, 404, 421, 425, 439, 440, 442~444,
  447, 461

금융거래 341

금융센터 339, 341, 342, 358, 364

금융시장 340, 342, 346, 359, 361

금융자산관리 347

금융 제도 360

기랄데즈 209

기술개발구 264, 307

길드(guild) 69, 70, 72, 93, 165

까싸도스 175, 179, 182

깔리만딴 233

끄다 99, 162, 198, 233

끌랑항 214, 331, 371

〈ㄴ〉

나가사키 37, 143, 144, 151, 206, 220,
  221

나들러 359, 360, 365

나와브 196

나하(那覇) 98, 108, 111, 112, 114, 136

난양 244

난징(南京)조약 220, 231, 422

남만철도 375

남중국해 20, 21, 44, 55, 231, 232, 458

내해 38, 85, 136, 166

네덜란드 143, 144, 187

네덜란드동인도회사(VOC) 73, 145, 147,
  156, 160, 162, 181, 187~189, 191~195,
  197, 210, 423, 441

네이션 71

네트워크 35, 283, 376, 379, 426, 445

네트워크 시스템 257

네트워크이론 256

노동의 공간지형 270

노동자(苦力, coolies) 233, 234

노브고로트 88

농촌 120, 150, 219, 225, 255, 398, 399,
  406, 414

뉴욕 214, 215, 344, 345, 347, 348, 358

뉴쭈앙 221

니가타 220

닝보 131, 163, 164

닝보(寧波)사건 138

닝보의 난 138

〈ㄷ〉

다공성 247, 435

다국적기업의 지역 본부 289, 290, 294,
  297, 303, 305~307

다국적 동학 402

다국혼재 321

다극 네트워크 457

다니엘 벨 284

다도해 20, 447

다문화(주의) 46, 156

다원주의 436

다이묘(大名, daimyō) 105, 143

다중 35, 300, 321

다중심모델 33

다중심주의 432, 457

대도시 22, 44~46, 88, 156, 248

대도시 군도 47

대도시화 256

대면회의 340

대상하이 338

대승불교 101

대시장(emporium) 155~157, 174, 175,
  192, 234, 456

대외무역 226, 392

대월(大越) 119

대일통 134

대전통 218

더글러스 노스 39

데지마 146, 149, 193

덴트즈 238

도소매업 303

도시 44, 45, 72, 253, 254, 255, 257, 260

도시 공동체 85

도시국가 21, 83, 430

도시·농촌 연속체 398

도시동맹 430

도시의 계층 257

도시의 네트워크 46

도시 주권 7, 55, 97

도시 체제 229, 255, 256

도시화 22, 253, 256, 258, 259, 263, 302,
    391, 393, 397, 399

도자기 52, 114, 124, 198, 200, 207

도쿄 19, 343, 345, 347, 348, 357, 358,
    360, 371, 372, 376

도쿠가와 막부 141, 162, 233

도쿠가와 이에야스(德川家康) 144, 151,
    152

독립체 398

독점(체제) 31, 32, 61, 63, 117, 121,
    123, 454

동남아 133, 135, 136, 137, 140, 141,
    144, 150

동방(Levant) 57, 61, 63, 67, 68, 80, 83,
    180, 206, 208

동방정책 60

동인도회사 144, 157, 160, 161, 182,
    189, 199, 232

동해(일본해) 20, 105, 111

동해경제권역(일본해경제권역) 375

드니 롱바르 28, 44

디아스포라 150, 152, 163, 243, 246, 453

DHL 333

딴중 빼레파스항 331

떼멩공인 235

뜨렝가누 162, 233

〈ㄹ〉

라부에리 447

라첼 429

라페루즈 해협 380

래플즈 234

런던 19, 80, 86, 88, 91, 204, 214, 215,
    244, 358

레비아탄 427, 430

레알 세나두 170

로도스(의 법률) 78, 440

로로(LOLO, load on load off) 319

로로(RORO, roll-on roll-off) 319

로버트 로페즈 53, 455

로버트 먼델 365

로버트 커헤인 50

로이 빈 왕 457

로이드 머피 400

로크 427

루소 427, 437

루이 데르미니 231, 455

루자쭈이 357

뤼베크 19, 65, 86, 88

류샤오보 408

류큐(제도) 94, 104, 106, 108~112, 114,
    115, 116, 131, 135, 136, 139, 143, 146,
    210, 444

류큐왕국 106, 107, 108, 109, 146

리드타임 337

리바오핑 237

리스트 45

리아우 156, 159, 160, 162, 178, 232,
    233, 234

리우밍캉 356

리처드 오브라이언 340

린이푸 351

린제이 244

링크 379, 380, 400, 414, 415

〈ㅁ〉

마그나 카르타 83, 427
마까사르 192, 193, 237
마누엘 카스텔 45
마닐라 51, 151, 162, 177, 184, 206, 208
마닐라 갤리온 31, 183, 184
마드라스 199, 276, 280
마따람 191, 210
마르쿠스 나들러 359
마린 토르셀로 67
마오네 73, 74
마자빠힛 99, 109, 138
마조 132
마카오 37, 139, 175, 176, 206, 338
마케팅 274, 285, 286, 293, 296, 300,
　　319, 323
마크 앨빈 455
마키아벨리 437
마한 425
막부 141, 143, 144, 146, 147~149, 151,
　　152, 162
만다라(국가) 427, 432
만민법 79
말루꾸제도(향료제도) 35, 103, 170,
　　171, 173, 181, 190~193
매판자본가 176, 217, 219
맨체스터 220, 221, 223
머스크 331
머천다이징 300
메이지 39, 144, 148
면(직물)
면제품 221, 227
면직물 221, 223, 225, 227, 239, 241,
　　242, 246

면허 상인 130, 139
명 120, 140, 141, 146, 147
모스 161, 231
몬순 155, 158, 159, 172, 173, 200
몽고(元) 80, 106, 119, 140
무역상 281, 282, 299, 325, 335, 358
무역 전쟁 158, 405, 410
무제한 전쟁 447
무형의 활동 284
물류 48, 59, 61, 67, 105, 275, 276, 279,
　　283, 289, 290, 293, 299, 301, 311, 314,
　　316~325, 328, 329, 331, 337
물류 체인 317
뭄바이 199, 203, 239, 240, 242, 246, 276
뭄바이해군 203
믈라까 37, 98, 102, 114, 139, 156, 157,
　　162, 170, 175, 178, 181, 193, 199, 206,
　　421, 422
믈라까 해협 102, 134, 177, 180, 234,
　　235, 950
믈라유 27, 99, 101, 189, 193, 374
믈라유(인) 교역가 35, 175, 235, 249
믈라유반도 27, 99, 102, 189, 198, 200,
　　233
미니 마켓 22, 400, 413, 416
민간 융자 351
민영화 394, 395, 409
밀라노 56
밀매상 200~203, 232
밀수 133, 135, 137, 153, 166, 412
밀시장 78, 79
밍저우 125

〈ㅂ〉

바그다드 유대인 230, 246
바니아인 34
바다의 영사관 78, 79, 82
바다의 유목민 235
바레인 342
바르셀로나 19, 78, 80, 82, 83, 185
바르셀로나 법령 79, 440
바르톨로메오 디아즈 170
바스코 다 가마 170, 456
바스코 다 가마 시대 421
바오산철강 302
바타비아 159, 162, 178, 191, 192, 199,
  236
바하마공화국 285
반뜬 151, 156, 178, 187, 190, 191, 193,
  197
발견적 수단 28, 33
발레리 한센 127
발트(해) 19, 20, 21, 55, 66, 79, 85, 86,
  88, 89, 90, 92, 97, 428, 458, 461
벌크화물 88, 327
배화교도 230
배후 제공자 273
백기 128
백랍 198, 233
버그 254
법에 의한 국가 통치 418
법적 보호주의 418
베네치아 19, 57~60, 63, 64, 66~68, 82
베네치아의 해상법 440
베르겐 88
베르데곶 170
베버 254

베스트팔렌조약 49, 93, 435, 442
베이루트 342
베이징 265, 266, 362, 363
베이징(北京)조약 220
베헤모스 430
변동성 157, 324, 334, 345
보댕 437
보라 힌두교도 230, 247, 248
보불전쟁 344
보선 119
보세창고 189, 320, 328
보이콧 71, 90
보자도르곶 170
보하이만 265, 402
보험 대부 76
보호주의 23, 411, 413, 419
복합수송 319
부가가치 38, 48, 49, 280, 285, 287, 378,
  390, 407
부기스(인) 34, 160, 199, 235, 237
부산 220, 221
북와이탄 국제여객선부두 303
분권화 175, 264, 405, 409, 416
분산된 산업화 401
불량기 적 140
불평등 조약 212, 216
브로델 29~31, 33, 44, 231
브루제 88
브뤼셀 363
블라디보스토크 5, 19
비공식무역 7, 21, 102, 130, 137
비관세장벽 460
비생산적인 대출 366
비스비 법률 79
비연속 국가 435

비영업 활동 270
비영업부서 322
BOT 288
비자야 바후 4세 134
비잔틴 제국 57, 58, 60, 61, 63, 68, 85
비정부 부문의 산업화 262
비즈니스 법률가 313
B주 350
빌리 소 128
빠라메스와라 102
빨렘방 98
삐낭 199, 236

〈ㅅ〉

사라고사조약 170, 186
사무엘 헌팅톤 446
사무역 117, 118, 131~133, 139, 140
사순 246
사스키아 사센 440
사쓰마(薩摩) 109, 146, 147
사이버 공격 447
사카이 98, 104, 105, 144, 454
사쿠마 시게오 208
사탕수수 32, 233
사회주의 시장경제 22
산시 384, 388, 392, 394, 397, 399
산업 공원 364
산업단계 284
산업 특화 387
삼각교역 68, 112, 176, 200, 240
삼각돛 172
삼자기업 390

상법 55, 56, 72, 77, 79, 97, 211, 453
상부(商埠, 商鋪) 215
상사 60, 240
상업 광장 235
상업 면허 71
상업 문화 229, 230
상업법령 79
상업이민 공동체 242
상업혁명 69, 74, 125, 456
상인 귀족 84
상인 디아스포라 34, 35, 246
상인공동체 100
상인법 77, 91, 439, 440, 454
상인조합 85, 105, 218, 231, 245
상품집산지 · 중계무역지(entrepôt) 155, 157, 158
상하이 19, 21, 22, 31, 213, 215, 216, 219, 220, 221, 223, 224, 227, 229, 230, 231, 236, 241~245, 265, 266, 289, 308, 310, 313, 325, 328, 337, 342, 357, 364, 387
상하이 네트워크 221, 223, 225
생산 과정의 하류화 274
생산 도시 260
생산하도급 274
샤반다르(Shabandar) 153
샹파뉴 시장 69, 74, 80
서비스 215, 256, 260, 261, 263, 267, 272, 273, 274, 275, 277, 281, 283, 287, 301, 303
서비스 송이 283
서비스 수출 296, 314, 329
서비스 통합 플랫폼 284
서해(황해) 20
선물거래 128

선전 265, 267, 279, 299, 312, 313, 326,
  327, 332, 333, 334, 335, 336, 346, 350
선택적 개방 147
선택적 쇄국 143
선하증권 334
섬유산업 275, 282
성(省, sheng) 258
세계무역기구(WTO) 282, 302, 303, 309,
  322, 333, 353, 355, 356, 462
세계체제론 32
세금분배제도 407
세레니시마 57
세밀 조정 물류 324
세비야 209
세키가하라(関ヶ原)전투 152
세키 미쓰히로 39
세파르디 유대인 246, 248
소규모 협력 375, 378
소도회 245
소득의 이전 386
소비 도시 260
소비에트 모델 415
소시에타스 콤페라룸 73
소싱(sourcing) 276, 275, 279, 282, 321,
  336, 337
소액금융 304
소요시간 337
소전통 218
손익 분기점 257
송(宋) 120~122, 165
송강(松江) 테마파크 303
쇄국 106, 142, 143, 146, 147, 149, 176
쇼군 142, 143, 145
수리성(首里城) 108, 113
수브라만얌 30, 179, 210

수입대체정책 361
수지 100
술라웨시 20, 102, 192, 193, 232, 235,
  441
술루(해) 5, 20, 51
술루왕국 160, 232
쉬자후이 '디지털' 도시 프로젝트 303
슈미트 428, 437, 441
스깐데르 135
스리위자야 98, 99, 100, 101, 102, 131,
  133
스메일 161
스미스 43, 201, 202
스위스 285
스키너 384, 403
스텐스가르드 210
스페인 151, 177, 182, 183, 185, 187
스페인 거래 81
슬랑오르 162, 233
시(市, shi) 258
시간성 29
시계열사 31
시나포선 193
시뇨리아 83, 84
시박사 140
시장의 파편화 417
시크교도 248
식민주의 211, 422
식민지민(colons) 163
신노동자 401
신드(Sindhis) 무슬림 230, 247, 248
신용장 336
신지리학 214
신흥부자 357
실크 51, 114, 116, 124, 153, 173, 198,

200, 207, 216

십자군(전쟁) 61, 63, 68

싱가포르 19, 21, 46, 162, 230, 234~237, 247, 276, 321, 328, 331, 346

쌀 32, 104, 133, 150, 233, 454

쑤저우 262, 364

쓰시마 108, 146, 147

쓰촨 120, 215, 338, 384, 388, 392, 397, 399

〈ㅇ〉

애덤 스미스 43, 45, 196, 197, 201, 202, 284

아라비아 말 246

아랍 상인 121, 158, 169

아르메니아인 34, 236, 247

아말피(인) 57, 58, 67, 68, 69

아말피 법령 79

아모이 163, 199

아미노 요시히코 150

아세안 381

아시아 교역권 221

아시아 교역 네트워크 214

아시아 해양사 20

아우구스티누스 433

아웃바운드 318

아웃소싱 270~273, 279, 281, 282, 329

아유타야 138, 153

아쩨 156, 178

아카풀코 51, 184, 208

아토피아 429

아트만 206

아편 200, 238, 239, 240, 246

아편전쟁 240

아행(牙行) 123

악성부채 352

안드레 군더 프랑크 45

안보 445, 446

알퐁소 앨버커키 170, 179, 180, 422

알프레드 마살 284

암스테르담 188, 189, 195, 204, 344, 358

앙드레 코르보즈 46

앤서니 리드 28, 31

야곱 반 뢰어 27

야마다 나가마사(山田長政) 153

에도 막부(江戸幕府) 144, 150, 151, 152

H주 350

A주 350

FOB 335, 336

엥겔베르트 캠퍼 142

여러 부엌에서 준비한 음식 먹기 407

역내교역 31, 49, 142, 178, 194, 199, 200, 201, 209, 380, 391

역내상인 160, 197, 200, 232, 238

역내선박 200

역대보안 109

역외 367, 368

역외금융 285, 309

역외무역 296~299, 313

역외생산 285

역외 지위 342

엽명(葉明) 139

영국동인도회사(EIC) 31, 73, 181, 188, 190, 191, 196~200, 202~204, 231, 234, 235, 239, 240, 241, 247, 249, 423

영락제 133

오랑 라우트 235

오모테 니혼 373
오사카 144, 220, 345, 373, 376
오스텐드회사 203
OEM 275
오프쇼링 270
오프쇼어 270, 364
오픈 스카이스 333
올레론 규례 79
와이가오차오터미널 311
와이탄 245, 246, 303
완비된 산업구조 39
왕가의 배 151
왕권신수설 434
왕립 조병창 83
왕직(汪直) 139
왜관 148
왜구 106, 107, 121, 138, 139, 166, 454
외국 자본 269, 308, 387, 390~392, 397, 460
외국인 직접투자 285, 391, 402, 403
외국인 투자 338, 390~393, 397, 399
외쿠메네 458
요코하마 213, 220, 221, 276, 343
용병 56, 59, 66, 67, 152, 153, 442
우라 니혼 373
우한 220, 409, 418
운송업자 320
운송회사 334
울산 220
원(元) 118, 244
원거리교역 67, 68, 155
원로회(会合衆) 105
원스톱쇼핑 317
윌리엄 자딘 240
윌리엄 파커 대령 198, 234, 235

웰즈 211
월터 크리스탈러 255, 256, 264
웰러스타인 457
위안화 326, 335, 346, 354, 355, 365
위탁가공무역 292
위트레흐트조약 442
윈난 133, 338, 384, 393~395, 397, 399
유럽중심주의 29, 52
유로달러 시장 344
유로존 361
유연한 제국 23, 462
유토피아 429
6대 지주산업 262
육두구 103, 173, 191, 192
육지·바다 이분법 421, 428
은 51, 81, 112, 139, 145, 198, 200, 205, 206, 209
은 교역 205, 209
은 권역 208
은행 341, 342, 349
은행 시장의 현대화 353
은행 제도 218
은행 증권 시장 367
응우옌 테 아인 432
이금 217
이매뉴얼 월러스틴 45
이문화간 교섭 231
이민족(allogène) 네트워크 248
이븐 마지드 170
이율곡선 361
이음매 35
이이집조 113
이자율스왑 352
이전 270, 272, 273
이전가격 295

이주민(民工, mingong) 259
이주상인 네트워크 249
이중 공간 386
e-물류 318
인구이동 49, 120
인구조사·통계과 298, 299
인도산 직물 156
인바운드 물류 318
인수·합병 347
인천 220, 221
인터페이스 36
인프라 291, 314
인프라 무대 377
일국이체제 314, 436
일반법 78
일본인 디아스포라 152
일본형 화이질서 146
일정 제도 307
일조편법 207
일주 투자 460

〈ㅈ〉

자급자족경제체 414
자기금융 350, 351
자기조절균형 442
자딘 앤 매디슨 238, 239
자본 기부 352
자본 대출 351
자유도시 105, 215, 253, 340
자유 무역항 제도 421, 422
자유지대 329
자유태환 통화 365

자유화 334
자치(권) 55, 57, 105, 109, 195, 200, 216,
    254, 257, 269, 312, 400, 415, 428, 453,
    454, 461, 462
자치(도)시 31, 58, 253, 254, 384, 393
자치 제도 211, 454
자카르타(바타비아) 191, 192, 199, 236,
    343
잠세트지 제지브호이 239, 240
장 고트망 35, 36
장 바티스트 세이 284
장기지속 29
장내시장 365
장미향수 246
장소의 과학 47
장쑤 120, 262, 308, 310, 311, 312, 313,
    325, 338, 383, 395, 397, 406
장야춘 411
재국유화 395
재산법 40, 92
재수출 109, 157, 158, 187, 214, 218,
    221, 238, 269, 291, 292, 293, 295, 296,
    297, 301, 313, 314, 334, 402
재수출 허브 269, 291
재투자 347
저장 120, 397
적기 128
전략산업 411
전망권력 444
전문 재판소 418
전속시장 330
전자 교역 318, 323
접합부 36, 52
정당한 전쟁 429
정성공 115, 116, 194

정치적인 것 437, 440

정크(선) 31, 119, 134, 151, 158, 159, 166, 244, 289

정향 103, 114, 173, 191, 192

정화 30, 102, 118, 119, 133

제1부문 284

제1차 글로벌화 37

제2부문 284

제2차 글로벌화 37, 180

제3부문 284

제3선건설 388

제3자 물류 319

제국 없는 상인 162, 233

제노바 19, 57, 59, 60, 61, 63, 65, 66, 67, 68, 70, 77, 82

제노바의 세기 81

제도적 다원성 431

제도적 다중심주의 432

제도적 모델 453

제레드 다이아몬드 72

제수이트 선교사 105, 107

제인 제이콥스 42

제임스 로스노 444

제임스 방스 256

제조업 121, 123, 195, 259, 260, 261, 262, 263, 283, 286, 291, 292, 297, 299, 319, 328

제조업 벨트 270, 283, 371

제조업자개발생산 274

제트포일 323

제후 경제 410

조건부 개방 143

조계(지) 216, 218, 225, 228, 245, 247

조공무역 21, 102, 117, 124, 132, 136, 138, 141, 163~165, 214, 454

조공사절(단) 130, 132, 138

조공제도 118, 131, 166

조공체제 100, 108, 130, 132~134

조로아스터교(도) 230, 241

조르쥬 세데스 27, 98

조세프 나이 50

조약항 215, 216, 218

조주어 230

조합주의 국가 415

조호르 156, 178, 189

존 스메일 232

종교 개종 170

종합도시 276

종합서비스지 329

주강 델타 301, 308~310, 312, 338

주권 22, 83, 427, 436, 437, 442~444, 461, 462

주석 109, 114, 162

주식거래 344

주식장외시장 347

주인선 143, 144, 145, 151, 152

주지앙 264

준-신용 계약 237

중개무역 299, 300

중개인 123, 293, 294, 311, 324

중개지 329

중계무역(지) 101, 102, 153, 155, 157, 158, 247, 249

중계지 109, 111

중국민생은행 350

중국보험관리위원회 363

중국-외국인 기업 399

중국은행업감독관리위원회(중국은감회) 353, 356, 363

중국은행(錢莊, zhuang) 343

중국인민은행 353, 363
중국증권감독관리위원회 363
중상주의(자) 39, 43
중상주의적 동어반복 42
중심지이론 255, 256, 264
증권시장 345, 347
지구사 50, 52, 53
지리결정론 31
지방보호주의 408, 413
지방협력 권역 375
지식 경제 285
지역 격차 386
지역경제통합 375
지역 본부 289, 290, 294, 295, 297, 305, 306, 307
지역 시스템 53
지역적 집중화 47
지역체 383
지역화 374, 414
지중해 20, 21, 27, 30, 33, 44, 55, 97, 381, 453, 458
지중해 모델 453
지차오딩 384, 403
진동(陳東) 139
진조의 134
질 에아네스 170
집수지역 330
집적 효과 341
징세 도급인 73

〈ㅊ〉

차(茶) 176, 200, 216, 456

차별화된(사다리발판) 발전 383
차익거래 209, 293, 295, 341
찰스 복서 421
찰스 틸리 430
참파(왕국) 119, 124, 131, 152
창강(長江, 揚子江) 118, 122, 220, 264
창강 델타 308, 312
채무변제불능상태 335
처리비용 335
철새(候鳥, hou niao) 259, 260
청 98, 109, 115, 116, 121, 130, 133, 146, 159, 160, 164, 208
첵랍콕 공항 332
촌락 126, 150, 151
촐라 101
최대 반응도 331
쵸두리 29, 161, 178, 199, 231
추잔 106, 112, 113, 136
충성의 네트워크 433
취안저우 126, 131
치외법권 216, 225
칠기 51, 114
칭화대학 265

〈ㅋ〉

카도리 246
카라크 172
카르타즈 137
카탈루냐인 78
카피탄 147
칸톤(광저우) 125, 140, 455
캐러벨 88, 170

커뮤니케이션 283, 288, 310, 317, 332, 340, 358, 368, 408, 416, 426, 429
커뮤니케이션 비용 368
커피 32, 200
컨테이너 306, 319, 326, 327, 334~336
코먼웰스 427, 429
코메스 58
코멘다 72
코민 253
코우즈 273
코즈모폴리턴(문화) 20, 198, 235, 453, 461, 462
콕싱아 115, 194
콘도티에리 56, 66, 67
콘스탄츠의 평화조약 83
콘토르 71
콜롬보 180, 181, 276
콜센터 322
콜카타(캘커타) 210, 215, 229, 240, 246
콩종크튀르 29
쿠메무라 111, 112
크로스도킹 321
클라크 284

〈ㅌ〉

타이베이 309, 348, 360, 364
타이완(인) 98, 116, 162, 309, 436
탈계획화 416
탈구된 제국 435
탈국가화 440
탈규제 368
탈물질화 287

탈산업화 39
탈영토화 426
탈중심화 457
탈중앙집권화 405, 406, 408, 414, 416, 418
탈지역화 285, 292, 293, 297, 304, 381, 439
탈지역화 교역 296, 289, 299, 314
탈지역화 생산 293, 301
태평양전쟁 253
테러리즘 447
테미니 161
톈진 213, 215, 219~221, 223, 244, 261, 264, 267~269, 326, 327, 331, 333, 384, 387, 392, 393, 395, 400, 412, 418, 459
톈진(天津)조약 220
톈진신경제개발지구 267
토르데시야스 조약 170
토메 피레스 157, 422
통과무역(항) 291~293, 294
통과화물 취급업자 320
통상금지령 92
통치권 436
통킹 153
통합서비스 314
통행료징수제도 192
통화의 태환 366
투명(성) 321, 351
튜턴기사단 89, 90, 93
트라니법 79
트랜스내셔널(성) 31, 47, 50, 52, 440
트랜스내셔널 경제협력 373, 379
트랜스내셔널 경제협력 권역 373
트랜스내셔널 지역 19, 21, 41, 50, 378, 402, 420

특별경제구 311
특별행정구 301, 307, 311
특정가격비율 206
특허장 141, 188, 189, 203
특허회사 30, 31, 186, 196, 200, 203, 204, 454

〈ㅍ〉

파르시(인) 230, 236, 239, 240, 241, 243, 248
파르테스 72, 73
파생상품 345, 352
팔레르모 76
팔림세스트 46
팡까다(pancada) 157
팽창주의 169
페덱스 333
페라 61, 63, 65, 70
포데스타 83
포르투갈 102, 156, 164, 174, 182, 183
포르투갈 유대인 182
포메랑즈 457
포스트-인터내셔널 질서 444
포스트 제조업 319
포에누스 노티쿰 75
포워딩업체 320, 332
포터 45
폰두크 59, 61
폴 크루그먼 45
폴라니 29
표류민 136, 164
푸동 289, 357

푸저우 126, 131, 215, 220, 221, 236, 264
푸젠 111, 112, 114~116, 123, 125, 133, 141, 158, 159, 174, 176, 215, 230, 231, 233, 235, 244, 264, 338, 374, 383, 384, 386, 392, 393, 395, 413
프란시스코 케베도 81
프랑크푸르트 361
플랫폼 31, 46, 271, 326, 334, 377, 378, 380, 458
플로렌스 데 로버 76
피달고 179
피렌체 56
피사(인) 58, 62, 70
피사의 상법 79
피셔 284
피스 오브 에이트 204
피아스터 204
피에르 쇼뉘 151, 177, 207, 455
피에르 이브 망갱 28
피터 리머 377
필리프 콩타민 442
필립 커틴 34

〈ㅎ〉

하마시타 다케시 29, 232, 446
하이에크 449
하청업(체) 286, 395
하치만 138
하카다 105, 108
하코다테 220
한자(도시) 86, 88, 89, 90, 438, 439
한자동맹 19, 21, 85, 87, 89, 91, 93, 97,

438, 439, 461
한자의 교역소(kontor) 91
함부르크 19
합작제휴 356
합작투자(기업) 305, 363
항공운송(업자) 331, 332, 334
항공운송체제 332
항구 213, 322, 326
항만허가 204
항저우 118, 126, 402
해관 165, 226, 227
해군 66, 90, 99, 118, 121, 122, 211, 426,
　448
해군법령 79
해금(海禁) 109, 143, 146, 149, 160, 163,
　166, 232
해로 80, 87, 111, 116, 119, 120, 150,
　161, 187, 193, 205, 317, 319, 322, 421,
　424
해민(海民) 150
해상교역 150, 151, 158, 160, 210, 453
해상교역 감독관 165
해상법 78, 440
해상 보험 74, 125
해상 운송 331
해상왕국(제국) 98, 99, 116
해양 공간 19, 21, 28, 31~33, 36, 52, 55,
　440
해양 공동체 51
해양공화국 21, 56, 57, 67, 97, 461
해양 교역 58, 102, 140
해양 대출 75
해양대탐험 133~135
해양법 77~79, 125, 186, 437
해양 법정 418, 419

해양실크로드 120
해양아시아 27, 29, 458, 462
해양자유론 186, 441
해양 환예약 75
해양 회랑 19, 20, 22, 368, 420, 445,
　446, 453, 461
해역 20, 21, 36, 51
해외이전 272
해적 133, 134, 136, 137, 441, 456
해적판 413
해전 119, 121, 423
해항 213
해항도시 20, 21, 34, 55, 60, 212, 219,
　247, 249, 301, 358, 376, 377, 381, 393,
　453, 459~463
해항도시의 네트워크 447
해협식민지 31, 199
핸들링 321
향료 32, 100, 103, 169, 170, 190, 207,
　456
향료제도 171, 173, 181
허브 52, 263, 301, 334, 363
허치슨 왐포아 311
현금관리 363
현상권력 444
현실정치 443
호구(戶口, hukou) 258
호모 에코노미쿠스 254
호세아 발루 모스 231
호이 안 152
혼재 318, 321, 335, 336
혼혈 정치 456
홉스 427, 428
홍콩 21, 46, 226, 230, 242, 276, 289,
　292, 293, 298, 299, 301, 307, 308, 310,

311, 321, 328, 334, 336, 338, 346
홍콩무역 · 발전위원회 297
홍콩 · 상하이은행 242, 364
화교 111, 115, 122, 133, 138, 145, 160,
    162, 163, 232, 249, 401, 459
화교사회(공동체) 122, 138, 145, 163,
    459
화물중계항 238
화물집산지 35, 89, 174, 192, 214, 236
화물 창출 지구 331
화상(華商) 162, 233
환승 지점 426
환적 327

횡단문화주의 46
후루타 카즈코 220, 221
후배지 219, 225, 264, 291, 308, 453
후산업단계 284
후추 32, 82, 102, 156, 198~200, 237
후커 88
휴 스코진 127
흐름의 변동성 334
흡수 펌프 207
흡인력 169, 342
희망봉 170, 172, 187, 189
히라도 144~147